路漫
ROADMAN

路韬书系

破产管理人

理论认知与实务策略

上册

孔宪根　谢仁海　张海勇 主编

江苏大学出版社
JIANGSU UNIVERSITY PRESS
镇　江

图书在版编目（CIP）数据

破产管理人理论认知与实务策略：全二册 / 孔宪根，谢仁海，张海勇主编. — 镇江：江苏大学出版社，2021. 5
ISBN 978-7-5684-1593-4

Ⅰ. ①破… Ⅱ. ①孔… ②谢… ③张… Ⅲ. ①破产法—研究—中国 Ⅳ. ①D922. 291. 924

中国版本图书馆 CIP 数据核字（2021）第 083313 号

破产管理人理论认知与实务策略
Pochan Guanliren Lilun Renzhi yu Shiwu Celüe

主　　编/孔宪根　谢仁海　张海勇
责任编辑/柳　艳
出版发行/江苏大学出版社
地　　址/江苏省镇江市梦溪园巷 30 号（邮编：212003）
电　　话/0511-84446464（传真）
网　　址/http：//press. ujs. edu. cn
排　　版/镇江文苑制版印刷有限责任公司
印　　刷/句容市排印厂
开　　本/710 mm×1 000 mm　1/16
总 印 张/34. 75
总 字 数/660 千字
版　　次/2021 年 5 月第 1 版
印　　次/2021 年 5 月第 1 次印刷
书　　号/ISBN 978-7-5684-1593-4
总 定 价/128. 00 元（全二册）

序

改革开放以来，我国破产法经历了三个阶段的发展变化，即探索阶段（1978—1986年）、试行阶段（1986—2006年）、实施阶段（2006年至今）。与此相应，在破产法的理论研究、制度供给、实践创新等方面渐次迈向新的台阶。

在中国特色社会主义市场经济体制逐步完善的过程中，破产制度作为市场主体优胜劣汰的一种退出和管理机制，在推动企业供给侧改革、宏观与微观产业结构调整、激励市场主体投资创业、构建公平受偿的市场竞争秩序、稳定市场交易预期、合理配置市场资源、形成市场信用体系、优化营商法治环境，以及推动经济高质量发展等方面的作用与地位日益凸显。

自党的十八大以来，党和国家高度重视破产制度在市场经济中的基础性地位。2013年，党的十八届三中全会指出，要“健全优胜劣汰市场化退出机制，完善企业破产制度”。2014年，《国务院关于促进市场公平竞争维护市场正常秩序的若干意见》也明确提出，要“完善企业破产制度，优化破产重整、和解、托管、清算等规则和程序”。此后，最高人民法院发布了促进破产法顺利实施的系列司法解释和文件。

以上相关司法解释和文件的出台与实施，有力推动了全国破产案件的审理工作，在转变破产审判理念、建立破产案件受理机制、完善管理人制度、推行执行案件移送破产审查、彰显破产重整制度效应、实现破产审理环节分流、创新破产审判信息共享机制等方面发挥了重要指引作用。同时，破产案件的府院联动机制、执行转破产机制、破产案件的维稳处理机制、破产案件的“互联网+”机制、管理人制度的创新实践、破产重整启动机制的优化、破产程序中别除权的权利地位、破产程序中的相关主体法律责任、自然人破产制度试行、公法人破产探索等问题，在理论与实务界的研究和探讨亦呈现了方兴未艾之势。

特别值得一提的是，国家为推动政府职能深刻转变，加快营造稳定公平透明、可预期的营商环境，更大限度地激发市场活力和社会创造力，自2020年1月1日起，开始实施《优化营商环境条例》。更为重要的是，自2021年1月1日起，在中国特色社会主义法律体系中居于基础性地位、被称为“市场经济的基本法”与“社会生活的百科全书”的《中华人民共和国民法典》也正式颁布实施。以上《条例》与《法典》的实施，既给破产审理工作的改革创新带来了良好机遇，同时也给破产制度的理论研究与司法实务提出了严峻的挑战。而面临这一“挑战”的主体不仅仅是政府与法院，更为重要的是管理人在破产程序中如何依法履职与创造公平公正的法治环境，这同时也是法学界、法律界的使命担当。

《破产管理人理论认知与实务策略》（以下简称本书）就是在以上相关破产制度的政策、法律法规、理论研究、实践运行等方面不断深化与完善的背景下诞生的，恰逢其时，请理论与实务界的同仁不吝赐教。

本人自法官岗位转隶律师职业以来，在破产管理第一线深耕细作十余年，带领破产管理人团队办结了近百件企业破产案件。本书作者均是从事破产管理具体工作的一线律师，对破产法律制度有较为独到的见解与实务经验，在管理人如何妥善解决破产案办理过程中的诸多实际问题方面，积累了一些经验，但同时也深刻体会到：随着破产法律制度的完善，社会对管理人办好破产案件的要求也越来越高。如何高质高效地办理破产案件，从而有效化解进入破产程序企业的各种冲突与矛盾，是法院和政府关注的问题，更是管理人应当追求的目标。

本书着重从管理人视角探讨企业破产制度的基本理论及其实务操作问题，总结、归纳了管理人制度的历史沿革和管理人的执业风险防范，以及破产案件办理过程中的具体实务操作方法，具有一定的理论性和较强的实用性。概括起来，主要具有以下特点：

其一，结构合理。本书上篇为理论篇，下篇为实务篇，力图通过理论与实务的结合，推动管理人进一步提升破产案件办理的速度和质量。

其二，定位准确。本书定位于为管理人提供实务操作的专门性参考书。

其三，示范性强。本书案例大部分来源于作者自己办理的代表性破产案件，可以为破产管理人团队提供一定的经验借鉴。

我国的破产法律制度还在不断完善中，破产案件类型在不断更新变化，管理人群体也必将日益壮大。本人领衔编写此书，期望以自己过往的经验为从事破产管理事业的同仁们提供参考，也期望为从事破产案审判的法官们提供指导管理人工作的实务依据，进而推进破产案件的高效审结，为不断优化营商法治环境，更好地服务和保障国家经济高质量发展而共同努力。由于司法实践复杂多样又发展迅速，本书疏漏乃至错误之处在所难免，衷心希望读者多提宝贵意见，这将是我们继续探索的动力之源。

是为自序。

孔宪根

2020 年 10 月

目　录

上　篇　破产管理人基本概述

003　第一章　破产管理人制度发展

004　第一节　破产管理人的历史渊源
009　第二节　我国破产管理人制度的发展
013　第三节　我国破产管理人的特征
016　第四节　破产管理人的地位及基本义务

025　第二章　管理人的基本制度

025　第一节　管理人的选任制度
033　第二节　管理人的职责
039　第三节　管理人的报酬机制
043　第四节　管理人的管理制度

047　第三章　管理人内外部关系的处理

048　第一节　管理人的综合素质
055　第二节　管理人内部关系的处理
063　第三节　管理人外部关系的处理

072　第四章　管理人执业风险防范

073　第一节　管理人执业风险概述
077　第二节　管理人执业风险防范

下　篇　破产管理实务策略

083　第五章　管理人全面接管债务人

083　第一节　接管前的准备工作
092　第二节　全面接管债务人
102　第三节　接管债务人的其他相关工作

108 第六章 管理人调查管理债务人财产

109 第一节 调查和管理债务人财产
118 第二节 中止执行程序、解除保全措施
128 第三节 确认破产无效行为制度和破产撤销权制度
138 第四节 破产取回权、破产抵销权、破产别除权
156 第五节 注册资本的追缴、非正常收入的追回、应收债权的追收
177 第六节 债务人财产状况报告

181 第七章 破产费用和共益债务

182 第一节 破产费用的范围
185 第二节 共益债务的范围
188 第三节 破产解除权的行使
196 第四节 "无产可破"案件的破产费用解决对策
203 第五节 管理人报酬方案的确定
206 第六节 担保物管理的报酬
208 第七节 破产费用与共益债务法律规范渊源

218 第八章 破产债权申报与审查

219 第一节 债权申报材料准备
220 第二节 潜在债权人的确定
221 第三节 债权申报通知
228 第四节 债权申报的接待与登记
230 第五节 债权审查的规则与方案确定
234 第六节 担保债权的申报与审查
237 第七节 建设工程债权的审查
241 第八节 购房人债权的审查
246 第九节 补充申报债权的费用
247 第十节 债权审查结果的通知
250 第十一节 债权异议的处理
253 第十二节 债权人会议核查债权
255 第十三节 法院裁定确认无异议债权
257 第十四节 职工债权的审查与公示

上　篇

破产管理人基本概述

第一章 破产管理人制度发展

从古罗马时期到全球化国际背景，从国外破产法到中国破产法，世界经济的变化带来破产法的种种变革，也带动了破产管理人制度的不断完善与突破。随着中国破产法的发展，具有中国特色的破产管理人制度也在不断创新中确立和完善。

破产管理人制度是破产法制度中一项重要的内容，起源于财产委付制度。意大利是最早形成有关破产立法的规定的国家，很早就出现了“财产管理人”这一概念。法国从 1538 年开始出现破产法，1807 年形成商事破产制度，当时破产管理人被称为“司法代理人”。英国 1986 年出台的破产法，确立了其特有的破产管理人制度，根据破产程序的不同，管理人的职责、选任方式和法律性质都有所不同，逐渐形成了破产管理人中心主义的破产制度。美国起初为执行破产法设立了专门机构，如破产法院、国家破产管理人等，直到 1938 年美国才确立了破产受托人制度，强调破产受托人的独立性。20 世纪末，相对发达国家的破产立法已形成稳定模式，联合国及世界银行开始制定一系列指南和指导性文件，为各国制定处理跨国破产问题的法律提供示范性框架。

中国破产法的发展要晚于欧美发达国家，实际上中国近代也曾学习西方先进的立法体系，尝试构建自己的破产法制度，但由于历史原因，最终没能较好地施行和延续。中华人民共和国成立后，计划经济体制在一定程度上延缓了破产法立法的需求，直到计划经济向市场经济的转型，政府开始通过行政手段清理无法偿还的债务。在此情况下，1986 年全国人大常委会颁布《企业破产法（试行）》，确立清算组担任管理人的角色，处理相关破产事务的制度。鉴于破产实践中，《企业破产法（试行）》暴露的诸多问题，2006 年全国人大常委会审议通过了《企业破产法》，正式引入破产管理人制度。为了配合管理人制度的实施，最高人民法院先后出台了多部司法解释，形成了具有中国特色的管理人制度。但是，这一制度的确立并不表示中国破产法在破产管理人部分已经与国情完美契合。2018 年最高人民法院出台的《全国法院破产审判工作会议纪要》对破产管理人制度进一步提出了完善的思路。

中国特色的破产管理人制度有着独立性、中立性、专业性、法定性、临时性等特征，一方面借鉴了大陆法系各国职权主义模式，另一方面也从实务角度考量各方主体利益平衡，以确保破产程序的顺利进行。中立、专业、依法办事的破产管理人可以有效实现债务人财产价值的最大化，为破产债权的公平有序受偿提供最广泛的物质基础，切实维护债务人和债权人的合法权益。

中国特色破产管理人制度设置了破产管理人的基本义务，即注意义务和忠实义务，以确保管理人履职尽责。在国际上，破产管理人的法律地位有着不同的理论学说，有着各自的背景及优势，不同程度地影响了破产管理人在本国破产程序中的作用。但我国管理人制度对管理人的法律地位的确定仍处于模糊不清、表述不明的状态，管理人法律地位的定位模糊直接导致了实务中与很多机构对接工作和衍生诉讼的办理面临困境。

第一节　破产管理人的历史渊源

破产法的渊源可以追溯到 13 世纪，当时地中海沿岸商业比较发达，也产生了许多债权债务纠纷，但是债权人“私力救济”十分残酷，导致大量债务人遗弃财产逃亡。为解决这一问题，古罗马将债务清偿由人身执行转化为财产执行，创设“财产趸卖”程序，其中设置财产托管人被视为破产管理人制度的萌芽。意大利在《威尼斯条例》《米兰条例》等相关法律中，规定了对商人破产问题的处理办法。英国在 1542 年颁布了英国最早的破产法，凡不能清偿债务且有欺诈行为者，无论是否商人皆适用该法。随着破产制度的发展，英国逐渐确立破产管理人中心主义的破产管理人制度。法国破产法起源于中世纪和意大利并立的商业城市，并借鉴了罗马法和意大利商港法，于 1807 年制定的《商法典》明确了破产程序中债权人可以通过提名临时和正式管理人来贯彻和维护利益。20 世纪末，法国、德国、英国等相对发达国家的破产立法已经形成较成熟的法律条文。随着世界经济的发展与融合，联合国及世界银行也在一系列指南及指导性文件中吸收各国破产立法的共性，制定破产管理人制度的示范性框架，细化突出其特殊性，为世界各地破产管理人改革提供信息和协助。

一、大陆法系下的破产管理人

破产法萌芽于古罗马时期，随着社会的发展，在古罗马晚期形成了财产委付制度。意大利各中心城市为了处理商人之间的债权债务纠纷，吸取古罗马法财产委付制度的精髓，建立了商事破产制度，形成了最早的有关破产立法的成文法规。大陆法系的破产法形成于 19 世纪。虽然意大利首开破产制度之先河，但发展却落后于仿效其中世纪商事破产制度的法国和德国。

法国从 1538 年开始颁布有关破产的法令，1667 年的《里昂破产法》是法国最早的成文破产法，该法主要继受了罗马法和意大利破产法。1673 年，路易十四发布《商事条例》，其第九章到第十章是关于破产的规定，是较完整的破产法，也是法国近现代商人破产主义的立法基础。1807 年法国《商法典》是在前述法律基础上制定的，该法第三编“破产编”全面规定了商事破产制度，确立了商人破产不免责主义，标志着近代法国破产法的形成，也成为近代大陆法系最早、最完备的破产法。1967 年法国废除了《商法典》的破产编，将破产法以单行法的形式公布，采用一般破产主义。法国现行的破产法是在 1967 年破产法的基础上修订的，于 1985 年颁布，并在 1988 年、1994 年又进行了两次修改，删除了一些极端的做法，如重整前置、观察期间的强制等。法国破产法中破产管理人被称为“司法代理人”，即根据破产法第 10 条和第 18 条的规定，在观察程序和重整程序中，司法代理人作为破产管理人。根据第 12 条规定，法庭可以依职权或根据特派法官的建议或者检察官的要求，更换司法管理人。根据第 148-1 条，在清算程序中，法院指定特派法官及一名司法代理人作为清算人。在法国破产法中，破产管理人在不同的程序中承担不同的职责。在司法重整程序中，司法管理人在观察期间，是重整方案的拟订者；在重整实施期间，可以是监察员或部分事务的直接管理者；在清算程序中，管理人是清算人。

德国破产法是中世纪商事破产制度与其固有法相结合的产物。13 世纪以后，德意志北部的商业城市受到意大利商业习惯法的影响，开始接受债权人公平受偿的制度。15 世纪，德国一方面继承了罗马法和意大利法，另一方面保留了德国固有法，两种法律交互影响，形成了德国普通法，并在破产制度中采取了罗马法中的自力救济原则。到 17 世纪，德国破产制度受到西班牙破产法公力救济原则和一般破产原则的影响，从而抛弃了债权人自力救济的制度，并形成了两类破产制度：一类是债务人主动提起的善意委付制度；另一类是债权人为了阻止个别债权人扣押和执行财产的行为而提起的破产程序。德国统一后，法制也随之统一，于 1877 年颁布了《帝国破产法》，该破产法突破了法国商人破产主义传统，采用了一般人破产主义。1916 年德国发布了《暂行和解法》，创立了和解法，独立于破产法的立法例。第二次世界大战后，德国对破产法进行了多次修正，于 1976 年将破产法中的犯罪编移至刑法典，造就了德国破产法的纯民事化。1994 年，德国颁布了新破产法，新破产法统一了传统的破产法和破产和解法，单一的破产处理程序包括清算程序和重整程序。同时，还建立了消费者破产程序，并于 1999 年生效。1994 年，德国出台《支付不能法》，将过去的管理人改为“支付不能管理人”。“支付不能管理人”的选任，是由法院根据合适且独立于债权人、债务人而确定的自然人，并获得选任证书。第一次债权人会议可以选任替代者。而 1999 年生效的破产法建立了破产管理人制度，规定了在不同的阶段可以指定临时管理人或破产管理人。例如，在破产程序因债务人或债权人的申请而启动后，破产法院在审查破产情况后，可以根据情况采取保全措施并指定临时破产管理人。

二、英美法系下的破产管理人

英美法系破产法的出现晚于大陆法系。不同于英美法系其他法律不成文法的传统，其破产法从一开始就以成文法的形式存在。

英美法系的破产法以英国破产法为基础，而英国破产法却与欧洲大陆的商业习惯法颇有渊源。1542 年，亨利八世颁布《破产条例》，这是英国的第一部破产法，适用于商人和非商人的破产，其主要内容在于保障债权人利益的实现，当一个商人不能全额清偿其债务时，债权人可以占有其全部财产，法律不但允许债权人对债务人的财产进行清算，而且允许债权人将债务人投入监狱直到其将剩余债务还清为止。1571 年，又对该条例进行修改，转而实行商人破产主义，此后，又经过多次修改。后来英国改变了原先的理念，于 1861 年重新颁布破产法，并将适用范围扩大到商人之外的所有债务人。1914 年 1 月 1 日英国颁布了《破产整理法》。1982 年，英国破产法审议委员会提出《审议委员会关于破产法律与实践的报告》，在该报告中，该委员会建议对破产及公司资不抵债的法律与实践进行大规模的改革，这实质上导致出现了一个新法，即 1985 年破产法的诞生。该破产法对公司破产和个人破产进行全面的革新，对实体法和程序法均进行了重要修订，同时废除了 1914 年破产法和 1985 年公司法的解散条款。1986 年，英国将该法与 1985 年公司法中的接管和解散条款形成新的破产法及公司董事资格取消法的法案合并。随后，出台了作为补充规定的 1986 年破产规则，该规则在 1987 年经历了一次详细修正。英国是最早确立现代意义上的管理人制度的国家。英国破产管理人分为两类，一类为官方接管人，另一类为破产管理人。官方接管人由工商部任命，行使临时接管人或临时清算人的职责，当破产管理人或清算人缺位时，其成为正式的破产管理人。同时，该破产法规定，在不同的破产程序中，接管人的选任和职责不同，又可以将破产管理人细分为五种类别，即破产管理人在个人破产程序中以财务管理人作为破产托管人，在接管程序中作为接管人，在公司自愿安排程序中作为监督人，在重整程序中作为管理人，在清算程序中作为清算人。英国对破产管理人的资格管理比较严格，按照 1986 年的破产法，在各种破产程序中任职的人仅限于该法承认其资格的从业人员。而要想取得管理人身份，需要向工商部申请个人营业执照，还要参加政府承认的职业团体，其选任方式也因不同破产程序而有不同的要求。

美国破产法的内容源于英国破产法，在 1800 年 4 月 4 日就仿效当时的英国破产法，制定并颁布了第一部联邦破产法。但是该破产法只适用于商人，并没有规定债务人自愿申请破产的程序，于 1803 年被废除。直到 1841 年时，美国颁布第二部破产法，但因其过分保护债务人的利益，在 1843 年就被废止。1867 年，美国颁布第三部破产法，该法除了引进和解制度外，其他规定与第二部破产法并没有太大的差异，在 1878 年被废除。1898 年美国又制定并公布了《联邦破产法》，该破产法于 1938 年被修正。到 1978 年，美国国会重新制定了《破产改革法》，废除了 1898 年的破产法及 1938 年的修正法，并以联邦破产法典的形式公布。该法赋予联邦法院对破产案件的专属管辖，提高了法官在破产程序中的地位，突出了破产受托人的作用，引进了破产无溯及主义，创立了撤销权制度，补充完善了抵销等相关制度。美国对破产管理人制度的规定又与英国有所不同，在破产管理人制度中除规定了破产管理人外，还有联邦破产托管人，而联邦破产托管人与具体破产案件中的破产管理人也有所不同。联邦破产托管人属于政府部门，但又不直接代表政府的管理或财政利益，也不单独代表任何一方当事人，而是代表整个公共利益，负责对破产案件的监督和管理。美国破产法中破产管理人又称“私人破产托管人”，由联邦破产托管人指定，破产管理人也可以由债权人会议选举产生。如果被指定或选定的破产管理人不愿意担任的，将由联邦破产管理人担任管理人。同时，为保证破产管理人忠实地履行各项义务，其被选定或指定为破产管理人后，必须向法院交纳保证金，才能开始履行其职责，且对破产管理人的履职要求又有所不同。

三、国际背景下的破产管理人

随着全球经济一体化的发展，跨国企业越来越多，同时跨国企业破产的发生与日俱增，而各国的破产法律制度跟不上这种发展趋势，往往也没有对跨国企业破产案件的规定，各国原有的法律制度已经不能解决跨国企业在破产程序中的全部问题。对此，联合国贸易法委员会、世界银行等国际组织制定了一系列处理跨国企业破产问题的示范性框架，为各国（地区）的破产法律制度改革提供参考文本。

1999 年联合国国际贸易法委员会制定了《跨国界破产示范法及立法指南》，为各国处理跨国破产问题的立法起到了积极的引导作用，共设有 5 个章节，32 个条文。其中，对于破产管理人定位为“外国代表”即指在外国程序中被授权管理人债务人资产或事务的重组或清算，或被授权担任该外国程序代表的人或机构，包括临时指定的人或机构。确认外国代表能够进入颁布国法院的原则，确定外国代表拥有在颁布国开始破产程序的程序资格，而且外国代表可参与颁布国的破产程序，给予外国代表介入影响债务人或其资产的颁布国中的个人诉讼程序的权利等有关规定，避免了必须依靠烦琐、费时的委托取证书或其他形式的外交（领事）函件。在有关区域的法院和管理人之间构建联系，建立对跨国破产企业协调管理人机制，有助于对跨国企业破产采取有效率的合作办法。

2000 年世界银行发表了《有效率的破产与债权人权利制度的原则和指南》，主要内容包括四个方面，即执行制度的作用、债权人权利的法律框架、企业破产的法律框架、破产制度的实施，共提出 35 项原则。其中引入“破产代表人”的概念，在破产程序中，破产代表人应接管公司，并有权为债权人利益管理破产财产。在破产重整程序中，可以将重整程序的控制权全部委托与独立的破产代表人，或公司治理职责仍由原管理层保留，或引入公正独立的破产代表人或监督人监督管理层工作。同时，特别规定了跨国集团公司破产，破产代表人与法院的协作及其任命内容。这一规定，进一步完善了破产管理人的制度，有效地提高了破产管理人办理跨国企业破产事务的效率。

为促进国际贸易的协调与发展，给各国关于跨国界破产改革提供信息和协助，联合国国际贸易法委员会在 2004 年、2010 年、2013 年陆续发布了《贸易法委员会破产法立法指南》，更加全面地表述了一国破产法应反映的主要目标和原则，进一步细化解释了示范法中的相关条文，使得示范法更全面具体，给各国立法机构在制定新法或审查现行法律条文的时候，作为参考信息。这样有助于开展跨国企业的破产程序，使得破产管理人能有效推进跨国企业破产程序的进程，维护各方利害关系人的利益。

2018年，联合国国际贸易法委员会第51届会议审议并通过了《关于承认和执行与破产有关的判决示范法》及其颁布指南。该示范法补充完善了1997年《联合国国际贸易法委员会跨境破产示范法》的相关内容，填补了海牙国际私法学会承认外国民商事判决国际公约的空白，对各国完善与破产有关的判决承认和执行的相关立法具有重要的借鉴作用。该示范法的发布，对我国和其他国家在立法上具有很大的借鉴意义，有利于促进各国跨境破产制度的趋同，从而提高跨境破产案件的解决效率，实现资产处置或企业重整的最佳效益。

第二节 我国破产管理人制度的发展

一、我国破产制度的形成

破产是市场经济发展到一定阶段的产物，是市场经济主体无法清偿其全部债务的必然结果，需要从法律上制定一定的程序，解决市场主体因不能清偿到期债务，且其存在资产不足以清偿全部债务或者明显缺乏清偿能力的问题。破产法的主要目的是能够让债权人得到公平的清偿，能够使不能清偿到期债务的债务人正常清退的一种特别程序。因我国长期处在计划经济模式下，由国家统一调配社会资源，经营权与决策权掌握在国家的手中，企业只需听从国家政府的领导，也不需要考虑盈利和亏损，市场经济主体不需要通过破产程序退出市场，也不可能形成破产法制度。由此可以看出，只有在市场经济条件下，才有可能存在破产法律制度。

党的十一届三中全会召开后，我国经济制度从计划经济开始转变为市场经济。随着社会主义市场经济制度的确立和完善，各类实体经济不断发展，同时在经营过程中，企业出现亏损，丧失清偿债务能力的现象也并不鲜见。但由于我国在改革开放初期并没有制定破产法，使得那些完全丧失了清偿能力的企业无法通过正常的途径退出市场，导致市场上很多资不抵债的企业变成了僵尸企业，严重影响了生产要素的有效配置，一定程度上扰乱了市场经济的秩序。为了维护市场经济秩序，形成正常企业退出市场机制，保护债权人的合法权益，在1984年第六届全国人大二次会议上，部分人大代表首次提出制定《企业破产法》的提案，1984年12月29日，国务院批准成立企业破产法起草小组，并于1985年1月正式开始《企业破产法》的调研和起草工作。1986年11月26日，广东省第六届人民代表大会常务委员会第二十三次会议通过了《深圳经济特区涉外公司破产条例》，首次将深圳涉外企业纳入市场竞争和破产的轨道，这是我国第一部地方性破产法规，为颁布企业破产法打下了基础。1986 年 12 月 2 日，第六届全国人民代表大会常务委员会第十八次会议通过了适用于全民所有制企业破产的《企业破产法（试行）》，并于 1988 年正式实施。但当时我国的经济体制仍以计划经济为主导，破产程序中政府介入干涉较多，使得破产企业的债权人的利益得不到平等保护，因此《企业破产法（试行）》在实施过程中并没有真正解决企业破产的相关问题。且《企业破产法（试行）》仅仅适用于全民所有制企业，其他类型的企业破产无法适用，大大减少了该法的价值和功能。为了弥补这个缺憾，1991 年 4 月 9 日，第七届全国人民代表大会第四次会议通过了《民事诉讼法》，制定了相关的“企业法人破产还债程序”，将破产法的适用范围扩大到非全民所有制企业。此后，最高人民法院相继颁布了《关于贯彻执行〈中华人民共和国企业破产法（试行）〉若干问题的意见》《关于适用〈中华人民共和国民事诉讼法〉若干问题的意见》和《破产案件若干规定》，不断完善我国破产法律规范，为以后的企业破产法奠定了理论基础。据此，我国破产制度初步形成，但由于当时我国还没有建立起真正意义上的市场经济，破产法理论缺少实践，实施《企业破产法（试行）》及相关司法解释、规范并没有达到预想的效果。

2003 年，我国社会主义市场经济体制基本确立，第十届全国人民代表大会将破产法列入立法规划中。2006 年 8 月 27 日，第十届全国人大常委会第二十三次会议上审核通过了现行《企业破产法》，从 2007 月 6 月 1 日起施行，由此诞生了我国新的破产法制度。同时，最高人民法院相继颁布了《关于审理企业破产案件制定管理人的规定》《关于审理企业破产案件确定管理人报酬的规定》《关于适用〈中华人民共和国企业破产法〉若干问题的规定（一）（二）（三）》等配套法律规定，妥善解决了新旧破产法在衔接上遇到的问题，促使在破产程序中债务人、债权人及其他利害关系人的利益得到平衡，具有跨时代的意义。现行《企业破产法》引进了管理人制度，增加重整制度，在破产事务的处理过程中强调债权人的意思自治和利益保护，对虚假破产采取必要的预防和惩罚措施，明确规定了担保债权与职工债权在破产财产分配中的受偿顺序等，使得破产过程中的相关问题基本得到解决，对破产企业的退出起到了积极的作用。2020 年 8 月 26 日，深圳市人大常委会通过了《深圳经济特区个人破产条例》（以下简称条例），是我国第一部个人破产法规，弥补了我国没有个人破产制度的缺陷，进一步完善了我国的破产制度。

二、我国破产管理人的发展

（一）1986 年《企业破产法（试行）》

我国传统的计划经济体制刚刚开始向市场经济体制转型时，为适应市场经济体制发展的需要，1986 年第六届全国人大常委会第十八次会议通过了仅适用于全民所有制企业的《企业破产法（试行）》。该法受到历史条件的限制，不能适应企业破产的现状和反映破产法律制度的发展，由于立法技术的粗糙和破产机制的不完善，未能对司法实践给予明确的指引，仅仅起到宣示作用。

《企业破产法（试行）》未确立破产管理人制度，但设置清算组专门处理破产程序中的破产事务。依据 1986 年《企业破产法（试行）》第二十四条规定：清算组负责对破产财产的保管、清理、估价、处理和分配，其成员主要由政府部门组成，并向法院负责报告工作。在当时法律制度下，将破产管理人称为“清算组”，是我国破产法独创的一个概念。为了适应社会经济需求，在《民事诉讼法》中增设“企业法人破产还债程序”，虽未确立破产管理机制，但使用了“清算组织”的说法。清算组源于企业和公司法中对企业解散之后清算机构的称谓，在破产法中虽沿用清算组的概念，但仅强调其清算活动，并不能充分体现出这一机构在破产法上广泛的功能与职责，反而可能使人将破产程序与企业和公司法上的普通解散清算程序产生混淆。同时，清算组虽然直观地表达了它在破产程序中的目的和作用，但未阐明该机构在整个破产程序中的地位和权利责任，且清算组组成人员具有浓厚的行政色彩。根据相关规定，清算组成员来自破产企业和政府相关部门，而破产清算机构、律师事务所、会计师事务所等专业人员仅作为破产清算的辅助人员，承担部分破产清算职责，从而也导致清算组成员素质参差不齐，缺乏专业的知识技能。另外，清算组在工作中，过分依赖政府的指导，破产清算工作的重点难以放到保护债权人合法权益的领域。《企业破产法（试行）》也没有规定清算组及其成员的法律责任。根据当时法律有关规定，清算组及其成员只有损害债权人的利益或其他违法行为时，人民法院才给予纠正，且最多被解除不称职的清算组成员的职务，但并不需要承担因不法行为造成损失的行政责任或民事责任。所以，带有计划经济时代特点的清算组，并不能适应市场经济的发展和破产清算的实际需要，存在不少弊端。故需要结合我国的国情，重新确立破产管理人的相关制度。

（二）2006 年《企业破产法》

1986 年，我国制定了《企业破产法（试行）》，确立了清算组的专门机构，但缺乏清算组成员的选任、监督、权利、义务和报酬等规定。在

2006年，第十届全国人大常委会第二十三次会议通过了现行《企业破产法》，该法是我国破产制度发展的一次飞跃，有利于推进破产程序事项的顺利实施，有助于加强对债务人的管理，能够有效保护债权人利益，平衡债权人与债务人之间的关系。同时，《企业破产法》确立了破产管理人法律制度。其中在第三章具体确立了管理人制度，包括对管理人的选任机制、组成人员、监督机制、职责范围都进行了具体规定。《企业破产法》突破了《企业破产法（试行）》中清算组的官方地位，确立了管理人的以私法主体身份为主、兼具一定公职性质的破产程序当事人地位；制定了合理确定管理人的选任制度，在赋予法院指定管理人的权力同时，授予债权人会议申请更换权，突出了债权人私法自治的地位；完善了管理人的任职资格、职责内容和薪酬制度，以及法院和债权人会议对管理人的监督机制。这些规定基本确立了我国破产管理人中心主义原则，强调了管理人在破产程序开始后依法对债务人的财产进行接管、清理、保管、运营以及必要的处分，以更好地保护债权人的利益。为了配合管理人制度的实施，最高人民法院先后出台了《最高人民法院关于审理企业破产案件指定管理人的规定》《最高人民法院关于审理企业破产案件确定管理人报酬的规定》等司法解释，形成了具有中国特色的管理人制度。

但是，目前我国管理人制度仍存在许多问题。一是管理人结构不合理，管理人制度未提供具有经营能力和管理经验、专业技术知识的人员进入管理人的通畅入口；二是管理人指定方式及对管理人的管理存在不足，法院摇号、抽签方式指定的管理人有可能不能胜任复杂案件的管理工作，无法履职；三是管理人职责及与法院职能划分不清晰，管理人“缺位”与法院“越位”现象并不鲜见，管理人怠于履行职责容易导致其从破产程序中的决策者变为简单的执行者；四是管理人执业保障和队伍规范有序发展机制尚未形成等问题。

（三）2018年《全国法院破产审判工作会议纪要》

我国经济发展进入新常态，充分显现了我国传统经济发展方式存在的问题，特别是供给侧产能过剩、有效供给比较匮乏的问题。伴随着中央集中处置僵尸企业，多头并进、多措并举，一批落后企业和过剩产能存在的结构化矛盾充分暴露。而破产是解决企业深层次矛盾，优化资源配置，提升产业质量和效率的重要法治途径，破产制度也是现代化经济体系的一项重要制度。为推进“五位一体”总体布局和协调推进“四个全面”战略布局，人民法院认真落实中央部署，切实推进企业破产审判工作。通过审理企业破产案件，化解产能过剩，清理僵尸企业，建立完善破产审判工作机制，努力为企业市场化破产创造良好的司法环境。但是，随着企业破产工作的深入推进，一些问题和困难严重制约了破产制度的有效实施，有的甚至已成为制约企业依法顺利破产的重大障碍，主要表现在以下几个方面：一是部分企业和社会公众仍对破产存在认识偏差，破产审判在服务和推进供给侧结构性改革中的作用尚未得到充分发挥；二是破产相关配套制度尚不健全，人民法院处置僵尸企业的制度体系有待完善；三是重清算、轻重整的观念尚未得到根本扭转，破产重整制度的拯救价值未得到充分彰显；四是管理人的选任方式、考评机制、淘汰制度尚不健全，管理人制度体系亟待完善和改进；五是破产费用保障机制尚未有效建立，“三无企业”破产面临现实瓶颈；六是“执转破”工作机制尚未完善，通过破产化解执行难的作用尚未充分发挥。

针对管理人制度存在的缺陷，最高人民法院于 2018 年 3 月印发的《全国法院破产审判工作会议纪要》，对管理人制度的完善做了几个方面的构思，其内容包括完善管理人队伍结构、探索管理人跨区域执业、实行管理人分级管理、建立竞争选定管理人工作机制、合理划分法院和管理人的职能范围、进一步落实管理人职责、发挥管理人报酬的激励和约束作用、管理人聘用其他人员费用负担的规制、推动建立破产费用的综合保障制度、支持和引导成立管理人协会。这些内容的制定，将有效地完善我国管理人制度，提升管理人的职业素养和职业能力，强化对管理人的履职保证和有效监督。同时，为改善企业经营、优化产业结构提供了有力的制度保障。

第三节 我国破产管理人的特征

一、破产管理人概念

破产管理人一般是指，破产案件受理后依法成立的、在法院的指导和监督之下全面接管债务人企业并负责债务人财产的保管、清理、估价、处理和分配等事务的专门机构。不同的国家和地区对破产管理人有不同的称谓。在大陆法系国家一般称为“破产财产管理人”“破产管财人”，在英美法系国家则一般被称为“破产受托人”“破产接管人”。在我国旧破产法中称为清算组，新破产法中称为管理人。有些学者认为，破产管理人的概念有狭义和广义之分，所谓狭义的管理人是专指在破产宣告以后成立的全面接管破产企业、负责其财产清算分配的机构，因其职责是专门负责破产清算，所以也被称为破产管理人。广义的管理人除了负责破产清算事务之外，还可能负责重整等工作，在企业的重整、和解程序中也发挥相应的职能。

我国在新破产法草案的制定中，一开始也根据管理人在不同程序里的职责特点，分别确定相应的名称，包括破产案件受理时作为临时管理人，破产宣告后再改称为破产管理人，在和解程序中设置和解监督人，在重整程序中设置重整人、重整执行人、重整监督人等，在不同的程序中规定了不同的称谓。但为了概念统一，便于理解，统称为管理人。现行企业破产法并未对管理人的概念作出具体的规定，但明确规定了称谓、产生方式、管理人义务、管理人资格、管理人职责、管理人职业道德、管理人的报酬及辞职限制等内容。从管理人的历史演进过程可以看出，管理人是在破产程序中为适当管理和处分债务人的财产而产生的专门机构。具体来说，管理人就是指在破产程序进行过程中负责破产财产的管理、处分、业务经营以及破产进程相关方案的拟定和执行的专门机构。

二、破产管理人的特征属性

破产管理人是破产程序进行过程中存在的重要机构，是平衡相关利益的法定工作部门，甚至是破产程序能够顺利进行的关键。一般而言，破产管理人具有如下特征属性：

（一）独立性

破产管理人具有独立性，具体表现在两个方面：一是破产管理人可以按照自己的意志依法独立处理破产相关事务，并不属于政府部门或者法院的附属部门，也不是债权人或者债务人的代理人，其职权并非源自法院、政府或者其中一方当事人的授权，而是由法律直接规定；二是破产管理人有相应的责任能力，有自己独立的财产，并能以此对外承担责任。这样，如果破产管理人实施的行为损害了债权人或者其他利害关系人的利益，法院可以根据职权或者当事人、其他利害关系人的申请，及时追究破产管理人的责任。破产管理人被选任后，之所以具有相对的独立性，在职权范围内不受法院、政府等其他组织的任意干涉，是因为相关破产事务的工作需要在相对独立的环境下进行，也有利于形成对破产管理人的监督制衡机制，督促破产管理人的工作，同时还能调动破产管理人的主动性和积极性，增加破产管理人履行职权和职责的自觉性。

根据我国企业破产法第二十四条的规定，管理人可以由有关部门、机构的人员组成清算组或者由依法设立的律师事务所、会计师事务所、破产清算事务所等社会中介及具备相关专业知识并取得执业资格的人员担任。这明确了我国破产程序中的管理人，既不属于法院的审判机构，也不属于债权人或债务人的内设机构，而是由具备相关资质的社会中介机构或个人担任，确定了管理人在法律上有独立的主体资格，独立行使权利、履行职责，同时承担相应的法律责任。

（二）中立性

中立性是指破产管理人不代表破产程序中任何一方的利益，既不能代表债权人，也不能代表国家机关，更不能代表债务人，破产管理人只是一个中立组织。各方法律主体的实体利益变化不会影响到破产管理人的利益。破产管理人保持中立，是在破产程序中能公平清理债权债务，更好地实现债务人和债权人合法利益目的的必要条件。破产程序牵涉的主体较多，不仅有破产企业、破产企业的管理层与职工、破产债权人、取回权人、别除权人，还有政府等，都是利害关系人。破产管理人在处理破产事务过程中，既不能站在破产企业的立场上无端否定债权人的利益，也不能盲目确定债权人利益而损害破产企业的合法权利，应始终保持中立，客观公正地处理破产事务，平衡破产企业与债权人、债权人与债权人之间的利益，平等地维护破产企业与债权人的合法利益。

为保证管理人的中立性，我国企业破产法参照大多数大陆法系国家选择法院选任即职权主义模式，最终管理人报酬仍由法院决定，债权人会议仅有异议权，这最大限度地保证了管理人中立的立场。另外，管理人独立于破产程序中的其他当事人及利害关系人，能独立进行意思表示，只需遵守法律规定即可，不受债权人、债务人或其他利害关系人的干涉，从而保证了管理人的中立性。

（三）专业性

专业性是指破产管理人应具备相应的专业技能及资格。在破产程序中，为提高破产管理人的工作效率，要求破产管理人应具备专业性。特别是在破产程序中，破产事务比较烦琐，破产管理人的工作除了债权登记、破产财产的管理、估价、处理、分配外，还要参加与破产企业相关的诉讼活动和安抚破产企业职工等事务。既有实体性的事务，也有程序性的事务，既有法律事务，也有财会事务等，都需要具备相应的专业能力。这样才能促使管理人高效地完成工作，使各方利害关系人利益最大化，保证破产程序的顺利进行。

现行企业破产法吸收了管理人应当具备专业资格的国际惯例，对管理人采用资格准入制度，明确规定管理人可以由有关部门、机构的人员组成的清算组或者依法设立的律师事务所、会计师事务所、破产清算事务所等社会中介机构担任，即管理人应当是有一定的专业知识和技能、具备相应专业资格的人。此举有利于顺利处理破产程序中的繁杂事务，使破产程序有序进行，同时保障破产程序的效率目标，推动破产程序公平公正目标的实现。

（四）法定性

管理人自被法院指定之日起，就开始承担相应的职责，具体承担哪种职责及在哪个破产环节中承担，法律都作了规定。管理人依法管理债务人的全部财产，其工作渗透到破产程序的各个环节，随着破产程序的启动而开始，直到破产程序的终结而结束。管理人在每个环节的履职都须按照法律的规定，从事法律行为。其履职过程，并不是受法院安排，也不是依照与债务人、债权人达成的协议，而是法定职责。我国企业破产法第二十五条也明确具体地列举了在破产程序中管理人应当履行的职责，主要包括接管债务人，管理破产债务人的财产，清理破产财产，变价、分配破产财产等几个方面。同时，在破产程序中管理人的职责重大，为了防止管理人滥用权力，有必要对管理人实行监督。我国企业破产法也规定了管理人应当勤勉尽责，忠实执行职务。若管理人违反职责和义务，造成债务人或债权人的财产受损的，应当承担赔偿责任。

（五）临时性

管理人是在破产程序中临时组建的，这里的临时性主要是指破产管理人作为破产关系主体而言。其来源于破产法律程序和破产法律关系的阶段性。根据我国企业破产法相关的规定，法院裁定受理破产申请的，应当同时指定管理人。同时，在破产清算程序中，管理人在破产裁定终结后，持人民法院终结破产程序的裁定，向破产人的原登记机关办理注销登记；管理人于办理注销登记完毕的次日终止执行职务，但是存在诉讼或仲裁未决情况的除外。在破产重整程序中，管理人监督重整计划的实施，若债务人企业恢复正常运行，管理人终止执行职务。因此，管理人是因破产案件需要而临时组建的，并不是一直都存在的。

第四节　破产管理人的地位及基本义务

破产管理人的法律地位是指破产管理人与其他主体相互间的关系。对于破产管理人处于一个什么样的法律地位，理论界有多种不同的观点，不同法系下各有不同。英美法系破产法崇尚债权人自力救济，以英美法系的信托理论为基础，破产信托说占英美法系对于破产管理人法律地位理论的主流思想。而大陆法系下以德国为首对破产管理人法律地位理论争论不断，主要分为代理说、职务说、破产财团代表说、管理机构人格说，主流学说为机构说。我国破产法对管理人的法律地位定义模糊，具体规定不甚明晰，导致在司法实践中，出现很多诉讼主体资格乱用的现象。为此，在破产案件的诉讼中我们需要具体分析债务人、管理人、债权人及第三人在破产案件中的民事法律关系，结合破产法相关规定，对管理人的法律地位进行确定。破产管理人作为破产程序中核心参与主体，不仅需要对债务人及相关利益主体负责，也需要对法院负责，为了避免破产管理人滥用职权，法律规定了破产管理人的基本义务，但破产管理人的义务并不以破产法规定为限。一般来说，破产管理人的基本义务可以分为注意义务和忠实义务。破产管理人的注意义务本质上是一种管理型的义务，是破产管理人在管理破产财产时应运用自己的才能、技能、知识、判断和经验达到某种标准的义务。破产管理人的忠实义务是一种道德性、消极性义务，其功能主要是克服破产管理人可能存在贪婪心理而造成的自私行为。

一、破产管理人的法律地位

我国企业破产法虽引入了破产管理人的概念，但对破产管理人法律地位只是做了模糊的表述，没有具体明确的规定。破产管理人的法律地位是构建完善的破产管理人制度的基本理论基础，是确定其权利、义务和职责的前提，是将破产管理人的选任、解聘等程序合法化。明确破产管理人的法律地位，有效清晰界定破产管理人的本质和职能，有利于破产管理人自身工作的开展，也能有效约束破产管理人。

破产程序中，破产管理人处于何种法律地位，不同的学说在理论价值上存在不同的选择。而破产管理人法律地位的不同，也反映了各国破产程序在功能模式上存在较大差异。对于破产管理人的法律地位，大陆法系的理论代表学说主要有代理说、职务说、破产财团代表说、管理机构人格说等几种理论；英美法系基本以破产受托人理论为主，而我国法律并没有明确规定破产管理人的法律地位。

（一）大陆法系关于破产管理人法律地位的学说

1. 破产管理人代理说

破产管理人代理说是运用民法中代理理论来解释破产管理人法律地位的学说，是关于破产管理人法律地位最早的学说，源于破产程序的自立救助义务。该学说认为破产程序本质属于非诉程序，主要解决债务人和债权人之间的私人清偿问题，其所形成的法律关系为私法范畴，并不具有公权色彩，而具有一般民事代理的特征，即破产管理人实质上代表被代理人的利益，以被代理人的名义参加破产相关事务。产生代理说的原因主要有两点：一是破产程序是一种民事程序，破产管理人执行的非国家职务，实际与公权无关，本质上还是私法范畴，因此产生的法律关系是一种民事代理法律关系；二是破产管理人在破产程序中的行为后果均由破产当事人的一方承受，管理人无须承受，该特征与民法中的代理关系贴近，所以破产管理人的法律地位用代理理论进行解释比较合适。

而根据破产管理人代表的利益不同，代理说主要分为债权人代理说、债务人破产代理说、债务人和债权人共同代理说。

（1）债权人代理说

该学说主张破产管理人是债权人的代理人，代理债权人管理、处分破产财产并行使撤销权，其代理效果归属于全体债权人。该学说认为，基于破产宣告，全体债权人取得对破产财产的扣押质权，破产管理人乃代理行使该权利。该学说主要依据是在破产程序中，破产管理人享有撤销权。而撤销权本来应该是破产债权人的权利，但却由破产管理人代为行使。这表明了破产管理人享有的撤销权是对债权人权利的继受，管理人本质上是债权人的代理人。而该学说又可以进一步分为个别破产债权人说和全体债权人的法定代理人说。

（2）债务人破产代理说

该学说认为，在破产程序中，债务人只是暂时丧失对破产财产的管理和处分的权利，但并没有被剥夺对自己财产的所有权。破产管理人依照法律的规定以债务人的名义对债务人的财产进行管理和处分，并非以破产管理人的名义作出，但管理和处分行为的效力及于债务人。特别是破产管理人代债务人提起有关破产财产的诉讼或者应诉，诉讼当事人应为债务人，而破产管理人代理债务人的相关事务，与民法中代理的构成要件类似。所以，破产管理人应当是债务人的代理人。

（3）债务人和债权人共同代理说

该学说糅合了前两种学说的内容，认为破产管理人可以代理债权人，也能代理债务人。破产管理人在管理处分破产财产时是债务人的法定代理人；在为债权人利益执行职务时，又是债权人的代理人，根据具体情况不同而轮换角色。

2. 破产管理人职务说

该学说从破产程序的性质切入，认为破产程序是为全体债权人的利益而进行的概括性强制性执行程序，破产管理人是基于职务而从事破产清算事务，因而其行为的法律性质是一种职务行为。该学说又分为公法上的职务说和私法上的职务说。

公法上的职务说认为，破产是国家为保护私权而设立的破产管理人执行职务制度，破产管理人是法院选任管理和处分破产财产的机构，不代理债务人和债权人，与代理性质无关，管理人类似于国家执行机关，债务人和债权人无权干涉管理人行使职务，同时管理人在行使职务时既要维护债权人的权利，也要保护债务人的利益不受侵害。私法上的职务说认为，破产管理人执行职务是以私人名义进行的，是行使国家事务委托之私法上的职务。既然破产管理人在债务人财产的诉讼中基于职务而成为原告或被告，如依照公法上的职务说之观点，则国家机关就成为民事诉讼中的当事人，这显然与国家机关一般不能成为民事诉讼中的诉讼主体相矛盾。因此，破产管理人在更多层面上应为私法上的职务。

3. 破产财团代表说

破产财团代表说也叫机关说，是建立在破产财团具备法人主体资格的理论认知上的，主要目的是为了克服代理说和职务说的不足。该学说认为，破产程序开始后，债务人财产取得独立的主体资格，债务人失去了对其财产的管理权和处分权。破产财团以破产管理人为代表机关，即破产财产是破产法律关系的客体，该学说将破产财产客体地位一跃而上升为主体地位，而破产管理人是这部分人格化财产的代表。

目前，很少有国家明确规定破产财团具有法律资格，该学说不以任何特定的利害关系为背景，厘清了破产程序中破产管理人与债权人、债务人、法院之间的法律关系，促进了破产管理人对破产财产的管理，有利于解决破产宣告前债权债务关系承接等问题，也能够满足债权人清偿的要求。破产财团代表说虽解决了代理说和职务说的矛盾，但其亦存在理论缺陷：第一，各国立法及判例未明确破产财团的法律地位，破产财团是否取得独立主体地位，还存在争议；第二，在破产程序中，破产管理人均以自己的名义从事活动，没有以破产财团的名义进行；第三，理论上，破产管理人作为破产财团的代表机关，应有自己独立的意思表示，但实务中，破产管理人实施的某些行为还需经过法院或债权人会议同意。

4. 管理机构人格说

管理机构人格说既不承认破产管理人具有独立主体资格，也不承认破产管理人是破产财团的代表机关。该学说认为，应当赋予破产管理人法人资格，由破产管理人对破产财产行使管理权及处分权。具体来说，就是将破产管理人的概念划分为管理机构和执行者两种，应承认管理机构的破产管理人具有法人资格，认可其对破产财产具有管理处分权利。

（二）英美法系关于破产管理人法律地位的学说

英美法系国家在法律上明确了破产管理人的法律地位，将财产法上的信托观念引入破产法，在破产法中明确规定了破产管理人作为破产财产的受托人。如美国联邦破产法典第三百二十三节规定，破产管理人是破产财团的代表，它以自己的名义起诉或被诉。其性质就是受托人，债务人和破产管理人之间属于信托关系，破产债权人是受益人，破产管理人是受托人，破产管理人基于信托管理处分破产财产。根据信托原理，破产管理人基于法律拟制信托关系取得独立的主体资格，可以以自己的名义对外从事民事活动，但破产管理人作为受托人，在管理和处分破产财产时必须由债权人或其他代表监督。

（三）我国对破产管理人法律地位的学说

根据我国法律规定，破产管理人法律地位有不同的认定及发展。

结合我国《企业破产法（试行）》的规定，将管理人定位为破产清算组，有的学者认为破产清算组应被界定为准司法机构，本质上属于职务说的范畴。主要理由有几个方面：首先，法院指定清算组成员，不是由债权人会议选举产生或者法院与债权人会议共同形成；其次，破产清算组成员来自国家有关职能部门，即由企业上级主管部门、政府财政部门、审计、税务等有关专业人员组成；再次，清算组成员被法院指定后，不可以随便辞去职务，意味着清算组是执行法院指派的职务；最后，《企业破产法（试行）》第二十四条规定，“清算组对人民法院负责并报告工作，清算组的监督主体是法院”。

依照我国现行企业破产法的规定，管理人由人民法院指定。管理人需出席债权人会议，向债权人汇报职务执行情况，并回答询问。所以，有的学者认为管理人应被界定为由法院指定的在破产程序中具有独立法律地位的执行破产事务的人。管理人对外代表企业，可以以债务人企业的名义起诉、应诉，其后果由债务人企业承担。根据我国目前对管理人的定位，倾向于英美法系的破产受托人的法律地位。

我国学者对管理人的法律地位还有以下几种观点：

1. 清算法人机构说。该学说认为，企业被宣告破产以后，成为清算法人，以破产财产为基础作为其具有法人资格的财产权基础，在破产财产的基础上进行必要的民事活动，国家可以通过立法赋予其清算法人机构。但该学说与我国破产法的规定有冲突。

2. 特殊机构说。该学说认为在破产程序中，管理人具有独立的法律地位，它既不是破产程序中的当事人，也不是专门的国家机关，管理人只是接管破产企业并对破产财产进行清算的特殊机构。

3. 破产企业法定代表人说。该学说认为，在清算过程中，破产企业的法人人格还存续，仍可称为权利主体，因此清算组是破产企业的法定代表人，对外代表破产企业进行必要的民事活动，对内则进行破产财产的处置和分配，管理人行为效力和参加诉讼的结果都归属于破产企业。

4. 双重地位说。该学说认为清算组具有双重性质，既是具有独立人格的“独立民事主体”，又是协助法院进行破产程序的“清算执行组”。该学说体现清算组具有多元化身份。

二、破产管理人的基本义务

所谓破产管理人义务是指管理人在执行职务的过程中，应当遵守的道德操守及法律规定的义务。破产管理人的义务由法律明确规定，但并不以破产法的规定为限。为防止破产管理人在履行职责过程中滥用职权，法律要求破产管理人在履行职责中承担对应的义务，以避免损害其他主体的权益。破产管理人的义务有几个特征：一是身份义务。破产管理人的义务源于破产管理人的身份，若不具有破产管理人身份，就不需要承担破产管理人的义务。二是法定义务。破产管理人的义务不因当事人约定而产生，而是基于法律规定而产生。三是财产性义务。在破产程序中，破产管理人的职责主要是管理、处分破产财产，所以破产管理人的义务也体现为财产性义务。四是非自益性义务。在破产程序中，破产管理人履行的义务是为了债权人、债务人的利益，并非为了自身的利益，符合非自益性的特征。

各国的破产法对破产管理人义务的规定有所不同。结合我国企业破产法第二十七条规定“管理人应当勤勉尽责，忠实执行职务”，主要可以归纳为两个义务，即注意义务与忠实义务。这两种义务被称为一般性义务，是破产管理人在任何破产程序中、执行任何职务时都必须遵守的普遍义务，也是衡量破产管理人职务执行效果的一般标准。

（一）破产管理人的注意义务

不同法系在破产法中对破产管理人的注意义务规定不尽相同。大陆法系破产法规定的注意义务主要是指破产管理人在履行职责的过程中应尽善良管理的注意义务。例如，德国《支付不能法》第六十条明确规定：“破产管理人负有善良应尽的义务。”日本《破产法》第八十五条规定：“破产管理人必须以善良管理人的注意执行其职务。破产管理人疏忽善良管理人的注意时，应对利害关系人负连带损害赔偿责任。”在大陆法系中，善良管理人的注意义务本质上是一种判断行为人是否存在过失及过失程度的客观标准。对于善良管理人注意义务，有学者认为是民法中的善良注意义务。也就是说，破产管理人承担的是一般义务。英美法系在破产法中引入信托法的机制，将破产管理人定位为受托人，适用的是关于信托法中受托人义务的规定。而受托人的注意义务是指受托人在信托管理中负有运用管理人在处理自己事务时所应有的谨慎和技巧。

我国企业破产法第二十七条中规定了管理人应当勤勉尽职，忠实执行职务，且在第一百三十条规定了管理人未尽到勤勉尽职、忠实义务的法律责任。从法条中可以看出，我国管理人承担的不是大陆法系中的善良管理义务，也不是英美法系中的受托人注意义务，其应属于不完整意义上的注意义务。

我国管理人注意义务，也称勤勉义务，是指管理人应以尽职尽责的、谨慎的工作态度履行职务，必须具备履行岗位职责所必需的职业技能，在工作过程中，应诚信地尽到普通人在相同或者类似情况下的合理注意义务。注意义务在本质上是一种管理型义务，是管理人在管理破产财产时应运用自己的才能、技能、知识、判断和经验达到某种标准的义务。在我国企业破产法中只是原则性地规定了注意义务，即只规定了管理人应承担勤勉义务，但没有进一步明确勤勉义务的审查标准。实践中，对于管理人是否违反注意义务的判断标准，可以参照公司法对董监高（董事、监事、高管）注意义务的认定标准进行判断：首先，管理人是否具备一定的能力资格，能否胜任破产管理人地位并且具备相关能力；其次，管理人的责任不能转让，不可以以任何方式将自己应承担的职责部分或全部转让给他人；再次，在履行职责过程中，不能因管理人履行职责不及时造成债务人财产的损害；最后，管理人应保持谨慎，在预见到不利后果时，应积极采取措施避免该结果发生。

为了尽到注意义务，管理人可以在履职过程中注意以下几个方面：（1）谨慎接管债务人移交的全部财产和与财产有关的一切账册；（2）对破产财产的管理处分；（3）对破产债权的调查审查；（4）对取回权、别除权的标的物的善管义务；（5）尽心处理各种诉讼或仲裁活动；（6）依法变现和分配破产财产；（7）向法院、债权人和其他利害关系人报告工作和通告信息；（8）请求召开债权人会议；（9）审慎选择委托提供相关服务的专业人士；（10）与破产程序相关的其他注意义务。当然，如果管理人涉及从事公司经营业务时，还须遵循公司法关于董事注意义务的规定。

（二）破产管理人的忠实义务

忠实义务的制度功能主要在于克服破产管理人可能存在贪婪心理而因

此实施的自私行为。忠实义务也称信义义务，来源于英美法系的信托法理论，是指破产管理人在履行职责时，必须竭尽忠诚地为相关利益主体的最大利益毫无保留地努力工作。当自身利益与相关利益主体的利益发生冲突时，应以相关利益主体的利益为重。忠实义务是一种消极性的义务，在法律条文上通常以“不得”“禁止”等字眼体现。忠实义务的实质在于利益冲突。破产管理人违反忠实义务的实质是指以牺牲相关利益主体的利益为代价而为自己谋取不正当利益。破产管理人的忠实义务和注意义务明显的区别在于，注意义务要求破产管理人必须尽最大限度去管理债务人的财产，忠实义务要求破产管理人不得为了自己的利益，而必须为债权人或债务人的利益去履行职责。

破产管理人忠实义务的主要内容有：一是忠实的对象是全体利害关系人，不仅包括债权人、其他利害关系人，还包括债务人的职工、相关的投资人以及政府等。二是忠实义务的标准主要强调的是破产管理人实施的行为必须是公正的。破产管理人不能做出损害债权人和其他利害关系人利益的行为，同时不能利用自身的职务获取个人利益。三是在破产程序中，破产管理人利用执行职务上的便利为自己牟取利益的行为都可能被认定为其违反忠诚义务，主要有以下几个表现：（1）私自收取佣金、回扣、贿赂等，损害其他利害关系人的利益；（2）滥用破产企业获取的机会和信息；（3）进行自我交易；（4）侵吞破产财产；（5）违背竞业禁止原则；（6）担任利益冲突的职务；等等。

对于破产管理人违反上述义务的民事责任，有的学者认为破产管理人承担民事责任应采取无过错责任原则，有的则认为应以过错推定责任原则与无过错责任原则相结合进行认定，但主流观点采用的是过错原则。同时其在最高人民法院判决中体现为表明勤勉忠实义务的判断应限定于破产管理人有故意或重大过失范围内。例如，在河南安彩高科股份有限公司与华飞彩色显示系统有限公司管理人责任纠纷申请再审案中，最高法院认为破产管理人勤勉尽责的判断标准应当限定为破产管理人有故意或重大过失的范围，而且必须有充分的证据证明破产管理人故意或重大过失导致破产财产损失时，破产管理人才承担民事赔偿责任。

从计划经济到改革开放，再到 2007 年破产法的重大修改，至 2014 年的破产审判制度的改革，我国破产管理人制度得到不断的发展，但仍存在诸多问题，例如破产管理人队伍建设的停滞不前等。为适应经济新常态下我国经济发展形势的需要，最高人民法院决定对破产审判工作的体制和运行机制进行改革，来推动破产审判工作，其主要内容就包括推动建立破产管理人工作运行机制和管理机制。关于我国破产管理人制度的未来，最高人民法院咨询委员会副主任杜万华2020年11月20日在宁夏破产业务高峰论坛的主旨演讲中提出了几个观点：一是明确破产管理人工作的指导思想和基本原则；二是明确破产管理人的职责；三是管理人要注意处理好与法官、当事人、行政机关等的关系。结合我国国情，我国破产管理人制度在不断发展与完善，逐步形成了稳定的模式。

第二章 管理人的基本制度

管理人是指依照破产法的规定，在人民法院受理破产申请时由人民法院指定并在人民法院、债权人会议等相关主体的监督下，在破产程序中专门负责管理债务人财产、处理相关事务，履行法定职责的权利义务主体。管理人制度则是由破产法规定，从管理人任职资格、选任、职责、报酬、监督等方面所架构的基本制度。管理人作为在整个破产程序中举足轻重的角色，对于如何使债权人、债务人和以职工为代表的社会利益三方都能满意，既实现资源的优化配置，又有效地保护社会利益，最终达到和谐是至关重要的。破产法确立的管理人制度，是我国破产立法方面的一项全新的制度，适时地成为市场化、专业化、法制化解决企业破产的必然产物，符合社会主义市场经济规律。

第一节 管理人的选任制度

管理人的选任制度可以说是管理人制度的“门槛”，也是“基石”。管理人的业务素质高低与道德水平状况是破产程序能否顺利进行的重要条件，管理人只有具备相应的专业知识和经验，才能有条不紊地处理破产案件可能遇见的疑难问题，管理好债务人企业，为债权人争取到最大的利益。而管理人具有良好的品行、个人素质和信誉，才能保证在破产程序中的独立主体地位。同时，破产法规定的选任模式目的在于增加其公平性、中立性，以确保管理人能平衡各方主体的利益。那么，如何选任某一特定破产案件的管理人呢？首先，需要通过管理人积极任职资格和消极任职资格两个方面来明确胜任破产管理任务的基本条件。其次，需要通过确立管理人选任模式来明确由谁确定管理人、如何确定管理人的问题。

一、积极任职资格

在国际上，多数国家规定管理人为自然人。即使在规定了机构管理人的立法例中，也没有对自然人管理人所承接的破产案件作出限制。相比较机构管理人，很多国家认为机构并不可靠，无法有效追责。为了确保管理人专业水准，部分国家法律规定了专门的破产管理人职业资格考试制度；有的国家虽然没有专门的职业资格考试制度，但明确规定破产管理人从法律或者会计从业人员中挑选。

而我国立法上却有所区别。《企业破产法》第二十四条第一款、第二款规定："管理人可以由有关部门、机构的人员组成的清算组或者依法设立的律师事务所、会计师事务所、破产清算事务所等社会中介机构担任。人民法院根据债务人的实际情况，可以在征询有关社会中介机构的意见后，指定该机构具备相关专业知识并取得执业资格的人员担任管理人。"由此看出，根据破产法规定，管理人积极任职资格在于具备符合条件的清算组、社会中介机构或自然人的身份条件。

1986 年，《企业破产法（试行）》还未完全引入管理人制度，在经济形势和特殊国情的双重背景下确立了清算组处理破产案件事务的规定。由于同时期公司法、商业银行法、保险法等相关法律及相关国有企业政策性文件仍保留同样由清算组处理破产案件的规定，现行《企业破产法》沿用了《企业破产法（试行）》中关于由有关部门、机构人员组成清算组作为管理人的规定，可以说清算组担任管理人成为我国管理人制度的一大特色。清算组担任管理人，其组成人员的特殊身份也便于处理一些具有特殊背景和性质的债务人企业案件。与其他社会中介机构或自然人管理人相比，清算组的专业性、中立性、独立性可能稍有逊色，但在针对特殊机关主体协调、债务人企业职工安置、处置优化债务人财产等方面颇具优势，特别是在市场经济不发达地区尤其明显。在司法实践中，清算组处理破产案件同样也吸取了专业知识和经验不足的教训，逐渐在组成人员上放开了原先只能从内部人员选择的惯例，开始吸纳外来专业人士参与，有效地弥补清算组模式的不足，发挥其优势。

管理人需要具备相应的法律专业知识和财务专业知识，因此《最高人民法院关于审理破产案件指定管理人的规定》明确了律师事务所、会计师事务所、破产清算事务所具备管理人的资格。律师事务所、会计师事务所都具备一定专业性领域上的优势，法律对其设立、组织形式等都有迹可循，很容易理解两类社会中介机构担任管理人的意义所在。同时，由律师事务所、会计师事务所担任管理人在一定程度上也减少了在衍生诉讼或审计工作中需要外聘专业人员所需的费用。另外，破产清算事务所作为新兴的专为承担破产业务所成立的机构，当然也具备担任管理人的资格。但不能否认的是，破产清算事务所作为现行企业破产法应运而生的新兴产物，在目前法律体系中尚未制定具体规定。所以对于破产清算事务所的设立、组织形式及组成人员还处于一个悬而未决的模糊状态。在司法实践中，破产清算事务所多由律师、会计师、评估师等专业人士组成，可以说是社会中介机构中综合性水平最高的一个。但因业务的单一性和局限性，以及破产管理人产生方式的随机性，破产清算事务所数目在管理人中难以占据主流位置。除了上述三种事务所以外，法理上是为其他中介机构留有空间的。法律规定列举律师事务所、会计师事务所、破产清算事务所，却也以“等”字包含了其他符合条件的社会中介机构，例如资产评估公司、资产管理公司、证券公司等。

《最高人民法院关于审理企业破产案件指定管理人的规定》第十七条规定：“对于事实清楚、债权债务关系简单、债务人财产相对集中的企业破产案件，人民法院可以指定管理人名册中的个人为管理人。”依据该规定并结合企业破产法第二十四条第二款，可以看出社会中介机构中符合条件的自然人是可以以自身名义担任管理人，但只能是事实清楚、债权债务关系简单、债务人财产相对集中的破产案件。从立法上将自然人管理人排除在其他普通企业破产案件和重大、复杂的企业破产案件之外，一定程度上反映了立法者对自然人管理人履责能力和承责能力的疑虑。其实相比较清算组和社会中介机构，自然人管理人的履责能力和承责能力确实较为薄弱，加上信用制度的缺位，更会让债权人对自然人管理人赔偿能力产生怀疑。故企业破产法明确规定个人担任管理人的，应当参加责任保险，用以提高其责任能力。在司法实践中，虽然各地编制的管理人名册中大多数均有自然人管理人的存在，但实际上这些自然人通常都是在业务能力较强、专业能力突出的律师事务所或者会计师事务所任职。而且，目前市面上针对破产案件所设的责任保险可以说少之又少，即使有的保险机构设立了这类险种，也难以覆盖整个破产程序中的责任风险。所以，以机构管理人的身份担任大型复杂、疑难破产案件的管理人，要比以自然人管理人身份担任简单破产案件选择面更广、更具有代表性。面对破产程序中繁重的管理工作，个人管理人是很难独立完成的，实质上需要相关团队辅助完成。限制自然人管理人承接案件范围，一定程度上是考虑到这一点，但也抑制了自然人管理人的积极性，架空了我国个人管理人制度。

针对我国目前破产实务中管理人业务素质参差不齐的情况，理论界有学者提出应借鉴统一司法考试制度和注册会计师制度，建立一种管理人的执业资格考核制度。这也是参考了国外的相关立法，例如英国专职管理人的特殊考试和培训制度。但也有学者提出额外设置管理人执业资格考试，无异于对已经通过注册会计师考试和国家司法考试的专业人员增加了障碍。所以，是否需要建立及如何对管理人建立专门的考核制度，还需要各界专家进一步摸索实践。

二、消极任职资格

国际上，对于管理人消极任职资格的规定较为统一。大多数国家均规定受过刑事处罚的人不得担任破产管理人，破产管理人应独立于债务人、债权人。在法国，法律还规定破产管理人应有良好的声誉，参加破产管理人资格考试的报名者不得有除名、被吊销专业证书、被从破产管理人名册除名等纪律处分或行政处分，也不能受到过破产法领域内的任何职业处分。

我国企业破产法第二十四条第三款规定："有下列情形之一的，不得担任管理人：（一）因故意犯罪受过刑事处罚；（二）曾被吊销相关专业执业证书；（三）与本案有利害关系；（四）人民法院认为不宜担任管理人的其他情形。"该款规定明确了管理人的消极任职资格有三点：故意犯罪、吊销证书和有利害关系。而第四点则是一个兜底条款，由人民法院予以认定不宜担任管理人的情形。

第一点，因故意犯罪受过刑事处罚的人不得担任管理人。该项规定"故意犯罪"采取了与律师法第七条第二项同样的标准，将过失犯罪排除在外。众所周知，管理人统筹破产管理事务，必须保持自身中立性、独立性，所以必然应具有良好的品行、素质和个人信誉。故意犯罪受过刑事处罚的，自然表明其资质、能力乃至品行有瑕疵，若对此不予以限制，则对于破产程序的推进有着重大影响。立法者为何将过失犯罪排除在外，也是考虑到如果是过失犯罪，如因交通肇事犯罪，则与管理人的资质、能力没有直接关系，不应影响其担任管理人的资格。其实在立法初期的企业破产法（草案）中还曾加入"不良记录"这一限制，但因"有其他不良记录"的规定过于笼统，如因治安违法行为受到处罚（乱扔垃圾等），或者购买商品房在归还贷款过程中存在过违约情况，都应当属于不良记录，但对担任管理人来说，可能并不构成资格障碍，而且此规定对人民法院来说难以准确把握，所以最后将此部分内容删除。

第二点，曾被吊销相关专业执业证书的人不得担任管理人。就这点而言，主要针对的是会计师、律师这类有专业执业证书的自然人或机构。以律师行业为例，律师法第四十九条规定："律师有下列行为之一的，由设区的市级或者直辖市的区人民政府司法行政部门给予停止执业六个月以上一年以下的处罚，可以处五万元以下的罚款；有违法所得的，没收违法所得；情节严重的，由省、自治区、直辖市人民政府司法行政部门吊销其律师执业证书；构成犯罪的，依法追究刑事责任：（一）违反规定会见法官、检察官、仲裁员及其他有关工作人员，或者以其他不正当方式影响依法办理案件的；（二）向法官、检察官、仲裁员以及其他有关工作人员行贿，介绍贿赂或者指使、诱导当事人行贿的；（三）向司法行政部门提供虚假材料或者有其他弄虚作假行为的；（四）故意提供虚假证据或者威胁、利诱他人提供虚假证据，妨碍对方当事人合法取得证据的；（五）接受对方当事人财物或者其他利益，与对方当事人或者第三人恶意串通，侵害委托人权益的；（六）扰乱法庭、仲裁庭秩序，干扰诉讼、仲裁活动正常进行的；（七）煽动、教唆当事人采取扰乱公共秩序、危害公共安全等非法手段解决争议的；（八）发表危害国家安全、恶意诽谤他人、严重扰乱法庭秩序的言论的；（九）泄露国家秘密的。律师因故意犯罪受到刑事处罚的，由省、自治区、直辖市人民政府司法行政部门吊销其律师执业证书。"第五十条规定："律师事务所有下列行为之一的，由设区的市级或者直辖市的区人民政府司法行政部门视其情节给予警告、停业整顿一个月以上六个月以下的处罚，可以处十万元以下的罚款；有违法所得的，没收违法所得；情节特别严重的，由省、自治区、直辖市人民政府司法行政部门吊销律师事务所执业证书：（一）违反规定接受委托、收取费用的；（二）违反法定程序办理变更名称、负责人、章程、合伙协议、住所、合伙人等重大事项的；（三）从事法律服务以外的经营活动的；（四）以诋毁其他律师事务所、律师或者支付介绍费等不正当手段承揽业务的；（五）违反规定接受有利益冲突的案件的；（六）拒绝履行法律援助义务的；（七）向司法行政部门提供虚假材料或者有其他弄虚作假行为的；（八）对本所律师疏于管理，造成严重后果的。律师事务所因前款违法行为受到处罚的，对其负责人视情节轻重，给予警告或者处二万元以下的罚款。"两条规定列明吊销律师执业证及律师事务所执业证书的情形，其实也是在另一种形式上扩大了不能担任管理人的情形。

第三点，与本案有利害关系的人不得担任管理人。"利害关系"这一概念的认定在司法实践中较易于引起争议。《最高人民法院关于审理企业破产案件指定管理人的规定》第二十三条规定："社会中介机构、清算组成员有下列情形之一，可能影响其忠实履行管理人职责的，人民法院可以认定为企业破产法第二十四条第三款第三项规定的利害关系：（一）与债务人、债权人有未了结的债权债务关系；（二）在人民法院受理破产申请前三年内，曾为债务人提供相对固定的中介服务；（三）现在是或者在人民法院受理破产申请前三年内曾经是债务人、债权人的控股股东或者实际控制人；（四）现在担任或者在人民法院受理破产申请前三年内曾经担任债务人、债权人的财务顾问、法律顾问；（五）人民法院认为可能影响其忠实履行管理人职责的其他情形。”第二十四条规定：“清算组成员的派出人员、社会中介机构的派出人员、个人管理人有下列情形之一，可能影响其忠实履行管理人职责的，可以认定为企业破产法第二十四条第三款第三项规定的利害关系：（一）具有本规定第二十三条规定情形的；（二）现在担任或者在人民法院受理破产申请前三年内曾经担任债务人、债权人的董事、监事、高级管理人员的；（三）与债权人或者债务人的控股股东、董事、监事、高级管理人员存在夫妻、直系血亲、三代以内旁系血亲或者近姻亲关系的；（四）人民法院认为可能影响其公正履行管理人职责的其他情形的。”该司法解释对“与本案有利害关系”进一步进行了细化解释。与本案有利害关系者，不得担任管理人，以免影响公正履行管理人职责，这是各国破产立法的通例。从各国立法的具体规定看，对是否存在利害关系的认定主要是从身份关系、业务关系、利益关系等方面考虑。因各国国情不同，对利害关系限定范围的规定、宽窄也有所不同。在我国，根据该司法解释的规定，对“利害关系”主要是从经济关系、业务关系、身份关系方面界定的，除了条文明确的具体标准认定外，还赋予了人民法院较大的自由裁量权，法官可以实质性判断是否存在可能影响公正、忠实履行管理人职责的情形。实践中对于为债务人、债权人提供个别审计服务和个案代理的会计事务所和律师事务所一般不认为与本案有“利害关系”。

第四点是一个兜底条款，但《最高人民法院关于审理企业破产案件指定管理人的规定》也对其进行了细化解释。该司法解释第九条规定：“社会中介机构及个人具有下列情形之一的，人民法院可以适用企业破产法第二十四条第三款第四项的规定的利害关系：（一）因执业、经营中故意或者重大过失行为，受到行政机关、监管机构或者行业自律组织行政处罚或者纪律处分之日起未逾三年的；（二）因涉嫌违法行为正被相关部门调查的；（三）因不适当履行职务或者拒绝接受人民法院指定等原因，被人民法院从管理人名册除名之日起未逾三年的；（四）缺乏担任管理人所应具备的专业能力的；（五）缺乏承担民事责任的能力的；（六）人民法院认为可能影响履行管理人职责的其他情形的。”其采用的标准更为严格。

三、管理人选任模式

管理人选任模式问题，即管理人由谁来确定、如何确定的问题。世界各国在现行立法上，主要有法院选任、债权人会议选任、法院选任和债权人选任相结合的三种模式。我国结合国情，采取的是法院选任与债权人会议异议相结合模式。通过法院指定管理人的 4 种方式之一，即随机方式、竞争方式、推荐方式和指定清算组方式确定管理人，最大程度上确保指定管理人的公平公正、提高破产程序的效率。

法院选任管理人模式，也被称为职权主义模式，是由法院自行确定或指定管理人，法院独立行使该职权而不受债权人的影响。现目前大陆法系国家和地区多采用此种模式。例如韩国《破产法》第 147 条中规定了破产管财人由法院选任；日本 2004 年《破产法》第 157 条规定了债务人财产管理人由法院选任。职权主义选任模式突出的是法院在破产程序中的主导地位，避免冲突，提高效率。债权人会议选任管理人模式，也被称为意思自治模式，是由债权人自行确定管理人，体现债权人自治原则。目前英美法系国家和地区多采用此种模式。例如《美国破产法》第 702 条规定，符合条件的债权人有权选任破产托管人。意思自治模式突出的是债权人的共同意志，以管理人为债权人利益代表为宗旨。法院选任和债权人选任相结合的选任管理人模式，也被称为折中主义模式，原则上是由法院选任管理人，但债权人可以另行选任的“双轨制”。目前德国及我国台湾地区采用这一模式。从理论上来说，折中主义模式有利于克服职权主义和意思自治主义模式的弊端，相比于法院选任模式中以公立救济为原则而言，它赋予了债权人更大的权限，防止了公权力过多干涉导致权力寻租滋生；相比于债权人会议选任模式而言，公权力的介入能防止部分债权人的私权滥用以致损害其他债权人的合法权益。但实践中很少会出现法院所确定的管理人为债权人会议另行选任而取代。

我国企业破产法第二十二条规定：“管理人由人民法院指定。债权人会议认为管理人不能依法、公正执行职务或者有其他不能胜任职务情形的，可以申请人民法院予以更换。指定管理人和确定管理人报酬的办法，由最高人民法院规定。”根据该条规定，管理人由人民法院指定，债权人认为管理人不能依法、公正执行职务或者有其他不能胜任职务的，可以申请人民法院予以更换。这一立法模式，可以看作是法院选任与债权人异议相结合的模式，虽有债权人的参与，但本质上是职权主义模式。它与折中主义模式不同在于：折中主义模式中债权人会议选任的管理人可以取代法院选任的管理人，而我国选任模式中债权人享有的是异议权，是否更换仍由人民法院自由裁量。若决定更换管理人，新的管理人也是由人民法院重新指定。

根据《最高人民法院关于审理企业破产案件指定管理人的规定》的规定，人民法院指定管理人方式有4种，分别是随机方式、竞争方式、推荐方式和指定清算组方式。其中前三种指定方式的前提是法院所指定的管理人应属于管理人名册中的成员。因我国管理人由人民法院指定，为了减轻法院选任中的权衡困难，有效保证管理人专业水平，我国制定了管理人名册制度。《最高人民法院关于审理企业破产案件指定管理人的规定》规定，各省高级人民法院根据本辖区社会中介机构及专职从业人员数量和企业破产案件数量，确定各高院自己或其所辖中级人民法院作为编制主体，编制的管理人名册应当分为社会中介机构管理人和个人管理人两种。由社会中介机构及个人自愿申请、人民法院依法审定，人民法院可以根据本辖区的实际情况，分批确定编入管理人名册的社会中介机构及个人。有的地区法院还将名册中管理人择优分级，分为一级、二级、三级管理人，针对破产案件案情的不同，所指定管理人的范围也有所不同。总的来说，编制管理人名册是人民法院指定管理人的第一步。其后，人民法院从编制的管理人名册中以随机方式、竞争方式或推荐方式指定具体案件的管理人。随机方式指定是实践中最为常见的管理人产生方式，根据的是《最高人民法院关于审理企业破产案件指定管理人的规定》第二十条规定："人民法院一般应当按照管理人名册所列名单采取轮候、抽签、摇号等随机方式公开指定管理人。"随机方式确定管理人可以有效避免人民法院在指定管理人时的随意性，保障名册中管理人参与机会的均等，实现形式上和实质上的结果公平。竞争方式根据的是《最高人民法院关于审理企业破产案件指定管理人的规定》第二十一条规定："对于商业银行、证券公司、保险公司等金融机构或者在全国范围有重大影响、法律关系复杂、债务人财产分散的企业破产案件，人民法院可以采取公告的方式，邀请编入各地人民法院管理人名册中的社会中介机构参与竞争，从参与竞争的社会中介机构中指定管理人。参与竞争的社会中介机构不得少于三家。采取竞争方式指定管理人的，人民法院应当组成专门的评审委员会。评审委员会应当结合案件的特点，综合考量社会中介机构的专业水准、经验、机构规模、初步报价等因素，从参与竞争的社会中介机构中择优指定管理人。被指定为管理人的社会中介机构应经评审委员会成员二分之一以上通过。采取竞争方式指定管理人的，人民法院应当确定一至两名备选社会中介机构，作为需要更换管理人时的接替人选。"竞争方式采用范围为金融机构或者在全国范围有重大影响、法律关系复杂、债务人财产分散的企业破产案件，这类案件较为复杂、专业，并不适用于所有在册管理人，竞争方式更有利于人民法院选择最优、最适合的管理人。推荐方式根据的是《最高人民法院关于审理企业破产案件指定管理人的规定》第二十二条规定：“对于经过行政清理、清算的商业银行、证券公司、保险公司等金融机构的破产案件，人民法院除可以按照本规定第十八条第一项的规定指定管理人外，也可以在金融监督管理机构推荐的已编入管理人名册的社会中介机构中指定管理人。”不同于竞争方式，推荐方式采用范围也是金融机构的破产案件，但却是经过行政清理、清算的。这类案件存在金融风险，且有的社会中介机构和个人前期已经介入到行政清理、清算中，金融监督管理机构作为行业主管部门应更为了解实际情况，其推荐的管理人更有助于破产程序的推进。人民法院也在积极探索采取随机、竞争与相关机构推荐相结合的方式。最后一种指定方式是指定清算组，上文说到，清算组是我国管理人制度的一大特色。清算组是一种临时机构，《最高人民法院关于审理企业破产案件指定管理人的规定》第十八条规定：“企业破产案件有下列情形之一的，人民法院可以指定清算组为管理人：（一）破产申请受理前，根据有关规定已经成立清算组，人民法院认为符合本规定第十九条的规定；（二）审理企业破产法第一百三十三条规定的案件；（三）有关法律规定企业破产时成立清算组；（四）人民法院认为可以指定清算组为管理人的其他情形。”换言之，人民法院指定清算组担任管理人的破产案件具有特殊性，是中国国情下的特殊产物。

第二节　管理人的职责

管理人的职责可以说是贯穿整个破产程序，管理人作为独立的主体，以一个中立的态度行使债务人的权利与义务，尽可能实现利益最大化，来保障全体债权人的利益。对于法院来说，管理人的职责是协助法院处理一切琐碎的事务性的工作；对于债权人来说，管理人的职责是完成单个债权主体难以完成的调查审核性工作；对于债务人来说，管理人的职责是承担大量日常但又复杂烦琐的管理性工作。对于不同的参与主体，所站立场的不同，对管理人职责的理解就不相同。但不可否认的是管理人职责的履行，把法院、债权人、债务人三个不同立场的参与主体连接在一起，有效地推动着破产程序的顺利进行。在管理人履职的过程中，如何平衡债务人、债权人的利益冲突，如何保护群体性的利益，都是管理人需要仔细衡量、小心判断的。总的来说，整个破产程序就是管理人履行职责的过程，合理、合法地履行管理人职责对保证破产程序公平、公正、高效运行有着重要意义。企业破产法第二十五条规定：“管理人履行下列职责：（一）接管债务人的财产、印章和账簿、文书等资料；（二）调查债务人财产状况，制作财产状况报告；（三）决定债务人的内部管理事务；（四）决定债务人的日常开支和其他必要开支；（五）在第一次债权人会议召开之前，决定继续或者停止债务人的营业；（六）管理和处分债务人的财产；（七）代表债务人参加诉讼、仲裁或者其他法律程序；（八）提议召开债权人会议；（九）人民法院认为管理人应当履行的其他职责。本法对管理人的职责另有规定的，适用其规定。”该规定将管理人的职责可分为四个部分，分别是接管、调查、管理和召开会议。

一、接管债务人财产、资料

人民法院受理破产案件并依法指定管理人后，企业财产应全部移交管理人管理和处分，由管理人替代原企业管理层对债务人企业实施管控，这也是管理人上任以后的首要工作，而接管工作的好坏直接关系到后续其他工作是否能顺利开展。接管债务人企业应接管企业的债务人财产以及企业印章、账簿、文书等物品。每个债务人企业的实际情况各不相同，接管的工作的内容自然也各不相同，但是所有的工作都是从“是什么、怎么做”这两个问题出发来考虑实践的。换言之，管理人在接管工作开展中需要知道自己应该接管什么，并对自己如何接管有着大致的方向。

首先，债务人企业需要接管的对象是什么，大致可分为财产类和资料类。财产类即债务人财产，资料类即债务人企业印章和账簿、债权债务清册、文书等资料。其次，管理人对债务人企业的接管工作大致可以分为制订方案、实施交接、报告成果三步。制订方案是指管理人在被指定之后，在向债务人企业接管前，应根据目前了解的情况制订大致的接管方案，并做好相应的准备工作。根据案件的具体情况制订接管方案，确定接管时间，确定破产工作团队、划分工作小组，根据工作小组的职能不同安排成员的具体接管工作。同时，管理人还需要刻制管理人印章和开设管理人账户。实施交接是指管理人以划分好的小组为单位与债务人企业相关人员完成交接工作。管理人在接管企业时应当制作企业交接清单，对于各项内容需让债务人企业法定代表人及主要负责人或移交人同管理人一并在清单上签字确认。报告成果是指管理人在完成接管工作后，应当及时制作接管工作报告，向法院汇报接管工作情况，在报告中应明确所接管到的财产及资料情况及下一步工作计划。若是在接管工作中遇到疑难问题需解决，还应请示人民法院进行指导。最后，接管到的债务人财产和资料如何保存和管理则是重中之重。接管到的财产需明确具体负责人，定期检查和维护，保障债务人财产的安全和稳定。若无人使用，则应尽最大可能保持原样，必要时可聘用安保人员保证债务人财产的安全性直至处置完毕。对于债务人财产中的货币资产及银行存款等，管理人应及时存入或划入开立的管理人账户。对于债务人财产中易损、易腐、价值明显减少、不易保管的物品，不及时变价会使得债务人资产贬值的，管理人应及时向人民法院报告后将此类财产变价。印章、证照等重要资料应由管理人单独保管，最好存放在管理人办公室，并采取加密措施（如保险柜等）。管理人安排专人负责保管，严格控制印章、证照的使用，建立用章、用证登记制度，方便人民法院和债权人查阅。其他文书资料则可以分类整理，数量少的可转移存放于管理人办公室，由管理人专人保管。对于有些经营期限较长的债务人企业，往往存在文书等资料数量过多的情形，此时可采用占有改定方式，由管理人现场清点完后封存，继续由债务人企业保管，并告知其负责人应妥善保管，做好保管笔录和承诺书。有的破产案件需外聘审计机构对债务人企业进行专项审计的，财务类资料则可以在确定聘用审计机构后移交给审计机构并由其保管。

二、调查债务人财产

管理人完成接管工作仅仅是破产事务的第一步，仅通过初步接管已知的债务人财产、相关证照、财务资料等，是无法全面了解债务人企业经营状况及资产状况的。因此，在接管工作完成后，管理人还应注重对债务人财产的全面调查。一方面，调查工作可以对债务人企业的资产情况进行排查，避免出现遗漏或者隐匿的资产，最大化地保障债务人、债权人的利益。另一方面，调查工作可以对债务人企业的债权债务情况进行核查梳理，了解债务人企业真实负债情况。

破产程序中调查内容多，涉及多个部门单位，同一调查事项各省、自治区、直辖市具体操作中有不同规定，在破产实务中应学会灵活变通，运用多种途径调查相关信息。为了便于开展调查工作，提高工作成效，管理人需以适当身份进行调查工作。以管理人身份调查，则可以持法院裁定受理破产案件的裁定书、指定管理人的决定书、身份证明、管理人或管理人负责人的授权委托书等调查取证。以律师身份调查，则可以持律师事务所介绍信、律师执业证、管理人或管理人负责人的授权委托书等调查取证。若在获得人民法院调查令的情况下，直接持调查令和对应的律师执业证即可调查。以债务人企业自身名义调查，则应持营业执照副本及其复印件

（加盖公司公章）、授权委托书（加盖公司公章）、身份证等调查取证，有时还需要核对公章、法人章原件。

管理人调查债务人财产，包括但不限于股东出资情况、纳税情况、社保情况、不动产情况、动产情况、知识产权情况、对外投资情况、债权债务情况等。首先，通过调取债务人企业工商内档，了解债务人企业基本信息和对外投资情况。企业注册登记地的市场监督管理局是保管企业工商内档的单位，管理人可持相关证件向当地市场监督管理局申请调取工商内档。其次，应根据具体财产类型的不同，多渠道、全方位调查债务人的土地、房屋、车辆（防控超过 3 个检验周期）、股权、专利、商标、银行账户、机器设备和库存品等财产状况。以破产实务中常见的几种财产类型为例，对于不动产，管理人可持相关证件到所在区的不动产登记中心查询具体信息。对于车辆，管理人可持相关证件到债务人企业所在地的交通警察大队车辆管理所调取车辆信息。除了查清车辆权属，还应了解车辆年审的情况。对于银行存款，管理人若在接管时已知债务人企业基本户开户银行，则可先前往开立基本户银行调取银行流水和“已开立银行结算账户清单”，再根据账户清单前往各开户行调取银行流水。对于无形资产，主要是商标权、著作权和专利权，一是可以通过企查查等企业查询平台了解，二是可以登录各大官方网站进行查询核实，例如商标权查询至国家知识产权局商标局网站。再次，管理人还应对债务人企业的债权债务情况进行调查梳理。管理人可以通过中国裁判文书网、中国执行信息公开网、Alpha 系统、天眼查、企查查、无讼等公众平台进行查询债务人企业涉诉信息，并向破产案件承办法官申请或者承办法官依职权通过法院案件管理系统查询有关债务人诉讼和执行案件的基本信息。最后，管理人应根据调取到的工商内档和接管到材料有针对性地调查债务人财产的其他情况。通过全面调查核实工作的开展，管理人可以查清债务人财产的种类、价值、现状等，依法区分债务人财产和非债务人财产，并据此拟定财产状况报告。

三、管理债务人企业

人民法院裁定受理破产案件，管理人就应该及时接管债务人企业。直至破产程序终结，管理人都应全面接管债务人企业的经营和管理事务，决定债务人企业的内部管理。管理人将全面取代原高级管理人员，行使其管理权，在法院批准的情况下，确定企业是否继续经营，经营方向是什么，在保障整体债务人财产不减损的情况下是否需要继续履行合同等。在必要的情况下，管理人还可以经法院批准后聘请专业人士或留守人员协助其进行管理工作。总的来说，在破产程序中管理人需要保持“管理”身份，控制企业经营管理，确保其财产价值不变甚至达到增值的目的。

企业进入破产程序后，原则上应停止经营活动，但是由于某些经营活动不能立即停止，或者保持继续生产或持续经营，对财产的整体增值有利，又或者有的生产经营活动是社会生活所必要的，为保持社会经济关系或满足人们日常生活需求，可适当保留企业的某些经营活动。在决定是否继续经营的各项事务中，比较重要的是未履行完毕合同的继续履行问题。根据企业破产法第十八条的规定，破产申请受理后，管理人有权决定是否继续履行或解除合同，但同时又受到较为严格的条件限制。一是管理人有权决定的合同类型限定为破产申请受理前成立而债务人和对方当事人双方均未履行完毕的合同。二是管理人有权决定的期限是受理破产申请后两个月内或者收到对方催告后三十日内。三是管理人决定继续履行合同的，对方当事人有权要求管理人提供担保。

确定债务人企业是否继续经营、经营的内容后，首先，管理人对债务人企业开展内部管理和决定开支事宜。内部管理特别是涉及经营性问题，管理人自然不如债务人企业原有职工了解情况和专业，那么就有必要决定是否聘用留守人员。其次，管理人应注重对应收账款债权的清收工作。再次，管理人应依法运用破产法规定将债务人的财产都处于管理人控制之下，例如解除财产保全或中止执行、确认财产无效行为、破产撤销权、破产取回权、破产抵销权、破产别除权、追缴注册资本，以及追回董事、监事和高级管理人员的非正常收入等，具体的操作方法和相关规定可以参考本书第六章内容。另外，债务人企业日常经营不可避免地会涉及债务人财产，例如不动产、车辆、银行存款等。若需使用债务人财产保证日常经营，应落实到具体负责人，保证财产的安全和稳定，灵活运用创造价值，确保债务人财产价值的最大化。

管理人的“管理权”不仅体现在对内管理，同时也体现在对外行使权利。管理人在破产程序中工作的最终目的，是完成对债务人财产的变价和分配，很多工作的开展均是围绕着完成财产处分这一核心工作任务而设置或安排。管理人可以对外聘请专业评估机构，对债务人财产进行评估定价。经人民法院和债权人会议同意后，根据评估价依法以管理人身份对外变价处置债务人财产。另外，根据企业破产法规定，在破产申请受理前，涉及债务人的未结诉讼、仲裁或其他法律程序，在案件受理时需中止相关程序。等到受理破产法院指定管理人后，由管理人代表债务人参加诉讼、仲裁或者其他法律程序。管理人管理债务人企业过程中，也有可能对外代表债务人发生诉讼行为，如对外催收债务、债权确权之诉、管理人或相关人员行为造成的侵权损害赔偿等诉讼、仲裁，此时相关程序应由管理人代为参加。

四、召开债权人会议

破产法赋予管理人提议召开债权人会议的权利，这是一种程序性权利，体现管理人中立地位，有一定的自主权，但相应的管理人也要承担程序性义务，受到债权人的监督。债权人会议的召开就是为了让债权人更好地了解管理人执行职务情况及债务人的实际情况，并对破产程序中重要事项进行表决，以便于进一步推动破产程序的进程。

每个破产案件的债权人会议内容各有不同，所召开的债权人会议次数也各有不同。但无论是破产清算、破产重整还是破产和解，第一次债权人会议都是重中之重。第一次债权人会议由人民法院召集，由人民法院指定的债权人会议主席主持。管理人应当提前 15 日通知已知债权人召开债权人会议。会议通知可以采取函件、电子邮件、短信、微信、现场送达等方式。一般来说，第一次债权人会议议程通常是汇报和表决两部分，可分为六个步骤。第一步是人民法院介绍破产案情及债务人企业基本情况；第二步是人民法院指定债权人会议主席；第三步是管理人向人民法院及债权人会议汇报执行职务的工作报告和财产状况报告；第四步是管理人提请债权人会议核查债权；第五步是管理人提请债权人会议表决财产管理变价方案、财产分配方案及债权人会议议事规则和表决规则；第六步是其他需讨论事项。第一次债权人会议议程应经与人民法院充分沟通后确定，管理人应权衡考量各债权人表决态度对最终表决方案的影响，如有必要，事先应与重要债权人充分沟通。

债权人会议的顺利召开，必然少不了管理人的前期准备工作，管理人在会议前应准备债权人会议资料、需汇报的工作报告、会议签到表、需债权人表决的各个事项、表决票、表决统计表等。参会人员可以分成若干个工作小组，签到组负责签到、分发会议资料，统计组负责收表决票、统计表决情况，服务组负责引导债权人落座、协助其他小组成员，汇报组负责参与债权人会议汇报工作，债权申报组负责现场债权人补充申报工作。

我国破产案件普遍债权人较少，且债权人所在地域分布并不广泛，在破产实务中大多数采取传统现场会议方式召开债权人会议。但随着科技和经济的发展，传统现场会议方式已不能满足一些全国范围乃至全球范围的破产案件的需要。在各级人民法院的支持下，管理人在新形势下也尝试通过科技手段，采取各种非现场方式召开债权人会议和非现场方式对债权人会议决议事项进行表决。本书第十章对网络债权人会议召开的基本流程做了详细的介绍。

第三节 管理人的报酬机制

管理人在破产程序中履行法定职责，提供专业知识和专业性劳动，承担大量复杂烦琐的工作，可以说在破产程序中起到至关重要的作用。既然管理人作为中介机构或者自然人付出了劳动，也承担了风险，那么其获得报酬自然是合理的，这也是世界各国的普遍做法。管理人报酬规定第一条第一款："管理人履行企业破产法第二十五条规定的职责，有权获得相应报酬。"适当给予管理人报酬，才能培养合格的管理人队伍。只有设置劳有所得、多劳多得的管理人报酬制度，才能够吸引更多的优秀人才投身于破产实践，并以担任管理人为职业。合理明确的报酬制度有助于保障管理人市场的长远发展。需要值得注意的是，清算组是管理人中的一种特殊类型，清算组成员构成特殊，法律特别规定清算组中有关政府部门派出的工作人员参与工作的不收取报酬，其他机构或人员可以按照其履职情况确定其报酬。毕竟有关政府派出的工作人员参与的破产工作带有职务行为的性质，综合考虑后将其不纳入报酬支付的范围。

一、报酬范围

管理人的报酬是指管理人在破产程序中提供专业知识和专业性劳动所获得的相应报酬。根据企业破产法第四十一条规定，管理人报酬应属于破产费用。其实，依照破产法规定及相关规定来看，管理人报酬范围即为管理人在破产程序中履行职责的劳动所得，只要是管理人在破产程序中依法履职，其工作都应属于报酬范围。但仍有部分费用是管理人在履职工作中支出或者所得，却不属于管理人报酬范围。如何区分管理人报酬和非管理人报酬，则是了解管理人报酬制度的第一步。

由企业破产法第四十一条规定可以看出，管理人聘用必要工作人员的费用，管理、变价和分配债务人财产的费用，执行职务的费用都不属于管理人报酬，不在报酬范围内，而单独属于破产费用。首先，要区分管理人聘用必要工作人员费用。在正常情况下，破产程序中债务人企业的所有经营管理工作都应是管理人的职责，由其亲自履行。但基于破产案件的复杂性，有些工作单凭管理人很难独立完成，那么允许管理人聘用其他专业人士协助其办理一些特定事项则很有必要，聘用必要工作人员的费用属于成本性支出，是为了破产程序更顺利地进行，非管理人劳动可以替代，故不属于管理人报酬范围。在实务中，管理人聘请的必要的工作人员不得包含本专业人员。若管理人聘请本专业人员，理论上视为管理人扩展管理人团队，其聘请费用从管理人报酬中支付。但需要说明的是，破产清算事务所担任管理人时，其团队可能各专业人士都有，那么以此推定破产清算事务所不能再聘请同专业人士协助或者聘请费用从管理人报酬中扣除是颇为不利的。因为执业限制，破产清算事务所有些事情未必能够独立完成。其次，要区分管理人管理、变价和分配债务人财产的费用。管理人在整个破产程序中为管理、处置债务人财产必然会产生一些费用，即管理费用、变价费用、分配费用。该费用的支出是为了保证债务人财产的最大化，是为了破产程序的顺利进行。最后，要区分管理人执行职务的费用。其实，从字面理解管理人在破产程序中执行职务、履行职责所产生的费用都可以算作管理人执行职务的费用。管理人聘用必要工作人员的费用、管理人管理、变价和分配债务人财产的费用本质上来讲也是管理人执行职务的费用，其性质具有重合性。例如制作债权人会议资料的费用、布置债权人会议现场的费用等。需要注意的是，管理人对外参与诉讼（包括对外主动起诉和对外应诉）的诉讼费用也属于管理人执行职务的费用，需要与企业破产法第四十一条规定所列的破产案件的诉讼费用区分开来。

另外，管理人因对担保物的管理、处置工作而取得的报酬也不属于管理人报酬范围。管理人管理担保物、协助担保债权人实现优先受偿权，有获得相应报酬的权利。此种报酬仅仅是为了担保权人的利益，并不是为了全体债权人的利益，不能给普通债权人带来利益，所以该报酬不能纳入管理人报酬范围，而应由担保权人自行承担。换言之，该报酬并不从债务人财产中支出，而是直接来源于担保财产的变价款，是针对担保物的管理、处置工作的独立报酬。在我国司法理论界，也有观点认为，管理人有权向担保权人收取的报酬限于其对担保物的维护、变现、交付等管理工作付出的合理劳动，管理人对于担保关系是否存在而进行的审查确认工作属于管理人的职责范围，实际是为全体无担保债权人利益进行的，属于管理人报酬范围。

二、报酬的计算

管理人的报酬和债权人实现的债权均来自债务人财产，且管理人的报酬属于破产费用，优先于普通债权，某种程度上来讲两者之间是存在利益冲突的，所以明确报酬的计算标准和方式就具有重要意义。世界各国对于管理人报酬的计算标准有两种，按时计酬和按财产标的计酬。按时计酬一般是指管理人报酬以管理人履行职务的工作时间作为计算标准，管理人在破产程序中花费的工作时间越久，则最终计算出来的报酬就越多。这种计酬标准有助于激励管理人投入更多的精力和时间到破产案件中，促使管理人更精细化地履行职责。但不可避免的是，这种计酬方式可能会助长管理人的惰性，造成其恶意拖延工作时间的结果，最终损害债权人利益。按财产标的计酬一般是指管理人报酬以最终可供清偿的债务人财产的价值总额作为计算标准。这种计酬标准有助于激励管理人尽最大努力去追缴债务人财产，去扩大债务人财产价值，实现价值最大化。相比较按时计酬方式，按财产标的计酬方式更加能保护全体债权人的利益，使各债权人可分配到的财产最大化。但不可避免的，若管理人报酬全部依托于债务人财产的价值总额，那么管理人的工作很大可能会出现明显的“偏科”，工作重心偏向于一些增大债务人财产的价值总额的事务，从而忽略了其他工作。久而久之，管理人履职的积极性将受到极大影响。

我国管理人报酬制度采用的是按财产标的的计酬方式。法律规定以债务人最终清偿的财产价值总额为基础标准，采用差额累进递减计算方式，分段确定报酬。鉴于管理人管理担保物、协助担保债权人实现优先受偿权，有获得相应报酬的权利，且该报酬并不属于管理人报酬，故担保权人优先受偿的担保物价值，不计入用以计算管理人报酬的财产价值总额。但最终清偿的财产价值总额应包括破产费用和共益债务，即使是管理人经营管理工作已经清偿或支出的也应计算在内。

考虑到按财产标的计酬方式有可能存在财产标的价值总额与管理人劳动付出不一定成比例的问题，管理人报酬的规定第九条规定在一定程度上平衡了按财产标的计酬方式的缺点，但该条过于原则化，实践中人民法院难以量化指标，不敢轻易做出判断。同时人民法院对管理人报酬方案的确定和调整是不能突破管理人报酬的规定第二条规定的限制范围的。即使各地高级人民法院根据当地实际情况制订管理人报酬比例限制范围，也应依第二条第一款规定比例在30%的浮动范围内调整，并经最高人民法院备案和当地有影响的媒体公告。

破产案件还有一种特殊情况会影响到管理人报酬，那就是“无产可破”案件。“无产可破”是学界一种形象的说法，指的是债务人财产不足以支付破产费用的情形。“无产可破”案件的报酬收取方案一直困扰着管理人。由于近年来处理“僵尸企业”的力度加大，大量执行程序中无可执行财产的企业转入破产清算程序。这类“僵尸企业”没有可分配的财产，进入破产程序更多的是为了揭开公司法人面纱，为债权人在破产清算程序终结后追究公司法定代表人、股东的连带清偿责任铺平道路。在国际上，各国破产法并不是简单地将“无产可破”的案件终结程序，而是继续检验债务人是否存在欺诈并依法追缴债务人隐匿转移的财产。这样的做法主要是避免出现债务人通过制造“无产可破”案件以逃避债务的情况。但不可避免的是，出现了“无产可破”案件破产费用无人负责的窘境，自然管理人报酬也就无人支付。针对“无产可破”案件，在破产审判经验较为丰富的各地法院以及最高院都进行了有效尝试，具体情况本书第七章进行了详细的介绍。

三、报酬的确定

管理人报酬的确定，主要包含三个方面，分别是管理人报酬的确定主体、确定程序和支付方式。管理人报酬的确定主体指的是谁有权确定管理人报酬。管理人报酬的确定程序指的是确定主体如何确定管理人报酬。管理人报酬的支付方式指的是管理人报酬是在何时用何种方式支付的。管理人报酬的确定关系到管理人履职的积极性和债权人的利益最大化成果，所以合理合法、公平有效的管理人报酬确定机制更有助于破产案件的顺利进行。

参考各国破产法立法，管理人报酬的确定主体一般有两种形式：一是由法院确定，例如美国、德国和日本；二是由债权人会议确定，例如英国和澳大利亚。由法院确定管理人报酬与由法院指定管理人一样，都是职权主义，强调了法院的主导地位。这种职权主义优势明显，在于法院主导报酬可以充分考虑各方主体的利益平衡问题。但缺点同样明显，主要是容易导致法院权力过大，滋生腐败问题。由债权人会议确定管理人报酬则是意思自治主义，充分体现债权人的自主权，优点在于维护债权人的利益，强调了私法自治原则。但同样也会造成债权人利益和管理人之间的利益冲突，不利于破产程序的整体推进工作。我国管理人报酬确定的主体是人民法院，但债权人会议享有异议权。该种确定方式与我国破产法规定的指定管理人的方式是一脉相承的。我国破产立法确定债权人会议对管理人报酬有异议的，应当向人民法院提出，最终是否采纳债权人会议的异议仍由人民法院确定。考虑到公平性和效率性，法律还赋予了管理人抗辩的权利，有效平衡债权人和管理人之间的利益。

管理人报酬的规定第四条规定，我国管理人报酬确定的程序主要是在人民法院受理破产申请后，根据调查了解到的初步情况，对债务人可供清偿的财产价值和管理人的工作量作出预测，初步确定管理人报酬方案。该条规定将人民法院确定管理人报酬方案的基础建立在债务人可供清偿的财产价值和管理人的工作量上，那么人民法院对此作出的预测是否准确就尤为重要。在破产实务中，人民法院并未实际参与破产管理工作中，管理人的工作报告也不一定完全明确，所以仅靠人民法院作出预测从操作层面来看并不适宜。因此，一般情况来说，实务中管理人会对债务人企业作出初步调查，了解债务人的财产状况，以此为依据提出管理人报酬初步方案汇报给审理破产案件的人民法院，然后人民法院对管理人汇报过来的管理人报酬方案进行审核，确定管理人报酬的正式方案，由管理人在第一次债权人会议上对债权人作出报告。债权人会议若对管理人报酬方案有异议的，可以与管理人协商或向人民法院直接提出异议，人民法院综合考量后再行确认。

管理人报酬的规定第三条规定："人民法院可以根据破产案件的实际情况，确定管理人分期或者最后一次性收取报酬。"管理人报酬支付方式分为分期支付和最后一次性支付，在具体破产案件中人民法院选择采取哪种方式，最终确定的管理人报酬及支付情况，应列入债务人财产分配方案。

第四节　管理人的管理制度

一个工作主体，想要长久、持续、有效地运转，必然离不开好的管理，管理人自然也不例外。管理人的工作既复杂又琐碎，很容易因为疏忽大意造成不良影响，一个好的管理制度能够帮助管理人尽可能避免错误和陷阱。管理人的内部管理制度，是由管理人根据自身情况而制定的。明确分工，责任到人，工作留痕，多层审核，完整而实用的内部管理制度，能够让管理人组成人员迅速地找准自己的位置，发挥自身的优势，专业、快速地解决破产程序中可能遇到的疑难杂症。同时，内部管理制度也是约束个别行为的有效帮手，从根本上杜绝其他不利因素对破产程序进展的影响。管理人的外部管理制度，是指其他主体依法对管理人工作的监督制度。管理人工作将直接影响到债权人利益能否实现，设置监督制度是非常有必要的。

一、管理人的内部管理

管理人应该根据自身的实际情况，来制定一系列规章制度。一方面能更好地帮助新进组员了解工作流程，另一方面有助于管理人内部自我管理、自我约束。管理人所制定的规章制度可涉及多个方面，包括但不限于管理人工作小组的组成及机构分工负责制度、管理人汇报制度、管理人用章制度、管理人费用支出制度等等。有效的内部管理制度，能够加快推进破产程序的进程，也更体现管理人工作的责任心及专业度。

管理人内部管理可分为两部分，流程管理和成本管理。流程管理主要包括破产程序不同阶段工作制度的制定和安排，管理人团队组成及小组分工、工作执行的内部监督和反馈等。首先，需要管理的是管理人团队组成及小组分工。本章第一节提到我国管理人选任模式中需要具备积极任职资格和消极任职资格。积极任职资格更多要求有关机构的主体资格，而消极资格更多的会涉及管理人团队成员的自身资格问题。因此，管理人团队组成最先要审查的是团队成员的消极资格。审查完消极资格，应该吸纳不同专业方向的团队成员加入。破产案件可以说是一个综合性很强的案件，在破产程序中不仅会涉及经济、法律，还会涉及税务、劳务，甚至可能会涉及化工、建筑等。吸纳不同专业、丰富经验的团队成员加入管理人团队绝对是管理人发展的重心之一。吸纳团队成员后，应根据成员专业、能力、经验等进行分工，有针对性地开展工作。通常划分为资产管理组、职工债权组、综合事务组、债权债务组四个小组，各个小组根据成员情况设立组长和副组长，细分工作内容，责任到人，逐级汇报。其次，需要管理的是管理人日常履职工作安排。例如日常开支的资金管理，管理人接管债务人财产、设立管理人账户后，应制定财务收支管理制度。制度应确定日常开支应填写表格，由相关负责人签字确认，并提供相关凭证，由团队内专人负责记账。未经许可的，一律不得支出。对于文书材料的管理，管理人接管证照、印章类文书后，应制定相应的管理制度。制度应确定将债务人企业的证照、印章原则上一律封存，特殊情况需使用的，需登记说明并经相关负责人审核同意。除此以外，管理人应该根据实际情况和日常经验制定不同类型的管理制度，此处不再列举。流程管理注重专人负责，互相监督实施，应合理设计，避免重复工作，科学地将工作进行分解打包，合理分工，充分调动团队成员的工作热情。

成本管理主要包括资金成本的管理和时间成本的管理。首先，资金成本的管理是控制日常开支，学会合理作出预算，避免不必要的开支。虽然有许多支出作为破产费用由债务人财产支出，但是管理人的履职工作本就有扩大债务人财产价值总额、债权人利益最大化的目的。如果对日常开支不加控制，可能导致成本过高影响最终分配及报酬支付的情况。时间成本的管理主要是提高效率，尽量缩短案件办理周期。虽然我国管理人报酬并未采取按时计酬方式，管理人没有人为拖延时间的必要，但案件工作周期过分延长并不利于经济发展和法治建设。在司法实践中，有的法院实行旧案未结不给新案的制度，管理人想要承接更多案件则就必须缩短案件办理周期。这里缩短周期要同工作流程设计和人员的配备、激励和分工结合起来，通过提高效率降低成本实现。目前案件办理周期在拍卖环节比较耗时，管理人应该适当的与一些专业回收和处置资产的企业保持联系，发挥招商的能力，尽快撮合交易以便资产变现，缩短办案周期。

二、管理人的外部管理

管理人在破产程序中受到的外部管理，即管理人的监督机制。管理人作为破产程序中重要的参与主体，承担关键职责，理应受到相关主体的监督，防止其滥用权力。企业破产法第二十三条规定："管理人依照本法规定执行职务，向人民法院报告工作，并接受债权人会议和债权人委员会的监督。管理人应当列席债权人会议，向债权人会议报告职务执行情况，并回答询问。"由此可以看出，管理人的监督主体主要有法院、债权人会议和债权人委员会。管理人由人民法院指定，法院作为公权机构对管理人的监督最为重要、有效。同时，管理人的行为本身就涉及债权人利益是否实现，赋予债权人会议、债权人委员会监督权，也是从公平公正角度出发的必然结果。

第一，法院的监督。人民法院对管理人的监督应从人民法院指定管理人开始，到破产程序终结结束。管理人在破产程序中所享有的职权由法律规定，管理人在职权范围内可以自主处理破产事务。但根据破产法规定，管理人有定期向人民法院汇报的义务，人民法院通过接受管理人执行职务行为的报告进行监督。若在办理破产案件过程中，管理人遇见疑难问题难以决定解决方案或需要人民法院从中协调，则可以向人民法院汇报请示，由人民法院决定方案或者出面协调。法律本意并非要求法院对管理人工作进行掌控和包办，因此管理人应避免事无巨细一概征求人民法院的意见，既增加人民法院的工作量，又易造成管理人意图通过请示汇报来逃避责任的心态。管理人属于独立的责任主体，有其法定的职责。请示汇报的目的是让法院充分了解在破产程序进展的基础上，形成实质上的监督关系。而且从法理上来分析，向人民法院请示汇报并不等同于批准，所以该行为不具有导致责任转移的效力。管理人需要增强自身专业水平和责任意识，尽最大可能自行承担履职工作，减少对人民法院的依赖。破产法还规定了人民法院对管理人实施的某些对破产案件有重要影响的行为有许可权以实现对管理人的监督。例如第一次债权人会议前，管理人决定继续或者停止债务人的营业，需要经人民法院许可。此外，《最高人民法院关于审理企业破产案件指定管理人的规定》中第三十三条、第三十四条规定，管理人履行职务时，因故意或重大过失导致债权人利益受到损害，人民法院可以依职权径行决定更换管理人，体现人民法院对管理人的终极监督。

第二，债权人会议和债权人委员会监督。我国破产法规定，管理人应当列席债权人会议，向债权人会议报告职务执行情况，并回答询问。债权人会议可以通过听取工作汇报和询问的方式来行使自己的监督权。同时，债权人会议有核查管理人编制的债权表和表决通过债务人财产管理方案、债务人财产的变价方案、债务人财产的分配方案的权利，这也是债权人会议监督权的一种体现。而关于债权人委员会的监督权企业破产法第六十八条明确规定："债权人委员会行使下列职权：（一）监督债务人财产的管理和处分；（二）监督债务人财产分配；（三）提议召开债权人会议；（四）债权人会议委托的其他职权。债权人委员会执行职务时，有权要求管理人、债务人的有关人员对其职权范围内的事务作出说明或者提供有关文件。管理人、债务人的有关人员违反本法规定拒绝接受监督的，债权人委员会有权就监督事项请求人民法院作出决定；人民法院应当在五日内作出决定。"可以说债权人委员会是对管理人实施经常性监督的专门机构。

第三，其他主体的监督。其他主体的监督包括行政机关的监督、单个债权人或债务人的监督、管理人行业协会的监督等。行政机关的监督如司法行政机关对管理人日常工作监督，对存在的违法行为实施行政处罚。单个债权人或债务人的监督主要通过诉讼形式进行。而管理人行业协会监督重在地方掌控力度强。随着我国破产法立法逐步完善和经济市场不断变化，各地管理人行业协会纷纷成立，管理人协会熟悉行业整体发展情况和具体操作流程，在工作检查和纪律管控上更有优势，能提高监督机制的效率性，成本相对也较低。

第三章 管理人内外部关系的处理

破产程序中，主要涉及的主体有法院、管理人、债务人、债权人、政府相关部门、审计及评估等专业机构，重整程序中还涉及投资人等。在各方的参与主体中，管理人无疑处于中心或是核心地位。管理人由法院指定，管理人对法院负责、向法院汇报工作。对于有丰富破产案件办案经验的法院来说，管理人与法院的沟通、汇报、请示或许相对轻松，法院会给予管理人相应的指导；而对于欠缺办理破产案件经验的法院来说，管理人与法院的沟通、汇报、请示或许相对困难，法院也是在摸索中办案，这时经验丰富的管理人显得尤为重要。对于管理人来说，不论承办法院法官的办案经验如何，管理人都应该忠实履职、勤勉尽责，明确自己在破产案件的中心地位。

管理人依据法定职责全面接管债务人企业，需要决定债务人的内部管理事务，决定债务人的日常开支和其他必要开支。若债务人企业不配合管理人的工作，则管理人难以有效全面接管债务人企业，难以做出科学合理的企业管理事务决策，不利于破产案件的顺利推进。因此，管理人处理好与债务人的关系至关重要。很多情况下，债务人企业并不理解管理人的角色定位，容易把管理人放在自己的对立面，所以经验丰富的管理人首先要做的就是准备好与债务人企业的首次会面，向债务人企业详细说明管理人的职责，让债务人明白管理人是在为其解决问题、处理矛盾，避免出现双方对立的局面，而不是摆出强硬的姿态，让债务人交出企业、服从管理人。

针对债权人的相关工作，从工作量上来讲，占据了管理人工作的大部分。管理人要负责通知债权人申报债权、接待债权人、审核债权、召开债权人会议等，整个破产程序中，管理人与债权人持续保持着密切联系。遇到情绪激动、行为过激的个别债权人，管理人要保持警惕，做好安抚工作；遇到债权人集体上访或其他群体性事件，特别是职工债权人，管理人应对紧急事件的处理能力甚至可能直接影响当地的社会稳定。

破产案件办理中，管理人需要与政府相关部门沟通处理相关事务，沟通较多的通常是税务、工商、国土、住建部门等，因相关法律规定和行政流程的欠缺、相关人员业务经验不足，一件事往往需要管理人与政府相关部门多次沟通协调，实践中办事困难、效率低等问题较为普遍。企业的破产对当地的社会经济发展和营商环境有重大影响，一般政府部门会投入较多关注。在重整程序中，政府的重视与参与更是对于招募重整投资人、布局企业发展规划等具有重要的积极影响。为此，很多地方政府也在探索中建立起了与法院的府院联动机制，在机制的链条上管理人也是不可或缺的一节，起着连接政府与法院的作用。

经法院同意，管理人可以聘用必要的工作人员，通常除了聘用债务人企业的原工作人员，还需要聘请非本专业的其他社会中介机构或人员协助管理人履职，例如财务审计、资产评估、律师代理案件等。管理人在与聘用的专业人员沟通时，因“甲方”的身份而更有优势地位，但由于跨专业的沟通存在一定的难度，若管理人对相关的知识知之甚少或一概不知，则无法起到管理监督职责，若遇到不负责任或专业能力欠缺的聘用人员，极有可能影响管理人工作的顺利开展，严重的甚至造成债务人财产的损失、导致管理人承担法律责任等。

管理人在破产程序中连接着各方参与主体，若无法准确、有效、全面地处理好与各方主体的关系，则难以履行好管理人的职责。因此，破产案件的办理对管理人的综合素质要求高且全面，管理人不仅要处理好外部关系，同时也要管理好内部团队，处理好内部关系，建立一支强有力的破产管理团队才能胜任管理人工作。

第一节　管理人的综合素质

管理人在破产程序中的中心地位，决定了管理人不仅要承担大量的事务性工作，包括法律事务、经营管理事务、监管事务等，还决定了管理人要处理好内部和外部的各种关系。因此，管理人必须具备较高的综合素质。管理人综合素质的高低，直接决定了破产案件办理周期的长短、法院结案率的高低，以及能否采取创新举措、带来经济效益等，甚至对债务人财产价值、债权人清偿率的高低都有着不可估量的影响。

管理人可以由有关部门、机构的人员组成的清算组或者依法设立的律师事务所、会计师事务所、破产清算事务所等社会中介机构担任，也可以由中介机构内具有资质的个人担任。不论是清算组、律师事务所还是会计师事务所等担任管理人，都有各自的优势及特长，也都有各自的劣势与不足。怎么发挥自己的优势、弥补自己的不足，是每一个管理人都要考虑的问题。虽然破产法规定管理人可以聘请必要的工作人员，但是从降低破产费用、节约破产成本的角度考虑，管理人团队在组建时，就应该充分考虑到吸收各方面的人才，或是注重培养各种类型的人才。

那么，管理人需要具备哪些素质呢？一般认为，管理人需要具备专业的法律知识、基本的财务知识储备、较强的协调沟通能力、一定的企业经营管理经验、基本的商业思维、较强的风险防控意识等。

一、管理人需具备专业的法律知识

企业破产法第二十四条规定："管理人可以由有关部门、机构的人员组成的清算组或者依法设立的律师事务所、会计师事务所、破产清算事务所等社会中介机构担任。"人民法院根据债务人的实际情况，可以在征询有关社会中介机构的意见后，指定该机构具备相关专业知识并取得执业资格的人员担任管理人。可见，我国的管理人既可以由机构来担任，也可以由自然人来担任。但不论由谁担任管理人的角色，都是需要具体的工作人员去推进破产案件的具体事务，并且必须是在破产法等相关法律规定的框架下去推进，因此破产事务首先是法律事务。除了律师事务所或律师担任管理人的情形外，其他中介机构或个人并非专业的法律人士若想成为合格的管理人，必须学习并具备专业的法律知识。

（一）管理人必须具备的法律知识

在处理破产案件的具体事务中，管理人首先必须熟知企业破产法及其司法解释、相关规定，在破产法框架下履行管理人的法定职责；然后，在管理人的各履职环节中还需要运用到民法典物权编、合同编以及劳动法、税法、公司法等法律法规。例如，在一般审核债权中，管理人最常运用到的就是民法典合同编，根据债务人企业与债权人的合同约定，对债权进行审核，常见的金融借款合同、民间借贷合同、供货合同、采购合同等，管理人需要在调查清楚事实的情况下，运用相关规定，对债权进行合法性审查；在职工债权的确认中，管理人则需要运用到劳动法相关规定，包括工资、经济补偿金、社保等情况的核实与认定；在担保物权的审核中，管理人则需要运用到民法典物权编等法律规定；在税收债权的审核中，管理人则需要运用到税法相关规定；在审核公司注册资金到位情况时，管理人则需要运用到公司法相关规定，发现出资瑕疵时，及时向出资人追收出资、采取相关措施；除了熟悉相关的民商事法律法规之外，管理人还需要了解刑法和行政法，尤其是涉及企业及相关责任人员的刑事责任的法律问题。

（二）管理人学习法律知识的基本方法

首先，通学法律法规条文，借助最高院编著的理解与适用丛书系列帮助理解条文；其次，在实践操作中遇到的具体问题，再返回条文与释义中寻找答案，在遇到没有具体规定或存在争议的情形时，检索相关的法院案例，从最高院的指导案例、公报案例到各地方高院的典型案例，通过案例分析借鉴实践中的做法；最后，要学会归纳总结，在管理人工作中，因每个破产案件的差异性，管理人会遇到不同种类的问题，在每个问题解决的背后，都凝聚了管理人的心血，管理人除了要善于发现问题、解决问题，更要注重问题的归纳总结，对法律的理解与运用要做好记录，这些都是管理人的宝贵经验。

二、管理人需要具备基本的财务知识储备

进入破产程序的企业往往存在财务混乱的情形，为了查清企业的财务状况，管理人在接管到企业的财务账册等资料后通常会进行财务审计。除了会计师事务所或会计担任管理人的情形外，其他中介机构或个人并非专业的财务人士，通常由管理人聘请专业机构进行财务审计。实践中，财务审计机构的专业水准、综合素质也参差不齐，不乏存在不负责任、糊弄管理人等情形。若管理人对财务知识一窍不通，完全依靠财务审计机构，极有可能因财务审计机构的不负责任，导致管理人承担不利的法律后果。因此，若想成为合格的管理人，必须学习相关财务知识，必须具备基本的财务知识储备。

资产负债表反映的是企业在某一特定日期的财务状况，管理人学会看债务人企业的资产负债表应该是基本要求。非财务专业人士如何看资产负债表呢?

资产负债表主要有三大类科目构成，即资产、负债、所有者权益。资产、负债和所有者权益的关系为：资产=负债+所有者权益。看资产负债表时，第一步看总额，资产总额的大小反映企业的资产及规模的大小，负债总额和所有者权益总额的高低反映公司债务规模和净资产的大小。若企业规模扩大，则着重关注扩大的原因，如果企业扩大的原因在于负债的增加，说明企业的资金实力有所降低，偿还债务能力有所下降。

第二步看资产类、负债类、所有者权益类三大类的具体科目。

具体来说，资产类的科目有：

1. 流动资产项目中的“货币资金”科目，货币资金来源于银行存款和

库存现金，看资金的流动，注意判断货币资金是否虚增。

2. 流动资产项目中的“应收票据”科目，关注应收票据是属于银行承兑汇票还是商业承兑汇票，一般来说，银行承兑汇票比商业商兑汇票更有保障。如果银行承兑汇票大于应收账款，说明该企业的回款能力较强。

3. 流动资产项目中的“应收账款”科目，应收账款是指公司客户收到货物或接受服务但未支付给公司的货款。着重关注应收账款的账龄、同比变化情况、坏账计提比例选择、客户构成，判断应收账款是否存在回收不能风险，是否会导致坏账。应收账款回收情况关系到企业的净利润。

4. 流动资产项目中的“存货”科目，存货是指公司库存尚未销售出去的商品、半成品和原材料，是公司潜在的收入来源。存货越多，并不一定意味着将来收入越多，也可能存在跌价的风险。

5. 流动资产项目中的“其他应收款”，关注其他应收款的来源，是否与关联公司相关，是否数额异常，若数额异常较大，需要注意其营业收入可能存在掺水的情况。

6. 非流动资产中的“商誉”，若商誉金额较大，及商誉占资产比例较高的，需要适当警惕，可能存在减值风险。

负债类的科目有：

1. “短期借款”“长期借款”“非一年内到期的非流动负债”科目，相应的借款金额，借款期限，借款利息。着重分析企业的偿债能力，可以利用资产负债率、流动比率和速动比率三个指标结合主营情况进行简单分析。一般，资产负债率（总负债/总资产）越低，偿债能力越强；流动比率（流动资产/流动负债）数值越高，说明短期偿债能力越强；速动比率（速动资产/流动负债）衡量公司可立即变现用于偿还流动负债的能力。（注：速动资产=流动资产-预付账款-待摊费用）

2. “应付账款”科目，应付账款是指企业因购买材料、商品和接受劳务供应等经营活动应支付但未支付的款项。应付账款反映企业在行业中的地位以及竞争力。要注意是否存在大额应付账款长期挂账，其中可能潜藏税务风险。

所有者权益类的科目有：

1. “实收资本”科目，实收资本是指企业实际收到的投资人投入的资本。实收资本不等于股东的认缴出资，实收资本仅是股东实际已缴的一部分或者全部注册资本。

2. “盈余公积”和“未分配利润”科目主要体现企业经营过程中的资本增值，在股东不投入资本的情况下，股东权益的增加体现在“盈余公积”

和“未分配利润”的增加。“盈余公积”和“未分配利润”这部分是历年公司盈利的积累，可以用作再投资和作为利润分配，股权转让的收购方会较多关注这部分的变化。

上述是结合法律和财务的视角简单对资产负债表科目的分析，管理人在阅读资产负债表时可以着重关注的几个科目，帮助了解债务人企业的资产、负债、所有者权益。

三、管理人需要具备较强的协调沟通能力

管理人连接着法院、债务人、债权人、政府相关部门、审计及评估等专业机构，处于破产各参与主体的中心位置。在各个工作环节都需要与各方主体进行沟通协调，若管理人无法处理好与任何一方的关系，则破产程序都难以全面有效推进。而要将与各方主体的关系都处理到位，则要求管理人具备较强的协调沟通能力。实践中，因管理人协调沟通能力的欠缺，导致债权人群体事件时有发生，给政府、法院造成较大维稳压力，也给管理人工作考核的评定造成负面影响。

房地产企业破产案件中，发生群体性事件的概率较高。所以在房地产企业破产案件中，管理人尤其要重视与购房户的沟通与交流，要重视每一位购房户。很多购房户是倾其所有购房，所以对拿到房屋具有强烈的期待。而烂尾楼的开发商通常要经过几年才进入破产程序，期间可能购房户已经多次上访。因此，管理人在接管房地产企业时，可能要承受巨大的维稳压力。首先，管理人应第一时间与当地政府沟通，了解是否发生过群体性事件，获取活跃组织者和积极参加者名单；其次，管理人在通知购房户申报债权时，注意将活跃组织者和积极参加者与一般购房户错开时间进行债权申报，避免再次聚集闹事；最后，对所有购房户要安排专人对接，进行心理疏导，要定期主动与购房户联系，既要讲面临的困难，又要让他们宽心。在重要敏感的时间节点，管理人更是需要主动采取措施。例如，主动群发信息告知目前状况和下一步举措，或者有效借助债委会力量，分次召开小型化的债权人会议，及时通报管理人工作情况，听取债权人的意见等。

即便管理人工作已做到位，有时候仍然难以避免个别债权人会煽动情绪，带动部分债权人上访等。对此，管理人要掌握动态及时向政府、法院汇报，会同政府、法院提前制定应急预案，形成合力妥善处置群体性事件，避免造成重大负面影响。在处置过程中管理人要善于借助政府和司法部门的强制力，控制谈判节奏、掌握谈判局面，在坚持原则的基础上，通过协商、妥协，最终达成各方都能接受的方案，这就需要管理人具备较强的沟

通谈判技巧和临场应变能力。

四、管理人需要具备一定的企业经营管理经验

企业破产法第二十五条规定，管理人履行下列职责："……（三）决定债务人的内部管理事务；（四）决定债务人的日常开支和其他必要开支；（五）在第一次债权人会议召开之前，决定继续或者停止债务人的营业。"可见，管理人在依法履行职责时需要具备一定的企业经营管理经验，根据企业的实际情况，能够做出较为正确的经营决策，以挽救濒临破产企业，最大限度地保护债务人财产、维护债权人利益等。在破产重整案件中，管理人具备企业经营管理经验尤为重要，甚至会直接影响到企业重整成功的概率。

实践中，管理人具备企业经营管理经验的毕竟是少数，通常的做法是继续聘用企业原高管等管理人员，辅助管理人完成破产工作。在决定债务人企业是否继续营业、聘用哪位员工配合管理人工作时，管理人通常会充分尊重企业原高管，听取其意见。但是管理人并不能完全依赖原企业员工，而只是借力，管理人必须具备一定的企业经营管理知识或经验，必须可以判断原企业员工的建议是否合理、符合实际，最终给出切实可行的方案。

在破产重整案件中，管理人应加强对债务人企业所处行业的了解，这关系到寻找重整投资人的路径是否正确。管理人在制订重整计划草案时，不能单纯依赖意向投资人，管理人要充分发挥自身优势，在聘请专家顾问进行广泛咨询的基础上，对意向投资人进行比选，以获取最大利益。

五、管理人需要具备基本的商业思维

在破产重整案件中，管理人需要多方引进投资人，与投资人进行多轮谈判。若管理人仅仅只是陈述债务人企业基本情况、提供尽职调查数据，并不能做出商业性判断，不能提出建设性意见，不考虑投资回报率等经济效益，那么在谈判中管理人很难全面展示出债务人企业重整的可能性，很难给投资人以启发，很难吸引到众多的意向投资人，最终极有可能因管理人缺乏基本的商业思维，无法制订切实可行的重整计划草案，导致企业因无投资人注资而重整失败。在破产清算案件中，针对具有可继续经营条件的企业，管理人同样需要做出是否继续经营的商业判断，有效平衡债权人、债务人各方利益。

律师在担任管理人时，通常以一名法律人的职业思维去思考破产案件工作的推进，例如根据企业破产法等相关的法律法规进行操作，依法、严

谨做事；会计师在担任管理人时，则通常以一名财务人士的职业思维去思考破产案件工作的推进，例如债务人企业账面如何记载、账面是否存在虚假记载等。不同的职业，都有不同的职业思维定式。所谓的商业思维，就是以是否获得利益或潜在利益为要义。放在破产重整案件中，就需要管理人为债务人企业、债权人考虑获得利益，而不是局限于投资额高于破产财产价值，或者只顾及自身的管理人报酬等。

实践中有少数管理人只做破产重整案件，他们处于行业的金字塔顶端，是管理人学习的榜样。他们无一例外具有较强的商业思维，具备丰富的企业并购重组经验，拥有广泛的融资渠道，善于组合各种融资方式，同时还敢于创新重整模式。但毕竟这样的管理人是少数，多数的管理人都缺乏商业思维。在实践中，不乏有些债务人企业具有较高的重整价值，但因管理人缺乏商业思维，无法做出较为准确的商业判断，导致最终未寻找到合适的投资人，或者即使重整成功，但并没有较大幅度提高全体债权人的清偿率，也没有改善债务人企业的经济效益。

六、管理人需要具备较强的风险防控意识

企业破产法第一百三十条规定："管理人未依照本法规定勤勉尽责、忠实执行职务的，人民法院可以依法处以罚款；给债权人、债务人或者第三人造成损失的，依法承担赔偿责任。"可见，管理人在违反相关法律规定的情形下，是要承担相应的法律责任的。破产案件办理周期长，法定程序较多，隐藏着较多的风险点。若没有风险防控的意识，稍有不慎，极易造成无法挽回的局面。实践中，管理人承担法律赔偿责任的案例已屡见不鲜，甚至有赔偿过亿的情形。因此，加强管理人的风险防控意识不容小觑。

在破产程序中，风险无处不在，例如在接管工作中，因为债务人企业相关人员的配合程度不同、管理人的工作严谨程度不同、物品与资料的接管难易程度不同等情况，导致实践中经常发生接管不到位或存在争议的情形。在债权申报通知时也存在较大隐患，管理人若不能及时、全面地通知已知债权人，造成债权人损失的，管理人要承担相应的赔偿责任。还有债务人财产是否调查完毕、是否保管得当、是否处置得当等，也是风险的高发领域。管理人审核债权时数字计算错误、优先权的认定错误，更是无法挽回的错误，都有可能引起诉讼赔偿。

破产事务烦琐、复杂，是一项系统工程，风险无处不在。管理人除了严格遵守法律规定，妥善处理各项具体工作，还应重点关注自身工作的风险点，及时排查、及时补漏。鉴于勤勉、忠实无客观标准，即使管理人认

为自身已经尽到了勤勉、忠实的义务，但仍有可能被法院、债权人、职工及其他相关人认为未能尽职，进而会被提起诉讼，可能承担赔偿责任，甚至是刑事责任。防范风险，破产团队负责人至关重要，必须具有超强的风险防控意识和风险敏锐性，能够及时洞察可能存在的风险点，防微杜渐。同时，也要充分发挥团队作用，管理人团队成员之间应相互监督和提醒，通过经常性例会形式作日常工作汇报，共同复盘，总结经验教训，强化流程管理，工作留痕，遇到工作不足之处及时补救，以达到将风险消除于日常工作中的效果。

第二节　管理人内部关系的处理

管理人在破产程序中的重要地位，决定了其成员应具备较高的综合素质。但管理人团队成员能否精诚合作、相互配合、共同推进破产案件才是关键所在。

破产案件涉及企业接管、债权审核、资产处置等环节，涉及职工安置、企业安全、财产分配等问题，涉及财务审计、资产评估、代表诉讼等专业事项，单靠一两位专业人士难以在法定期间内全面有效地处理各类工作，建立管理人团队是由破产案件的特殊性决定的。

管理人团队的建立需要引进各方面的专业人才，但因为担任管理人的中介机构多数为律师事务所、会计师事务所等专业机构，导致破产团队中人员专业单一、综合业务能力不足。建立一个成熟的管理人团队需要多方面条件和一定的时间。如何在现有条件下建立一支综合素质高、业务能力强的管理人团队，如何有效地处理管理人团队内部关系，是每一位管理人要考虑的问题。

一、管理人内部关系存在的问题

具备管理人资质的社会中介机构或个人，有的已经建立起较为稳定的管理人团队，有的则是在法院指定后，针对案件实际情况，临时组建工作团队。已经建立成熟稳定的管理人团队的，内部管理机制相对健全，而多数临时组建的工作团队因为磨合时间短，每个人的工作习惯、风格、理念等不同，极大可能存在内部矛盾。管理人工作团队内部关系的处理关系着破产案件推进的成效，目前来看，管理人团队普遍存在专业知识单一、业务能力悬殊、自身定位不清、风险意识淡薄、内部管理不足、薪酬机制缺失等问题。

（一）团队成员专业知识结构单一

不论是清算组，还是律师事务所、会计师事务所、破产清算事务所等社会中介机构担任管理人，组成的工作团队往往存在专业知识结构单一的情形，要么全是律师、要么全是会计师等，很少存在相互组合的情形。律师与会计师是两个截然不同的行业，知识体系并不相通，需要依靠自身去补充另外的行业基础知识，但因为跨度较大，相应的难度也增大。例如，对于律师来说，通常数学基础薄弱，对于财务数字并不敏感，学起财务知识相对困难，容易望而却步；对于会计师来说学习法律条文似乎难度不高，但是因为没有系统性地学习，没有法律基础理论支撑，对法律条文的理解难免会出现偏差。而且在日常工作中，除了破产业务的需要，大多数工作也并不需要跨行业知识的学习，所以知识结构单一是普遍存在的情况。知识结构单一容易导致工作重心偏移，在团队擅长的专业方面做得更全面、更细致，而对于知识盲区的工作则容易草草了事、藏有隐患。

（二）团队成员破产业务能力悬殊

管理人团队成员中通常由负责人、骨干力量以及辅助人员组成，负责人通常在整体上把控案件进程，防控风险，负责各方沟通联系工作。主要事务则是由骨干力量推进，辅助人员配合骨干力量的工作。在破产团队中，有2~3名骨干力量已经是配置较好的了，通常也就只有1~2名，因此骨干力量承担了大多数的重点性工作。骨干力量就是能够制订计划、有效推进工作、对疑难复杂事务有自己的思考并解决有道的主要成员。辅助人员的破产业务能力则相对较弱，并不能主动开展工作，需要在骨干力量的指导或者帮助下完成工作。这就是破产团队成员之间专业能力悬殊的实际情况，能力悬殊，提升不明显，不利于团队的建设和破产案件的办理。而不同的破产团队之间实力也是各有不同，从事破产业务时间长、经验丰富的，则实力强劲；刚承办破产业务经验欠缺的，则需要在摸索中快速成长。破产团队的能力高低在一定程度上决定了其承办破产案件的难易程度、标的大小，也直接决定了管理人报酬的多少。因此，提高破产团队整体实力，也是每个管理人内部管理的重点。

（三）管理人自身定位不清

管理人在破产案件中连接着多方主体，扮演着不同的角色，角色之间需要相互转换。例如，管理人对于法院来说，是协助法院办案，处理烦琐、具体的事务性工作，重大决定必须请示法院，在法院许可之下，管理人方可落实。而实践中，不少管理人并不完全清楚自身的定位，有的管理人并不与法院保持通畅沟通，不及时听取法院意见，重大事项完全自行做主，导致法院无法及时掌握案件走向，甚至出现管理人做出损害全体债权人利益的违法行为。有的管理人误以为自己有着法院的裁判权，在债权审查工作中存在徇私舞弊的现象，滥用权力。管理人对于债权人来说，本应该做好服务工作、维护全体债权人利益，而有的管理人则对债权人表示出绝对的权威性，将自己放在了债权人的对立面，导致管理人与债权人的关系紧张，债权人会议无法顺利召开，抑或是导致债权人会议的各项决议无法顺利表决通过。

（四）团队成员风险意识淡薄

管理人团队成员风险意识淡薄是普遍存在的现象，除了团队负责人一般具有较强的风险意识外，其他团队成员不太关注潜在的风险点，通常抱有侥幸的心理，认为工作纰漏一般不会被发现。管理人引发风险的行为包括：利用职务之便谋取利益、债权审查认定随意、怠于清收对外债权、怠于行使撤销权及取回权等权利、重大事项不上报、发生不必要的破产费用支出等。不少管理人因此被法院判决承担相应的法律责任、吊销管理人资格。现实中，管理人往往专注于破产工作的推进、配合法院尽快结案，容易忽视自身所面临的法律风险、道德风险、经济风险、社会风险，并且对种种风险研判不足，没有充分的风险防范机制。

（五）管理人内部管理不足

管理人团队组建后，负责人通常根据工作需要进行分工，存在不重视或者无法开展团队内部有效管理的情形。团队成员主要为律师或会计师，在加入破产团队之余都是可以独自承接其他案件或项目的，例如律师在参与破产案件的同时，还要处理其他诉讼案件或非诉项目，他的工作并不局限于破产案件。临时组建的管理人团队，人员流动较多，团队缺乏稳定性，更谈不上进行管理。基本固定的管理人团队，由于内部管理主要依赖于团队负责人，而负责人通常都是业务最繁忙的，根本无暇顾及团队建设与内部管理，只能寄希望于每个团队成员自觉完成分配任务。此外，团队成员中的职业特性例如律师多数个性鲜明、独来独往，也造成管理的困难。因此，即使管理人团队根据法院要求建立了各项内部管理制度，大多也是因缺乏有效的执行监督机制，而形同虚设、流于形式。

（六）管理人薪酬机制缺失

管理人报酬可以根据法律法规直接计算出具体数字，最终由法院确定。但是管理人团队内部通常没有明确的薪酬机制，实践中的通常做法是在领取到管理人报酬后，由负责人进行分配，具体分配原则由负责人确定，虽然有工作量参考，但也不排除负责人的个人主观偏好。由于缺乏明确的薪酬机制，管理人团队不稳定也就在所难免。第一，破产案件周期相对较长，在分配管理人报酬前，通常需要管理人自行垫资，若没有基本工资发放，有些团队成员没有基本的生活保障，根本无法坚持；第二，管理人团队之间没有明确分配机制，每个人的工作内容不同、身份不同、贡献度不同，这些都是影响分配的因素。但若不提前明确，就不能激发团队成员的工作积极性，也容易造成负责人一言堂的局面；第三，若最终分配管理人报酬时不合理、不公允，则容易造成团队成员之间的矛盾，引发团队危机。由此可见，制定合理的薪酬分配机制是增强破产团队稳定性和战斗力的重要条件。

二、管理人内部关系处理的原则

管理人团队建立时需明确负责人，管理人负责人是处理内部关系的责任人，是团队的核心所在。在推进破产案件的工作内容的同时，负责人要及时化解管理人内部矛盾、处理好内部关系，秉承着团队利益至上、提升整体水平、打造团队品牌影响力、实现利益共享等原则，进行有效的团队建设管理，不断提升管理人业务能力、综合素质，力争经得起债权人委员会的质询、经得起债权人会议的监督、经得起法院的考评。

（一）坚持团队利益至上的原则

团队利益至上即表示团队利益是最高利益，任何人不能凌驾于团队之上，即便是团队负责人或骨干力量。坚持团队利益至上的原则，是管理人处理内部关系的首要原则，要求每一位团队成员首先要服从团队管理，将团队利益摆在第一位。在破产案件的工作中，要求每位团队成员按时保质保量完成任务，遇到个人利益与团队利益冲突时，将团队利益放在个人利益前面，优先解决团队问题。只有每一位团队成员认可团队价值观、具有团队归属感，才能增强团队凝聚力，才能便于团队管理。在管理人团队内部发生矛盾或遇到困难时，团队负责人作为管理者理所当然是首先考虑团队利益，顾全大局，即使牺牲部分团队成员的利益，也要始终坚持团队利益至上的原则。

（二）坚持提升整体水平的原则

提升团队的整体水平，包括综合素质、执业技能等，是处理管理人内部关系的基础目标。管理人团队整体水平的高低直接决定了破产案件的办理成效，影响法院对管理人工作的评价，最终影响管理人报酬的确定。坚持提升整体水平的原则，要求每位团体成员自觉加强学习，提升自身的业务技能，提高自身综合处理问题的能力。只有每一位团队成员的实力提升，才能组建成一支强有力的管理人团队。在坚持提升整体水平原则的要求下，作为团队建设的负责人，在进行团队分工、制订工作计划时，务必全面考虑，例如如何分工搭配、取长补短，如何达到“1+1>2”的效果等。

（三）坚持打造团队品牌影响力的原则

管理人团队为了增强自身的市场竞争力，也越来越重视口碑建设，注重打造团队品牌影响力。品牌的影响力从外在形象上表现为：管理人团队保持良好的职业形象，有自己团队的名称、LOGO、职业装、工作证、标准文本等；从内涵上来讲，有自己的价值观、使命、愿景等，善于利用新媒体传播知名度，积极活跃在破产法的各类专业论坛，并乐于分享自身的办案经验、剖析典型案例等。团队品牌影响力的打造同时依附于所在机构的品牌影响力，因此已经建立起自身品牌的机构，其名下的破产团队天然具有一定的品牌影响力。这对于其他团队品牌打造来说，已经具有较高的挑战性，负责人在进行品牌打造时要面对更大的压力。管理人品牌影响力需要较长时间的造就，管理人应当从和政府、法院、债权人接触开始，树立良好口碑，在每一个破产案件中勤勉尽职，树立品牌形象。

（四）坚持实现利益共享的原则

管理人团队的每一位成员发展与团队整体发展是紧密相连的，实现与团队的利益共享是每一位团队成员的最终目的。团队成员的付出与努力，来自对利益的期待，作为团队负责人必须清楚认识这一点，在处理管理人团队内部关系时，务必坚持利益共享的原则。实践中，存在有的负责人不注重团队成员的能力培养、职业规划、长远利益的情况，容易造成团队成员因没有清晰的奋斗目标、能力无法全面提升、没有可期待的经济利益等而最终选择退出团队。因此，利益共享原则的坚持需要负责人的身体力行，若想建立一支稳定、战斗力强的团队，团队负责人必须足够重视每一位成员的成长利益、分配利益。

三、管理人团队建设的建议

在破产案件中，法院和社会期待管理人要兼顾案件的法律效果和社会效应，要平衡参与各方主体的利益关系，要考虑当地社会的和谐稳定以及对当地经济发展的影响。据此，社会各界对管理人的综合素质提出了极高的要求。各地法院为了提升管理人队伍的整体水平，出台了各项规定细则，举办各类活动，包括组织管理人培训学习、开展专题论坛、对管理人工作开展考核评定、确定管理人报酬等。而作为管理人自身，如何建立起符合社会期待和法院要求、符合社会经济发展要求的管理人团队，是每一位从事破产业务的专业人员思考的问题。针对管理人团队普遍存在的问题，提出以下团队建设的举措：

（一）加强培训学习，打造专业化团队

管理人团队需要营造良好的学习氛围，使得每一位成员都保持学习力。除了参加破产业务培训课程，成员也要学习其他相关课程，例如企业管理、谈判沟通技巧等。同时还要注重内部学习心得分享，大家相互监督、共同进步。管理人团队应预留部分管理人报酬作为培训基金，定期安排团队成员参与课程培训。

1. 学习企业破产法及相关规定。企业破产法是最基本的法律规定，每一位破产专业人士必须反复精研。最高院以及地方各级法院陆续出台的相关解释及规定，也要积极关注，及时更新法律知识库。另外，破产业务中所涉及的民法典物权编、合同编，以及劳动法、税法、公司法等法律及相关规定，也是法律学习的重要领域。

2. 学习财会知识。如果是非财会专业背景的破产业务专业人士，应当学习一些基础的财会知识，做到看得懂财务报表、知晓记账规则，能够对企业的财务情况进行初步的分析、对审计报告进行独立判断。

3. 学习企业管理知识。团队负责人或骨干力量应该主动学习企业管理方面的知识，了解公司从设立、变更、经营到注销的全流程，清楚公司的组织架构、治理方式等，学习经营理念与商业模式，培养自己的商业思维能力。

4. 学习沟通谈判技巧。协调沟通能力是管理人的基本要求，具有较高的谈判技巧并将之运用于实战则是管理人团队整体良好素质水平的体现。专业的谈判技巧是可以通过培训学习和总结实践经验来得到提升的，对这方面的学习，管理人团队往往是容易忽视的。

5. 学习文书写作。管理人的部分文书是有最高院规定的模板格式的，但即便是在固定格式的情况下，管理人在写作时仍存在水平参差不齐的现象。而文书的表达最直观地展示了管理人的专业能力与水平，不论是法院还是债权人，都能够通过文书初步判断管理人的专业水准。因此管理人应注重对文书写作能力的培养。不需要华丽的辞藻修饰，只要能够有条理、有逻辑地陈述即可。需要注意的是，管理人出具的文书要经得起推敲，充分考虑债权人、债务人等各方的接受程度，征求对方意见后再行定稿也是管理人较为稳妥的经验做法。

（二）明确岗位分工，打造精细化团队

破产案件第一次债权人会议之前的事务比较集中，只依靠个别人的力量是无法按时完成各项工作的，需要团队之间分工协作。明确岗位分工，责任到人，将每件工作标准化，按照流程有序推进，打造精细化破产专业团队。根据工作内容，一般可以进行如下分组分工：

1. 团队负责人：统筹调度、安排、指导、协调各工作小组的工作，负责向法院汇报工作，负责与各方主体沟通协调，负责舆情应对等。

2. 综合行政组：协助负责人工作，负责资料归档、文件收发，负责财务管理事宜，负责收集整理工作组工作总结、工作计划，撰写工作报告等。

3. 债权审核组：负责通知、接待债权人，登记债权申报、审查债权，通知债权人审查结果，答复债权异议事项，编制债权表等。

4. 资产管理组：负责公司资产接管、调查、保管、评估、日常经营管理，负责财务审计、债务追收、衍生诉讼等。

5. 职工债权组：负责职工债权的调查、审核与公示，处理职工相关问题等。

6. 重整招募组：负责招募投资人、与投资人谈判、评选投资人、双方签订框架协议、明确重整方案、制订重整计划草案等。

除了岗位分工明确，也要注重 AB 角色互换、全面人才的培养，做到团队中的每个人都能独当一面。

（三）牢记管理人职责，明确自身定位

管理人的法定职责在企业破产法第二十五条已明确规定，作为管理人应该牢记自己的职责所在，摆正心态，保持中立性，清晰自身定位。法院是审理破产案件的主导者，管理人是具体事务的执行者，管理人需要与法院保持畅通联系，及时汇报各项工作进展，依据法律规定需要由法院许可或者管理人认为需要请示法院的，管理人需要在法院许可、同意的情况下，再行开展工作。管理人同时需要勇于担当、为法院分忧解难，在遇到疑难复杂情况时，首先要进行分析研判，向法院提出切实可行的意见；在遇到紧急情况时，管理人要第一时间进行应急处理，制定应急预案后向法院请示汇报，切莫出现事事依赖法院指示的情况，切莫出现将所有难题都抛给法院的情况，那也就失去了法院指定管理人的初衷与意义。

债权人是破产案件中最重要的群体，管理人需要做好债权人的服务工作，而不是将自己凌驾于债权人之上或者摆在债权人的对立面。管理人对债权进行审查时，类似扮演了法官审理案件的角色，但是债权的审查结果需要债权人会议核查、需要法院最终裁定确认，因此管理人的审查意见并不是最终结果。管理人必须按照法律规定严格审查债权，对于事实不清、证据不全的债权申报，不予认定的，债权人依然可以提起债权确认之诉。

管理人切莫误导债权人，让债权人误以为管理人审查债权就是法官判案从而进行权钱交易。管理人在与债权人沟通的过程中，应该保持一颗服务的心态，稳定债权人的情绪，站在债权人的角度考虑问题，为债权人去管理债务人企业、调查和处置债务人财产等。同时也要注意与债权人之间保持一定的距离，防止出现偏向性意见，防止成为其代理人，引起不必要的误会。

对于债务人企业、聘用人员而言，管理人应转换成管理者的身份，需要以管理者的视角去思考决定继续或者停止债务人的营业，思考如何管理安排聘用人员工作，并对其工作结果负责等。管理人的身份是多元的，需要面对各类群体，推进各种工作，因此，清楚自身职责与定位至关重要。

（四）增强风险意识，严格依法合规办事

首先，管理人需要养成持续学习法律的习惯，法律无处不在、时时变化，只有不断学习，严格依法办事，才可能将风险降到最低。管理人在工作中遇到法律问题时，可以参照法院办案关于检索的规定，检索法律、司法解释、判例、理论文章，对检索结果按照相应规程进行综合研判，获取最优判断。那些仅凭经验，大而化之、想当然地去解决问题的，难免会做出与法律规定相冲突的判断和决定，风险和责任随时可能爆发。

其次，管理人要及时对工作进行复盘，查找不足，排除风险隐患。有的管理人虽然办理的破产案件数量少，但是他们的经验积累的速度很快，案件一个比一个质效高，而有的管理人办理的案件数量多，但总是一成不变，缺少创新和亮点。其中的重要因素就是复盘，善于复盘的管理人，能够很好地总结工作中的经验教训，及时发现不足并改进，能够排查风险隐患，及时采取补救措施。

最后，管理人要定期进行风险警示教育。对于实践中管理人被判决承担民事、刑事责任的案件进行深入剖析，总结共性问题，打好制度漏洞的补丁。同时，团队负责人要定期与成员进行沟通交流，了解团队成员的工作情况与思想动态，帮助其解决困惑与难题，特别是对青年成员要加强思想教育和引导。

（五）强化内部管理，打造标准化团队

管理人团队要克服临时化思想，加强制度建设。

1. 管理人的制度管理

管理人应制定规章制度并严格执行，包括管理人工作规程、议事规则、财务管理制度、证照及印章管理制度、档案管理制度、保密制度等。管理人工作规程是将管理人工作流程化、系统化，只要根据规程操作，基本可以顺利完成管理人工作；议事规则是要求管理人在做重要决定前需要合议、上报法院等；财务管理制度是规范管理人履行职务费用支出审批手续、管理人账户的管理与维护等；印章管理制度中要规定印章的保管与使用规则，即管理人印章专人保管，每次使用要登记申请，由负责人审批等；档案管理制度是要求管理人妥善保管工作底稿文件、接管材料等。各项规章制度的建立需要破产团队成员献言献策，民主议定，这样的规章制度才能得到大家的共同认可与遵守。管理人通过制度进行管理，更有利于团队工作系统化、标准化、高效化。

2. 管理人的团队管理

管理人要注重加强团队建设，通过生活团建、思想团建、目标团建等集体活动，增强团队成员之间的相互了解，培养团队成员之间的信任及默契。通过团建活动，能够反映出每位成员的做人和做事原则，团队负责人则需要根据每个人的具体情况进行相应的引导，若团队成员与团队的价值观无法融合，就应及时更换。对于优秀的团队成员则要重点培养成为骨干力量，让其在团队中发挥较好的作用。一个优秀的团队应该是有团魂的，大家的目标一致，并且有奋斗的激情与动力，可以共享胜利果实也可以共渡难关。

（六）建立薪酬体制，激发团队积极性

团队成员的付出与收入是否成正比，是每位成员关心较多的问题。建立合理的薪酬体制，使得每位成员劳有所得、多劳多得，并且做到奖罚分明，能够有效提高团队成员的工作积极性。因为分工不同，每位成员工作难易程度不同，对破产案件的贡献度也不同，所以在设计分配机制时，不能单纯考虑工作时间，同时要考虑岗位职责、工作难度、完成质量以及整体的贡献度等因素。因为破产案件周期性长的特点，管理人报酬收取的时间往往较长，对于经济相对困难的年轻人，可能更希望每月有基本的生活保障。因此，管理人建立薪酬体制时要充分考虑、照顾到每位团队成员的具体情况，例如采取基本工资加报酬提成的组合方式确定薪酬模式。建议管理人让成员先上报自己预估的报酬比例，负责人再予以权衡，最终确定比例再反馈给成员，经过双方确认之后再行决定分配金额。无论是采取何种方式确定报酬的分配，都是希望能够让团队成员从案件付出中得到满足，并有信心继续将今后的工作做得更好，相信团队会带着大家越来越好，并愿意为之努力。

第三节 管理人外部关系的处理

管理人在破产程序中的各项事务性工作，可以最终归结为与其他各方主体的关系处理问题，而管理人因自身业务能力、综合素质、自身定位等存在差异，在处理与各方主体的关系时效果也是各有不同。有的管理人能够有效借助当地政府的力量，妥善解决职工的问题；有的管理人则无法与当地政府有效沟通或是不沟通，任由职工情绪激化，最终导致群体事件发生。有的管理人能够赢得全体债权人的支持，即使在普通债权清偿率为零的情况下，也能安抚债权人情绪、顺利结案；有的管理人则无法得到债权人的肯定，甚至连第一次债权人会议都无法顺利召开。有的管理人能够溢价处置破产财产、提高普通债权清偿率；有的管理人则迟迟无法推进破产财产的处置，无法进入破产财产分配程序。

类似的案例比比皆是，当然，其中也不全然都是管理人的问题，每个案件的具体情况各有不同，包括法院及政府的重视程度、债权人的期望程度、破产财务处置的难易程度等。但是基本可以肯定的是，管理人外部关系的处理能力、处理方式对破产案件的最终走向至关重要。管理人与法院、债务人、债权人、政府相关部门、聘用机构及人员之间会存在不同的问题，继而引发各类矛盾与纠纷，针对与各方主体之间存在的可能性问题，作为管理人应该有所预案、有所思考、有所准备，在事情发生时能够快速响应并及时解决。

一、管理人外部关系存在的问题

管理人在推进破产案件的同时，需要处理与各方参与主体的关系，会遇到不同的问题。管理人要做到勤勉尽责、履行法定职责，就必须及时发现问题、分析问题，并最终解决问题。

（一）管理人与法院之间存在的问题

1. 沟通的问题

虽然管理人与法院之间保持着理论上和实践上的密切关系，但是仍有部分管理人不重视与法院的联系，导致信息不对称的情况发生，贻误工作。有些管理人只是通过书面报告向法院汇报工作，很少与承办法官通电话或见面交流，书面报告又往往语焉不详，导致承办法官不能完全掌握案件情况或者在理解上产生偏差。有些管理人在事情发生过后较长时间才向法院汇报，导致承办法官不能及时向上汇报，难以有效处理。例如，有债权人已经向管理人明确表示要去信访、去法院，但管理人并没有重视，也没有向法院和政府部门汇报发生群体性事件的可能性，导致大量债权人围堵法院大门时，承办法官也搞不清状况、无法预判事态走向，从而未能及时有效处理，造成恶劣影响。

2. 依赖与推诿的问题

法官在具有较丰富的破产案件办理经验时，往往会给予管理人较多指导，但是实践中不少法官也是与管理人在同一起跑线上边学习边开展工作，这就要求管理人与法官之间要加强配合，遇到问题共同研讨、一起解决。但是，有些管理人总是过于依赖法院，凡事都要请示法院，没有批示则不敢开展工作。有些管理人则过于自信，凡事自己决定，事后才向法院汇报。有些管理人遇到难题就退缩，总是拿法院作挡箭牌，对于债权人的询问，总是回答要等法院通知、等法院决定等，导致不少承办法官还要时常接待债权人，增加了法院不必要的工作量。

（二）管理人与债务人之间存在的问题

1. 配合的问题

管理人工作的开展离不开债务人企业的配合，但债务人企业法定代表人、财务人员及其他经营管理人员对管理人的配合度往往较低，甚至有的无法取得联系、下落不明。债务人企业相关人员有的隐藏甚至私下毁损财务资料，有的谎报或是隐瞒相关情况，对管理人的工作要求，表现出消极、抵触情绪。管理人为了便于工作的开展，聘用的原公司人员，协助管理人调查财产情况、配合审计与评估工作等，也普遍存在工作积极性不高，不能按期保质保量完成工作任务，却要求管理人提供较高的劳务报酬等情况。

2. 对立的问题

管理人与债务人的关系处理得不好，非常容易造成对立的局面。首先，债务人企业的法定代表人或实际控制人经历过经营失败的打击、长时间承受大量债务的压力，本身已经处于消极的状态甚至是崩溃的边缘，而管理人则容易忽略这一点，在首次会面沟通时往往直奔破产工作主题，成为压垮骆驼的最后一根稻草，无法获得他们情感上的认同和支持；其次，债务人企业法定代表人及其他经营管理人员并不了解破产程序，不清楚管理人的法律职责与定位，误认为管理人是来找麻烦的；最后，有些管理人自身的态度存在问题，对债务人企业员工态度较差，沟通时往往采用命令式语气，完全将自己凌驾于债务人企业之上，引起债务人的对立情绪。

（三）管理人与债权人之间存在的问题

1. 态度的问题

管理人与债权人之间的互动是频繁的，管理人需要通知债权人申报债权，接待债权人并回答债权人询问，债权人一般只有通过管理人才能了解破产案件的进展，所以债权人会主动与管理人保持联系。管理人的态度直接决定了与债权人之间的关系，如果管理人能够耐心细致地解答债权人疑惑，或者表现出对债权人的理解，债权人通常都是友好的，也会积极配合管理人的工作，即尽快申报债权、参加债权人会议、同意各项决议等。如果管理人对债权人表现冷漠、推脱，态度敷衍，则债权人也会同样不配合管理人的工作，例如不参加债权人会议或者投反对票等。

2. 利益的问题

管理人从事破产清算工作是要从可分配财产中收取报酬的，对于债权人来说管理人就是分割了他们的部分利益，所以对于管理人的工作存在天然的不满和挑剔，对管理人的报酬也会提出异议，因此让债权人看到管理人对破产财产保值增值及对不实债权削减所做出的贡献，就能与债权人保持良好的关系，减少对立。在破产案件中，管理人是债权人利益的分割者，也是其利益的维护者，如何公允地平衡各方利益是管理人需要思考的问题。

（四）管理人与政府部门之间存在的问题

1. 连接的问题

管理人在破产案件中需要与政府各部门沟通的问题比较分散，例如税务、工商、房产土地、信访等问题需要与不同的职能部门沟通。在没有牵头部门的情况下，管理人时常在多个部门之间来回奔波，最终还未必能够解决问题，最直接的感受是，管理人找不到与政府沟通的连接点，最终只能依靠法院和政府之间搭起的府院联动桥梁。但实践中府院联动的效果并不理想，管理人更希望能够主动与政府建立直接连接点，主动通报情况，及时得到政府的反馈与支持，以有效加快破产案件的进程。

2. 主动的问题

对于地方重大破产案件，之前政府部门应该有所介入。管理人接手后，更应该主动了解情况，了解政府意图，做好下一步清算及维稳方案，而不能等到群体性事件发生时，才与政府联系，这样既处理不好事件，又会失去政府的信任，使得后面需要协调的工作举步维艰。因此，管理人要特别重视与当地政府主动联系，建立起互动的渠道。

（五）管理人与聘用机构及人员之间存在的问题

1. 监督的问题

管理人聘请专业机构开展对破产企业的财务审计和资产评估工作，对工作成果不是照单全收，而是必须进行必要的监督。实践中往往会发生专业机构工作不负责任的情况，例如评估机构漏评资产、审计报告内容中出现各种错误、报告缺乏针对性以及实用性等。因此，管理人作为委托人，需要严格审核专业机构的资质条件，全程跟踪审计与评估过程，有针对性地提出工作的要求，及时发现并纠正存在的问题。

2. 管理的问题

管理人聘用债务人企业相关人员配合管理人开展工作，对聘用人员的管理也存在困难。管理人通常事务繁杂，容易忽略对聘用人员的管理，导致部分聘用人员工作懒散，态度消极。有些负责安全保卫的聘用人员，在没有管理人的监管下，并没有定时定点进行安全巡视，不但没起到安全保卫的作用，反而隐藏着巨大的风险。有些聘用人员是债务人企业原高管，要求的薪金较高且难以服从管理。对于期限较长的破产案件，如果不能较好地管理聘用人员，导致工作效率低，反而会影响工作进程，发生不必要的破产费用支出，因此，对聘用人员的管理需要引起管理人的重视。

二、管理人外部关系处理的原则

管理人的职责与权利是由企业破产法规定和赋予的。破产法制定的目的在于规范企业破产程序，公平清理债权债务，保护债权人和债务人的合法权益，维护社会主义市场经济秩序。管理人在履职过程中，应勤勉尽责，忠实执行职务。每个破产案件都有其特殊性，相关的参与主体也各有特色，不同管理人具有不同的经验、不同的工作流程、不同的处理方式，但处理外部关系的原则是相通的。依法合规、法院主导、公平效率、审慎中立、接受监督等是管理人应当秉持的普遍原则。

（一）坚持依法合规原则

管理人在处理外部关系时首先要坚持的就是依法合规原则，在法律制度框架内开展破产工作，处理各项事务。法律法规规定管理人需要上报法院许可的事项切忌擅自做主，法律法规赋予管理人职权的事项切忌滥用，避免触碰法律底线，引起民事责任甚至是刑事责任。在法律法规没有禁止性规定的情况下，管理人应从维护全体债权人利益的角度出发，尊重债权人会议自治。管理人在各方参与主体中，要体现出法律执行者的身份，手持法律利剑，营造依法办事氛围。管理人的履职需要放在阳光下，经得起法院的审查，经得起债权人的问询与质疑，经得起时间的考验。

（二）坚持法院主导原则

法院负责破产案件的审理，管理人是由法院指定，履行法定职责，对法院负责。破产案件与法院审理的其他案件不同，其他审理案件通常一事由一案件，涉及当事人较少，只要查明事实、适用法律即可，工作量较小、周期较短。而破产案件需要参与的是全体债权人，需要全面接管债务人企业，进行破产财产的管理与处置等，法院没有大量时间与精力去处理具体的事务性工作，所以需要选定第三方主体协助法院办理破产案件。而不少管理人却始终将自己摆在首位，认为管理人是破产案件的主导，放大管理人的职权。管理人应牢记坚持法院主导的原则，主动请示汇报，保持与法院的紧密沟通，与法院办案思路保持一致，配合法院按期结案。

（三）坚持公平效率原则

管理人在处理外部关系时应坚持公平效率原则，公平更多指向的是债务人、债权人，效率更多指向的是法院、政府、聘用人员。债务人企业相关人员在破产程序中处于相对弱势地位，更应当被尊重和公平对待。债务人企业的法定代表人、实际控制人或是股东，即使依照法律规定需承担责任，也不能剥夺法律赋予的权利。管理人都应该公平对待，既要保障其权利行使，也要追究其相关责任。

效率原则要求管理人在对外沟通、办事时讲究工作效率，按期完成工作计划，严格控制时间节点，不得超过法律规定的期限。实践中，不乏久拖不决的破产案件，难题各有不同，但效率不能放松，管理人应当勇于担当、改革创新，善于化解难题。

（四）坚持审慎中立原则

破产程序涉及主体众多，为维护各方利益，管理人必须坚持审慎中立的原则。如果管理人存在区别对待的偏颇行为，就很难获得全体债权人的认同。为了做好破产工作，管理人可能与债务人保持密切联系，从而引起债权人误会管理人是代表债务人的；因部分债权人和管理人互动太频繁，导致其他债权人误会其与管理人关系不一般，可能有利益输送等猜疑。因此，管理人与债务人、债权人都要保持一定的距离，坚持中立原则，树立起公平正义的形象。管理人要尤其注意避免引起误解，丧失债权人、债务人的信任，使得管理人工作举步维艰。实践中，存在个别管理人帮助债务人企业逃废债，与部分债权人内外勾结掏空债务人企业资产等违法情况，最终导致管理人承担巨额赔偿甚至是难逃牢狱之灾。

（五）坚持接受监督原则

企业破产法规定，管理人要接受债权人会议和债权人委员会的监督，可见每位债权人都有权监督管理人。管理人向法院汇报工作，对法院负责，也接受法院的监督管理。管理人在处理外部关系时，坚持接受监督的原则，是对自身高标准严要求的体现。管理人的工作需要做好工作记录，除了传统的书面记载方式，还可以采用拍照、录像、录音等各种方式记录，并注意整理保存，在法院、债权人要求公开工作过程时，能够较好地进行说明和展示。

三、管理人外部关系处理的经验

破产案件中，管理人与各方参与主体的关系就像一张网，管理人就是纲，如何纲举目张？本书管理人团队根据自身办理大量破产案件的经验，结合其他管理人的经验做法，总结出以下几点。

（一）管理人与法院之间关系的处理

1. 管理人要主动与法院加强沟通汇报。一般管理人要每周至少与承办法官电话汇报工作一次，每月进行一次书面的工作汇报，重要的事项当面沟通请示，做到一事一汇报、一事一报告，如遇新情况、新动向要第一时间汇报，以便承办法官掌握破产案件的最新动态，保持管理人与法院的信息畅通、对称。法律规定或者管理人认为需要先请示法院的工作事项，管理人切忌自作主张或先斩后奏，务必在法院许可之后方可开展相关工作。对债务人接管情况、财产调查情况、审计与评估情况、债权申报与审核情况等关键节点，管理人要及时报告进展及结果，听取法院意见，查漏补缺，完善管理人工作。

2. 管理人要独当一面、为法院排忧解难。首先，管理人要勇于担当、积极主动，破产案件各项工作布置得当、有序开展，而不是被动地由法院督促，过分依赖法院的指示；其次，管理人要有整体把控破产案件的能力，制订详细的工作计划，特别注意重要环节及时间节点等，并能够执行到位，做到让法院放心；最后，管理人要善于思考、追求创新，例如制作大数据分析报告、开展专家论证会、进行专题研究分析会等，对于疑难复杂问题进行多方研讨，最终提出可行性、建设性的意见，以供法院参考使用，真正做到让法院省心，让法院放心，发挥管理人应有的作用。

（二）管理人与债务人之间关系的处理

1. 管理人要取得债务人的积极配合。首先，要向债务人企业阐明管理人的职责与定位，打消债务人企业的顾虑，要让其感受到管理人是在为其解决问题，为其缓解压力。但同时管理人也要向债务人企业法定代表人、财务人员及其他经营管理人员说明其配合管理人工作的义务、否则应承担的法律责任等。其次，管理人要充分尊重债务人企业的相关人员，理解他们的心理状态，注意沟通语气要平和，凡事有商有量，对于企业的日常经营管理事务要听取他们的意见，给予尊重的同时也赢得他们的信任。最后，管理人要善于知人用人，通常情况下管理人都需要聘请债务人企业相关人员配合管理人工作，对于重要岗位，例如财务人员、技术人员，管理人要特别重视其岗位作用，赢得其对管理人工作的配合与支持。

2. 管理人与债务人之间要保持适当的距离。管理人的工作开展需要债务人的配合，但管理人和债务人之间本身便存在一定的冲突性，例如管理人要对债务人财务进行审计，需要核查注册资本金到位及是否有抽逃情况，需要核查债务人企业是否存在转移资产损害债权人利益的行为等，有可能触及债务人企业的相关人员利益，需要追究其法律责任。而实践中，的确存在有些债务人企业人员通过贿赂或收买管理人共同隐匿转移企业资产的情况。因此，若管理人与债务人企业关系过于亲密，即使管理人确实洁身自好，也不排除债权人存有疑虑，对管理人的立场产生合理怀疑。可见，管理人与债务人的关系若处理不当，不仅阻碍管理人破产工作的推进，也可能突破管理人的底线，导致管理人最终承担法律责任。

（三）管理人与债权人之间关系的处理

管理人对待债权人要有服务意识，态度要热情。管理人在破产案件中，面对的最主要群体就是债权人。管理人要想与债权人建立起良好的互动关系，首先，要树立服务意识，放低管理人的姿态，第一时间稳定债权人的情绪、打消债权人的顾虑，建立起信任关系，切忌回答问题敷衍、遇事推诿；其次，管理人要全面了解分析债权人情况，针对可能与债务人或其他债权人矛盾突出或有上访可能性的债权人，安排专人负责一对一沟通，及时向债权人通报破产案件进展，让债权人感受到管理人是真心为其考虑问题、为其维护利益；最后，若发现债权人一直情绪激动，难以有效沟通，则管理人要特别警觉，及时向法院汇报，做好债权人上访的应急预案。

管理人要正确平衡与债权人之间的利益关系。首先，管理人不回避与债权人谈论收取管理人报酬的话题，但是要让债权人知道管理人的工作量、管理人的辛勤付出，公开管理人报酬确定的过程以及收取报酬的合法合理性。其次，管理人对待债权人要保持客观公正，对于债权人申报的债权，管理人根据统一的审查标准与规则进行审查。对于事实不清、证据不足的债权人要一视同仁，严谨的工作作风能够赢得债权人的尊重。即使出现打招呼、托关系等影响管理人对债权的核定时，管理人也要坚决表明态度，不可模棱两可，要明确告知债权人关于债权审查的过程、意见，若无法认定时要及时告知结果，并建议其补充证据或者通过诉讼确认其债权。管理人要严于律己，工作经得起债权人质询，包括管理人的每一笔支出费用，树立起公平公正、廉洁自律的良好形象。

（四）管理人与政府部门之间关系的处理

管理人应配合法院积极与政府保持沟通联系，推动府院联动机制的不断发展完善。管理人要有与政府部门沟通的主动性，不可完全依赖于法院与政府部门的沟通协调。随着破产案件数量的不断上升，政府部门对破产业务也越来越熟悉，对管理人的身份也已经认可。管理人与政府部门的反复沟通，也是在推动政府部门对破产案件特殊处理渠道的建立。管理人在现实中遇到的困难，要善于总结并主动向政府部门领导汇报请示，引起领导的重视，以完善政府部门的相关办事流程，为今后管理人破产工作的顺利开展铺设道路。

在关乎民生的破产案件中，管理人要尤其重视与当地政府的紧密联系。例如房地产企业破产案件中，管理人要依靠当地政府共同解决购房户问题，一方面政府的出面能够缓解购房户的焦躁情绪、给予购房户以希望，缓解管理人的工作压力；另一方面，有政府的协调沟通，管理人能够更加顺利地完成续建、办证、交付等具体工作，大大缩短破产案件的办理周期。

（五）管理人与聘用机构及人员之间关系的处理

管理人要加强对审计、评估机构的工作监督。管理人委托审计、评估机构对债务人企业开展财务审计与资产评估工作，要对其工作成果负责。因此，管理人加强对审计与评估机构的监督也是对自己工作的负责。实践中，管理人一般需全程参与审计、评估工作，对工作的开展提出具体的要求，在过程中及时发现问题，解决问题，审计和评估报告的初稿需要经管理人审核，判断是否满足其提出的需求等。虽然审计和评估机构要保持其工作独立性，但那是建立在其综合素质较高、工作认真负责的前提之下的，而实际上，不少审计和评估机构存在工作疏漏、不尽职等情况，因此管理人的监督不可或缺。

管理人要加强对聘用人员的管理。管理人通常需要债务人企业员工或其他专业人员配合其完成破产工作，专业人员（例如律师）管理起来难度较低，主要是对聘用原公司人员的管理较有难度。因为原公司人员本身已长期缺乏工作积极性，债务人企业通常还欠其职工薪资，虽然管理人会支付聘用人员工资，但往往工资较低无法激发其积极性。一般情况下，管理人应在债务人企业设立管理人办公室，与留守员工一起工作，方便工作安排、管理。另外，对于债务催收、资产处置等工作，可以通过奖励措施激发留守员工的积极性，帮助管理人拓宽资产处置渠道、寻找优质买家、发现债务催收线索等，能够有效扩大债务人财产、增加资产处置收益，从而提高债权清偿率，为债权人利益的谋取做出较大贡献。

第四章 管理人执业风险防范

企业破产法第一百三十条规定：“管理人未依照本法规定勤勉尽责，忠实执行职务的，人民法院可以依法处以罚款；给债权人、债务人或者第三人造成损失的，依法承担赔偿责任。”可见，在破产程序中，因管理人失职等原因，需要承担民事赔偿责任。在实践中，已发生不少管理人赔偿案件，甚至出现向管理人索赔十多亿元的巨额赔偿案件。这些赔偿案件的发生，无疑给管理人敲响了警钟，使得民事赔偿责任风险成为管理人首要防范的执业风险。除了承担民事责任外，管理人也有可能同时要承担行政责任。若管理人存在违法违规行为，由行政主管机关对管理人处以具体行政处罚，例如警告、罚款、没收违法所得、暂停执业、吊销资格证书及撤销管理人机构等。破产业务得到众多专业人士的追捧，其中主要的原因是管理人丰厚的报酬，但在经济利益驱使之下，也容易滋生贪污腐败、徇私枉法等刑事犯罪案件。若管理人在履职过程中构成犯罪的，同样要承担刑事责任。管理人执业过程中，除了要面对法律责任风险，还要应对其他执业风险，例如管理人被更换的风险、管理人及所在机构的信誉风险及管理人工作人员的人身安全风险等。企业破产法第二十二条规定：“债权人会议认为管理人不能依法、公正执行职务或者有其他不能胜任职务情形的，可以申请人民法院予以更换。”在管理人未能处理好与各位债权人的关系时，或是债权人因清偿率过低情绪激动等主观原因时，都有可能存在债权人会议提出更换管理人的请求，虽然决定权在法院，但是一旦被提出更换管理人的请求，则会让法院与管理人同时陷入被动的境地，影响法院审理破产案件的进展，影响法院对管理人的考核，也最终影响管理人的报酬取得。除清算组担任管理人情形外，管理人代表的是所在机构的品牌形象，管理人在破产案件履职过程中的失职，同样会损害单位的品牌形象、商业信誉。此外，因为债权人的不满情绪长时间集聚，而对管理人进行人身威胁的事件也不鲜见，因此管理人在履职过程中也要注意人身安全的保护。

不论是法律责任风险，还是其他执业风险，管理人首先要树立起风险防范的意识，定期进行风险警示教育，坚决将违法违规的苗头扼杀在萌芽阶段，不可抱有侥幸心理。否则，一旦风险事件发生，管理人将面临无法挽回的局面，轻则行政处分、民事赔偿，重则结束职业生涯甚至锒铛入狱。

第一节 管理人执业风险概述

管理人的执业风险贯穿于破产案件的整个过程，即使破产案件终结，也不能意味着管理人不再承担潜在的风险。破产案件类型包括破产清算、重整与和解，不同的破产程序对管理人的履职要求不同，管理人可能遇到的风险也不尽相同。管理人若是律师担任时，其执业风险防范意识相对较强，但管理人队伍中存在大量非法律专业人士，此外管理人还会聘用相关人员，包括债务人企业的原工作人员、安保人员、专业的审计评估鉴定机构等，管理人也要对其聘用人员的行为负责。管理人在开展破产案件具体事务性工作时，不免会担心自身团队及聘用人员可能发生的执业风险，过分谨小慎微容易延宕案件的整体进程，而过分大胆冒进则容易忽视隐藏的风险点，执业风险的不确定性也是影响管理人工作积极性的重要因素。本节通过分析管理人法律责任风险及非法律责任风险，便于管理人充分理解实践中可能存在的风险点，在今后破产案件的实际履职过程中，能够相互借鉴经验做法，以降低踩到执业红线风险的概率。

一、管理人法律责任风险

破产程序中，管理人是管理债务人财产和负责经营事务的法定机构，整个破产程序是以管理人为中心而推进的。管理人的法律地位至关重要，直接关系到破产目的最终能否实现、债权人最终能否得到公平受偿，破产程序能否顺利终结等。平衡各利害关系人利益冲突与公共利益保护是其职责所在，管理人亦是破产程序中各方利益诉求的直接承受者，因此，其在执行职务过程中必然面临极高的职业责任风险。管理人的法律责任是约束管理人行为、保障利害关系人利益及完善破产法律制度的共同需要。我国企业破产法在借鉴国外有关规定的基础上，建立了我国管理人法律责任追究体系，根据管理人违反法定义务的轻重不同导致其承担不同的法律责任。因此，企业破产法在赋予管理人权利的同时，也规定了管理人因不当履职应当承担的法律责任。管理人要面临的民事责任、行政责任及刑事责任风险，详见本书下篇第十三章内容。

（一）管理人履职过程中的常见法律风险点

企业破产法中详细列举了管理人的职责，但是，对于管理人的法律责任，并没有列举式的详细规定，而是采用原则性的规定。根据管理人的具体工作内容，列举了以下常见风险点：

1. 管理人在接受法院指定后，因没有及时接管债务人企业，债务人企业财产发生毁损、灭失的情形；管理人在接管债务人企业时，未全面调查债务人企业财产，未全面准确清点资产，与债务人企业未办理交接手续或交接手续不全，发生接管遗漏、接管前后资产情况不明的情形；管理人在接管债务人企业后，未做好安全管理工作，发生安全责任事故，造成债务人企业财产毁损、灭失的情形。

2. 接管的债务人企业文件资料未全面进行整理、归类，因而未整理出较为完整的债权人清册，未通知部分债权人申报债权，致使其未能按时申报债权、未能依法参与破产财产分配，丧失债权人权益；因未查看接管资料，未发现重要线索，导致债权审查结果错误的情形；因未梳理合同的履行情况，未及时决定解除合同或继续履行合同，造成债务人企业损失的情形。

3. 未接管到债务人营业执照、印章等重要资料，管理人未及时登报挂失，发生被他人冒用从而造成债务人企业损失的情形。

4. 管理人未监管财务审计、资产评估工作，因聘用机构工作过失造成财务审计不全、资产评估遗漏的情形。

5. 管理人未代表债务人企业参加诉讼，管理人怠于行使破产撤销权、取回权，怠于审查涉及债务人财产处置行为无效的情形，怠于追回企业高管非正常收入，怠于追收股东出资等情形。

6. 管理人未及时催收应收债权，导致该债权超过诉讼时效或其他原因无法追回的情形。

7. 管理人对债务人企业财产保管和处置不当，造成损失的情形。

8. 管理人支出的破产费用存在不合法、不合理的情形。

9. 管理人团队成员发生行贿受贿等违法犯罪行为。

（二）管理人执业法律风险原因分析

管理人在履职过程中出现的法律责任风险，总的来说与管理人的执业水平、综合素质紧密相关，个别与管理人的具体工作人员的职业操守相关联。一方面，管理人没有建立严格的工作机制，内部成员的工作分工也不够明确，工作效率低下、工作质量不高，容易在具体操作中产生相应的问题和风险；另一方面，管理人的工作难度较大，由于债务人企业配合度较低等情形，致使管理人无法深入开展部分工作，难以有效排除隐藏的履职风险点。另外，绝大多数破产案件需要管理人先行垫付破产费用，且支付管理人报酬的周期较长，给管理人带来较大的经济压力。而且越来越多破产案件最终可能无法支付管理人报酬或者只能支付部分报酬，极有可能无法覆盖管理人的垫付成本。因此，管理人的工作积极性无法得到激发，在工作中容易避重就轻，希望尽快结案，难免缩减工作内容和进行不规范操作。此外，管理人的履职过程缺乏有效的外部监督，也容易使风险堆积。依据我国企业破产法的规定："对管理人的监督主要由法院、债权人会议或债权人委员会行使。"法院监督管理人工作主要是依管理人汇报，如果管理人不汇报或故意隐瞒，会给法院的监督带来障碍。而且有些承办法官经验欠缺，难以准确判断可能存在的风险点，因而不能有效监督管理人工作，甚至可能被管理人误导。对于债权人来说，一是因信息不对称而无法进行全面和精准的监督；二是欠缺专业能力不能进行有效监督。

二、管理人非法律责任风险

管理人在履职过程中发生的非法律责任风险，相对来说责任较小，对管理人的压力也较小，但同样不容小觑。法律责任风险是管理人守住的基础底线，而非法律责任风险防范则是对管理人的更高要求。管理人能够依法合规顺利结束破产案件，是法院对管理人的基本要求。而管理人能够妥善处理各种问题，甚至采取创新举措，则能够提升品牌形象，赢得法院信赖、提升管理人的等级，也是为下一个破产案件积聚力量。但是，若管理人未能妥善处理各种问题，则很有可能面临在个案中被更换的窘境，不仅影响自身的品牌信誉，也使得以后再次成为管理人的可能性降低。

（一）更换管理人风险

企业破产法第二十二条规定："债权人会议认为管理人不能依法、公正执行职务或者有其他不能胜任职务情形的，可以申请人民法院予以更换。"管理人在履职过程中，若未能妥善处理与债权人的关系，导致债权人对管理人有意见，即使管理人未实质损害债权人利益，也有可能被债权人会议申请更换。企业破产法司法解释（二）第二十三条规定："债权人通过债权人会议或者债权人委员会，要求管理人依法向次债务人、债务人的出资人等追收债务人财产，管理人无正当理由拒绝追收。"债权人会议依据企业破产法第二十二条的规定："申请人民法院更换管理人的，人民法院应予支持。管理人对应收债权及注册资本金的追收是法定义务，管理人没有正当理由无故怠于履行的，法院根据债权人会议申请将更换管理人。"

《最高人民法院关于审理企业破产案件指定管理人的规定》中第二十三条规定：“社会中介机构、清算组成员有下列情形之一，可能影响其忠实履行管理人职责的，人民法院可以认定为企业破产法第二十四条第三款第三项规定的利害关系：（一）与债务人、债权人有未了结的债权债务关系；（二）在人民法院受理破产申请前三年内，曾为债务人提供相对固定的中介服务；（三）现在是或者在人民法院受理破产申请前三年内曾经是债务人、债权人的控股股东或者实际控制人；（四）现在担任或者在人民法院受理破产申请前三年内曾经担任债务人、债权人的财务顾问、法律顾问；（五）人民法院认为可能影响其忠实履行管理人职责的其他情形。”法院在指定破产案件管理人时，并不一定知晓管理人与破产案件是否存在利害关系，需要管理人主动告知和回避。实践中有的管理人选择隐瞒是不可取的，因为债权人一旦发现管理人与破产案件存在利害关系，申请法院更换管理人，将置管理人于被动的境地，一方面所做工作归零且无法取酬，另一方面因为没有主动上报法院回避的情形，影响机构的诚信度和法院对管理人的考评，并可能丧失被指定管理人的机会。因此，管理人应主动遵守回避制度，避免造成不利的局面。

（二）品牌信誉风险

当前市场环境下，管理人及其所在的机构都越来越注重自身品牌建设，特别是在当地的知名度及影响力。法院在编制管理人名册或选定管理人时，申报机构的品牌信誉也是影响法院判断的重要因素之一。管理人履职的过程，就是法院检验管理人实力的时刻。认真履职、勤勉尽责也是管理人的应有之义，否则，一旦发生债权人投诉，甚至是要求更换管理人，势必造成法院对管理人的印象减分，影响管理人及所在机构的品牌信誉。

管理人因未勤勉尽责、忠实履行职务而承担民事赔偿责任时，不仅经济上受到严重损失，自身的品牌信誉受到的影响更大。可能管理人的失误很小，但只要承担赔偿责任，则品牌信誉的修复可能需要较长时间和付出更多的代价。管理人工作人员若涉嫌刑事犯罪，对个人来说意味着职业生涯的结束，对机构来说可能是信誉形象尽毁。因此管理人必须时刻谨记法定职责，审慎履行法定义务，严守职业操守、勿触法律红线。

（三）人身安全风险

有些破产案件债权人中的自然人较多，尤其是因民间借贷而导致破产的案件和房地产公司破产案件，债务人企业往往是无产可破。在债权人感到无法受偿的情况下，若管理人没有与债权人做好沟通工作，很容易将债权人与债务人之间的矛盾转化为债权人与管理人之间的矛盾，引发债权人以通过制造群体性事件、威胁、恐吓等方式来对管理人施压。

对于职工债权问题突出的破产案件，经验不足的管理人在处置时欠缺整体规划和合理安排，不善于利用府院联动化解矛盾，导致职工债权人反复纠缠管理人，甚至围堵管理人办公场所。

在房地产企业破产案件中，有的破产财产为高层建筑且处于在建状态，管理人在巡视和维护过程中极易发生人身安全事件。

有些破产企业位置较为偏僻，停止经营多时，缺少人防、技防措施，管理人在现场办公和巡更时存在遭遇盗抢的安全隐患。

第二节　管理人执业风险防范

在管理人执业风险日益凸显的情况下，越来越多的管理人开始注重执业风险的管控，如建立一支综合素质高的破产团队，从源头上最大限度地降低执业风险，由团队负责人进行风险把控，注重风险警示教育，定期进行内部风险排查等。制度的建设使得内部风险管控更加系统化，例如制定破产工作操作规程，严格按照工作流程推进工作，注重工作总结，重大决定由全员开会讨论决定，相互学习探讨疑难复杂问题等。根据破产财产标的的大小，适当提升执业保险的额度，避免出现赔偿责任时，管理人团队无力赔偿而造成个人经济严重损失。此外，希望能够加快相关的立法工作，例如建立管理人豁免制度、管理人赔偿设置最高限额等。以此从立法层面降低管理人的执业风险，最大限度地激发管理人的工作积极性。

（一）加强风险警示教育

管理人团队在进行业务技能培训的同时，也要重视加强风险警示教育，让团队成员充分认识到管理人执业风险点，以及会造成的法律后果等。管理人团队可以通过分析管理人作为被告的诉讼案件，以及受到各方批评、否定、有负面评价的事例，总结其中的风险点，对比自身，有则改之，无则加勉。对于法院、行业协会及各破产业务培训机构举办的破产业务学习活动，管理人团队应积极组织参加培训学习，对于破产案件中存在的风险点，要认真倾听各方面的意见和建议，学习前辈的经验和教训，并借助每次的培训学习机会，与同行精英加强沟通交流，学习前辈和其他管理人团队的经验做法，与大家共同探讨现存的疑难实务问题，寻找解决途径。

此外，破产团队还应注重安全意识教育。不仅要做好债务人财产安全保卫工作，还要注意工作人员的人身安全。管理人聘用的专业机构及人员，也要加强必要的风险警示提示。例如对于审计评估机构来说，管理人在委托其开展财务审计和资产评估工作的同时，要求其签署风险提示告知书，注意在财务审计过程中对财务凭证等资料的保管以及注意保密，资产评估过程中注意对债务人财务的保管与维护。工作结束后，对于双方交接退回的材料也要特别注意清点核对。对于管理人聘用的安全保卫人员，更是要定期召开会议，进行安全风险警示教育，加强每日巡视，做好工作记录，发生意外事件及时处置，第一时间报警并上报管理人。

（二）制定破产工作操作规程

破产案件周期较长，需要团队协作完成的业务环节较多，为了防止工作疏漏、提高管理人的工作效率，管理人应当制定一套完整的破产工作操作规程，逐步建立成熟有效的管理体系。例如将每一个工作环节需要注意的事项一一列明，完成的时间进行限定。从接受法院指定开始，至接管企业、调查企业财产、债权申报通知及审核、召开债权人会议、处置破产财产、进行破产财产分配等一系列破产工作，制定详细的操作规程，并配套相关的制度规定。对证照及印章管理制度、事务审批制度、债权审查制度、财务收支管理制度等，实现工作流程化、流程标准化、标准明确化。另外，管理人要强化与法院、债权人（尤其是债权人会议主席和债委会）的沟通交流，建立健全相应的交流机制，及时发现破产管理中存在的问题，有指向性地沟通汇报，以便顺利开展工作。

管理人根据团队成员的专业能力和经验组成小组，细分破产程序中所需的履职工作，形成相对稳定的工作小组，相互协作，共同完成小组任务。例如，综合行政组负责档案的管理，对项目文书纸质资料和电子资料进行专门管理并按照管理人工作平台的要求依流程进行上传管理，以此细化和规范项目工作流程等。每个工作小组各司其职，由团队负责人统一进行工作部署并检查工作进展情况，监督各小组是否按照工作操作规程进行规范操作，发现违规操作或工作环节遗漏，要及时进行风险告知并限期改正，严防执业风险。

（三）定期进行内部风险排查

定期进行内部风险排查能够及时有效地发现工作中的风险点，以及了解每位成员的工作状态。管理人可以自行建立相应的监督机制和分权制衡机制。管理人内部可以成立监督小组对整个破产程序进行内部监督，并在每周例会上进行监督工作汇报，再由管理人负责人审核确认。通过定期的内部风险排查，可以及时发现团队成员的工作疏忽和谋私行为。

定期风险排查需要管理人负责人的高度重视并有效推行，在发现个别团队成员工作积极性消退或行为反常时，负责人要注意与成员进行沟通疏导，密切关注团队成员工作情况，了解其思想动态，保证工作有序开展的同时，也要恰当关心员工的身心健康。同时也需要团队成员自觉提高自身防范风险意识，及时复盘工作，查漏补缺，以便于配合团队内部定期进行风险排查工作。

（四）强化保险意识，提升执业保险额度

若发生破产案件需管理人承担赔偿责任，赔偿责任的金额从几万到百万、千万元都有可能。而根据管理人队伍的一般构成来看，即使是较大规模的律师事务所、会计师事务所也很难保证能够完全承受数额巨大的责任风险。因此，购买执业保险是基本的保障需求。

管理人执业责任保险是专门针对管理人面临的高风险而设立的。该保险的责任标的是保障管理人因违反勤勉尽责而产生的损害责任，仅仅限于金钱财产的赔偿责任。目前我国只有少部分保险公司设立该险种，说明管理人执业责任保险还没有达到普及，管理人对于投保管理人执业责任保险也缺少相应的积极性和主动性。一般情况下，即使当地保险公司没有该险种，管理人也可以向保险公司提出投保要求，保险公司通常会增加该保险种类。针对目前的实际情况，一方面从国家层面应积极宣传，促进管理人执业责任保险制度的发展；另一方面管理人自身也应意识到可能存在的执业风险，积极参保，减少自身所需要承担的责任，降低风险。

在破产实务中，机构管理人本身有行业内执业责任保险，但这类执业保险范围过于宽泛，不能满足管理人执业责任的专业特点和多元化需求，保险金额有限。即使有管理人意识到需要投保管理人执业责任保险，来保护自身利益，降低执业风险，但基于成本考虑和侥幸心理，管理人投入执业责任保险的费用非常少，未必能达到全额赔偿的效果。管理人应提高对执业责任保险的投入，来分散执业风险，以保障自身利益。

（五）健全外部监督机制

为了进一步规范管理人的职权，严格防控管理人的执业风险，有必要在现有的外部监督机制下，进一步健全完善管理人的监督机制。第一，普遍设立管理人行业协会。目前已有不少地方设立了管理人行业协会，通过管理人协会的监督和管理，有效地监督管理人开展工作。第二，进一步完善法律监督，明确、细化法院、债权人会议、债权人委员会的监督职权。例如，法律明确规定管理人需要定期向法院汇报工作，列明必须法院许可后方可开展的工作事项，否则要承担相应责任等。在债权人会议以及债权人委员会监督领域，我国可以通过法律明确债权人会议以及债权人委员会在破产程序终结后申请对管理人工作审计的职权。总而言之，只有更好地健全监督机制，减少权力漏洞，才能进一步降低管理人执业风险，预防管理人滥用职权现象的发生。

（六）完善相关立法

建议通过立法确定管理人最高限额赔偿机制，以降低管理人的执业风险。从责权相适应的角度来看，管理人应当承担与其预期收益以及执业过失相当的赔偿责任。但是，近些年来随着破产企业规模的不断扩大，涉及的资产规模也不断增加。我国部分管理人面临着与其预期收益不对等的风险，有违责权相适应原则以及风险收益平衡原则，降低了管理人从事破产业务的积极性。因此，建议通过法律来建立最高限额赔偿机制，降低管理人的执业风险，确定管理人的赔偿额度在一个科学合理的范围之内。例如，参照海商法第十一条关于海上赔偿责任限制的规定："对破产程序中涉及的金额划分为不同的范围，根据不同的金额范围确定不同的赔偿限额。"

另外，可以考虑在我国的管理人制度中引入责任豁免机制，提升对于管理人执业权利的保障。就责任豁免制度的建立来看，其定位应当为一项预设的、独立的、稳定的法律制度。在立法之初，可以采用"抽象+列举"的方式，一方面规定管理人对已尽善良管理义务的履职行为造成损失不承担责任；另一方面通过列举的方式明确部分常见但显著轻微的管理行为予以豁免责任。通过制度层面给予管理人较高的自由执业的权利、降低其执业风险，一定程度上缓解了管理人的后顾之忧，有利于激发管理人的积极性、创造性，有利于破产案件在盘活企业、优化资源配置、化解债务矛盾、助力经济发展等方面发挥良好的社会效果。

下　篇

破产管理实务策略

第五章　管理人全面接管债务人

全面接管债务人是管理人的法定职责，是管理人接受人民法院指定后实施的接管债务人财产、资料及相关事务的破产管理行为，该行为是破产程序顺利进行的前提。全面接管债务人，便于管理人尽快摸清企业状况，并有针对性地采取各项管理措施，避免债务人财产减损，最大限度地保护债务人、职工及广大债权人的利益。所以，接管工作是破产管理工作中的一项重要基础性工作，管理人应当充分重视，努力做好做实。

第一节　接管前的准备工作

破产程序的复杂性，决定了管理人在破产管理工作中需要承担繁重的任务，解决很多疑难复杂的问题。接管债务人看似简单但实际操作起来却相对复杂，需要管理人充分做好接管前的准备工作。

一、概述

（一）组建团队，建章立制

一个好的管理人团队是破产案件能否得到有效推进的基础。所以，当律师事务所、会计师事务所、清算事务所或个人被法院指定为管理人后，管理人必须在第一时间组建团队开展工作。不同的破产案件难易程度不同，管理人团队的人数要与其相适应，但每个案件的管理人工作团队都必须有明确的负责人，这样便于管理人与法院、职工、债权人进行沟通，也有助于全面把控破产案件的进程。同时，根据案件的繁简程度和团队成员的专业特长，可以将成员分别编入资产管理与保卫组、债权登记与审查组、职工债权处理与维稳组、衍生案件诉讼组等专业小组。各小组之间虽有专业分工，但更需要相互协作，做到分工不分家。

团队组建后，应当制定符合案件实际情况的管理人团队工作制度，包括工作规程、会议议事规则、财务收支管理制度、证照和印章管理制度、档案管理制度、保密制度、应急预案等，并报人民法院备案。

（二）刻制管理人印章

管理人应当自收到人民法院受理破产申请裁定书、指定管理人决定书后，尽快前往具备公章刻制资质的企业，刻制管理人公章及管理人财务章，印文分别为“×××（债务人名称）管理人”及“×××（债务人名称）管理人财务专用章”。管理人印章交人民法院封样备案后启用。管理人印章应当由专人保管并设置使用登记台账，不得在所涉破产事务之外的任何场合使用。通常情况下，自破产立案后，债务人原来使用的印章就应当收缴封存，不得再使用。

（三）开立管理人账户

管理人印章刻制后，管理人应当持人民法院受理破产申请裁定书、指定管理人决定书和管理人开立账户的协助函及经办人身份证明等材料，到银行申请开立管理人账户（不同的银行对开立账户手续的要求有差异，需主动询问）。开立管理人账户后，应及时与相关银行沟通，将债务人的银行存款余额转至管理人账户；如银行不同意直接划转，管理人应向法院请求帮助。管理人履行职责中发生的所有资金收支，均应当通过管理人账户进行。

（四）设立办公场所

通常管理人会在律师事务所、会计师事务所或清算事务所住所地设立管理人办公室，处理破产事务。但根据破产案件的复杂程度，管理人也可在债务人办公地址或就近设立管理人办公室，一方面便于债权人申报债权和破产事项咨询；另一方面便于管理人开展工作，提高工作效率。

（五）确定审计、评估机构

在律师事务所作为管理人的情况下，为顺利推进破产案件，经向法院报告后，按照相关程序，确定审计、评估机构。审计、评估机构应参与管理人对债务人接管的相关工作。

（六）接管前的初步调查

接管前的调查是接管工作必不可少的重要步骤。被指定为管理人后，应当立即对债务人进行初步调查（有些调查工作，可以在竞聘管理人的过程中进行）。通过查阅工商资料、调阅法院卷宗、查阅裁判文书网相关法律文书、走访相关人员及实地查勘等途径，初步了解债务人的经营范围、主营业务、对外投资情况及当前的经营状况、职工人数及是否有拖欠工资的现象、债务人涉诉案件的审理（仲裁）、执行及财产保全情况、不动产及其他财产状况，以及是否有需要采取特别保管措施的贵重物品、易燃易爆危险品、放射性物质、危险化学品等。上述初步调查可以为管理人制定可行的接管方案做好铺垫。

（七）召开交接前的工作会议

管理人应根据初步了解的债务人状况，确定召开交接工作会议的时间、地点及相关参会人员。管理人通常请求人民法院派员参加并主持会议，会议主要内容涉及向债务人有关人员宣讲破产法律规定，听取债务人有关人员的介绍，商定交接人员和程序，并向有关人员送达需移交资料清单，要求有关人员按照清单做好资料整理等交接准备工作。上述“送达”与“要求”应当留存相关回执与笔录。

（八）以多种形式发布破产公告

法院在全国企业破产案件重整信息网发布破产公告后，管理人还可以通过在破产案件受理法院公告栏张贴、法院官网发布、报纸刊登及债务人住所地张贴等方式进行公告。

（九）制订接管方案

根据前期工作的调查了解，管理人团队要制订具有可操作性的接管方案。接管方案应计划周全，任务明确，分工具体，责任到人。接管方案通常包括：进场接管的时间、人员分工、清点登记工作完成的时限、工作要求、注意事项及接管后的财产管理措施。

二、法律渊源

（一）《中华人民共和国企业破产法》

“第十三条　人民法院裁定受理破产申请的，应当同时指定管理人。”

（二）《最高人民法院关于推进破产案件依法高效审理的意见》

“1. 对于企业破产法及相关司法解释规定需要公告的事项，人民法院、管理人应当在全国企业破产重整案件信息网发布，同时还可以通过在破产案件受理法院公告栏张贴、法院官网发布、报纸刊登或者在债务人住所地张贴等方式进行公告。”

“6. 管理人应当及时会面调查债务人财产状况。破产案件受理法院可以根据管理人的申请或者依职权，及时向管理人提供通过该案件管理系统查询到的有关债务人诉讼和执行案件的基本信息。”

“9. 管理人需要委托中介机构对债务人财产进行评估、鉴定、审计的，应当与有关中介机构签订委托协议。”

（三）《全国法院破产审判工作会议纪要》

“4. 完善管理人队伍结构。人民法院要指导编入管理人名册的中介机构采取适当方式吸收具有专业技术知识、企业经营能力的人员充实到管理人队伍中来，促进管理人队伍内在结构更加合理，充分发挥和提升管理人在企业病因诊断、资源整合等方面的重要作用。”

（四）《北京破产法庭破产案件管理人工作指引（试行）》

“第二十一条　管理人应当自收到人民法院指定管理人决定书之日起七日内制定管理人工作制度，包括管理人工作规程、会议议事规则、财务收支管理制度、证照和印章管理制度、档案管理制度、保密制度、应急预案等，报人民法院备案。因案件疑难复杂等特殊情况无法完成的，可以请求人民法院另行指定期限。”

（五）《厦门市破产管理人业务操作指引（试行）》

“第四条　管理人团队及制度建设

进入厦门市中级人民法院公布的机构管理人名册的中介机构，应当结合本单位的实际情况，制定担任管理人的相关制度。相关制度包括但不限于：

（一）管理人团队组成及分工负责制度；

（二）管理人业务培训制度；

（三）管理人消极资格审查和报告制度；

（四）管理人业务操作流程制度；

（五）管理人工作底稿和档案管理制度；

（六）管理人报酬分配与风险承担制度等。

进入人民法院公布的个人管理人名册中的个人，除应当配合本单位制定前款规定的相关制度外，还应当配合本单位制定个人担任管理人业务的相关制度。”

三、难点剖析

如何解决团队成员知识结构单一的难题？

组建管理人团队是接管债务人之前的一项重要准备工作。人民法院指定的管理人除由有关部门、机构的人员组成的清算组外，通常是依法设立的律师事务所、会计师事务所、破产清算事务所等社会中介机构担任。社会中介机构组建的管理人团队普遍存在人员知识结构单一的问题，较少出现一个包含律师、会计师、税务师、专业商务谈判人员、工程造价及资产评估等相关专业人员组成的综合性团队。而破产实务操作中所需要处理的事务是复杂的，涉及的知识面也是非常广泛的。在实践中往往由于知识结构单一，导致工作出现差错，给破产企业带来损失，甚至导致管理人承担责任。所以，组建知识结构合理的破产管理团队，显然是必要的。

通常可以从以下三个方面着手：① 加强破产管理人制度的宣传，吸引相关领域优秀人才加入团队，组建长期稳定的、来源于不同专业领域的专业团队，以便提供全方位、多层次的专业知识和技能。② 不断加强学习，经常参与各层面的培训（包括但不限于法律培训），不断提升管理人工作团队的业务能力。③ 建立适合团队发展的薪酬分配制度。一个公平、合理的分配制度有利于吸引优秀人才的加入，并将团队成员凝聚到一起。

四、参考案例

佳明新材料科技有限公司接管前的相关工作

1. 组建管理人团队

佳明新材料科技有限公司破产管理工作组名单

姓　名	联系电话	职　务	主要工作内容
孔××	130 ××××××××	组长、律师	全面负责破产管理工作
蒋××	139 ××××××××	律师	协调破产审计、评估的配合工作和相关会务的准备；与相关部门、原公司领导及留守人员联系沟通
王×	158 ××××××××	实习律师	
王××	186 ××××××××	律师	负责债权清收的发函、诉讼工作；债权人起诉的应诉工作
孙××	130 ××××××××	律师	负责债权审查工作，包括债权申报登记、接待债权人的咨询、审查债权（包括抵押权、优先权等）和债权审查的结果统计汇总工作
陶×	158 ××××××××		
潘××	136 ××××××××	律师	负责处理职工问题及债权人起诉的应诉工作；协助债权审查的相关工作
吴××	186 ××××××××	实习律师	
王××	135 ××××××××	行政人员	协助管理债务人资产；协调税务事项；负责管理破产案件的各类文件和资料等
郝××	133 ××××××××	会计	负责管理人账户的管理工作
其他律师助理、实习律师数人			
说明：根据破产管理工作的进展与需要，随时增派工作人员			

2. 刻制管理人印章

关于刻制佳明新材料科技有限公司管理人印章的请示

扬中市人民法院：

本所收到贵院（2017）苏1182破5号决定书后，立即召开了会议，组织成立了管理人团队。为便于开展破产管理工作，现申请刻制“佳明新材料科技有限公司管理人”印章、“佳明新材料科技有限公司管理人财务专用章”和负责人“孔××”印章。

特此请示

江苏江成律师事务所

二〇一七年十二月四日

3. 开设管理人账户

关于开设佳明新材料科技有限公司管理人账户的请示

扬中市人民法院：

本所收到贵院（2017）苏1182破5号决定书后，立即召开了会议，组织成立了管理人团队。为便于开展破产管理工作，现申请开设佳明新材料科技有限公司管理人账户。同时，停止使用公司原有账户，并请求贵院将原有账户中的资金划入管理人账户。

特此请示

江苏江成律师事务所

二〇一七年十二月四日

4. 聘请审计机构的报告

关于聘请破产审计机构的报告

扬中市人民法院：

贵院裁定受理佳明新材料科技有限公司（以下简称佳明公司）破产案后，以（2017）苏1182破5号决定书指定江苏江成律师事务所担任佳明公司管理人。根据《中华人民共和国企业破产法》和江苏高院《破产案件审理指南》的规定，管理人拟聘请江苏仁和永信会计师事务所有限公司对佳明公司进行破产审计。

特此报告

佳明新材料科技有限公司管理人

二〇一七年十二月七日

5. 送达交接资料清单

通　知

佳明新材料科技有限公司股东、主要负责人：

扬中市人民法院于2017年9月27日裁定受理了佳明新材料科技有限公司破产清算案，并决定由江苏江成律师事务所担任管理人。

根据破产法的相关规定，现寄送《需要向管理人移交的物资、材料种类》和《提请原企业管理人员注意事项》。请及时与我们取得联系。

附：1.《需要向管理人移交的物资、材料种类》；

2.《提请原企业管理人员注意事项》。

佳明新材料科技有限公司管理人

二〇一七年十二月四日

需要向管理人移交的物资、材料种类

一、印章类

1. 公司公章；

2. 财务章；

3. 法定代表人印章；

4. 合同专用章（全部）；

5. 发票专用章；

6. 其他印章。

二、证照类

1. 企业法人营业执照（正本、副本）；

2. 房屋所有权证、土地使用权证；

3. 专利、商标等知识产权证书；

4. 安全、环保（排污）等许可证；

5. 相关生产资质证书；

6. 车辆行驶证；

7. 其他证书。

三、会计资料类

1. 债权债务清册（包括基础资料，如合同、送货单、收货凭证、对账单、催收函等；债权人和债务人的名单及联系方法、债权债务数额等）；

2. 财务报表（包括历年资产负债表、利润表及其他相关附表）；

3. 公司所有的账册（包括电子账）及凭证、银行对账单；

4. 企业所有的银行账户，包括存款账户（基本存款账户、一般存款账户、临时存款账户和专用存款账户）、贷款账户、外汇账户（开户行名称及地址、户名、账号）及存款情况一览表；

5. 历年的税务申报资料；

6. 已抵押、质押的资产明细表和对外保证担保明细表及其担保协议、登记手续的相关资料。

四、诉讼文书类

1. 如有未结案件，应当移交诉讼材料；

2. 已结案但未执行完毕的法律文书。

五、公司现有资产清单

1. 资产明细，注明存放、保管地点，需要看守的财产等；

2. 特殊设备、设施存放地点和保管、使用注意事项。

六、职工名册、工资及社保缴费明细等人事档案

七、其他依法应当移交的物资、材料

佳明新材料科技有限公司管理人

二〇一七年十二月四日

提请原企业管理人员注意事项

企业原来的股东会、董事会、监事会和总经理及相关部门等，任何人在没有得到管理人明确授权的情况下，都不得代表企业做出任何与职权有关的决定、签署任何文件（包括与担保、对账等有关的文件）。违反者将被追究法律责任。

一、自法院裁定受理佳明新材料科技有限公司（以下简称佳明公司）破产案开始，除非经法院或者管理人同意，停止使用佳明公司所有印章、证照。

二、需要以佳明公司名义对外经营的，须由管理人报经法院同意。

三、未经管理人同意，不得使用企业的物资与资金；不得以企业或者企业法定代表人、委托代理人的名义签订任何合同及其他文件。

四、所有的会计资料不得转移、修改。

五、佳明公司的所有资产未经法院或管理人的书面同意，不得进行任何形式的处分与转移（包括出卖、赠与、抵押、质押、出租、出借等）。

六、采取一切必要的措施保证佳明公司所属资产的安全。

七、提出留守的人员建议名单（注明原职务、留守职务），拟订留守工作制度（包括岗位职责，作息时间、出入管理、巡查规定等，做到定人定岗）、资产保卫细则（包括资产分区分组管理，特别是重大、危险资产的存放及保管）。

八、按照管理人的要求进行交接。

佳明新材料科技有限公司管理人

二〇一七年十二月四日

五、参考模板

××律师事务所破产管理财务工作规定

第一条　为规范破产企业管理过程中的财务工作，依据《中华人民共和国企业破产法》等法律法规，制定本规定。

第二条　自收到人民法院受理破产申请的裁定书和指定管理人的决定书之日起，管理人即应当开始相关财务管理工作，并明确（或聘请）专门财务管理人员。

第三条　自收到人民法院受理破产申请的裁定书和指定管理人的决定书之日起三日内，应当向法院申请刻制管理人印章、开设管理人账户；在申请法院将企业原账户款项划入管理人账户后，适时注销原企业账户。

第四条　每个进入破产程序企业的财务管理工作应当独立进行，独立记账，并做到真实、合法、规范。禁止一切违法与谋私行为。

第五条　破产企业的一切收入均必须及时入账。所有收入通常应当用转账的方式收取。无法转账而只能收取现金时，应在当天存入管理人银行账户。

第六条　破产企业及管理人的印鉴章由专职内勤保管；财务账册、记账凭证、现金支票、转账支票、U盾等由财务人员保管；管理人账户网银密码由项目负责人掌握。

第七条　因破产费用和共益债务所需的一切开支，均应当有预算和决算。报销日常费用（留守人员工资、水电费、邮寄费、会务费、办公费用等）时，项目负责人根据费用支出发票制作报销凭证，并签字认可，经破产管理团队负责人核准签字后，财务人员凭报销凭证与印鉴章专职保管员共同去银行办理相关银行汇款、提取现金业务。涉及网银业务的，财务人员与项目负责人共同办理。一般情况下不采用现金支付，尽可能采取银行转账、汇款等形式支付。

第八条　借款、转让债权、放弃权利，应当及时报告债权人委员会或者人民法院。财产分配时，项目负责人根据法院裁定确认的破产分配方案，制作报销凭证，并签字，经破产管理团队负责人核准签字后，账务人员凭报销凭证与印鉴章专职保管员共同去银行办理汇款业务，款项直接汇入债权人指定的开户银行账号。涉及网银业务的，财务人员与项目负责人共同办理。

第九条　破产管理过程中的开支，应当做到票据齐全、规范，及时入账。每月5日前，会计将上月银行存款、收支明细账表提交给项目负责人。项目负责人应当将本月收支情况作为每月向法院汇报工作的内容。

第十条　应当将相关会计资料存放在律师事务所的档案库房或其他经批准可以存放的地点。未经批准不得将会计资料任意存放在其他地方或者带出律师事务所。

第十一条　本规定中所称“批准”“核准”是指律师事务所主任或者破产管理团队负责人签字表示同意。上述“批准”“核准”应当经得起债权人会议的审查和法院的检查。

第十二条　破产管理团队成员、财务管理人员及与破产管理工作相关的人员违反法律、法规或者本规定的，律师事务所主任或者破产管理团队负责人有权责令改正、进行批评、要求书面检查直至调离破产管理工作岗位；造成损失的，责任人员应当承担赔偿责任。

第十三条　本规定自印发之日起施行。

第二节　全面接管债务人

一、概述

管理人应根据制定的接管方案，有步骤、全方位地对债务人实施有效接管。

（一）根据债务人的实际情况进行接管

1. 无人员、无财产、无资料的债务人

管理人虽然未能接管到债务人的印章、证照、账簿、文书等资料，但为了防范有人随意使用债务人印章，避免管理人可能承担的风险，管理人应及时在相关媒体上对未能接管到的印章和证照登报挂失。

2. 有主要负责人但无财产、无资料的债务人

管理人应向主要负责人告知在破产程序中的移交、配合等义务及可能承担的法律责任，并对主要负责人进行询问，制作询问笔录。

3. 有主要负责人、有资料但无财产的债务人

管理人应向主要负责人告知在破产程序中的移交、配合等义务及可能承担的法律责任，并对主要负责人进行询问，制作询问笔录。对于其中的财务资料，管理人会同审计机构一并接管。

4. 无人员、有财产的债务人

虽然没有债务人相关人员的配合，但管理人可以委托评估机构对财产进行清点造册，通过摄影、拍照等方式对接管过程进行固定，通过土地、房产、车辆、市场监督等行政管理部门，全面查询债务人的土地、房产、车辆、对外投资、知识产权等财产状况，并及时进行有效接管。

5. 有人员、有资料、有财产的债务人

管理人按照企业破产法的规定，在相关人员的配合下，对不同性质的财产和资料进行接管，并形成可查阅的笔录资料、视听资料等，以体现管理人的勤勉尽责。

（二）管理人接收债务人的资料和财产

管理人应根据接管方案，对印章、证照、资料和财产进行清点登记，

并制作交接书或交接清单，由管理人和债务人的交接人员签字确认。对由债务人保管的第三方财产，管理人应一并接管。对由第三方保管的债务人财产，管理人应及时向有关第三方单位送达告知函，通知其交还给管理人。

1. 印章、证照、财务资料等文书资料的接收

（1）印章类的接收。债务人应将企业的公章、法定代表人名章、财务专用章、发票专用章、合同专用章、海关报关章、部门印章、分支机构印章等全部印章移交给管理人。移交时，全部印章应在 A4 空白纸上留样，双方交接人员在留样 A4 纸上签字确认。管理人需要询问债务人是否存在性质相同的多枚印章，如有，应全部接收。必要时，管理人还需要到印章登记备案机构，核对其一致性。

（2）证照类的接收。债务人应将法人营业执照、分公司营业执照、信用机构贷款证、银行账户开户许可证、各类许可证、各种产权类证书等证照及附属文书、图纸等资料移交给管理人。有正副本的，管理人均需接收。需要说明的是，对商标、专利等无形资产的接收，管理人要特别注意是否需要缴纳年费或办理续展手续，避免因未及时办理年费缴纳或者续展手续造成无形资产的失效。

（3）财务资料的接收。债务人需要将全部财务资料，包括但不限于财务报告、会计账簿、会计凭证、税务资料、其他会计资料、审计检查资料、评估资料、验资资料、税控盘、网银 U 盾及密码、空白增值税发票、机器设备清单、办公设备清单、车辆清单等移交给管理人。接管财务资料时，应由负责审计的会计师事务所参加，管理人、债务人相关人员及审计机构工作人员一道在交接清单上签字。与审计有关的资料，可以直接移交给审计机构工作人员。

（4）人事资料的接收。债务人应将劳动用工资料，包括但不限于职工花名册、劳动合同、用工手续、劳动保险、职工联系方法、劳动仲裁裁决书、劳动仲裁调解书及相关判决书、裁定书等移交给管理人。管理人要对每一名职工的档案中的所有资料进行登记，对职工档案中的文件缺失情况，应向债务人了解。如发现缺失，债务人相关人员要说明原因，管理人要记录在案。

（5）涉诉、涉仲资料的接收。管理人应当接收与债务人相关的涉及诉讼、仲裁等相关资料。包括已经生效的法律文书，以及正在或即将提起诉讼或仲裁的相关资料。

（6）其他文件资料的接收。包括主管部门设立批准文件、公司章程、股东协议、对外合同及相关凭据与清单、各种会议记录、管理系统授权密

码等，管理人应对各类文件进行分类登记。

管理人在接收过程中应当要求债务人相关人员提供资料原件，对只提供复印件的，应当要求相关人员如实陈述并记载。上述资料如数量不多（除财务资料），则应及时转移至管理人常设办公地点存放；如数量较多，则除印章、证照外的其他资料存放在管理人设立的专门保管地点。

2. 财产的接收

（1）不动产的接收。接收不动产，较多涉及的是土地使用权、房屋所有权、在建工程、林木等，首先要核对并交接相关权利证书，填制移交清单，双方签字认可。其次，土地和房产往往是债务人最大的财产，管理人必须到现场查验，必要时聘请专业技术人员陪同参加。

（2）动产的接收。动产包括但不限于机器设备、存货、办公设备用品、交通工具等。债务人的财务人员或仓库保管员应按照企业会计账册、设备和存货的库存清单等资料记载内容提前制作盘点表，依据盘点表与管理人、审计机构、评估机构一起进行现场实物清点。其中，对车辆等交通工具，应将交通工具的钥匙、行驶证、登记证书、发票、保险单等一并交给管理人。同时查看车辆现状，如发现车辆存在未及时年检的情形时，应及时进行年检；对爆炸物之类的特殊物品，管理人要征询公安机关的意见进行接收，其保管和处置措施一定要符合《民用爆炸物品安全管理条例》等相关规范性文件的要求；对可能造成环境污染的危化品、剧毒品，管理人应在专业人员指导下接收、保管；对易腐烂变质的财产，管理人应及时接收、处置。

（3）货币资产的接收。货币资产包括但不限于库存现金、银行存款、其他货币资金等。管理人对库存现金应该当面清点移交，对银行存款、其他货币资金应到相关金融机构或部门进行核实，并根据盘点、核实情况制作移交清单，由双方签字确认。

（4）有价证券的接收。有价证券包括但不限于应收票据、提单、债券、股票等。由债务人的法定代表人、财务负责人以及管理人的工作人员在移交清单上共同签字确认。

（5）专利、商标等知识产权的接收。知识产权是指在科学技术、文学艺术等领域中，发明者、创造者等对自己的创造性劳动成果依法享有的专有权，包括专利、商标、著作权及相关权、集成电路布图设计、地理标志、植物新品种、商业秘密、传统知识、遗传资源及民间文艺等。知识产权是破产企业的重要财产。管理人接管时，要接收专利证书、商标注册证、计算机软件著作权登记证等知识产权证书。接收并妥善保管需保护知识产权的涉密载体，如商业秘密存储载体。登陆知识产权查询官方网站或其他法律服务平台查询破产企业相关知识产权，如专利、商标、集成电路布图设计、地理标志等专有权登记情况，查清破产企业知识产权权利状况，并及时按规定缴纳相关规费，维护好知识产权。

（三）接管时间和地点

相关法律法规并没有对接管时间作出明确规定，但作为管理人正式履职的首要任务，接管工作应当在被指定管理人后及时开展。关于接管地点，一般是在债务人住所地。

二、法律渊源

（一）《中华人民共和国企业破产法》

“第十五条　自人民法院受理破产申请的裁定送达债务人之日起至破产程序终结之日，债务人的有关人员承担下列义务：

（一）妥善保管其占有和管理的财产、印章和账簿、文书等资料；

（二）根据人民法院、管理人的要求进行工作，并如实回答询问。”

“第二十五条　管理人履行下列职责：

（一）接管债务人的财产、印章和账簿、文书等资料；

……”

“第一百二十七条　债务人违反本法规定，拒不向人民法院提交或者提交不真实的财产状况说明、债务清册、债权清册、有关财务会计报告以及职工工资的支付情况和社会保险费用的缴纳情况的，人民法院可以对直接责任人员依法处以罚款。

债务人违反本法规定，拒不向管理人移交财产、印章和账簿、文书等资料的，或者伪造、销毁有关财产证据材料而使财产状况不明的，人民法院可以对直接责任人员依法处以罚款。”

“第一百二十九条　债务人的有关人员违反本法规定，擅自离开住所地的，人民法院可以予以训诫、拘留，可以依法并处罚款。”

（二）《最高人民法院关于适用〈中华人民共和国民事诉讼法〉的解释》

“第四百九十六条　在执行中，被执行人隐匿财产、会计账簿等资料的，人民法院除可依照民事诉讼法第一百一十一条第一款第六项规定对其处理外，还应责令被执行人交出隐匿的财产、会计账簿等资料。被执行人拒不交出的，人民法院可以采取搜查措施。”

（三）《最高人民法院关于推进破产案件依法高效审理的意见》

“8. 管理人应当及时接管债务人的财产、印章和账簿、文书等资料。债务人拒不移交的，人民法院可以根据管理人的申请或者依职权对直接责任人员处以罚款，并可以就债务人应当移交的内容和期限作出裁定。债务人不履行裁定确定的义务的，人民法院可以依照民事诉讼法执行程序的有关规定采取搜查、强制交付等必要措施予以强制执行。”

“20. 债务人的有关人员或者其他人员有故意作虚假陈述，或者伪造、销毁债务人的账簿等重要证据材料，或者对管理人进行侮辱、诽谤、诬陷、殴打、打击报复等违法行为的，人民法院除依法适用企业破产法规定的强制措施外，可以依民事诉讼法第一百一十一条等规定予以处理。”

“22. 企业法定代表人、出资人、实际控制人等有恶意侵占、挪用、隐匿企业财产，或者隐匿、故意销毁依法应当保存的会计凭证、会计账簿、财务会计报告等违法行为，涉嫌犯罪的，人民法院应当根据管理人的提请或者依职权及时移送有关机关依法处理。”

（四）江苏省高级人民法院《破产案件审理指南》

“第二章第六节第一条　依照企业破产法第二十五条第一款第一项的规定，管理人负有接管债务人财产、印章和账簿、文书等资料的职责。相关单位或个人不予配合的，管理人可以依据受理破产申请的裁定，申请人民法院采取相应执行措施，强制接管。当事人、利害关系人认为接管行为违反法律规定的，可以依据民事诉讼法第二百二十五条关于执行行为异议的相关规定进行救济。案外人对接管标的有异议的，可以依据民事诉讼法第二百二十七条关于执行标的异议的相关规定进行救济。”

三、难点剖析

（一）房地产开发公司进入破产程序后，管理人应如何接管？

1. 相对于一般性破产企业而言，房地产开发公司的破产更为复杂，接管工作相当繁重。除了接管印章、证照等资料外，还需接管包括商品房买卖合同、土地出让合同、房地产的“五证”（建设用地规划许可证、建设工程规划许可证、建筑工程施工许可证、国有土地使用证、商品房预售许可证）资料以及项目建设等资料。特别是项目建设资料具有种类多、总量大、专业性强的特点，管理人在接管时，应要求债务人提供详细的资料交接清单，核对后予以接收，必要时应聘用建筑、造价专业人员参加。

2. 要对房地产开发公司的财产和施工单位的财产进行区分。有的房地产项目工程没有完工，施工单位没有退出，施工现场存在由施工单位自行管理和保管财产。管理人可以采用制作现场资产确认书的方式，召集所有施工单位对施工现状进行书面确认。由债务人的法定代表人或相关负责人与各施工单位的负责人共同签署现状确认书，以便为后续资产评估、工程造价鉴定以及重整方进驻接收施工现场，提供明确无争议的法律文件。

3. 需要对房屋现状进行充分的调查，了解接管时房屋实际付款、交付、抵押、抵债和占有使用情况。要特别防止在管理人接管后出现施工单位、债权人或人员擅自占房的情况，维护财产安全。

（二）有关人员拒不移交相关资料时，该如何处理？

破产案件中，经常会遇到债务人拒不向管理人交出财产或者账簿的情况。发生拒不配合移交的原因有多种，最主要的原因还是对破产制度的误解，认为实施破产是对企业的一项惩罚性举措，会损害企业及职工利益，因而消极对待甚至严重对立。当然，还有个别企业不配合接管是因为法定代表人或实际控制人通过故意拖延接管，为隐匿财产、虚构债务创造时间。

对此，管理人应当主动作为，积极寻求多种解决路径，包括：（1）向债务人的法定代表人或实际控制人宣传法律法规，明确告知不配合将承担的法律后果。（2）寻求法院指导帮助，通过法院对债务人的相关责任人采取罚款、拘留等处罚措施，促使其配合接管。（3）积极寻找财产线索，报告法院后，组织强制接管。企业法定代表人、出资人、实际控制人等有恶意侵占、挪用、隐匿企业财产，或者隐匿、故意销毁依法应当保存的会计凭证、会计账簿、财务会计报告等违法行为，涉嫌犯罪的，管理人应及时报告法院，人民法院应当根据管理人提请或者依职权及时移送有关机关依法处理。

四、参考案例

（一）关于对江苏绿扬电子仪器集团有限公司的接管

扬中市人民法院于2018年8月31日作出（2018）苏1182破申7号民事裁定，依法受理江苏绿扬电子仪器集团有限公司（简称绿扬集团）破产清算一案，并指定江苏江成律师事务所担任管理人。接受指定后，在法院指导帮助下，管理人与绿扬集团管理层见面，进一步了解了绿扬集团的情况，包括职工情况和财产现状。管理人接管了绿扬集团公章、法定代表人印章、财务专用章和南京分公司公章、湖南分公司公章等印鉴；办理了相关资料的交接手续；查看了绿扬集团现场；第一时间进行了安全责任分工，强化了厂区的安全保卫。

公　告

扬中市人民法院于2018年8月31日作出（2018）苏1182破申7号民事裁定，

受理冯锦法对江苏绿扬电子仪器集团有限公司的破产清算申请，并于 2018 年 9 月 19 日作出（2018）苏 1182 破 4 号决定，指定江苏江成律师事务所担任管理人。

根据破产法第二十五条、第四十八条及最高人民法院法释〔2002〕23 号文的规定，管理人依法接管江苏绿扬电子仪器集团有限公司，并接受债权人申报债权。

江苏绿扬电子仪器集团有限公司应立即停止清偿债务，非经人民法院许可，不得支付任何费用；各相关人员不得擅自处理（或者为他人提供、复制）公司的账册、文书、资料及其他文件；不得擅自使用各类印章；不得隐匿、私分、转让、出售公司财产。相关人员应当保管好公司的各类资产，并按要求向管理人进行移交，否则将承担相应的法律责任。

特此公告

江苏绿扬电子仪器集团有限公司管理人

二〇一八年九月二十二日

关于将绿扬集团公司账户中的货币资金划入管理人账户的函

中国银行扬中支行：

扬中市人民法院于 2018 年 8 月 31 日裁定受理江苏绿扬电子仪器集团有限公司（本文简称为绿扬集团公司）破产清算一案，并指定江苏江成律师事务所担任管理人。

经审计机构出具的镇鼎所专审字【2019】第 008 号审计报告披露，截至 2018 年 8 月 31 日，绿扬集团公司在贵行的两个银行存款账号 50145820×××（中行营业部）和 53395822×××（中国银行股份有限公司扬中支行）均有货币资金，但被冻结。经管理人向法院申请，上述银行存款账号均已被解冻且法院出具了协助执行通知。

根据破产法第三十条规定，“破产申请受理时属于债务人的全部财产，以及破产申请受理后至破产程序终结前债务人取得的财产，为债务人财产”。破产法第十九条规定，“人民法院受理破产申请后，有关债务人财产的保全措施应当解除”。为维护广大债权人的权益，现管理人特恳请贵行将绿扬集团公司账户中的货币资金划入管理人账户（开户行……；户名……；账号……），以确保破产案件的顺利推进。

特致此函

江苏绿扬电子仪器集团有限公司管理人

二〇一八年九月十六日

（二）关于对江苏昱星科技股份有限公司的接管

镇江经济开发区人民法院（以下简称法院）于 2019 年 3 月 13 日作出（2019）苏 1191 破申 1 号民事裁定，受理江苏昱星科技股份有限公司破产清算一案，并于 2019 年 3 月 29 日作出（2019）苏 1191 破申 1 号决定，指定江苏江成律师事务所担任管理人。根据破产法的相关规定，管理人于2019年4月12日向江苏昱星科技股份有限公司法定代表人、股东、管理人员共13人邮寄了《需要向管理人移交的物资、材料种类》和《提请原企业管理人员注意事项》，要求相关人员依法配合破产管理工作，履行法定义务。特别是对法定代表人王某某，管理人多次以电话、快递、短信等方式要求其移交营业执照、印章、财务账册等资料，并向其宣传破产法等法律知识，但其始终拒绝配合，一度导致对财务账簿等资料的接管工作陷入停滞状态。但管理人始终没有放弃，最终根据了解到的线索，向法院递交了保全江苏昱星科技股份有限公司财务资料的申请（见附）。在公安、公证等单位的配合下，法院及时采取果断措施，在2019年5月9日对江苏昱星科技股份有限公司的财务账簿等资料进行了强制接管，并让管理人将所有材料从扬中运至审计机构处存放。随后，管理人与审计人员共同实施了资料的清点交接工作。但是，管理人至今仍未接收到江苏昱星科技股份有限公司的公章、财务专用章、法人章等印章。为避免可能引发的风险，2019年5月21日，管理人在《扬子晚报》上刊登了江苏昱星科技股份有限公司公章等全部印鉴作废的公告（见附）。

财产保全申请

申请人：江苏昱星科技股份有限公司管理人，住所地镇江市正东路××号尚友大厦×楼，负责人黄某某。

申请事项：

1. 请求贵院依法扣押江苏昱星科技股份有限公司的营业执照、印章、账簿、文书等资料。

2. 请求贵院将上述资料指定由申请人保管。

事实与理由：

贵院于2019年3月13日裁定受理江苏昱星科技股份有限公司（以下简称昱星公司）破产案，并于3月29日指定江苏江成律师事务所为管理人。申请人经调查发现，昱星公司的账簿等资料被法定代表人王某某（身份证号码：××××××××××××××××××，电话×××××××××××）占有并存放在他人房屋内（该房屋位于扬中市新扬北路××号北侧原扬中市司法局综合楼东边第一单元×××室），且拒不依法移交给申请人。请求贵院依法扣押上述资料并指定由申请人保管。

此致

镇江经济开发区人民法院

江苏昱星科技股份有限公司管理人

二〇一九年五月七日

公　告

镇江经济开发区人民法院于2019年3月13日裁定受理江苏昱星科技股份有限公司（以下简称昱星公司）破产清算一案，并指定江苏江成律师事务所担任管理人。根据破产法规定，管理人应当全面接管昱星公司。但昱星公司法定代表人拒不向管理人移交财产、印章和账簿、文书等资料。为便于管理人开展工作，特声明昱星公司原公章、财务专用章、发票专用章、印鉴章（法定代表人王某某）、合同专用章等全部印鉴自2019年3月13日起作废。

特此公告

江苏昱星科技股份有限公司管理人
二〇一九年五月二十一日

（三）关于对镇江星岛酒店管理有限公司（以下简称星岛公司）、镇江新房房地产开发有限公司（以下简称新房公司）的接管

丹徒区人民法院于2019年6月28日作出（2019）苏1112破申7号民事裁定，受理星岛公司破产清算案；于2019年7月9日作出（2019）苏1112破申8号民事裁定，受理新房公司破产清算案。由于两公司停业多年，公司早已人去楼空，管理人没有接管到两公司的任何财务账册及相关资料。为了寻找上述账册和相关资料的下落，管理人向两公司的法定代表人及董事、监事、高管和股东邮寄了《需要向管理人移交的物资、材料种类》《提请原企业人员注意事项》等文书，但没有联系上其中任何一人。管理人走访世业镇人民政府、世业镇派出所，向他们了解公司情况及相关人员的去向；与星岛公司原法定代表人李某某进行谈话，得知两公司实际控制人王某某不在本地，公司的财务账册及相关资料只有王某某知晓。管理人尝试各种方法与王某某联系，希望其按照破产法的规定向管理人移交财务账册等资料，并告知其拒不移交的法律后果，但没有得到任何回应。管理人已经将有关情况书面报告法院，提请法院依法采取相应措施，同时也向公安机关提交了报案材料，请求公安机关依据相关法律规定，追究王某某的法律责任。

关于提请人民法院对新房公司、星岛公司实际控制人王某某采取拘留措施的申请

丹徒区人民法院：

镇江星岛酒店管理有限公司（以下简称星岛公司）和镇江新房房地产开发有限公司（以下简称新房公司）被法院裁定进入破产程序后，江苏江成律师事务所被指定为上述两家破产企业的管理人。管理人被指定之后，依法履行职务，向上述两公

司的股东、高管、法定代表人邮寄了相关文书，但未能联系上其中任何一人。管理人通过星岛公司原法定代表人李某某了解到，两公司的账册和数据资料只有实际控制人王某某掌握，王某某现人在重庆，但没有确切的地址。管理人用李某某的手机给王某某发送信息，要求其按照法律的规定向管理人移交相关材料，并释明拒不移交的法律后果，但没有得到回应。到目前为止，管理人没有接管到公司的任何资料，包括公司的证照、财务账册、销售台账等。

由于推进两公司破产案的关键是取得两公司的财务账册及数据资料，如果没有这些账册和数据资料，一是很难查清所有事实，二是难以平息众多债权人的愤怒情绪。因此，找到王某某，接管到公司财务账册和数据资料是现阶段破产工作的重要环节。现管理人申请贵院依据破产法第一百二十七条、第一百二十九条的规定对王某某实施拘留措施，以便整个破产案件的顺利推进。

特此报告

镇江星岛酒店管理有限公司管理人
镇江新房房地产开发有限公司管理人
二〇一九年十一月十一日

五、参考模板

接 管 告 知 书

×××公司

×××（法定代表人）：

×××破产一案，×××人民法院于××××年××月××日依法指定×××为管理人，根据《中华人民共和国企业破产法》第二十五条之规定，管理人要履行接管债务人的财产、印章和账簿、文书等资料的职责。为了做好财产、印章和账簿、文书等资料的交接工作，现将管理人拟接管的内容告知如下：

一、管理人拟接管的债务人的财产、印章和账簿、文书等资料包括但不限于：

1. 债务人的包括动产和不动产在内的实物财产及权利凭证；

2. 债务人的现金、银行存款、有价证券、银行票据；

3. 债务人的知识产权、对外投资、特许权等无形资产的权利凭证；

4. 债务人的公章、财务专用章、合同专用章、海关报关章、法定代表人名章及其他印章；

5. 债务人的法人营业执照、经营资质文件等与债务人经营业务相关的批准、许可或授权文件；

6. 债务人的总账、明细账、日记账、会计凭证、重要空白凭证、会计报表等以及债务人审计、评估资料；

7. 债务人的章程、管理制度、股东名册、股东会决议、董事会决议、监事会决议以及债务人内部会议记录等档案文件；

8. 债务人的各类合同（协议）及相关债权债务等文书资料；

9. 有关债务人诉讼、仲裁案件的相关材料；

10. 债务人的人事档案资料；

11. 债务人的电脑数据和授权密码（包括网银登录密码、U盾密码等）；

12. 债务人的其他资料和财产。

二、不属于债务人所有但由债务人占有或者管理的财产、印章和账簿、文书等资料，管理人将一并接管。

三、债务人有分支机构的，分支机构的财产、印章和账簿、文书等资料，管理人将一并接管。

四、接管时间：××××年××月××日××开始。

五、接管工作联系人及联系方式：×××，电话×××××××××××。

重要提醒：债务人违反破产法相关规定，拒不向管理人移交财产、印章和账簿、文书等资料的，或者伪造、销毁有关财产证据材料而使财产状况不明的，人民法院可以根据破产法第一百二十七条之规定对直接责任人员依法处以罚款。

×××管理人

××××年××月××日

第三节　接管债务人的其他相关工作

一、概述

债务人进入破产程序后，除申请预重整、重整与和解外，经营活动一般应当全部停止，但对增加债务人财产价值有利的，或保障破产清算正常进行的经济活动，应由管理人决定是否继续进行。防止债务人财产减损，尽可能实现债务人财产的保值增值，是管理人尽到勤勉责任的重要表现。因此，全面接管债务人，不仅仅是对债务人的财产、印章和账簿、文书等资料的接收，还需在接收基础上进行有效管理。企业破产法第二十五条除第一项规定“接管债务人的财产、印章和账簿、文书等资料”外，还在该条第三至五项规定了管理人决定债务人的内部管理事务；决定债务人的日常开支和其他必要开支；在第一次债权人会议召开之前，决定继续或者停止债务人的营业等职责。前述职责内容是全面接管债务人不可或缺的工作内容。该三项职责为广义的决定债务人内部管理事务。

决定债务人内部管理事务的主要工作内容为：行使破产撤销权或者申请法院宣告债务人行为无效，追回被债务人非法处分的财产；管理人追缴债务人的出资人到期未履行及尚未到期但因债务人进入破产程序而加速到期的出资义务所应缴纳的出资款；追回管理人员及第三人侵占的债务人财产；通过清偿债务或者提供为债权人接受的担保，取回质物、留置物；对破产申请受理前成立而双方均未履行完毕的合同进行处理；决定债务人的日常开支和其他必要开支（如因维持债务人企业正常运转的办公场所租赁、物业、水电等费用，以及必要的留守人员的工资报酬等支出，需要管理人依法审核后正常支付）；债务人进入破产程序后，相关的税务申报。

向法院报告工作，也是全面接管债务人的一项重要工作内容。企业破产法第二十三条规定："管理人依照本法规定执行职务，向人民法院报告工作……"企业破产法第六十九条规定："管理人实施涉及土地、房屋等不动产权益的转让，设定财产担保，借款、履行债务人和对方当事人均未履行完毕的合同等对债务人财产将会产生重大影响的行为，应当及时报告债权人委员会，未设立债权人委员会的，管理人应当及时报告人民法院。"管理人要及时向法院提交接管工作阶段性报告，向法院报告接管债务人财产情况。拟订破产财产管理方案，提交债权人会议表决通过。向法院报告工作是管理人的法定义务，贯穿破产案件全过程。

向法院报告工作主要有两方面的内容：一是在执行职务过程中，破产管理人发现债务人有违反债权人利益的行为应当及时向法院报告；二是破产管理人还应主动或经法院要求向法院报告有关破产的重大履职事项。报告形式通常为破产程序进行过程中的定期报告、管理人职责终止时的职务执行报告，以及法院要求管理人就特定管理事项提交的报告。

二、法律、规范渊源

（一）《中华人民共和国企业破产法》

"第二十三条　管理人依照本法规定执行职务，向人民法院报告工作，并接受债权人会议和债权人委员会的监督。

管理人应当列席债权人会议，向债权人会议报告职务执行情况，并回答询问。"

"第二十五条　管理人履行下列职责：

（一）接管债务人的财产、印章和账簿、文书等资料；

（二）调查债务人财产状况，制作财产状况报告；

（三）决定债务人的内部管理事务；

（四）决定债务人的日常开支和其他必要开支；

（五）在第一次债权人会议召开之前，决定继续或者停止债务人的营业；

（六）管理和处分债务人的财产；

（七）代表债务人参加诉讼、仲裁或者其他法律程序；

（八）提议召开债权人会议；

（九）人民法院认为管理人应当履行的其他职责。

本法对管理人的职责另有规定的，适用其规定。”

“第二十六条　在第一次债权人会议召开之前，管理人决定继续或者停止债务人的营业或者有本法第六十九条规定行为之一的，应当经人民法院许可。”

“第二十七条　管理人应当勤勉尽责，忠实执行职务。”

“第六十九条　管理人实施下列行为，应当及时报告债权人委员会：

（一）涉及土地、房屋等不动产权益的转让；

（二）探矿权、采矿权、知识产权等财产权的转让；

（三）全部库存或者营业的转让；

（四）借款；

（五）设定财产担保；

（六）债权和有价证券的转让；

（七）履行债务人和对方当事人均未履行完毕的合同；

（八）放弃权利；

（九）担保物的取回；

（十）对债权人利益有重大影响的其他财产处分行为。

未设立债权人委员会的，管理人实施前款规定的行为应当及时报告人民法院。”

（二）《厦门市破产管理人业务操作指引（试行）》

“第二十六条　制作财产状况报告

管理人调查债务人财产状况后，应当根据调查内容制作债务人财产状况报告。债务人财产状况报告应当能反映债务人各项财产的权属状况、账面价值、评估价值和实际现状等基本情况。管理人非因自身原因无法全面调查债务人财产状况的，应当就无法调查的情况在债务人财产状况报告中作出说明。

管理人制作债务人财产状况报告后，应当及时提交给人民法院及债权人委员会，并向债权人会议报告，作为人民法院、债权人会议及债权人委员会决定相关事项时的参考依据。”

（三）《深圳市中级人民法院破产案件管理人工作规范》

“第二十一条　管理人完成接管后应当制作阶段性工作报告，向本院报告接管工作情况。”

“第二十七条　管理人办理重大复杂破产案件应当制定财务收支管理制度，接管完成后向本院提交债务人的日常开支和其他必要开支的预算报告，根据破产程序的进度定期报告财务收支情况，提请本院终结破产程序时应当同时提交财务决算报告。”

三、难点剖析

难点在于如何依法确定是否继续或停止债务人的营业事务。

债务人进入破产程序后，多数均处于停止经营状态或非正常经营状态。在第一次债权人会议召开之前，管理人需综合考虑债务人业务领域的现状、行业前景、市场份额、经营收益、资质维护，本着有利于债务人财产的保值、增值为原则，经综合分析判断后，考虑是否继续营业。

通常情况下，如果债务人有尚未完成的合同需要继续履行，通过营业事务的开展能使得债务人财产增加，管理人宜加强企业管理，调动企业原从业人员的工作积极性，充分发挥债务人的技术优势和管理优势，继续开展营业，直至相关合同履行完毕。如果债务人生产设备虽然需持续处于运行状况才能保持原有价值，一旦停运会造成设备报废或重启设备代价很高，但是，如不停产，增加的原材料等生产成本的投入却又因产品无销路，也同样会造成债务人财产减损，面对这种两难情况，管理人需要权衡利弊综合考虑是否继续生产。管理人决定继续或停止债务人营业事务的，应当向人民法院提交书面申请并附分析报告，报人民法院批准许可。

四、参考案例

（一）江苏中亚玻璃纤维有限公司停止营业事务

江苏中亚玻璃纤维有限公司（以下简称中亚玻纤）是一家生产玻璃纤维产品的企业。该企业进入破产程序后，为了使玻璃纤维生产线的运行得以维持，价值逾千万元的玻璃纤维炉不至熄火报废，并且努力巩固市场份额，实现破产企业财产的保值增值，管理人接管之后，积极动脑筋、想办法，在丹阳市人民法院、丹阳市政府的关心指导下，在企业员工的大力支持下，努力克服困难，使生产经营仍得以维持。但是，因市场原因，破产立案前积压的约 2 600 吨玻璃纤维成品未能及时出售，占用了大量资金，使得企业无法投入资金进行技术改造，产品竞争力较弱，被其他供货商挤占了市场。继续生产将会造成更多产品积压，最后的结果可能就是破产财产价值进一步减损。综合各种因素，管理人最终果断地让玻璃纤维炉熄火，停止生产，以免亏损越来越大。

关于停止江苏中亚玻璃纤维有限公司生产经营的报告

丹阳市人民法院：

贵院于2018年12月5日作出（2018）苏1181破申12号民事裁定，受理江苏中亚玻璃纤维有限公司（以下简称中亚玻纤公司）破产清算案，并指定江苏江成律师事务所担任管理人。

管理人接管中亚玻纤公司时，公司的生产经营还在维持。经过全面调查，管理人了解到中亚玻纤公司的生产经营面临着以下困难：第一，一线拉丝操作员工人心浮动，已经离职和要求离职的已达半数。第二，生产工艺落后，产品不具有市场竞争优势。第三，主要生产设备玻璃纤维窑炉已达到使用年限。如窑炉全部大修，需要700多万元资金；如直接停产，所有玻璃纤维拉丝炉将报废；而采取逐渐降温停产的方法，重新起用玻璃纤维拉丝炉，需要资金约110万元。第四，库存积压严重，降价也难以奏效，库存品的销售举步维艰。第五，流动资金捉襟见肘，造成原材料采购困难（因企业进入破产程序，供应商纷纷提价并要求先付款后送货）。第六，破产立案后供气、供电部门分别向中亚玻纤公司提出了燃气涨价、每十天付一次欠费的要求。一旦不能及时支付相关费用，随时面临停气、停电的困境。面对上述困难，管理人与原公司领导虽积极应对，却不能有效解决。

管理人委托江苏仁和永信会计师事务所有限公司对中亚玻纤公司2018年7月至2019年1月的盈亏情况进行了专项审计，审计结论为上述期间的净利润是-2 463.664 3万元（主要原因是支付了巨额利息）。另根据2018年12月和2019年1月的生产月报表显示，该两个月中亚玻纤公司分别亏损约24万元和40余万元。所以，从现有情况看，上述亏损局面难以扭转。如果继续勉强生产，亏损只会不断增加，公司与债权人的损失也将越来越大。

管理人分别于2019年1月21日、1月23日向已知债权人邮寄了《中亚玻纤公司当前生产情况的通报》《关于招募中亚玻纤公司意向投资人的函》，同时在镇江日报、扬子晚报刊登了《招募中亚玻纤公司意向投资人公告》。希望有意向对中亚玻纤公司投资的人士到中亚玻纤公司进行考察、投资；也欢迎意向投资人尽早与管理人就重整投资（或者其他形式的投资）的相关事宜进行交流。但至今没有意向投资人或债权人与管理人就投资事项进行联系。

鉴于中亚玻纤公司流动资金严重缺乏，不能正常支付职工工资和采购原材料的费用，难以按期支付燃气费、电费；生产经营持续亏损；没有意向投资人愿意参与投资；部分债权人致函管理人要求及时停产止损（具体材料详见附件）等多种原因，管理人为了维护中亚玻纤公司及其全体债权人的利益，特向贵院申请停止中亚玻纤公司的生产经营。管理人将采取逐步降温停产的办法，以尽可能减少停产对生产设备造成的损害。同时，研究停产之后职工问题的解决方案（另行向贵院汇报）。

特此报告

江苏中亚玻璃纤维有限公司管理人
二〇一九年三月四日

（二）镇江金州水务有限公司继续营业事务

关于提请人民法院许可继续镇江金州水务有限公司营业的报告

镇江市中级人民法院：

贵院于2017年7月14日裁定受理了镇江金州水务有限公司破产案，并于2017年9月26日指定镇江金州水务有限公司清算组为镇江金州水务有限公司管理人。经管理人调查，认为镇江金州水务有限公司的经营具有特殊性。

镇江金州水务有限公司作为镇江市谏壁地区的供水企业，其经营业务关系到谏壁地区一万五千多名居民和企事业单位的供水问题。此外，该公司尚有部分供水管网的在建工程，涉及连淮扬镇铁路镇江段和当地居民的用水改造。持续营业是关系到该地区民生稳定的重要前提和必备条件，也有利于广大债权人、职工和相关各方利益的保护。

因此，现根据《中华人民共和国企业破产法》第二十六条之规定，请贵院准许镇江金州水务有限公司继续营业。

特此报告

镇江金州水务有限公司管理人
二〇一七年十月十日

五、参考模板

关于提请人民法院许可继续/停止债务人营业的报告

×××人民法院/×××（债务人名称）债权人会议：

本管理人在接管债务人财产后，经调查认为，债务人继续营业将有利于/不利于广大债权人、职工和相关各方的利益，决定继续/停止债务人的营业，详细理由见附件《关于继续/停止债务人营业的分析报告》。

报请法院的：

现根据《中华人民共和国企业破产法》第二十六条之规定，请贵院予以认可。

报请债权人会议的：

现根据《中华人民共和国企业破产法》第六十五条第五项之规定，提请债权人会议表决。

特此报告

（管理人印鉴）
××××年××月××日

第六章 管理人调查管理债务人财产

企业破产法的首要目标是实现债务人财产在全体债权人之间的公平清偿。所以，管理人接管债务人后，必须对债务人财产进行调查和管理，从而准确界定债务人财产的范围，保障债务人的合法权益。这既是管理人的权利，也是管理人的义务，更是彰显管理人能否忠实履职的重要内容和勤勉尽责的基本准则。

必须注重对债务人财产的全面调查，才能综合了解债务人的经营状况和财产状况。管理人应在第一时间运用多种手段全面启动调查程序，具体包括调查债务人的营业状况、财产状况、债权债务情况、职工债权情况、股东出资情况、对外投资情况、个别清偿情况、董事、监事和高级管理人员是否利用职权获取非正常收入或侵占债务人财产的情况、合同履行情况、涉诉涉仲案件情况。需要指出的是，任何了解债务人财产状况、掌握有关债务人财产信息和资料的个人或单位，都应配合管理人的工作，接受管理人的调查，如实回答管理人的询问。通过全面清点、核实、调查、登记等相关工作的开展，管理人查清债务人财产的种类、价值、现状等，依法确认哪些属于债务人财产，哪些不属于债务人财产，并据此制作能够反映债务人各项财产现状和权属状况的财产状况报告。财产状况报告内容主要包括管理人调查过程和依据、债务人的基本情况，以及截至破产受理日债务人的财产种类、数量、现状、价值等内容。报告制作完成后，管理人应及时向法院提交，并向债权人会议或债权人委员会报告。

厘清债务人财产后，必须加强对财产的妥善管理，才能确保债务人财产价值的最大化。第一，管理人应当及时聘用相关人员，确保财产管理责任到人，做到安全管理工作常备不懈。管理人对聘用人员的工作必须进行不定期检查，特别是在节假日更要提高检查频率。第二，根据不同性质的财产，采取相应的管理措施。确保财产安全的同时，实现财产的保值增值。第三，注重对应收账款债权的清收。应收账款债权是债务人财产的重要组成部分。从维护职工和债权人利益的角度出发，管理人应通过各种合法手段尽力清收与追回。结合审计报告披露的“应收款”“其他应收款”“预付款”，管理人应收集证据材料，采取发函、上门沟通、诉讼等方式进行清收。但如果出现清收成本过高而无人垫付费用等特殊情况，则可以采取拍卖或分配的方式处置债权。第四，管理人应依法向法院等相关部门发出解除财产保全或中止执行的函，确保债务人在进入破产程序后使债务人的财产都处于管理人控制之下。第五，依法运用破产法规定的确认财产无效行为、破产撤销权、破产取回权、破产抵销权、破产别除权、追缴注册资本、追回董事、监事和高级管理人员的非正常收入等制度，规制债务人的不当财产处分行为，明晰债务人财产的权属，最大限度地增加债务人财产，保障破产程序的公平进行。

总之，充分调查债务人的财产并采取行之有效的管理措施，可以充分展现管理人的智慧和能力，并能为后期破产财产的处置做好铺垫，从而实现债务人、职工、债权人等多方权益的有效平衡，有力推进破产案件的进程。

第一节　调查和管理债务人财产

债务人进入破产程序后，管理人必须采取多种手段全面调查债务人财产，了解债务人财产的真实性、合法性、权属状态（静态与动态）及可变现性等，并对债务人财产依法采取清查、清收、追回、保全、保管等举措。这样一方面可以厘清债务人财产的状况，另一方面可以保证债务人财产的安全，防止财产损失，从而最大限度地维护债权人、债务人、职工等各方权益。

一、概述

（一）调查债务人财产

1. 债务人财产的概念。破产申请受理时属于债务人的全部财产，以及破产申请受理后至破产程序终结前债务人取得的财产，为债务人财产。

2. 调查债务人财产的终极目标。通过调查财产的物理状态、事实状态、法律状态、经济状态，实现对债务人财产的全面掌控。

3. 调查债务人财产的方式方法。以债务人名义或管理人名义或向法院申请等方式开展全面调查。

4. 调查债务人财产的具体范围。包括股东出资情况、纳税情况、社保情况、不动产情况、动产情况、知识产权情况、对外投资情况、债权债务情况等。

（二）管理债务人财产

1. 明确财产管理原则

（1）勤勉尽责、忠实执行职务。财产管理兹事体大，稍有不慎，管理人就要承担法律责任。企业破产法第一百三十条规定：“管理人未勤勉尽责、忠实执行职务的，人民法院可以依法处以罚款；给债权人、债务人或者第三人造成损失的，依法承担赔偿责任。”所以，为了防范上述风险，我们在严格按照法律法规进行破产管理工作的同时，还制定了一系列关于破产管理的规章制度。从接受指定后的交接，到衍生案件的起诉应诉，再到每个邮件的收寄，都有着明确而严格的成文规定。

（2）贯彻对债务人财产采用“膨胀原则”。尽一切可能查找债务人财产并妥善保管，使财产保值增值。

A. 多渠道、全方位调查债务人的土地、房屋、车辆（防控超过3个检验周期）、股权、专利、商标、银行账户、机器设备和库存品等财产状况。

B. 对双方均未履行完毕的合同决定是否继续履行。

C. 查清是否有属于企业破产法第三十一条、第三十二条规定的可撤销行为或者第三十三条规定的无效行为，依法行使破产撤销权或者提起确认无效之诉。

2. 制定财产管理制度

（1）被法院指定为管理人后，要及时向股东及董事、监事和高级管理人员送达相关文件，主要包括破产裁定书、决定书、提请原公司管理人员及留守人员注意事项等。

（2）制定并严格落实《破产管理财务工作规定》，确保不乱花一分钱。

（3）制定节假日期间特别破产工作管理须知，强化对债务人财产的管理。

3. 细化财产管理措施

（1）签订聘用人员协议。特别是聘用两名以上保安人员或者与保安公司签订安保协议，对债务人厂区24小时不间断地巡逻，加强安保。

（2）对财产进行分类管理（按照固定资产、流动资产、无形资产、股权投资等），确保财产的保值增值。

（3）根据破产案的需要，适时向法院及相关部门提交解除财产保全或中止执行的申请，确保破产程序的顺利推进。

（4）采取发函、上门沟通、诉讼等方式清收应收债权。

（5）依法行使破产解除权、破产撤销权、破产取回权等，厘清财产权属，同时最大限度地增加债务人的财产。

二、法律渊源

（一）《中华人民共和国企业破产法》

“第十五条　自人民法院受理破产申请的裁定送达债务人之日起至破产程序终结之日，债务人的有关人员承担下列义务：

（一）妥善保管其占有和管理的财产、印章和账簿、文书等资料；

（二）根据人民法院、管理人的要求进行工作，并如实回答询问；

（三）列席债权人会议并如实回答债权人的询问；

（四）未经人民法院许可，不得离开住所地；

（五）不得新任其他企业的董事、监事、高级管理人员。

前款所称有关人员，是指企业的法定代表人；经人民法院决定，可以包括企业的财务管理人员和其他经营管理人员。”

“第二十五条　管理人履行下列职责：

（二）调查债务人财产状况，制作财产状况报告；

……

（六）管理和处分债务人的财产；

……”

“第三十条　破产申请受理时属于债务人的全部财产，以及破产申请受理后至破产程序终结前债务人取得的财产，为债务人财产。”

“第六十九条　管理人实施下列行为，应当及时报告债权人委员会：

（一）涉及土地、房屋等不动产权益的转让；

（二）探矿权、采矿权、知识产权等财产权的转让；

（三）全部库存或者营业的转让；

（四）借款；

（五）设定财产担保；

（六）债权和有价证券的转让；

（七）履行债务人和对方当事人均未履行完毕的合同；

（八）放弃权利；

（九）担保物的取回；

（十）对债权人利益有重大影响的其他财产处分行为。

未设立债权人委员会的，管理人实施前款规定的行为应当及时报告人民法院。”

“第一百二十六条　有义务列席债权人会议的债务人的有关人员，经人民法院传唤，无正当理由拒不列席债权人会议的，人民法院可以拘传，并依法处以罚款。债务人的有关人员违反本法规定，拒不陈述、回答，或者作虚假陈述、回答的，人民法院可以依法处以罚款。”

“第一百二十七条　债务人违反本法规定，拒不向人民法院提交或者提交不真实的财产状况说明、债务清册、债权清册、有关财务会计报告以及职工工资的支付情况和社会保险费用的缴纳情况的，人民法院可以对直接责任人员依法处以罚款。

债务人违反本法规定，拒不向管理人移交财产、印章和账簿、文书等资料的，或者伪造、销毁有关财产证据材料而使财产状况不明的，人民法院可以对直接责任人员依法处以罚款。”

“第一百二十九条　债务人的有关人员违反本法规定，擅自离开住所地的，人民法院可以予以训诫、拘留，可以依法并处罚款。”

“第一百三十条　管理人未依照本法规定勤勉尽责、忠实执行职务的，人民法院可以依法处以罚款；给债权人、债务人或者第三人造成损失的，依法承担赔偿责任。”

“第一百三十一条　违反本法规定，构成犯罪的，依法追究刑事责任。”

（二）《最高人民法院关于适用〈中华人民共和国企业破产法〉若干问题的规定（一）》

“第六条第二款　受理破产申请后，人民法院应当责令债务人依法提交其财产状况说明、债务清册、债权清册、财务会计报告等有关材料，债务人拒不提交的，人民法院可以对债务人的直接责任人员采取罚款等强制措施。”

（三）《最高人民法院关于适用〈中华人民共和国企业破产法〉若干问题的规定（二）》

“第一条　除债务人所有的货币、实物外，债务人依法享有的可以用货币估价并可以依法转让的债权、股权、知识产权、用益物权等财产和财产权益，人民法院均应认定为债务人财产。”

“第二条　下列财产不应认定为债务人财产：

（一）债务人基于仓储、保管、承揽、代销、借用、寄存、租赁等合同或者其他法律关系占有、使用的他人财产；

（二）债务人在所有权保留买卖中尚未取得所有权的财产；

（三）所有权专属于国家且不得转让的财产；

（四）其他依照法律、行政法规不属于债务人的财产。”

"第三条　债务人已依法设定担保物权的特定财产，人民法院应当认定为债务人财产。

对债务人的特定财产在担保物权消灭或者实现担保物权后的剩余部分，在破产程序中可用以清偿破产费用、共益债务和其他破产债权。"

"第四条第一款　债务人对按份享有所有权的共有财产的相关份额，或者共同享有所有权的共有财产的相应财产权利，以及依法分割共有财产所得部分，人民法院均应认定为债务人财产。"

"第五条　破产申请受理后，有关债务人财产的执行程序未依照企业破产法第十九条的规定中止的，采取执行措施的相关单位应当依法予以纠正。依法执行回转的财产，人民法院应当认定为债务人财产。"

（四）《最高人民法院关于推进破产案件依法高效审理的意见》

"6. 管理人应当及时全面调查债务人涉及的诉讼和执行案件情况。破产案件受理法院可以根据管理人的申请或者依职权，及时向管理人提供通过该院案件管理系统查询到的有关债务人诉讼和执行案件的基本信息。债务人存在未结诉讼或者未执行完毕案件的，管理人应当及时将债务人进入破产程序的情况报告相关人民法院。"

"7. 管理人应当及时全面调查债务人财产状况。破产案件受理法院可以根据管理人的申请或者依职权，及时向管理人提供通过该院网络执行查控系统查询到的债务人财产信息。"

（五）最高人民法院关于印发《全国法院破产审判工作会议纪要》的通知（法〔2018〕53号）

"4. 完善管理人队伍结构。人民法院要指导编入管理人名册的中介机构采取适当方式吸收具有专业技术知识、企业经营能力的人员充实到管理人队伍中来，促进管理人队伍内在结构更加合理，充分发挥和提升管理人在企业病因诊断、资源整合等方面的重要作用。"

三、难点剖析

（一）对于"无产可破"的案件，管理人如何全面调查债务人财产？

虽然看上去债务人"无产可破"，但管理人必须按照"有产可破"的标准开展调查工作，不遗漏任何一处财产，从有形财产到无形财产、从财产的物理状态到实际权利归属、从账簿记载的财产到实际接管到的财产等，以体现管理人的勤勉尽责。同时通过对债务人财产的全面调查，可以让职工、债权人放心，从而抚平他们的不满情绪。

（二）如债务人的实际控制人或者法定代表人不予配合管理人的调查工作，管理人该如何处理?

根据企业破产法的规定，任何了解债务人财产状况、掌握有关债务人财产信息和资料的个人或单位，都应接受管理人的调查与询问，积极配合管理人的工作。被调查人拒绝回答或拒绝提供资料，或回答和提供的资料不真实的，应属于妨害民事诉讼的行为，管理人可以申请法院对被调查人采取罚款、拘留等强制措施；情节严重构成犯罪的，还应被依法追究刑事责任。

（三）如何在管理过程中确保债务人财产的安全?

1. 管理人心中有企业。一旦接管债务人财产，管理人必须做到尽心管理。

2. 科学管理各类财产。（1）如果债务人在破产受理前房地产未被处置，则管理人需要聘请保安或原企业职工做好企业安保工作，必要时安装监控设备。当然，管理人必须按照聘用协议加强对聘用人员的考察管理。（2）如果债务人在破产受理前房地产已被处置，仅有一些动产（机器设备、办公设备、存货等）无处安放，则由管理人租赁其他地方进行存放保管，并不定期进行检查。（3）对债务人的货币资产则全部存入管理人账户。（4）如果是易腐烂、易变质的物品，则及时向法院报告先行处理。

3. 落实重大节假日的管理人巡视制度。

4. 财产损失的报案制度。债务人进入破产程序后，有一些别有用心的人员对债务人会关注较多。所以，管理人一定要强化安保制度，特别是财产损失的报案制度。一旦发现物品丢失或者损毁，保安必须第一时间保存证据、及时进行报案，并及时向管理人报告，管理人不得有任何隐瞒，应立即向法院和债权人会议主席、债权人委员会进行报告。

（四）如何在管理过程中实现债务人财产的保值增值?

1. 充分发挥债务人原工作人员的能力，尽最大可能从他们那里获得相关财产的线索。

2. 充分吸收具有专业技术能力的人员进入管理人团队。

3. 充分展现管理人的智慧和能力，依法确保财产的安全和增值。

（1）能出租的房屋可以考虑出租，但管理人与承租人必须签订不定期租赁协议。签订不定期租赁协议，主要是不影响在清算模式下破产财产的变价和在重整模式下破产财产的使用。

（2）进入管理人账户的大额货币资金，可以考虑采取定期存款模式（比如3个月等）。

（3）对需要及时处置的财产（易腐易变质）要果断做出判断，但处置前必须向法院或债权人委员会报告。

四、参考案例

（一）关于对债务人调查的案例

林宁超市破产清算案

1. 案情介绍

镇江林宁连锁超市有限责任公司（本文中简称为林宁超市）不能清偿到期债务，债权人向京口区人民法院申请执行。执行过程中债权人同意对林宁超市移送破产审查。镇江市中级人民法院经审查于 2018 年 5 月作出民事裁定，受理林宁超市破产清算一案，同时指定京口区人民法院审理本案。该法院指定江苏江成律师事务所担任管理人。

管理人接管后，对林宁超市的基本情况进行了调查。了解到林宁超市的经营场所均是租赁使用，没有其他财产。林宁超市除了债权人外，还有百余名职工的问题没有解决。2015 年上半年，林宁超市经营出现困难，无法清偿到期债务，无力支付职工工资。

管理人虽经努力，但仍然无法找到林宁超市的法定代表人、股东、财务负责人等管理人员，也没有接管到林宁超市的财务账册与印章等，更没有发现林宁超市名下的任何财产。鉴于上述情况，管理人一方面依法开展债权登记与职工债权的统计工作；另一方面在法院指导下，全面开展对林宁超市的历任法定代表人、股东、实际控制人及关联企业财产状况的调查工作。管理人查清了关联公司的财产状况及几家子公司的相关情况，还查清了林宁超市实际控制人名下的房产情况。

通过上述详细调查，管理人得出的结论是，因关联公司与林宁超市人格混同，有生效判决已经确定关联公司需要对林宁超市的债务承担连带清偿责任。又由于林宁超市的主要财务账册灭失，根据公司法解释二第十八条第二款、第三款的规定，法院在破产终结裁定中明确股东和实际控制人应当对林宁超市的债务承担连带清偿责任。

2. 法律评析

管理人在法院指导下，穷尽一切手段开展对林宁超市历任法定代表人、股东、实际控制人及关联企业财产状况的调查。虽然没有查到林宁超市的任何财产，但百余名职工和数十名债权人都对管理人的工作予以认可，最终同意终结破产程序，且未再发生任何上访事件。

通过该案例，我们认为，面对“无产可破”的案件，在进入破产程序之后，管理人对债务人财产的调查绝不能有丝毫放松，必须尽心尽力，甚至更加细致周全，因为管理人的这种调查并非简单的重复劳动，而是让职工和广大债权人能坦然面对和接受这一切，并能确保顺利结案和社会稳定。所以要特别强调的是，“无产可破”案件看似简单，但要实现法律效果和社会效果的统一，就需要管理人认真对待案件，全面调查，全程留痕，真正做到忠实履职、勤勉尽责。

（二）关于对债务人财产管理的案例

丹阳中美电器有限公司管理人赔偿责任案

1. 案情介绍

2013 年 6 月，丹阳市人民法院（以下简称法院）裁定受理丹阳中美电器有限公司（以下简称电器公司）破产清算案，并指定江苏立信会计师事务所为管理人。2013 年 11 月，法院召集管理人、电器公司原保管员孙某清点破产财产，并经各方确认，制作了详细清单。江苏立信会计师事务所委托孙某对电器公司的财产进行保管。2016 年 10 月，法院裁定宣告电器公司破产。2017 年 9 月，评估机构对破产财产（机器设备及存货）进行评估，评估价为 993 390 元。2018 年 5 月，法院工作人员和管理人及意向买受人到破产财产存放处看样时，发现存放破产财产的部分仓库已经被拆除，且财产堆放凌乱，已经存在缺失情况。法院随即发出通知，要求管理人一方面寻找符合条件的仓储场所转移现有财产，另一方面对财产进行全面盘点，列明现有财产清单及缺失财产清单，并明确对缺失的财产尽快找回。但管理人仅是向派出所报了案，并未对破产财产进行盘点及制作清单，也未寻找合适场所保管现存破产财产。2018 年 7 月，法院作出解除江苏立信会计师事务所担任管理人的决定，指定江苏南昆仑律师事务所担任新的管理人。2018 年 11 月，新管理人在法院监督下转移现存破产财产，并对现存破产财产进行了评估，评估价为 29 700 元。另查明，案涉破产财产第一次起拍价为评估价 993 390 元，第二次起拍价为 795 000 元，第三次起拍价为 636 000 元。以上三次拍卖均流拍。

2. 争议焦点

（1）原管理人是否应当承担赔偿责任？

（2）损失数额如何确定？

3. 判决结果

（1）一审判决

江苏立信会计师事务所赔偿破产企业损失963 690元。

（2）二审判决

江苏立信会计师事务所赔偿破产企业损失479 100元。

4. 法律评析

（1）江苏立信会计师事务所作为管理人，在接手破产企业后，未能勤勉尽责并采取合理的保管措施，怠于行使管理人对破产财产的管理职能，致使破产财产灭失，造成损失，应承担与其过错相当的赔偿责任。其在承担相应的赔偿责任后有权向侵权人进行追偿。

（2）管理人所承担赔偿责任的确定，应当是与其过错相当且债权人、债务人或者第三人利益受到了实际损失，而不应当将破产过程中破产财产的自然贬损及受市场行情等多种因素影响所造成的财产贬值全部归咎于管理人。

备注：该案例来源于（2019）苏1181民初2538号民事判决书、（2019）苏11民终3217号民事判决书。

五、参考模板

关于×××（债务人名称）财产管理方案

根据企业破产法的有关规定，管理人接管了×××（债务人名称）的全部财产。根据企业破产法第六十一条第八项的规定，结合×××（债务人名称）财产的实际状况，管理人制定了本方案。

一、×××（债务人名称）的主要财产情况

（一）土地；

（二）有证房产；

（三）无证房屋；

（四）构筑物；

（五）机器设备；

（六）电子设备；

（七）存货；

（八）其他无形资产；

（九）货币资金；

（十）股权。

目前，×××（债务人名称）全部财产已在管理人的管控之下。

二、财产管理的具体措施

（一）及时确定聘用人员，明确职责，协助管理人开展资产核查、债权审核、厂区安保等相关工作。

（二）与使用×××（债务人名称）房屋的单位和个人完善租赁合同，并且将定期租赁合同变更为不定期租赁合同，保证不妨碍×××（债务人名称）的破产进程。对拒绝签订不定期租赁合同的承租人，在通知其限期搬出而拒绝搬出的情况下，管理人将依法进一步采取措施。

（三）管理人协调评估机构及聘用人员对×××（债务人名称）的机器设备、电子设备、存货通过更换门锁、加贴封条进行清点封存。

（四）管理人派员对×××（债务人名称）的土地、房产及聘用人员的工作情况进行不定期检查，并将检查情况登记在案。

（五）对在财产管理过程中发现的问题，管理人将依法及时进行处置，确保财产安全。

（六）通过转让股权、组织自行清算或者申请破产的途径，处置子公司的股权资产。

（七）对应收债权的清收，请本次债权人会议授权管理人对证据不全、法院判决有困难的相关诉讼案件进行调解；同时授权管理人在管理人已尽到勤勉义务但仍然查找不到对方下落或收集不到基本起诉材料的情况下，在报告法院或债权人委员会同意后，作放弃起诉处理，以避免耗费无谓的诉讼费用。当然，我们也希望大家能够主动提供线索，帮助我们查清有关事实，完善诉讼材料，实现对应收债权的清收。

（八）对清收到的货币资金及今后财产变价后获得的资金，统一存入依法开设的管理人账户。管理人将严格依照破产管理财务制度进行管理，做到花的每一分钱都能够经得住法院和债权人的监督与审查。

×××（债务人名称）管理人

年　　月　　日

第二节　中止执行程序、解除保全措施

管理人在接管债务人财产过程中，发现债务人财产有被人民法院或相关部门保全或被执行的情况，应向法院或相关部门书面报告请求中止执行程序或解除保全措施。当然在实践中可以根据破产案件的需要，适时解除保全措施。管理人在收到相关部门出具的中止执行或解除保全措施的函后，应及时接管该财产并将其纳入债务人财产的范围，避免个别清偿情况的发生。

一、概述

（一）中止执行程序

从法理上讲，执行程序是对债务人财产进行的个别执行，目的在于实现特定债权人的债权；而破产程序是对债务人全部财产进行的概括执行，注重对所有债权的公平清偿，具有对一般债务清偿（包括执行程序）的排他性。所以，一旦启动破产程序，有关债务人的执行程序就当然中止。

1. 尚未终结的执行程序应当中止；相关诉讼（仲裁）案已审结但尚未申请或移送执行的，不得再提起新的执行程序。债权人应当凭生效的法律文书向管理人申报债权。

2. 实践中，债务人进入破产审查阶段，执行法院就发生中止执行的情况。该类情况还有待法院进一步规范。目前仍靠协调解决。

（二）解除保全措施

很多债务人在进入破产程序前都会发生多起诉讼案件，法院及相关部门（海关、税务、公安机关等）对其财产采取保全措施（比如查封、扣押、冻结等），导致债务人难以经营。但一旦保全措施解除，则可以在一定程度上回笼资金，恢复债务人的营业能力（特别是对重整企业），增加债务人营业财产范围。

1. 解除保全措施的主体。申请人是管理人；作出解除保全措施裁定的主体是破产法院或相关部门。

2. 解除保全措施的程序。首先，管理人向破产法院提交解除保全措施的申请。其次，如保全措施是在破产法院实施的，则破产法院直接出具解除保全措施的裁定；如保全措施是其他法院实施的，则破产法院向该执行法院发函并邮寄破产裁定等资料；如保全措施是其他相关部门实施的，则破产法院与相关部门进行沟通和协调。

二、法律渊源

（一）《最高人民法院关于适用〈中华人民共和国民事诉讼法〉的解释》

“第五百一十五条　被执行人住所地人民法院裁定受理破产案件的，执行法院应当解除对被执行人财产的保全措施。被执行人住所地人民法院裁定宣告被执行人破产的，执行法院应当裁定终结对被执行人的执行。”

（二）《中华人民共和国企业破产法》

“第十九条　人民法院受理破产申请后，有关债务人财产的保全措施应当解除，执行程序应当中止。”

（三）《最高人民法院关于适用〈中华人民共和国企业破产法〉若干问题的规定（二）》

“第五条　破产申请受理后，有关债务人财产的执行程序未依照企业破产法第十九条的规定中止的，采取执行措施的相关单位应当予以纠正。依法执行回转的财产，人民法院应当认定为债务人财产。”

“第七条　对债务人财产已采取保全措施的相关单位，在知悉人民法院已裁定受理有关债务人的破产申请后，应当按照企业破产法第十九条的规定及时解除对债务人财产的保全措施。”

“第八条　人民法院受理破产申请后至破产宣告前裁定驳回破产申请，或者依据企业破产法第一百零八条的规定裁定终结破产程序的，应当及时通知原已采取保全措施并已依法解除保全措施的单位按照原保全顺位恢复相关保全措施。

在已依法解除保全的单位恢复保全措施或者表示不再恢复之前，受理破产申请的人民法院不得解除对债务人财产的保全措施。”

（四）最高人民法院印发《全国法院破产审判工作会议纪要》的通知（法〔2018〕53号）

“42. 破产案件受理后查封措施的解除或查封财产的移送。执行法院收到破产受理裁定后，应当解除对债务人财产的查封、扣押、冻结措施；或者根据破产受理法院的要求，出具函件将查封、扣押、冻结财产的处置权交破产受理法院。破产受理法院可以持执行法院的移送处置函件进行续行查封、扣押、冻结，解除查封、扣押、冻结，或者予以处置。

执行法院收到破产受理裁定拒不解除查封、扣押、冻结措施的，破产受理法院可以请求执行法院的上级法院依法予以纠正。”

（五）《全国法院民商事审判工作会议纪要》

“109. 要切实落实破产案件受理后相关保全措施应予解除、相关执行措施应当中止、债务人财产应当及时交付管理人等规定，充分运用信息化技术手段，通过信息共享与整合，维护债务人财产的完整性。相关人民法院拒不解除保全措施或者拒不中止执行的，破产受理人民法院可以请求该法院的上级人民法院依法予以纠正。对债务人财产采取保全措施或者执行措施的人民法院未依法及时解除保全措施、移交处置权，或者中止执行程序并移交有关财产的，上级人民法院应当依法予以纠正。相关人员违反上述规定造成严重后果的，破产受理人民法院可以向人民法院纪检监察部门移送其违法审判责任线索。

人民法院审理企业破产案件时，有关债务人财产被其他具有强制执行权力的国家行政机关，包括税务机关、公安机关、海关等采取保全措施或者执行程序的，人民法院应当积极与上述机关进行协调和沟通，取得有关机关的配合，参照上述具体操作规程，解除有关保全措施，中止有关执行程序，以便保障破产程序顺利进行。”

三、难点剖析

（一）解除保全措施、中止执行程序的效力何时产生？

一种观点认为只有在法院作出解除保全措施、中止执行程序的裁定后发生效力；另一种观点认为法院受理破产申请后（可提前至案件审查阶段），有关债务人的保全措施解除或执行程序中止。对此，本书认为第二种观点更科学合理。具体理由如下：

一是国外法律规定债务人申请破产时会产生“自动停止”的效果，这具有一定的参考价值。

二是可以防止不利后果的发生。从法院受理破产申请到相关单位知悉债务人破产存在一定的时间差，如果以相关单位保全措施解除、执行程序中止的裁定下达作为效力的时间节点，极有可能造成其他法院与相关部门因继续保全、继续执行而使债务人的财产被转移、受损失等不利后果的发生。

三是破产申请受理后如果发生继续执行的情况，管理人可以向相关法院申请执行回转。

（二）担保权人就担保物提起的执行程序能否中止？

企业破产法规定中止个别执行的目的，是为保障全体债权人的公平受偿。虽然担保物是债务人财产，但担保权人就担保物享有的优先受偿权不仅是就担保物的价款优先受偿，而且包括不受破产重整与破产和解程序对债务清偿所做的各种限制的优先受偿。中止担保权人就担保物提起的执行程序，并不能起到保障普通债权人公平清偿的作用，所以担保权人就担保物提起的执行程序原则上不中止，除非担保物的变现影响到债务人整体财产的处置或影响到重整、和解案件的进行。其中破产重整中涉及担保财产的，按照企业破产法第八十七条第二款第一项的规定，取得担保权人的同意或者就该特定财产使担保权人获得全额清偿。

四、参考案例

佳明新材料科技有限公司破产案

（一）案情简介——中止执行

佳明新材料科技有限公司（以下简称佳明公司）欠甘肃华藏新型研磨

材料有限公司（以下简称华藏公司）货款并有生效判决。后华藏公司向甘肃天祝藏族自治县人民法院申请对佳明公司强制执行。2017 年 12 月，甘肃天祝藏族自治县人民法院执行法官来到佳明公司准备执行。但 2017 年 9 月，佳明公司已进入破产程序，并指定江苏江成律师事务所为管理人。管理人得知消息后，立即与该院执行法官取得联系，向其告知佳明公司已进入破产程序，一切执行程序必须中止。之后，管理人又向该执行法院发函再次进行书面告知。具体内容如下：

关于请求中止对佳明公司执行的函

甘肃省天祝藏族自治县人民法院：

贵院（2017）甘 0623 执 782 号执行通知书与报告财产令管理人已收悉。但扬中市人民法院已于 2017 年 9 月 27 日作出（2017）苏 1182 破申 5 号民事裁定，受理佳明新材料科技有限公司（本函简称佳明公司）破产清算一案，并于 2017 年 11 月 24 日作出（2017）苏 1182 破 5 号决定，指定江苏江成律师事务所担任管理人。

根据《中华人民共和国企业破产法》第十九条之规定，人民法院受理破产申请后，有关债务人财产的执行程序应当中止。为确保破产案件的正常进行，破产工作的顺利推进，现特函请贵院依法中止对佳明公司的执行程序。根据《最高人民法院关于适用〈中华人民共和国企业破产法〉若干问题的规定（二）》第五条之规定，破产申请受理后，采取执行措施的相关单位应当依法纠正仍在进行的执行措施。

特此函告

佳明新材料科技有限公司管理人

二〇一七年十二月八日

（二）案情简介——解除保全

在太海联股权投资江阴有限公司与佳明公司、佳明公司股东股权回购款纠纷一案中，太海联股权投资江阴有限公司对佳明公司银行账户存款、商标、专利进行冻结，对抵押的设备和房产进行查封。后管理人分别向仲裁机构、执行法院、破产受理法院等部门发函。具体函件内容如下：

关于请求解除对佳明公司财产保全的函

上海国际经济贸易仲裁委员会（上海国际仲裁中心）：

镇江市中级人民法院根据贵委递交的《关于财产保全事宜》，作出（2016）苏 11 财保 28 号民事裁定，对佳明新材料科技有限公司（本函简称佳明公司）在江苏扬中农村商业银行股份有限公司长旺支行 3211051701201000038376 账户中 210 664.46元的存款和注册号为 15563692、14886466、7871292 的商标，专利号为 2012100117228、2013102566851、2013102561010、2014103873635 的专利进行冻结，对抵押登记号为L3-2-2013-0009项下的抵押设备和扬房字第81800960号佳明公司房产进行了查封。

2017年9月27日，江苏省扬中市人民法院裁定受理佳明公司破产清算一案，并指定江苏江成律师事务所担任佳明公司管理人。根据《中华人民共和国企业破产法》第十九条和《最高人民法院关于适用〈中华人民共和国企业破产法〉若干问题的规定（二）》第七条之规定，对债务人财产已采取保全措施的相关单位，在知悉人民法院已裁定受理有关债务人的破产申请后，应当依照破产法的规定及时解除对债务人财产的保全措施。另外，贵委在2018年1月9日已经作出《关于同意申请人撤回部分仲裁请求的决定》，“同意申请人撤回其对于第八被申请人佳明新材料科技有限公司的全部仲裁请求事项”。现根据镇江市中级人民法院的意见，需要贵委致函，该院才能解除财产保全措施。所以，为确保破产案件的顺利推进，特函请贵委，请求贵委致函镇江市中级人民法院依法解除对佳明公司财产的保全措施。

特此函告

佳明新材料科技有限公司管理人

二〇一八年三月六日

关于请求解除对佳明公司财产保全的函

镇江市中级人民法院：

贵院作出的（2017）苏11执保132号财产保全结果告知书，管理人已收悉。但江苏省扬中市人民法院已于2017年9月27日作出（2017）苏1182破申5号民事裁定，受理佳明新材料科技有限公司（本函中简称为佳明公司）破产清算一案，并于2017年11月24日作出（2017）苏1182破5号决定，指定江苏江成律师事务所担任管理人。

根据《中华人民共和国企业破产法》第十九条和《最高人民法院关于适用〈中华人民共和国企业破产法〉若干问题的规定（二）》第七条之规定，对债务人财产已采取保全措施的相关单位，在知悉人民法院已裁定受理有关债务人的破产申请后，应当依照企业破产法的规定及时解除对债务人财产的保全措施。为确保破产案件的顺利推进，现特函请贵院依法解除对佳明公司财产的保全措施。

特此函告

佳明新材料科技有限公司管理人

二〇一八年三月二十一日

关于请求法院协调解除对佳明公司财产保全的报告

扬中市人民法院：

贵院于2017年9月27日裁定受理佳明新材料科技有限公司（本文中简称为佳明公司）破产清算案，并指定江苏江成律师事务所担任管理人。接受指定后，管理人对佳明公司的财产情况进行了详细调查，发现镇江市中级人民法院于2016年10月12日作出（2016）苏11财保28号民事裁定，对佳明公司在江苏扬中农村商业银行股份有限公司长旺支行3211051701201000038376账户中210 664.46元的存款和注册号为15563692、14886466、7871292的商标，专利号为2012100117228、2013102566851、2013102561010、2014103873635的专利进行冻结，对抵押登记号为L3-2-2013-0009项下的抵押设备和扬房字第81800960号房产进行查封。

根据《中华人民共和国企业破产法》第十九条和《最高人民法院关于适用〈中华人民共和国企业破产法〉若干问题的规定（二）》第七条之规定，人民法院受理破产申请后，对债务人财产采取的保全措施应当立即解除，被保全财产由管理人接管。为有利于佳明公司职工工资和补偿金问题的顺利解决，确保破产案件的顺利推进，现管理人恳请贵院协调镇江市中级人民法院依法解除对佳明公司财产的保全措施。

特此报告

佳明新材料科技有限公司管理人

二〇一八年三月二十六日

关于请求协调解除对佳明公司财产保全的函

镇江市中级人民法院审判管理办公室：

贵院于2016年10月12日作出（2016）苏11财保28号民事裁定，对佳明新材料科技有限公司（以下简称佳明公司）在江苏扬中农村商业银行股份有限公司长旺支行3211051701201000038376账户中210 664.46元的存款和注册号为15563692、14886466、7871292的商标，专利号为2012100117228、2013102566851、2013102561010、2014103873635的专利进行冻结，对抵押登记号为L3-2-2013-0009项下的抵押设备和扬房字第81800960号房产进行查封。

2017年9月27日，江苏省扬中市人民法院裁定受理佳明公司破产清算一案，并指定江苏江成律师事务所担任佳明公司管理人。企业破产法第十九条和破产法解释（二）第七条规定，人民法院受理破产申请后，对债务人财产采取的保全措施应当及时解除。

为确保破产案件的顺利推进，管理人及时和贵院进行沟通，并根据贵院的意见，于2018年3月6日向上海国际经济贸易仲裁委员会（上海国际仲裁中心）递交了关于请求解除对佳明公司财产保全的函，但上海国际经济贸易仲裁委员会（上海国际仲裁中心）认为他们无权解除财产保全，并将该函转交至财产保全申请人太海联股权投资江阴有限公司，但是该司至今没有和管理人进行联系。2018年3月21日，管理人向贵院正式递交关于请求解除对佳明公司财产保全的函，然而贵院没有给予回复。2018年3月26日，管理人向扬中市人民法院递交关于请求法院协调解除对佳明公司财产保全的报告，扬中市人民法院于2018年4月18日向贵院出具了联系函，至今仍然未见有效解封措施。

贵院在知道佳明公司进入破产程序的情况下，并未“及时解除”保全措施，而一直为该由保全裁定书制作部门去解封，还是该由实施保全措施的部门去解封而纠结。同时，贵院关于需要原委托保全的仲裁委与保全申请人撤销委托、撤销保全申请之后才能谈解封的不解封理由，本管理人认为并没有依据。保全措施因债务人进入破产程序而解封，是法律明确规定的解封，即法定解封，而不是依当事人的申请而解封。保全措施不“及时解封”客观上加剧了职工工资支付和破产管理的困难。

佳明公司破产立案已经七个月，门卫、财务等留守人员工资发放困难；佳明公司已于 2018 年 4 月 17 日被裁定宣告破产，解决佳明公司职工的工资和补偿金问题，也迫在眉睫。管理人特函请贵院领导协调相关部门，依法及时解除对佳明公司财产的保全措施。

特此函告

佳明新材料科技有限公司管理人

二〇一八年四月二十八日

（二）法律评析

尽管《全国法院民商事审判工作会议纪要》明确规定，“要切实落实破产案件受理后相关保全措施应予解除、相关执行措施应当中止、债务人财产应当及时交付管理人等规定，充分运用信息化技术手段，通过信息共享与整合，维护债务人财产的完整性”，但有些实施财产保全措施的单位（包括法院）并不愿积极配合管理人。法律对此没有任何惩罚措施的明确规定，导致财产保全解除、执行程序中止等不能顺利、及时进行，值得相关各方重视。

五、参考模板

告知函
（解除财产保全措施用）

×××（作出财产保全措施的人民法院或者单位）：

×××（债务人名称）因（写明破产原因），×××（申请人名称/姓名）于××××年××月××日向××××人民法院提出对×××（债务人名称）进行重整/和解/破产清算的申请［债务人自行申请破产的，写×××（债务人名称）因（写明破产原因），于××××年××月××日向××××人民法院提出重整/和解/破产清算申请］。

××××人民法院于××××年××月××日作出（××××）×破字第××号民事裁定，受理×××（债务人名称）进行重整/和解/破产清算，并于××××年××月××日作出（××××）×破字第××号决定，指定×××担任管理人。

根据管理人掌握的材料，贵院/贵单位于××××年××月××日对×××（债务人名称）

的下列财产采取了保全措施：

1. ……；

2. ……；

……

根据《中华人民共和国企业破产法》第十九条之规定，人民法院受理破产申请后，有关债务人财产的保全措施应当解除，但贵院/贵单位至今尚未解除对×××（债务人名称）财产所采取的保全措施，现特函请贵院/贵单位解除对×××（债务人名称）财产的保全措施。

特此告知

（管理人印鉴）
××××年××月××日

附：

1. 受理破产申请裁定书复印件一份；
2. 指定管理人决定书复印件一份；
3. 财产保全措施相关资料复印件一份；
4. 破产案件受理法院联系方式；
5. 管理人联系方式。

申　请
（请求法院通知相关单位解除财产保全措施用）

×××人民法院（破产案件受理人民法院）：

根据管理人掌握的材料，×××（作出财产保全措施的法院或者单位名称）于××××年××月××日对×××（债务人名称）的财产实施了保全措施，案号为××××。

鉴于贵院已经受理关于×××（债务人名称）的破产申请，根据《中华人民共和国企业破产法》第十九条之规定，特请贵院通知×××（作出财产保全措施的法院或者单位名称）解除对×××（债务人名称）财产的保全措施。

（管理人印鉴）
××××年××月××日

附：财产保全措施相关资料复印件一套

告知函
（中止执行程序用）

×××人民法院（执行案件受理人民法院）：

×××（债务人名称）因（写明破产原因），×××（申请人名称/姓名）于××××年

××月××日向××××人民法院提出对×××（债务人名称）进行重整/和解/破产清算的申请［债务人自行申请破产的，写×××（债务人名称）因（写明破产原因），于××××年××月××日向××××人民法院提出重整/和解/破产清算申请］。

××××人民法院于××××年××月××日作出（××××）×破字第××号民事裁定，受理×××（债务人名称）进行重整/和解/破产清算，并于××××年××月××日作出（××××）×破字第××号决定，指定×××担任管理人。

根据管理人掌握的材料，贵院于××××年××月××日受理了×××（强制执行申请人名称/姓名）对×××（债务人名称）申请强制执行一案，案号为××××，执行内容为：

根据《中华人民共和国企业破产法》第十九条之规定，人民法院受理破产申请后，有关债务人财产的执行程序应当中止，但贵院至今尚未中止对×××（债务人名称）的执行，（简述案件执行状态）。现特函请贵院中止对×××（债务人名称）的执行程序。

特此告知

（管理人印鉴）
××××年××月××日

附：

1. 受理破产申请裁定书复印件一份；
2. 指定管理人决定书复印件一份；
3. 强制执行案件相关资料复印件一套；
4. 破产案件受理法院联系方式；
5. 管理人联系方式。

申　请
（请求法院通知其他法院中止执行程序用）

×××人民法院（破产案件受理人民法院）：

根据管理人掌握的材料，×××人民法院于××××年××月××日受理了×××（强制执行申请人名称）对×××（债务人名称）申请强制执行一案，案号为××××。

鉴于贵院已经受理关于×××（债务人名称）的破产申请，根据《中华人民共和国企业破产法》第十九条之规定，特请贵院通知×××人民法院（执行案件受理人民法院）裁定中止对×××（债务人名称）的执行程序。

（管理人印鉴）
××××年××月××日

附：强制执行案件相关资料（执行依据、民事裁定书、协助执行通知书等）复印件一套。

第三节　确认破产无效行为制度和破产撤销权制度

确认破产无效行为制度是规范债务人行为的重要制度，它在保护债权人利益体系中充任着重要角色。破产无效行为的确认并不涉及时效性，只要被管理人发现，均可追回被非法处分的财产，这是管理人的职权范围。

破产撤销权制度的设立，是为防止债务人在丧失债务清偿能力的情形下，通过无偿转让、以明显不合理的价格交易或者偏袒性清偿债务等方法处分自己的财产而损害其他债权人利益的行为。该行为在债务人进入破产程序后，管理人可以向法院或仲裁机构申请撤销，撤销后可将相关财产归入债务人财产。破产撤销权是合同撤销权在破产程序中的具体体现。需要说明的是，债务人如果在进入破产程序前由于经营失误、管理不善等市场风险发生的正常财产的减少，则不在可以撤销的范围。

一、概述

（一）确认破产无效行为制度

1. 破产无效行为制度的概念

破产无效行为制度是指债务人进入破产程序前或者进入破产程序后所进行的损害所有债权人利益或破坏公平清偿的财产处分行为，该处分行为因债务人已进入破产程序而自始被认定为无效的法律制度。

2. 破产无效行为的种类

（1）破产受理后对个别债权人的清偿行为

债务人被法院裁定受理破产后，所有债权人的债权都必须通过破产程序获得清偿，而不得对个别债权人进行给付，以充分体现企业破产法的公平清偿原则。担保权人在特殊情况下可提前获得清偿。

（2）为逃避债务而隐匿、转移财产的行为

A. “为逃避债务”强调的是债务人的主观动机。但实践中债务人隐匿、转移财产的动机并非仅限于“为逃避债务”。所以，只要有隐匿、转移财产的行为，我们认为都可以认定为破产无效行为。

B. “隐匿”强调的是债务人将财产秘密隐藏或隐瞒不报，从而使法院、管理人、债权人等无人知晓。所以，隐匿财产的行为可以是积极主动隐藏藏匿，也可以是消极隐瞒不报。

C. “转移财产”强调的是债务人将财产从一处转移至另一处或者将财产所有权进行变更，致使管理人无法接管和处分。

（3）虚构债务或者承认不真实的债务的行为

A.“虚构债务”强调在没有法律依据和法律事实的情况下，债务人通过“创建”不存在的债务凭证等方式来创造不存在的债务，用以规避其他真实债务或者弥补转移财产、私分财产所造成的亏空。

B.“承认不真实的债务”是指债权人向管理人申报的债权并不真实，但债务人故意认可该债权，从而达到转移财产的目的。

（二）破产撤销权制度

1. 破产撤销权的概念

破产撤销权是指对债务人在破产程序开始前的一定时期内所实施的损害全体债权人公平受偿利益的行为，在债务人进入破产程序后，管理人可以向法院申请撤销的权利。

2. 破产撤销权的特征

（1）破产撤销权的行使期限：破产申请受理后至破产程序终结后两年。

（2）破产撤销权的行使主体：管理人。如果管理人怠于行使破产撤销权，则要承担相应的法律责任；同时债权人可以依据企业破产法或民法典行使撤销权。

（3）破产撤销权的撤销对象：债务人在破产受理前实施的损害全体债权人公平受偿利益的行为。

（4）破产撤销权案件的审理主体：受理破产案件的人民法院或者相关协议上约定的仲裁机构。

3. 破产撤销权的撤销对象

（1）欺诈性行为。是指在破产受理前的法定期间内，债务人实施的损害全体债权人利益的行为，包括无偿转让财产的行为、以明显不合理价格进行交易的行为、放弃债权的行为。

A. 无偿转让财产。是指债务人将自己的财产无偿转让或者赠与他人的行为。该行为不强调债务人主观是否存在恶意。实践中出现的用债务人的财产为其他公司抵债的行为，本质上仍是无偿转让财产的行为。

B. 以明显不合理的价格进行交易。是指债务人违反市场经济规律，贱卖财产的行为。所谓贱卖，是指以低于市场交易价 70%的价格出卖财产。

C. 放弃债权。是指债务人通过积极方式或消极方式放弃债权的行为。

（2）偏袒性行为。是指在破产受理前的法定期间内，债务人所实施的某些行为使特定债权人取得原来没有的优先受偿地位或者得到更多的清偿，从而因偏袒个别债权人而损害多数债权人利益的行为，包括对未到期债务提前清偿的行为；对没有财产担保的债务提供财产担保的行为；破产立案前六个月的个别清偿行为。

A. 提前清偿未到期债务的行为。

B. 对没有财产担保的债务提供财产担保的行为。债务人以自己的财产为自己或他人的债务提供担保，这对债权人来说意味着债务人财产的减少。

C. 破产立案前六个月的个别清偿行为。

二、法律渊源

（一）《中华人民共和国企业破产法》

“第十六条　人民法院受理破产申请后，债务人对个别债权人的债务清偿无效。”

“第三十一条　人民法院受理破产申请前一年内，涉及债务人财产的下列行为，管理人有权请求人民法院予以撤销：

（一）无偿转让财产的；

（二）以明显不合理的价格进行交易的；

（三）对没有财产担保的债务提供财产担保的；

（四）对未到期的债务提前清偿的；

（五）放弃债权的。”

“第三十二条　人民法院受理破产申请前六个月内，债务人有本法第二条第一款规定的情形，仍对个别债权人进行清偿的，管理人有权请求人民法院予以撤销。但是，个别清偿使债务人财产受益的除外。”

“第三十三条　涉及债务人财产的下列行为无效：

（一）为逃避债务而隐匿、转移财产的；

（二）虚构债务或者承认不真实的债务的。”

“第三十四条　因本法第三十一条、第三十二条或者第三十三条规定的行为而取得的债务人的财产，管理人有权追回。”

“第一百二十三条　自破产程序依照本法第四十三条第四款或者第一百二十条的规定终结之日起二年内，有下列情形之一的，债权人可以请求人民法院按照破产财产分配方案进行追加分配：

（一）发现有依照本法第三十一条、第三十二条、第三十三条、第三十六条规定应当追回的财产的；

（二）发现破产人有应当供分配的其他财产的。

有前款规定情形，但财产数量不足以支付分配费用的，不再进行追加分配，由人民法院将其上交国库。”

“第一百二十八条　债务人有本法第三十一条、第三十二条、第三十三条规定的行为，损害债权人利益的，债务人的法定代表人和其他直接责任人员依法承担赔偿责任。”

（二）最高人民法院关于适用《中华人民共和国企业破产法》若干问题的规定（二）

“第九条　管理人依据企业破产法第三十一条和第三十二条的规定提起诉讼，请求撤销涉及债务人财产的相关行为并由相对人返还债务人财产的，人民法院应予支持。

管理人因过错未依法行使撤销权导致债务人财产不当减损，债权人提起诉讼主张管理人对其损失承担相应赔偿责任的，人民法院应予支持。”

“第十条　债务人经过行政清理程序转入破产程序的，企业破产法第三十一条和第三十二条规定的可撤销行为的起算点，为行政监管机构作出撤销决定之日。

债务人经过强制清算程序进入破产程序的，企业破产法第三十一条和第三十二条规定的可撤销行为的起算点，为人民法院裁定受理强制清算申请之日。”

“第十一条　人民法院根据管理人的请求撤销涉及债务人财产的以明显不合理价格进行的交易的，买卖双方应当依法返还从对方获取的财产或者价款。

因撤销该交易，对于债务人应返还受让人已支付价款所产生的债务，受让人请求作为共益债务清偿的，人民法院应予支持。”

“第十二条　破产申请受理前一年内债务人提前清偿的未到期债务，在破产申请受理前已经到期，管理人请求撤销该清偿行为的，人民法院不予支持。但是，该清偿行为发生在破产申请受理前六个月内且债务人有企业破产法第二条第一款规定情形的除外。”

“第十三条　破产申请受理后，管理人未依据企业破产法第三十一条的规定请求撤销债务人无偿转让财产、以明显不合理价格交易、放弃债权行为的，债权人依据民法典第五百三十八条、第五百三十九条等规定提起诉讼，请求撤销债务人上述行为并将因此追回的财产归入债务人财产的，人民法院应予受理。

相对人以债权人行使撤销权的范围超出债权人的债权抗辩的，人民法院不予支持。”

“第十四条　债务人对以自有财产设定担保物权的债权进行的个别清偿，管理人依据企业破产法第三十二条的规定请求撤销的，人民法院不予支持。但是，债务清偿时担保财产的价值低于债权额的除外。”

“第十五条　债务人经诉讼、仲裁、执行程序对债权人进行的个别清偿，管理人依据企业破产法第三十二条的规定请求撤销的，人民法院不予支持。但是，债务人与债权人恶意串通损害其他债权人利益的除外。”

“第十六条　债务人对债权人进行的以下个别清偿，管理人依据企业破产法第三十二条的规定请求撤销的，人民法院不予支持：

（一）债务人为维系基本生产需要而支付水费、电费等的；

（二）债务人支付劳动报酬、人身损害赔偿金的；

（三）使债务人财产受益的其他个别清偿。”

“第十七条　管理人依据企业破产法第三十三条的规定提起诉讼，主张被隐匿、转移财产的实际占有人返还债务人财产，或者主张债务人虚构债务或者承认不真实债务的行为无效并返还债务人财产的，人民法院应予支持。”

（三）《最高人民法院关于推进破产案件依法高效审理的意见》

“21. 债务人财产去向不明，或者债权人、出资人等利害关系人提供了债务人相关财产可能存在被非法侵占、挪用、隐匿等情形初步证据或者明确线索的，管理人应当及时对有关财产的去向情况进行调查。有证据证明债务人及其有关人员存在企业破产法第三十一条、第三十二条、第三十三条、第三十六条等规定的行为的，管理人应当依法追回相关财产。”

“22. 人民法院要准确把握违法行为入刑标准，严厉打击恶意逃废债行为。因企业经营不规范导致债务人财产被不当转移或者处置的，管理人应当通过行使撤销权、依法追回财产、主张损害赔偿等途径维护债权人合法权益，追究相关人员的民事责任。”

三、难点剖析

（一）破产无效行为制度与破产撤销权制度的异同点

1. 相同点

（1）一旦涉诉，管理人可以直接作为诉讼主体。

（2）目的都是为了保护所有债权人的利益，纠正债务人在破产受理前的不当行为，扩大债务人的财产。

（3）债务人因涉及无效或可撤销的行为而损害到债权人利益的，债务人的法定代表人和其他直接责任人员依法承担赔偿责任。

（4）破产程序终结后，债权人发现因确认无效或撤销而应当追回的财产，可以请求法院追加分配。

2. 不同点

（1）破产无效行为制度不因权利人的承认、时效的超过或无效原因消灭等原因而有效，法院可以主动干预，但对破产撤销权而言，法院不得主动干预撤销。

（2）确认破产无效行为制度的主体并不仅限于管理人，还包括法院及他人，但行使破产撤销权的主体只能是管理人。

（3）确认破产无效行为指向的行为范围较窄，而破产撤销权指向的行为范围较宽。

（二）破产撤销权与合同撤销权有什么不同?

1. 行使的主体不同

（1）破产撤销权的行使主体是管理人。

（2）合同撤销权的行使主体是债权人。

2. 行使的期间不同

（1）企业破产法第三十一条、第三十二条规定的期间，是从破产受理日至破产终结后两年内。

（2）民法典第五百四十一条规定的期间，是撤销权自债权人知道或应当知道撤销事由之日起一年内。但自债务人的行为发生之日起五年内没有行使撤销权的，撤销权消灭。

3. 适用范围不同

（1）对于破产撤销权而言，债务人在破产程序开始前的一定时期内所实施的损害全体债权人公平受偿利益的行为。

（2）合同撤销权的适用范围包括债务人以放弃其债权、放弃债权担保、无偿转让财产等方式无偿处分财产权益的行为，或者恶意延长其到期债权的履行期限，影响债权人债权实现的行为；债务人以明显不合理的低价转让财产、以明显不合理的高价受让他人财产或者为他人债务提供担保而影响债权人的债权实现，债务人的相对人知道或者应当知道该情形的，债权人可以请求人民法院撤销债务人的行为。

4. 性质属性不同

（1）破产撤销权并非一种权利，而是管理人的法定义务。

（2）合同撤销权是一种权利，利害关系人可以选择是否行使。

（三）破产撤销权行使期间的起算点是否包括“破产受理当日”?

起算点并不是法律概念，参照民法典第二百零一条第一款“按照年、月、日计算期间的，开始的当日不计入，自下一日开始计算”的规定，破产撤销权行使期间的起算点不包括破产受理当日，而是受理日之后的一天。

（四）如何认定“以明显不合理价格进行的交易”?

以明显不合理价格进行的交易，是指债务人违反正常经济原则处分其财产的行为，具有一定的欺诈性。通常从转让价格来认定是否属于不合理价格进行的交易。转让价格低于市场交易价 70%的，一般可以视为明显不合理的低价；转让价格高于市场交易价 30%的，一般可以视为明显不合理的高价。另外，还可以通过出售财产的程序、交易对象与债务人有无关联关系或者其他利益关系等来确认交易行为是否违法。

（五）在哪些情形下可以排除对破产撤销权的运用？

1. 个别清偿了原本就应个别清偿的债权。具体包括个别清偿了优先债权（包括担保债权）、个别清偿了破产费用、个别清偿了共益债务等。

2. 根据企业破产法的规定，债务人经诉讼、仲裁、执行程序对债权人进行的个别清偿，管理人依据企业破产法第三十二条的规定请求撤销的，人民法院不予支持。但是，债务人与债权人恶意串通损害其他债权人利益的除外。

四、参考案例

（一）关于确认无效行为之诉的案例

温岭市东华机电有限公司管理人提起确认无效行为之诉

1. 案情简介

温岭市人民法院于 2015 年 12 月 18 日作出（2015）台温破（预）字第 11 号民事裁定，受理温岭市东华机电有限公司破产清算一案。2015 年 12 月 19 日，温岭市东华机电有限公司以银行转账方式转给被告梁某某 1 496 500 元，被告梁某某按照第三人梁某正的指示以银行转账或电汇方式支付给案外人叶某某 97 万元、朱某某 3 万元、梁某 18 000 元、王某某 4 万元、王连某 21 000 元，余款 417 500 元则由被告梁某某以现金方式取出并交给第三人梁某正，梁某正至今未将相关款项返还交付给管理人。故管理人诉至法院。

2. 争议焦点

（1）第三人梁某正的行为是否属于为了逃避债务而隐匿、转移财产的无效行为？

（2）被告梁某某是否应承担 1 496 500 元的返还责任？

3. 判决结果

（1）温岭市东华机电有限公司于 2015 年 12 月 19 日将 1 496 500 元转给被告梁某某的行为无效。

（2）第三人梁某正在本判决发生法律效力之日起十日内返还 1 496 500 元给原告温岭市东华机电有限公司管理人，并支付自 2017 年 7 月 12 日起按中国人民银行公布的同期同档次贷款基准利率标准计算至实际履行之日止的利息。

(3) 驳回原告温岭市东华机电有限公司管理人的其他诉讼请求。

4. 法律评析

(1) 因温岭市东华机电有限公司已在2015年12月18日被温岭市人民法院裁定破产清算，而第三人系在2015年12月19日将属于温岭市东华机电有限公司的财产以转账及取现等方式予以隐匿及转移，且至今未将相关款项返还给温岭市东华机电有限公司管理人，第三人的行为已构成为逃避债务而隐匿、转移财产的行为，其行为应为无效，转移的财产应予以返还。

(2) 第三人梁某正在庭审中承认被告梁某某在2015年期间系温岭市东华机电有限公司的财务人员，被告梁某某涉案相关行为均是在其指示下作出，该1 496 500元除转账给叶某某的97万元外，其余以现金方式取出的款项均已由被告梁某某交回给第三人。而对温岭市东华机电有限公司破产相关事宜，被告梁某某作为温岭市东华机电有限公司的财务人员并无义务去具体知晓，故被告梁某某根据第三人的指示所进行的相关行为对其本身而言并无不当，其相关责任应由作出相应指示的第三人梁某正来承担。

备注：该案例来源于（2017）浙1081民初8820号民事判决书。

（二）关于破产撤销权之诉的案例

江苏绿扬生物电子工程有限公司管理人提起破产撤销权之诉

1. 案情简介

扬中市人民法院于2018年8月31日作出（2018）苏1182破申6号民事裁定，受理江苏绿扬生物电子工程有限公司（以下简称绿扬生物）破产清算一案，并同时指定江苏江成律师事务所为管理人。2018年3月10日，绿扬生物与被告张某签订抵偿协议一份，约定公司名下车牌号为苏L×××××的车辆作价50 000元抵偿给张某，以冲减绿扬生物欠被告张某的款项。后该车辆过户给被告张某，同年10月24日，被告张某又将该车辆转出。根据破产法的规定，绿扬生物将车辆抵偿给被告张某属于个别清偿行为，管理人有权请求撤销该行为。故诉至法院。

2. 争议焦点

(1) 案涉车辆能否抵偿绿扬生物欠张某的款项？

(2) 如果能抵偿，案涉车辆价款以抵偿协议约定的金额计算，还是以实际转让款计算？

3. 判决结果

(1) 撤销绿扬生物将车牌号为苏L×××××的车辆抵偿给张某的个别清偿

行为。

（2）张某给付车辆折价补偿款。

4. 法律评析

（1）绿扬生物已进入破产程序，管理人在接管后发现有属于企业破产法第三十二条规定的情形，故行使管理人的权利向法院提起撤销权之诉。

（2）绿扬生物与张某签订的抵偿协议，实质系以物抵债协议。虽然绿扬生物与张某达成一致意见，但因上述以物抵债行为发生在法院受理绿扬生物破产申请前六个月内，所以根据企业破产法的规定，这属于个别清偿行为。

（3）案涉车辆卖给案外人且已完成过户，且案外人受让该车辆时不存在恶意情形，所以个别清偿行为被撤销后，张某无法向绿扬生物管理人返还原物。根据民法典的规定，无法返还原物的，应当折价补偿。

（4）案涉车辆不保值，且张某在受让和转让车辆时不存在过错，故按转让车辆实际所得价款计算为宜。

备注：该案例来源于（2019）苏1182民初3812号民事判决书。

五、参考模板

通知书

（要求追回债务人财产用）

×××（占有债务人财产的相对人名称）：

×××（债务人名称）因（写明破产原因），××××人民法院于××××年××月××日作出（××××）×破字第××号民事裁定，受理×××（债务人名称）进行重整/和解/破产清算，并于××××年××月××日作出（××××）×破字第××号决定，指定×××担任管理人。

根据管理人掌握的材料，×××（债务人名称）存在下列行为（列明行为时间、内容等）：

1. __________；

2. __________；

……

根据《中华人民共和国企业破产法》第三十三条之规定，本管理人对上述行为确认无效。你公司/你基于上述行为取得了×××（债务人名称）的财产（列明财产名称和数量），现要求你公司/你于接到本通知之日起×日内，向本管理人返还上述财产（列明返还财产的方式和地点）。

如你公司/你对本通知有异议，你公司/你可在接到本通知之日起×日内向本管理人提出，并附相关合法、有效的证据，配合管理人核实。

特此通知

（管理人印鉴）

××××年××月××日

附：

1. 受理破产申请裁定书复印件一份；
2. 指定管理人决定书复印件一份；
3. 相对人占有债务人财产的证据；
4. 管理人联系方式。

通知书
（要求相对人撤销担保用）

×××（相对人名称/姓名）：

×××（债务人名称）因（写明破产原因），×××（申请人名称/姓名）于××××年××月××日向××××人民法院提出对×××（债务人名称）进行重整/和解/破产清算的申请［债务人自行申请破产的，写×××（债务人名称）因（写明破产原因），于××××年××月××日向××××人民法院提出重整/和解/破产清算申请］。

××××人民法院于××××年××月××日作出（××××）×破字第××号民事裁定，受理×××（债务人名称）进行重整/和解/破产清算，并于××××年××月××日作出（××××）×破字第××号决定，指定×××担任管理人。

根据管理人调查，×××（债务人名称）对你公司/你原负有无财产担保债务（列明债务性质和债务金额），但×××（债务人名称）于××××年××月××日以其自有财产（列明财产名称）为该债务提供了财产担保。根据《中华人民共和国企业破产法》第三十一条之规定，本管理人现要求你公司/你撤销对该债务提供的财产担保。

如你公司/你对本通知内容有异议，可在接到本通知书之日起×日内向本管理人提出，并附相关证据，配合管理人核实。

特此通知

（管理人印鉴）

××××年××月××日

附：

1. 受理破产申请裁定书复印件一份；
2. 指定管理人决定书复印件一份；
3. 债务设定财产担保的证据材料；
4. 管理人联系方式。

第四节 破产取回权、破产抵销权、破产别除权

破产取回权制度是民法上物的返还请求权在破产程序中的一种表现形式。设立该制度的目的，在于用最便捷、最简单的程序使财产恢复原状，准确厘清债务人财产的范围，切实保护财产权利人的权利。所以，对财产权利人而言，这是一种权利救济制度；对债务人而言，这是财产清理的有效手段；对管理人而言，这是履职尽责的展现。当然，如果财产权利人的财产在债务人进入破产程序前已经毁损、灭失的，则权利人只能向管理人申报债权，由物的返还请求权转变成损害赔偿请求权。本节以讨论他人向管理人主张取回权的情形为主。

破产抵销权源于民法上的抵销权制度。后者的主要目的在于节省双方当事人在债务结算上的成本，从而提高交易效益；前者则借鉴了后者基本制度的理念，这对破产程序的当事人而言具有重要意义。破产抵销权制度不仅维护了债权人与债务人之间的交易公平，而且节省了破产费用支出，加快了破产程序进程，达到了司法经济的目的。

破产别除权是以担保制度为基础的专项法律术语，是大陆法系国家使用的概念，英美法系称为担保债权。我国破产法没有直接使用破产别除权这一专用名词，但在企业破产法第一百零九条中规定的权利，理论上就属于破产别除权。

一、概述

（一）破产取回权

1. 破产取回权的概念

破产取回权是指在债务人进入破产程序后，管理人对债务人财产进行清理时，对不属于债务人的财产但被债务人占有，其所有权人或者其他权利人直接通过管理人将该财产取回的权利。

2. 破产取回权的特征

（1）取回权的主体是财产的所有权人或其他权利人。

（2）取回权的客体是被债务人占有或控制的特定财产。

（3）取回权的相对方是管理人。如果管理人拒绝取回，则取回权人可以向受理破产案件的法院提起取回权确认之诉。

3. 破产取回权的分类

（1）一般取回权。取回权人从债务人处将其直接占有的标的物取回的

制度。包括但不限于债务人基于仓储、保管、承揽、代销、借用、寄存、租赁等合同或者其他法律关系占有、使用的他人财产。

（2）特别取回权。取回权人对应由债务人占有但债务人未取得所有权的标的物进行取回的制度。比如出卖人取回权。

（二）破产抵销权

1. 破产抵销权的概念

破产抵销权是指债权人在债务人进入破产程序前对债务人负有债务，无论债务是否已到清偿期限、标的是否相同，债权人都可在破产财产分配前向管理人抵销，从而保障其债权实现的一种方式。破产抵销权实际是一种优先受偿权，这种优先性更加凸显法律的公平。但在破产申请受理前六个月内，债务人有企业破产法第二条第一款规定的情形，却仍以抵销方式对个别债权人进行清偿，这种抵销行为如属于企业破产法第四十条第二项、第三项规定的情形，管理人在破产申请受理之日起三个月内可向法院提起诉讼主张该抵销无效，人民法院应予支持。

2. 破产抵销权的特征

（1）破产抵销权的提出主体是债权人，管理人不得主动提出抵销。

（2）破产抵销权所涉标的不受种类、履行期限或条件的限制，这也区别于民法上的抵销权。

（3）抵销权人主张抵销的债务必须发生在破产受理前。

（4）管理人对抵销主张有异议的，应当在约定的异议期限内或者自收到主张债务抵销的通知之日起三个月内向人民法院提起诉讼。无正当理由逾期提起的，人民法院不予支持。

3. 破产抵销权的限制

企业破产法第四十条规定：“债权人在破产申请受理前对债务人负有债务的，可以向管理人主张抵销。”但同时为了防止债权人滥用破产抵销权，从而出现破产财产个别清偿的状况，该条对抵销权的行使又从债权取得方式、原因等三个方面进行了限定。

可见，企业破产法通过“正面概括授权+反面权利限制”的方式厘定了破产抵销权的权利边界，意在调整和平衡有抵销权的债权人与其他普通债权人的利益关系。

然而，因实践中存在债权的种类、期限、取得方式、形成原因等多种因素，所以管理人在实务中仍然遇到了不少新呈现出来的困惑。

（三）破产别除权

1. 破产别除权的概念

破产别除权是指债权人因其债权对债务人的特定财产设定了担保物权或享有特别优先权，从而在破产程序中对特定财产享有优先受偿的权利。

2. 破产别除权的特征

（1）破产别除权的标的物是为债务人设定担保的特定财产。这与破产取回权不同，破产取回权的标的物并非债务人财产。

（2）破产别除权是以担保物权为基础的权利。所以，如果在破产程序中担保物灭失，则别除权人的优先受偿权也随之消灭，别除权人的债权只能按照破产债权进行受偿。当然，如果担保物的灭失是因第三人过错而消灭，别除权人对第三人的赔偿金依然享有优先受偿权。

（3）破产别除权可以不依破产程序而行使。因为别除财产本质上不属于破产财产，所以别除权人行使权利不受破产宣告的影响。但考虑到财产处置的便捷和高效，多数情况下别除权人都会将别除财产交由管理人一并处置。需要强调的是，在破产重整程序中，别除权的优先受偿权利是受到限制的。

（4）破产别除权必须合法成立。如果在受理破产申请前一年内，对没有财产担保的债务提供财产担保的，管理人有权请求法院予以撤销。

3. 破产别除权的权利基础

破产别除权的权利基础为物的担保，具体包括以下两类：

（1）担保物权。主要包括抵押权、质权、留置权。

（2）法定特别优先权。主要包括消费性购房者的优先权、建筑工程承包人的优先受偿权、划拨国有土地使用权的土地出让金优先权、船舶优先权、航空器优先权。

4. 破产别除权的行使

根据企业破产法的规定，别除权人应当向管理人申报债权，并书面说明有无财产担保。这既能让所有债权人了解债务人的财产状况，减少争议；也有利于别除权人行使权利，推动破产程序的顺利进行。

5. 立法和相关法律政策对破产别除权的动态肯定

（1）1986 年《中华人民共和国企业破产法（试行）》第二十八条规定，已作为担保物的财产不属于破产财产。

（2）2002 年破产案件若干规定第七十一条规定，抵押物、留置物、出质物不属于破产财产。

（3）企业破产法司法解释（二）第三条规定，债务人已依法设定担保物权的特定财产，人民法院应当认定为债务人财产。

（4）破产审判会议纪要第二十五条规定，对债务人特定财产享有担保权的债权人可以随时向管理人主张就该特定财产变价处置行使优先受偿权，管理人应及时变价处置，不得以须经债权人会议决议等为由拒绝。但因单独处置担保财产会降低其他破产财产的价值而应整体处置的除外。

二、法律渊源

（一）《中华人民共和国企业破产法》

“第三十七条 人民法院受理破产申请后，管理人可以通过清偿债务或者提供为债权人接受的担保，取回质物、留置物。

前款规定的债务清偿或者替代担保，在质物或者留置物的价值低于被担保的债权额时，以该质物或者留置物当时的市场价值为限。”

“第三十八条 人民法院受理破产申请后，债务人占有的不属于债务人的财产，该财产的权利人可以通过管理人取回。但是，本法另有规定的除外。”

“第三十九条 人民法院受理破产申请时，出卖人已将买卖标的物向作为买受人的债务人发运，债务人尚未收到且未付清全部价款的，出卖人可以取回在运途中的标的物。但是，管理人可以支付全部价款，请求出卖人交付标的物。”

“第四十条 债权人在破产申请受理前对债务人负有债务的，可以向管理人主张抵销。但是，有下列情形之一的，不得抵销：

（一）债务人的债务人在破产申请受理后取得他人对债务人的债权的；

（二）债权人已知债务人有不能清偿到期债务或者破产申请的事实，对债务人负担债务的；但是，债权人因为法律规定或者有破产申请一年前所发生的原因而负担债务的除外；

（三）债务人的债务人已知债务人有不能清偿到期债务或者破产申请的事实，对债务人取得债权的；但是，债务人的债务人因为法律规定或者有破产申请一年前所发生的原因而取得债权的除外。”

“第五十九条第三款 对债务人的特定财产享有担保权的债权人，未放弃优先受偿权利的，对于本法第六十一条第一款第七项、第十项规定的事项不享有表决权。”

“第七十五条第一款 在重整期间，对债务人的特定财产享有的担保权暂停行使。但是，担保物有损坏或者价值明显减少的可能，足以危害担保权人权利的，担保权人可以向人民法院请求恢复行使担保权。”

“第一百零九条　对破产人的特定财产享有担保权的权利人，对该特定财产享有优先受偿的权利。”

“第一百一十条　享有本法第一百零九条规定权利的债权人行使优先受偿权利未能完全受偿的，其未受偿的债权作为普通债权；放弃优先受偿权利的，其债权作为普通债权。”

（二）《最高人民法院关于审理企业破产案件若干问题的规定》（法释〔2002〕23号）

“第六十条　与债务人互负债权债务的债权人可以向清算组请求行使抵销权，抵销权的行使应当具备以下条件：

（一）债权人的债权已经得到确认；

（二）主张抵销的债权债务均发生在破产宣告之前。

经确认的破产债权可以转让。受让人以受让的债权抵销其所欠债务人债务的，人民法院不予支持。”

“第七十一条　下列财产不属于破产财产：

（二）抵押物、留置物、出质物，但权利人放弃优先受偿权的或者优先偿付被担保债权剩余的部分除外。

（三）担保物灭失后产生的保险金、补偿金、赔偿金等代位物；

（四）依照法律规定存在优先权的财产，但权利人放弃优先受偿权或者优先偿付特定债权剩余的部分除外。”

（三）《最高人民法院关于适用〈中华人民共和国企业破产法〉若干问题的规定（二）》

“第二条　下列财产不应认定为债务人财产：

（一）债务人基于仓储、保管、承揽、代销、借用、寄存、租赁等合同或者其他法律关系占有、使用的他人财产；

（二）债务人在所有权保留买卖中尚未取得所有权的财产；

（三）所有权专属于国家且不得转让的财产；

（四）其他依照法律、行政法规不属于债务人的财产。”

“第三条　债务人已依法设定担保物权的特定财产，人民法院应当认定为债务人财产。

对债务人的特定财产在担保物权消灭或者实现担保物权后的剩余部分，在破产程序中可用以清偿破产费用、共益债务和其他破产债权。”

“第二十六条　权利人依据企业破产法第三十八条的规定行使取回权，应当在破产财产变价方案或者和解协议、重整计划草案提交债权人会议表决前向管理人提出。权利人在上述期限后主张取回相关财产的，应当承担延迟行使取回权增加的相关费用。”

“第二十七条　权利人依据企业破产法第三十八条的规定向管理人主张取回相关财产，管理人不予认可，权利人以债务人为被告向人民法院提起诉讼请求行使取回权的，人民法院应予受理。

权利人依据人民法院或者仲裁机关的相关生效法律文书向管理人主张取回所涉争议财产，管理人以生效法律文书错误为由拒绝其行使取回权的，人民法院不予支持。”

“第二十八条　权利人行使取回权时未依法向管理人支付相关的加工费、保管费、托运费、委托费、代销费等费用，管理人拒绝其取回相关财产的，人民法院应予支持。”

“第二十九条　对债务人占有的权属不清的鲜活易腐等不易保管的财产或者不及时变现价值将严重贬损的财产，管理人及时变价并提存价款后，有关权利人就该变价款行使取回权的，人民法院应予支持。”

“第三十条　债务人占有的他人财产被违法转让给第三人，依据民法典第三百一十一条的规定第三人已善意取得财产所有权，原权利人无法取回该财产的，人民法院应当按照以下规定处理：

（一）转让行为发生在破产申请受理前的，原权利人因财产损失形成的债权，作为普通破产债权清偿；

（二）转让行为发生在破产申请受理后的，因管理人或者相关人员执行职务导致原权利人损害产生的债务，作为共益债务清偿。”

“第三十一条　债务人占有的他人财产被违法转让给第三人，第三人已向债务人支付了转让价款，但依据民法典第三百一十一条的规定未取得财产所有权，原权利人依法追回转让财产的，对因第三人已支付对价而产生的债务，人民法院应当按照以下规定处理：

（一）转让行为发生在破产申请受理前的，作为普通破产债权清偿；

（二）转让行为发生在破产申请受理后的，作为共益债务清偿。”

“第三十二条　债务人占有的他人财产毁损、灭失，因此获得的保险金、赔偿金、代偿物尚未交付给债务人，或者代偿物虽已交付给债务人但能与债务人财产予以区分的，权利人主张取回就此获得的保险金、赔偿金、代偿物的，人民法院应予支持。

保险金、赔偿金已经交付给债务人，或者代偿物已经交付给债务人且不能与债务人财产予以区分的，人民法院应当按照以下规定处理：

（一）财产毁损、灭失发生在破产申请受理前的，权利人因财产损失形成的债权，作为普通破产债权清偿；

（二）财产毁损、灭失发生在破产申请受理后的，因管理人或者相关人员执行职务导致权利人损害产生的债务，作为共益债务清偿。

债务人占有的他人财产毁损、灭失，没有获得相应的保险金、赔偿金、代偿物，或者保险金、赔偿物、代偿物不足以弥补其损失的部分，人民法院应当按照本条第二款的规定处理。”

“第三十三条　管理人或者相关人员在执行职务过程中，因故意或者重大过失不当转让他人财产或者造成他人财产毁损、灭失，导致他人损害产生的债务作为共益债务，由债务人财产随时清偿不足弥补损失，权利人向管理人或者相关人员主张承担补充赔偿责任的，人民法院应予支持。

上述债务作为共益债务由债务人财产随时清偿后，债权人以管理人或者相关人员执行职务不当导致债务人财产减少给其造成损失为由提起诉讼，主张管理人或者相关人员承担相应赔偿责任的，人民法院应予支持。”

“第三十四条　买卖合同双方当事人在合同中约定标的物所有权保留，在标的物所有权未依法转移给买受人前，一方当事人破产的，该买卖合同属于双方均未履行完毕的合同，管理人有权依据企业破产法第十八条的规定决定解除或者继续履行合同。”

“第三十五条　出卖人破产，其管理人决定继续履行所有权保留买卖合同的，买受人应当按照原买卖合同的约定支付价款或者履行其他义务。

买受人未依约支付价款或者履行完毕其他义务，或者将标的物出卖、出质或者作出其他不当处分，给出卖人造成损害，出卖人管理人依法主张取回标的物的，人民法院应予支持。但是，买受人已经支付标的物总价款百分之七十五以上或者第三人善意取得标的物所有权或者其他物权的除外。

因本条第二款规定未能取回标的物，出卖人管理人依法主张买受人继续支付价款、履行完毕其他义务，以及承担相应赔偿责任的，人民法院应予支持。”

“第三十六条　出卖人破产，其管理人决定解除所有权保留买卖合同，并依据企业破产法第十七条的规定要求买受人向其交付买卖标的物的，人民法院应予支持。

买受人以其不存在未依约支付价款或者履行完毕其他义务，或者将标的物出卖、出质或者作出其他不当处分情形抗辩的，人民法院不予支持。

买受人依法履行合同义务并依据本条第一款将买卖标的物交付出卖人管理人后，买受人已支付价款损失形成的债权作为共益债务清偿。但是，买受人违反合同约定，出卖人管理人主张上述债权作为普通破产债权清偿的，人民法院应予支持。”

“第三十七条　买受人破产，其管理人决定继续履行所有权保留买卖合同的，原买卖合同中约定的买受人支付价款或者履行其他义务的期限在破产申请受理时视为到期，买受人管理人应当及时向出卖人支付价款或者履行其他义务。

买受人管理人无正当理由未及时支付价款或者履行完毕其他义务，或者将标的物出卖、出质或者作出其他不当处分，给出卖人造成损害，出卖人依据民法典第六百四十一条等规定主张取回标的物的，人民法院应予支持。但是，买受人已支付标的物总价款百分之七十五以上或者第三人善意取得标的物所有权或者其他物权的除外。

因本条第二款规定未能取回标的物，出卖人依法主张买受人继续支付价款、履行完毕其他义务，以及承担相应赔偿责任的，人民法院应予支持。对因买受人未支付价款或者未履行完毕其他义务，以及买受人管理人将标的物出卖、出质或者作出其他不当处分导致出卖人损害产生的债务，出卖人主张作为共益债务清偿的，人民法院应予支持。”

“第三十八条　买受人破产，其管理人决定解除所有权保留买卖合同，出卖人依据企业破产法第三十八条的规定主张取回买卖标的物的，人民法院应予支持。

出卖人取回买卖标的物，买受人管理人主张出卖人返还已支付价款的，人民法院应予支持。取回的标的物价值明显减少给出卖人造成损失的，出卖人可以从买受人已支付价款中优先予以抵扣后，将剩余部分返还给买受人；对买受人已支付价款不足以弥补出卖人标的物价值减损损失形成的债权，出卖人主张作为共益债务清偿的，人民法院应予支持。”

“第三十九条　出卖人依据企业破产法第三十九条的规定，通过通知承运人或者实际占有人中止运输、返还货物、变更到达地，或者将货物交给其他收货人等方式，对在运途中标的物主张了取回权但未能实现，或者在货物未达管理人前已向管理人主张取回在运途中标的物，在买卖标的物到达管理人后，出卖人向管理人主张取回的，管理人应予准许。

出卖人对在运途中标的物未及时行使取回权，在买卖标的物到达管理人后向管理人行使在运途中标的物取回权的，管理人不应准许。”

“第四十条　债务人重整期间，权利人要求取回债务人合法占有的权利人的财产，不符合双方事先约定条件的，人民法院不予支持。但是，因管理人或者自行管理的债务人违反约定，可能导致取回物被转让、毁损、灭失或者价值明显减少的除外。”

“第四十一条　债权人依据企业破产法第四十条的规定行使抵销权，应当向管理人提出抵销主张。

管理人不得主动抵销债务人与债权人的互负债务，但抵销使债务人财产受益的除外。”

“第四十二条 管理人收到债权人提出的主张债务抵销的通知后，经审查无异议的，抵销自管理人收到通知之日起生效。

管理人对抵销主张有异议的，应当在约定的异议期限内或者自收到主张债务抵销的通知之日起三个月内向人民法院提起诉讼。无正当理由逾期提起的，人民法院不予支持。

人民法院判决驳回管理人提起的抵销无效诉讼请求的，该抵销自管理人收到主张债务抵销的通知之日起生效。”

“第四十三条 债权人主张抵销，管理人以下列理由提出异议的，人民法院不予支持：

（一）破产申请受理时，债务人对债权人负有的债务尚未到期；

（二）破产申请受理时，债权人对债务人负有的债务尚未到期；

（三）双方互负债务标的物种类、品质不同。”

“第四十四条 破产申请受理前六个月内，债务人有企业破产法第二条第一款规定的情形，债务人与个别债权人以抵销方式对个别债权人清偿，其抵销的债权债务属于企业破产法第四十条第（二）（三）项规定的情形之一，管理人在破产申请受理之日起三个月内向人民法院提起诉讼，主张该抵销无效的，人民法院应予支持。”

“第四十五条 企业破产法第四十条所列不得抵销情形的债权人，主张以其对债务人特定财产享有优先受偿权的债权，与债务人对其不享有优先受偿权的债权抵销，债务人管理人以抵销存在企业破产法第四十条规定的情形提出异议的，人民法院不予支持。但是，用以抵销的债权大于债权人享有优先受偿权财产价值的除外。”

“第四十六条 债务人的股东主张以下列债务与债务人对其负有的债务抵销，债务人管理人提出异议的，人民法院应予支持：

（一）债务人股东因欠缴债务人的出资或者抽逃出资对债务人所负的债务；

（二）债务人股东滥用股东权利或者关联关系损害公司利益对债务人所负的债务。”

（四）《最高人民法院关于推进破产案件依法高效审理的意见》

“8. 接管过程中，对于债务人占有的不属于债务人的财产，权利人可以依据企业破产法第三十八条的规定向管理人主张取回。管理人不予认可的，权利人可以向破产案件受理法院提起诉讼请求行使取回权。诉讼期间不停止管理人的接管。”

三、难点剖析

（一）破产取回权与破产别除权的区别

取回权所涉财产不是债务人的财产，只是被债务人占有或者控制。而别除权所涉财产是债务人的财产，只不过别除权人可以优先受偿。

（二）货币能否成立一般取回权？

一般来说，货币不能取回。因为货币的所有权与占有权相一致，占有即所有，占有货币的人意味着享有货币的所有权。货币的原权利人在失去对货币的占有之后，即丧失了所有权。与此同时，原权利人享有债权请求权。但如果货币特定化，可以对货币进行取回。比如将货币存放在专户。但对施工保证金、质量保证金、安全保证金等没有专户储存，且在破产时已被债务人放在普通账户中使用完毕的，则交付保证金的人主张取回权不应当获得支持，因为此时保证金的性质没有特定化。

（三）如何评判“债权人对债务人恶意负担债务”？

根据企业破产法第四十条第（二）项的规定，债权人已知债务人有不能清偿到期债务或者破产申请的事实，对债务人负担债务时不得抵销。之所以如此考量，主要是出于防止债权人为完全实现其债权或提高债权受偿比例，从而恶意负债，使其他债权人可分配的破产财产减少。

然而，在实践操作中，该禁止抵销事项的前提，是债权人“已知”。如何确定“已知”，笔者结合实务操作经验，认为可以通过以下“客观”表现予以佐证：

1. 债权人以分期付款或者其他方式购买债务人财产以负担债务；
2. 债权人与破产企业系关联企业，以违反交易习惯的方式负担债务；
3. 债权人故意阻却合同的履行，造成债务人违约的情形。

（四）企业破产法第四十条与《企业破产法司法解释（二）》第四十五条如何适用？

企业破产法第四十条规定，债权人在破产申请受理前对债务人负有债务的，可以向管理人主张抵销。而企业破产法司法解释（二）第四十五条规定，企业破产法第四十条所列不得抵销情形的债权人，主张以其对债务人特定财产享有优先受偿权的债权，与债务人对其不享有优先受偿权的债权抵销，债务人管理人以抵销存在企业破产法第四十条规定的情形提出异议的，人民法院不予支持。那么问题在于，债权人以其对债务人享有优先受偿权的债权行使抵销权的，该债权是否还仍然必须是发生在破产申请受理前？

本书观点，即使债权人据以抵销的债权属于企业破产法第四十条的规定，但是由于该债权属于别除权，本身即具有优先受偿的属性，所以即使债权人没有通过抵销权实现其优先受偿的权利，其也同样可以在其对特定财产价值的范围内优先受偿。换而言之，该别除权与抵销权在债权实现方式上殊途同归，同时也不存在违反公平清偿的破产原则。因此，从提高清偿效率的角度来说，该抵销权行使的条件不应限于债权发生在破产受理前。

（五）别除财产与债务人财产有何关系？

企业破产法第三十条规定："破产申请受理时属于债务人的全部财产，以及破产申请受理后至破产程序终结前债务人取得的财产，为债务人财产。"第一百零七条第二款规定："债务人被宣告破产后，债务人称为破产人，债务人财产称为破产财产，人民法院受理破产申请时对债务人享有的债权称为破产债权。"据此，担保财产也属于债务人财产，企业破产法司法解释（二）第三条对此也有明确界定。

债务人财产是由管理人负责管理的。在别除财产纳入债务人财产后，便产生了管理人对别除财产的管理费及相关报酬的支付问题。别除财产的管理费包括别除物的变价费用等为实现别除权而直接、间接发生的种种费用，均应当由别除财产的变价款中优先支付。如果管理人对别除物的管理、维护、变价等工作付出合理劳动，应当由别除权人支付一定的报酬。

（六）关于破产别除权的相关限制有哪些？

1. 重整期间暂停行使。根据企业破产法第七十五条规定，在重整期间，对债务人的特定财产享有的担保权暂停行使。但是，担保物有损坏或者价值明显减少的可能，足以危害担保权人权利的，担保权人可以向人民法院请求恢复行使担保权。

另外，结合第八十七条第二款第一项规定的精神，如果别除财产获得全额清偿，且其因延期清偿所受的损失得到公平补偿，担保权并未受到实质性损害的，则担保权人必须服从重整计划，别除权必须受到限制。

2. 表决权受限。根据企业破产法第五十九条的规定，依法申报债权的债权人为债权人会议的成员，有权参加债权人会议，享有表决权。对债务人的特定财产享有担保权的债权人，未放弃优先受偿权利的，对于本法第六十一条第一款第七项（通过和解协议）、第十项（通过破产财产的分配方案）规定的事项不享有表决权。另外，根据第六十四条第一款的规定，对别除权人有表决权的事项，在统计表决结果时，只统计其人数，不计算表决权。

四、参考案例

（一）关于破产取回权的案例

益群公司主张取回权之诉

1. 案情简介

2013年8月28日，无锡市惠山区嘉泰农村小额贷款有限公司（以下简称嘉泰小贷公司）与无锡市崇盛建设发展有限公司（以下简称崇盛公司）签订《借款合同》一份，约定崇盛公司向嘉泰小贷公司借款1 000万元，江苏金煜满堂置业有限公司（以下简称金煜满堂公司）提供保证担保。后嘉泰小贷公司分四次给付崇盛公司1 000万元。

2014年7月9日，无锡市益群投资发展有限公司（本文简称为益群公司）、金煜满堂公司和嘉泰小贷公司、崇盛公司签订《协议》一份，约定：嘉泰小贷公司为甲方，崇盛公司为乙方，金煜满堂公司为丙方，益群公司为丁方；2013年8月28日，乙方向甲方借款1 000万元，借款期限自2013年8月28日至2014年8月27日，乙方自2014年1月21日起开始欠付利息，截至2014年7月8日，本息合计10 986 666.67元；丙方为乙方的上述债务继续提供连带责任保证；丙方自愿将开发建设的位于镇江市丹徒区上党镇的湖畔花苑别墅项目中的15套别墅转让给丁方，丙方和丁方另行签订《商品房买卖合同》，并进行网签备案登记；丙方自愿将其与丁方签订的《商品房买卖合同》项下对丁方所享有的债权（即应收房款）全部转让给甲方，该款作为丙方代乙方向甲方偿还上述借款债务（该款为丙方代乙方向甲方偿还1 000万元本息），甲方和丁方之间的付款期限和方式等由双方另行约定。

2014年7月11日，益群公司与金煜满堂公司签订《商品房买卖合同》一份，2014年7月28日，益群公司向嘉泰小贷公司转账共计8 879 160元。2016年1月18日，金煜满堂公司进入破产程序。

2017年3月15日，金煜满堂公司管理人向益群公司发出《通知》一份，明确金煜满堂公司无法交付上述房屋。因益群公司坚持要求行使12套房屋的取回权，并向金煜满堂公司发出《请求函》。管理人向益群公司进行复函，认为益群公司主张取回的12套房屋并不具备取回的条件，因此管理人不予认可。故益群公司诉至法院。

2. 争议焦点

益群公司是否具有取回权？

3. 判决结果

驳回益群公司的诉讼请求。

4. 法律评析

依法成立的合同，自成立时生效。本案中，金煜满堂公司系房地产开发企业，已经进入破产清算程序，益群公司以金煜满堂公司破产申请受理前双方签订的商品房买卖合同为依据，要求金煜满堂公司履行交付房屋、协助办理产权登记、承担逾期交房及逾期办证的违约金，对此金煜满堂公司管理人已书面告知益群公司，明确无法交付房屋，要求益群公司申报债权。本案审理过程中，金煜满堂公司管理人再次明确益群公司与金煜满堂公司之间的商品房买卖合同已经解除。根据企业破产法第十八条之规定，人民法院受理破产申请后，管理人对破产申请受理前成立而债务人和对方当事人均未履行完毕的合同有权决定解除或者继续履行，并通知对方当事人。管理人自破产申请受理之日起二个月内未通知对方当事人，或者自收到对方当事人催告之日起三十日内未答复的，视为解除合同。金煜满堂公司管理人在 2017 年 3 月 15 日以书面方式通知益群公司无法交付上述房屋，要求益群公司申报债权，益群公司于 2017 年 3 月 23 日收到该通知书，收到之日可视为双方的商品房买卖合同已解除。且本案商品房买卖合同订立于金煜满堂公司破产申请受理前，益群公司并非消费性买受人，其债权不具有优先性，即使金煜满堂公司同意履行，也会构成对个别债权人的违法清偿。因此，管理人主张商品房买卖合同已解除，于法有据。因金煜满堂公司明确表示双方之间的商品房买卖合同已解除，则益群公司的全部诉讼请求，法院不能给予支持，经法院释明后，益群公司仍坚持该诉讼请求，故法院不予支持。至于合同解除后涉及的返还价款等问题，益群公司可通过申报债权予以处理。

备注：该案例来源于（2017）苏 1112 民初 3514 号民事判决书、（2019）苏 11 民终 1351 号民事判决书。

（二）关于破产抵销权的案例

扬中龙源港机制造有限公司破产抵销权纠纷

1. 案情简介

2012 年 4 月 16 日，被告上海君威钢绳索具有限公司与扬中龙源港机制造有限公司（以下简称龙源公司）签订一份产品购销合同，约定龙源公司向被告购买一批钢丝绳，金额 1 228 000 元。合同约定货款预付 30%，余款发货前结清。合同签订后，龙源公司于 2012 年 5 月 4 日支付 30% 预付款

368 400 元。截至 2013 年 6 月 5 日，龙源公司陆续向被告付款 690 064 元。加上上述预付款，龙源公司共计已付款 1 058 464 元，尚欠 169 536 元未支付。而被告累计向龙源公司供货金额为 597 057 元，剩余 630 943 元的钢丝绳仍存放在被告仓库。

2013 年 9 月 25 日，扬中市人民法院裁定受理江苏金华厦电气有限公司对龙源公司的破产清算申请，2014 年 9 月 10 日裁定宣告龙源公司破产。

后经原被告双方多次诉讼，法院分别判令终止龙源公司与被告 2012 年 4 月 16 日签订的购销合同履行，被告返还 461 407 元货款及判令确认龙源公司解除合同后给被告造成的损失为 27 000 元和 492 313 元，合计 519 313 元。

2017 年 1 月 18 日，被告向原告送达了《债务抵销通知书》，主张被告对龙源公司所负的 461 407 元债务及诉讼费用，与其对龙源公司享有519 313 元债权及诉讼费用进行抵销，并对未能抵销的损失 58 571 元进行债权申报。

原告认为被告对龙源公司享有的债权发生在破产申请受理之后，不符合破产抵销权行使要件，被告主张的抵销不成立。故原告诉至法院。

2. 争议焦点

（1）被告对原告享有的 461 407 元债权是什么性质？

（2）被告对原告享有的 461 407 元债权是否能够与被告的 519 313 元损失相抵销？

3. 判决结果

驳回原告的诉讼请求。

4. 法律评析

本案中的债权、债务系在原告进入破产清算程序后，因解除合同而产生，并非企业破产法第四十条规定“债权人在破产申请受理前对债务人负有债务的，可以向管理人主张抵销”的抵销情形。但法律亦并未规定，只有破产申请受理前发生的债权债务才可以抵销。原告与被告签订合同后，未能按照约定在发货前付清全部货款，系属原告违约在先。在原告迟迟不完全履行付款义务的情况下，被告未能完全履行供货义务，并占有原告的 461 407 元货款，并无不当，被告占有已具有留置担保的性质。企业破产法第一百零九条规定：“对破产人的特定财产享有担保权的权利人，对该特定财产享有优先受偿的权利。”因此根据上述法律规定，原告进入破产程序后，被告对 461 407 元货款亦依法享有优先受偿即抵销其 519 313 元损失的权利。抵销后，被告仍有损失的部分，根据企业破产法第五十三条规定被告有权选择继续申报债权。经法院判决被告应返还 461 407 元货款及已确认被告损失 519 313 元，双方因此互负债务，且数额明确。在此情况下，被告在申报债权时寻求抵销方式解决判决中的返还义务，并无不当。

备注：该案例来源于（2016）苏1182民初419号民事判决书。

（三）关于破产别除权的案例

江苏恒顺达生物能源有限公司工程款优先权案

1. 案情简介

2013年5月25日，原告福世特建设工程有限公司与被告江苏恒顺达生物能源有限公司签订了建设工程施工合同，约定原告为被告施工新建年处理20万吨废弃植物油脂生产生物柴油13个土建项目及部分水电安装项目工程，合同总价1 700万元。原告按约进场施工，于2014年春节前基本完成合同工程量。后由于被告另行发包的由另一建设公司承建的部分安装工程进度滞后及自身采购的设备进场时间达不到原告施工进度要求，被告未按约付款，致使原告施工困难。原告于2014年3月18日向被告提交了承包单位通用报审表，被告同意暂停施工。截至2014年3月25日，被告已支付工程款741万元，尚欠1 166.02万元未支付（其中工程款959万元，利息207.02万元）。后被告进入破产程序。原告向管理人申报债权，并就工程款主张优先权，但管理人拒绝认可。故原告诉至法院。

2. 争议焦点

原告是否享有建设工程款优先受偿权？

3. 判决结果

（1）被告结欠原告工程款8 660 341.01元及利息1 601 191.78元。

（2）原告有权以被告的涉案建设工程拍卖、变卖所得价款在10 261 532.79元范围内享有优先受偿权。

4. 法律评析

原、被告签订的建设工程施工合同，不违反法律、行政法规的强制性规定，应属合法有效。被告结欠原告工程款8 660 341.01元（16 070 341.01元-7 410 000元），有鉴定报告为证，本院予以确认。原告要求被告支付工程款8 660 341.01元的诉讼请求，本院予以支持。被告未按约付款，应按中国人民银行同期同档贷款基准利率支付原告利息1 601 191.78元（截至2017年5月23日）。

根据民法典等相关法律的规定，发包人未按照约定支付价款的，承包人可以催告发包人在合理期限内支付价款。发包人逾期不支付的，除按照建设工程的性质不宜折价、拍卖的以外，承包人可以与发包人协议将该工程折价，也可以申请人民法院将该工程依法拍卖。建设工程的价款就该工程折价或者拍卖的价款优先受偿。承包人行使优先权的期限为六个月，自建设工程竣工之日或者建设工程合同约定的竣工之日起计算。但如果工程款债权在建设工程竣工之日或者建设工程约定的竣工之日尚未届清偿期，建设工程价款优先受偿权的起算点最早应当从债权应受清偿时起算。本案中，涉案工程未竣工，直至2018年11月6日工程款数额经江苏立信建设工程造价咨询有限公司鉴定才得以确定，故原告的建设工程价款优先受偿权的行使期限最早应从工程款数额确定后开始计算更为合理，原告主张工程款债权优先受偿权时并未超过六个月法定期限。综上所述，原告主张的工程款 8 660 341.01 元及利息 1 601 191.78 元应享有建设工程价款优先受偿权。

备注：该案例来源于（2018）苏1191民初1509号民事判决书。

五、参考模板

通知书
（决定是否同意权利人取回财产用）

×××（申请取回人名称/姓名）：

同意取回时适用：

你公司/你关于要求取回（要求取回的标的物名称、数量）的申请收悉。经审核，你公司/你为上述财产的权利人。根据《中华人民共和国企业破产法》第三十八条之规定，同意你公司/你取回上述财产。你公司/你可于接到本通知书之日起×日内与本管理人接洽办理取回手续。

不同意取回时适用：

你公司/你关于要求取回（要求取回的标的物名称、数量）的申请收悉。经查明，（简述查明事实）。本管理人认为，你公司/你不是上述财产的权利人（简述理由）。因此，本管理人不同意你公司/你取回上述财产的要求。

特此通知

（管理人印鉴）

××××年××月××日

附：

1. 受理破产申请裁定书复印件一份；
2. 指定管理人决定书复印件一份；
3. 财产权属证明（不同意取回时附）；
4. 管理人联系方式。

通知书
（要求出卖人交付在途标的物用）

×××（出卖人名称/姓名）：

×××（债务人名称）因（写明破产原因），×××（申请人名称/姓名）于××××年××月××日向××××人民法院提出对×××（债务人名称）进行重整/和解/破产清算的申请［债务人自行申请破产的，写×××（债务人名称）因（写明破产原因），于××××年××月××日向××××人民法院提出重整/和解/破产清算申请］。

××××人民法院于××××年××月××日作出（××××）×破字第××号民事裁定，受理×××（债务人名称）进行重整/和解/破产清算，并于××××年××月××日作出（××××）×破字第××号决定，指定×××担任管理人。

根据管理人掌握的资料，在人民法院受理破产申请前，×××（债务人名称）于××××年××月××日与你公司/你签订了《＿＿＿＿＿＿》（买卖合同名称），约定由×××（债务人名称）向你公司/你购买（简述买卖标的物名称和数量）。现你公司/你已于××××年××月××日发运上述买卖标的物，货物尚在运途中，货款尚未结清。

根据《中华人民共和国企业破产法》第三十九条之规定，本管理人决定依照《＿＿＿＿＿＿》（买卖合同名称）的约定，向你公司/你支付全部合同价款共计人民币××元，请你公司/你在收到货款后继续支付上述买卖合同标的物，于××××年××月××日前将货物发至（交货地点）。

你公司/你对本通知中的合同、合同标的物、合同价款等情况有异议，可在接到本通知书之日起×日内向管理人书面提出，并附相关合法、有效的证据，配合管理人核实。

特此通知

（管理人印鉴）
××××年××月××日

附：

1. 受理破产申请裁定书复印件一份；
2. 指定管理人决定书复印件一份；
3. 《＿＿＿＿＿＿》（买卖合同名称）复印件一份及发送货物的相关凭证；
4. 管理人联系方式。

通知书
（债权人抵销通知书）

致××××管理人：

鉴于××××公司（破产企业）已进入破产程序。兹（债权人）享有××××公司（破产企业）的债权。而××××公司（破产企业）享有（债权人）的债权。现向管理人主张抵销上述债权债务，望予以核准！

××债权人
××××年××月××日

附相关证据：

通知书
（管理人是否同意抵销的通知书）

××××（申请抵销人名称/姓名）：

你公司关于要求抵销____________（主张抵销的债务内容）的申请收悉。经本管理人核实：（简述核实的内容）。

同意抵销时适用：

根据《中华人民共和国企业破产法》第四十条之规定，决定同意你公司/你的抵销申请。经抵销，你公司/你尚欠债务人债务××元，请于收到本通知书×日内向本管理人清偿，债务清偿款应汇入：××银行（列明开户单位和银行账号）。（抵销后债务人欠申请抵销人债务的，写明债务人尚欠你公司/你债务××元。）

不同意抵销时适用：

本管理人认为，____________（简述不同意抵销的理由），根据《中华人民共和国企业破产法》第四十条之规定，不同意你公司/你的抵销申请。

如你公司/你对管理人不同意抵销的决定有异议，可于接到本通知书之日起×日内向本管理人提出，并附相关证据，配合管理人核实。

特此通知

（管理人印鉴）
××××年××月××日

附：

1. 指定管理人决定书复印件一份；
2. 申请人对债务人负有的债务不得抵销的证据（不同意抵销时用）；
3. 管理人联系方式。

第五节　注册资本的追缴、非正常收入的追回、应收债权的追收

为了更好地适应我国市场经济的发展，公司法将公司注册资本由实缴制改为认缴制。准入门槛的降低，一方面激发了市场活力，扩大了就业机会，体现了竞争机制，但另一方面也增加了交易风险，尤其是认缴期限未到却进入破产程序的债务人，很可能损害债权人的利益。此时，为保护债权人的利益，必须剥夺股东的期限利益，使未到期的出资加速到期，对注册资本予以追缴。

公司董事、监事和高级管理人员负责公司日常经营管理活动，对公司的发展状况往往了如指掌。如果公司经营不善，甚至造成资产流失，上述人员有着不可推卸的责任。特别是在公司出现破产原因后，董事、监事和高级管理人员还利用自己的职权便利或优势地位从公司获取大量非正常收入，这一行为不仅是对普通职工的不公平对待，更对债权人的合法权益造成了严重损害。为此，管理人必须对非正常收入和非法侵占的公司财产予以追回，从而将其纳入债务人财产的范围。

债务人对外合法享有的应收款债权是债务人的主要财产来源，管理人应当依法依规、主动及时进行清收，这是管理人的职责所在，更是保护职工和债权人合法权益的重要保障。但在实践中，管理人债权清收工作的进展速度往往非常缓慢，或者是因为诉讼时效已过，或者是因为债务人基础资料不全，或者是因为债务人的债务人本身无力偿债。鉴于此，管理人应与审计机构一道认真研判，高速、有效地进行应收款的追收。

一、概述

（一）注册资本的追缴

1. 注册资本追缴的概念

是指债务人进入破产程序后，其股东并未出资到位或者抽逃出资，为了保护债权人的利益，管理人根据公司法和企业破产法的规定，要求股东履行出资义务的制度。

2. 注册资本追缴的分类

追缴注册资本包括补足注册资本和返还注册资本。补足注册资本是强调债务人股东出资期限虽未到期，但在债务人进入破产程序后出资加速到期的情况下，股东出资必须实缴到位；返还注册资本是强调股东抽逃出资后，管理人要求抽逃出资的股东返还出资。

3. 注册资本的追缴必须高度重视破产审计工作

管理人必须同审计机构一道核查清楚债务人的注册资本缴纳情况，特别要查清注册资本是否实缴到位；有无抽逃注册资本现象（责任主体）；股东、董事、监事、高级管理人员或者实际控制人有无转移（协助转移）债务人资产或资金账外循环现象。

（二）非正常收入的追回

1. 非正常收入的概念

非正常收入是相对于正常收入而言的。具体是指债务人的董事、监事、高级管理人员利用职权从企业获取的明显超出在同样工作条件下的正常收入。

2. 非正常收入的范围

（1）绩效奖金。绩效奖金是与公司利润挂钩的。在债务人出现破产原因的情况下，根本不存在发放绩效的基础。

（2）在普遍拖欠职工工资情况下获取的工资性收入。当债务人出现破产原因时，已经有拖欠职工工资的现象，如果董事、监事、高级管理人员仍然获取工资性收入，显然违背常理。

（3）其他非正常收入。董事、监事、高级管理人员滥用职权获得的不合理收入。

3. 追回非正常收入的流程

管理人对董事、监事和高级管理人员的非正常收入应当行使追回权，具体程序为：

（1）结合破产审计，调查董事、监事和高级管理人员的收入情况。

（2）管理人初步认定为属于非正常收入后，应向董事、监事和高级管理人员发出书面通知，要求其返还相应财产。

（3）董事、监事和高级管理人员拒绝返还后，管理人应及时向人民法院起诉。

（三）应收债权的追收

1. 应收债权的确认程序

（1）审计机构先对债务人进行破产审计。根据审计报告的披露，管理人研判应收债权的追收是否具备形式上的“应收”。

（2）管理人与审计机构一道向债务人相关工作人员就每笔应收款进行核实，研判应收债权的追收是否具备实质上的“应收”，从而明确是否属于真实的债权。

（3）管理人综合判断确定应收债权清收的范围。

2. 应收债权的清收程序

（1）管理人查明债务人的信息，通过向对方发函、上门沟通、起诉等多种方式进行清收。其中，对证据不全、法院判决有困难的相关诉讼案件，由债权人授权管理人进行调解或和解；同时授权管理人在管理人已尽到勤勉义务但仍然查找不到对方下落或者收集不到基本起诉材料的情况下，在报告人民法院或债权人委员会同意后，作放弃起诉处理，以避免耗费无谓的诉讼费用。多数管理人的处理方法是，由债权人会议对是否放弃起诉的方案进行表决。但由此引发的问题是，若债权人不同意该方案，则由债权人承担案件的清收费用（包括诉讼费），否则视为债权人同意该处理方案。

（2）对查找不到对方地址、超过诉讼时效、法院强制执行找不到被执行人财产、管理人认为通过诉讼解决没有现实意义等原因对应收债权无法处置的，笔者所在的管理人团队一般采取在债权人内部先公开竞买、后无偿分配的方式进行债权转让。当然也可以通过上网拍卖方式对应收债权进行处置，但目前从实践情况来看，拍卖的效果并不好。

二、法律渊源

（一）《中华人民共和国企业破产法》

“第十七条　人民法院受理破产申请后，债务人的债务人或者财产持有人应当向管理人清偿债务或者交付财产。

债务人的债务人或者财产持有人故意违反前款规定向债务人清偿债务或者交付财产，使债权人受到损失的，不免除其清偿债务或者交付财产的义务。”

“第二十一条　人民法院受理破产申请后，有关债务人的民事诉讼，只能向受理破产申请的人民法院提起。”

“第三十五条　人民法院受理破产申请后，债务人的出资人尚未完全履行出资义务的，管理人应当要求该出资人缴纳所认缴的出资，而不受出资期限的限制。”

“第三十六条　债务人的董事、监事和高级管理人员利用职权从企业获取的非正常收入和侵占的企业财产，管理人应当追回。”

（二）《最高人民法院关于适用〈中华人民共和国企业破产法〉若干问题的规定（二）》

“第十九条　债务人对外享有债权的诉讼时效，自人民法院受理破产申请之日起中断。

债务人无正当理由未对其到期债权及时行使权利，导致其对外债权在破产申请受理前一年内超过诉讼时效期间的，人民法院受理破产申请之日起重新计算上述债权的诉讼时效期间。”

“第二十条　管理人代表债务人提起诉讼，主张出资人依法缴付未履行的出资或者返还抽逃的出资本息，出资人以认缴出资尚未届至公司章程规定的缴纳期限或者违反出资义务已经超过诉讼时效为由抗辩的，人民法院不予支持。

管理人依据公司法的相关规定代表债务人提起诉讼，主张公司的发起人和负有监督股东履行出资义务的董事、高级管理人员，或者协助抽逃出资的其他股东、董事、高级管理人员、实际控制人等，对股东违反出资义务或者抽逃出资承担相应责任，并将财产归入债务人财产的，人民法院应予支持。”

“第二十四条　债务人有企业破产法第二条第一款规定的情形时，债务人的董事、监事和高级管理人员利用职权获取的以下收入，人民法院应当认定为企业破产法第三十六条规定的非正常收入：

（一）绩效奖金；

（二）普遍拖欠职工工资情况下获取的工资性收入；

（三）其他非正常收入。

债务人的董事、监事和高级管理人员拒不向管理人返还上述债务人财产，管理人主张上述人员予以返还的，人民法院应予支持。

债务人的董事、监事和高级管理人员因返还第一款第（一）项、第（三）项非正常收入形成的债权，可以作为普通破产债权清偿。因返还第一款第（二）项非正常收入形成的债权，依据企业破产法第一百一十三条第三款的规定，按照该企业职工平均工资计算的部分作为拖欠职工工资清偿；高出该企业职工平均工资计算的部分，可以作为普通破产债权清偿。”

“第四十七条第一款　人民法院受理破产申请后，当事人提起的有关债务人的民事诉讼案件，应当依据企业破产法第二十一条的规定，由受理破产申请的人民法院管辖。”

（三）《最高人民法院关于适用〈中华人民共和国企业破产法〉若干问题的规定（三）》

“第七条　已经生效法律文书确定的债权，管理人应当予以确认。

管理人认为债权人据以申报债权的生效法律文书确定的债权错误，或者有证据证明债权人与债务人恶意通过诉讼、仲裁或者公证机关赋予强制执行力公证文书的形式虚构债权债务的，应当依法通过审判监督程序向作出该判决、裁定、调解书的人民法院或者上一级人民法院申请撤销生效法律文书，或者向受理破产申请的人民法院申请撤销或者不予执行仲裁裁决、不予执行公证债权文书后，重新确定债权。”

（四）《全国法院民商事审判工作会议纪要》

“6. 在注册资本认缴制下，股东依法享有期限利益。

债权人以公司不能清偿到期债务为由，请求未届出资期限的股东在未出资范围内对公司不能清偿的债务承担补充赔偿责任的，人民法院不予支持。

但是，下列情形除外：

（1）公司作为被执行人的案件，人民法院穷尽执行措施无财产可供执行，已具备破产原因，但不申请破产的；

（2）在公司债务产生后，公司股东（大）会决议或以其他方式延长股东出资期限的。”

三、难点剖析

（一）发起人股东转让股权后债务人破产，该发起人股东还需要对其他发起股东未出资的行为承担连带责任吗？

笔者认为，债务人进入破产程序后，未实缴出资的股东需要补足出资。若该未出资的股东为发起人，其他发起人股东需对未补足出资承担连带责任。即使其他发起人股东已将股权转让，也不能免除。只是其他发起人承担补足出资的责任后，可以向未出资的股东追偿。

（二）公司破产后，管理人可否向名义股东追缴抽逃的出资？

笔者认为，无论是名义股东还是实际股东，均应依法履行出资义务，不得抽逃出资；在公司被法院裁定受理破产后，管理人有权代表公司向抽逃出资的股东进行追缴，股东仅以其为名义股东为由进行抗辩的，不应获得支持。

（三）股东对债务人享有的破产债权能否与股东的未出资进行抵销？

根据最高人民法院《关于破产债权能否与未到位的注册资金抵销问题的复函》意见精神，破产债权不能与股东的未出资相抵销。也就是说，即使股东对公司享有债权，也不影响管理人向股东追缴未到位的注册资金。

（四）破产企业的董事、监事和高级管理人员的非正常收入该如何认定？

1. 公司出现破产原因是判断公司董事、监事和高级管理人员利用职权获取非正常收入的逻辑起点。需要明确的是，对是否具备、何时具备“破产原因”（企业破产法第二条第一款）及董事、监事和高级管理人员是否利用职权获取收入的判断，应当是在破产审计调查的基础上进行的综合性判断。因此，破产审计人员必须与管理人一道对该类问题予以重视和关注。

2. 董事、监事和高级管理人员利用职权行为获取非正常收入，不应排除通过其他董事、监事和高级管理人员利用职权行为间接获益的情形。确定董事、监事和高级管理人员是否获取非正常收入，管理人要充分发挥破产审计人员的专长。

3. 不应当以董事、监事和高级管理人员对企业破产原因存在主观认识作为认定非正常收入的构成要件，否则将导致公平分配有限财产的立法目的落空。

（五）管理人在哪些情况下应当追回非正常收入？

1. 在公司不具备分红条件的情况下，公司董事、股东以召开董事会、股东会的形式，以发放工资（奖金）为名，将公司财产进行“分红”，实际损害了公司和债权人的利益，管理人有权追回该财产。

2. 在出现破产原因的情况下，公司高级管理人员向公司原法定代表人提出奖励的要求，该法定代表人未经董事会决议以公司账户支付给高级管理人员的“个人奖励”，属于非正常收入。

3. 破产程序中董事、监事和高级管理人员获得的工资不能超过平均工资，否则也视为非正常收入。

4. 公司法定代表人或实际控制人利用职权侵占的公司财产，属于非正常收入。

5. 公司股东、实际控制人等将公司财产与个人财产一度混同（往来）的，进行结算之后尚欠公司的款项应作为非正常收入。

（六）如何判断管理人清收债权诉讼时效的起算时间？

法院裁定受理的破产案件，将导致诉讼时效的中断，有关时效从中断时计算。《企业破产法司法解释（二）》第十九条对此有明确规定。

（七）破产语境下的审计机构在审计报告中如何处理应收债权？

审计人员在出具相关审计报告时，应当持谨慎态度。不能简单地将企业账面记载的“应收款”“其他应收款”“预付款”搬到审计报告中，作为破产企业的应收债权，这让管理人的清收十分困难。这里，需要把由于各种原因导致发票没有及时开具等因素形成的且并不可能清收到款项的所谓“应收款”，应予以澄清、明确乃至核销。

有观点认为，对破产企业的应收账款，“不能轻易放弃”。但事实是，对破产企业账面的不真实记载，审计部门有义务与管理人一同去伪存真。我们要丢弃的是虚假记载，而不是真实的应收账款。

必要时，管理人可以向审计机构出具补充审计或者专项审计的委托书，要求其对相关问题进行专门审计。当然，在破产审计过程中要与审计单位保持互动，对审计单位遇到的各种法律问题及时给予精准的解答。

四、参考案例

（一）关于注册资本追缴的案例

第一种情况：补缴股本金

江苏绿扬电子仪器集团有限公司股东补缴股本金案

1. 案情简介

原告江苏绿扬电子仪器集团有限公司原为国有企业，主管部门为扬中市工业局公有资产经营有限公司（以下简称资产经营公司）。后原告进行改制，改制前后法定代表人不变。2007 年，资产经营公司、原告及被告法定代表人三方签订改制协议书一份，约定改制后企业总股本为 1 700 万元，由公有股本金 300 万元、奖励股本金 700 万元及配股股本金 700 万元组成，其中对被告的奖励股本金为 280 万元，同时还约定凡享受奖励股本金者，均须按奖励股本金额的 1 倍予以配足股本金，未配足股本金者，不享受奖励股本金，奖励股本金可保留在原告集团持股会名下。上述协议签订后，原告召开股东会按改制协议书修改了公司章程，并载明被告持有原告股权 32.94%。2009 年 11 月，资产经营公司按照改制协议将公有股本金中的 150 万元奖励给部分股东，其中奖励给被告的股权份额为 0.04%，对应总股本 0.68 万元，故被告合计持有原告股权 32.98%。但被告仅向原告实际缴纳配股股本金 69 万元，至今尚欠原告股本金 211.68 万元未缴纳。故原告诉讼至法院。

2. 争议焦点

被告是否应缴纳改制后的剩余股本金?

3. 判决结果

被告向原告补缴股本金 211.68 万元。

4. 法律评析

虽然被告抗辩原告改制时对股东的配股并非其个人意愿，而是由上级行政部门确定，但被告作为完全民事行为能力人，理应对其参与原告企业改制的行为负责，且被告在审理中亦未能提供证据证明签改制协议书时受到胁迫，故资产经营公司、原告及被告签订的改制协议书，系当事人之间的真实意思表示，内容合法有效，依法应予确认。

被告至今仅缴纳股本金 69 万元，尚欠原告股本金 211.68 万元未缴纳，双方对此无争议，故本院对该事实予以认定。虽然被告在庭审中抗辩改制时已与相关部门协商一致，所有股东均按现在股本金实缴金额进行缴纳，但被告未提供相关证据予以证实，本院不予采信。被告仍应对未缴纳的股本金 211.68 万元承担出资义务。因原告已进入破产清算程序，根据《中华人民共和国企业破产法》第三十五条的规定："人民法院受理破产申请后，债务人的出资人尚未完全履行出资义务的，管理人应当要求该出资人缴纳所有认缴的出资，而不受出资期限的限制。"故原告要求被告履行缴纳股本金 211.68 万元的出资义务，符合法律规定，依法应予支持。

备注：该案例来源于（2019）苏 1182 民初 3816 号民事判决书。

第二种情况：抽逃注册资本

莱斯特起诉股东抽逃注册资本案

民事起诉状

原告：江苏莱斯特纤维科技有限公司，住所地镇江新区丁岗镇平昌路×××号，诉讼代表人为江苏江成律师事务所，系江苏莱斯特纤维科技有限公司管理人，负责人黄某某。

被告：江苏神鹤科技发展有限公司（曾用名江苏神泰科技发展有限公司），住所地盐城市盐都区盐龙街道凤凰南路西、青年路南（D），法定代表人郭某某，该公司总经理。

被告：江苏国侨石化投资有限公司（曾用名江苏国侨石化有限公司），住所地镇江新区丁岗镇平昌路×××号，法定代表人王某，该公司总经理，联系电话 133××××××××、139××××××××。

被告：张家港市东升机械有限公司，住所地张家港市大新镇大新村（淞沪中路大市农贸市场东面），法定代表人陈某某，该公司总经理，联系电话 139××××××××。

被告：武汉宏朗石化设备制造有限公司，住所地武汉经济技术开发区全力五路 ×××号，法定代表人侯某某，该公司执行董事，联系电话 027-8422××××。

被告：王某，男，汉族，1966 年 10 月 16 日生，身份证号码××××××××××××××××××，住镇江市京口区××路××号×幢×××室，联系电话 137×××××××。

诉讼请求：

1. 判令被告江苏神鹤科技发展有限公司返还出资 2 500 万元及利息（自 2011 年 6 月 24 日起，按照人民银行同期贷款利率计算到实际给付之日）；

2. 判令被告江苏国侨石化投资有限公司返还出资 500 万元及利息（自 2011 年 6 月 24 日起，按照人民银行同期贷款利率计算到实际给付之日）；

3. 判令被告张家港市东升机械有限公司返还出资 2 500 万元及利息（自 2011 年 6 月 24 日起，按照人民银行同期贷款利率计算到实际给付之日）；

4. 判令被告武汉宏朗石化设备制造有限公司返还出资 2 500 万元及利息（其中 1 500 万元自 2011 年 6 月 24 日起，1 000 万元从 2012 年 7 月 19 日起，均按照人民银行同期贷款利率计算到实际给付之日）；

5. 判令被告江苏神鹤科技发展有限公司对被告江苏国侨石化投资有限公司应返还的 500 万元出资款本息、被告张家港市东升机械有限公司应返还的 2 500 万元出资款本息和被告武汉宏朗石化设备制造有限公司应返还的 2 500 万元出资款本息承担连带偿还责任；

6. 判令被告王某对被告江苏神鹤科技发展有限公司应返还的 2 500 万元出资款本息、被告江苏国侨石化投资有限公司应返还的 500 万元出资款本息、被告张家港市东升机械有限公司应返还的 2 500 万元出资款本息和被告武汉宏朗石化设备制造有限公司应返还的 2 500 万元出资款本息承担连带偿还责任。

事实与理由：

原告于 2011 年 6 月 23 日设立登记，设立时名称为“剑乔科技江苏有限公司”，后变更为江苏莱斯特纤维科技有限公司，注册资本 10 000 万元。被告江苏神鹤科技发展有限公司（以下简称神鹤公司）、江苏国侨石化投资有限公司（以下简称国侨公司）、张家港市东升机械有限公司（以下简称东升公司）、武汉宏朗石化设备制造有限公司（以下简称宏朗公司）为原告设立时的股东，上述 4 被告分别出资 2 500 万元。章程规定，第一期出资 7 000 万元于 2011 年 6 月出资到位，其中神鹤公司出资 2 500 万元，国侨公司出资 500 万元，东升公司出资 2 500 万元，宏朗公司出资 1 500 万元。

2011 年 6 月 22 日，神鹤公司出资 2 500 万元，国侨公司出资 500 万元，东升公司出资 2 500 万元，宏朗公司出资 1 500 万元，实收资本共计 7 000 万元。镇江中诚联合会计师事务所出具“镇中诚所验（2011）第 083 号”验资报告。2011 年 6 月 23 日从原告账户中转出 4 000 万元给南京市白下区丽珥琪建材经营部（以下简称丽珥琪），当日又转出 2 000 万元给镇江市大港建筑安装工程有限公司（以下简称大港建安），6 月 24 日转出 1 000 万元给镇江元弘物贸有限公司（以下简称元弘物贸）。7 000 万元的注册资金在验资后 2 天内全部转出原告账户。经核实，原告与丽珥琪、大港建安、元弘物贸没有业务往来。

2012 年 2 月 14 日至 22 日期间，被告王某（当时为原告的法定代表人）通过循环转账的方式虚构债权，掩盖注册资金全部被抽出的事实。具体方式为：利用账外资金 1 500 万元，将该 1 500 万元从原告账户转账给被告神鹤公司和案外人镇江市华龙建筑安装工程有限公司（以下简称华龙公司）。神鹤公司、华龙公司再将款项分别转给丽珥琪、大港建安、元弘物贸，再由丽珥琪、大港建安、元弘物贸还给原告。按照上述模式，经过多轮转账，在原告账面形成了对神鹤公司、华龙公司的共计 7 000 万元应收债权。而从丽珥琪还入原告账户的款项金额达到 4 000 万元，大港建安还入款项达到 2 000 万元，元弘物贸还入款项达到 1 000 万元，原告账面不再反映 2011 年 6 月 23 日、24 日注册资金转出 7 000 万元的事实。虚构债权完成后，2012 年 2 月 22 日经被告王某安排将账外资金 1 500 万元通过神鹤公司账户转给江苏海王工程建设有限公司镇江分公司，而该公司为王某实际控制的关联企业。

2012 年 7 月 17 日，宏朗公司出资 1 000 万元，银行流水反映该 1 000 万元于 2012 年 7 月 19 日汇入原告账户，19 日当天又从原告账户转出给神鹤公司，用途不明。

至此，神鹤公司抽逃出资 2 500 万元，国侨公司抽逃出资 500 万元，东升公司抽逃出资 2 500 万元，宏朗公司抽逃出资 2 500 万元，神鹤公司和王某帮助抽逃注册资金累计达到 8 000 万元。

2013 年 5 月 28 日，被告神鹤公司、东升公司、宏朗公司将其持有的原告的股权全部转让给案外人国侨文化旅游产业投资江苏有限公司；2013 年 6 月 3 日，原告法定代表人由王某变更为王某。

原告于 2019 年 3 月 15 日进入破产程序，管理人经调查认为本案被告神鹤公司、国侨公司、东升公司、宏朗公司的行为已经构成抽逃出资，应当依法返还抽逃出资的本息；神鹤公司和原法定代表人王某还存在帮助抽逃的行为，应当在帮助抽逃的范围内承担连带责任。为维护全体债权人的合法权益，打击借破产逃废债的恶劣行径，请求贵院依法支持原告的诉讼请求。

此致

镇江经济开发区人民法院

江苏莱斯特纤维科技有限公司

二〇二〇年八月十六日

备注：该案例来源于（2020）苏 1191 民初 1562 号，案件尚未判决。

（二）关于非正常收入追回的案例

江苏绿扬电子仪器集团有限公司要求股东返还分红案

1. 案情简介

原告江苏绿扬电子仪器集团有限公司被扬中市人民法院裁定进入破产程序。管理人接管后，依法对原告进行破产审计。根据破产审计报告，被告王某某作为原告股东之一，在原告处于经营亏损的状态下，参与并享受了分红。根据公司法的相关规定，被告必须将分红金额返还给原告。故原告诉讼至法院。

2. 争议焦点

原告向被告发放的现金是奖励还是分红？

3. 判决结果

被告向原告返还现金分红，并承担资金占用期间的利息（以分红金额为基数，自2015年1月1日起至2019年8月19日止，按中国人民银行贷款基准利率计算；自2019年8月20日起至实际付清之日止，按全国银行间同业拆借中心公布的贷款市场报价利率计算）。

4. 法律评析

会计人员系专业人员，根据会计法的相关规定，会计人员应对会计资料如实进行会计核算，故原告会计人员将案涉费用报销单所列“奖金”备注为“股东分红”，可信度较高，本院予以采信。被告抗辩费用报销单上将专项奖励认定为分红系错误的，与事实不符，本院不予采信。再言，原告进入破产清算程序前，被告一直系原告的法定代表人、实际控制人，故被告对公司的相关资料负有保管义务，现管理人在审计过程中未发现原告召开发放专项奖励的相关会议资料，且被告在庭审中亦陈述因时间较长，会议记录不一定能找到，由此可见，无法证明案涉费用报销单上所列“奖金”系专项奖励性质，责任在被告，被告对此应承担不利后果。

被告认可原告发生亏损的事实，根据公司法的相关规定，公司存在利润的情况下，由公司董事会制定利润分配方案，并经股东会决定才能依法分红，而原告在某年度处于亏损状态，利润应为负，即无利润可供股东分红，更未召开股东会形成分红决议，因此包括被告在内的各自然人股东，在此情况下仍进行分红，与法相悖，理应退还分红所得。

退一步讲，如果被告所言费用报销单上所载明“奖金”属项目专项奖励性质，那该笔“奖金”应以绩效支出从项目经费中列支。根据《国家重大科学仪器设备开发专项资金管理办法（试行）》的相关规定，绩效支出应当建立在对该科研项目工作进行绩效考核的基础上，并结合科研人员实绩，由所在单位根据国家相关规定统筹安排。而被告在庭审中的陈述，费用报销单上所列“奖金”均系按各股东持股比例计算，违反了上述《办法》的相关规定，不应在项目经费中列支。又根据科学技术局出具的回复函，能够证明股东现金分红亦不属于项目绩效支出，不应在项目经费中列支。综上，即使案涉款项的性质属专项奖励，也因被告等自然人股东违规列支而应退还给原告。

关于被告应否承担资金占用期间的利息问题。因被告取得该资金与事实无据，亦不符合相关法律规定，故被告对其因股东分红所得的款项属于不当得利，理应支付相应利息。审理中，原告主张资金占用期间的利息自2015年1月1日起计算至实际付清之日止，合理合法，本院予以支持。因自2019年8月20日起，中国人民银行已授权全国银行间同业拆借中心于每月20日（遇节假日顺延）9时30分公布贷款市场报价利率，中国人民银行贷款基准利率这一标准已经取消，故被告应承担自2015年1月1日起至2019年8月19日止，按中国人民银行贷款基准利率计算的资金占用期间的利息；自2019年8月20日起至实际付清之日止，按全国银行间同业拆借中心公布的贷款市场报价利率计算的资金占用期间的利息。

备注：该案例来源于（2019）苏1182民初3810号民事判决书。

（三）关于应收债权追收的案例

第一种催收方式：起诉

佳明新材料科技有限公司与日地太阳能电力股份有限公司买卖合同纠纷案

1. 案情简介

原告佳玥新材料科技有限公司与被告日地太阳能电力股份有限公司自2008年开始存在销售业务往来。2013年双方签订委托加工合同，约定原告对被告生产的废砂浆进行再生处理及加工。截至2017年1月26日，被告尚欠原告销售款61 520元未支付。原告于2017年9月27日进入破产清算程序，并同时指定管理人。管理人于2018年4月12日向被告发函，要求其向管理人偿还欠款，但未果，故诉至法院。

2. 争议焦点

是否发生销售款未支付的事实?

3. 判决结果

被告于本判决生效后十日内给付原告货款61 520元及从2018年11月7日起至实际付款之日止按中国人民银行同期同类贷款基准利率计算的逾期

付款利息。

4. 法律评析

原、被告之间的买卖合同关系及加工合同关系依法成立。被告向原告采购产品以及委托原告加工产品后，理应及时履行付款义务。本案中，原告主张被告尚欠货款61 520元，系经审计机构审计，而且有原告记账凭证，以及原、被告签订的合同、发货清单、发票、收款收据等业务往来凭证来佐证，证据充分，因此本院予以认定。该欠款被告无正当理由拖延至今不付，显属不当。原告诉讼要求被告付清该欠款，合理合法，本院予以支持。对于原告要求支付逾期付款利息的请求，因本案中原、被告对付款时间及违约责任的约定并不明确，本院综合原、被告对合同的实际履行情况，酌情认定逾期付款利息应从原告起诉之日起按中国人民银行同期同类贷款基准利率计算。

备注：该案例来源于（2018）苏1182民初4446号民事判决书。

第二种催收方式：上门沟通

关于江苏绿扬生物电子工程有限公司与中国农业银行股份有限公司连云港分行债权债务及其他事项确认

2019年12月4日14—18点，江苏绿扬生物电子工程有限公司管理人、破产审计机构镇江鼎信联合会计师事务所和中国农业银行股份有限公司连云港分行安全保卫部三方共同就江苏绿扬生物电子工程有限公司与中国农业银行股份有限公司连云港分行（以下简称连云港农行）之间的债权债务及其他事项进行核对、确认，列举如下：

一、应返还的“设备及工程质量、服务保证金”。合同约定“在竣工验收之日后三年内，对该公司的履约情况进行担保”。根据各笔保证金起算日起至2018年5月14日签订《安防设备安装集成及维保服务解除协议》约定不再履约止，担保期届满的保证金1 262 059.81元，连云港农行应全额支付；2016年起算的保证金111 468.08元，扣除未履约期间（约18个月）保证金，应支付55 734.04元；2017年起算的保证金178 770.376元，扣除未履约期间（约30个月）保证金，连云港农行应支付29 795.13元；2018年起算的保证金161 302.48元，扣除未履约期间（约35个月）保证金，连云港农行应支付4 480.62元。需返还保证金合计1 352 069.60元。

二、应支付的2018年前4个月工作款项（连云港农行已收到发票），合计金额99 800.04元。

三、先前江苏省扬中市人民法院向连云港农行送达《协助执行通知书》，要求停止支付江苏绿扬生物电子工程有限公司款项，连云港农行须在停止支付司法文书解除后，方可将上述款项汇入江苏绿扬生物电子工程有限公司管理人账户。

四、江苏绿扬生物电子工程有限公司管理人、破产审计机构镇江鼎信联合会计师事务所确认：连云港农行按照第一条和第二条确定的金额支付后，江苏绿扬生物电子工程有限公司与连云港农行之间的债权债务全部结清。

江苏绿扬生物电子工程有限公司管理人

二〇一九年十二月四日

第三种催收方式：拍卖方式

关于恒顺达公司应收款债权难以评估的报告

镇江经济开发区人民法院：

江苏恒顺达生物能源有限公司管理人曾在 2020 年 4 月 18 日向贵院提交了《关于恒顺达公司应收款债权上网拍卖的报告》。但考虑到任何拍品上网拍卖前都需要进行评估，所以管理人专门向江苏立信会计师事务所有限公司、江苏仁和永信会计师事务所有限公司、镇江明诚会计师事务所有限公司等审计评估机构就江苏恒顺达生物能源有限公司（本报告中简称为恒顺达公司）应收款债权是否可以评估进行了咨询。

专家们认为，如果对应收款债权进行评估，破产企业的资料首先必须齐全；其次破产企业和对方债务人必须制订完整的还款方案。此外，应收款债权的评估不同于其他财产的评估，不仅耗时很长，而且成本很高。所以，他们认为对破产企业应收款债权评估难以进行。

基于此，管理人建议放弃对恒顺达公司应收款债权进行评估，直接按照审计报告和审计建议载明的金额为起拍价上网拍卖，以加快推进破产案进程。

特此报告

江苏恒顺达生物能源有限公司管理人

二〇二〇年四月二十九日

关于恒顺达公司应收款债权上网拍卖的报告

镇江经济开发区人民法院：

江苏恒顺达生物能源有限公司（本报告中简称恒顺达公司）自 2017 年 5 月 23 日被贵院裁定进入破产程序后，管理人根据审计机构出具的镇城会字（2017）第 086 号审计报告（以下简称审计报告）披露的应收款信息积极进行清收。我们向能够找到通讯地址的单位或个人寄发了催收款项的通知书（账龄均在 3 年以上）。然而，至今无任何款项入管理人账户。

其后，管理人要求审计机构重新出具了镇城会字（2017）第 086-补充 2 号《关于对账面应收款项组织清收的审计建议》（以下简称审计建议）。审计建议提出，“先对 12 家欠款单位起诉，对个人欠款部分，须找到相关人员核对情况，待查明结果后再进行处理”。

根据审计建议并结合接管到的已有材料，管理人代表恒顺达公司先后起诉了海口金海实业发展有限公司、新疆生产建设兵团霍尔果斯经济开发区兵团分区管理委员会、丹阳市江南面粉有限公司等3家单位。其中在起诉海口金海实业发展有限公司一案中，法院驳回了恒顺达公司的诉讼请求；另两起案件尚未作出判决。而对其余9家欠款单位，因管理人没有接管到基本起诉材料，无法判断应收款债权的真实性，至今没有启动诉讼程序。至于个人欠款部分，管理人也查找不到自然人的具体信息。

尽管面临上述困难，但管理人没有轻易放弃上述应收款债权。

现管理人建议对审计报告审定的和审计建议起诉的共计60笔应收款债权以61 017.088 736万元（审计报告和审计建议载明的金额）为起拍价在淘宝网阿里拍卖破产强清平台（网址：https：//susong.taobao.com/）整体打包拍卖。如果首轮拍卖流拍，则以后每轮按20%幅度降价拍卖，直到卖出为止。

管理人认为，恒顺达公司的应收款债权通过上网拍卖进行处置，一方面能够避免耗费无谓的诉讼费用，另一方面能够进一步加快推进破产进程。

上述处理建议是否妥当，恳请贵院指导。

特此报告

江苏恒顺达生物能源有限公司管理人

二〇二〇年四月十八日

第四种催收方式：内部竞买与无偿转让相结合

佳明公司疑难债权转让办法

扬中市人民法院于2017年9月27日作出（2017）苏1182民破申5号民事裁定，受理佳明新材料科技有限公司（本报告中简称佳明公司）破产清算案。佳明公司进入破产程序后，管理人依法委托江苏仁和永信会计师事务所有限公司对佳明公司进行破产审计。

根据审计报告显示，佳明公司有20笔应收款、有25笔其他应收款、有1笔预付款。管理人先后采取发催收函、上门催收、向法院起诉等一系列措施，详细了解了佳明公司应收债权的具体情况，也取得了较好的成果，共计清收到76万余元。但对查找不到对方地址、超过诉讼时效、法院强制执行找不到被执行人财产等原因无法清收到的7笔债权，将采取先公开招标竞买、后进行无偿分配的方式进行债权转让。具体办法如下：

一、应收账款具体情况

（一）山西天能科技股份有限公司

审计报告记载应收710 900元；法院强制执行不到，终结了本次执行程序。

（二）宁波晶元太阳能有限公司

审计报告记载应收557 380元（已执行到案款22 675.3元）；其余款项强制执行

不到，终结了本次执行程序。

（三）海润光伏科技股份有限公司

审计报告记载应收 52 300. 8 元；法院强制执行不到，终结了本次执行程序。

（四）马鞍山晶威电子科技有限公司

审计报告记载应收 205 976 元；法院强制执行不到，终结了本次执行程序。

（五）扬州市金星太阳能有限公司

审计报告记载应收 116 555. 2 元，账龄 4 年以上。

（六）安徽科德能源科技有限公司

审计报告记载应收 33 242. 25 元，账龄 4 年以上。

（七）太仓协鑫光伏科技有限公司

审计报告记载应收 7 920 元，账龄 4 年以上；对方回函称仅欠款 3 102. 56 元，且明确已过诉讼时效。

管理人决定首先采取公开招标竞买方式对上述 7 笔共计 1 661 598. 95 元应收账款债权进行转让，欢迎各位债权人积极参与。

二、参与竞买的具体方式与流程

（一）竞买人可以整体竞买上述应收账款债权，也可以单独竞买其中一笔或者部分应收账款债权。无论是整体竞买还是单独竞买，竞买人都必须对每一笔应收账款债权单独报价。

（二）本次竞买定于 2020 年 4 月 16 日至 25 日期间查看应收账款债权的相关资料。竞买人可以与管理人陶玮律师联系查看资料，联系电话 158××××××××。

（三）竞买人查看资料后，可以填写《投标竞买报价书》，填写完毕后必须封存在不透明的文件袋中（未封存的视为无效报价），并在 2020 年 4 月 26 日至 30 日期间邮寄给管理人，不接受当面提交。每笔应收账款的竞买报价应不低于 5 000 元（不设上限），低于 5 000 元的报价为无效报价。邮寄地址：镇江市京口区某某路××号某某大厦×楼，江苏江成律师事务所，陶玮律师收（158××××××××）。

（四）每位竞买者在邮寄《投标竞买报价书》的同时，须向以下管理人账户交付 5 000 元竞买保证金：

账户名：佳明新材料科技有限公司管理人；

账　号：1104010839200109815；

开户行：中国工商银行镇江永安路支行。

按照本公告进行报价，由于价低未中标的，管理人将在公布评标结果后 7 天内退还该保证金。未按本公告的要求支付竞买价款的，保证金将被没收（该没收的保证金列入二次分配数额）。

（五）管理人收到《投标竞买报价书》后，于 2020 年 5 月 6 日至 10 日期间（具体日期由扬中市人民法院确定）在扬中市人民法院的监督下统一进行开标、评标。评标小组由管理人派两名律师，审计单位派一名会计师组成。评标过程依法进行公证。

（六）评标的具体规则为：

1. 对每一笔应收账款债权进行单独评标。

2. 对同一笔应收账款债权仅有一人报价的，由符合要求的竞买人买得。

3. 对同一笔应收账款债权有两人以上报价的，由竞买报价最高者买得；出现报价相同的情况，管理人将通知进行第二轮报价（第二轮报价的评标依照本公告的相关内容进行）。

4. 无人竞买的应收账款，作流标处理（不再重新竞买）。

5. 经公证的评标结果由管理人通知参与竞买者。

三、竞买成功后的移交手续

（一）竞买成功的买受人，应在收到管理人通知后3日内将竞买价款汇至管理人指定账户。逾期未支付的，视为放弃竞买。

（二）款项到达管理人指定账户后与管理人签订《债权转让协议书》，受让佳明公司的相关应收账款债权。

（三）《债权转让协议书》签订后5日内，管理人将竞买成功的应收账款对应的资料提供给买受人（相关资料仅提供复印件，管理人可以配合在买受人起诉时向法庭出示原件），并向相关债务人发出债权转让通知书。

四、对未能实现招标转让的应收债权，向普通债权人进行无偿转让

（一）在招标竞买过程中未能实现有偿转让的佳明公司的应收债权，向普通债权人进行无偿转让。

（二）自愿无偿受让本办法第一条所列且未能实现有偿转让的债权的，可以按照本办法第二条第（二）项的规定查看债权相关资料，并书面向管理人说明希望受让哪一笔债权。

（三）两家以上的债权人，对同一笔债权要求无偿受让的，由法院确认的债权金额较大的债权人受让。

（四）每一家债权人原则上只能无偿受让一笔债权，但至2020年4月30日没有债权人自愿受让的债权，不受上述限制。

（五）有关资料的交接参照本办法第三条第（三）项的规定。

佳明新材料科技有限公司管理人

二〇二〇年四月十五日

第五种催收方式：内部竞买

关于绿扬集团应收款债权之处理方案

各债权人：

江苏绿扬电子仪器集团有限公司（本文中简称为绿扬集团）进入破产程序后，管理人委托镇江鼎信联合会计师事务所对绿扬集团资产、负债及所有者权益进行审

计。审计报告披露绿扬集团“应收账款”合计 517.130 473 万元，“其他应收款”合计 842.304 251 万元，“预付账款”合计 1 972.387 813 万元。管理人对上述应收款债权进行了调查，发现所涉部分单位已处于吊销状态或注销状态或进入破产程序；所涉个人大部分无联系方式；绿扬集团不能提供合同等基础性资料或往来对账确认函；部分往来已过诉讼时效等。尽管如此，管理人还是向能找到地址的单位和个人邮寄了催收债权的函。根据反馈信息，管理人仅清收到 27 721 元；对剩余部分应收款债权，管理人采取在债权人内部竞买的方式进行处置，以减少破产成本，加快案件推进。具体办法如下：

（一）参与竞买的具体方式与流程

1. “应收账款、其他应收款、预付账款”明细表上的一个单位或个人的期末余额对应“一笔”债权。竞买人可以整体竞买应收款债权，也可以单独竞买其中一笔或者部分债权。无论是整体竞买还是单独竞买，竞买人都必须对每一笔债权单独报价。

2. 本次竞买定于 2020 年 11 月 5 日至 6 日期间查看待处理应收款债权清单中的相关资料（审计报告）。竞买人可以与管理人陶玮律师联系查看资料，联系电话 158××××××××。

3. 竞买人查看资料后，可以填写《竞买报价书》，填写完毕后必须封存在不透明的文件袋口（未封存的视为无效报价），并确保在 2020 年 11 月 10 日前邮寄至管理人，不接受当面提交。邮寄地址：镇江市京口区正东路 37 号尚友大厦八楼，陶玮律师收，联系电话 189××××××××。

4. 每位竞买者在邮寄《竞买报价书》的同时，须向以下管理人账户就每笔债权支付 100 元至 2 000 元的保证金【债权金额低于 1 万元（含）的，保证金 100 元；债权金额 1 万元至 10 万元（含）的，保证金 500 元；债权金额 10 万元至 50 万元（含）的，保证金 1 000 元；债权金额 50 万元至 100 万元（含）的，保证金为 2 000 元】：

户名：江苏绿扬电子仪器集团有限公司管理人

开户银行：扬中农商行营业部

账号：3211050101010000383581

按照本议案进行报价，低于保证金金额的报价属于无效报价。因无效报价或价低未中标的，管理人将在公布评标结果后 7 日内退还保证金。

5. 管理人收到《竞买报价书》后，于 2020 年 11 月 12 日下午两点半在管理人会议室（江苏省镇江市正东路 37 号尚友大厦八楼）现场公开开标，进行评标。评标的具体规则为：对每一笔债权单独进行评标；同一笔债权仅有一人报价的，由符合要求的竞买人买得；同一笔债权有两人以上报价的，由竞买报价最高者买得；出现报价相同的情况，管理人将通知进行第二轮报价（第二轮报价的评标依照本议案的相关内容进行）；无人竞买的债权，作流标处理，视为本次竞买未成功卖出的债权；评标结果由管理人通知竞买成功者。

（二）竞买成功后的移交手续

1. 竞买成功的买受人，应在收到管理人通知后 3 日内将竞买价款（按照本议案规定支付保证金的，竞买保证金转为竞买价款的一部分）汇至管理人指定账户。

2. 款项到达管理人指定账户后，买受人与管理人签订《债权转让协议书》，受让相关债权。

3.《债权转让协议书》签订后 5 日内，管理人将有关应收款债权的现有资料提供给买受人，并向相关债务人发出债权转让通知书。

（三）竞买人逾期未支付余款的处理

竞买成功的买受人，因逾期未支付余款的，视为放弃竞买，保证金将不再退还（不予退还的保证金将用于绿扬集团的破产分配）。如该笔债权竞买时有两个以上竞买人，按报价从高到低由其他竞买人取得；其他竞买人应在接到管理人通知后 3 日内支付竞买价款，逾期未支付的，视为放弃该项权利。如该笔债权最终无人支付竞买价款，则视为本次竞买未成功卖出的债权。

（四）本次竞买未成功卖出的债权，均作放弃处理，将不再组织债权清收工作。

提醒：对于竞买人竞得的应收款债权，江苏绿扬电子仪器集团有限公司及管理人不承担任何瑕疵担保责任。

如果贵单位（或您）对上述管理人的处理意见存在异议，请在收到本函后七日内与管理人沟通并提供相关证明材料。上述期限届满后，无人提出异议的，管理人将依法进行处置。

附：“应收账款”“其他应收款”“预付账款”一览表

江苏绿扬电子仪器集团有限公司管理人

二〇二〇年十月二十八日

五、参考模板

通知书
（要求债务人的出资人补缴出资用）

×××（债务人的出资人名称）：

×××（债务人名称）因（写明破产原因），××人民法院于×××年××月××日作出（　　）×破字第×号民事裁定，受理×××（债务人名称）（重整/和解/破产清算）。××人民法院于×××年××月××日作出（　　）×破字第×号决定，指定×××担任管理人。

根据管理人掌握的材料，你公司/你作为×××（债务人名称）的出资人，认缴出资额为：________（货币种类）×元（大写：________），认缴方式为：________，你公司/你应当于×××年××月××日前按期足额缴纳上述出资。

截至本通知发出之日，你公司/你上述出资义务尚未履行完毕，（以货币出资的）尚有________（货币种类）×元（大写：________）未缴纳/（以非货币财产出资的）________尚未办理财产权转移手续。

根据《中华人民共和国企业破产法》第三十五条之规定，你公司/你应当缴纳全部所认缴的出资，而不受出资期限的限制。现通知你公司/你于接到本通知之日起×日内，向本管理人缴纳上述未缴出资（列明缴纳出资的方式）。

如你公司/你对本通知书中所列出资缴纳义务的有无、数额、形式等有异议，你公司/你可于接到本通知书之日起×日内向本管理人提出，并附相关合法、有效的证据，配合管理人核实。

特此通知

（管理人印鉴）

××××年××月××日

附：

1. 破产申请受理裁定书复印件一份；
2. 指定管理人决定书复印件一份；
3. 出资人未足额缴纳出资的证据；
4. 管理人的联系方式。

通知书
（要求债务人的高管返还财产用）

×××（高管姓名）：

×××（债务人名称）因（写明破产原因），××人民法院于×××年××月××日作出（　　）×破字第×号民事裁定，受理×××（债务人名称）（重整/和解/破产清算）。××人民法院于××××年××月××日作出（　　）×破字第×号决定，指定×××担任管理人。

根据管理人掌握的材料，在你担任×××（债务人名称）×××（职位）期间，获取非正常收入人民币×元（或者侵占了企业的财产），具体为：

1. ________（列明各笔非正常收入金额、时间及认定理由）；
2. ________（列明被侵占的企业财产及认定理由）。

……

根据《中华人民共和国企业破产法》第三十六条之规定，本管理人现要求你于接到本通知之日起×日内，向本管理人返还你收取的上述非正常收入（或者侵占的企业财产）（列明返还收入或者财产的方式）。

你如对上述认定有异议的，可在接到本通知之日起×日内向本管理人提出，并附相关合法、有效的证据，配合管理人核实。

特此通知

（管理人印鉴）

××××年××月××日

附：

1. 破产申请受理裁定书复印件一份；

2. 指定管理人决定书复印件一份；

3. 高管非正常收入清单或者被侵占的财产清单；

4. 管理人的联系方式。

通知书
(要求债务人的债务人清偿债务用)

×××（债务人的债务人名称）：

×××（债务人名称）因（写明破产原因），××人民法院于××××年××月××日作出（　　）×破字第×号民事裁定，受理×××（债务人名称）（重整/和解/破产清算）。××人民法院于××××年××月××日作出（　　）×破字第×号决定，指定×××担任管理人。

根据管理人掌握的材料，你公司/你因事项（列明债务事由），尚欠×××（债务人名称）人民币×元（大写：________元）。根据《中华人民共和国企业破产法》第十七条之规定，请你公司/你于接到本通知之日起七日内，向管理人清偿所欠债务。

若你公司/你对本通知书列明的债务持有异议，可在接到本通知书之日起七日内向管理人书面提出，并附相关合法、有效的证据，以便管理人核对查实。

若你公司/你在接到本通知书后仍向×××（债务人名称）清偿债务，使×××（债务人名称）的其他债权人受到损失的，不免除你公司/你继续清偿债务的义务。

特此通知

（管理人印鉴）

××××年××月××日

附：

1. 破产申请受理裁定书复印件一份；

2. 指定管理人决定书复印件一份；

3. 清偿债务应汇入：

开户银行：________________；

开户单位：________________；

银行账号：________________；

4. 管理人联系方式。

通知书

（要求债务人财产的持有人交付财产用）

×××（债务人财产的持有人名称）：

×××（债务人名称）因（写明破产原因），××人民法院于××××年××月××日作出（　　）×破字第×号民事裁定，受理×××（债务人名称）（重整/和解/破产清算）。××人民法院于××××年××月××日作出（　　）×破字第×号决定，指定×××担任管理人。

根据管理人掌握的材料，你公司/你因（列名事由内容）占有×××（债务人名称）的财产（列明财产种类）：

1. ____________________；

2. ____________________；

3. ____________________；

……

根据《中华人民共和国企业破产法》第十七条之规定，请你公司/你于接到本通知书之日起七日内，向管理人交付上述财产。

若你公司/你对本通知书项下要求交付财产的有无或者交付财产种类、数量等持有异议，可在收到本通知之日起七日内向管理人书面提出，并附相关合法、有效的证据，以便管理人核对查实。

若你公司/你在接到本通知书后仍向×××（债务人名称）交付财产，使×××（债务人名称）的其他债权人受到损失的，不免除你公司/你继续交付财产的义务。

特此通知

（管理人印鉴）

××××年××月××日

附：

1. 破产申请受理裁定书复印件一份；
2. 指定管理人决定书复印件一份；
3. 财产应交至：____________________；
4. 管理人的联系方式。

第六节　债务人财产状况报告

债务人的财产状况报告是经管理人全面调查、清理、界定债务人财产后，向法院和债权人会议汇报的书面资料，是管理人履职尽责的重要成果展现。财产状况报告的内容要体现合法性、真实性、完整性、实用性，这有助于法院和债权人了解债务人的真实现状，有助于法院对管理人工作的有效监督，有助于为破产清算、破产重整或破产和解做好前期准备。

一、财产状况报告的制作原则

（一）合法性

这是报告制作的关键。只有依法对债务人财产开展调查，才能确保报告制作的合法合规性。

（二）真实性

这是报告制作的前提。报告内容必须对债务人各项财产的权属状况、账面价值、实际现状等基本情况进行真实反映。

（三）完整性

这是报告制作的基础。报告内容不能缺漏，防止债权人不能全面了解债务人的财产信息。

（四）实用性

这是报告制作的目的。报告的作用就是要为下一步破产程序中破产财产的利用或者变价做好充分准备。

二、参考案例

扬中市绿扬电器设备有限公司破产案财产状况报告

（一）案情简介

各位债权人、各位法官：

扬中市人民法院于2020年4月24日作出（2020）苏1182破申9号民事裁定，依法受理扬中市绿扬电器设备有限公司（以下简称绿扬电器公司）破产清算一案，并指定江苏江成律师事务所担任管理人。

接受指定后，管理人按照破产法的规定对绿扬电器公司的财产状况进行了调查。现报告如下：

一、不动产状况

经管理人向扬中市不动产登记中心查询，绿扬电器公司名下无不动产登记记录。

二、动产状况

（一）现金接收情况

管理人未接管到绿扬电器公司的现金。

（二）银行存款查证情况

经管理人查询，绿扬电器公司在中国农业银行股份有限公司扬中市支行开立的一般存款账户已于2012年7月18日销户，未查询到其他账户信息。

（三）设施、设备、存货等资产查证情况

管理人未接管到绿扬电器公司的设施、设备，仅有一批价值极低的存货。

（四）车辆查证情况

经向镇江市公安局交通警察支队车辆管理所查询，绿扬电器公司名下无车辆注册登记的相关信息。

（五）对外投资情况

经管理人调查，没有发现绿扬电器公司有对外投资情况。

（六）应收账款情况

审计报告披露，绿扬电器公司可向 213 家单位和个人清收债权（账龄均超过五年），金额合计 358. 164 545 万元。为依法履行管理人的职责，同时尽量减少破产费用的支出，管理人对其中金额超过 3 000 元且能找到地址的 43 家单位和个人进行了发函催收。目前有 14 封邮件被退回；19 家单位或称货款两清，或称绿扬电器公司欠款，或称未与绿扬电器公司有过业务往来；剩余 12 家单位或个人收件后未作反馈。

（七）无形资产调查情况

管理人通过国家知识产权综合服务平台等官网查询，绿扬电器公司无商标及专利。

（八）注册资本缴纳情况

绿扬电器公司注册资本 101 万元且已实缴到位。

本次调查结果是在管理人接收到现有资料的基础上形成的。如果有新的证据，查到新的事实，我们会及时向债权人报告。

特此报告

扬中市绿扬电器设备有限公司管理人
二〇二〇年九月十五日

（二）法律评析

扬中市绿扬电器设备有限公司财产较少，债权债务较清晰，但对于财产状况报告的制作必须合法、真实、完整，且为扬中市绿扬电器设备有限公司的下一步走向（破产清算）做好了充分准备。

三、参考模板

关于×××（债务人名称）财产状况的报告

（××××）××破管字第×号

×××（债务人名称）债权人会议：

×××（债务人名称）因（写明破产原因），××人民法院于××××年××月××日作出（　　）×破字第×号民事裁定，受理×××（债务人名称）（重整/和解/破产清算）。×

×人民法院于××××年××月××日作出（　　）×破字第×号决定，指定×××担任管理人。

本管理人接受指定后，按照《中华人民共和国企业破产法》之规定，对×××（债务人名称）的财产状况进行了调查，现报告如下：

一、×××（债务人名称）基本情况

概述债务人成立的时间、注册资本、出资人及出资比例、法定代表人姓名、企业性质与企业经营范围等基本情况。

二、×××（债务人名称）的资产、负债及相关情况

列明×××（债务人名称）截至××××年×月×日的资产总额、负债总额及净资产额，并附资产负债表和资产、负债各项目的具体清单。

三、关联方关系及其往来余额

列明关联企业名称及与×××（债务人名称）的关系，并列明往来款科目、余额和性质。

四、或有事项

（一）列明未决诉讼或仲裁形成的或有负债

（二）列明提供债务担保形成的或有负债

五、其他事项

（一）双方当事人均未履行完毕的合同

列明合同名称、订立日期、合同金额、合同履行状态等情况。

（二）影响债务人财产变现能力的情况

列明财产的状况、保管费用、变现障碍等情况。

（三）其他债务人财产可能出现增减的情况

列明管理人行使撤销权、确认无效、追缴注册资本、行使抵销权等情况。

（管理人印鉴）

××××年××月××日

第七章 破产费用和共益债务

破产费用和共益债务是企业破产程序中产生的区别于其他债权的特殊费用和债务。1986 年制定的《企业破产法（试行）》只在“破产宣告和破产清算”一章中的第三十四条对“破产费用”作出了相关的规定，但并未对“共益债务”作出规定。2006 年制定的新企业破产法采用分别制的方式，取破产费用舍财团费用的概念，取共益债务舍共益债权的概念，对二者分别进行了规定并合并成章。

破产费用，是指在破产程序中，出于保障破产程序的顺利进行和维护债权人利益的需要，而由破产管理人以债务人财产随时支付的费用①。破产费用是必要的程序性费用，是维持破产程序进行和债务人财产管理过程中必要的程序性和常规性支出。破产费用的列入需要严格按照企业破产法及相关司法解释的规定予以执行，谨慎且合理地制定管理人报酬（包括担保物管理的报酬）支付的金额及方案，既要防止管理人发生以少多报等损害债权人利益的不当操作，也要尽可能地保证管理人履行职责的积极性。对于一些较为特殊的无产可破案件的破产费用，法院应当采取切实可行的解决对策，如债权人申请财产下落不明的债务人破产，法院可要求债权人先行垫付破产费用。实务中，法院应当要求管理人建立专门的破产费用会计账簿，按照财务规范进行记账并装订相应凭证，以便随时监督。破产案件结束时，在必要的情况下，法院还可以委托审计机构对破产费用进行审计监督。

共益债务，是指在破产程序中，为了全体债权人的共同利益或者基于保障破产程序顺利进行的目的而发生的，应当以债务人的财产随时优先受偿的债务②。与破产费用不同，共益债务是实体性债务而非程序性债务。它

① 孙创前．破产管理人实务操作指引［M］．北京：法律出版社，2017：209.

② 孙创前．破产管理人实务操作指引［M］．北京：法律出版社，2017：212.

是破产程序中为了使债权人共同受益而发生的债务，主要是为了维持、增益债务人财产的价值而产生的合理支出。实务中，共益债务的范围除了企业破产法第四十二条及相关司法解释的规定外，还具有一定的灵活性，需要具体案件具体把握。管理人、法院或者经债权人决议必要时可以基于维护债权人共同利益设定一些新的债务。

破产费用和共益债务是适用破产程序的物质保障。法院裁定符合破产条件的债务人进入破产程序是为了利用债务人的财产对拥有不同债权性质的债权进行公平的清偿。债务人进入破产程序后并不会立即消亡，还需要经过债务人财产的清收和债务的清偿的过程。为了避免债务人自行清算对债权人合法利益可能造成的侵害，保证法院在破产程序中的中立性地位，需要由法院依法按照程序指定适格的管理人对债务人进行全面的接管。管理人在接管债务人之后需要在市场经济条件下完结原有的法律关系或者依据职责建立新的法律关系。因此，债务人在管理人履职期间必然会因破产程序的进行而发生相应的费用和债务。这些费用和债务都必须是为了全体债权人的利益，也都由债务人财产予以承担。如果债务人的财产无法支撑破产程序运行的必要开支，那么破产程序也将无从开展。

破产费用和共益债务对于破产程序进行和债权人利益保护存在特殊的意义，企业破产法第一百一十三条也因此赋予了二者相较其他债权而言更为优先的清偿顺位。

第一节　破产费用的范围

企业破产法第四十一条规定，人民法院受理破产申请后发生的下列费用，为破产费用：（一）破产案件的诉讼费用；（二）管理、变价和分配债务人财产的费用；（三）管理人执行职务的费用、报酬和聘用工作人员的费用。本条所规定的破产费用在破产程序中由债务人财产随时清偿。

一、破产案件的诉讼费用

（一）破产案件申请费

当事人向人民法院申请破产，应当交纳申请费。2007 年 4 月 1 日起施行的《诉讼费用交纳办法》第十三条中规定：“案件受理费分别按照下列标准交纳：

财产案件根据诉讼请求的金额或者价额，按照下列比例分段累计交纳：1. 不超过 1 万元的，每件交纳 50 元；2. 超过 1 万元至 10 万元的部分，按照2.5%交纳；3. 超过10万元至20万元的部分，按照2%交纳；4. 超过20万元至50万元的部分，按照1.5%交纳；5. 超过50万元至100万元的部分，按照1%交纳；6. 超过100万元至200万元的部分，按照0.9%交纳；7. 超过200万元至500万元的部分，按照0.8%交纳；8. 超过500万元至1 000万元的部分，按照0.7%交纳；9. 超过1 000万元至2 000万元的部分，按照0.6%交纳；10. 超过2 000万元的部分，按照0.5%交纳。……”该办法第十四条对破产案件申请费的标准及上限做出了规定：“破产案件依据破产财产总额计算，按照财产案件受理标准减半交纳，但是最高不超过30万元。”此外，根据该办法第二十条，破产申请费在破产清算后交纳。

（二）破产案件的其他诉讼费用

其他诉讼费用主要包括三项：（1）证人、鉴定人员、翻译人员、理算人员的出庭费用；（2）破产公告的费用；（3）其他相关费用，如鉴定费、财产保全费、保管债务人财产所支付的必要管理费以及人民法院为查清事实所支付的鉴定、勘验等费用。

（三）与债务人相关民事诉讼的诉讼费用

此类费用主要指在破产程序进行中发生的与债务人相关的衍生民事诉讼，债务人作为诉讼主体而应负担的诉讼费用。根据最高人民法院《关于适用〈民事诉讼法〉的解释》第二百条的规定，破产程序中有关债务人的民事诉讼案件，按照财产案件标准交纳诉讼费，但劳动争议案件除外。案件受理费由原告、有独立请求的第三人、上诉人预交。被告提起反诉的，需要交纳案件受理费的，由被告交纳。此类费用还包括管理人行使撤销权的费用、为收回破产财产而必须提起诉讼的费用等。

二、管理、变价和分配债务人财产的费用

（一）管理费用

管理债务人财产的费用即管理人管理债务人财产所支出的各项必要费用，主要包括：第一，接受债务人财产所发生的费用，如管理人将分布在不同地区的债务人财产集中所发生的运输费用等。第二，债务人财产的清理费用。管理人接管债务人的财产后，需要对债务人的财产进行必要的清理、登记，以清晰地知悉债务人财产的具体情况。因此所支出的费用就是债务人财产的清理费用。第三，债务人财产的保管费用。债务人在进入破产程序后其原有的财产不再由其原有雇员占有使用，为了维护债权人的合法利益，防止债务人财产的不当减少和灭失，管理人需要雇佣看守人员或租赁场地进行保管。这些费用就构成了债务人财产的保管费用。第四，债

务人财产的维护、保养、修缮等费用。这类费用包括但不限于为防止财产老化而支付的费用，车辆、船舶等财产的登记年检费用以及更换、增设消防设施的费用、知识产权维护等。第五，债务人财产的保险费用。管理人依据保值增值原则可以为债务人的财产购买相应的保险，以避免债务人财产的贬值或灭失所带来的损失。第六，管理人因管理债务人财产而确需支付的其他费用。

（二）变价费用

债务人财产的变现需要经过相应的价值评估并按照合法的程序进行，因此所产生的变价费用也是破产费用的一部分。债务人财产的变价费用主要包括：第一，变价财产的评估费用。第二，拍卖、变卖财产的费用，包括公告费、财产介绍费、财产交易费、佣金等。第三，财产过户的费用和相关税费。第四，其他应支付的费用。

（三）分配费用

破产财产的分配费用主要是会议场地租赁费、会议资料费，公告、通知债权人受领财产的费用，债务人向债权人清偿债务所支出的手续费以及提存债权人未受领破产财产分配额的提存费用等。

三、管理人执行职务的费用、报酬和聘用工作人员的费用

（一）管理人执行职务的费用

管理人执行职务是指管理人履行破产法所规定的法定义务。企业破产法第二十五条规定：“管理人履行下列职责：（一）接管债务人的财产、印章和账簿、文书等资料；（二）调查债务人财产状况，制作财产状况报告；（三）决定债务人的内部管理事务；（四）决定债务人的日常开支和其他必要开支；（五）在第一次债权人会议召开之前，决定继续或者停止债务人的营业；（六）管理和处分债务人的财产；（七）代表债务人参加诉讼、仲裁或者其他法律程序；（八）提议召开债权人会议；（九）人民法院认为管理人应当履行的其他职责。本法对管理人的职责另有规定的，适用其规定。”这些费用与管理、变价、分配债务人财产所产生的费用经常发生重合，如果这些费用与债务人财产不相关，便可列入管理人执行职务的费用[①]。例如，管理人刻制管理人公章，公告、通知等费用；管理人的差旅费、调查费、召开债权人会议等费用。

---

① 付翠英．论破产费用和共益债务［J］．政治与法律，2010（9）．

（二）管理人聘用其他工作人员的费用

管理人经人民法院的许可，可以聘用工作人员。这些“其他工作人员”专指不从事管理人应当履行的职责的人员。管理人聘用的其他工作人员一般是债务人企业原管理人员和财务人员、专业技术工作人员等必要的留守人员。

（三）管理人报酬

企业破产法所规定的管理人制度赋予了管理人在破产案件中获取报酬的权利。管理人报酬主要包括两类：一是管理人自身的报酬，二是管理人聘请的从事与管理职责相关业务的专业人员的费用。第一类报酬不同于管理人执行职务的费用，前者具有不确定性，后者具有确定性。第一类报酬实质上就是管理人执行职务所产生的收益。第二类管理人报酬严格意义上并不能算作管理人报酬，它是被规定在管理人报酬范围内进行支付的费用。最高人民法院管理人报酬规定第十四条规定：“律师事务所、会计师事务所通过聘请本专业的其他社会中介机构或者人员协助履行管理人职责的，所需费用从其报酬中支付。破产清算事务所通过聘请其他社会中介机构或者人员协助履行管理人职责的，所需费用从其报酬中支付。”根据上述规定，第二类费用也应当归之为管理人报酬。

我国管理人报酬的计算方式采取的是按标的额计算。管理人报酬原则上应当根据破产案件的审理进度和管理人履行职责情况分期支付。案情简单、耗时较短的破产案件，可以在破产终结后一次性向管理人支付报酬①。人民法院是确定管理人报酬的主体，拥有最终的决定权。但是，债权人会议对管理人报酬具有知情权、协商权和异议权。管理人经人民法院许可聘用企业经营管理人员，或者管理人确有必要聘请其他社会中介机构或人员处理重大诉讼、仲裁、执行或审计等专业性较强工作，如所需费用需要列入破产费用的，应当经债权人会议同意②。

第二节　共益债务的范围

对于共益债务的范围，企业破产法第四十二条规定：“人民法院受理破产申请后发生的下列债务，为共益债务：（一）因管理人或者债务人请求对方当事人履行双方均未履行完毕的合同所产生的债务；（二）债务人财产受

① 全国法院破产审批工作会议纪要（法〔2018〕53号）第10条。

② 全国法院破产审批工作会议纪要（法〔2018〕53号）第11条。

无因管理所产生的债务；（三）因债务人不当得利所产生的债务；（四）为债务人继续营业而应支付的劳动报酬和社会保险费用以及由此产生的其他债务；（五）管理人或者相关人员执行职务致人损害所产生的债务；（六）债务人财产致人损害所产生的债务。”除此之外，最高人民法院企业破产法司法解释（二）也对共益债务作出了相应的司法解释，进一步明确了共益债务的范围。

在破产程序中，共益债务由破产财产随时清偿。共益债务的清偿顺位优先于职工债权、其他社会保险费用、税款和普通债权。

一、共益债务的种类

（一）履行双方均未履行完毕的合同所产生的债务

破产案件中双方均未履行完毕的合同被称为“待履行合同”。对于待履行合同，企业破产法第十八条赋予了管理人拥有决定是否继续履行的选择权。当管理人决定继续履行待履行合同时，由此所产生的债务作为共益债务予以清偿。一般合同中，根据企业破产法第四十一条第一项、第七十三条等条款的规定，此类共益债务包括：（1）按照合同约定所支付的对价；（2）因合同相对人要求债务人提供担保所产生的费用；（3）因债务人合同履行瑕疵所产生的违约金等债务。针对一些特殊类型的合同，企业破产法司法解释（二）第三十四条、第三十七条、第三十八条等条款作出了进一步的解释（详见本章第三节）。

（二）受无因管理所产生的债务

在一些破产案件中，债务人财产并非均由债务人有效掌握并控制。当债务人财产由第三方掌握或分散在他地且无法定或约定事由的情况时，为了维护债务人利益进行管理或提供服务均可能产生无因管理之债。无因管理人可向管理人提出清偿以下债务的主张：（1）必要的管理费用，以债务人财产收益额为限；（2）因管理债务人财产所受的损失；（3）执行管理事务所承担的合理负债。

（三）不当得利所产生的债务

破产案件中可以作为共益债务予以优先清偿的不当得利债务必须是破产申请受理后，因管理人在管理和继续营业中发生的使他人利益受损而得利所产生的债务。这一类债务既包括债务人获得财产价值，还包括法定孳息。例如，所有权保留买卖合同中出卖人破产决定解除合同并要求买受人向其交付买卖标的物，若买受人依法履行了合同义务并将买卖标的物交付给出卖人管理人时，买受人已支付的价款损失所形成的债权及孳息应当作为共益债务由出卖人予以优先清偿。此外，管理人在清偿不当得利所形成的共益债务时还应当扣除因管理该财产所支付的必要费用。

（四）继续营业所产生的债务

破产案件中，管理人可根据债务人企业继续营业能否有助于债务人财产的增加或者防止其价值减损，在第一次债权人会议之前向法院或第一次债权人会议之后向债权人会议提出继续营业的申请。若法院或债权人会议允许债务人企业继续营业，债务人企业因此所产生的共益债务主要包括：(1) 债务人所留用的职工或另行聘用人员的劳动报酬；(2) 依据《劳动法》《社会保险征缴暂行条例》《失业保险条例》等法律法规所产生的社会保险费用；(3) 由此产生的如营业税费、职工损害赔偿等其他债务；(4) 继续营业所必须支付的必要费用，包括原材料的购入费、生产成本、电费等。

（五）执行职务致人损害所产生的债务

在破产程序中，因管理人及其聘用人员执行职务行为造成损害所产生的债务属于共益债务。管理人及其聘用人员侵权之债，包括财产侵权之债和人身侵权之债。若该侵权之债的产生系由管理人及其聘用人员重大过失或过错所造成的，债权人可依据企业破产法第一百三十条的相关规定予以追偿。企业破产法司法解释（二）第三十、第三十一、第三十二、第三十三条等司法解释对这类债务作出了进一步的解释：(1) 破产申请受理后，因管理人及其聘用人员执行职务导致违法转让行为构成善意取得并导致原权利人损害所产生的债务，属于共益债务（第三十条）；(2) 破产申请受理后，债务人占有的他人财产被违法转让给第三人，第三人已向债务人支付了转让价款，但依据《物权法》第一百零六条的规定未取得财产所有权，原权利人依法追回财产的，对因第三人已支付对价而产生的债务，人民法院应当将之认定为共益债务（第三十一条）；(3) 债务人占有的他人财产毁损、灭失，因此获得的保险金、赔偿金、代偿物尚未交付给债务人，或者代偿物虽已交付给债务人但能与债务人财产予以区分的，权利人主张取回就此获得的保险金、赔偿金、代偿物的，人民法院应予支持。财产毁损、灭失发生在破产申请受理后的，因管理人或者相关人员执行职务行为导致权利人损害产生的债务，作为共益债务予以清偿（第三十二条）；(4) 管理人或者相关人员在执行职务过程中，因故意或者重大过失不当转让他人财产或者造成他人财产毁损、灭失，导致他人损害产生的债务作为共益债务，由债务人财产随时清偿，不足弥补损失，权利人向管理人或者相关人员主张承担补充赔偿责任的，人民法院应予支持（第三十三条）。

（六）财产致人伤害所产生的债务

在破产程序中，因债务人财产致人损害的，包括致他人人身损害和财产损害，均为共益债务。此类共益债务与管理人及其聘用人员执行职务的行为无关，因此单独加以区分。此类共益债务在实践中常表现为高空坠物、营运车辆发生交通事故、火宅等情形所造成的债务。

二、难点剖析

共益债务作为非程序性债务，是在破产程序中为了使债权人共同受益而产生的债务，主要是为了维持、增益债务人的财产而产生的债务。在实践中，为了维持、增益债务人的财产所发生的债务除了企业破产法第四十二条规定的具体情况以外，还需要根据具体案件进行具体把握。在确实有利于维持、增益债务人财产的基础上，管理人、人民法院或者债权人会议决议可以为债权人的共同利益设定一些新的债务并视同为共益债务。例如，在债务人破产前，政府为消除一定的安全隐患、解除应急的民生问题而筹措的必要资金等。

第三节　破产解除权的行使

管理人制度赋予了管理人对未履行或未履行完毕的双务合同继续履行或解除的选择权。然而，企业破产法对未履行或未履行完毕合同的处理原则仅作了一般性的规定，并未针对不同的合同类型给出合理解决的特别规定。这在一定时间内导致了司法实践中管理人解除权行使的争议。2013 年 9 月 16 日起施行的企业破产法司法解释（二）对未履行或未履行完毕合同的处理作出了一定的释明，但仍需根据具体情况具体判断。

一、概述

破产解除权，是指破产管理人在维护债权人合法权益并保证公平清偿债务的基础上对债务人未履行或未履行完毕的合同拥有法定解除的权利。破产解除权最为重要的理论基础和指导原则是破产企业财产保值增值原则，又称为债务人财产保值增值原则。债务人财产保值增值原则是指破产立法和实践中需要以债务人财产保值增值为目标，以尽可能增加债务人财产的范围和价值的方式设计破产立法，并在合法性框架下以此为原则实施破产法①。

---

① 王刚．房地产企业破产中待履行商品房买卖合同的解除权研究［J］．河北法学，2019，37（2）．

我国企业破产法第十八条规定，人民法院受理破产申请后，管理人对破产申请受理前成立而债务人和对方当事人均未履行完毕的合同有权决定解除或者继续履行，并通知对方当事人。管理人自破产申请受理之日起二个月内未通知对方当事人，或者自收到对方当事人催告之日起三十日内未答复的，视为解除合同。管理人决定继续履行合同的，对方当事人应当履行；但是，对方当事人有权要求管理人提供担保。管理人不提供担保的，视为解除合同。我国破产法之所以作出此种规定，是因为债务人已经进入破产程序，在多数情况下已经失去了继续履行合同的能力，出于保障债权人权益最大化的基本原则，使未履行或未完全履行的合同关系尽快脱离不稳定的状态而赋予了管理人选择继续履行或解除合同的权利。

二、难点剖析

（一）一般情形

在司法实践中，债务人在破产受理前成立的合同依其履行程度的不同，大致有以下三种处理方式：

第一，对于债务人已完全履行而对方当事人尚未履行或未履行完毕的合同，只能要求对方当事人继续履行。债务人因对方未履行而享有的债权，属于破产财产。

第二，对于对方当事人已完全履行而债务人尚未履行或未履行完毕的合同，管理人原则上不能决定继续履行，因此时已形成对方当事人对债务人的债权，继续履行合同实际上将构成对个别债权人的违法清偿。

第三，对于债务人和对方当事人而言均未履行完毕的合同，一般赋予管理人选择权，其目的在于使破产财产的价值达到最大化和尽量减少负债，以及在重整中使债务人能够尽可能不中断地继续生存和营业下去。

（二）租赁合同

租赁合同中存在债务人作为承租人或出租人的两种情况，管理人在行使破产解除权时需要分别考虑。

1. 承租人破产时未到期租赁合同的解除

根据企业破产法第十八条的规定，在租赁合同中，承租人破产时，其管理人有权选择解除合同。实践中，当承租人破产并进入破产清算程序时，除管理人执行职务需要继续履行的，一般予以解除；如果是重整或者和解程序，因生产经营需要则继续履行，对不需要的部分可以依法解除①。出租

---

① 徐根才．破产法实践指南［M］．北京：法律出版社，2018：59.

人因管理人解除合同所遭受的损失作为普通破产债权予以清偿。

2. 出租人破产时未到期租赁合同的解除

在出租人破产的情况下，管理人是否有权解除合同，在实践中争议较大。实践中，有观点认为“买卖不破租赁”，管理人无权解除合同①。另一种观点则认为，租赁权的特殊性是针对普通债权而言，破产清算是破产财产处置的特殊程序，租赁权在破产程序中没有法律和理论基础，如果采用对租赁权进行特殊保护的原则，势必会影响破产财产的变现。山东省高级人民法院民二庭发布的《关于2007年至2011年山东法院破产案件审理情况的调查报告》中认可了后一种观点，即管理人有权解除破产企业与他人签订的租赁合同②。

合同解除后，承租人应当向出租人返还租赁财产。但是，承租人在合同解除前因对租赁财产占有使用所获得收益不应当予以返还。出租人应当将承租人预期支付的租金、押金等予以返还。此外，承租人在租赁合同履行期间支付的必要费用和有益费用也应当由出租人予以返还。在不动产租赁合同中，管理人解除合同后，承租人可以行使取回权。对于可与租赁不动产分割的财产，由承租人依据取回权予以取回。对于已形成附合的装饰物，承租人如何行使取回权，目前尚无明确的规定。山东省高院民二庭在前文所述报告中的主张是由承租人选择拆除或在与破产财产一同拍卖后通过评估折价的方式行使取回权。上述因财产或费用返还义务而产生的债务均属于共益债务。

出租人因解除合同造成承租人发生的损害赔偿责任，则依据企业破产法第五十三条的规定作为破产债权予以申报。

（三）房地产企业破产中待履行的商品房买卖合同

在房地产企业破产案件中，待履行的商品房买卖合同如何处理是实践中的一大难题。最高人民法院于2015年发布了《关于人民法院办理执行异议和复议案件若干问题的规定》（以下简称《2015执行异议复议规定》），第二十九条规定：“金钱债权执行中，买受人对登记在被执行的房地产开发企业名下的商品房提出异议，符合下列情形且其权利能够排除执行的，人民法院应予支持：（一）在人民法院查封之前已签订合法有效的书面买卖合同；（二）所购商品房系用于居住且买受人名下无其他用于居住的房屋；（三）已支付的价

---

① 王欣新．破产法［M］．北京：中国人民大学出版社，2011：61.

② 最高人民法院民事审判第二庭．企业改制、破产与重整案件审判指导［M］．北京：法律出版社，2018：199.

款超过合同约定总价款的50%。”上述规定对于商品房买卖合同的买受人，在其符合签订书面买卖合同、名下无其他用于居住的房屋、已支付了超过合同约定总价款50%的条件下，给予其特别的保护，即赋予其提出排除执行争议房屋的权利。《2015执行异议复议规定》第二十九条规定的购房者通常被认定为消费型购房者。管理人是否可以解除与消费型购房者之间的购房合同？这涉及对消费型购房者基本生存权利的保障，需要兼顾法定性与公平性的双重考量。房地产企业破产时除了存在待履行消费型购房买卖合同，还可能存在非消费型商品房买卖合同和以房抵债型商品房买卖合同。

因此，待履行商品房买卖合同依性质可以分为消费型商品房买卖合同、非消费型商品房买卖合同、以房抵债型商品房买卖合同。与合同法上的合同解除权行使不同，管理人的破产解除权的行使因待履行合同性质的不同而有所限制。

1. 消费型商品房买卖合同中管理人破产解除权之行使

消费型购房合同的待履行性质认定应兼顾法定性和公平性。同样基于法定性和公平性之考量，对于这一类合同的破产解除权，管理人在行使时应当谨慎为之，权衡利弊。消费型购房是基于生存需要，若管理人在行使破产解除权时像行使合同法上的合同解除权一样，而不受其他限制，则购房消费者的基本生存权利将会受到重大影响，更为严重的甚至会影响社会的安全稳定。基于此，物权期待说被提及，认为消费型购房合同中的房产是将来交付的，消费者对其享有物权法意义上期待权。物权期待权虽然不是完整意义上的物权，但其仍然具备物权属性，已具有排除妨碍权利实现的权能，即限制该物权期待权的相对方对标的物再进行新的处分。所以，对于消费型购房合同，管理人的破产解除权应当受到限制①。

如何限制管理人的破产解除权，应当通过两方面理解。一是从破产解除权行使本身限制。对于认定为消费型购房合同的，管理人一般不能行使破产解除权，应当恪守最大限制原则，除非破产解除权的行使促成购房消费者权益保障和破产企业财产保值增值同步实现；二是从破产解除权外部限制。在管理人基于破产企业财产保值增值原则对消费型购房合同行使破产解除权后，应当对被解除后的消费型购房人的合法权益，特别是其基本生存保障权进行制度上的优先保护，如将合同相对人已经给付的房款本金规定为共益债务可以要求随时受偿。

---

① 王刚 房地产企业破产中待履行商品房买卖合同的解除权研究［J］. 河北法学，2019，37（2）.

2. *非消费型商品房买卖合同中管理人破产解除权之行使*

非消费型商品房买卖合同的购房者是指在签订购房合同时，其名下已有一套或者一套以上商品房的购房者。这一类购房者多为投资型、普通型购房，通常争议房产对其基本生存保障权影响不是特别重大。管理人在行使该类合同破产解除权时首先要考虑破产企业财产保值增值，通常只要符合该原则即可行使破产解除权。但是司法实践中，因案件类型、购房人家庭背景、收入状况各异，也不能一概而定。若经过综合考量发现，在行使破产解除权后将会对购房人基本生存造成严重影响时，此时应当慎重行使破产解除权，或者在行使破产解除权后给予购房人消费型购房人待遇①。

3. *以房抵债型商品房买卖合同中管理人破产解除权之行使*

以房抵债型合同的效力认定，是破产解除权、破产撤销权甚至合同法解除权交相作用的领域，管理人对此采取的措施也各不相同。该类合同与上述非消费型合同不同，与消费型合同更是有着本质上的区别。以房抵债型购房合同多为事后约定通过商品房抵偿债务的合同，不论是否在破产前一年临界期内，依据《2015 执行异议复议规定》第二十九条的规定，该行为均属于破产撤销权的调整对象，可以通过破产撤销权将其撤销。即使被抵的债务尚未完全确定，若选择继续履行也构成了破产法禁止的个别清偿，因违背破产财产保值增值原则而应被撤销。故对于以房抵债型合同，管理人破产解除权的行使不受限制，也即，根据破产财产保值增值原则管理人在无正当理由的情况下必须行使解除权，不得选择继续履行②。

（四）所有权保留买卖合同

约定有所有权保留的买卖合同，简称为所有权保留买卖合同，是指在转移动产所有权的买卖中，根据当事人的约定，出卖人转移标的物的占有于买受人，但仍保留其对该动产的所有权，在买受人支付一部分或全部价款或完成特定条件时，该动产的所有权才发生转移的一种合同。我国民法典第六百四十一条规定了所有权保留买卖合同制度，并在第六百四十二条规定了出卖人的取回权及在第六百四十三条规定了出卖人取回权限制等内容③。但是，其对出卖人或者买受人破产的情形下，如何处理相关问题并未

---

① 王刚．房地产企业破产中待履行商品房买卖合同的解除权研究［J］．河北法学，2019，37（2）．

② 王刚．房地产企业破产中待履行商品房买卖合同的解除权研究［J］．河北法学，2019，37（2）．

③ 所有权保留买卖合同在《民法典》实施以前被规定在《合同法》第 134 条及《最高人民法院关于审理买卖合同纠纷案件适用法律问题的解释》第 34 至 37 条。

作出明确规定。根据企业破产法第十八条的规定，管理人有权基于债务人利益最大化的目的，自行决定继续履行或者解除双方均未履行完毕的合同。所有权保留合同属于双方均未履行完毕的合同，该合同是否继续履行，其选择权完全在于破产管理人。在出卖人破产与买受人破产的不同情形下，破产管理人选择继续履行合同还是解除合同，对相关权利人能否行使合同法上的出卖人取回权和破产法上的取回权有很大的差别，因此有必要对此作出相应的区分①。

1. *对待履行所有权保留买卖合同破产解除权的原理和适用*

企业破产法第十八条规定："人民法院受理破产申请后，管理人对破产申请受理前成立而债务人和对方当事人均未履行完毕的合同有权决定解除或者继续履行，并通知对方当事人。管理人自破产申请受理之日起二个月内未通知对方当事人，或者自收到对方当事人催告之日起三十日内未答复的，视为解除有权要求管理人提供担保。管理人不提供担保的，视为解除合同。"在这里，需要明确的是债务人为他人担保而签订的担保合同，管理人无权要求解除，必须继续履行。担保责任不因担保人的破产而解除，是一项基本原则②。

（1）所有权保留买卖合同尚未履行完毕的认定标准

买卖合同双方当事人在合同中约定标的物所有权保留，在买受人未履行完毕支付价款或者其他义务导致标的物所有权转移给买受人前，一方当事人破产的，该买卖合同属于双方均未履行完毕的合同。因此，所有权保留买卖合同尚未履行完毕的认定标准有二：① 买受人尚未支付价款或者其他义务；② 出卖人尚未转移标的物的所有权至买受人。

（2）一方当事人破产时其管理人有权挑拣履行所有权保留买卖合同

在出卖人破产时，其管理人对双方均未履行完毕的所有权保留买卖合同有挑拣履行的权利；在买受人破产时，其管理人对双方均未履行完毕的所有权保留买卖合同亦有挑拣履行的权利。我们可以从以下四个方面分析管理人对于未履行完毕的所有权保留买卖合同的解除选择权：

第一，管理人基于债务人财产最大化的目的具有挑拣履行合同的决定权，可以要求对方当事人继续履行合同，或者单方解除合同。这种决定权在一定程度上限制了对方当事人的合同处分权。

---

① 最高人民法院民事审判庭第二庭．最高人民法院关于企业破产法司法解释理解与适用［M］．北京：人民法院出版社，2017：387-388.

② 王欣新．破产法［M］．北京：中国人民大学出版社，2007：82.

第二，管理人有权决定解除是破产申请受理前双方当事人均未履行完毕的合同，不包括一方履行完毕、另一方当事人未履行完毕的合同。对债务人已经完全履行而对方当事人尚未履行或未履行完毕的合同，管理人无权决定解除。对于所有权保留买卖合同而言，由于买受人尚未支付价款或履行其他义务，该买卖标的物尚未转移至买受人，因此，该合同是一种双方均未履行完毕的合同，管理人对此合同有决定是否继续履行的权利。

第三，管理人的决定权受到一定限制。一方面，履行的意思表示必须明示并通知对方当事人，而且必须在自破产申请受理之日起两个月内通知；另一方面，为保障对方当事人的合法权益，管理人要求对方当事人履行合同时必须满足对方当事人的担保请求。

第四，所有权保留买卖合同不适用于不动产。《最高人民法院关于审理买卖合同纠纷案件适用法律问题的解释》（以下简称《买卖合同司法解释》）第三十四条明确规定："买卖合同当事人主张合同法第一百三十四条关于标的物所有权保留的规定适用于不动产的，人民法院不予支持。"该司法解释的规定应当适用于破产程序，因此，所有权保留买卖合同在破产程序中也不能适用于不动产①。

2. 出卖人破产决定解除合同时出卖人追收权利的行使

出卖人破产，出卖人管理人决定解除合同的，原买卖合同不再履行。对于出卖人而言，其基于标的物所有权尚未转移至买受人所有的事实，其有权依据企业破产法第十七条的规定，将属于出卖人的财产追回后作为债务人财产。此时的出卖人所行使的权利，并非《合同法》下的出卖人取回权，而是破产法中的追收他人持有的债务人财产的权利。因此，不以买受人违约为权利行使的前提条件。

买卖合同解除后，一方面，出卖人应当依法追回所有权尚属于出卖人的标的物；另一方面，出卖人应当将买受人已经支付其的相应价款返还给买受人。但是，由于此时出卖人已经进入破产程序，买受人作为出卖人的债权人，基于出卖人返还价款损失形成的债权，应当区分买受人是否存在违约行为而确定其清偿地位。买受人依法履行合同义务并将买卖标的物交付出卖人管理人后，买受人已支付价款损失形成的债权作为共益债务清偿；买受人违反合同约定，则买受人已支付价款损失形成的债权作为普通破产债权清偿。

---

① 最高人民法院民事审判庭第二庭．最高人民法院关于企业破产法司法解释理解与适用［M］．北京：人民法院出版社，2017：394-395.

须注意的是，无论在何种情形下，出卖人就该买卖标的物价值贬损的部分，可以从买受人已经支付价款中予以扣除①。

3. *买受人破产决定解除合同时出卖人破产取回权的行使*

买受人破产的，根据企业破产法第四十六条第一款的规定，未到期的债权，在破产申请受理时视为到期。因此，虽然按照原买卖合同双方当事人的约定，买受人支付有关款项或者履行其他义务的期限尚未到期，但由于买受人进入了破产程序，原约定的履行期限自破产申请受理之日加速到期。买受人管理人应当及时向出卖人支付尚未支付的全部价款或者履行完毕其他义务。买受人管理人支付完毕全部价款或者履行完毕全部义务后，该买卖标的物归入债务人财产。

如果买受人管理人无正当理由未及时履行支付价款或者其他义务的，构成买受人的违约，出卖人可以依据民法典（合同编）的相关规定行使合同取回权。如果买受人管理人有将标的物出卖、出质或者作出其他不当处分（比如不当使用标的物），对出卖人造成损害的，则构成危害债权的行为，出卖人可以根据民法典（合同编）的规定行使买卖合同出卖人取回权。在此时，由于合同债权已经加速到期，所以买受人以未届合同约定的履行期限为由进行的抗辩不能成立②。

在这里需要注意的是，出卖人行使的取回权是合同取回权，而非破产取回权，所以出卖人行使取回权时应当受到以下限制：① 出卖人的取回权应当受到“买受人已经支付的价款达到标的物总价款的75%以上”的限制；② 出卖人的取回权受到善意取得制度的限制；③ 出卖人行使取回权但未能取回标的物的，出卖人可以依据所有权保留买卖合同要求买受人管理人继续履行合同义务并承担违约责任；④ 出卖人不能行使取回权的情形下，其因买受人及其管理人造成的损失形成的债权可以作为共益债务予以清偿。出卖人对因买受人未支付价款、未履行完毕其他义务，以及买受人管理人将标的物出卖、出质或作出其他不当处分给出卖人造成损失形成的债权主张以共益债务偿还的，应当首先以买受人已经支付的价款予以抵销，剩余部分以共益债务予以清偿。

---

① 最高人民法院民事审判庭第二庭．最高人民法院关于企业破产法司法解释理解与适用［M］．北京：人民法院出版社，2017：410.

② 最高人民法院民事审判庭第二庭．最高人民法院关于企业破产法司法解释理解与适用［M］．北京：人民法院出版社，2017：417.

第四节 “无产可破”案件的破产费用解决对策

“无产可破”案件是指破产债务人财产不足以覆盖破产费用支出的破产案件。从债务人财产的角度可以分为绝对的“无产可破”案件和相对的“无产可破”案件。前者是指破产企业毫无正资产，包括无形资产和有形资产。后者是指破产企业仍有一定的诸如股票、债权等非货币资产，但其流动资金不足以支付破产费用。“无产可破”案件从是否存在可被追回的财产的角度可以分为实质上的“无产可破”案件和形式上的“无产可破”案件。前者是指即使穷尽一切手段，债务人也没有足够的破产财产用以分配。后者是指破产申请受理时尽管债务人可能没有财产记录，但通过清理，可以追回部分财产①。

目前，世界各国的破产立法与实践均认为，在“无产可破”案件中继续推进破产程序是有一定意义的，主要包括三个方面：一是在“无产可破”案件中，只有继续破产程序，管理人才能够通过行使撤销权继续追回被非法处置的财产；二是在“无产可破”案件中，继续破产程序有利于管理人对公司高管人员行使取回权，发现公司高管人员失职、违法行为，追究其法律责任；三是在“无产可破”案件中，继续破产程序对于提升管理人积极性、培育管理人队伍有重要作用②。

在我国破产法的司法实践中，管理人报酬的支付是推进“无产可破”案件破产程序的一大困境。在这类案件中，管理人因其自身的报酬都无法得到保障，因而缺乏继续推进破产程序的积极性。法院对“无产可破”案件的审理工作也往往因此而陷入僵局。最高人民法院管理人报酬规定第十二条规定：“管理人报酬从债务人财产中优先支付。债务人财产不足以支付管理人报酬和管理人执行职务费用的，管理人应当提请人民法院终结破产程序。但债权人、管理人、债务人的出资人或者其他利害关系人愿意垫付上述报酬和费用的，破产程序可以继续进行。上述垫付款项作为破产费用从债务人财产中向垫付人随时清偿。”但是，在“无产可破”案件中利害相关人往往并无意愿通过垫付资金的方式推进破产程序的运行，实践效果往

① 胡瑜．论“无产可破”案件审理的困境及对策——基于管理人报酬的视角［J］．法制与经济，2015（1）．

② 胡瑜．论“无产可破”案件审理的困境及对策——基于管理人报酬的视角［J］．法制与经济，2015（1）．

往较差。如何解决“无产可破”案件的破产费用的困境，成为实践中需要认真对待的难题。

二、破解“无产可破”案件破产费用困境的实践

（一）浙江省法院的应对方式

浙江省高级人民法院结合浙江省全域内破产法的实践情况，于 2013 年 2 月 20 日印发了《关于规范企业破产案件管理人工作若干问题的意见》。该意见第二十一条针对“无产可破”案件规定：“企业破产案件受理以后，发现债务人财产不足以支付管理人报酬和管理人执行职务费用的，如债权人、管理人和其他利害关系人愿意承担或垫付管理人报酬和管理人执行职务费用的，人民法院可予准许，依法推进企业破产进程。前款情形的企业破产案件，可以从财政部门依法成立的管理人报酬保障资金和当地律师协会、注册会计师协会经依法批准设立的管理人报酬援助资金中提取部分款项，用于支付管理人报酬。各中级人民法院按照最高人民法院的要求和省高级人民法院的部署，协调当地财政部门成立管理人报酬保障资金，会商当地律师协会、注册会计师协会建立管理人报酬援助资金。使用管理人报酬保障资金和管理人报酬援助资金支付管理人报酬，应在听取债权人会议意见后，由受理企业破产案件人民法院的院领导召集审判业务庭、司法鉴定处和监察室负责人研究确定具体方案。”根据该条规定，在“无产可破”案件中管理人报酬可通过两种方式予以解决：（1）债权人、管理人和其他利害关系人先行垫付；（2）政府财政部门设立管理人报酬保障资金和当地律师协会、注册会计师协会设立管理人报酬援助资金的方式予以解决。

此外，该意见的第二十二条还允许经债权人会议确认，将债权人对债务人未知财产的追索权以及对公司股东、董事、实际控制人等相关责任人的民事请求权全部或部分转让给管理人，以折抵应予支付的管理人报酬和管理人执行职务费用。

浙江省高级人民法院通过上述的方式保障了“无产可破”案件中管理人获得报酬的可能，进而推动破产程序的继续进行。管理人将因此能够通过行使撤销权继续追回被非法处置的财产，发现公司高管人员失职、违法行为，追究其法律责任。其他破产费用和债权人利益也将因破产程序的继续进行而获得一定程度的保障。

一是在“无产可破”案件中，只有继续破产程序，管理人才能够通过行使撤销权继续追回被非法处置的财产；二是在“无产可破”案件中，继续破产程序有利于管理人对公司高管人员行使取回权，发现公司高管人员

失职、违法行为，追究其法律责任；三是在“无产可破”案件中，继续破产程序对于提升管理人积极性、培育管理人队伍有重要作用。

（二）滨州法院的应对方式

滨州市中级人民法院在应对“无产可破”案件破产费用难题的实践中，采取了两种相互配合的方式予以解决。一是合理选择破产案件并分配指定管理人。滨州市中级人民法院通过对受理的破产案件进行初步审查，将破产案件分为报酬相对较多的案件和报酬相对较少的案件，并根据同一个中介机构已办理案件的实际报酬情况进行管理人的分配工作。二是通过设立“破产管理人报酬基金”推进“无产可破”案件的审理。启动资金来源于财政拨款、法院诉讼费收入和社会资助，后期从管理人报酬中提取。基金由法院设立专门账户，统一管理使用。

（三）无锡市中级人民法院的应对方式

无锡市中级人民法院在《关于规范和加强破产管理人选任、管理工作的意见》的基础上，结合破产案件审判实践，制定了《关于管理人报酬基金的管理办法》。其中第二十九条规定了管理人报酬基金的设置：“承办业务庭认为管理人在个案中收取的报酬过高的，经报请分管院长同意，基层法院同时报请中院业务庭核准后，可以提取一定金额列入管理人报酬基金。管理人在个案中收取的报酬难以支付工作成本的，承办业务庭可以根据管理人的申请从管理人报酬基金中拨付一定金额予以补偿。”此外，该办法还规定了管理人报酬基金的补偿对象，明确管理人报酬基金用作管理人报酬过低或无法计算时的补偿。

实践中，无锡市中级人民法院成立管理人报酬基金以应对“无产可破”案件困境的方式取得了较好的实践效果。但是，笔者认为上述第二十九条的规定还是存在一定的问题。笔者认为承办业务庭如若认为管理人的报酬过高，应当在个案中予以纠正，而不是将承办业务庭认为管理人报酬中过高的部分提取出来列入管理人报酬基金。就个案而言，法院作为中立的审判机关应当以维护个案中全体债权人的合法利益为目的，合法推进破产程序的进行，最大程度上保证债权的实现。最高人民法院在管理人报酬规定第八条中规定：“人民法院确定管理人报酬方案后，可以根据破产案件和管理人履行职责的实际情况进行调整。”按照该条的规定，承办业务庭认为管理人在个案中收取的报酬过高时，可以通过对管理人报酬进行调整的方式减少个案中管理人的报酬，从而降低破产费用，维护全体债权人的合法权益。承办业务庭将管理人报酬中过高部分提取列入管理人报酬基金的做法在一定程度上损害了该案债权人的应得利益。

（四）深圳市中级人民法院的应对方式

深圳市中级人民法院在面对“无产可破”案件困境时，采取的是成立管理人援助资金的方法。2015 年 3 月 12 日经深圳市中级人民法院审判委员会民事行政执行专业委员会修订后施行的《深圳市中级人民法院破产案件管理人援助资金管理办法》（以下简称《管理人援助资金管理办法》）对管理人援助资金进行了明确的规定。其中第七条规定了管理人可以申请援助资金的三种情形：“（一）债务人无财产支付破产费用；（二）债务人财产不足 15 万元，不足以支付破产费用，且无利害关系人垫付资金；（三）债务人财产不足 15 万元，虽有利害关系人垫付资金，但利害关系人垫付的资金和债务人财产合计不足 15 万元，不足以支付破产费用。”这三种情形都属于“无产可破”案件的范畴。实践中，“无产可破”案件的管理人可以通过向法院提出申请，再由法院管理人援助资金审批小组根据破产案件的繁简程度和管理人的履职情况，决定是否予以援助。

深圳市管理人援助资金的来源主要由政府的财政拨款和深圳市中级人民法院从管理人所得报酬中提取的资金。管理人援助资金由法院进行管理并监督。自 2012 年以来深圳市政府每年都会对援助资金提供 200 万元左右的财政支持。《管理人援助资金管理办法》第三条则对人民法院提取管理人报酬的标准作出了规定：“本院按下列标准从管理人所得报酬中提取援助资金：（一）不超过一百万元（含本数，下同）的，按 4%确定；（二）超过一百万元至三百万元的部分，按 4.5%确定；（三）超过三百万元至五百万元的部分，按 5%确定；（四）超过五百万元至一千万元的部分，按 5.5%确定；（五）超过一千万元的部分，按 6%确定。管理人所得报酬不足 10 万元的，不提取援助资金。管理人应得报酬超过 10 万元，但依照前款规定提取援助资金后少于 10 万元的，低于 10 万元的部分不收取。合议庭按照本条规定确定应提取的援助资金额度，书面通知管理人交纳。”该办法还对管理人获得援助资金后具体的用途进行了明确规定，不再局限于管理人报酬，还将管理、变价和分配债务人财产的费用、管理人执行职务的费用、档案保管的费用及法院认为应当支付的其他费用。这也使得管理人援助资金对于解决“无产可破”案件的破产费用更具实践意义。

（五）南京市中级人民法院的应对方式

南京市中级人民法院在考察司法实践基础上，同时成立了破产管理人协会和援助基金会。其中，南京市金陵破产管理人援助基金会是由南京市人民政府提供原始基金、专门用于保障无产可破等案件费用和管理人报酬发放的非公募基金会。同时，依照国务院《基金会管理条例》接受捐赠以保证对破产管理人援助的可持续性。其资金来源于政府部门划拨的专项资金、民间和理事单位的捐赠、投资收益、管理人报酬提留形式的捐赠等。依照相关法律规定，基金会制定了章程，建立了理事会、常务理事会、监事、秘书处、管理委员会、评审委员会等组织机构并配备与其开展活动相适应的专职工作人员[①]。

南京市中级人民法院开创的基金会自治模式相较其他模式而言具有以下几点优势：（1）以公益为目的。管理人援助基金会依照《基金会管理条例》的规定成立，目的是为了促进“无产可破”的债务人企业可以有序退出市场，促进和维护地方经济健康发展和社会稳定，具有公益性。并且基金会为办理此类案件的管理人提供补偿费用，避免管理人因自身利益受损而丧失积极性；（2）财产独立。管理人援助基金会最直接的作用就是要比社团法人在更高水平上确保财产的独立、中立于各种势力的支配欲求，防止这些财产被滥用、侵占，以使财产的目的能够安全的实现[②]；（3）运作更加规范。根据《民法总则》《基金会管理条例》等法律法规的相关规定，基金会除了必须制定章程之外，还需要建立明确的决策机构、执行机构和监督机构。这也使得管理人援助基金会在运作上更加规范流畅；（4）更有效的权利保障。将破产费用综合援助机制纳入组织法规制度和调整范畴，有利于通过法定的权利设立机制、责任机制和救济机制保障包括管理人在内的捐助人的权利行使；（5）基金会及其捐赠人可以享受税收优惠。《基金会管理条例》规定，基金会及其捐赠人、受益人依照法律、行政法规的规定享受税收优惠。除了基金会收入按照《财政部国家税务总局关于非营利组织企业所得税免税收入问题的通知》等规定享有免税优惠外，采取基金会形式提留管理人报酬，管理人也可依照相关规定享受税收优惠。根据财政部、国家税务总局、民政部《关于公益性捐赠税前扣除有关问题的通知》的规定，企业通过公益性社会团体或者县级以上人民政府及其部门，用于公益事业的捐赠支出，在年度利润总额12%以内的部分，准予在计算应纳税所得额时扣除。个人通过社会团体、国家机关向公益事业的捐赠支出，按照现行税收法律、行政法规及相关政策规定准予在所得税税前扣除[③]。

---

① 王静，蒋伟．破产管理人自治模式实证研究［J］．法律适用（司法案例），2018（14）．
② 夏利民．财团法人的制度价值及其影响［J］．重庆社会科学，2008（8）．
③ 王静，蒋伟．破产管理人自治模式实证研究［J］．法律适用（司法案例），2018（14）．

三、破解“无产可破”案件破产费用困境的对策

综合考察各地的实践经验，笔者认为可以通过以下几种方式来破解“无产可破”案件的破产费用困境：

（一）债权人申请财产不明的债务人破产时，可以由债权人、管理人或其他利害相关人先行垫付

法院在应对“无产可破”案件破产费用困境时，可以考虑让债权人申请财产不明的债务人破产时，由其先行垫付。如果债权人愿意先行垫付相应的费用，那么管理人就不能向法院提出终结破产程序的申请。最高人民法院管理人报酬规定第十二条以书面的形式规定了债权人、管理人、债务人的出资人或者其他利害关系人愿意垫付管理人报酬和执行职务所产生费用的，破产程序可以继续进行。

此外，浙江省高级人民法院《关于规范企业破产案件管理人工作若干问题的意见》第二十二条规定了管理人报酬支付的特定方式，即企业破产程序终结前，债务人财产不足以支付管理人报酬和执行职务费用的，经债权人会议确认，可以将债权人对债务人未知财产的追索权及对公司股东、董事、实际控制人等相关责任人的民事请求权全部或部分转让给管理人，以折抵应予支付的管理人报酬和执行职务费用。这一特殊的管理人报酬支付方式在一定程度上可以提高管理人的积极性，降低了管理人在债权人和其他利益相关者不愿先行垫付管理人报酬和执行职务费用的情况下直接向法院提请终结破产程序的意愿。笔者认为浙江省高级人民法院规定的这种管理人报酬支付的特定方式值得借鉴和推广。

（二）对破产案件进行分类，合理指定管理人

目前，各省的管理人管理制度决定了“无产可破”案件大部分是由刚进入管理人名册的管理人承担管理人职责。但管理人几乎无法从“无产可破”案件中获得任何收益，甚至是为了提升自身经验不得不亏本运行。这在一定程度上会造成“强者恒强，弱者恒弱”的局面，极不利于管理人群体整体的发展和经验积累。因此，笔者认为滨州市人民法院对破产案件进行分类并结合管理人实际办理的案件将“无产可破”案件合理指定管理人的做法也是值得借鉴和推广的。各地法院应当将破产案件进行合理分类，在不破坏管理人整体利益的基础上，将“无产可破”案件适当的指定由在其他破产案件所获报酬较多的管理人承担办理。这将有利于平衡各管理人之间的利益，也有利于推进地区管理人整体执业水平和能力。

（三）各地应以管理人协会为基础，设立管理人援助基金会

目前，已经有很多地区成立了诸如破产管理人协会、破产法学会等形

式的破产管理人协会。但是，各地区的管理人协会在性质上、监管单位、职能范围等方面仍有区别。笔者认为南京市以破产管理人协会自治，以律协牵头成立管理人援助基金会的做法，是目前最优的破产费用综合保障机制。

首先，破产管理人协会和管理人援助基金会两会共存既保证了“两会”在法治下的独立运行，又实现了“两会”在管理人行业协会下的有机统一。管理人协会与援助基金会是两个独立平等的法人主体，二者亦不存在管理上的隶属关系。形式上看，管理人协会的行业服务保障职能被割裂出去，限缩了管理人行业自治的范围。但事实上，南京破产管理人行业对于破产援助基金的管理使用是通过基金会的“他治”实现“自治”。南京破产管理人援助基金会的发起人名义上是南京市律师协会，但实质上代表了南京市管理人行业意志，基金会章程的制定是管理人行业意思自治的结果。同时在基金会的决策机构、执行机构和监督机构的人员组成上，基本是由管理人协会成员担任①。

其次，管理人援助基金会制度更有利于获取资金。法院所主导的管理人援助基金（或管理人报酬基金）都是要求管理人将其报酬按一定的比例缴纳为管理人援助基金，管理人对此并不一定有较强的意愿，难以保证管理人在提交管理人报酬方案时不会将这一笔费用隐含其中，从而不利于保护债权人的利益。但是，管理人报酬基金会的公益性质使得管理人向其捐赠的款项可以在税收上获得相应的优惠，从而保证管理人的利益在事实上没有受损。根据财政部、国家税务总局、民政部《关于公益性捐赠税前扣除有关问题的通知》规定，企业通过公益性社会团体或者县级以上人民政府及其部门，用于公益事业的捐赠支出，在年度利润总额12%以内的部分，准予在计算应纳税所得额时扣除。这将极大地有利于提高管理人向管理人援助基金会进行捐赠意愿。

最后，管理人援助基金会制度更加有利于监管。管理人援助基金会受到《民法典》《基金会管理条例》等法律法规的监管，其成立、运营上更加规范化。《基金会管理条例》要求基金会必须每年向登记管理机关报送上一年度的工作报告，接受年度检查。年度工作报告在报送登记管理机关前应当经业务主管单位审查同意。基金会在换届和更换法定代表人之前，应当进行财务审计。基金会应当在通过登记管理机关的年度检查后，在登记管理机关指定的媒体上公布年度工作报告，接受社会公众的查询、监督。这

① 王静，蒋伟．破产管理人自治模式实证研究［J］．法律适用（司法案例），2018（14）．

都有利于管理人援助基金在更加阳光和透明的环境下运行。

第五节　管理人报酬方案的确定

管理人的报酬与其工作业绩有关，而破产案件一般历时较长，管理人既不可能在案件初期得到所有报酬，也不可能在较长工作时间里对报酬问题不管不问，故多数国家或地区都采取事先确定方案、事中观察调整、事后实际支付的做法，类似于财政支出中预算、决算程序。管理报酬规定采取了同样的确定程序，即人民法院在受理破产案件后，应当对管理人的工作量和可分配财产数额作出初步预测并决定管理人报酬方案，确定管理人报酬计算标准和收取时间；人民法院决定管理人报酬方案后，可以根据破产案件和管理人执行职务的实际情况对原方案进行调整；管理人最终按照管理人报酬方案确定的内容收取报酬①。

一、破产清算程序中管理人报酬方案的确定

（一）管理人报酬的确定主体

管理人报酬的确定主体，企业破产法第二十八条规定：“管理人的报酬由人民法院确定。债权人会议对管理人的报酬有异议的，有权向人民法院提出。”可见，我国在管理人报酬的确定主体和管理人的指定主体上是一致的，都由人民法院确定。但是，我国在赋予法院确定管理人报酬方案决定权的同时，也赋予了债权人会议对人民法院所确定的管理人报酬方案提出异议的权利。管理人报酬规定第十八条规定：“人民法院应当自收到债权人会议异议书之日起三日内通知管理人。管理人应当自收到通知之日起三日内作出书面说明。人民法院认为有必要的，可以举行听证会，听取当事人意见。人民法院应当自收到债权人会议异议书之日起十日内，就是否调整管理人报酬问题书面通知管理人、债权人委员会或者债权人会议主席。”可见，从立法的角度看，债权人在管理人报酬问题上的权利是异议权而非决定权。因此，管理人报酬规定确定人民法院拥有管理人报酬的决定权，债权人会议拥有知情权、协商权和异议权。

（二）管理人报酬的计算方式

目前，世界各国在管理人报酬的计算方式上主要采取计时收费和按标

---

① 《最高人民法院民二庭负责人对关于〈最高人民法院关于审理企业破产案件指定管理人的规定〉〈最高人民法院关于审理企业破产案件确定管理人报酬的规定〉答问》.

的收费两种模式。管理人报酬规定第二条规定："人民法院应根据债务人最终清偿的财产价值总额，在以下比例限制范围内分段确定管理人报酬：（一）不超过一百万元（含本数，下同）的，在12%以下确定；（二）超过一百万元至五百万元的部分，在10%以下确定；（三）超过五百万元至一千万元的部分，在8%以下确定；（四）超过一千万元至五千万元的部分，在6%以下确定；（五）超过五千万元至一亿元的部分，在3%以下确定；（六）超过一亿元至五亿元的部分，在1%以下确定；（七）超过五亿元的部分，在0.5%以下确定。担保权人优先受偿担保物价值，不计入前款规定的财产价值总额。高级人民法院认为有必要的，可以参照上述比例在30%的浮动范围内制定符合当地实际情况的管理人报酬比例限制范围，并通过当地有影响的媒体公告，同时报最高人民法院备案。"可见，我国对于管理人报酬计算方式的规定采取的是按标的收费的方式。

（三）管理人报酬方案的确定程序及支付

管理人报酬方案一般是由人民法院在受理破产案件时进行初步确定。管理人报酬规定第四条规定："人民法院受理企业破产申请后，应当对债务人可供清偿的财产价值和管理人的工作量作出预测，初步确定管理人报酬方案。管理人报酬方案应当包括管理人报酬比例和收取时间。"但是，随着实务中破产程序的推进，人民法院初步确定报酬方案时采用的管理人工作报告并不一定完全明确，因此就会导致人民法院确定管理人报酬的不准确性。管理人报酬初步确定后，是可以进行调整的。管理人报酬规定第七条规定："管理人、债权人会议对管理人报酬方案有意见的，可以进行协商。双方就调整管理人报酬方案内容协商一致的，管理人应向人民法院书面提出具体的请求和理由，并附相应的债权人会议决议。人民法院经审查认为上述请求和理由不违反法律和行政法规强制性规定，且不损害他人合法权益的，应当按照双方协商的结果调整管理人报酬方案。"第八条规定："人民法院确定管理人报酬方案后，可以根据破产案件和管理人履行职责的实际情况进行调整。人民法院应当自调整管理人报酬方案之日起三日内，书面通知管理人。管理人应当自收到上述通知之日起三日内，向债权人委员会或者债权人会议主席报告管理人报酬方案调整内容。"第九条规定："人民法院确定或者调整管理人报酬方案时，应当考虑以下因素：（一）破产案件的复杂性；（二）管理人的勤勉程度；（三）管理人为重整、和解工作作出的实际贡献；（四）管理人承担的风险和责任；（五）债务人住所地居民可支配收入及物价水平；（六）其他影响管理人报酬的情况。"

管理人报酬的支付方式有两种：一种是分期支付，另一种是一次性支付。对此，管理人报酬规定第三条规定："人民法院可以根据破产案件的实际情况，确定管理人分期或者最后一次性收取报酬。"一般而言，对于案情相对简单、破产程序较短的案件，可以采用最后一次性支付的方式；而对于案情相对复杂、破产程序较长的案件，人民法院应当采取分期支付的方式。采取分期支付方式的，应当确定分期支付的时间和数额。在实务中，对于采用分期支付的，一般是按照破产程序的阶段来确定，根据破产管理人完成工作量的情形来确定具体的支付数额。破产管理人请求支付破产管理人报酬的，应当向人民法院提交书面申请。书面申请应当包括三个方面的内容：一是债务人的财产状况，尤其是可以变现的财产状况；二是破产管理人履行职责的情况；三是请求支付破产管理人报酬的时间和数额①。

二、破产和解及重整程序中管理人报酬方案的确定

管理人报酬规定对管理人报酬作出了较为详细的规定，但是该规定对于破产和解案件和破产重整案件中的管理人报酬方案的规定并不明确，仍存在一些问题值得探讨。

（一）基于管理人实际贡献确定报酬

确定破产重整案件中管理人报酬，除需考察案件复杂性、管理人勤勉程度等与破产清算案件相同的内容外，还需考察管理人对企业重整作出的实际贡献，实践中对此如何评判并无明确标准，但可从以下几个方面进行考察：一是考察管理人在制作重整计划草案中发挥的作用。企业破产法第八十条规定："债务人自行管理财产和营业事务的，由债务人制作重整计划草案。管理人负责管理财产和营业事务的，由管理人制作重整计划草案。"若重整计划草案不是由管理人制作或管理人发挥作用较小，则可视为管理人对重整贡献较小，适当降低管理人报酬；二是考察破产重整经营方案可行性。对此可从管理人是否找准企业陷入破产困境的原因并有针对性地提出解决方案、是否进行充分的市场调查、预计经营收益与市场行情的匹配度、听取行业专业人员意见等方面予以考量；三是考察管理人在引进战略投资人等方面的贡献。能否引入外部力量往往是企业能否重整成功的关键，这一点可作为考量其对重整贡献的重要内容；四是管理人与债权人等的谈判成效。争取债权人等表决通过重整计划是一场艰辛复杂的谈判过程，管理人的谈判思路是否清晰、方法是否得当、成效如何等，都可作为评价管理人对重整贡献的依据；五是征询债权人等利害关系人的意见。征求意见

---

① 孙创前．破产管理人实务操作指引［M］．北京：法律出版社，2017：46-47.

可通过抽样调查、债权人会议收集等方式进行[①]。

（二）管理人报酬计算基数的确定

破产重整案件以重整计划草案制订的最终清偿额作为确定管理人报酬基数为宜。首先，若企业重整成功，债权人获得的所有清偿皆是基于重整计划的有效制订、表决批准、监督实施，这与管理人的劳动付出密不可分，管理人收取对应报酬理所应当；其次，以此为基数更能体现管理人在重整案件中的价值作用，更有利于激励管理人推动重整，若计酬基数与清算无异，将极大影响管理人积极性；再次，根据债务人现有可供清偿财产价值作为确定基数以避免管理人提前收取高额报酬，但最终重整执行不能的担心可通过合理制订分阶段收取方案等方式解决，不应作为限制管理人计酬基数的理由；最后，以重整计划制定的最终清偿额为计酬基数更符合《管理人报酬规定》第二条“最终清偿的财产价值总额”的立法本意[②]。

第六节　担保物管理的报酬

管理人对担保物的维护、变现、交付等管理工作付出合理劳动的，如何收取相应的报酬问题具有很强的现实意义。在普通案件中，上述工作是债务人的合同义务，履行该义务发生的成本亦应由债务人承担。但在破产案件中简单地从债务人财产中支付必然会影响无担保的普通债权人利益，使得无担保的普通债权人为管理人的这部分劳动支付报酬，而管理人的这部分劳动并不会给普通债权人带来利益。普通债权人很难接受自己为他人利益买单的现实。管理人报酬规定采取了折中方案，规定管理人对担保物的维护、变现、交付等管理工作付出合理劳动的，由担保权人在优先受偿的担保物价值一定范围内给予管理人适当的报酬。

管理人报酬应与破产案件和管理人履行职责的实际情况相称，管理人服务价格应在管理人付出的成本和获得收益之间达到平衡，以便吸引合适的专业人员担当此任，同时又不损害债权人、债务人的合法权益[③]。

---

① 张迁，陈健．破产重整案件中管理人报酬确定问题的几点思考［N］．人民法院报，2019-11-07（007）．

② 张迁，陈健．破产重整案件中管理人报酬确定问题的几点思考［N］．人民法院报，2019-11-07（007）．

③ 杨征宇．《关于审理企业破产案件确定管理人报酬的规定》的理解与适用［J］．人民司法，2007（11）．

一、管理人合理劳动的认定

管理人要收取报酬必须符合两个条件，一是管理人对担保物要有维护、变现、交付等管理工作；二是该管理工作应该是为担保债权人而付出的，而不仅只是为破产财产的管理而工作。如果管理人出于维护担保权人的利益而为担保物权的管理、实现付出了必要的劳动，就可以收取报酬。据此，管理人对担保关系是否存在进行的甄别工作，不得收取报酬（对其债权的确认活动虽然影响其利益，但实际是为全体无物权担保债权人的利益进行的，而不是为担保权人的利益而进行，所以应当从破产财产中支付其费用）。另外，还要看管理人的管理活动对担保物的管理、维护、变现、交付是否确属必要，不必要的，不得收取报酬。有些不需要移转占有的担保物，如土地使用权、专利权、商标权等，本身一般不存在管理、维护工作，至多是在财产变价处分时，可能需要管理人做一些简单工作，而且与其他财产的变价处分往往是混同在一起的，其聘请的拍卖机构等费用也是作为破产费用支付的，所以，这一部分担保物除管理人付出有效劳动的特殊情况外，原则上也无须向管理人支付报酬。

二、担保物管理报酬的制定标准

管理人振酬规定第十三条规定：“管理人对担保物的维护、变现、交付等管理工作付出合理劳动的，有权向担保权人收取适当的报酬。管理人与担保权人就上述报酬数额不能协商一致的，人民法院应当参照本规定第二条规定的方法确定，但报酬比例不得超出该条规定限制范围的10%。”管理人报酬规定第二条规定管理人报酬标准为：“人民法院应根据债务人最终清偿的财产价值总额，在以下比例限制范围内分段确定管理人报酬：（一）不超过一百万元（含本数，下同）的，在12%以下确定；（二）超过一百万元至五百万元的部分，在10%以下确定；（三）超过五百万元至一千万元的部分，在8%以下确定；（四）超过一千万元至五千万元的部分，在6%以下确定；（五）超过五千万元至一亿元的部分，在3%以下确定；（六）超过一亿元至五亿元的部分，在1%以下确定；（七）超过五亿元的部分，在0.5%以下确定。担保权人优先受偿担保物价值，不计入前款规定的财产价值总额。高级人民法院认为有必要的，可以参照上述比例在30%的浮动范围内制定符合当地实际情况的管理人报酬比例限制范围，并通过当地有影响的媒体公告，同时报最高人民法院备案。”

三、担保物管理报酬的支付方式

管理人报酬属于担保债权人实现担保物权的费用而应在担保物的担保范围内支出。我国民法典第三百八十九条规定："担保物权的担保范围包括主债权及其利息、违约金、损害赔偿金、保管担保财产和实现担保物权的费用。当事人另有约定的，按照约定。"即在一般情况下，保管担保财产和实现担保物权的费用，属于担保范围内，应在担保物的变价款中支付，此规定延续到破产程序中，便构成保管担保财产和实现担保物权的费用应在担保物的变价款中支付，以及应对管理人相应的管理劳动支付报酬的法律依据。管理人的这些工作一般并不会给普通债权人带来利益，显然不能从债务人无担保财产中支付，而只能从担保财产的变价款中支付上述管理人劳动的报酬。债务人财产是由管理人负责管理的。在担保财产纳入债务人财产之后，与之相关，便产生了管理人对担保财产发生的管理费用及相关管理报酬的支付问题。担保财产的管理费用包括担保物的变价费用等为实现担保债权而直接、间接发生的各种费用，均应当由担保财产的变价款中优先支付，对此应无疑义。

第七节　破产费用与共益债务法律规范渊源

一、《企业破产法》

"第十七条　人民法院受理破产申请后，债务人的债务人或者财产持有人应当向管理人清偿债务或者交付财产。债务人的债务人或者财产持有人故意违反前款规定向债务人清偿债务或者交付财产，使债权人受到损失的，不免除其清偿债务或者交付财产的义务。"

"第十八条　人民法院受理破产申请后，管理人对破产申请受理前成立而债务人和对方当事人均未履行完毕的合同有权决定解除或者继续履行，并通知对方当事人。管理人自破产申请受理之日起二个月内未通知对方当事人，或者自收到对方当事人催告之日起三十日内未答复的，视为解除合同。管理人决定继续履行合同的，对方当事人应当履行；但是，对方当事人有权要求管理人提供担保。管理人不提供担保的，视为解除合同。"

"第二十五条　管理人履行下列职责：（一）接管债务人的财产、印章和账簿、文书等资料；（二）调查债务人财产状况，制作财产状况报告；（三）决定债务人的内部管理事务；（四）决定债务人的日常开支和其他必要开支；（五）在第一次债权人会议召开之前，决定继续或者停止债务人的营业；（六）管理和处分债务人的财产；（七）代表债务人参加诉讼、仲裁或者其他法律程序；（八）提议召开债权人会议；（九）人民法院认为管理人应当履行的其他职责。本法对管理人的职责另有规定的，适用其规定。”

“第二十八条 管理人经人民法院许可，可以聘用必要的工作人员。管理人的报酬由人民法院确定。债权人会议对管理人的报酬有异议的，有权向人民法院提出。”

“第四十一条 人民法院受理破产申请后发生的下列费用，为破产费用：（一）破产案件的诉讼费用；（二）管理、变价和分配债务人财产的费用；（三）管理人执行职务的费用、报酬和聘用工作人员的费用。”

“第四十二条 人民法院受理破产申请后发生的下列债务，为共益债务：（一）因管理人或者债务人请求对方当事人履行双方均未履行完毕的合同所产生的债务；（二）债务人财产受无因管理所产生的债务；（三）因债务人不当得利所产生的债务；（四）为债务人继续营业而应支付的劳动报酬和社会保险费用以及由此产生的其他债务；（五）管理人或者相关人员执行职务致人损害所产生的债务；（六）债务人财产致人损害所产生的债务。”

“第五十三条 管理人或者债务人依照本法规定解除合同的，对方当事人以因合同解除所产生的损害赔偿请求权申报债权。”

“第七十三条 在重整期间，经债务人申请，人民法院批准，债务人可以在管理人的监督下自行管理财产和营业事务。有前款规定情形的，依照本法规定已接管债务人财产和营业事务的管理人应当向债务人移交财产和营业事务，本法规定的管理人的职权由债务人行使。”

“第八十条 债务人自行管理财产和营业事务的，由债务人制作重整计划草案。管理人负责管理财产和营业事务的，由管理人制作重整计划草案。”

“第一百一十三条 破产财产在优先清偿破产费用和共益债务后，依照下列顺序清偿：（一）破产人所欠职工的工资和医疗、伤残补助、抚恤费用，所欠的应当划入职工个人账户的基本养老保险、基本医疗保险费用，以及法律、行政法规规定应当支付给职工的补偿金；（二）破产人欠缴的除前项规定以外的社会保险费用和破产人所欠税款；（三）普通破产债权。破产财产不足以清偿同一顺序的清偿要求的，按照比例分配。破产企业的董事、监事和高级管理人员的工资按照该企业职工的平均工资计算。”

“第一百三十条 管理人未依照本法规定勤勉尽责、忠实执行职务的，人民法院可以依法处以罚款；给债权人、债务人或者第三人造成损失的，依法承担赔偿责任。”

二、《民法典》

“第三百八十九条　担保物权的担保范围包括主债权及其利息、违约金、损害赔偿金、保管担保财产和实现担保物权的费用。当事人另有约定的，按照约定。”

“第六百四十一条　当事人可以在买卖合同中约定买受人未履行支付价款或者其他义务的，标的物的所有权属于出卖人。出卖人对标的物保留的所有权，未经登记，不得对抗善意第三人。”

“第六百四十二条　当事人约定出卖人保留合同标的物的所有权，在标的物所有权转移前，买受人有下列情形之一，造成出卖人损害的，除当事人另有约定外，出卖人有权取回标的物：（一）未按照约定支付价款，经催告后在合理期限内仍未支付；（二）未按照约定完成特定条件；（三）将标的物出卖、出质或者作出其他不当处分。出卖人可以与买受人协商取回标的物；协商不成的，可以参照适用担保物权的实现程序。”

“第六百四十三条　出卖人依据前条第一款的规定取回标的物后，买受人在双方约定或者出卖人指定的合理回赎期限内，消除出卖人取回标的物的事由的，可以请求回赎标的物。买受人在回赎期限内没有回赎标的物，出卖人可以以合理价格将标的物出卖给第三人，出卖所得价款扣除买受人未支付的价款以及必要费用后仍有剩余的，应当返还买受人；不足部分由买受人清偿。”

三、《诉讼费用交纳办法》

“第六条　当事人应当向人民法院交纳的诉讼费用包括：（一）案件受理费；（二）申请费；（三）证人、鉴定人、翻译人员、理算人员在人民法院指定日期出庭发生的交通费、住宿费、生活费和误工补贴。”

“第十三条　案件受理费分别按照下列标准交纳：（一）财产案件根据诉讼请求的金额或者价额，按照下列比例分段累计交纳：1. 不超过 1 万元的，每件交纳 50 元；2. 超过 1 万元至 10 万元的部分，按照 2.5%交纳；3. 超过10 万元至 20 万元的部分，按照 2%交纳；4. 超过 20 万元至 50 万元的部分，按照 1.5%交纳；5. 超过 50 万元至 100 万元的部分，按照 1%交纳；6. 超过 100 万元至 200 万元的部分，按照 0.9%交纳；7. 超过 200 万元至 500 万元的部分，按照 0.8%交纳；8. 超过 500 万元至 1 000 万元的部分，按照 0.7%交纳；9. 超过 1 000 万元至 2 000 万元的部分，按照 0.6%交纳；10. 超过 2 000 万元的部分，按照 0.5%交纳。（二）非财产案件按照下列标准交纳：1. 离婚案件每件交纳 50 元至 300 元。涉及财产分割，财产总额不超过 20 万元的，不另行交纳；超过 20 万元的部分，按照 0.5%交纳；2. 侵害姓名权、名称权、肖像权、名誉权、荣誉权以及其他人格权的案件，每件交纳 100 元至 500 元。涉及损害赔偿，赔偿金额不超过 5 万元的，不另行交纳；超过 5 万元至 10 万元的部分，按照 1%交纳；超过 10 万元的部分，按照 0.5%交纳；3. 其他非财产案件每件交纳 50 元至 100 元。（三）知识产权民事案件，没有争议金额或者价额的，每件交纳 500 元至 1 000 元；有争议金额或者价额的，按照财产案件的标准交纳。（四）劳动争议案件每件交纳 10 元。（五）行政案件按照下列标准交纳：1. 商标、专利、海事行政案件每件交纳 100 元；2. 其他行政案件每件交纳 50 元。（六）当事人提出案件管辖权异议，异议不成立的，每件交纳 50 元至 100 元。省、自治区、直辖市人民政府可以结合本地实际情况在本条第（二）项、第（三）项、第（六）项规定的幅度内制定具体交纳标准。”

“第二十条　案件受理费由原告、有独立请求权的第三人、上诉人预交。被告提起反诉，依照本办法规定需要交纳案件受理费的，由被告预交。追索劳动报酬的案件可以不预交案件受理费。申请费由申请人预交。但是，本办法第十条第（一）项、第（六）项规定的申请费不由申请人预交，执行申请费执行后交纳，破产申请费清算后交纳。本办法第十一条规定的费用，待实际发生后交纳。”

四、《最高人民法院关于审理企业破产案件确定管理人报酬的规定》

“第二条　人民法院应根据债务人最终清偿的财产价值总额，在以下比例限制范围内分段确定管理人报酬：（一）不超过一百万元（含本数，下同）的，在 12%以下确定；（二）超过一百万元至五百万元的部分，在 10%以下确定；（三）超过五百万元至一千万元的部分，在 8%以下确定；（四）超过一千万元至五千万元的部分，在 6%以下确定；（五）超过五千万元至一亿元的部分，在 3%以下确定；（六）超过一亿元至五亿元的部分，在 1%以下确定；（七）超过五亿元的部分，在 0.5%以下确定。担保权人优先受偿担保物价值，不计入前款规定的财产价值总额。高级人民法院认为有必要的，可以参照上述比例在 30%的浮动范围内制定符合当地实际情况的管理人报酬比例限制范围，并通过当地有影响的媒体公告，同时报最高人民法院备案。”

“第三条　人民法院可以根据破产案件的实际情况，确定管理人分期或者最后一次性收取报酬。”

“第四条　人民法院受理企业破产申请后，应当对债务人可供清偿的财产价值和管理人的工作量作出预测，初步确定管理人报酬方案。管理人报酬方案应当包括管理人报酬比例和收取时间。”

“第五条　人民法院采取公开竞争方式指定管理人的，可以根据社会中介机构提出的报价确定管理人报酬方案，但报酬比例不得超出本规定第二条规定的限制范围。上述报酬方案一般不予调整，但债权人会议异议成立的除外。”

“第六条　人民法院应当自确定管理人报酬方案之日起三日内，书面通知管理人。管理人应当在第一次债权人会议上报告管理人报酬方案内容。”

“第七条　管理人、债权人会议对管理人报酬方案有意见的，可以进行协商。双方就调整管理人报酬方案内容协商一致的，管理人应向人民法院书面提出具体的请求和理由，并附相应的债权人会议决议。人民法院经审查认为上述请求和理由不违反法律和行政法规强制性规定，且不损害他人合法权益的，应当按照双方协商的结果调整管理人报酬方案。”

“第八条　人民法院确定管理人报酬方案后，可以根据破产案件和管理人履行职责的实际情况进行调整。人民法院应当自调整管理人报酬方案之日起三日内，书面通知管理人。管理人应当自收到上述通知之日起三日内，向债权人委员会或者债权人会议主席报告管理人报酬方案调整内容。”

“第九条　人民法院确定或者调整管理人报酬方案时，应当考虑以下因素：（一）破产案件的复杂性；（二）管理人的勤勉程度；（三）管理人为重整、和解工作作出的实际贡献；（四）管理人承担的风险和责任；（五）债务人住所地居民可支配收入及物价水平；（六）其他影响管理人报酬的情况。”

“第十条　最终确定的管理人报酬及收取情况，应列入破产财产分配方案。在和解、重整程序中，管理人报酬方案内容应列入和解协议草案或重整计划草案。”

“第十一条　管理人收取报酬，应当向人民法院提出书面申请。申请书应当包括以下内容：（一）可供支付报酬的债务人财产情况；（二）申请收取报酬的时间和数额；（三）管理人履行职责的情况。人民法院应当自收到上述申请书之日起十日内，确定支付管理人的报酬数额。”

“第十二条　管理人报酬从债务人财产中优先支付。债务人财产不足以支付管理人报酬和管理人执行职务费用的，管理人应当提请人民法院终结破产程序。但债权人、管理人、债务人的出资人或者其他利害关系人愿意垫付上述报酬和费用的，破产程序可以继续进行。上述垫付款项作为破产费用从债务人财产中向垫付人随时清偿。”

“第十三条　管理人对担保物的维护、变现、交付等管理工作付出合理劳动的，有权向担保权人收取适当的报酬。管理人与担保权人就上述报酬数额不能协商一致的，人民法院应当参照本规定第二条规定的方法确定，但报酬比例不得超出该条规定限制范围的10%。”

“第十四条　律师事务所、会计师事务所通过聘请本专业的其他社会中介机构或者人员协助履行管理人职责的，所需费用从其报酬中支付。破产清算事务所通过聘请其他社会中介机构或者人员协助履行管理人职责的，所需费用从其报酬中支付。”

“第十五条　清算组中有关政府部门派出的工作人员参与工作的不收取报酬。其他机构或人员的报酬根据其履行职责的情况确定。”

“第十六条　管理人发生更换的，人民法院应当分别确定更换前后的管理人报酬。其报酬比例总和不得超出本规定第二条规定的限制范围。”

“第十七条　债权人会议对管理人报酬有异议的，应当向人民法院书面提出具体的请求和理由。异议书应当附有相应的债权人会议决议。”

“第十八条　人民法院应当自收到债权人会议异议书之日起三日内通知管理人。管理人应当自收到通知之日起三日内作出书面说明。人民法院认为有必要的，可以举行听证会，听取当事人意见。人民法院应当自收到债权人会议异议书之日起十日内，就是否调整管理人报酬问题书面通知管理人、债权人委员会或者债权人会议主席。”

五、《最高人民法院关于适用〈中华人民共和国企业破产法〉若干问题的规定（二）》

“第十二条　管理人报酬从债务人财产中优先支付。债务人财产不足以支付管理人报酬和管理人执行职务费用的，管理人应当提请人民法院终结破产程序。但债权人、管理人、债务人的出资人或者其他利害关系人愿意垫付上述报酬和费用的，破产程序可以继续进行。上述垫付款项作为破产费用从债务人财产中向垫付人随时清偿。”

“第三十条　债务人占有的他人财产被违法转让给第三人，依据物权法第一百零六条的规定第三人已善意取得财产所有权，原权利人无法取回该财产的，人民法院应当按照以下规定处理：（一）转让行为发生在破产申请受理前的，原权利人因财产损失形成的债权，作为普通破产债权清偿；（二）转让行为发生在破产申请受理后的，因管理人或者相关人员执行职务导致原权利人损害产生的债务，作为共益债务清偿。”

“第三十一条　债务人占有的他人财产被违法转让给第三人，第三人已向债务人支付了转让价款，但依据物权法第一百零六条的规定未取得财产所有权，原权利人依法追回转让财产的，对因第三人已支付对价而产生的债务，人民法院应当按照以下规定处理：（一）转让行为发生在破产申请受理前的，作为普通破产债权清偿；（二）转让行为发生在破产申请受理后的，作为共益债务清偿。”

“第三十二条　债务人占有的他人财产毁损、灭失，因此获得的保险金、赔偿金、代偿物尚未交付给债务人，或者代偿物虽已交付给债务人但能与债务人财产予以区分的，权利人主张取回就此获得的保险金、赔偿金、代偿物的，人民法院应予支持。保险金、赔偿金已经交付给债务人，或者代偿物已经交付给债务人且不能与债务人财产予以区分的，人民法院应当按照以下规定处理：（一）财产毁损、灭失发生在破产申请受理前的，权利人因财产损失形成的债权，作为普通破产债权清偿；（二）财产毁损、灭失发生在破产申请受理后的，因管理人或者相关人员执行职务导致权利人损害产生的债务，作为共益债务清偿。债务人占有的他人财产毁损、灭失，没有获得相应的保险金、赔偿金、代偿物，或者保险金、赔偿物、代偿物不足以弥补其损失的部分，人民法院应当按照本条第二款的规定处理。”

“第三十三条　管理人或者相关人员在执行职务过程中，因故意或者重大过失不当转让他人财产或者造成他人财产毁损、灭失，导致他人损害产生的债务作为共益债务，由债务人财产随时清偿不足弥补损失，权利人向管理人或者相关人员主张承担补充赔偿责任的，人民法院应予支持。上述债务作为共益债务由债务人财产随时清偿后，债权人以管理人或者相关人员执行职务不当导致债务人财产减少给其造成损失为由提起诉讼，主张管理人或者相关人员承担相应赔偿责任的，人民法院应予支持。”

“第三十四条　买卖合同双方当事人在合同中约定标的物所有权保留，在标的物所有权未依法转移给买受人前，一方当事人破产的，该买卖合同属于双方均未履行完毕的合同，管理人有权依据企业破产法第十八条的规定决定解除或者继续履行合同。”

“第三十六条　出卖人破产，其管理人决定解除所有权保留买卖合同，并依据企业破产法第十七条的规定要求买受人向其交付买卖标的物的，人民法院应予支持。买受人以其不存在未依约支付价款或者履行完毕其他义务，或者将标的物出卖、出质或者作出其他不当处分情形抗辩的，人民法院不予支持。买受人依法履行合同义务并依据本条第一款将买卖标的物交付出卖人管理人后，买受人已支付价款损失形成的债权作为共益债务清偿。但是，买受人违反合同约定，出卖人管理人主张上述债权作为普通破产债权清偿的，人民法院应予支持。”

“第三十七条　买受人破产，其管理人决定继续履行所有权保留买卖合同的，原买卖合同中约定的买受人支付价款或者履行其他义务的期限在破产申请受理时视为到期，买受人管理人应当及时向出卖人支付价款或者履行其他义务。买受人管理人无正当理由未及时支付价款或者履行完毕其他义务，或者将标的物出卖、出质或者作出其他不当处分，给出卖人造成损害，出卖人依据合同法第一百三十四条等规定主张取回标的物的，人民法院应予支持。但是，买受人已支付标的物总价款百分之七十五以上或者第三人善意取得标的物所有权或者其他物权的除外。因本条第二款规定未能取回标的物，出卖人依法主张买受人继续支付价款、履行完毕其他义务，以及承担相应赔偿责任的，人民法院应予支持。对因买受人未支付价款或者未履行完毕其他义务，以及买受人管理人将标的物出卖、出质或者作出其他不当处分导致出卖人损害产生的债务，出卖人主张作为共益债务清偿的，人民法院应予支持。”

“第三十八条　买受人破产，其管理人决定解除所有权保留买卖合同，出卖人依据企业破产法第三十八条的规定主张取回买卖标的物的，人民法院应予支持。出卖人取回买卖标的物，买受人管理人主张出卖人返还已支付价款的，人民法院应予支持。取回的标的物价值明显减少给出卖人造成损失的，出卖人可从买受人已支付价款中优先予以抵扣后，将剩余部分返还给买受人；对买受人已支付价款不足以弥补出卖人标的物价值减损损失形成的债权，出卖人主张作为共益债务清偿的，人民法院应予支持。”

六、《关于人民法院办理执行异议和复议案件若干问题的规定》

“第二十九条　金钱债权执行中，买受人对登记在被执行的房地产开发企业名下的商品房提出异议，符合下列情形且其权利能够排除执行的，人民法院应予支持：（一）在人民法院查封之前已签订合法有效的书面买卖合同；（二）所购商品房系用于居住且买受人名下无其他用于居住的房屋；（三）已支付的价款超过合同约定总价款的50%。”

七、《最高人民法院关于审理买卖合同纠纷案件适用法律问题的解释》

“第三十四条　买卖合同当事人主张合同法第一百三十四条关于标的物所有权保留的规定适用于不动产的，人民法院不予支持。”

八、《最高人民法院关于适用〈民事诉讼法〉的解释》

“第二百条　破产程序中有关债务人的民事诉讼案件，按照财产案件标准交纳诉讼费，但劳动争议案件除外。”

九、《浙江省高级人民法院关于规范企业破产案件管理人工作若干问题的意见》

“第二十一条　企业破产案件受理以后，发现债务人财产不足以支付管理人报酬和管理人执行职务费用的，如债权人、管理人和其他利害关系人愿意承担或垫付管理人报酬和管理人执行职务费用的，人民法院可予准许，依法推进企业破产进程。前款情形的企业破产案件，可以从财政部门依法成立的管理人报酬保障资金和当地律师协会、注册会计师协会经依法批准设立的管理人报酬援助资金中提取部分款项，用于支付管理人报酬。各中级人民法院按照最高人民法院的要求和省高级人民法院的部署，协调当地财政部门成立管理人报酬保障资金，会商当地律师协会、注册会计师协会建立管理人报酬援助资金。使用管理人报酬保障资金和管理人报酬援助资金支付管理人报酬，应在听取债权人会议意见后，由受理企业破产案件人民法院的院领导召集审判业务庭、司法鉴定处和监察室负责人研究确定具体方案。”

“第二十二条　企业破产程序终结前，债务人财产不足以支付管理人报酬和管理人执行职务费用的，经债权人会议确认，可以将债权人对债务人未知财产的追索权以及对公司股东、董事、实际控制人等相关责任人的民事请求权全部或部分转让给管理人，以折抵应予支付的管理人报酬和管理人执行职务费用。按照前述请求权转让方式折抵管理人报酬和管理人执行职务费用的，债权人应审查管理人的勤勉尽责情况，并向管理人释明请求权不能实现的风险。”

十、《无锡市中级人民法院关于规范和加强破产管理人选任、管理工作的意见》

“第二十九条　管理人报酬基金的设置。承办业务庭认为管理人在个案中收取的报酬过高的，经报请分管院长同意，基层法院同时报请中院业务庭核准后，可以提取一定金额列入管理人报酬基金。管理人在个案中收取的报酬难以支付工作成本的，承办业务庭可以根据管理人的申请从管理人报酬基金中拨付一定金额予以补偿。管理人报酬基金的管理办法另行制定。”

十一、《深圳市中级人民法院破产案件管理人援助资金管理和使用办法》

“第三条 本院按下列标准从管理人所得报酬中提取援助资金：（一）不超过一百万元（含本数，下同）的，按4%确定；（二）超过一百万元至三百万元的部分，按4.5%确定；（三）超过三百万元至五百万元的部分，按5%确定；（四）超过五百万元至一千万元的部分，按5.5%确定；（五）超过一千万元的部分，按6%确定。”

“第七条 破产清算案件符合下列条件之一的，管理人可以向本院申请援助资金：（一）债务人无财产支付破产费用；（二）债务人财产不足15万元，不足以支付破产费用，且无利害关系人垫付资金；（三）债务人财产不足15万元，虽有利害关系人垫付资金，但利害关系人垫付的资金和债务人财产合计不足15万元，不足以支付破产费用。”

第八章　破产债权申报与审查

民事主体之间产生民事法律关系，并产生债权、债务，当债务人符合企业破产法第二条规定的破产条件，被人民法院裁定进入破产程序后，债权人对债务人享有的债权即为破产债权。破产债权与普通民事债权的不同之处在于，破产债权的主张与实现需要适用破产法规定的特殊规则。根据破产法的规定，破产债权根据债权性质的不同，清偿的先后顺序也不同，在破产清算、破产和解与破产重整等不同程序中的实现方式也不一样。

企业破产法第一条规定，破产法的立法目的是为了公平清理债权债务，保护债务人和债权人的合法权益。债权人申报债权后，还需要经过管理人的审查、债权的核查和法院的裁定确认等程序，以确保对全体债权人实现公平受偿。因此，破产债权的申报与审查无疑是破产程序中的基础工作，也是重点工作。破产债权申报与审查工作本质上是为了搞清楚破产企业的负债情况。债权人依法申报债权，是其依照破产法的规定行使权利的前提。债权审查是对债权人身份、债权性质、债权金额的全面审查。债权的核查是债权人会议职权的内容，核查确认无异议债权是管理人测算与制定重整方案、和解方案、分配方案的前提条件，并且直接关系到债权人在破产程序中的分配。做好债权申报与审查工作，不仅有利于破产程序的推进，也有利于管理人在一定程度上缓和并化解债权人与破产企业之间的矛盾。

债权申报与审查是一项既注重程序公正，又要求实体公平的工作，不仅对管理人的法律基础有要求，还考验着管理人的职业素养。破产债权申报与审查工作的开展，既有严格的程序要求，也有严格的实体要求。譬如，人民法院应当自裁定受理破产申请之日起二十五日内通知已知债权人，并予以公告；企业进入破产程序后，债务人应向法院提交财产状况说明、债务清册、债权清册、有关财务会计报告及职工工资的支付和社会保险费用的交纳情况等资料。

然而，破产债权申报与审查工作是矛盾与风险并存的。管理人一方面要指导债权人依法申报债权，帮助债权人在破产程序中充分实现自己的权利；另一方面要代表破产企业，对债权人申报的债权进行严格的审查，核减虚报的债权和缺乏事实基础或法律依据的债权。管理人既要站在帮助每一个债权人的角度，对符合客观事实且有法律依据的债权予以核定；又要站在维护全体债权人利益的角度，严格审查债权，确保公平。总之，债权审查的标准既不能过宽，也不能过严，更不能标准不一。一般情况下，管理人对债权人提交的申报材料要做到应收尽收、依法登记；审查债权要尊重客观事实，严格按照相关法律的规定提出审查意见；审查过程公开、透明，不对抗、不放水，及时披露信息，做到与债权人充分沟通。

综上所述，破产债权的申报与审查是破产程序的基础工作和重要环节，是债权人行使表决权的依据。债权的审查与确认直接影响到债权人权利的实现。

第一节　债权申报材料准备

一、概述

债权申报材料的准备，可以从债权人和管理人两个角度来考虑。

作为债权人，申报债权应当向管理人提交债权申报书，主体身份的证明材料（自然人提交身份证复印件并签名，法人和其他组织提交营业执照等证件），以及债权发生的主要依据。涉及利息、违约金、滞纳金的应该提交债权金额的计算清单。有委托代理人的，应当提交委托授权书及代理人的身份证复印件。代理人是律师的，还应当提交律所函和律师证复印件。

作为管理人，需准备债权申报通知书，制作债权申报表、申报须知等格式文本，包括法定代表人身份证明、授权委托书、债权人信息确认书（用于确认债权人的联系方式和收款账户）。另外，还需要准备空白的纸质债权登记表，以备债权人现场申报债权或者当面提交申报材料之需。这里需要注意的是，债权人现场申报或者当面提交申报材料，可能会出现材料准备不符合要求的情况。因此，准备空白的纸质债权登记表可以用于记录现场申报的债权或者当面提交申报材料的债权人信息（包括联系方式等），并记录申报材料是否符合要求，以及管理人告知补正的内容。现场登记只是预登记，只有当债权人提交的材料符合确认债权的基本要求才能正式记入债权表。上述做法是笔者从事破产管理工作总结的经验，一方面对债权人表达的诉求进行登记，防止一些不具备债权申报条件者以管理人不登记为由提出异议；另一方面也因为有了“预登记”程序，避免了记入债权表之后又发现并非破产债权因而要重新调整债权表的麻烦。

二、法律渊源

（一）《中华人民共和国企业破产法》

“第四十九条　债权人申报债权时，应当书面说明债权的数额和有无财产担保，并提交有关证据。申报的债权是连带债权的，应当说明。”

（二）最高人民法院《关于审理企业破产案件若干问题的规定》法释〔2002〕23号

“第二十一条　债权人申报债权应当提交债权证明和合法有效的身份证明；代理申报人应当提交委托人的有效身份证明、授权委托书和债权证明。

申报的债权有财产担保的，应当提交证明财产担保的证据。”

第二节　潜在债权人的确定

一、概述

债权申报工作的开展，从通知债权人开始。管理人通过接管财务账册等档案资料，利用裁判文书网大数据搜索等途径，可以获得已知债权人的信息。除了通过上述途径可知的债权人之外，或多或少还会存在一些潜在债权人。

顾名思义，潜在债权人即管理人尚未发现的对破产企业享有债权的人。潜在债权的特点在于，债务人进入破产程序时，债权是否产生并不确定。比较典型的情形有：破产企业为他人提供担保，但进入破产程序时主债务尚未到期，基于担保关系可能产生的债权；破产企业销售产品产生的瑕疵担保责任；破产企业承揽工程而产生的质量保修责任；破产企业污染环境产生的损害赔偿请求权等等。

另外，笔者认为，潜在债权还应当包括管理人依据企业破产法第三十一条、第三十二条之规定成功行使破产撤销权后产生的债权。但有一例外情形，即根据企业破产法司法解释（二）第十一条的规定，管理人撤销破产前一年内的以明显不合理价格进行的交易，债权人主张返还已支付的价款，应作为共益债务处理。

需要提示的是，初做管理人时，常常忘记通知税务、人社等行政单位申报债权。这些虽不属于潜在债权人，但也是容易被忽视的对象。

还有对那些债权已经产生但从债务人角度无法获得相关信息而债权人也没有及时申报债权，对该类债权人也可以理解为潜在债权人。

二、法律渊源

（一）《中华人民共和国企业破产法》

“第三十一条　人民法院受理破产申请前一年内，涉及债务人财产的下列行为，管理人有权请求人民法院予以撤销：

（一）无偿转让财产的；

（二）以明显不合理的价格进行交易的；

（三）对没有财产担保的债务提供财产担保的；

（四）对未到期的债务提前清偿的；

（五）放弃债权的。”

“第三十二条　人民法院受理破产申请前六个月内，债务人有本法第二条第一款规定的情形，仍对个别债权人进行清偿的，管理人有权请求人民法院予以撤销。但是，个别清偿使债务人财产受益的除外。”

（二）江苏省高级人民法院《破产案件审理指南（修订版）》

“六、债权申报

……

2. 社会保险费、国家税收债权的申报。社会保险费、国家税收债权，由有关征管机关申报。管理人应当根据债务人财务资料及申报人提交的材料进行审查，并记载于债权表。”

第三节　债权申报通知

一、概述

根据企业破产法第十四条的规定，债权申报通知和公告应当载明：申请人、被申请人的名称或者姓名；人民法院受理破产申请的时间；申报债权的期限、地点和注意事项；管理人的名称或者姓名及其处理事务的地址；债务人的债务人或者财产持有人应当向管理人清偿债务或者交付财产的要求；第一次债权人会议召开的时间和地点；人民法院认为应当通知和公告的其他事项。

实践中，债权申报公告由法院制作并进行公告，而债权申报通知书一般是法院授权管理人来送达给债权人。管理人送达债权申报通知书应当达到两个目的，一是将债务人进入破产程序的相关信息告知已知债权人，包括召开第一次债权人会议的有关情况；二是指导债权人尽快依法申报债权。因此，债权申报通知的内容应当全面、详细、准确，符合破产法的规定，形式应当尽量做到简洁明了，不宜过于复杂，送达方式包括公告、邮寄、电子送达等。需要注意的是，公告送达应当根据案件的影响范围，在不同级别的报纸、官方平台等媒介进行发布，同时应当将相关信息录入破产重整信息网；邮寄送达应保留快递单做档案；电子送达应当保留送达痕迹。另外，江苏高院审理指南明确指出，对于已知债权人，人民法院应当履行通知义务，不能笼统以公告方式替代通知方式。管理人根据法院委托送达有关通知时，应当确保所有已知债权人都已送达或穷尽通知手段。

二、法律渊源

（一）《中华人民共和国企业破产法》

“第十四条　人民法院应当自裁定受理破产申请之日起二十五日内通知已知债权人，并予以公告。

通知和公告应当载明下列事项：

（一）申请人、被申请人的名称或者姓名；

（二）人民法院受理破产申请的时间；

（三）申报债权的期限、地点和注意事项；

（四）管理人的名称或者姓名及其处理事务的地址；

（五）债务人的债务人或者财产持有人应当向管理人清偿债务或者交付财产的要求；

（六）第一次债权人会议召开的时间和地点；

（七）人民法院认为应当通知和公告的其他事项。”

“第四十五条　人民法院受理破产申请后，应当确定债权人申报债权的期限。债权申报期限自人民法院发布受理破产申请公告之日起计算，最短不得少于三十日，最长不得超过三个月。”

（二）江苏省高级人民法院《破产案件审理指南（修订版）》

“六、债权申报

人民法院受理破产申请后，应当确定债权人申报债权的期限。债权申报期限自人民法院发布受理破产申请公告之日起计算，最短不得少于三十日，最长不得超过三个月。债权人未依照企业破产法规定申报债权的，不得依照企业破产法规定的程序行使权利。

1. 受理破产申请的通知与公告。企业破产法第十四条规定：“人民法院应当自裁定受理破产申请之日起二十五日内通知已知债权人，并予以公告。”可见，公告适用于未知债权人，对于已知债权人，人民法院应履行通知义务，不能笼统以公告方式替代通知方式。已知债权人的范围可以根据债务清册、财务报告、清算报告、生效裁判文书等确定。人民法院、破产管理人在其他媒体发布公告的，同时要在破产重整信息网发布公告，在该网站发布的公告具有法律效力。

2. 社会保险费、国家税收债权的申报。社会保险费、国家税收债权，由有关征管机关申报。管理人应当根据债务人财务资料及申报人提交的材料进行审查，并记载于债权表。”

三、难点剖析

（一）管理人履职过程中的程序公正与公开透明

破产案件中，管理人需要面对全体职工、全体债权人，矛盾众多且集中。既要最大限度地化解各方矛盾，又要做好管理人的自我保护，这就需要管理人在履职过程中做到程序公正与公开透明。

从法院指定管理人之日起，管理人应当积极履行企业破产法第二十五条的规定的职责。涉及债权审查的一系列工作，包括已知债权人的通知、潜在债权人的调查、债权登记、债权审查、审查结果的告知与公示、债权人会议核查债权等，均应做到程序公正与公开透明。

债权申报通知应当详尽告知债权人其所享有的权利义务，以及未申报和逾期申报的法律后果。对于债权人申报的债权，需准确登记，必要时给予适当的指导；申报的债权及其他权利主张要依法审查，尊重客观事实；审查结果应以有效方式告知债务人。实践中，一般是由债务人的有关人员、审计人员等一并参与管理人的债权审查，管理人结合债务人的原法定代表人、实际控制人、股东、财务、人事、供销等人员提供的信息和审计人员确认的数字，核定债权。对每一家有核减意见的，管理人应当以书面形式通知到位。审查完毕后，管理人将审查结果汇总于债权表，将债权表提交债权人会议核查，债权人会议核查应该是每一家债权人对债权表所载全部债权进行核查。核查有异议的，可以与管理人沟通进行复核，也可以向法院提起确认债权的诉讼。提起债权确认诉讼的前提是申报的债权经管理人审查仍有异议。

四、参考案例

镇江星岛酒店管理有限公司、镇江新房房地产开发有限公司破产案

镇江星岛酒店管理有限公司（以下简称星岛公司）和镇江新房房地产开发有限公司（以下简称新房公司）为关联企业，同时破产。两公司停业多年且人去楼空，管理人没有接管到两公司的任何财务账册及相关资料。新房公司开发的房屋楼盘名

为“星岛花都”，实际开发房屋共618套，已网签房屋中有三分之一未能办理房产证，其中还有被裁定抵债和未能付清全款的情况，房屋的权属关系复杂。在无相关资料的情况下，房屋的详细状况，尤其是未办理房产证的原因、付款情况等的调查面临较大困难。购买该楼盘的业主大多为以养老为目的退休老人，他们收到债权申报通知后，多数不能理解，无法准确申报债权，提交的材料大多缺页少码，还得通知债权人重新提交完整材料。管理人意识到问题后，立刻调整方针，一是将债权申报书参考式样变更为更加简单明了的版本；二是确定某个固定的时间段接受当面申报。这样一来，债权人的疑问变少了，管理人的时间也节省下来。

五、参考模板

债权申报通知书

索普船舶公司各债权申报人：

镇江索普船舶修造有限公司（本通知中简称索普船舶公司）因不能偿还到期债务且明显缺乏清偿能力，镇江市京口区人民法院于2019年8月8日作出（2019）苏1102破1号民事裁定，裁定受理索普船舶公司破产清算一案，并指定江苏江成律师事务所为管理人。

管理人受镇江市京口区人民法院的委托，现就债权申报有关事项通知如下：

一、债权申报人申报债权的期限

债权申报人应在2019年11月25日前向管理人申报债权。未按时申报的，可以在破产财产最后分配前补充申报，但此前已进行的分配部分，不再补充分配。为审查和确认补充申报债权产生的费用，由补充申报人承担。未申报债权的，不得依照《中华人民共和国企业破产法》规定的程序行使权利。同时，索普船舶公司的债务人或者财产持有人应当向管理人清偿债务、交付财产。

二、债权申报人申报债权应提交的书面材料

（一）债权申报人是单位的，提交下列材料：

1. 债权申报书，列明申请人基本情况，并说明债权产生的依据、金额及担保情况等；

2. 企业营业执照、组织机构代码证（或统一社会信用代码）、有关资质证明的复印件（均须加盖本单位印章），法定代表人身份证明书，有代理人的须有委托书并载明代理权限（委托代理人是律师的还应提交律师事务所的指派函）；

3. 债权发生的依据，如合同等；

4. 债权申报人已履行合同的依据，如汇款凭证、送货单等；

5. 债权金额计算清单（对账、审计等情况）。

（二）债权申报人是自然人的，提交下列材料：

1. 债权申报书，列明申请人基本情况，并说明债权产生的依据、金额及担保情况等；

2. 申请人身份证复印件，有代理人的须有委托书并载明代理权限（委托代理人是律师的还应提交律师事务所的指派函）；

3. 债权发生的依据，如合同等；

4. 债权申报人已履行合同的依据，如汇款凭证、送货单等；

5. 债权金额计算清单（对账、审计等情况）。

债权申报人若主张债权享有优先权（抵押权、质押权等），或者主张保证担保债权的（区分担保追偿与担保预追偿），应当附有相关证据材料。主张取回权或者抵销权的，应当另行提交取回权或者抵销权申请书，并且比照债权申报的要求提交证据材料。

以上材料均须一式两份。现场申报的，请携带原件供核对。单位的申报材料应当加盖单位印章；自然人的申报材料应当由申报人签名。

三、特别提示

根据索普船舶公司财务资料显示，您（单位）的债权发生在 2014 年之前，主张权利的时效已届满。因此，如果您（单位）需要向索普船舶公司申报债权，请提供时效未届满的材料。

四、债权申报人申报债权的地点

债权申报材料的邮递地址为________________；收件人________；邮编________。

五、第一次债权人会议召开的时间和地点

第一次债权人会议于 2019 年 12 月 10 日上午 9：30 在镇江市京口区人民法院召开（镇江市焦山路 200 号）。依法申报债权的债权申报人有权参加债权人会议。参加会议的债权申报人的法定代表人或者委托代理人，与申报债权材料所载的人员不一致的，应当另行提供法定代表人身份证明书或者授权委托书。所有参加债权人会议的人员都应当提供身份证件供查验（每家债权人限一人参会）。

特此通知

镇江索普船舶修造有限公司管理人

二〇一九年十月二十二日

联系人：

联系地址：

债权申报登记表（复杂版）

编号：

<table>
<tr><td rowspan="4">债权申报人基本情况</td><td>名称（姓名）</td><td></td><td>申报时间</td><td colspan="2">年 月 日</td></tr>
<tr><td>住所</td><td colspan="4"></td></tr>
<tr><td>电话</td><td colspan="4"></td></tr>
<tr><td>法定代表人</td><td></td><td>公民身份证号码</td><td colspan="2"></td></tr>
<tr><td rowspan="4">代理人基本情况</td><td>姓名</td><td></td><td>邮编</td><td colspan="2"></td></tr>
<tr><td>单位</td><td></td><td>执业证号或公民身份证号码</td><td colspan="2"></td></tr>
<tr><td>电话</td><td></td><td>电子邮箱</td><td colspan="2"></td></tr>
<tr><td>地址</td><td colspan="4"></td></tr>
<tr><td rowspan="2">申报债权金额</td><td rowspan="2"></td><td>原始债权</td><td>孳息债权（提交计算清单）</td><td>债权发生期间</td><td>债权性质</td></tr>
<tr><td></td><td></td><td></td><td></td></tr>
<tr><td rowspan="2">财产担保债权金额</td><td rowspan="2"></td><td>担保标的</td><td>担保物价值</td><td>担保债权发生时间</td><td>担保种类</td></tr>
<tr><td></td><td></td><td></td><td></td></tr>
<tr><td colspan="2">最后一次主张债权时间</td><td colspan="4">年 月 日</td></tr>
<tr><td colspan="2">债权是否为连带债权</td><td colspan="2">是（ ）；金额： 元</td><td colspan="2">否（ ）</td></tr>
<tr><td colspan="2">债权是否有连带债务人</td><td colspan="2">是（ ）</td><td colspan="2">否（ ）</td></tr>
<tr><td colspan="2">是否为求偿权或将来求偿权</td><td colspan="2">是（ ）</td><td colspan="2">否（ ）</td></tr>
<tr><td colspan="2">是否附有条件或期限</td><td colspan="2">是（ ）</td><td colspan="2">否（ ）</td></tr>
<tr><td colspan="2">是否诉讼、仲裁未决的债权</td><td colspan="2">是（ ）</td><td colspan="2">否（ ）</td></tr>
<tr><td colspan="2">有无判决、裁定或仲裁裁决</td><td colspan="2">有（ ）</td><td colspan="2">无（ ）</td></tr>
<tr><td>债权基本事实</td><td colspan="5"></td></tr>
</table>

续表

<table>
<tr><td rowspan="12">债权证明文件</td><td>序号</td><td>文件名称</td><td>页数</td><td>是否与原件核对一致</td><td>备注</td></tr>
<tr><td>1</td><td></td><td></td><td></td><td></td></tr>
<tr><td>2</td><td></td><td></td><td></td><td></td></tr>
<tr><td>3</td><td></td><td></td><td></td><td></td></tr>
<tr><td>4</td><td></td><td></td><td></td><td></td></tr>
<tr><td>5</td><td></td><td></td><td></td><td></td></tr>
<tr><td>6</td><td></td><td></td><td></td><td></td></tr>
<tr><td>7</td><td></td><td></td><td></td><td></td></tr>
<tr><td>8</td><td></td><td></td><td></td><td></td></tr>
<tr><td>9</td><td></td><td></td><td></td><td></td></tr>
<tr><td>10</td><td></td><td></td><td></td><td></td></tr>
<tr><td>11</td><td></td><td></td><td></td><td></td></tr>
<tr><td>备注</td><td colspan="5">此表填妥后，将此表（加盖公章）、送达地址确认书、年检的企业法人营业执照复印件或自然人身份证明复印件、法定代表人身份证明书、法定代表人身份证复印件、授权委托书及代理人身份证复印件、证明材料、承诺书等一同提交。</td></tr>
<tr><td colspan="6">债权人声明：
1. 本人承诺，本债权申报登记表内容为真实，所提供之复印件与正本亦均相符，如有不实愿负法律责任。
2. 本人已知晓，本次债权申报登记不构成确权，不构成对无效债权（包括但不限于已过诉讼时效的债权等）的重新有效确认。
3. 本人已知晓，管理人将通过手机短信、邮件、网络发布与债务人破产清算有关的各项通知和文书。
申报材料提交日期：　　年　　月　　日　　债权人（委托代理人）签章：</td></tr>
<tr><td colspan="6">接受文件人签收：</td></tr>
<tr><td>备注</td><td colspan="5"></td></tr>
</table>

债权申报书（简版）
（参考式样）

申报人：
住所地：
法定代表人：
联系地址：
联系电话：　　　　　　　　　　　　　　　　邮编：

委托代理人：
单位及职务：
联系地址：
联系电话：　　　　　　　　　　　　　　　　邮编：

申报债权的请求事项：
1. 债权性质：
2. 债权数额：
3. 担保情况：

事实和理由：
1. 签订合同情况；
2. 双方履行情况；
3. 结算、核算依据。

申报人：（盖章）
年　月　日

注：须附证据材料（详细要求见《债权申报通知书》）。

第四节　债权申报的接待与登记

一、概述

债权登记应当全面、详细、准确。债权人信息登记有错误或有遗漏，会直接导致审查结果错误，甚至会导致审查结果无法有效送达给债权人。债权表中登记的信息应包括债权人名称或姓名、法定代表人、联系地址、电话、代理人、代理人联系方式、债权金额、债权性质（是否主张优先权等）。

债权申报的常见方式有邮寄申报、线上申报、现场申报等。邮寄申报可以节省管理人大量的接待时间，使其成为最常用的申报方式。但邮寄申报也有其缺点，如减少管理人与债权人当面交流的机会，不便于管理人核对证据原件等。线上申报是近年来逐步推广使用的一种申报方式，债权人通过预先设置好的网络链接或小程序进入申报界面，自行录入并上传相关的证明材料，完成线上债权申报。这种申报方式相对于邮寄申报来说，更加方便实用。债权人打开程序即可进行线上申报，有些小程序还兼有召开债权人会议的功能等，打破了时间和空间的制约，充分展现了“互联网+”的优势。这种申报方式可以使法院、管理人、债权人、审计机构等均能在后台看到相关申报信息，各方协同开展债权审查工作。可见，这种申报方式不仅大大减少了管理人的办公成本，也能充分保障债权人的合法权益。然而，线上申报往往需要一定的费用和智能手机操作能力，在一些财产较少或者债权人多为老年人的破产案中，需要谨慎使用。在一些社会矛盾较大、本地债权人较多的破产案件中，多使用现场申报。管理人可以在债权申报期内安排一个固定的场所，现场接待债权人申报债权。现场接待债权人，有利于管理人与债权人面对面进行充分的沟通。现场申报债权，可以增加管理人与债权人面对面的交流，通过这种形式的交流，可以减少债权人在破产立案之初对管理人的不信任，有利于缓和债权人与管理人之间的对抗情绪；现场申报债权，也是债权人反映诉求的一种途径，借助现场申报债权，可以在一定程度上降低债权人上访事件发生的概率。

二、法律渊源

（一）《中华人民共和国企业破产法》

“第五十七条　管理人收到债权申报材料后，应当登记造册，对申报的债权进行审查，并编制债权表。

债权表和债权申报材料由管理人保存，供利害关系人查阅。”

（二）《最高人民法院关于适用〈中华人民共和国企业破产法〉若干问题的规定（三）》

“第六条　管理人应当依照企业破产法第五十七条的规定对所申报的债权进行登记造册，详尽记载申报人的姓名、单位、代理人、申报债权额、担保情况、证据、联系方式等事项，形成债权申报登记册。”

第五节　债权审查的规则与方案确定

一、概述

管理人审查债权应当根据现行有效的法律、法规及司法解释进行，一般情况下无须专门制定一套债权审查的规则或方案。但是，在一些疑难复杂案件中，制定债权审查的规则或方案，提交债权人会议进行表决或者经债权人委员会讨论通过后予以实施，就可以降低管理人承担责任的风险。最典型的例子是，在房地产企业破产案件中，涉及大量购房人权益的保护。此类案件中，管理人的工作不仅要严格遵守法律规定，还要考虑到社会效果。政府及法院受维护社会稳定等相关因素的影响，会考虑优先保护购房人的权益，对管理人的债权审查工作提出要求。笔者认为，这种情况下，如果对某一类债权的审查认定根据现行有效的法律规定存在争议，那么管理人应当就该类债权审查的标准制定一套审查规则，并将该规则作为一项议案提交债权人会议进行表决。如果债权人会议能够表决通过，那么债权人会议通过表决的形式认可了对某一类债权的审查规则，可以提高债权人对管理人审查结果的认可度。

二、法律渊源

（一）《中华人民共和国企业破产法》

“第四十七条　附条件、附期限的债权和诉讼、仲裁未决的债权，债权人可以申报。

第四十八条　第一款债权人应当在人民法院确定的债权申报期限内向管理人申报债权。

第四十九条　债权人申报债权时，应当书面说明债权的数额和有无财产担保，并提交有关证据。申报的债权是连带债权的，应当说明。

第五十条　连带债权人可以由其中一人代表全体连带债权人申报债权，也可以共同申报债权。

第五十一条　债务人的保证人或者其他连带债务人已经代替债务人清偿债务的，以其对债务人的求偿权申报债权。

债务人的保证人或者其他连带债务人尚未代替债务人清偿债务的，以其对债务人的将来求偿权申报债权。但是，债权人已经向管理人申报全部债权的除外。

第五十二条　连带债务人数人被裁定适用本法规定的程序的，其债权人有权就全部债权分别在各破产案件中申报债权。

第五十三条　管理人或者债务人依照本法规定解除合同的，对方当事人以因合同解除所产生的损害赔偿请求权申报债权。

第五十四条　债务人是委托合同的委托人，被裁定适用本法规定的程序，受托人不知该事实，继续处理委托事务的，受托人以由此产生的请求权申报债权。

第五十五条　债务人是票据的出票人，被裁定适用本法规定的程序，该票据的付款人继续付款或者承兑的，付款人以由此产生的请求权申报债权。”

（二）《最高人民法院关于适用〈中华人民共和国企业破产法〉若干问题的规定（三）》

“第六条第二款　管理人应当依照企业破产法第五十七条的规定对债权的性质、数额、担保财产、是否超过诉讼时效期间、是否超过强制执行期间等情况进行审查、编制债权表并提交债权人会议核查。”

“第七条　已经生效法律文书确定的债权，管理人应当予以确认。

管理人认为债权人据以申报债权的生效法律文书确定的债权错误，或者有证据证明债权人与债务人恶意通过诉讼、仲裁或者公证机关赋予强制执行力公证文书的形式虚构债权债务的，应当依法通过审判监督程序向作出该判决、裁定、调解书的人民法院或者上一级人民法院申请撤销生效法律文书，或者向受理破产申请的人民法院申请撤销或者不予执行仲裁裁决、不予执行公证债权文书后，重新确定债权。”

（三）《全国法院破产审判工作会议纪要》

“28. 破产债权的清偿原则和顺序。对于法律没有明确规定清偿顺序的债权，人民法院可以按照人身损害赔偿债权优先于财产性债权、私法债权优先于公法债权、补偿性债权优先于惩罚性债权的原则合理确定清偿顺序。因债务人侵权行为造成的人身损害赔偿，可以参照企业破产法第一百一十三条第一款第一项规定的顺序清偿，但其中涉及的惩罚性赔偿除外。破产财产依照企业破产法第一百一十三条规定的顺序清偿后仍有剩余的，可依次用于清偿破产受理前产生的民事惩罚性赔偿金、行政罚款、刑事罚金等惩罚性债权。”

三、难点剖析

（一）审查债权的内容及方式

债权审查是一项贯穿破产程序始终的工作。自法院受理破产案件开始至破产财产最后分配前，债权人均可向管理人申报债权。管理人审查债权应当进行实质性审查，审查内容包括：债权申报的主体是否适格，债权是否已过诉讼时效或者超过申请执行的期间，债权人所主张的债权发生的基础事实是否真实，债权金额是否准确，有无财产担保，是否享有优先受偿权等。

管理人审查债权应当注重提高效率，避免重复劳动。笔者建议，债权审查工作与破产审计同步进行，原企业留守人员参与审查工作，核实每一笔债权所涉及或有可能涉及的合同履行情况、欠款偿还情况、生效法律文书的履行情况等。对每一家债权的审查，应当首先由管理人根据申报材料及债权人的介绍做出事实情况的基本判断，然后向债务人企业有关人员核实相关事实情况并做好工作记录（必要时以谈话笔录、会议纪要的形式对重要事实予以固定），最终都应由审计单位核查每一家债权人的款项往来情况。每一笔债权的审核，应保留工作底稿，避免复查时重复劳动。

另外，债权审查过程中应与债权人保持充分的沟通，及时将意见反馈给债权人，听取债权人的意见。管理人有初步的审查意见就可以与债权人沟通，债权人有异议的可以书面要求管理人进行复核，最终定稿的审查意见应该是管理人与债权人经过充分沟通后的意见。如果债权人对管理人审查意见仍有异议的，可以引导债权人向法院提起诉讼。

（二）破产债权范围的确定

在企业进入破产程序的情况下，根据清偿顺序的先后，将清偿对象进行分类，包括破产费用与共益债务、建设工程价款优先债权、别除权、职工债权、国家债权（企业承担的社保、税款等）、普通债权、劣后债权。通常情况下所说的破产债权，是指破产费用与共益债务之外的其他债权，也有的把别除权涉及的清偿对象不列入破产债权。

1. 区分破产债权与破产费用、共益债务

企业破产法及相关司法解释对破产债权与破产费用、共益债务已经有了非常明确的规定与解释。实践当中，我们可以从债权发生的时间点来做一个粗略的划分——发生在人民法院裁定受理破产之前的债权，一般情况下可以作为破产债权向管理人申报。某些特殊情况下，虽然债权发生在破产受理前，但可以作为破产费用，比如执转破案件在执行阶段的评估费。发生在破产受理之后的，多数为破产费用或共益债务，但也有例外情形，比如债务人为委托人的，受托人在债务人进入破产程序后，为债务人的利益处理委托事务所发生的债权，该债权既不属于破产费用也不属于共益债务，而是作为破产债权处理（企业破产法第五十四条、破产案件若干规定

第五十五条第一款第（六）项）。再如，破产企业为一般保证担保人，主债务在破产受理时，尚未到期的。当然，破产债权与破产费用、共益债务的区分与认定，还是应当严格按照企业破产法第四十一条、第四十二条的规定进行。

2. 不属于破产债权的情形

破产案件若干规定第六十一条列举了八类不属于破产债权的情形，分别为：① 行政、司法机关对破产企业的罚款、罚金以及其他有关费用；② 人民法院受理破产案件后债务人未支付应付款项的滞纳金，包括债务人未执行生效法律文书应当加倍支付的迟延利息和劳动保险金的滞纳金；③ 破产宣告后的债务利息；④ 债权人参加破产程序所支出的费用；⑤ 破产企业的股权、股票持有人在股权、股票上的权利；⑥ 破产财产分配开始后向清算组申报的债权；⑦ 超过诉讼时效的债权；⑧ 债务人开办单位对债务人未收取的管理费、承包费。

虽然上述规定目前仍然是现行有效的，但是列举的八类不属于破产债权的情形，根据最新的观点和司法解释已经有所变更。破产审判会议纪要第 28 条对破产债权的清偿原则和顺序进行了详细的解释。纪要认为，民事惩罚性赔偿金、行政罚款、刑事罚金属于劣后债权。纪要的观点突破了最高人民法院破产案件若干规定第六十一条第一款第（一）（二）项的规定，认为民事惩罚性赔偿金、行政罚款、刑事罚金属于破产债权，只不过按照人身损害赔偿债权优先于财产性债权、私法债权优先于公法债权、补偿性债权优先于惩罚性债权的原则，上述三类债权在破产分配时劣后于普通债权。例如，债权人在企业进入破产程序之前通过诉讼获得了生效判决，债务人未按生效判决履行给付义务产生的迟延履行债务利息不再排除在破产债权之外，而是作为劣后债权处理。

四、参考案例

镇江深国投商用置业有限公司破产案

镇江深国投商用置业有限公司（以下简称深国投公司），于 2017 年 9 月 20 日进入破产程序。该公司开发的东方伟业广场，是镇江市润州区的重点招商项目。在项目建设之初，很多投资人购买了东方伟业广场的商铺。东方伟业广场总建筑面积 90 464. 23 m^2，有明确规划房号的房屋共计 834 套。后来，由于公司管理不规范，大额现金流出公司账户，导致资金链断裂，最终走向了破产。由于深国投公司房屋数多，购房人数多且都不是消费性购房人，加上该公司管理不规范、财务资料等档案不完备，如何界定房屋的法律属性十分困难。另外，部分购房人在进入破产程序前已经在镇江仲裁委员会申请了仲裁，仲裁委作出了“自合同约定的交付期限的第二天起至实际交付日止，按日向申请人支付已交房款万分之三的违约金”的裁决。

在此背景下，管理人根据债权人申报债权情况和相关法律的规定，初步拟定了下列债权审查原则：

1. 债权人依据生效法律文书（判决书、裁决书）主张违约金、退房款的，以生效法律文书确定的金额核定违约金、退房款债权金额；生效法律文书确定的履行期限届满，深国投公司未履行而债权人申报上述期限届满之后损失债权的，无论债权人以什么名义主张债权，均按照中国人民银行一年期贷款基准利率的规定计算损失额，即以年4.35%的标准计算至破产案件受理日（2017年8月30日）。

2. 债权人依据《违约金确认协议》主张违约金的，以协议中约定的金额核定违约金债权金额（与镇江仲裁委裁决确定的日万分之三的标准相同）；对其后的“损失”不再进行计算（理由是，该协议明确违约金在2018年3月31日之前支付，因而不存在逾期问题）。

3. 债权人没有生效法律文书和《违约金确认协议》而主张违约金债权的（无论是否领取房产证），从合同约定的交付房屋日计算至商品房验收合格日，比照诉讼与裁决中确定的较低数（每日万分之三）的标准进行计算（理由是，未寻求法律救济者得到的弥补不应比寻求者多）；实际交付日之后的“损失”不再进行计算。

4. 债权人没有生效法律文书而要求退房并主张退房款及其利息损失等债权的，不予核定。

5. 债权人以迟延办理土地证为由主张违约金等债权的，不予核定。

6. 债权人未与深国投公司签订租赁合同（而与经营管理公司签订了租赁合同），却向深国投公司申报租金债权的，不予核定。

7. 对主张工程款优先权的，原则上将进行工程造价鉴定，希望相关债权人届时予以配合。

该债权审查原则符合法律规定，不仅条理清晰、文字简洁，而且基本平衡了债权人利益，最终在第一次债权人会议上高票通过。在后续审查债权的过程中，该方案也得到了较好的运用，也没有债权人提出异议。

第六节　担保债权的申报与审查

一、概述

担保债权的审查，主要依照的是民法典和破产法解释（三）等相关法律及司法解释的规定。《最高人民法院关于适用〈中华人民共和国民法典〉有关担保制度的解释》的出台，使得破产领域担保债权的相关问题得到了较为明确的解答，为管理人审查债权提供了更详尽的法律依据。审查担保债权，应当根据担保方式的不同区分核查的重点。具体如下：

（一）保证担保

主债务人进入破产程序的，在保证人未代偿的情况下，债权人和保证人均可申报债权，但如果债权人申报了债权，管理人则不再认可保证人申报的债权。在保证人已经代偿的情况下，只有清偿了债权人的全部债权后，保证人才可以就代偿的金额申报债权；债权人的债权未获全部清偿前，保证人不得代替债权人在破产程序中受偿。在债权人的债权获得全部清偿的情况下，保证人有权就债权人通过破产分配和实现担保债权等方式获得的清偿总额中超出债权的部分，在其承担担保责任的范围内请求债权人返还。管理人在分配过程中要防止债权人和保证人双重受偿。

保证人进入破产程序的，如果主债务人未破产，应核实主债务清偿情况。保证人被确定应当承担保证责任的，保证人的管理人可以就保证人实际承担的清偿额向主债务人行使求偿权。而如果主债务人也进入破产程序，依照《企业破产法司法解释（三）》的规定，即使保证人先行承担保证责任，也不再享有向主债务人（包括破产和解和破产重整后的债务人）的求偿权。

（二）有财产的担保

有财产的担保主要包括抵押担保、质押担保、留置担保。审查这一类担保债权时，需调查财产担保权利是否生效；同时抵押（质押）给多名债权人的，应核实抵押（质押）顺位和抵押（质押）担保的债权金额；主张行使留置权的，应当核查所留置财产的价值，审查合同中有无不能留置的约定，债务人有无提供其他担保等。

以抵押担保为例。债权审查中涉及抵押担保的主要有两种情形，一是破产企业为债务人且以自己的财产提供抵押担保；二是破产企业为他人的债务提供抵押担保。两种情形均应当审查主合同与抵押合同的效力、抵押担保的金额和范围、抵押登记手续是否办理、抵押物现状等，并且作动态的记录。对于第二种情形，还需重点审查主债务的清偿情况。

在财产分配阶段，抵押物的维护、变价、交付所产生的破产费用需由抵押权人承担，即抵押权人实际得到清偿的款项为抵押物变价款额减去所应承担的破产费用和协商收取的管理人报酬金额。当抵押物变价款额小于债权金额的情况下，抵押物清偿之后，主债权所对应的变价款未获清偿的部分计入普通债权。此时，无论是否能够全额清偿债权，该抵押债权已经全部清偿完毕。当抵押物变价款额大于债权金额的情况下，多余部分则归入一般财产清偿其他债权。

另外，在审查过程中还要注意，需对抵押物实物进行查找和界定。核实抵押物是否特定化。有些抵押物虽已登记但未必与登记相符甚至不存在，如果涉及抵押物毁损、灭失等，抵押权人可以就获得的保险金、赔偿金或者补偿金等优先受偿。

（三）非典型性担保

民法典合同编还规定了其他具有担保功能的合同，如融资租赁合同、保理合同、所有权保留买卖等。这里不作具体展开。

二、法律渊源

（一）《最高人民法院关于适用〈中华人民共和国企业破产法〉若干问题的规定（三）》

“第四条　保证人被裁定进入破产程序的，债权人有权申报其对保证人的保证债权。

主债务未到期的，保证债权在保证人破产申请受理时视为到期。一般保证的保证人主张行使先诉抗辩权的，人民法院不予支持，但债权人在一般保证人破产程序中的分配额应予提存，待一般保证人应承担的保证责任确定后再按照破产清偿比例予以分配。

保证人被确定应当承担保证责任的，保证人的管理人可以就保证人实际承担的清偿额向主债务人或其他债务人行使求偿权。

第五条　债务人、保证人均被裁定进入破产程序的，债权人有权向债务人、保证人分别申报债权。

债权人向债务人、保证人均申报全部债权的，从一方破产程序中获得清偿后，其对另一方的债权额不作调整，但债权人的受偿额不得超出其债权总额。保证人履行保证责任后不再享有求偿权。”

（二）《最高人民法院关于适用〈中华人民共和国民法典〉有关担保制度的解释》

“第二十二条　人民法院受理债务人破产案件后，债权人请求担保人承担担保责任，担保人主张担保债务自人民法院受理破产申请之日起停止计息的，人民法院对担保人的主张应予支持。

第二十三条　人民法院受理债务人破产案件，债权人在破产程序中申报债权后又向人民法院提起诉讼，请求担保人承担担保责任的，人民法院依法予以支持。

担保人清偿债权人的全部债权后，可以代替债权人在破产程序中受偿；在债权人的债权未获全部清偿前，担保人不得代替债权人在破产程序中受偿，但是有权就债权人通过破产分配和实现担保债权等方式获得清偿总额中超出债权的部分，在其承担担保责任的范围内请求债权人返还。

债权人在债务人破产程序中未获全部清偿，请求担保人继续承担担保责任的，人民法院应予支持；担保人承担担保责任后，向和解协议或者重整计划执行完毕后的债务人追偿的，人民法院不予支持。

第二十四条　债权人知道或者应当知道债务人破产，既未申报债权也未通知担保人，致使担保人不能预先行使追偿权的，担保人就该债权在破产程序中可能受偿的范围内免除担保责任，但是担保人因自身过错未行使追偿权的除外。”

（三）《全国法院破产审判工作会议纪要》

“31. 保证人的清偿责任和求偿权的限制。破产程序终结前，已向债权人承担了保证责任的保证人，可以要求债务人向其转付已申报债权的债权人在破产程序中应得清偿部分。破产程序终结后，债权人就破产程序中未受清偿部分要求保证人承担保证责任的，应在破产程序终结后六个月内提出。保证人承担保证责任后，不得再向和解或重整后的债务人行使求偿权。”

三、参考案例

佳明新材料有限公司破产案与江苏昆泰科技有限公司破产案

佳明新材料有限公司（以下简称佳明公司）进入破产程序后，其子公司江苏昆泰科技有限公司（以下简称昆泰公司）被法院裁定宣告破产。债权人江苏长城资产管理有限公司（以下简称长城资产）既向佳明公司管理人申报了借款债权，也向昆泰公司管理人申报了担保债权。同时，佳明公司也是昆泰公司的债权人，佳明公司管理人向昆泰公司管理人申报了债权。

后佳明公司先行进入分配阶段，清偿率仅为3.4%，长城资产受偿金额约60万元。在佳明公司分配完毕后，昆泰公司也即将分配。此时，虽然长城资产从佳明公司处获得了部分清偿，但是昆泰公司管理人无须变动长城资产在昆泰公司的债权金额。昆泰公司管理人只需要保证长城资产在昆泰公司和佳明公司的受偿额不超出其债权总额即可。

第七节　建设工程债权的审查

一、概述

建设工程债权的审查是债权审查中需要重点关注的一项内容。建设工程债权具有下列特性：

（一）专业性强

建设工程属于专业性较强的领域，管理人需要对建设工程这一专业有了一定深度的学习，积累了一定数量的实践经验后，才能从容应对由此产生的纠纷，进而审查相关债权。在实践中，对工程造价、工程质量等专业性较强的事项，建议有专业人员协助鉴定、判断。

（二）复杂程度高

随着我国建筑行业的蓬勃发展，建筑市场施工不规范的问题层出不穷，这就导致在企业破产后，与施工相关的问题全部暴露出来，矛盾交织。比如合同无效、施工质量问题、工期拖延问题、工程造价问题及由此衍生出的未及时办理工程竣工验收手续、拖欠施工工程款等。

（三）标的额大

建设工程施工合同纠纷的标的额动辄百万元、千万元，牵涉的利益大。如果处理不当，引发的后果相对严重。

（四）涉及敏感问题多

有的工程因工期问题，影响拆迁户的回迁；有的工程因施工质量问题，影响到业主及周围住户的居住；有的工程在招投标过程中，涉及贪污腐败等刑事问题；有的工程因建设工程价款未及时支付造成拖欠农民工工资；有的债权人主张建设工程优先受偿权……因此，管理人在审查时要兼顾社会效果及公正性。

二、法律渊源

（一）《民法典》

“第八百零七条　发包人未按照约定支付价款的，承包人可以催告发包人在合理期限内支付价款。发包人逾期不支付的，除按照建设工程的性质不宜折价、拍卖的以外，承包人可以与发包人协议将该工程折价，也可以请求人民法院将该工程依法拍卖。建设工程的价款就该工程折价或者拍卖的价款优先受偿。”

（二）最高人民法院《关于审理建设工程施工合同纠纷案件适用法律问题的解释（一）》法释（2020）25号

“第三十六条　承包人根据民法典第八百零七条规定享有的建设工程价款优先受偿权优于抵押权和其他债权。”

三、难点剖析

（一）工程总造价的确定

工程总造价的确定一般是根据债权人提交的资料进行审查。原则上，企业破产前已经经过债权人和债务人双方结算的工程总价款，管理人无须重新审查，除非有证据证明破产前结算的工程价款不真实。如果破产前未结算过工程款，应当根据施工合同的约定由管理人与债权人进行结算，管理人可以与债权人协商共同委托第三方鉴定机构对工程造价进行鉴定，以确定应付款的总额。在没有工程结算报告的情况下，需要尽可能提供完善的竣工结算资料，包括施工合同、送审结算书、竣工图、图纸会审纪要、变更签证、施工会议纪要、施工组织设计、施工日记、竣工验收资料、监理大纲、监理规划等等。必要时，对工程质量进行专门鉴定，因为质量合格是付款的前提，另外，管理人应当要求建设工程债权人提供工作成果材料，即作为施工方的债权人应当履行的合同附随义务，以便于破产财产的变现和变更登记。如果债权人拒绝提交，相关债权可暂缓审查。

（二）已付工程款的核对

已付工程款的核对需要结合债权人的申报与破产企业的财务记载进行审查，审查时要注意区分工程保证金和工程款。工程保证金一般是施工单位预交，根据施工合同的约定在符合一定条件的情况下退还给施工单位的款项。区分保证金与工程款的意义在于，一般情况下保证金属于普通债权，而工程款在符合法定条件的情况下属于优先受偿的债权。但是在实践中也有过施工单位将保证金用于工程垫资，法院认定保证金属于工程款享有优先受偿权的案例。

（三）行使优先权期间的起算时点

行使优先权期间的起算时点关系到债权人主张的优先权是否成立。最高人民法院《关于审理建设工程施工合同纠纷案件适用法律问题的解释（一）》已经对优先权的起算时点进行了非常详细的规定。但由于建设工程类债权实践中往往非常复杂，管理人在判断时经常难以把握好标准。特别是多家施工单位共同申报工程款债权并主张优先权时，每一家的情况可能存在类似情形，但又不完全相同。管理人在认定优先权时，需要把握好统一的标准。而在优先权标准较难把握的情况下，管理人应当从严审查。从严审查并不是管理人推卸债权审查的职责，其出发点在于一方面从严审查可以体现对其他普通债权人的权益的保护，以体现公平原则，降低管理人因放宽审查标准而被其他债权人追责的风险；另一方面，对于工程款债权人来说，如果管理人从严审查否定优先权有误，债权人也可以通过起诉确认优先权的途径维护自己的合法权益。如果工程款债权人起诉获得法院支持，则根据生效判决确认的优先权不会被其他债权人以提异议的方式推翻。

（四）优先权范围的划分

优先权范围的划分是建设工程优先权审查中最核心，也是最困难的。工程款优先受偿的范围需要根据实际施工工程对应的变现价款来确定，实践中大量存在某一处建筑的桩基、土建、水电安装、消防、装饰装修、幕墙等分别由不同的施工单位施工的情形，甚至还会有将某一项工程分为多个“标段”的情形。这就对各施工单位所做工程范围的划分带来了难度。笔者在担任某化工企业管理人的案件中，曾经遇到类似的复杂情形。在处理工程范围划分的问题时，我们的做法是由管理人与桩基、土建、安装、消防等所有工程的施工单位分别签订造价鉴定协议，对各项工程按照统一标准分别进行造价鉴定。在造价鉴定全部结束后，按照各项工程造价占总造价的比例，结合评估报告计算出各项工程的评估价。在财产整体变价后，根据各项工程评估价占工程总评估价的比例，计算出各项工程对应的变现价。当然，每个破产案件的情况都不一样，上述方案也只是适用于个别案例，并不是通用的规则。相信我们的同行在其他案件中也会有更加巧妙的方案来解决优先权范围划分的问题。

四、参考案例

江苏省格林艾普化工股份有限公司与某安装公司建设工程施工合同纠纷案

2010年2月1日，某安装公司与江苏省格林艾普化工股份有限公司（以下简称格林艾普公司）签订了一份建筑安装工程合同，主要约定：工程范围（30万吨/年烧碱及配套工程的消防火灾自动报警联动系统、消火栓系统、泡沫灭火系统、喷淋系统、室外管网、防火涂料等）、工程价款、工程验收等相关内容。后该公司按约施工。涉案工程于2011年4月7日竣工验收合格。格林艾普公司进入破产程序后，双方共同委托鉴定机构对涉案工程款进行鉴定。2014年6月，安装公司依据鉴定结果向管理人申报债权，同时认为该债权具有优先权。格林艾普公司管理人对其申报的债权金额4 468 914.19元无异议，但认为该债权不具有优先权。

主要理由是原告未在法定期限内依法行使优先权。

工程款优先权的效力优先于抵押权和其他债权，如果承包人长期不行使该权利则会使抵押权人和其他债权人的权利能否实现长期处于不确定的状态。最高人民法院《关于建设工程价款优先受偿权问题的批复》中明确，建设工程承包人行使优先权的期限为六个月（现已被修改为十八个月），自建设工程竣工之日或者建设工程合同约定的竣工之日起计算。最高人民法院《关于审理建设工程施工合同纠纷案件适用法律问题的解释（一）》第十四条规定，当事人对建设工程实际竣工日期有争议的，按照以下情形分别处理：（一）建设工程经竣工验收合格的，以竣工验收合格之日为竣工日期；（二）承包人已经提交竣工验收报告，发包人拖延验收的，以承包人提交验收报告之日为竣工日期；（三）建设工程未经竣工验收，发包人擅自使用的，以转移占有建设工程之日为竣工日期。本案中，合同约定竣工日期为 2010 年 5 月 31 日，实际竣工日期为 2012 年 10 月 24 日。原告并未依法在 6 个月的期限内行使优先权。

但是该案经一审、二审法院审判，均支持了安装公司的诉讼请求。法院认为，本案所涉消防工程是符合使用功能的涉案厂房建筑的必要组成部分，是涉案厂房建筑的附属设施，其使用价值和交换价值都与厂房建筑具有不可分性。故本案所涉消防工程应属建设工程范围，可以优先受偿。其次，关于主张的期限问题，承包人主张工程款优先受偿权一般应当从建设工程竣工之日或建设工程合同约定的竣工之日起计算六个月，但如果工程款债权在建设工程竣工之日或者建设工程合同约定的竣工之日尚未届清偿期，建设工程价款优先受偿权的起算点应当从债权应受清偿时起算。本案中，涉案工程于 2011 年 3 月竣工，但竣工时双方并未进行决算，格林艾普公司应当支付的工程款数额亦未确定，直至 2014 年 12 月 29 日工程款数额经结算审查才得以确定，故安装公司主张建设工程价款优先受偿权的期限应从工程款数额确定后开始计算较为合理。因此，安装公司向破产管理人申报工程款债权优先受偿权时并未超过六个月法定期限。

第八节 购房人债权的审查

一、概述

房地产企业破产，一般会涉及大量的购房人申报债权。购房人申报的债权主要包括以下几类：（1）逾期交房违约金；（2）房屋面积补差款；（3）解除合同后的返还房屋价款请求权；（4）房屋（主要是商铺）返租的租金等。上述几类债权的审查对管理人来说一般不会有太大问题，但购房人申报债权时有可能一并提出其他请求，包括房屋交付问题、办证问题、税费承担问题、消费者购房人的权利保护问题等。正是因为购房人申报债权所牵涉出来的上述一系列问题，管理人在审查购房人债权时需要谨慎再谨慎，要根据个案情况审慎研究决定审查原则。

另外，购房人债权的审查，还需要注意甄别申报人身份的真实性，仔细审查是否属于以房抵债、让与担保；是否存在与抵押权、建设工程价款优先受偿权等权利的冲突等其他法律关系。

二、法律渊源

（一）江苏省高级人民法院《破产案件审理指南（修订版）》

“七、破产债权及清偿顺序

2. 商品房买受人的权益。房地产开发企业破产中，关于商品房买受人的权益，应重点把握以下问题：

商品房的权属变动。物权法第九条规定，不动产物权的设立、变更、转让和消灭，经依法登记，发生效力；未经登记，不发生效力，但法律另有规定的除外。据此，商品房权属尚未办理变更登记，买受人以实际支付全部购房款或以实际占有为由，主张实际取得商品房权属的，不予支持。最高人民法院《关于审理企业破产案件若干问题的规定》第七十一条第五条、第六条的规定，与其后颁布的物权法确立的不动产物权变动规则不相符，应适用物权法的有关规定。最高人民法院《关于人民法院办理执行异议和复议案件若干问题的规定》第二十八条、第二十九条系不动产买受人物权期待权的规定，并非不动产权属规定。

商品房买受人债权的性质。最高人民法院《关于建设工程价款优先受偿权问题的批复》（法释〔2002〕16号）规定，消费者交付购买商品房的全部或者大部分款项后，承包人就该商品房享有的工程价款优先受偿权不得对抗买受人。据此，消费性买受人债权具有优先性，优先于建设工程价款优先权。审判实践中，应当从严把握优先清偿的债权范围，准确区分消费者与非消费者，依法审慎划定消费者标准，合理确定优先权效力范围，实现消费性买受人与其他债权人利益的妥善平衡。值得注意的是，最高人民法院《关于人民法院办理执行异议和复议案件若干问题的规定》第二十九条规定，金钱债权执行中，买受人对登记在被执行的房地产开发企业名下的商品房提出异议，符合下列情形且其权利能够排除执行的，应予支持：一是在查封之前已签订合法有效的书面买卖合同；二是所购商品房系用于居住且买受人名下无其他用于居住的房屋；三是已支付的价款超过合同约定总价款的百分之五十。该规定赋予特定情形下商品房买受人物权期待权，可以排除司法执行，在确定消费性买受人标准中可资参照。”

三、难点剖析

（一）关于以房抵债

在房地产企业破产中，有部分购房人向破产企业购买房屋并未交付相应的购房款，而是与破产企业约定以房屋等资产作为交易对价来清偿原有债务。以房抵债的实质是以物抵债，其复杂性体现在多重法律关系的交织。既有原始的债权债务关系，也有新设立的房屋买卖关系。管理人在审查以房抵债债权时，首先，应当查清原始债权债务的性质，包括金融借款之债、民间借贷之债、建设工程之债、其他合同之债等①。管理人通常先从原始之债的真实性、合法性角度进行审查；其次，应当研究抵债行为的效力。关于抵债行为的效力的审查，应当注意以下几点：

1. 具有流质抵押物性质的以房抵债合同，自始无效

按照以房抵债协议签订的时间可以分为债务履行期届满前和债务履行期届满后。原始债务履行期届满前，破产企业与债权人约定以房屋抵偿债务的，应当认定无效。民法典第四百零一条规定：“抵押权人在债务履行期届满前，与抵押人约定债务人不履行到期债务时抵押财产归债权人所有的，只能依法就抵押财产优先受偿。”法律对流质条款是明令禁止的，具有流质抵押物性质的以房抵债合同，自始无效。管理人应当通知其按照原始债权债务关系来申报债权。

2. 民间借贷中，具有担保性质的以房抵债合同，不受保护

最高人民法院《关于审理民间借贷案件适用法律若干问题的规定》第二十四条规定：“当事人以签订买卖合同作为民间借贷合同的担保，借款到期后借款人不能还款，出借人请求履行买卖合同的，人民法院应当按照民间借贷法律关系审理，并向当事人释明变更诉讼请求。当事人拒绝变更的，人民法院裁定驳回起诉。”

该类以房抵债行为，属于后让与型担保行为，是一种非典型性担保。用作担保的不是商品房买卖合同的债权，而是商品房买卖合同的标的物即房屋及其所有权，其中也包括商品房的地基所及建设用地使用权，在签订商品房买卖合同将其作为担保标的物的时候，担保标的物的所有权并没有转移，房屋也没有交付。如果债务人不履行债务，债权人即可主张履行商品房买卖合同，交付担保标的物的所有权以清偿债务，显然是以约定的商品房所有权的后转让作为担保②。该担保的设立基于当事人的约定，并非法定。因此，具有担保性质的以房抵债的行为并不受法律保护。管理人应当通知其按照原始债权债务关系来申报债权。

---

① 李军红．破产程序中“以房抵债”问题研究［EB/OL］.（2020-08-05）.https://www.sohu.com/a/411494400_402537.

② 杨立新．后让与担保：一个正在形成的习惯法担保物权［J］. 中国法学，2013（3）.

3. 其他金钱之债转换为房屋买卖之债，应当视情况而定

最高人民法院《关于人民法院办理执行异议和复议案件若干问题的规定》第二十八条规定："金钱债权执行中，买受人对登记在被执行人名下的不动产提出异议，符合下列情形且其权利能够排除执行的，人民法院应予支持：（一）在人民法院查封之前已签订合法有效的书面买卖合同；（二）在人民法院查封之前已合法占有该不动产；（三）已支付全部价款，或者已按照合同约定支付部分价款且将剩余价款按照人民法院的要求交付执行；（四）非因买受人自身原因未办理过户登记。"第二十九条规定："金钱债权执行中，买受人对登记在被执行的房地产开发企业名下的商品房提出异议，符合下列情形且其权利能够排除执行的，人民法院应予支持：（一）在人民法院查封之前已签订合法有效的书面买卖合同；（二）所购商品房系用于居住且买受人名下无其他用于居住的房屋；（三）已支付的价款超过合同约定总价款的百分之五十。"

这一类抵债行为是房地产企业破产中较为常见的，管理人应具体问题具体分析。笔者认为，符合下列情形的，管理人可以认可以房抵债的效力：(1) 在破产受理日一年前已办理完以房抵债手续；(2) 已签订合法有效的房屋买卖合同并且已办理网签备案手续或者已经实际交付房屋的；(3) 抵债房屋的价格不明显低于市场价，未损害其他债权人利益的。

当然房企破产案件中，以房抵债问题的处理是疑难复杂问题之一。目前并没有统一的法律规定或者能够适用于全体房企破产案件的实际操作方法，需要根据每个案件的具体情况，查清相关的全部事实，探讨法律适用的路径，制定出切合本案实际的处理方案。

（二）关于消费者购房人的权利保护

消费者购房人可以解释为以居住为目的，支付了超过百分之五十价款购买商品房的自然人。消费者购房人的权利顺位，早有相关规定。最高人民法院《关于建设工程价款优先受偿权问题的批复》规定，建筑工程的承包人的优先受偿权优于抵押权和其他债权。消费者交付购买商品房的全部或者大部分款项后，承包人就该商品房享有的工程价款优先受偿权不得对抗买受人。据此，消费性购房人债权优先于建设工程价款优先权，建设工程价款优先权优先于抵押权和其他债权。后全国各地陆续出台相关规范，要求审慎划定消费者购房人标准。

笔者认为，参照最高院执行异议解释规定，符合下列情形的，以居住为目的的购房人，管理人可以认定属于消费者购房人：(1) 已经签订了合法有效的商品房买卖合同；(2) 支付了全部购房款或者支付了大部分房款

并愿意结清尾款的；（3）与破产企业办理了交房手续或者在破产立案前已合法占有房屋的；（4）非因买受人自身原因未办理过户登记的。上述认定是否以一套房为限，是否区分商铺和住宅，是否包括债权到期后且在破产立案一年前以房抵债，实践中有不同的操作。有的购房人购买商铺将其中部分作居住使用，是否也可将之归于生活消费范畴，值得进一步研究。

对于具备交付与办证条件的房屋，管理人应当履行相应手续，配合购房人办理房产证。对于不具备交付条件也无法续建的房屋，管理人应当就现状进行拍卖后，消费者购房人可以就相关购房款主张优先权。

（三）关于办理房屋所有权证

近年来，解决购房人办证难、税费高等问题，已经成为房地产破产企业管理人的头等大事。一些破产企业在立案前，购房人就已经多次上访，引起当地政府的高度重视。因此，为了解决上述难题，有的地方政府直接牵头成立清算组作为管理人，由政府职能部门和律师事务所、会计师事务所等中介机构作为清算组成员。成立清算组的好处在于，可以更有力地处理一些与行政权力有关的事项，如维稳、办证、合法减税等。

大部分房地产破产企业都存在未办理房屋所有权证的问题。管理人在接管后，首先，应当对房屋整体施工进度、购房人付款情况等进行全面了解，具体包括房屋是否已经竣工验收，合同是否已经网签备案，购房款是否交齐，房屋是否已经交付或被占有使用，房款支付是否涉及以房抵债，购房人是否交纳了全部代办费等。摸查清楚后制作成表，以备查看；其次，对办证所需的费用进行测算，包括完善竣工验收手续所需费用、税费等。相关费用如何分摊、如何承担的问题，需要视具体情况而定。前提是不损害债权人的利益；再次，对购房人的权利进行认定，对办证的标准进行论证，并报法院批准。不宜将标准制定得过严，过严的标准表面上维护了其他债权人的利益，实际上往往会引发过多购房人的不满，常常妨碍破产进程的推进；最后，在进行充分的调研和论证后，请求法院协调政府召集会议，将结果报告给政府，请求政府从人力和财力方面给予支援。另外，管理人还应当发挥好留守人员的作用。房地产企业的留守人员了解企业情况，了解房地产行业办事流程，由他们出面办事更加便捷。

四、参考案例

江苏亨正置业有限公司破产案购房人权利认定

江苏亨正置业有限公司（以下简称亨正公司）是扬中市的一家房地产开发企业，

其开发的鼎恒名座项目占地面积4 658.2平方米，总建筑面积14 000平方米。项目于2011年动工，2014年8月竣工，但未完成验收手续。鼎恒名座项目有住宅和商铺。部分已经办理网签备案手续，部分仍在亨正公司名下并办理了抵押登记手续。已网签的房屋中，有以房抵债的情形。大多购房人已经入住，该项目综合配套设施尚未完善，购房人一直为无法办证而上访，政府对此高度重视。在多次政府联席会议后，定下基本处理路径——政府垫资完善综合配套设施，管理人负责厘清购房人的权力范围，以争取早日办证。对此，管理人多次与购房人交流，征询购房人对完善项目进而办证的意见。根据已收集的调查意见统计，80%以上的购房人不愿分担综合配套设施完善的费用，但愿意承担办证的费用。

在此基础上，管理人根据执行异议解释的规定初步提出购房人权利认定方案即在本案中鼎恒名座项目购房人享有物权期待权、符合办证条件的标准确定为（包括住宅和商铺)：(1）与亨正公司签订了合法有效的商品房买卖合同；(2）支付了全部购房款（包括在破产立案一年前以到期债权抵购房款）或者支付了大部分房款并愿意结清尾款的；(3）破产前已办理了交房手续或者在亨正公司破产立案前已合法占有房屋的。

第九节　补充申报债权的费用

一、概述

因各种原因，债权人申报债权会迟于人民法院确定的期限，有些迟于债权人会议核查债权的时间，有些甚至晚于破产财产分配时间。企业破产法第五十六条就规定了在人民法院确定的债权申报期限内未申报债权的债权人所应承担的法律后果。这明确规定，为审查和确认补充申报债权的费用，由补充申报人承担。这样规定的原因不难理解。首先，逾期申报债权必然导致破产程序被拖延，而管理人再次启动审查、核查的程序也必然导致破产费用的增加。额外增加的费用显然不适宜让按时申报债权的人来承担。由补充申报人自行承担更加合理。然而，该法条并未对补充申报债权的费用收取问题作具体规定。除了可计算的实际支出，如快递费、工本费等，管理人应当收取费用的标准是什么，在实践中的操作各不相同。已知常用的方法是根据补充申报债权的性质及金额，采用以管理人报酬比例、诉讼费收费标准、审查期间实际支出的费用以及审查前与补充申报债权人协商收费的形式计取费用额①。江苏省破产管理人协会、江苏省律师协会、江苏省注册会计师协会印发的《江苏省破产管理人债权申报及审查业务操

① 冯懿，周显根．浅议补充申报债权过程的费用收取问题［J］．法制与社会，2017（23）．

作指引（试行）》规定："为审查和确认补充申报债权的费用，由补充申报人承担，费用收取标准由管理人参照《诉讼费用交纳办法》规定的财产类案件诉讼费标准，并综合审查确认难易程度、逾期时间、逾期申报对于破产工作的影响等因素加以确定。"笔者认为，不同的收费方式有其不同的优缺点。管理人在实务操作中，可以根据实际情况来采取措施。在保证公正、规避风险的基础上，维护自己的权益。

收取费用之前与补充申报人进行沟通，向其解释相关法律规定，并将沟通结果及管理人的方案向法院进行汇报。在取得法院的同意后，再与补充申报人签订费用承担确认书或协议。如果补充申报人拒不签字或拒不支付相关费用的，管理人可以在其可分配款项中扣除，也可以请求法院督促补充申报债权人支付费用。

二、法律渊源

（一）《中华人民共和国企业破产法》

"第五十六条　在人民法院确定的债权申报期限内，债权人未申报债权的，可以在破产财产最后分配前补充申报；但是，此前已进行的分配，不再对其补充分配。为审查和确认补充申报债权的费用，由补充申报人承担。

债权人未依照本法规定申报债权的，不得依照本法规定的程序行使权利。"

（二）江苏省高级人民法院《破产案件审理指南（修订版）》

"六、债权申报

……

8. 补充申报的处理。企业破产法第五十六条规定，在人民法院确定的债权申报期限内，债权人未申报债权的，可以在破产财产最后分配前补充申报；但是，此前已进行的分配，不再对其补充分配。为审查和确认补充申报债权的费用，由补充申报人承担。实践中应当注意，审查和确认补充申报债权的费用应当由补充申报人承担，费用标准可以综合审查确认难易程度、逾期期日、逾期申报对于破产工作的影响等因素加以确定。"

第十节　债权审查结果的通知

一、概述

管理人应将债权审查的意见以有效方式通知债权人。对于材料中出现非原则性错误的债权，如申报人混淆单位与自然人、主体身份材料缺漏、债权金额或债权性质存在笔误等，管理人可以通过电话、邮件、短信、微信等方式，通知债权人进行变更。对于申报主体或对象错误、债权性质认定不同或金额有核减的债权，比如，与破产企业的关联公司发生往来后，错将对关联公司债权申报至破产企业处；债权超过诉讼时效；债权性质为普通债权，却主张优先受偿；申报金额计算错误；等等，管理人应当通过EMS邮寄的方式将审查结果书面告知债权人。目前，有一些制度完善的管理人团队，对于债权性质与债权金额均予以确认的债权也向债权人寄送审查通知书。笔者认为，这是非常好的做法，能让所有债权人知道自己债权的状态与结果。对于一些资产少、经费短缺的破产企业，这个环节也可省略，而用向全体债权人寄送债权表、债权人会议对债权表进行核查的方式，告知审查结论。总而言之，债权审查的结果是至关重要的，是对债权人申报债权的回应，是债权人行使表决权的基础。因此，管理人不仅要认真审查债权，也要确保将债权审查的结果告诉每一位债权人。

二、法律渊源

《江苏省破产案件审理指南》：

“六、债权申报

……

4. 申报债权的审查及异议程序。管理人应当根据企业破产法第五十七条的规定，将申报的债权编入债权表，管理人不得以债权不真实、超过诉讼时效等为由拒绝编入债权表。管理人应当对债权的真实性、合法性形成书面审查意见附于债权表，供债权人会议核查与利害关系人查阅。

管理人经审查对申报债权不予确认的，应当书面告知债权人。债权人可以在管理人确定的合理期限内向管理人提出异议，由管理人予以复核，异议成立的，予以采纳，异议不成立的，债权人可以自收到书面复核通知书之日起十五日内提起债权确认诉讼，债权人也可不经复核程序，自收到管理人不予确认债权通知书之日起十五日内提起债权确认诉讼。”

三、参考模板

关于债权审查的通知

债权序号：9

镇江××××有限公司：

贵司向管理人申报了3 500 000元债权。

经审查，贵司提供的材料不能证明贵司对镇江正和塑胶有限公司享有债权。请贵司在收到本通知后15日内向管理人补充提交相关证据材料。否则，对贵司所申报债权，管理人将不予认可。

如有异议，可以在收到本通知后15日内补充提交有效证据材料与管理人进行交流，也可以在收到本通知后15日内向扬中市人民法院提起诉讼以确认债权。

特此通知

镇江正和塑胶有限公司管理人

二〇二一年二月三日

联系人：　　　　　　　　　　联系电话：

地　址：

关于债权审查的通知

债权序号：××

江苏××××有限公司：

贵司向管理人申报了2 702 139.54元的债权。其中，本金1 463 648.12元，利息（含迟延履行金）1 229 464.42元，诉讼费9 027元。

根据破产法的规定，附利息的债权自破产申请受理时停止计息。又根据《最高人民法院关于执行程序中计算迟延履行期间的债务利息适用法律若干问题的解释》第一条、第二条的规定，加倍部分债务利息的计算方法为：加倍部分债务利息＝债务人尚未清偿的生效法律文书确定的除一般债务利息之外的金钱债务×日万分之一点七五×迟延履行期间；加倍部分债务利息自生效法律文书确定的履行期间届满之日起计算。因此，管理人对贵司所申报债权金额中的利息、迟延履行金部分进行了核减（计算公式见下表）。

款项	本金（元）	利率	利息起算日	利息截止日	天数	利息（元）
利息损失	1 463 648.12	6%（年）	2013/11/21	2019/8/8	2 087	502 132
迟延履行金	1 463 648.12	1.75/10 000（日）	2013/11/21	2019/8/8	2 087	534 561
合计	1 036 693					

另外，根据破产法及相关会议纪要的规定，贵司主张的迟延履行金的债权性质为劣后债权。因此，管理人对贵司的债权金额核定为2 509 368.12元，其中1 974 807.12元是普通债权，534 561元是劣后债权。

如有异议，可以在收到本通知后15日内补充提交有效证据材料与管理人进行交流，也可以在收到本通知后 15 日内向镇江市京口区人民法院提起诉讼以确认债权。

特此通知

镇江索普船舶修造有限公司管理人

二〇二〇年三月二日

联系人：　　　　　　　　　　　　　　联系电话：

地　址：

第十一节　债权异议的处理

一、概述

本章内容，破产法及相关司法解释有较为详细的规定。对于债权异议，以法院裁定确认债权为分界点作不同的处理。

在法院裁定确认债权之前，管理人经审查对申报债权不予确认或有核减的，应当书面告知债权人，即管理人应当向债权人寄发债权审查通知书。通知书中应当告知债权人可以在异议期（一般为 15 天）内向管理人提出异议，由管理人予以复核。这里的异议是指对债权的性质和金额有异议，如果只是文字上有错误，口头告知管理人纠正即可。收到异议后，如果异议成立的，管理人予以采纳；异议不成立的，管理人应当告知债权人可以自收到书面复核通知书之日起限期（一般为 15 天）提起债权确认诉讼。当然，债权人也可不经复核程序，收到管理人债权审查通知书后直接提起债权确认诉讼。如果债权人对他人债权有异议的，可以在合理期限内向管理人提出异议，由管理人予以复核。如果异议成立的，管理人应予采纳；管理人认为异议不成立的，债权人可以自收到书面复核通知书之后对他人的债权提起债权确认诉讼。这里，债权人也可不经复核程序，收到债权表后提起诉讼。

在法院裁定确认债权之后，债权人如果对已裁定确认的债权仍有异议，其救济途径尚未有统一的规定。实践中，有的法院认为债权人或债务人在法院的确认裁定作出后再提出异议并起诉，实际上是对法院已经发生法律效力的裁判所认定的法律事实、法律关系又提起诉讼，有违民事诉讼法“一事不再理”的基本原则，因此不予支持。有的法院认为原审查只是形式审查，结果确有错误，可参照民事诉讼法有关规定进行审理。笔者认为，民事诉讼法规定，对人民法院的裁判不服的，当事人可以申请再审；而在没有生效判决的情况下，管理人提请法院确认的“无异议债权”仅仅是经过了管理人的审查，如果无异议债权的裁定生效后，债权人发现了新的证据，有了新的主张，提起诉讼要求重新确认债权，其本质上是一种再审。

目前的主流观点是因为确认无异议债权裁定是法院形式审查后作出的，法院裁定之后债权人又有异议的，仍然可以提起诉讼。换言之，如果债权人发现新的证据或者原审查结果确有错误，参照民事诉讼法有关规定给予债权人一定的救济途径，能够更好地保护债权人权益。实践中法院裁定确认债权是在管理人审核、债权人会议核查的基础上裁定确认，法院并不会按照民事诉讼程序审理并认定债权。

二、法律渊源

（一）《中华人民共和国企业破产法》

"第五十八条　依照本法第五十七条规定编制的债权表，应当提交第一次债权人会议核查。

债务人、债权人对债权表记载的债权无异议的，由人民法院裁定确认。

债务人、债权人对债权表记载的债权有异议的，可以向受理破产申请的人民法院提起诉讼。"

（二）《最高人民法院关于适用〈中华人民共和国企业破产法〉若干问题的规定（三）》

"第八条　债务人、债权人对债权表记载的债权有异议的，应当说明理由和法律依据。经管理人解释或调整后，异议人仍然不服的，或者管理人不予解释或调整的，异议人应当在债权人会议核查结束后十五日内向人民法院提起债权确认的诉讼。当事人之间在破产申请受理前订立有仲裁条款或仲裁协议的，应当向选定的仲裁机构申请确认债权债务关系。

第九条　债务人对债权表记载的债权有异议向人民法院提起诉讼的，应将被异议债权人列为被告；债权人对债权表记载的他人债权有异议的，应将被异议债权人列为被告；债权人对债权表记载的本人债权有异议的，应将债务人列为被告。

对同一笔债权存在多个异议人，其他异议人申请参加诉讼的，应当列为共同原告。"

（三）江苏省高级人民法院《破产案件审理指南（修订版）》

"4. 申报债权的审查及异议程序。管理人应当根据企业破产法第五十七条的规定，将申报的债权编入债权表，管理人不得以债权不真实、超过诉讼时效等为由拒绝编入债权表。管理人应当对债权的真实性、合法性形成书面审查意见附于债权表，供债权人会议核查与利害关系人查阅。

管理人经审查对申报债权不予确认的，应当书面告知债权人。债权人可以在管理人确定的合理期限内向管理人提出异议，由管理人予以复核，异议成立的，予以采纳，异议不成立的，债权人可以自收到书面复核通知书之日起十五日内提起债权确认诉讼，债权人也可不经复核程序，自收到管理人不予确认债权通知书之日起十五日内提起债权确认诉讼。

债权表经债权人会议核查，债权人对他人债权有异议的，可以在管理人确定的合理期限内向管理人提出异议，由管理人予以复核，异议成立的，应予采纳，异议不成立的，债权人可以自收到书面复核通知书之日起十五日内提起债权确认诉讼，债权人也可不经复核程序，自收到债权表之日起十五日内，以债务人及该他人为被告提起债权确认诉讼。

前述不予确认债权通知书、复核通知书及债权表应当记载异议人提起债权确认之诉的权利及十五日起诉期间。债权人就自身债权超过十五日起诉期间未提起诉讼的，起诉前已进行的分配，不再对其补充分配，起诉后进行分配的，应当根据争议债权金额作相应提存。债权人就他人债权超过十五日起诉期间提起异议诉讼，生效判决认定异议成立的，已分配的部分仍应当依法回转。”

三、参考案例

关于债权异议的通知

镇江×××××有限公司、陈某某、孙某某、胡某某、于某某：

你们于2020年5月31日寄来的债权异议书，管理人已收悉。

对你们提出的异议，管理人通知如下：

一、无锡×××公司先主张取回权，后变更主张债权，并不违反法律规定。管理人经审查后认可其申报的……元债权，其性质为普通债权。

二、关于你们对上述债权为虚假债权的主张，因你们未提交相关书面证据材料，管理人不予认可。

如果你们仍对管理人审查的无锡×××公司的债权有异议，可以在收到本通知后15日内向镇江市丹徒区人民法院提起诉讼以确认债权。

特此通知

江苏金煜满堂置业有限公司管理人

二〇二〇年七月二日

联系人：　　　　　　　　　　联系电话：

地　址：

第十二节 债权人会议核查债权

一、概述

核查债权，是企业破产法规定的债权人会议的首要职权。债权人会议核查债权可以说是债权审查工作的重要环节。如果债权人会议核查债权后无异议，管理人当然也可以申请法院裁定确认无异议债权。因此，管理人应当重视债权人会议核查债权的环节，对未提出异议的债权及时申请法院裁定确认，以推动破产进程。

作为管理人，应当认真编制债权表并主动引导债权人核查相关债权。虽然企业破产法规定了核查债权的时间为第一次债权人会议，实践中，一债会前有可能无法全部完成审核；一债会后也会有补充申报。常常导致难以在第一次债权人会议全面核查债权。如果第一次债权人会议未完成债权核查，那么管理人更应当把握债权核查的节奏，注意在下一次向债权人会议提交债权表前，与债权金额有核减或者债权性质有异议的债权人进行充分沟通，以争取相关债权人的认可。笔者采取的做法是，在债权人会议之前将债权表（如下表所示）的征求意见稿邮寄给全体债权人，请债权人对自己和他人的债权进行核查，并在债权人会议上统一征求债权人的意见。将债权核查工作放在债权人会议之前的操作，可以提前化解矛盾，提高会议效率。

江苏××××××有限责任公司破产案债权表

单位：元

序号	债权人	债权性质	申报金额	核减金额	核定金额	说明
1	×××	普通债权	2000 000.00	0.00	2 000 000.00	
2	××××××	普通债权	243 298.00	1 250.00	242 048.00	申报材料只能反映债权金额为242 048元
3	××××××	普通债权	51 647.98	0.00	51 647.98	
4	××××××	普通债权	55 250.00	0.00	55 250.00	
5	××××××	普通债权	156 148.60	0.00	156 148.60	
6	××××××	普通债权	31 435.00	2 060.00	29 375.00	核减圆通已支付的2 060元
7	××××××	普通债权	288 332.73	30 000.00	258 332.73	核减2013年2月圆通已支付的30 000元
8	××××××	普通债权	149 817.93	19 002.74	130 815.19	经沟通，双方同意以圆通账面数130 815.19元为准
9	××××××	普通债权	211 074.41	0.00	211 074.41	

在一些破产案件中，有些债权人可能掌握管理人不了解的信息。利用债权人帮助核查，有利于管理人的审核工作。作为债权人，在收到管理人编制的债权表后，除了核对自己的债权金额和性质外，还应当仔细核查他人的债权，包括他人的债权人身份、债权金额和债权性质。如果有异议，应当尽快向管理人提出，并可以要求查阅债权申报登记册、债权申报材料等。

二、法律渊源

（一）《中华人民共和国企业破产法》

“第五十八条第一款　依照本法第五十七条规定编制的债权表，应当提交第一次债权人会议核查。”

（二）《最高人民法院关于适用〈中华人民共和国企业破产法〉若干问题的规定（三）》

“第六条第二款　管理人应当依照企业破产法第五十七条的规定对债权的性质、数额、担保财产、是否超过诉讼时效期间、是否超过强制执行期间等情况进行审查、编制债权表并提交债权人会议核查。”

“第六条第三款　债权表、债权申报登记册及债权申报材料在破产期间由管理人保管，债权人、债务人、债务人职工及其他利害关系人有权查阅。”

三、参考模板

江苏中亚玻璃纤维有限公司破产案
关于提请债权人会议核查债权表的报告

各位债权人、各位法官：

接受法院指定后，管理人在全国企业破产重整案件信息网上刊登公告的同时，根据现有资料分别向江苏中亚玻璃纤维有限公司（以下简称中亚公司）的已知债权人寄发了《债权申报通知书》，对已申报的债权进行了登记与审查。现按照《中华人民共和国企业破产法》等相关法律规定，将债权登记与审查情况作详细报告，并将《江苏中亚玻璃纤维有限公司债权表》（以下称《债权表》），提交本次债权人会议核查。

一、中亚公司债权申报情况

截至本次会议前，共有44家债权人向管理人申报了总金额为84 772. 103 3万元的债权。其中，对债务人财产的特定财产享有担保权的债权共2家，申报金额为6 117. 271 1万元，具体为：某银行镇江分行主张对中亚公司的房屋、土地使用权享有抵押权，抵押担保的金额为 2 800 万元；某银行镇江分行主张对中亚公司的土地使用权享有抵押权，抵押担保的金额为 3 000 万元。税收债权的 1 家，申报金额为 105. 740 4 万元。普通债权 41 家，申报金额为 78 549. 091 8 万元。

根据《中华人民共和国企业破产法》第五十七条第一款规定，管理人在收到申报材料后，应当登记造册，对申报的债权进行审查，并编制债权表。为此，管理人进行了相应登记、审查，并编制了《江苏中亚玻璃纤维有限公司债权表》。

二、中亚公司债权审查情况

截至本次会议前，管理人已将 44 家债权人的债权全部审查完毕，经审查认定的债权金额为 54 363. 344 万元。其中，对债务人财产的特定财产享有担保权的债权，核定金额为 6 117. 271 1 万元；税务债权核定金额为 105. 740 4 万元；普通债权核定金额为 48 140. 332 5 万元。另有 2 家债权人正在诉讼中，他们的核定金额以判决确认金额为准。具体核减情况见债权表。

三、请各位债权人对债权表所列债权进行核查

各位债权人如对债权表中所载的债权金额、债权性质有异议（包括自己的债权和他人的债权），可以向管理人提出书面的异议。管理人将会根据相关债权人所提异议，对债权金额、债权性质进行复核，并将复核结果书面答复给提出异议的债权人。如对管理人的答复仍然不能认可的，相关债权人可以在收到书面答复后 15 日内向丹阳市人民法院提起确认债权的诉讼。

如债权人未按照上述要求提出异议，或向人民法院提出诉讼的，则视为对审查结果无异议，管理人将据此提请丹阳人民法院作出债权确认裁定。

特此报告

江苏中亚玻璃纤维有限公司管理人

二〇一九年十一月八日

第十三节　法院裁定确认无异议债权

一、概述

提请法院裁定确认无异议债权是债权审查工作的最后一步。法院依据管理人的申请裁定确认债权，而裁定确认债权的时间主要由管理人把握。前述，虽然企业破产法规定了管理人应当在第一次债权人会议上提交供核查的债权表，但由于诸多客观因素导致管理人很难在第一次债权人会议前完成全部的债权审查工作。如果匆忙提请法院裁定，就容易出现疏漏与错误。因此，管理人一般会在第一次债权人会议结束后，继续接受债权人申报债权，梳理债权审查结果，同时也给予债权人合理的异议期间。尽量待已知债权审查完毕，债权人的异议期限届满后，管理人再将无异议的债权

编制成册。异议期届满后，也会有个别债权继续存在争议，对此管理人可以进行个案处置，不让该个别债权的争议影响破产进程的推进。破产清算程序中，一般在资产变价完毕，测算分配方案前提请法院裁定确认无异议债权。

二、法律渊源

（一）《中华人民共和国企业破产法》

“第五十八条第二款　债务人、债权人对债权表记载的债权无异议的，由人民法院裁定确认。”

（二）江苏省高级人民法院《破产案件审理指南（修订版）》

“7. 债权表的确认方式。根据企业破产法第五十八条的规定，债权人、债务人对债权表记载的债权均无异议的，人民法院以裁定方式予以确认。人民法院裁定确认无异议债权的，应集中确认，无需就单笔债权分别确认。”

三、参考模板

关于提请人民法院确认无异议债权的报告

镇江市中级人民法院：

镇江龙门矿业有限公司（以下简称龙门公司）进入破产程序之后，管理人根据《中华人民共和国企业破产法》第五十七条之规定，接受债权申报并编制了债权表。管理人会同龙门公司财务等相关人员以及审计单位对已申报的债权进行了审查。管理人根据债权审查情况，对债权性质或金额与债权人认识不一致的，都一一发函告知。并于 2019 年 8 月 30 日向全体债权人邮寄了《债权表》，同时告知提出异议或者诉讼的权利。截至本报告落款日，管理人没有收到任何异议，债权人也未提起确认债权之诉，即债权人和债务人对债权表所载的已核定债权中的 24 笔债权无异议（详见无异议债权清单）。根据《中华人民共和国企业破产法》第五十八条第二款之规定，申请贵院裁定确认债权表记载的 24 家无异议债权。

特此报告

镇江龙门矿业有限公司管理人

二〇一九年十二月三十日

附：《镇江龙门矿业有限公司破产案无异议债权清单》

第十四节　职工债权的审查与公示

一、概述

根据企业破产法第四十八条第二款之规定，职工债权的确认程序包括管理人调查、编制职工债权清单、公示和异议处理。职工债权由管理人主动调查、登记并公示，在管理人调查范围之外还有遗漏的，相关职工也可以主动申报。

管理人调查职工债权的途径主要有：（1）要求破产企业提供人事档案、职工劳动合同、职工工资表、欠付工资明细、考勤记录等；（2）到人社部门备案登记窗口查询破产企业录用、退工备案情况以及职工社保缴费基数、缴费起止时间、欠缴社保金额等；（3）到住房公积金管理机构查询公积金缴纳情况；（4）到劳动仲裁机构、法院查询相关劳动争议裁判文书。除此之外，管理人在调查时还需关注绩效工资、待岗工资、劳动关系解除时点，还有董事、监事和高级管理人员的非正常收入情况。综合前述调查情况，制作职工债权清单。

然而，由于职工身份的特殊性，职工债权的审查确认并非简单地调查即可确定。有些职工以生活困难为由，要求管理人立即支付欠付的工资和补偿金；有些职工对调查金额有异议，既不提供相应的证据，也不向法院提起诉讼，在与管理人沟通无果后，便采取上访的方式，要求政府出面解决……为了避免遇到诸如此类的棘手问题，管理人在审查职工债权时，就应当格外谨慎与耐心。在制定统一认定标准和相关方案时要与职工进行充分沟通，听取相关建议，适时依法调整。

对破产立案前后政府相关部门为了解决职工债权问题而筹集的资金所形成的债权，通常应当作为职工债权登记，以保证破产分配时能够优先受偿。这样可以使得在债务人陷入困境，职工问题突出时，相关部门积极筹集款项予以解决，少一些后顾之忧。

二、法律渊源

（一）《中华人民共和国企业破产法》

“第三十六条　债务人的董事、监事和高级管理人员利用职权从企业获取的非正常收入和侵占的企业财产，管理人应当追回。”

“第四十八条　债权人应当在人民法院确定的债权申报期限内向管理人申报债权。

债务人所欠职工的工资和医疗、伤残补助、抚恤费用，应当划入职工个人账户的基本养老保险、基本医疗保险费用，以及法律、行政法规规定应当支付给职工的补偿金，不必申报，由管理人调查后列出清单并予以公示。职工对清单记载有异议的，可以要求管理人更正；管理人不予更正的，职工可以向人民法院提起诉讼。”

（二）《中华人民共和国企业破产法》司法解释二

“第二十条　管理人代表债务人提起诉讼，主张出资人向债务人依法缴付未履行的出资或者返还抽逃的出资本息，出资人以认缴出资尚未届至公司章程规定的缴纳期限或者违反出资义务已经超过诉讼时效为由抗辩的，人民法院不予支持。

管理人依据公司法的相关规定代表债务人提起诉讼，主张公司的发起人和负有监督股东履行出资义务的董事、高级管理人员，或者协助抽逃出资的其他股东、董事、高级管理人员、实际控制人等，对股东违反出资义务或者抽逃出资承担相应责任，并将财产归入债务人财产的，人民法院应予支持。”

（三）《全国法院破产审判工作会议纪要》

“27. 企业破产与职工权益保护。破产程序中要依法妥善处理劳动关系，推动完善职工欠薪保障机制，依法保护职工生存权。由第三方垫付的职工债权，原则上按照垫付的职工债权性质进行清偿；由欠薪保障基金垫付的，应按照企业破产法第一百一十三条第一款第二项的顺序清偿。债务人欠缴的住房公积金，按照债务人拖欠的职工工资性质清偿。”

（四）江苏省高级人民法院《破产案件审理指南（修订版）》

“4. 企业破产法公布之日前形成的职工债权的清偿顺序。形成于企业破产法公布之日前的职工债权按照企业破产法第一百一十三条的规定清偿后不足以清偿的部分，可以按照企业破产法第一百三十二条的规定，以设定担保的特定财产优先受偿。债务人于企业破产法公布之日前后均欠付职工债权的，以设定担保的特定财产之外的财产进行清偿过程中，应先行清偿企业破产法公布之日后形成的职工债权，再清偿企业破产法公布之日前形成的职工债权。

5. 职工集资款的清偿顺序。《最高人民法院关于审理企业破产案件若干问题的规定》第五十八条规定，债务人所欠企业职工集资款，参照职工债权顺序清偿，但对违反法律规定的高额利息部分不予保护；职工向企业的投资，不属于破产债权。审判实践中，应当从严把握优先清偿的职工集资款范围，重点审查借款行为是否向不特定多数职工作出、职工借款是否源于劳动身份强迫、借款资金是否来源于职工工资性收入。

6. 代为清偿职工债权的处理。代为清偿职工债权形成的对债务人债权，按照职工债权清偿顺序予以清偿。”

三、难点剖析

如何更有效地解决职工债权问题

职工债权无论是在法律层面，还是社会层面，都是需要管理人重点关注、妥善解决的对象。不同的企业性质、不同的职工身份、不同的工资类型所引发的问题也有所不同，处理的方式也是多种多样的。在笔者所经办的案件中，值得参考的方式有：

（一）向政府、股东借款或管理人垫付部分款项

对股东、负责人仍留守在位的破产企业，管理人可以通过协商的方式劝说其借钱给管理人支付职工工资；对职工人数较多，已有职工上访引起政府有关部门高度重视的破产企业，或者国有性质的破产企业，管理人可以申请法院协调政府有关部门，争取政府的支持，由政府借钱给管理人支付职工工资；对职工人数相对较少、职工矛盾较为尖锐，且实在难以筹集到款项的破产企业，管理人可以先行垫付部分职工工资，即使每人仅发三五百钱，也能达到安抚职工的作用。

（二）严格审查董监高的债权

董监高作为公司的核心管理人员，在经营公司时本就应当履行勤勉义务，维护公司利益。董监高如因故意或者重大过失使得公司或者债权人利益受到损害的，不仅应当对公司承担责任，也应当对债权人承担责任。企业破产法明确规定，管理人应当追回董监高非正常收入和所侵占的企业财产，管理人在审查职工债权时应当对董监高的债权更加关注。

（三）由抵押权人、买受人承担部分职工债权

对于债务人财产能够清偿全部职工债权的，管理人应该根据法律规定，兼顾社会维稳效果，核查职工债权。对于债务人财产不能够清偿全部职工债权的，管理人则应当严格认定抵押权的范围，在严格审查的基础上，尝试通过与抵押权人协商，由抵押权人进行适当让渡的方式，来增加职工债权的可分配金额。管理人也可以根据个案的特殊情况，与资产买受人协商，由买受人适当解决部分职工债权问题。

在职工债权不能被全部清偿，甚至清偿比例为零的情况下，笔者也曾尝试与职工代表进行充分沟通，取得其理解与支持，安排其与职工进行对话，适当地给付一定的聘用人员报酬。笔者曾用这个方法成功安抚了上百

名职工，顺利召开了债权人会议，取得了意想不到的好结果。

四、参考案例

丹阳市新盛烟酒经营部破产案债权人对职工债权提异议

法院于2018年6月1日受理新盛经营部破产案，管理人与原企业职工见面交流后发现，大部分职工均在新盛经营部进入破产程序前，已经由丹阳市劳动与人事争议仲裁委员会（以下简称丹阳仲裁委）裁决解除了劳动关系，并确认了欠付的职工工资和补偿金的金额。

然而，第一次债权人会议前，管理人收到部分普通债权人反映新盛经营部职工债权金额过高问题的书面材料。管理人在调取相关案件卷宗、核对新盛经营部财务账簿资料、询问审计人员及原公司人员后发现，丹阳仲裁委作出的裁决所依据的证据并未经过公司质证，证据中所列工资数额也与工资表记载的工资数额不相符。由于仲裁异议期已过，企业破产法等法律亦未对劳动仲裁生效后的异议途径作明确规定，管理人只能依据劳动部《关于劳动争议当事人对更正后裁决不服是否有申诉权问题的请示》（豫劳裁〔1996〕01号）中“劳动争议仲裁委员会可对未向法院起诉，已发生法律效力而且确实有错误的裁决书，通过监督程序予以纠正”的指导意见，请求法院协调仲裁委，希望通过仲裁委自我纠正的方式重新进行裁决。但丹阳仲裁委拒绝了法院和管理人的提议。

后管理人经过多轮核查发现，虽然有企业的工资表，但工资表所记载的数字是部分实发数，没有应发数的相应记载，即推翻裁决结果的依据并不充足。最终，管理人以劳动仲裁委的裁决结果为准核算了职工债权。

笔者认为，企业破产法规定，职工对管理人公示的职工债权有异议，可以要求管理人更正；管理人不予更正的，职工可以向人民法院提起诉讼。而普通债权人对职工债权有异议，该如何处理，法律并无相关规定，需要管理人根据实际情况作出相应处理。

路漫
ROADMAN

路韬书系

破产管理人

理论认知与实务策略

下册

孔宪根　谢仁海　张海勇 主编

江苏大学出版社
JIANGSU UNIVERSITY PRESS
镇　江

目　录

261　第九章　管理人委托专业机构人员及主要业务内容

262　第一节　管理人委托聘请专业机构人员概述
271　第二节　财务审计的基本操作
278　第三节　资产评估注意事项
285　第四节　工程鉴定注意事项

294　第十章　债权人会议

295　第一节　第一次债权人会议准备
307　第二节　债权人会议主席
309　第三节　债权人委员会
312　第四节　债权人会议的职权
315　第五节　第一次债权人会议的召开
319　第六节　债权人会议召开的创新

328　第十一章　破产清算

329　第一节　破产宣告
333　第二节　破产财产变价
340　第三节　破产财产分配
347　第四节　破产程序终结及后续工作
355　第五节　清算与重整之间的转换
358　第六节　“执转破”案件程序简化

373　第十二章　破产重整

374　第一节　重整申请主体
378　第二节　预重整制度
383　第三节　重整期间的管理与营业
389　第四节　重整投资人的招募与遴选
402　第五节　重整计划草案的制作

417　第六节　重整计划草案的表决和批准
423　第七节　重整计划的执行与监督

431　第十三章　破产和解

431　第一节　和解程序开始和终止
438　第二节　和解协议执行和履行障碍
444　第三节　和解终结

448　第十四章　关联企业破产

448　第一节　关联企业的界定
453　第二节　关联企业破产的程序协调模式
458　第三节　关联企业破产的程序合并模式
463　第四节　关联企业破产的实质合并模式
469　第五节　法人人格否认与实质合并

471　第十五章　府院联动与派生诉讼

472　第一节　府院联动机制
491　第二节　破产派生诉讼

509　第十六章　法律责任

510　第一节　债务人相关人员的法律责任
518　第二节　管理人的法律责任
528　第三节　破产犯罪
536　第四节　法律责任的规范渊源

542　后记：凝聚团队力量　绽放“破产”之花

第九章　管理人委托专业机构人员及主要业务内容

企业破产法第二十四条规定："管理人可以由有关部门、机构的人员组成的清算组或者依法设立的律师事务所、会计师事务所、破产清算事务所等社会中介机构担任。人民法院根据债务人的实际情况，可以在征询有关社会中介机构的意见后，指定该机构具备相关专业知识并取得执业资格的人员担任管理人。"明确了管理人任职中专业知识与技能的积极条件。但面对具体的破产案件对特定专业知识与技能的执业需求，破产管理人的专业领域限制一般难以满足需要。解决这一问题的办法，虽然可以通过推行破产管理人联合执业、破产管理人跨区域执业、吸收更多专业人士进入破产管理机构等措施解决，但就特定的专业问题有针对性地委托聘请专业机构人员更为经济和效率。企业破产法第二十八条第一款规定："管理人经人民法院许可，可以聘用必要的工作人员。"为管理人委托聘请专业机构人员提供了法律依据。2018 年 3 月最高人民法院发布的《全国法院破产审判工作会议纪要》（法〔2018〕53 号）在其中的"三、管理人制度的完善"进一步强化了管理人执业的专业化，并专门提及了管理人聘请委托专业机构人员的费用负担机制。但如何委托聘请专业机构人员，专业机构人员处于怎样的法律地位、承担什么责任等问题，是破产案件法务实践中必须重视的方面。本章将结合企业破产法及相关司法解释、司法文件的具体规定，对破产案件进程中管理人委托聘请专业机构人员的意义、类型、费用、应该注意的问题，特别是在债务人财务审计、资格评估领域聘请专业技术机构人员的相关事项结合破产实践中的典型案例展开分析。

作为破产管理人内部工作制度的重要内容，管理人委托聘请专业机构人员对有序高效推进破产程序进行，实现破产立法目的具有重要意义。但这依赖于准确委托聘请破产管理所需要的专业机构人员、合理确定聘请专业机构人员的费用等问题的解决。

第一节　管理人委托聘请专业机构人员概述

一、理论概述

（一）管理人委托聘请专业机构人员的意义

管理人委托聘请专业机构人员，不仅有助于弥补管理人专业知识与专业技能的不足，提升破产管理人执业的专业性，还能增强破产案件审理的专业化，更能满足破产财产管理的需要，从而更好地推进破产案件程序的顺利高效进行，维护好债权人、债务人的利益及其平衡。

1. 提高破产管理人履职的专业性

专业性是企业破产法建立管理人制度的主要目的之一。通过在破产程序中引入专业机构人员参与甚至主导破产财产管理等破产事务，从而最大程度地回应破产案件的专业化执业和司法需要。根据企业破产法第二十四条对破产管理人任职资格中专业知识与技能的规定，管理人通常是律师事务所、会计师事务所等这样特定专业领域的机构或者律师、会计师等这样特定专业领域的人员担任，专业领域直接决定了其专业知识与技能的局限性。虽然管理人可以通过联合执业等方式一定程度上来弥补专业领域的限制，但在当下管理人联合执业并不普遍的情况下，让管理人聘请专业机构人员参与破产程序，就成为更好地发挥管理人制度专业优势的重要举措。例如，破产进程中可能涉及债务人资产的处置，而债务人资产处置必然会产生资产评估、拍卖等环节，需要专门的资产评估、拍卖等知识与技能，这离不开专业机构和专业人员的参与。在债务人财产管理中，就必然需要管理人委托聘请评估机构、拍卖机构等专业机构人员参与到破产程序中，方能保证债务人财产价值在破产程序中得到合理的体现，更好地维护债务人与债务人之间的利益平衡。

2. 提升破产案件审理的专业性

法院主导是我国破产程序的基本特征之一。为更好地回应破产案件对专业化审理的司法诉求，2018 年 3 月最高人民法院发布的《全国法院破产审判工作会议纪要》（法〔2018〕53 号）专门提出了要增强破产案件审理的专业性。破产管理工作越是符合专业性要求，越有利于人民法院破产案件审理专业性的提升。但由于企业债务人经营领域的多元化、破产财产管理的复杂化、企业拯救价值判断的专业化，需要有专业人士按照专业理论与方法来作出科学的判断，司法审判人员面对这些问题一般会遇到知识与技能上的困境。通过让管理人委托聘请专业机构人员参与破产进程，对破产案件审理中的专业问题提出针对性的解决方案，可以在一定程度上有效解决破产案件审理中的专业性困局，从而有助于提高破产案件管理的专业化水平。因此，管理人委托聘请专业机构人员是确保破产案件专业化审理的关键点之一。

3. 增强债权人、债务人利益的维护力度

破产管理人的专业性、中立性能有效维护债权人债务人利益、实现他们之间利益平衡，由于委托聘请专业机构人员参与破产程序能够有效提高破产管理的专业性，故其也是优化债权人、债务人利益维护的重要举措。首先，降低破产管理成本。同为增强管理人专业性的选择，由不同专业领域的管理人联合执业则因信息沟通与协调成本较高而降低了其工作效率，而管理人委托聘请专业机构人员参与破产进程是相机而治，根据破产案件具体进程的推进需要而就特定专业问题委托聘请专业机构人员，更能精确地因需而聘，能够有效地降低破产管理的人力成本，节省破产管理费用；其次，管理人委托聘请专业机构人员，有利于确保达成最优的破产管理方案，最大限度地实现破产案件审理的目标。管理人委托聘请专业机构人员参与破产进程，克服专业知识与技能的不足，通过专业知识的运用与专业技能的发挥，制定出最优的破产管理方案，推动破产程序的高效运行。而所有这一切，最终都会对破产进程中债权人、债务人产生正面效应，维护了破产程序中债权人、债务人利益。

（二）管理人委托聘请专业机构人员类型

虽然管理人委托聘请专业机构人员有助于更好地发挥破产管理人制度的效用，但是考虑到委托聘请的人力成本，因此，管理人委托聘请专业机构人员的类型也是应予以关注的重要问题。

就破产案件的管理而言，破产进程中涉及的所有专业领域都可能会发生管理人委托聘请专业机构人员的问题。但是就特定的破产案件而言，该案件中管理人所属专业领域通常不会发生需要聘请该专业领域的专业机构人员的问题。这里的逻辑是：管理人应该具备其自身所在专业的专业知识与专业技能，有能力处置破产程序中涉及的其自身所在专业的专业问题。因此，一般而言，理论上除了管理人自身所处专业领域外的其他领域，管理人都可能委托聘请专业机构人员参与破产进程。例如，如果由律师事务所担任管理人，则除了法律这一专业领域之外，其他的诸如会计、审计、税务、资产评估与拍卖、工程鉴定、安保等领域都有可能需要聘请专业机构人员。

破产管理人委托聘请专业机构人员除了基于其专业知识与技能不足之

考虑之外，还可能会因为其所管理的债务人企业事务的规模过大、关系过于复杂等情形，面临精力与人员不足的局面。又基于被管理人所委托聘请的专业技术机构人员的角色是“协助履行管理人职责”，管理人委托聘请其自身所在专业领域的专业机构人员也就在所难免。故此，《最高人民法院关于审理企业破产案件确定管理人报酬的规定》（法释〔2007〕9号）（以下简称《管理人报酬的规定》）第十四条第一款规定：“律师事务所、会计师事务所通过聘请本专业的其他社会中介机构或者人员协助履行管理人职责的，所需费用从其报酬中支付。”由此可知，该条款明确规定了管理人可以聘请自身所在专业的专业机构和人员。在管理人联合执业的情况下，参与联合执业的管理人所属专业领域都应该排除在管理人委托聘请专业机构人员之外。例如，一家律师事务所和一家会计师事务所在一件破产案件中联合担任管理人，则该案件中涉及的法律服务、会计服务等专业领域都应该排除在聘请专业机构人员之外。因为这在性质上来看，属于共同行为，不存在委托聘请的法律关系。

综上，基于破产案件审理的实践，一般而言，管理人委托聘请专业机构人员的类型主要包括：法律服务专业机构人员；会计、审计、税务等财务专业机构人员；资产评估与拍卖专业机构人员；工程鉴定专业机构人员；安保服务机构人员。上述人员中，部分人员可以从破产企业原聘用人员中续聘。除此之外，出于破产企业经营的需要，管理人还可以聘请与破产企业经营相关的企业经营管理人员。

（三）管理人委托聘请专业机构人员的费用

管理人委托聘请专业机构人员必然会发生费用问题，具体包括这些专业机构人员的劳务费用和履职所需要的费用。破产程序作为一种特殊的债权债务关系的处理程序，涉及针对债务人财产发生的不同类型的债务，这些不同的债务具有不同的获得清偿的顺位。因此，对于管理人委托专业机构人员所负费用，就存在由谁来承担、根据什么顺位获得清偿等问题。

企业破产法第二十八条第一款规定：“管理人经人民法院许可，可以聘用必要的工作人员。”显然，这里的“必要的工作人员”应该包括委托聘请必要的专业机构人员。企业破产法第四十一条规定：“人民法院受理破产申请后发生的下列费用，为破产费用：（一）破产案件的诉讼费用；（二）管理、变价和分配债务人财产的费用；（三）管理人执行职务的费用、报酬和聘用工作人员的费用。”也即是说，企业破产法将管理人委托聘请专业机构人员发生的费用列为破产费用，从而获得了随时发生、随时清偿的优先清偿的顺位。而且，“管理人执行职务的费用、报酬和聘用工作人员的费用”

是并列关系，聘用专业机构人员的费用没有明确属于从管理人报酬中列支。

最高人民法院 2007 年 4 月发布的《管理人报酬的规定》对管理人报酬作了规定，其中也涉及管理人委托聘请专业机构人员的费用问题，但关于管理人报酬与委托聘请专业技术人员的关系却作了不同于企业破产法第四十一条的规定。《管理人报酬的规定》第十四条规定："律师事务所、会计师事务所通过聘请本专业的其他社会中介机构或者人员协助履行管理人职责的，所需费用从其报酬中支付。破产清算事务所通过聘请其他社会中介机构或者人员协助履行管理人职责的，所需费用从其报酬中支付。"根据该司法解释的规定，在律师事务所、会计师事务所和清算事务所担任管理人时，聘用专业机构人员的费用从管理人报酬中列支。但因为破产报酬的破产费用属性，由此决定了将聘用专业机构人员的费用从管理人报酬中列支对这些被聘用的专业机构人员并无不利。而且，也未增加管理人的负担。

2018 年 3 月最高人民法院发布的《全国法院破产审判工作会议纪要》（法〔2018〕53 号）（以下简称《破产纪要》）在其中的"三、管理人制度的完善"中的"11. 管理人聘用其他人员费用负担的规制"中也专门规定了管理人委托聘请专业机构人员的费用问题，其中提到："管理人经人民法院许可聘用企业经营管理人员，或者管理人确有必要聘请其他社会中介机构或人员处理重大诉讼、仲裁、执行或审计等专业性较强工作，如所需费用需要列入破产费用的，应当经债权人会议同意。"据此可知，《破产纪要》将管理人聘请其他领域的专业机构人员的费用在需要的情况下可以列为破产费用。虽然《破产纪要》不具有法律渊源的效力，但基于其对司法审判实践所具有的指导约束力，对于管理人聘用其他领域专业机构人员的费用属于破产费用，由债务人财产承担，且遵循随时发生随时清偿的原则。

企业破产法第二十八条第二款规定："管理人的报酬由人民法院确定。债权人会议对管理人的报酬有异议的，有权向人民法院提出。"又依照企业破产法第四十一条第三项的规定，管理人委托聘请专业机构人员的费用从破产费用中支出。因此，不管是将聘请专业机构人员的费用作为破产费用还是由管理人报酬列支，在破产程序实际操作中，这些费用需要经债权人会议审核同意、人民法院批准，才能最终列入破产费用。

需要注意的是，如前所述，《管理人报酬的规定》第十四条规定了管理人律师事务所作为管理人聘请其他律师事务所或者其他律师事务所律师，或者会计师事务所作为管理人聘请其他会计师事务所或者其他会计师事务所会计师，所需费用从管理人报酬中支出。即管理人如果聘请其所在专业领域的专业机构人员，所需费用由管理人报酬中支出。

（四）专业机构人员的选择与确定

虽然企业破产法第二十八条第一款为管理人委托聘请专业机构人员提供了法律依据。然而，因为聘请专业机构人员的费用作为破产费用或者从管理人报酬中列支，但最终将由债务人财产承担，这必将在破产境遇中增加债务人财产的负担，与债权人利益在一定程度上形成竞争关系。因此，对专业机构人员的委托聘用必须遵循相关的程序和标准，以便使得管理人委托聘请专业人员能够顺利展开。根据企业破产法的规定和破产实践的经验，管理人委托聘请专业机构人员仍需要注意以下相关的问题：

1. 取得法院的许可与债权人的谅解

管理人委托聘请专业机构人员首先需要经人民法院许可，并最好尽可能取得债权人的谅解。实际上，企业破产法第二十八条第一款明确规定管理人委托聘请专业机构人员需要经人民法院许可。破产实务中，多数情况下人民法院直接参与管理人委托聘请专业机构人员，比如，通过法院摇号、指定相关符合资质的财务审计机构、资产评估值机构、工程鉴定机构等，而债权人并不直接过问管理人对专业机构人员的选择与确定。但鉴于债权人对管理人委托聘请专业机构人员产生的费用列入破产费用需要经过债权人审核同意，故取得债权人的谅解也具有一定的必要性。而且，企业破产法第二十三条规定："管理人依照本法规定执行职务，向人民法院报告工作，并接受债权人会议和债权人委员会的监督。"从企业破产法中关于管理人与人民法院、债权人会议及债权人委员会的关系的规定看，管理人在破产程序中的权限来自法院授权与债权人的授权，受到法院与债权人会议和债权人委员会的双重监督与制约。破产程序中管理人的任何管理行为，如果事前取得人民法院的同意和债权人方面的谅解，会顺畅得多。相反，就可能在后续的破产管理进程中出现波折与麻烦。管理人委托聘请专业机构人员属于容易发生寻租行为的领域。企业破产法第一百三十条规定了管理人违反忠诚义务的法律责任。管理人选择和确定相关专业机构人员取得人民法院的同意和债权人的谅解，等于主动接受人民法院和债权人的监督，本身是履行忠诚义务的行为。

2. 以专业作为选择的标准

管理人选择和确定相关专业机构人员时，应该以专业资质、专业素养为第一考量因素。这是因为，管理人之所以委托聘请相关专业机构人员，是为了解决破产程序中相关的专业问题。例如，就某些疑难的法律专业问题，要求提供专业意见建议；就债务人财产查明中的资产与债务需要进行专业审计；就破产程序中出现的特定财产需要进行资产评估与拍卖、对特定工程需要进行造价、质量方面的工程鉴定；等等。上述这些专业问题，往往对后续破产进程产生重大影响，对债权人、债务人的重大利益发挥关键作用和影响力。如果相关专业机构人员因为专业资质不足或者专业素养欠佳而对相关专业问题的判断不准确甚至错误，作出了不当或者错误的结论，势必对整个破产进程产生重大的破坏，出现严重的后果。因此，管理人选择和确定相关专业机构人员，必须以相关专业机构人员的专业资质和专业素养为第一考量因素。

（五）委托、聘用合同签订注意事项

管理人委托聘请专业机构人员，需要订立委托合同和聘用合同。管理人与专业机构人员签订委托或者聘用合同时，需要注意以下事项：

1. 区分委托合同与聘用合同

委托合同又称委任合同，是指受托人为委托人办理委托事务，委托人支付约定报酬或不支付报酬的合同，委托合同反映的是代理关系。聘用合同是指雇主聘请雇员进行劳务的合同，聘用合同反映的是劳动关系。委托合同与聘用合同虽都与劳务有关，但委托合同更关注的是劳动成果而非劳务过程，聘用合同更关注的是劳动过程而非劳动成果。因此，一般情形下，委托合同应该约定劳动成果，而聘用合同一般不约定劳动成果。管理人如果就破产程序中的法律服务、财务审计、税务处理、工程鉴定、资产评估与拍卖等专门问题需要借助外部专业力量提供专业服务，理论上既可以和相关专业机构订立委托合同，也可以和相关专业机构中的专业人员订立聘用合同。一般而言，与相关专业机构订立委托合同费用较高，主要适用于工作量大、对工作成果有明确要求的专业服务。例如，要求相关专业机构出具最终鉴定结论、报告等。而与相关专业机构的个别专业人员订立聘用合同费用相对较低，主要适用于工作量小、个人能够胜任的、对工作成果没有明确的具体要求的专业服务。

2. 关注对方合同资质

所要聘用专业机构人员的资质事关其能否协助管理人履行职责及其履行职责的状况，直接影响到破产程序的进程。因此，在选择专业机构人员时，需要关注其资质的状况。具体而言，如果是与专业机构签订委托合同，一定要关注该专业机构的执业资质，审查其是否具备从事相关专业服务的资格，是否在人民法院相关专业机构名册内，以及其出具的相关鉴定结论与报告在业界的权威性。如果与专业人员签订委托合同，也要关注该专业人员的相关从业资格、证书，以及在业界的口碑、权威性等。如果是与专业人员订立聘用合同，需要关注该专业人员是否存在劳动关系上的雇佣障碍，其受聘行为是否需要获得其就职单位的同意以及是否获得了这种同意。同时，还要关注相关受聘专业人士是否存在商法上的竞业禁止、利益冲突等方面的限制。

3. 明确双方的权利义务

无论是委托合同还是聘用合同，都应该明确约定双方的权利义务。对委托合同而言，重点是对所委托的专业事项的工作成果作出明确约定，比如约定受托方提供鉴定结论、报告的时间节点，鉴定结论、报告需要明确的具体问题等。对聘用合同而言，重点是对受雇方需要完成的具体工作作出约定，例如工作时长、工作地点、工作内容等。一般情况下，无论是委托合同还是聘用合同，都应该明确受托方和受雇方的报酬。管理人不能以相关报酬纳入破产费用需要法院或者债权人会议同意存在不确定性为由，将这种委托合同或者聘用合同报酬的不确定性转嫁到相关合同中。当然，破产实务中，也存在另外一种情形，即管理人基于与相关专业机构的长期合作建立了良好的信赖关系，往往基于破产案件中破产财产数额的不确定性而在委托聘用合同中的报酬方面不作规定，而是等到委托事项完成后基于最终查明的破产财产数额，双方再行协商委托报酬数额，并报人民法院审查同意。

二、法律渊源和规范性文件

（一）《中华人民共和国企业破产法》

“第二十八条　管理人经人民法院许可，可以聘用必要的工作人员。

管理人的报酬由人民法院确定。债权人会议对管理人的报酬有异议的，有权向人民法院提出。”

“第四十一条　人民法院受理破产申请后发生的下列费用，为破产费用：

（一）破产案件的诉讼费用；

（二）管理、变价和分配债务人财产的费用；

（三）管理人执行职务的费用、报酬和聘用工作人员的费用。”

（二）《最高人民法院关于审理企业破产案件确定管理人报酬的规定》（法释〔2007〕9号）

“第七条　管理人、债权人会议对管理人报酬方案有意见的，可以进行协商。双方就调整管理人报酬方案内容协商一致的，管理人应向人民法院书面提出具体的请求和理由，并附相应的债权人会议决议。

人民法院经审查认为上述请求和理由不违反法律和行政法规强制性规

定，且不损害他人合法权益的，应当按照双方协商的结果调整管理人报酬方案。

第八条　人民法院确定管理人报酬方案后，可以根据破产案件和管理人履行职责的实际情况进行调整。”

“第十四条　律师事务所、会计师事务所通过聘请本专业的其他社会中介机构或者人员协助履行管理人职责的，所需费用从其报酬中支付。

破产清算事务所通过聘请其他社会中介机构或者人员协助履行管理人职责的，所需费用从其报酬中支付。”

（三）2018年最高人民法院《全国法院破产审判工作会议纪要》（法〔2018〕53号）

“三、管理人制度的完善

……

11. 管理人聘用其他人员费用负担的规制。管理人经人民法院许可聘用企业经营管理人员，或者管理人确有必要聘请其他社会中介机构或人员处理重大诉讼、仲裁、执行或审计等专业性较强工作，如所需费用需要列入破产费用的，应当经债权人会议同意。”

（四）《重庆破产法庭重庆市破产管理人协会破产案件管理人工作指引（试行）》

“第十八条　管理人对外聘请机构和人员

管理人聘用债务人的经营管理人员，或者管理人认为确有必要聘请其他社会中介机构或人员处理专业性较强的工作的，应经人民法院许可。所需费用需要列入破产费用的，应当经债权人会议或者债权人会议授权的债权人委员会同意。”

三、难点剖析

破产进程中，该环节的难点在于对管理人委托聘用专业机构人员的监督。

在实践中，管理人委托聘用专业机构人员存在着权力被滥用的道德风险，管理人有可能会利用该权力来谋取不正当利益。为了防止管理人可能发生的道德风险，企业破产法第一百三十条规定了管理人违反忠实义务的法律责任，在实务操作过程中必须设置对管理人聘用其他社会中介机构的监督制度。具体而言，管理人根据破产案件实际情况通过下列程序来接受人民法院和债权人会议方面的监督。

（一）第一次债权人会议召开前聘用专业机构人员的监督

在第一次债权人会议召开前，管理人如果需要聘请专业机构人员工作，应当由管理人向人民法院提交关于聘请其他社会中介机构的专项报告，该报告应当对需要聘请该机构的必要性、正当性及合理性等事项作出充分的说明。同时，管理人应当根据对相关行业信息的了解和掌握，作出专业判断，列出至少 2 家拟聘请的该类机构名单并进行排序，管理人对排序的真实性和专业性负责。如果人民法院认可聘用的必要性，管理人则应进一步从拟聘请的机构名单中通过招标等竞争方式确定最终聘用的机构。

（二）管理人在第一次债权人会议后聘用专业机构人员的监督

第一次债权人会议后，管理人应将聘用专业机构人员以及专业机构人员的工作方案以专项报告的形式提交给债权人委员会委员或者每一位债权人征求意见，然后，管理人应当根据债权人委员会成员或者债权人的意见修改完善拟呈报给人民法院的专项报告，并将债权人委员会成员或者债权人所提的书面意见作为该专项报告的附件，一并呈报给人民法院。

对于管理人提交的专项报告，如果获得了人民法院的许可，则由管理人予以实施；如果该专项报告未能获得人民法院的许可，管理人则必须根据人民法院就聘用相关社会中介机构的所提意见，重新制定专项报告，并在履行前述相关程序之后重新提交人民法院许可。这样不仅能够利用管理人充分掌握相关行业社会中介机构信息的优势，发挥管理人的专业特长，取得人民法院的理解和债权人的支持，从而更好地维护各方当事人的利益，并保障破产程序高效率、低成本地顺利进行，而且也完全是在现行法律的框架内实施，能够有效预防忠实责任发生的相关法律风险。

四、典型案例

镇江万桥重机有限公司重整案中管理人认真、严谨、合规聘请专业机构

（一）案情简介

2020 年 3 月 11 日镇江市经济开发区人民法院作出民事裁定，裁定受理镇江 W 有限公司（以下简称 W 公司）重整案，并指定江苏某律师事务所作为管理人。管理人接受指定后，向社会公开招募了评估机构，最终通过评标确定了江苏某资产评估有限公司作为 W 公司的评估机构，并向法院进行了汇报。经查询，W 公司名下共有 5 项专利技术需评估。由于这 5 项专利技术较为复杂，评估难度较大，经过多方讨论，江苏某资产评估有限公司向管理人正式表示无法评估这 5 项专利技术，且在镇江市范围内也很难有其他评估机构能够完成评估工作。为了 W 公司重整案件的顺利推进，管理人经江苏省行业协会推荐，联系了江苏五星资产评估有限责任公司（原江苏省无形资产评估事务所）。该机构在无形资产评估方面非常专业，深受业内人士的好评。经过多轮资料的提供后，江苏五星资产评估有限责任公司决定接受管理人

的委托，对万桥公司的 5 项发明专利技术进行评估，并与管理人签订了委托合同。管理人将变更委托评估机构的情况向法院及时进行了报告。

（二）法律分析

本案中管理人委托聘请资产评估机构的行为，十分严谨、专业，也取得了很好的资产评估效果，发挥了管理人委托聘请专业机构人员、通过专业机构人员的专业工作，为破产管理服务的作用：

第一，管理人通过公开招募的方式，选定了资产评估机构。通过公开向全社会招募专业机构，可以扩大选择专业机构的范围，确保所选择的专业机构的高质量；第二，确定评估机构后，管理人第一时间向法院汇报。这是按照企业破产法第二十八条第一款的规定，履行法规规定的手续；第三，在知悉所委托的资产评估机构无法胜任该案中的无形资产评估后，管理人第一时间启动更换资产评估机构的程序，通过破产管理人协会等行业中介组织，在更大的范围内寻找具备资质的、能够胜任专利资产评估的资产评估机构。管理人这种做法，是出于严谨的态度和对破产债务人负责的专业精神；第四，重新选定了新的资产评估机构后，管理人与之签订了委托合同，约定了双方的权利义务；第五，重新确定资产评估机构过程中，管理人又第一时间向法院报告。根据企业破产法第六十九条的规定，对债权人利益有重大影响的其他财产处分行为应当及时报告债权人委员会。未设立债权人委员会的，应当及时报告法院。管理人因为客观原因重新选定资产评估机构，属于企业破产法第六十九条规定的对债权人利益有重大影响的其他财产处分行为，及时向法院报告，是执行企业破产法、正确履行管理人职责的表现。

第二节　财务审计的基本操作

一、概述

破产案件中的财务审计，是指审计机构以企业破产法其相关的司法解释为依据，运用特定的审计方法，对破产企业的财务、经营活动的真实性、合法性、有效性和相关责任进行监督、审查、评价，以维护债权人、债务人和第三人的合法权益的活动。破产案件中的财务审计在破产进程中发挥着重要作用，不仅是办理破产案件的重要环节和手段，更是管理人工作中的重要内容。破产案件中财务审计结果往往是人民法院启动破产和解或重整等破产挽救程序或进入破产清算程序的决策的重要依据之一。

（一）财务审计主要环节

我国破产案件中的财务审计可以划分为三个环节：破产初期审计、破产清算审计和破产责任审计。破产初期审计主要发挥铺垫作用，其主要目的是对破产企业的资产、负债及所有者权益至裁定受理破产案件申请之日的账面数进行核实确认，以便为管理人向债权人会议报告破产企业的资产、负债和所有者权益等提供依据。破产清算审计是破产案件进入破产清算阶段进行的财务审计。破产清算审计包括财产清算、债务清算以及清算费用审计。破产清算审计的审计内容是审核破产企业从行业会计科目转入破产清算会计科目的有关会计处理是否符合规定，相关金额是否准确等。破产清算审计的审计结果用于管理人对债权人报告资产变现及清偿债务的核算的实际情况。破产责任审计则是在破产清算后，为了查明破产原因、厘清破产责任而进行的财务审计。

（二）财务审计的主要工作内容

一般而言，破产进程中财务审计的主要工作内容包括以下几个方面：

1. 全面审查企业的财务状况，评价企业持续生产经营能力和现金流动状态。

2. 审查管理人提供的固定资产与流动资产清册。其中主要包括：组织对实物资产的盘点工作；审查资产产权证与实物的一致性；处理好破产企业资产的盘盈、盘亏及报废工作；处理好破产企业的呆账、坏账的核销；评价企业债权的回收可能性。

3. 审查管理人提供的破产企业债权人申报的债权清册。

4. 审查企业投资人的实际投资情况。

5. 通过技术手段对资产账面价值与实际市场价值进行比较，以便对实存资产进行可收回净值的估计。

6. 将企业以《会计准则》体系为依据编制的资产负债表模拟调整成按照《企业破产清算有关会计处理规定》下的“破产清算”模式的资产负债表。

7. 向破产管理人和债权人会议提交破产企业审计报告。

（三）财务审计的主要工作方法

破产案件中的财务审计的工作方法与一般的年度审计类似，主要包括：

1. 检查。检查是指注册会计师对被审计单位内部或外部生成的，以纸质、电子或其他介质形式存在的记录或文件进行审查和核实。在破产进程中，注册会计师通过对管理人提供的破产企业会计账册、会计凭证、会计报表以及相关的经济合同协议的审查，对破产企业的经济活动情况及资产负债进行核实。考虑到破产企业内控制度的失效，一般采用详细检查。

2. 盘点实物。盘点是指注册会计师对具有实物形态的资产进行审查的方法。主要适用于现金、银行存款、有价证券、应收票据、存货、固定资产、土地使用权和相关租赁物等。在破产审计中，注册会计师一般会同管理人、资产评估师等人员共同对企业的破产财产（实物资产）进行实地盘存，并对该破产财产（实物资产）的变现价值进行估计。

3. 观察。在破产进程中进行财务审计，注册会计师在实施“检查”“盘点实物”等审计方法的同时，对企业的破产财产（实物资产）的管理和现存情况、企业生产经营的设计能力和实际能力、财产是否具有变现能力等方面进行观察，以完善发表审计意见的证据链。

4. 询问。询问是指注册会计师以书面或口头方式，向被审计单位内部或外部的知情人员获取财务信息和非财务信息，并对答复进行评价的过程。在破产审计中，注册会计师可以直接获取人民法院和管理人的相关《询问笔录》作为审计的证据，或注册会计师通过管理人对企业投资人（股东）、财务人员及其他管理人员、债权人和担保人等进行询问，形成《询问笔录》作为审计证据。

5. 函证。函证是指注册会计师为了获取影响财务报表或相关披露认定的项目的信息，通过直接来自第三方的对有关信息和现存状况的声明，获取和评价审计证据的过程。在破产审计中，管理人向破产企业的债权人发出的“债权申报通知”和债权人债权申报资料；管理人向破产企业债务人发出“应收款项的催收通知”及债务人回函，均属于“函证”的形式，注册会计师一般通过取得管理人提供的这些往来函件作为审计的证据。必要时，注册会计师也会独立向债权人、债务人和相关第三方发出专项“函证”，直接取得审计证据。

6. 重新计算。重新计算是指注册会计师以人工方式或使用计算机辅助审计技术，对记录或文件中的数据计算的准确性进行核对。在破产审计中，对破产企业的债权人的债权申报进行审查时，注册会计师都会实施这种方法，以确认审计证据的有效性。

7. 重新执行。重新执行是指注册会计师以人工方式或使用计算机辅助审计技术，重新独立执行作为被审计单位内部控制组成部分的程序或控制。例如，注册会计师利用被审计单位的银行存款日记账和银行对账单，重新编制银行存款余额调节表，并与被审计单位编制的银行存款余额调节表进行比较。

8. 分析。分析是指注册会计师通过研究不同财务数据之间以及财务数据与非财务数据之间的内在关系，对财务信息作出评价。在破产审计中，对企业的偿债能力、破产形成原因、企业债权可收回情况等方面的判断较多使用“分析”法。

二、法律渊源和规范性文件

（一）《企业破产法》

“第三十一条　人民法院受理破产申请前一年内，涉及债务人财产的下列行为，管理人有权请求人民法院予以撤销：

（一）无偿转让财产的；

（二）以明显不合理的价格进行交易的；

（三）对没有财产担保的债务提供财产担保的；

（四）对未到期的债务提前清偿的；

（五）放弃债权的。

第三十二条　人民法院受理破产申请前六个月内，债务人有本法第二条第一款规定的情形，仍对个别债权人进行清偿的，管理人有权请求人民法院予以撤销。但是，个别清偿使债务人财产受益的除外。”

（二）《企业破产清算有关会计处理规定》（财会〔2016〕23号）

“第三条　破产企业会计确认、计量和报告以非持续经营为前提。

第四条　企业经法院宣告破产的，应当按照法院或债权人会议要求的时点（包括破产宣告日、债权人会议确定的编报日、破产终结申请日等，以下简称破产报表日）编制清算财务报表，并由破产管理人签章。

第五条　破产企业在破产清算期间的资产应当以破产资产清算净值计量。本规定所称的资产，是指企业破产法规定的债务人（破产企业）财产。

破产资产清算净值，是指在破产清算的特定环境下和规定时限内，最可能的变现价值扣除相关的处置税费后的净额。最可能的变现价值应当为公开拍卖的变现价值，但是债权人会议另有决议或国家规定不能拍卖或限制转让的资产除外；债权人会议另有决议的，最可能的变现价值应当为其决议的处置方式下的变现价值；按照国家规定不能拍卖或限制转让的，应当按照国家规定的方式处理后的所得作为变现价值。

第六条　破产企业在破产清算期间的负债应当以破产债务清偿价值计量。

破产债务清偿价值，是指在不考虑破产企业的实际清偿能力和折现等因素的情况下，破产企业按照相关法律规定或合同约定应当偿付的金额。

第七条　破产企业被法院宣告破产的，应当按照破产资产清算净值对破产宣告日的资产进行初始确认计量；按照破产债务清偿价值对破产宣告日的负债进行初始确认计量；相关差额直接计入清算净值。

第八条　破产企业在破产清算期间的资产，应当按照破产资产清算净值进行后续计量，负债按照破产债务清偿价值进行后续计量。破产企业应当按照破产报表日的破产资产清算净值和破产债务清偿价值，对资产和负债的账面价值分别进行调整，差额计入清算损益。

第九条　破产清算期间发生资产处置的，破产企业应当终止确认相关被处置资产，并将处置所得金额与被处置资产的账面价值的差额扣除直接相关的处置费用后，计入清算损益。

破产清算期间发生债务清偿的，破产企业应当按照偿付金额，终止确认相应部分的负债。在偿付义务完全解除时，破产企业应当终止确认该负债的剩余账面价值，同时确认清算损益。

第十条　破产清算期间发生各项费用、取得各项收益应当直接计入清算损益。”

三、难点剖析

破产进程中，财务审计的主要难点集中表现为如何结合破产程序本身的特点，提高财务审计的质量。破产财务审计的重点与方向应当满足管理人的工作需要。管理人不仅是需要审计出破产案件受理日债务人的资产负债状况，更重要的是审计机构为管理人在债权审查、资产追收等工作提供线索、依据以及专业意见。因此，破产进程中的财务审计质量要求有其特殊性，需要从财务审计的目标、财务审计的方法以及财务审计中与管理人的协同等三个方面着手进行安排。

（一）设定明晰的财务审计具体目标

一般而言，破产进程中的财务审计在审计目标上与年度财务审计相比有自己的特点。首先，明确更为广泛具体的审计目标。破产财务审计的目标不应只限于对破产企业财务报表的“持续经营编制基础进行编制”和“公允性”发表意见。对企业财务报表的“持续经营编制基础进行编制”和“公允性”发表意见是一般年度财务审计的目标。破产财务审计的审计目标应该更加广泛而具体。在破产审计中，为了审计结论更好地服务于破产清算工作，必须结合破产企业情况，考虑企业破产法的要求。破产进程中进行财务审计，经常会面临财务资料不完整、会计核算不规范、资产和负债账表不符、账实不符等情况，而且破产债务人往往存在隐匿资产、逃避债务、虚构债务等舞弊现象。这些都人为地增加了破产财务审计的难度，需要审计人员在审计过程中克服上述障碍，认真、细致、严谨进行审计，形成既能客观、全面反映出破产企业资产负债状况，又能结合破产案件审理、为管理人在债权审查、资产追收等工作提供具体线索、依据以及专业意见的高质量的审计报告。其次，以财务数据为审计重点目标。在进行审计中，需要注意的是，一些事项虽然可以作为财务审计的目标，但注册会计师对此类事项发表审计意见时，应该聚焦财务数据而非对事项性质的判断。例如，对债务人是否存在企业破产法第三十三条所规定的为逃避债务而隐匿、转移财产以及虚构债务或者承认不真实的债务等无效行为，对股东是否有出资抽逃行为；对债务人的董事、监事和高级管理人员是否存在利用职权从企业获取非正常收入和侵占情况；等等，虽然可以作为财务审计目标列入业务约定书，但审计机构对这些事项发表审计意见时，应该着眼于财务数据的客观陈述，而不是对事项进行定性。对上述事项的定性，非审计机构的职权范围。审计机构如果贸然对这些列为审计目标的事项断然进行定性、下结论，一方面这一结论的效力本身存疑；另一方面，可能给审计机构自身带来意外风险。

（二）选择更有针对性的审计方法

破产进程中的财务审计，往往存在管理人能提供的审计资料不完整、一些资料有可能真伪难辨，甚至管理人无法提供企业财务会计资料、破产企业财务会计人员提前离岗失联不能配合审计等情况。因此，破产进程中的财务审计，需要结合破产审计对象的状况，有针对性地采用特定的审计方法。在破产财务审计中，一般不采用日常年度会计报表审计业务中经常采用的抽样检查方法，而是采用详细检查方法。同时，在使用“分析”法时，要考虑到破产企业的特点，谨慎考虑审计证据的适用性。例如，在正常企业的审计中，注册会计师依赖于企业内控制度和对客户诚信度的管理信息，一般对经营债权债务采用“账龄分析法”。而在破产审计中“账龄分析法”只能作为辅助方法，必须通过“详细检查”和“函证”方法单笔进行分析判断。

需要注意的是，函证债务的行为极有可能被认定管理人放弃诉讼时效抗辩权，同意履行诉讼时效期间已过的债务，从而影响债务的审核认定工作。所以，当管理人或者审计机构在发送询证函时，需要考虑该笔应付账款的账龄、财务凭证是否完备等因素，并对该行为可能造成的不利影响有所准备。如果因万不得已确实需要向应付账款相对人发送询证函的，则要尽量通过审计机构发送，且明确函件仅作对账之用，函件上尽量不要显示“确认”“欠”等字样。

（三）加强与管理人的协同

破产进程中的财务审计，与一般的企业年度财务审计不同，进驻破产企业进行审计的审计机构和注册会计师面临的是一个“乱局”。如果没有管理人提供协助，财务审计工作很难展开。另一方面，破产进程中管理人的具体工作又在很大程度上依赖财务审计。因此，破产案件财务审计过程中，审计机构应该与管理人积极沟通，管理人也应该对财务审计提供支持与配合，双方协同推进破产案件的财务审计。管理人在接管破产企业财务过程中，可以让审计机构同步介入，督促债务人向审计机构全面提交审计资料。管理人可以和审计机构协同合作，全面梳理债务人的债权、债务，调查列示职工劳动债权。对审计过程中涉及的资产评估、工程鉴定事项，管理人应该积极组织协调，为财务审计提供特定资产的资产评估、工程鉴定结论。

四、典型案例

破产案件中财务审计如何准确表述审计结论

（一）案情简介

A 公司于 2015 年 3 月登记成立，经营范围：平板、智能产品配件设计、制造和销售。注册资本为 500 万元，实收资本 500 万元，由 B、C、D、E 四名股东认缴出资。2019 年 3 月，B（持有 A 公司 60%股权，同时为债权人）以 A 公司不能清偿到期债务、明显缺乏清偿能力为由申请 A 公司破产清算。法院于 2019 年 6 月 20 日裁定受理 B 对 A 公司破产清算申请，并指定广东省惠州市正大会计师事务所为管理人。惠州市正大会计师事务所成立 A 公司管理人项目组。项目组分为综合组、债权组、财产组、员工权益组、财务审计组。财务审计组将本项目的审计风险评估为中上水平。财务审计组由 2 名注册会计师、3 名审计助理组成，负责人由主任会计师担任，审计组与管理人一起接管了 A 公司会计核算资料。根据企业破产法及业务约定书的要求，审计组明确的审计目标为：（1）至法院受理破产清算时，A 公司的资产、负债情况。（2）A 公司是否存在企业破产法第三十一条、第三十二条、第三十三条、第三十五条、第三十六条的情形等。进入正式审计环节，财务审计组分成两个小组，（1）外调组：清查核实 A 公司银行存款；向不动产登记、车辆登记部门核实 A 公司的不动产、车辆资产；核查 A 公司的无形资产。核查 A 公司应收账款等。（2）审查账务组：审查会计账户，核实 A 公司的资产、负债。审计中发现，在 2019 年 3 月至 2019 年 5 月，B 以代收款、银行承兑汇票背书转让，A、B 抵债形式，由 A 公司向 B 清偿债务 260 万元。财务审计组认为：这 260 万元的债务清偿存在企业破产法第三十二条规定、管理人应请求法院予以撤销的“个别债务清偿”嫌疑。在最终提交的审计报告中，财务审计组对本项目的审计结论作了如下表述：（1）经审计，我们认为：在 2019 年 3 月至 2019 年 5 月，B 以代收款、银行承兑汇票背书转让，A、B 抵债形式，A 公司向 B 清偿的债务 260 万元，存在属于企业破产法第三十二条规定、管理人应请求法院予以撤销的“个别债务清偿”嫌疑。（2）如果以上 A 公司向 B 个别清偿的 260 万元债务被裁定撤销，截至 2019 年 6 月 20 日，A 公司资产总额 550 万元，负债总额 1 490 万元（其中：已申报管理人初审确认债权 1 045 万元，未申报债权 345 万元），净资产-940 万元，A 公司已处于资不抵债状态。（3）如果以上 A 公司向 B 个别清偿的 260 万元债务被否定撤销，截至 2019 年 6 月 20 日，A 公司资产总额 290 万元，负债总额 1 230 万元，净资产-940 万元，A 公司资不抵债状态不会改变。

（二）法律分析

本案中财务审计的最大特点在于审计结论的表述上的准确性。财务审计组审计中发现了 A 公司存在对 B 的个别清偿行为，该行为属于企业破产法第三十二条规定予以撤销的情形。但审计结论的表述并没有以绝对肯定的口吻对此作出最终结论，而是在审计报告中指出“B 以代收款、银行承兑汇票背书转让，A、B 抵债形式，A 公司向 B 清偿的债务 260 万元，存在属于企业破产法第三十二条规定、管理人应请求法院予以撤销的“个别债务清偿”嫌疑”。因为，依照企业破产法第三十二条的规定，对债务人个别清偿行为，管理人有权请求人民法院撤销。而是否撤销，完全依赖于法院的判断。也即是说，但对该行为是否最终被认定为个别清偿行为，只能由人民法院作出最终结论。如果审计报告对此下达无可置疑的结论，一定程度上行使了法院的权力。存在构成越权的嫌疑，给审计机构带来了意外的风险。

第三节　资产评估注意事项

一、概述

资产评估是指由专门机构和人员，依据国家规定和有关资料，根据特定的目的，遵循适用的原则和标准，按照法定的程序，运用科学的方法，对资产进行评定和估价的过程。破产进程中，往往涉及对破产债务人固定资产、无形资产等特定财产的处置，而处置这些资产的前提，是需要对其价值作出正确的估值。此时，资产评估是破产管理中一项十分重要的内容。管理人需要委托聘请资产评估机构或资产评估人员，对破产债务人的相关资产进行评估，以资产评估机构人员作出的评估结论，作为破产债务人资产处置的依据。可见，作为破产程序中涉及财产处置的一个重要环节，资产评估结果对后续的破产财产分配方案具有很大的影响，直接关系到债权人、债务人的利益。

（一）资产评估的基本原则

《资产评估法》第四条规定：“评估机构及其评估专业人员开展业务应当遵守法律、行政法规和评估准则，遵循独立、客观、公正的原则。”《资产评估执业准则——资产评估程序》（中评协〔2017〕31 号）第四条也规定：“执行资产评估业务，应当遵守法律、行政法规和资产评估准则，履行适当的资产评估程序。”由此可以看出，资产评估应该遵循以下两个方面的原则：第一，依法评估原则。即资产评估应该遵守法律、行政法规和评估准则，遵循基本的资产评估程序；第二，独立、客观、公正的原则。即资产评估应该做到独立评估，评估机构、评估人员的评估行为不受外来干涉；资产评估应该基于资产的具体状况和资产数据进行，应该以客观证据支撑资产评估结论；资产评估应该作出公正的评估结论，不能偏向任何一方。

（二）资产评估的程序

依照《资产评估执业准则——资产评估程序》第五条的规定，资产评估应该遵循的基本程序包括：（1）明确业务基本事项；（2）订立业务委托合同；（3）编制资产评估计划；（4）进行评估现场调查；（5）收集整理评估资料；（6）评定估算形成结论；（7）编制出具评估报告；（8）整理归集评估档案。

在正式的评估程序开始前，评估机构和评估人员还应该明确以下资产评估业务基本事项：（1）委托人、产权持有人和委托人以外的其他资产评估报告使用人；（2）评估目的；（3）评估对象和评估范围；（4）价值类型；（5）评估基准日；（6）资产评估报告使用范围；（7）资产评估报告提交期限及方式；（8）评估服务费及支付方式；（9）委托人、其他相关当事人与资产评估机构及其资产评估专业人员工作配合和协助等需要明确的重要事项。资产评估机构及其资产评估专业人员应当根据资产评估业务的具体情况以及重要性原则确定所履行各基本程序的繁简程度，但不得随意减少资产评估基本程序。

（三）资产评估的方法

依照《资产评估执业准则——资产评估程序》第十八条的规定，资产评估的方法包括以下三种：

1. 市场法。市场法是以近期市场相同或类似资产发生交易的成交价格为基础，进行直接比较或类比分析，以评估资产价值的各种技术方法统称为市场法。该方法的基础是替代原则，即在市场上，理智的投资者会以更少的支出购买具有相同效用的替代品资产。

2. 收益法。收益法是指将被评估资产的未来预期收益进行折现，以估算资产价值的各种评估技术方法的总称。资产价值与该资产未来带来的经济收益成正比，理智的投资者在进行投资时，所愿意支付的金额不会高于该资产未来能给其带来的回报，即收益额。

3. 成本法。成本法是指通过估测被评估资产的重置成本，并扣除资产已存在的各种贬值而得到被评估资产价值的各种评估技术方法的总称。用成本法进行资产评估的公式为：评估价值=重置成本-实体性贬值-功能性贬值-经济性贬值。在评估目的、评估假设前提一致以及各种经济技术参数合理的基础上，资产的价值在理论上是客观的。

从理论上来看，上述三种方法中，任一评估方法下的资产价值应该是区别不大甚至相同的。因此，在相同的市场条件下，使用三种方法相互验证同一资产，可提高评估结果的合理性。当然，在资产评估实务中，通常采用不同的评估方法会导致评估结果的差异。因此，评估人员应该选择合适的评估方法，并且尽可能对三种方法交叉使用。例如，要计算成本法中的重置成本，既可通过市场上参照物的价格调整而得，也可通过重建所花费的资金和合理利润计算而得；市场法中的市场价倒算法也要通过折现计算。因此，《资产评估法》第二十六条规定："评估专业人员应当恰当选择评估方法，除依据评估执业准则只能选择一种评估方法的外，应当选择两种以上评估方法，经综合分析，形成评估结论，编制评估报告。"

二、法律渊源和规范性文件

（一）《中华人民共和国资产评估法》

"第二条　本法所称资产评估（以下称评估），是指评估机构及其评估专业人员根据委托对不动产、动产、无形资产、企业价值、资产损失或者其他经济权益进行评定、估算，并出具评估报告的专业服务行为。

第三条　自然人、法人或者其他组织需要确定评估对象价值的，可以自愿委托评估机构评估。

涉及国有资产或者公共利益等事项，法律、行政法规规定需要评估的（以下称法定评估），应当依法委托评估机构评估。

第四条　评估机构及其评估专业人员开展业务应当遵守法律、行政法规和评估准则，遵循独立、客观、公正的原则。"

"第二十二条　委托人有权自主选择符合本法规定的评估机构，任何组织或者个人不得非法限制或者干预。

评估事项涉及两个以上当事人的，由全体当事人协商委托评估机构。

委托开展法定评估业务，应当依法选择评估机构。

第二十三条　委托人应当与评估机构订立委托合同，约定双方的权利和义务。

委托人应当按照合同约定向评估机构支付费用，不得索要、收受或者变相索要、收受回扣。"

"委托人应当对其提供的权属证明、财务会计信息和其他资料的真实性、完整性和合法性负责。

第二十五条 评估专业人员应当根据评估业务具体情况，对评估对象进行现场调查，收集权属证明、财务会计信息和其他资料并进行核查验证、分析整理，作为评估的依据。

第二十六条 评估专业人员应当恰当选择评估方法，除依据评估执业准则只能选择一种评估方法的外，应当选择两种以上评估方法，经综合分析，形成评估结论，编制评估报告。

评估机构应当对评估报告进行内部审核。

第二十七条 评估报告应当由至少两名承办该项业务的评估专业人员签名并加盖评估机构印章。

评估机构及其评估专业人员对其出具的评估报告依法承担责任。

委托人不得串通、唆使评估机构或者评估专业人员出具虚假评估报告。

第二十八条 评估机构开展法定评估业务，应当指定至少两名相应专业类别的评估师承办，评估报告应当由至少两名承办该项业务的评估师签名并加盖评估机构印章。”

（二）《资产评估执业准则——资产评估程序》（中评协〔2017〕31号）

“第四条 执行资产评估业务，应当遵守法律、行政法规和资产评估准则，履行适当的资产评估程序。

第五条 资产评估基本程序包括：明确业务基本事项；订立业务委托合同；编制资产评估计划；进行评估现场调查；收集整理评估资料；评定估算形成结论；编制出具评估报告；整理归集评估档案。

资产评估机构及其资产评估专业人员应当根据资产评估业务的具体情况以及重要性原则确定所履行各基本程序的繁简程度。

资产评估机构及其资产评估专业人员不得随意减少资产评估基本程序。”

“第八条 资产评估机构受理资产评估业务前，资产评估应当明确下列资产评估业务基本事项：

（一）委托人、产权持有人和委托人以外的其他资产评估报告使用人；

（二）评估目的；

（三）评估对象和评估范围；

（四）价值类型；

（五）评估基准日；

（六）资产评估报告使用范围；

（七）资产评估报告提交期限及方式；

（八）评估服务费及支付方式；

（九）委托人、其他相关当事人与资产评估机构及其资产评估专业人员工作配合和协助等需要明确的重要事项。”

“第十七条　资产评估专业人员应当根据资产评估业务具体情况对收集的评估资料进行分析、归纳和整理，形成评定估算和编制资产评估报告的依据。

第十八条　资产评估专业人员应当根据评估目的、评估对象、价值类型、资料收集等情况，分析市场法、收益法和成本法三种资产评估基本方法的适用性，选择评估方法。

第十九条　资产评估专业人员应当根据所采用的评估方法，选取相应的公式和参数进行分析、计算和判断，形成测算结果。

第二十条　资产评估专业人员应当对形成的测算结果进行综合分析，形成评估结论。

对同一评估对象采用多种评估方法时，应当对采用各种方法评估形成的测算结果进行分析比较，确定评估结论。

第二十一条　资产评估专业人员应当在评定、估算形成评估结论后，编制初步资产评估报告。”

“第二十三条　资产评估机构出具资产评估报告前，在不影响对评估结论进行独立判断的前提下，可以与委托人或者委托人同意的其他相关当事人就资产评估报告有关内容进行沟通。”

三、难点剖析

破产进程中资产评估中最大的难点在于如何确保资产评估的公正性和客观性，提高资产评估报告的可信度。如前文所述，资产评估的估值结论直接影响到破产进程中的和解、重整方案，更直接影响到破产清算，在极大程度上关乎债权人、债务人的利益。如果资产评估报告存在公正性、客观性上的不足，后果会非常严重。

导致当下我国破产进程中资产评估公正性、客观性不足的原因主要有以下几个方面：第一，评估原则的可操作性不足。虽然《资产评估法》和《资产评估执业准则——资产评估程序》都规定了资产评估要遵循独立、客观、公正的原则，但这种原则规定很大程度上是一种政策宣示，不具备足够的可操作性；第二，评估方法与程序选择的空间过大。在资产评估的方法与程序上，虽然《资产评估法》和《资产评估执业准则——资产评估程序》等现行法律、规范性文件对资产评估的方法与程序作了规定，评估机构和评估人员仍存在较大的选择空间，一定程度上成为评估机构、评估人员乃至管理人影响评估结论的入口；第三，评估对象自身的难点。与一般的资产评估不同，破产案件中资产评估往往会面临资产资料不全、资产档案缺失、知悉资产状况的破产企业相关人员流失等状况，使得资产评估机构和评估人员往往难以获得该资产的全部有效证据，从而影响资产评估结论的权威性。

鉴于此，我们认为，应该从以下三个方面着手，增强破产进程中资产评估报告的客观性和公正性：第一，进一步完善资产评估法律法规。将《资产评估法》中规定的独立、客观、公正原则通过更多的具体规范加以落实，增强这一资产评估核心原则的可操作性；第二，进一步完善资产评估方法与程序。尽可能减少资产评估方法与程序上的弹性，增强其刚性，以最大限度减少人为因素对资产评估结论的影响；第三，进一步完善破产制度，优化破产进程中资产评估的环境。让破产进程中资产评估机构和评估人员更容易获得资产评估的证据，继而更能够得出客观公正的资产评估结论。

需要指出的是，在2018年8月28日发布了《最高人民法院关于人民法院确定财产处置参考价若干问题的规定》（法释〔2018〕15号），对于资产评估的传统估价模式、财产估价方式等内容进行了优化与改进，明确了委托评估机构确定方式、选定规则、评估财产期限、统一收费标准等，并且引入了大数据技术手段，切实保障资产评估公平公正。虽然这一司法解释主要适用于人民法院在司法活动中处置资产时由法院指定的资产评估，与破产进程中管理人委托聘请资产评估机构人员进行资产评估有所不同，但其关于资产评估机构与人员、资产评估程序与方法、资产评估结论的评价适用等全流程改造，对破产进程中管理人委托聘请资产评估机构人员进行资产评估具有很大的借鉴意义。

四、典型案例

×电建公司破产案件中不规范的资产评估

（一）案情简介

×电建公司于1998年1月6日成立，在西安市工商行政管理局设立注册。公司地址：陕西省西安市灞桥区电厂东路7号。法定代表人：冯某某。注册资本1 134.88万元，其中，西北电力建设器材有限公司出资1 107.33万元，占注册资本的97.57%，西北电力建设器材总厂下属西安电力设备配套公司出资27.55万元，占注册资本的2.43%。经营范围：电力工程、管件管材、供水设备的销售、安装等。×电建公司主要从事小型火力发电厂安装施工工程，由于受到国家不再鼓励建设小型火电厂宏观政策的影响，公司难以在新的改革浪潮中转型升级，2014年停产以来，净利润连续两年为负，明显已经处于破产状态。2018年4月4日，公司向西安市中级人民法院提出破产申请。管理人陕西甲申清算公司被法院指定为管理人。甲申清算公司入驻破产企业后，接管了公司，对公司的规模、资产状况、股东构成、所属行业、经营范围、破产原因、人员组织结构等情况进行了初步了解，并对其税务状况、在银行开设账户进行调查。根据公司的账目、合同文件等资料对其各项资产情况进行核查，包括：土地情况、车辆、房产情况等，并根据法院判决书、合同协议厘清各项债权债务。在此过程中，管理人委托聘请了评估机构对破产债务人的相关资产进行了评估。由于×电建公司多年未进行正常的经营，其资产及负债情况多属于历史遗留问题，一些固定资产由于缺乏数据和相关的资料，评估面临很大困难。由于无法确定相关资产达到可使用状态的时间，也无法从现有市场上找到相应的资产对应进行价值估算，评估人员仅凭个人的职业判断选取清算价格法进行评估，存在很大的随意性。评估人员采用的这一评估方法，对于变现率以及可收价值、销毁费用等的计算，主观性强。评估结束后，管理人依照评估结论最终提出的破产财产清查的结果是：×电建公司预计可变现的金额为5.29万元，其中：固定资产变价3.68万元；流动资产（货币资金）变价1.61万元，其中，应收账款为0元。部分债权人对此提出异议，指出破产债务人资产评估不规范，相关资产评估方法不科学，资产估值存在很大的随意性，且资产估值过低。债权人认为，因资产评估价过低，最终导致了清算中×电建公司资产账面值与资产变现值之间存在300万元差额，严重损害了债权人利益。尤其是管理人在委托聘请资产评估机构过程中，利用职权收取中介佣金，与中介机构商量研究决定将评估费比例由0.7%提高为1%。

（二）法律分析

本案中管理人委托聘请资产评估机构对破产债务人的相关资产进行评估，但是相关资产评估结论却受到了债权人的质疑，从而对破产债务人的清算构成了一定的障碍，影响到了破产案件的审理。应该说，本案中资产评估存在两方面的问题。首先，债权人指出资产评估机构对破产企业相关资产评估的评估方法选择不当，存在资产评估方法不科学的问题，并由此引发了相关资产评估价值过低。资产评估中，不同的评估方法通常会导致评估价值上的差异。评估机构应该根据所评估资产的具体状况，选择恰当的评估方法。要确保评估方法的科学性和合理性，进而确保评估结论的权威性；其次，本案中管理人在资产评估中联合资产评估机构作出了不合适的行为，影响了职产评估结论的可信度。管理人私自与评估机构变更费率，并通过中介机构从中收取佣金，违反了管理人应承担的忠实义务，明显不当，属于违规行为。

第四节 工程鉴定注意事项

一、概述

如果破产案件中的破产财产包括建筑工程，则对这些工程进行工程鉴定是进行破产和解、破产重整、破产清算等破产程序环节的前提。因此，破产进程中工程鉴定是破产管理中的一个重要问题。

（一）工程鉴定的原则

1. 依法鉴定的原则。即工程鉴定应该严格依照法律的规定进行，在实体上和程序上严格执行相关法律规定。《全国人民代表大会常务委员会关于司法鉴定管理问题的决定》（2005 年 2 月 28 日第十届全国人民代表大会常务委员会第十四次会议通过）第十二条规定：“鉴定人和鉴定机构从事司法鉴定业务，应当遵守法律、法规，遵守职业道德和职业纪律，尊重科学，遵守技术操作规范。”《司法鉴定程序通则》（中华人民共和国司法部令第 132 号）第四条规定：“司法鉴定机构和司法鉴定人进行司法鉴定活动，应当遵守法律、法规、规章，遵守职业道德和执业纪律，尊重科学，遵守技术操作规范。”

2. 实行鉴定人负责制的原则。即鉴定人独立鉴定，独立承担鉴定责任。《全国人民代表大会常务委员会关于司法鉴定管理问题的决定》第十条规定：“司法鉴定实行鉴定人负责制度。鉴定人应当独立进行鉴定，对鉴定意见负责并在鉴定书上签名或者盖章。多人参加的鉴定，对鉴定意见有不同意见的，应当注明。”《司法鉴定程序通则》第五条规定：“司法鉴定实行鉴定人负责制度。司法鉴定人应当依法独立、客观、公正地进行鉴定，并对自己作出的鉴定意见负责。司法鉴定人不得违反规定会见诉讼当事人及其委托的人。”这些规定均明确了由鉴定人独立对鉴定意见负责的原则。

（二）工程鉴定的程序

根据《司法鉴定程序通则》《建设工程司法鉴定程序规范》（中华人民共和国司法部司法鉴定管理局发布）（SF/Z JD0500001—2014）的规定，申请房屋建筑工程司法鉴定应遵循以下程序：

1. 委托。具体包括：（1）司法鉴定机构接受司法机关、仲裁机构的司法鉴定委托。（2）在诉讼案件中，在当事人负有举证责任的情况下，司法鉴定机构也可以接受当事人的司法鉴定委托。当事人委托司法鉴定时一般通过律师事务所进行。

2. 受理。司法鉴定机构收到委托书后，应对委托人的委托事项进行审核，并作出如下决定：（1）对于符合受理条件的，能够即时决定受理的，司法鉴定机构应当与委托人签订《司法鉴定委托受理合同》；（2）不能即时决定受理的，应当向委托人出具《司法鉴定委托材料收领单》，在受领委托材料之日起 7 日内对是否受理作出决定；（3）对于不符合受理条件，决定不予受理的，应当退回鉴定材料并向委托人说明理由；（4）对于函件委托的，司法鉴定机构应当在收到函件之日起 7 日内作出是否受理的书面答复。

3. 签订“建设工程司法鉴定协议书”。司法鉴定协议书应当载明下列事项：委托人和鉴定机构的基本情况；委托鉴定的事项及鉴定要求；鉴定项目；本鉴定事项是否属于重新鉴定；鉴定过程中双方的权利、义务；鉴定费用及收取方式；鉴定机构对司法鉴定的风险提示，《建设工程司法鉴定风险提示》；其他需要载明的事项。

4. 收费。建设工程司法鉴定由司法鉴定机构统一收取司法鉴定费用。司法鉴定机构执行省级司法和物价行政部门发布的收费项目和标准。没有收费标准的，可协商由鉴定机构根据所受理鉴定项目的实际情况参考相关行业收费办法收取费用。

5. 鉴定。鉴定机构按照《建设工程司法鉴定程序规范》中规定的鉴定方法对工程进行鉴定，并出具鉴定意见。

（三）工程鉴定的种类

根据《建设工程司法鉴定程序规范》的规定，建设工程鉴定包含建设工程质量类鉴定和建设工程造价类鉴定。

1. 建设工程质量类鉴定。具体包括：建设工程施工阶段质量鉴定、既有建设工程质量鉴定、建设工程灾损鉴定、建设工程其他专项质量鉴定［如建（构）筑物渗漏鉴定、建筑日照间距鉴定、建筑节能施工质量鉴定、建筑材料鉴定，工程设计工作量和质量鉴定、周边环境对建设工程的损伤或影响鉴定、装修工程质量鉴定、绿化工程质量鉴定，市政工程质量鉴定、工业设备安装工程质量鉴定、水利工程质量鉴定、交通工程质量鉴定、铁路工程质量鉴定、信息产业工程质量鉴定、民航工程质量鉴定、石化工程质量鉴定等］。

2. 建设工程造价类鉴定。具体包括：建设工程造价鉴定、建设工程工期鉴定、建设工程暂停施工、合同的终止、不可抗力相关费用鉴定。

二、法律渊源和规范性文件

（一）《民事诉讼法》

“第七十六条　当事人可以就查明事实的专门性问题向人民法院申请鉴

定。当事人申请鉴定的，由双方当事人协商确定具备资格的鉴定人；协商不成的，由人民法院指定。

当事人未申请鉴定，人民法院对专门性问题认为需要鉴定的，应当委托具备资格的鉴定人进行鉴定。”

（二）《全国人民代表大会常务委员会关于司法鉴定管理问题的决定》

“十、司法鉴定实行鉴定人负责制度。鉴定人应当独立进行鉴定，对鉴定意见负责并在鉴定书上签名或者盖章。多人参加的鉴定，对鉴定意见有不同意见的，应当注明。

十一、在诉讼中，当事人对鉴定意见有异议的，经人民法院依法通知，鉴定人应当出庭作证。

十二、鉴定人和鉴定机构从事司法鉴定业务，应当遵守法律、法规，遵守职业道德和职业纪律，尊重科学，遵守技术操作规范。”

（三）《最高人民法院关于审理建设工程施工合同纠纷案件适用法律问题的解释》（法释〔2004〕14号）

“第二十二条　当事人约定按照固定价结算工程价款，一方当事人请求对建设工程造价进行鉴定的，不予支持。

第二十三条　当事人对部分案件事实有争议的，仅对有争议的事实进行鉴定，但争议事实范围不能确定，或者双方当事人请求对全部事实鉴定的除外。”

（四）《最高人民法院关于审理建设工程施工合同纠纷案件适用法律问题的解释（二）》（法释〔2018〕20号）

“第十二条　当事人在诉讼前已经对建设工程价款结算达成协议，诉讼中一方当事人申请对工程造价进行鉴定的，人民法院不予准许。

第十三条　当事人在诉讼前共同委托有关机构、人员对建设工程造价出具咨询意见，诉讼中一方当事人不认可该咨询意见申请鉴定的，人民法院应予准许，但双方当事人明确表示受该咨询意见约束的除外。

第十四条　当事人对工程造价、质量、修复费用等专门性问题有争议，人民法院认为需要鉴定的，应当向负有举证责任的当事人释明。当事人经释明未申请鉴定，虽申请鉴定但未支付鉴定费用或者拒不提供相关材料的，应当承担举证不能的法律后果。

一审诉讼中负有举证责任的当事人未申请鉴定，虽申请鉴定但未支付鉴定费用或者拒不提供相关材料，二审诉讼中申请鉴定，人民法院认为确有必要的，应当依照民事诉讼法第一百七十条第一款第三项的规定处理。

第十五条　人民法院准许当事人的鉴定申请后，应当根据当事人申请及查明案件事实的需要，确定委托鉴定的事项、范围、鉴定期限等，并组织双方当事人对争议的鉴定材料进行质证。

第十六条　人民法院应当组织当事人对鉴定意见进行质证。鉴定人将当事人有争议且未经质证的材料作为鉴定依据的，人民法院应当组织当事人就该部分材料进行质证。经质证认为不能作为鉴定依据的，根据该材料作出的鉴定意见不得作为认定案件事实的依据。”

（五）《司法鉴定程序通则》（中华人民共和国司法部令第132号）

“第四条　司法鉴定机构和司法鉴定人进行司法鉴定活动，应当遵守法律、法规、规章，遵守职业道德和执业纪律，尊重科学，遵守技术操作规范。

第五条　司法鉴定实行鉴定人负责制度。司法鉴定人应当依法独立、客观、公正地进行鉴定，并对自己作出的鉴定意见负责。司法鉴定人不得违反规定会见诉讼当事人及其委托的人。”

（六）《建设工程司法鉴定程序规范》（中华人民共和国司法部司法鉴定管理局发布）（SF/Z JD0500001—2014）

“4.1　建设工程司法鉴定的委托

4.1.1　建设工程司法鉴定应由司法鉴定机构统一受理委托。

4.1.2　司法鉴定机构接受鉴定委托，应要求委托人出具鉴定委托书，委托书应载明委托的司法鉴定机构的名称、委托鉴定的事项和鉴定要求、委托人的名称等内容。委托事项属于重新鉴定的，应在委托书中注明。司法鉴定机构和司法鉴定人不得按照委托人的不合理要求或暗示进行鉴定并提供鉴定意见。

4.1.3　委托人应向鉴定机构提供真实、充分的鉴定资料，并对鉴定资料的真实性、合法性负责。建设工程司法鉴定的鉴定资料（格式参见附录A），可根据受理鉴定案件具体情况进行增减。

4.2　建设工程司法鉴定的受理

4.2.1　委托受理。

4.2.1.1　司法鉴定机构收到委托书后，应对委托人委托鉴定的事项进行审查，对属于本鉴定机构司法鉴定业务范围，委托鉴定的事项及鉴定要求明确，提供的鉴定资料经过质证的鉴定委托，应予以受理。

4.2.1.2　对提供的鉴定资料不真实、不齐全的，司法鉴定机构可以要求委托人补充。委托人补充齐全的，可以受理。

4.2.1.3　司法鉴定机构对于符合受理条件的鉴定委托，应及时作出受理的决定；不能及时作出受理的，应在十个工作日内作出是否受理的决定，并通知委托人；对通过信函或其他方式提出鉴定委托的，应在二十个工作日内作出是否受理的决定，并通知委托人；对疑难、复杂或者特殊鉴定事项的委托，可以与委托人协商确定受理的时间。

4. 2. 1. 4　司法鉴定机构在受理鉴定委托过程中，对案件争议的事实初步了解后，司法鉴定人如发现委托鉴定事项不利于事实的查明或者难以鉴定时，应向委托人释明。

4. 2. 1. 5　对不予受理的鉴定委托，应向委托人说明理由，退还其提供的鉴定资料。具有下列情形之一的鉴定委托，司法鉴定机构不得受理：

a）委托鉴定的事项超出本机构司法鉴定业务范围的；

b）鉴定资料未经过质证或者取得方式不合法的；

c）鉴定事项的用途不合理或者违背行业和社会公德的；

d）鉴定要求不符合司法鉴定执业规则或者相关鉴定技术规范的；

e）鉴定要求超出本机构技术条件和鉴定能力的；

f）同时委托其他鉴定机构就同一鉴定事项进行鉴定的；

g）不符合本技术规范第 5. 20. 3 条规定的；

h）其他不符合法律、法规、规章规定情形的。”

三、难点剖析

对未竣工工程的鉴定是破产案件中的鉴定难点。破产案件中涉及的建设工程鉴定，多数时候是针对未竣工工程而进行的工程鉴定。这是因为，破产案件具有一定的突发性和非预料性，企业陷入破产泥潭后，往往无力支付工程款，使得建设工程被迫停工，无法按期竣工交付。破产程序开始后，承担工程建设的建筑企业往往将这些未竣工的建筑工程作为优先债权申报，而这些未竣工的建筑工程债权，往往需要进行工程造价鉴定和工程质量鉴定。与已经完工的建设工程相比，对此类陷入停工泥沼无法竣工的建设工程进行相关工程鉴定，其难度要大得多。尤其是对未竣工的建设工程进行工程质量鉴定，在鉴定技术层面存在很大的障碍，工程鉴定实务中一般主张，对未竣工工程不进行工程质量鉴定，只进行工程造价鉴定。而从法律层面看，申请对未竣工工程进行工程质量鉴定，是申请人依照《民事诉讼法》第七十六条享有的程序权利。审判实践中对这一问题的处理存在不同的做法。而最高院近年来的相关判例主张，发包方为了证明未竣工工程存在质量问题，可以申请人民法院对未竣工工程进行工程质量鉴定，人民法院对此类申请应该准许。

四、典型案例

中国长城资产管理股份有限公司广西壮族自治区分公司与广西建工集团第四建筑工程有限责任公司破产债权确认纠纷案——未竣工工程能否申请工程质量鉴定

（一）案情简介

2011年5月26日，广西四建公司通过招标方式中标并与金穗公司签署《建设工程施工合同》，约定金穗公司将临桂县人民大厦北区工程图纸范围内的土建及水电安装工程发包给广西四建公司承包施工，合同约定开工日期为2011年5月30日（以实际开工报告日期为准），合同工期为900天，竣工日期为2013年11月31日（以实际开工报告日期顺延）。广西四建公司进场施工后，因金穗公司的原因人民大厦北区项目未能竣工验收及交付使用。金穗公司涉诉进入执行阶段后资产不足以清偿全部债务，2018年7月9日，广西壮族自治区桂林市中级人民法院以（2018）桂03破申6号文书裁定受理了胡建林等八位申请执行人提出的对金穗公司的破产清算申请，该案于2018年11月5日以（2018）桂03破2号裁定对金穗公司进行重整。2018年8月1日桂林市中级人民法院指定广西鑫达盛企业清算服务有限公司担任金穗破产重整案件的破产管理人。2018年9月26日，破产管理人收到了广西四建公司提交的《债权申报书》及相关材料的复印件，广西四建公司申报债权金额为121 480 279元。管理人在债权审核中，经征询双方同意，由管理人通过招标方式选聘广西建信建设项目管理有限公司作为工程鉴定方对被告施工的“人民大厦北区工程”实际发生的工程造价进行了鉴定，于2018年12月6日出具鉴定报告书：已完成工程量的造价为98 846 266.5元。第一次债权人会议《债权表三、工程款优先债权》注明：“因2宗工程款债权涉及人民大厦北区及南区施工项目总承包方结算，较为复杂，需双方进行造价核定及对账结算后确定，故暂列入存疑待定债权，工程款类优先债权暂定审核为零，待存疑债权审定后再行补入。”在第二次债权人会议上，破产管理人制作的《债权表三、工程款优先债权》审核确认申报编号626广西建工集团第四建筑工程有限责任公司的工程款本金56 631 323.48元为优先债权，其他损失17 351 639.22元为普通债权。中国长城资产管理股份有限公司广西壮族自治区分公司（简称长城公司）对此提出异议，于2019年4月17日向破产管理人提交了《复审债权异议表》，破产管理人同日向长城公司出具《复审债权异议表接收回执》，明确告知“请在收到本复审债权异议接收回执之日起15天向桂林市中级人民法院提起债权确认之诉，该异议债权以桂林市中级人民法院最终裁判确认的结果为准”。原告长城公司于是向广西桂林市中级人民法院提出诉讼请求，要求判决确认被告广西四建公司对金穗公司享有的工程款债权本金56 631 323.48元为普通债权，不属于优先债权。原告认为广西四建公司的工程款债权无法律文书的认定，且该工程属于未完工工程，工程质量未经鉴定，是否符合要求处于未知状态，故不符合法律关于建设工程价款优先权的条件，金穗公司破产管理人的违法确认损害了原告的合法权益。被告广西四建公司辩称，自己作为施工主体，对本案的工程款债权享有优先权。自己在金穗公司破产债权申报期内申报了债权，通过破产管理人对自己施工的人民大厦项目北区工程实际发生的工程造价进行了鉴定，破产管理人确认自己的债权为优先债权是正确的，请求驳回长城公司的诉讼请求。第三人金穗公司述称，本案被告具有相应的建设施工资质，其与金穗公司建立了建设工程施工合同关系，人民大厦北区建设工程尚未竣工验收，建设施工合同并未约定竣工日期，因金穗公司无法支付工程款导致停工至今无法竣工，以破产管理人经债权审核确定最终总结算数额之日视为发包人应当给付工程款之日，由此认定广西四建公司主张优先受偿权并未超过发包人应当给付建设工程价款之日起算六个月期限，符合法定保护条件，广西四建公司应当在债权本金 56 631 323.48 元范围内享有建设工程价款优先受偿权。

桂林中院认为，本案争议焦点为：广西四建公司对金穗公司债权 56 631 323.48 元是否享有建设工程价款优先受偿权。符合法定条件的建设工程价款应当受到优先保护。本案中，双方对广西四建公司享有的工程款债权本金 56 631 323.48 元无异议，本院对该笔工程款数额予以确认。至于广西四建公司对该笔工程款是否享有优先受偿权，本院认为，根据企业破产法第十八条，对于处于停工状态的在建工程，双方在房地产企业进入破产程序前未解除或终止合同，且破产管理人未通知承包人继续履行合同的，建设工程施工合同在法院裁定受理破产之日两个月解除，承包人工程款优先权自双方合同解除后起算有六个月的行使时间。本案涉案工程未能竣工验收、工程价款一直未能进行结算的主要原因均在发包方即金穗公司，广西四建公司作为承包人完成了工程施工，有权根据《最高人民法院关于审理建设工程施工合同纠纷案件适用法律问题的解释（二）》第二十二条规定，在发包人应当给付建设工程价款之日起六个月内行使建设工程价款优先受偿权。在金穗公司非正常化运转于 2018 年 7 月 9 日进入破产程序后，广西四建公司在 2018 年 9 月 26 日进行了债权申报，在规定的六个月期限内依法主张了权利，参照《最高人民法院关于审理建设工程施工合同纠纷案件适用法律问题的解释》第十八条“下列时间视为应付款时间：（一）建设工程已实际交付的，为交付之日；（二）建设工程没有交付的，为提交竣工结算文件之日；（三）建设工程未交付，工程价款也未结算的，为当事人起诉之日。”中第（三）项的规定，申报破产债权之日应当视为权利主张之日，故广西四建公司建设工程价款优先受偿权的行使符合法定期限。至于原告提出建设工程价款优先受偿权的主张必须以建设工程质量合格为前提条件的主张，本院认为，人民大厦北区建设工程因发包方即金穗公司的原因处于停工状态，项目未建设完毕，无法对广西四建公司负责施工的工程质量是否合格进行鉴定，在不具备质量鉴定条件的情况下，对未竣工项目的工程质量不作强制性要求，更符合建设工程价款优先权优先保护农民工利益的立法原意。故本院对金穗公司破产管理人确定广西四建公司对金穗公司享有的工程款债权本金 56 631 323.48 元为建筑工程价款优先受偿权予以确认。桂林中院判决驳回原告中国长城资产管理股份有限公司广西壮族自治区分公司的诉讼请求。

（二）法律分析

因为企业进入破产程序，相关工程面临停工，故破产案件中涉及的工程鉴定，常常是对未竣工工程的鉴定。本案中，破产债务人进入破产程序后，其作为工程发包方发包给本案中的被告广西四建公司的工程未能如期完工，属于未竣工工程。在经工程造价鉴定后，破产管理人依照企业破产法、《最高人民法院关于审理建设工程施工合同纠纷案件适用法律问题的解释（二）》的有关规定，将广西四建公司的债权按照工程造价鉴定确认的金额列为建设工程优先债权，引发同为破产债务人的债权人长城公司的异议和诉讼。长城公司认为广西四建的债权不符合优先债权的条件，因为其未竣工工程没有经过工程质量鉴定，无法确定其是否符合质量要求，而工程优先债权存在的前提是工程本身符合质量要求。本案中，被告广西四建公司只申请了对未竣工工程的工程造价鉴定，未申请工程质量鉴定。桂林中院虽然支持了被告的主张，但是其是以未竣工工程不具备工程质量鉴定的条件为由，认为不能苛求被告广西四建在未竣工工程的工程质量上的责任。那么本案中，未竣工工程列为优先债权，是否需要以质量合乎要求为前提？而这种质量合乎要求是否需要以工程质量鉴定结论为标准？对未竣工工程能否申请工程质量鉴定？

依照基本的合同法常识，工程债权成立的前提，当然应该以工程质量符合要求为前提。《最高人民法院关于审理建设工程施工合同纠纷案件适用法律问题的解释》第三条第一款规定：“建设工程施工合同无效，且建设工程经竣工验收不合格的，按照以下情形分别处理：（一）修复后的建设工程经竣工验收合格，发包人请求承包人承担修复费用的，应予支持；（二）修复后的建设工程经竣工验收不合格，承包人请求支付工程价款的，不予支持。”破产进程中将工程债权列为优先债权，当然更应该如此。对竣工的工程而言，为了证明工程质量符合要求，通常是通过申请工程质量鉴定来完成，以工程质量鉴定报告证明工程质量符合要求。但是，对破产案件中常常遇到的未竣工工程的工程债权，如何证明其工程质量符合要求，却不是一件容易的事。这是因为，对未竣工工程进行工程质量鉴定，通常存在技术上的障碍。因为工程未最终完工，对其功能、质量等的判定因存在太多不确定的因素可能无法作出。因而工程鉴定实务中，对未竣工工程一般不申请工程质量鉴定，即便有人申请，工程鉴定单位一般也不会受理。但是，对未竣工工程进行工程造价鉴定，在实务中却很普遍。2017 年 4 月重庆高院下发了《关于建设工程造价鉴定若干问题的解答》，其中明确提到：建设工程未完工，需要通过鉴定方式确定已完成工程造价的，当事人申请进行建设工程造价鉴定，如果人民法院经审查认为根据当事人举示的证据不能自行确定建设工程造价的，就应该准许。

本案中被告广西四建公司只对该未竣工工程申请工程造价鉴定，未申请对未竣工工程的工程质量鉴定，也合乎常理。从程序上说，当事人申请鉴定，是其诉讼权利。《民事诉讼法》第七十六条第一款规定："当事人可以就查明事实的专门性问题向人民法院申请鉴定。当事人申请鉴定的，由双方当事人协商确定具备资格的鉴定人；协商不成的，由人民法院指定。"2019年最高院在"新疆昆仑工程建设有限责任公司、新疆联合利丰房地产开发有限责任公司建设工程施工合同纠纷案"【案号：（2019）最高法民终1863号】的二审民事裁定书中就明确了发包方为了证明未竣工工程存在质量问题，可以申请人民法院对未竣工工程进行工程质量鉴定。从工程质量鉴定技术层面分析，似乎也很难得出所有未竣工工程无法进行工程质量鉴定的结论。对未竣工工程进行工程质量鉴定在技术上是否可行，可能还与工程质量鉴定的鉴定目标有关。在不能对未竣工工程进行工程质量鉴定的情况下，当事人还可以通过其他方法证明未竣工工程符合质量要求，比如对照建设工程合同中约定的条款，证明未竣工工程符合建设工程合同的约定等。如果当事人通过其他方法证明未竣工工程符合质量要求，法院就应该予以认可，而不能强求当事人要以工程质量鉴定来证明未竣工工程符合质量要求。

第十章　债权人会议

破产程序是债务人企业在具备破产原因，人民法院受理对该企业的破产申请，为拯救企业并保障全体债权人公平受偿而设立的特别法的程序。破产程序中债权人一般人数众多，为了集中债权人的智慧，统一其思想，体现债权人的集体意志，使破产程序顺利进行，我国破产法借鉴各国破产制度立法例，设立了表达全体债权人共同意志的议事机关，即债权人会议制度。

债权人会议，是由所有依法申报债权的债权人组成，以保障所有债权人共同合法利益为目标，讨论决定相关事项，充分表达债权人意思的议事机构。破产制度的重要特征之一，在于倡导债权人自治的法律精神和债权人会议主导原则，因为企业进入破产程序，已经不能偿还到期债务，往往资不抵债，企业的资产在某种角度看是属于全体债权人的财产。由此，债权人会议既是人民法院审理企业破产案件中一个非常重要的环节，也是破产程序中的核心环节。能不能开好债权人会议，决定了破产程序能否有效推进和顺利完成。

无论是破产清算、破产重整还是破产和解，债权人会议都贯穿于整个破产程序，并且债权人在债权人会议中表决的各项内容，决定着整个破产案件的走向。管理人在接受法院指定后，所有的相关工作都是围绕第一次债权人会议而准备的。而在第一次债权人会议召开之后，所有的后续工作也主要是围绕债权人会议上通过的各项方案、议案展开。因此，开好债权人会议是管理人工作的“重中之重”。

要发挥好债权人会议的功能，充分利用债权人会议制度，首先需要开好第一次债权人会议，具体包括第一次债权人会议的准备工作；从全体债权人中选择合适的、勤勉尽责的债权人会议主席；是否设立债权人委员会，怎样确定债权人委员会的成员；债权人会议的职权有哪些；债权人会议的相关召集程序及第一次债权人会议之后，管理人需要落实的具体工作。根据破产程序的进展，适时召开后续的债权人会议。随着我国破产制度的不断更新，债权人会议召开以及表决的方式也有了诸多创新。

第一节　第一次债权人会议准备

一、概述

第一次债权人会议将直接影响着债务人企业的破产走向及破产进程能否顺利推进。因此第一次债权人会议的准备工作是整个破产案件债权人会议的基础。

第一次债权人会议准备的首要工作是与法院协商确定第一次债权人会议的时间，并将召开会议的时间、地点及注意事项在公告及给已知债权人寄发的债权申报通知书中告知。其次管理人将债权申报情况依法予以登记，确定债权人会议的组成人员，解决债权人会议成员的资格和权利问题，比如职工等特殊债权人是否属于债权人会议成员问题；债权尚未确定的债权人的表决权问题；有特定财产担保的债权人表决权如何设置的问题；等等。最后要在第一次债权人会议前将会议议程、拟提交债权人会议表决的方案及会场布置、安保问题的安排等事项一并向法院报告。在法院的指导帮助下完成第一次债权人会议的准备工作，以确保会议的顺利召开。

二、法律渊源

（一）《中华人民共和国企业破产法》

"第十四条　人民法院应当自裁定受理破产申请之日起二十五日内通知已知债权人，并予以公告。通知和公告应当载明下列事项：（一）申请人、被申请人的名称或者姓名；（二）人民法院受理破产申请的时间；（三）申报债权的期限、地点和注意事项；（四）管理人的名称或者姓名及其处理事务的地址；（五）债务人的债务人或者财产持有人应当向管理人清偿债务或者交付财产的要求；（六）第一次债权人会议召开的时间和地点；（七）人民法院认为应当通知和公告的其他事项。"

（二）《中华人民共和国企业破产法》

"第六十三条　召开债权人会议，管理人应当提前十五日通知已知的债权人。"

三、难点剖析——在第一次债权人会议前需要做哪些重点准备工作

（一）会前通知

管理人首先提请法院确定第一次债权人会议的时间，并予以公告，同

时对已知债权人进行书面通知。已知债权人信息前期主要根据债务人提供的债务清册、检索出的诉讼案件等信息而定，后期主要根据专业审计机构的审计信息和债权人申报情况而定。注意掌握完整有效的债权人信息，包括确认送达地址、联系电话、邮箱等。

管理人通常将破产受理裁定书、指定管理人决定书、债权申报通知书及其他申报文件，书面邮寄给已知债权人。为确保依法通知到位，争取更多的债权人能够准时参加会议，在书面通知之外，管理人还可以适时通过电话、微信、电子邮件进行通知、提示。

（二）会场选择

破产法明确规定了第一次债权人会议由人民法院召集。因此，通常情况下，第一次债权人会议在人民法院召开，召开的时间和地点在公告和申报通知书中予以明确。但是有时候也会碰到特殊情况，比如债权人的数量远远超过一个法庭所能容纳的人数。此时管理人应当提前与法院进行沟通协商，并考虑采取分会场的形式召开，既可以在同一个法院不同法庭开设分会场，也可以在其他有条件的会堂开设分会场，还可以通过租用外部会场来进行。

（三）议程确定

管理人在考虑第一次债权人会议议程时，应当对案件的债权人数量、债权金额、破产财产的种类、状况与数量、职工债权情况及房地产开发企业房屋销售状况等综合考量。对于较为简单的破产案件，尽可能一次性完成所有议题。比如破产清算程序中的变价方式是否适用司法网拍、低价值或难以估价、难以变价的财物如何处理、应收账款如何处置，为此需要债权人会议授予哪些权利等。对于较为复杂的破产案件，债权尚未审核完毕，或者变价、处置、分配方案一时难以最终确定等问题，不可能一次性在会议上完成所有议题的，就不要勉为其难，而是合理把握每一次债权人会议的重点内容。而第一次债权人会议则应完成指定债权人会议主席，通过财产管理方案及关于非现场表决的相关议案等所能完成的议程，争取完成债权审核程序，为以后的债权人会议打下基础。当然，最重要的是，需要与法院沟通，取得法院的认可。

（四）会议材料准备

债权人会议的材料，应当根据法律的规定和议程的安排妥当准备，如：管理人执行职务的报告、债务人财产情况报告、债权审查情况的报告、债权表、债权人会议主席建议人选名单、债权人委员会成员建议人选名单、重整计划草案、和解协议草案、财产管理方案（草案）、财产变价方案（草案)、财产分配方案(草案)等,具体根据实际情况进行删减。

(五)会场安保及人员分工安排

一般情况下的债权人会议法院配备法警即可,对于债权人数众多,有一定社会影响力的,需要提请法院协调辖区公安,增派警力。管理人一般按照债权登记的序号在会场张贴号码,确保债权人有序入座。在会议人员分工安排上,管理人通常需要设立签到组、发放会议材料组、安全保卫组、统筹协调组等,并落实到人。

四、典型案例

新房公司和星岛公司破产案第一次债权人会议准备工作

新房公司系一家房产开发企业,开发了618套酒店式公寓并进行销售;而星岛公司系一家酒店管理经营企业,新房公司将公寓出售后,业主将公寓统一委托给星岛公司出租经营并向各业主支付租金。后由于两公司资金链断裂,星岛公司无力支付约定租金。2019年6月,法院分别裁定受理两公司破产清算案。管理人接受法院指定后,确定了两公司第一次债权人会议的时间并予以公告,向已知债权人寄发了债权申报通知书。随着债权申报登记工作的开展以及参加两公司作为被告的诉讼案件,管理人发现两公司的债权人数众多,除了购房业主以外,还有大量购买“房屋使用权”的“业主”,这些债权人大部分为自然人,且涉及区域较广,且年龄普遍偏大,沟通困难。管理人在第一次债权人会议召开前一个月,向法院汇报了上述情况,并请求法院协调区政府,联系政府相关部门,成立工作小组,多次召开协调会,制定了一系列针对此次债权人会议的应急预案。管理人在法院增设了两个分会场,以容纳到会的债权人。会议当天,各政府部门、公安增派人员和警员维持会场及会场周边的安保工作,确保会议的顺利进行;对1家债权人来了数名人员的,只允许一人进会场,为其他人员提供休息站。会议结束后,对外地的债权人,提供车辆将其送至渡口、客运站以及高铁站。最终,新房公司和星岛公司第一次债权人会议顺利召开并通过了财产管理方案。会议的成功召开与之前的准备工作是密不可分的。

五、参考模板

(一)第一次债权人会议目录

江苏锐科电气有限公司破产案

第一次债权人会议

材料目录

一、会议议程表

二、管理人工作报告
三、财产状况调查报告
四、债权核查报告、债权表
五、审计报告摘要
六、评估报告摘要
七、表决规则和议事规则
八、财产管理方案
九、财产变价方案
十、财产分配方案

（二）第一次债权人会议议程

江苏锐科电气有限公司破产案

第一次债权人会议议程

序号	会议内容
一	合议庭主持会议，介绍锐科公司破产案的受理等背景情况
二	合议庭宣布债权人会议职权和其他相关事项
三	合议庭代表法院指定债权人会议主席并作说明；债权人会议主席讲话
四	管理人作工作报告和财产状况调查报告，并提请债权人会议核查债权
五	审计机构作审计报告
六	评估机构作评估报告
七	管理人报告《议事规则和表决规则》《财产管理方案》《财产变价方案》《财产分配方案》，并对表决事项作说明
八	债权人填写表决票并交收；债权人会议主席及债权人代表监督表决结果的统计
九	法院宣布表决结果
十	法院宣布会议结束

江苏锐科电气有限公司管理人
二〇二〇年八月十四日

（三）管理人工作报告

江苏锐科电气有限公司破产案
管理人执行职务情况报告

各位债权人、各位法官：

由于江苏锐科电气有限公司（以下简称锐科公司）不能清偿到期债务，且明显缺乏清偿能力，扬中市人民法院（以下简称扬中法院）经审查于2019年12月19日裁定受理锐科公司破产清算一案，并指定在册管理人孔宪根为锐科公司管理人。现将管理人执行职务情况汇报如下。

一、管理人依法开展工作

管理人接受法院指定后立即组建了工作团队，并在初步调查了解情况后向法院上报了工作计划书。管理人接管了锐科公司的相关印章、资料、凭证；刻制了管理人印章；开设了管理人账户；调取了锐科公司工商登记资料；在公司注册地张贴了公告；完成了审计、评估机构的选聘工作。通过上述工作的开展，管理人已全面接管了锐科公司。

二、锐科公司的基本情况

（一）工商登记情况

锐科公司设立于2011年3月25日，注册资本1 018万元，股东为郭某某（占股比例80%）、郭如某（占股比例20%）。现公司法定代表人为郭某某，住所地扬中经济开发区三兴路585号，现注册资本5 018万元，股东为郭某某（占股比例99%）和倪某（占股比例1%），经营范围是电缆汇线桥架、母线槽、高低压开关柜、滑触线、配电箱、膨胀节、电加热器、车辆配件、仪表配件、低压电器元件、蒸汽加热器、控温柜、不锈钢制品、电子配件、铁路器材加工、制造、组装；光伏发电成套装置、光伏支吊架设计、生产、安装。

根据锐科公司工商登记的相关验资报告显示，锐科公司的注册资本已实缴到位，且未发现注册资本抽逃的现象。但锐科公司2017年曾增加注册资本1亿元，在全部未能实缴到位的情况下于2019年进行了减资。具体情况管理人将在《财产管理方案》中向各位债权人汇报。

（二）分支机构情况

锐科公司的分支机构为江苏锐科电气有限公司广州分公司（以下简称广州分公司）。广州分公司设立于2011年12月31日，现住所地为广州市番禺区洛浦街南浦碧桂大道3号科技大厦五层，负责人为郭如凤。由于未能接管到广州分公司的任何资料，管理人委托广东智洋律师事务所对广州分公司的情况进行了调查并出具了说明。通过实地调查、现场查询等方式，广州分公司住所地已由广州缔纳企业管理有限公司经营，现场已没有广州分公司经营的痕迹；广州分公司名下没有不动产、车辆；由于资料缺失，也没查询到相关货币资金和其他财产。

（三）公司经营情况

锐科公司现已歇业，无经营场地，登记的住所地三兴路585号是江苏雪人制冷设备有限公司的经营地址，锐科公司注册时租赁该公司的厂房。

（四）职工债权情况

截至破产受理日，锐科公司已与全体职工解除劳动关系。现无在册职工，共欠17名职工工资及社保，职工债权共计642 293. 54元。本此会议后，管理人将对职工债权情况进行公示，根据职工债权公示过程中收集到的异议情况，对上述职工人数和债权金额依法予以调整。

三、锐科公司的财产状况

关于锐科公司的财产状况，我们将在《财产状况调查报告》中向债权人进行报告。

四、债权申报与审核情况

扬中法院发布锐科公司破产公告后，管理人通过查询相关诉讼案件、查找财务资料等方式及时向83家已知债权人寄送了《债权申报通知书》等申报材料。我们做到了耐心解答提问，规范申报材料，完整进行登记，依法公正进行审查。

截至本次会议前，有31家债权人向管理人申报了2 293万元的债权。根据债权人的债权申报情况，管理人编制了《锐科公司破产案债权表》，对上述债权进行了审查，并将审查结果提请债权人会议核查。具体在《债权核查报告》中向各位债权人报告。

五、对锐科公司破产走向的简要分析

根据企业破产法的规定，企业进入破产程序后，可以有三扇“大门”朝前走。这三扇“大门”分别是破产重整、破产和解与破产清算。对能够继续经营的企业进行重整或者和解，让企业继续存续下去；而对无法继续经营的企业，则依法进行破产清算。无论是从哪扇“大门”进入破产程序，都可以在三者之间互相转换。也就是说，三扇“大门”是互通的。

对于锐科公司而言，公司早已停业，也没有实际经营的场所，法定代表人至今尚未露面，破产和解与重整已无可能。本此会议后，管理人将适时向法院申请宣告锐科公司破产清算。

六、管理人报酬收取方案

从目前情况看，锐科公司几乎没有任何实物财产，现有财产可能连破产费用都无法支付。但我们郑重地向各位债权人承诺，今后找到财产，我们会依照最高院《关于审理企业破产案件确定管理人报酬的规定》来计收管理人报酬。即使报酬很少或者没有报酬我们也会恪尽职守，高标准地做好管理人的工作。

七、欢迎债权人对破产工作进行监督并给予指导和帮助

虽然我们有努力做好破产管理工作的愿望，并努力履行企业破产法规定的管理人职责，但我们在履行职务过程中，难免会存在不如意之处。欢迎债权人多提意见，对管理人的工作给予指导和帮助。谢谢！

江苏锐科电气有限公司管理人

二〇二〇年八月十四日

(四) 财产状况调查报告

江苏锐科电气有限公司破产案
财产状况调查报告

江苏锐科电气有限公司(以下简称锐科公司)管理人依据《中华人民共和国企业破产法》的有关规定,接受扬中市人民法院的指定,担任锐科公司管理人。经过管理人团队仔细、审慎的调查,对债务人的财产状况已经有了初步的了解,现就初步调查的结果向人民法院和各位债权人汇报如下:

一、管理人调查过程及依据

在法院指导帮助下,管理人首先到扬中法院执行局调取了锐科公司财产查询反馈汇总表;到不动产登记部门、税务部门、车辆管理部门等相关部门查询公司财产情况;到锐科公司原租赁厂区查看锐科公司的相关设备;委托广州当地的律师事务所调查广州分公司的相关情况;到各银行调取锐科公司流水状况;向锐科公司账册记载的应收账款单位进行了催款函证;与锐科公司财务人员进行了多轮谈话,核实锐科公司财产状况;到市场监督管理局调阅锐科公司的工商登记资料。管理人在调查过程中严格遵守相关法律、行政法规及规章,调查过程真实可靠。

二、锐科公司的财产状况

(一) 资产负债情况

经审计,锐科公司资产总额为 543.04 万元,负债总额为 4 082.43 万元,所有者权益总额-3 539.39 万元。锐科公司已经资不抵债。

(二) 注册资本

经过查询工商行政管理局的档案,锐科公司现注册资本为 5 018 万元。从现有工商登记资料来看,锐科公司的上述注册资本已实缴到位。

(三) 不动产

根据扬中市人民法院协助查询不动产信息明细表及不动产登记中心查询结果显示,锐科公司名下无房屋等不动产登记记录。

(四) 车辆

根据镇江市车管部门查询结果,锐科公司名下共有四辆汽车。其中两辆为 2013 年的长安牌小型汽车,一辆 2012 年的金杯牌面包车,一辆 2012 年的桑塔纳牌小型汽车。锐科公司财务人员反映,两辆长安牌汽车从未见过实物,不知道具体情况;金杯车很多年前就抵债给了黄某某,抵了几千块钱,没有过户;桑塔纳牌车卖了,大约卖了 1 万元,财务尚未处理,也没过户;另外锐科公司账面上固定资产记载有一辆沃尔沃牌轿车,但审计部门未能查到公司付款的记录,车管部门也没有查到该辆车的信息。另外,根据管理人委托的律所在广州车管所查询的结果,锐科公司名下还有一辆 2014 年的翼虎牌小型汽车,状态为违法未处理。

以上车辆,管理人均未能接管到。登记在锐科公司名下的车辆均年限较长且没有较大价值，沃尔沃轿车现有证据也无法证明属于锐科公司所有。但本次会议后，管理人仍将继续查询上述车辆的有关线索，必要时请求法院协调公安机关查扣，也请了解情况的债权人将相关线索告知管理人。

（四）货币资金

截至本次会议前，锐科公司货币资金共有 88 931.54 元。其中太仓银行账户内 47 458.63 元，管理人和扬中法院通过书面报告镇江中院，将该账户解除了查封，相关款项现已转入管理人账户。扬中市农村商业银行账户在破产受理后被扬中法院在执行过程中划转的 20 059 元，管理人已通过执行回转程序将该款项追回并转入管理人账户。东莞建晖纸业有限公司经过对账向管理人支付了 10 760 元的货款。

另外，经管理人查询，在锐科公司破产受理后指定管理人之前邮政储蓄银行扬中市支行账户内有大额资金进账及支出的现象，其中收入 1 747 007.77 元，转出 1 745 819 元。收入大部分为锐科公司的应收账款，而转出基本都是转到锐科公司实际控制人的其他关联公司、实际控制人个人账户。管理人已经向以上单位及个人发函催要，但目前还没有任何回应。涉及金额较大的镇江市锦佳金属物资有限公司和江苏锐科电力制造有限公司实际控制人均为郭如凤，目前均已歇业且没有经营场地。

（五）知识产权

经管理人查询，锐科公司无专利技术，无著作权，商标 1 个，商标名称为“锐科 R”，注册号 9471096，专用权期限为 2012 年 6 月 21 日至 2022 年 6 月 20 日。

（六）机器设备、存货

锐科公司机器设备主要为多功能母线加工机、剪折冲一体机、电焊机、空压机等 15 项，共 21 台；存货为板材共 1 200 公斤；PZ 箱共 344 个。以上设备和存货因锐科公司拖欠姚军的租金暂被留置在姚某的厂房内。

（七）无形资产

锐科公司于 2013 年经郭某某、郭如某以“壳体焊接技术”“铜牌焊接技术”非专利技术作价出资 3 000 万元增加注册资本并经扬正资评（2013）第 68 号资产评估报告确认。在破产财产评估过程中，评估机构认为该技术不具有市场交换价值，无法评估。

（八）应收账款

经管理人与审计机构、锐科公司财务人员多轮核对，结合函证的情况，锐科公司可能收回的应收账款仅有五家共计 457.9 万元。截至本次会议前，管理人已收回一家，金额为 10 760 元。本此会议后，管理人将继续搜集相关证据资料依法追收。对计提坏账准备的应收账款、预付账款和其他应收款，管理人将继续进行核对调查，对无法清收及记账错误的，依法予以核销。

本次调查结果是在管理人及委托的第三方调查的基础上形成的。如果有新的证据，查到新的事实，我们会及时向债权人报告。

江苏锐科电气有限公司管理人

二〇二〇年八月十四日

（五）财产管理方案

江苏锐科电气有限公司破产案
财产管理方案

管理人根据企业破产法的有关规定，接管了江苏锐科电气有限公司（以下简称锐科公司）的现有财产。根据企业破产法第六十一条第（八）项的规定，结合锐科公司财产的实际情况，管理人制定了本方案，请债权人会议审查通过。

一、锐科公司的主要财产

（一）货币资金

锐科公司目前 5 家银行账户内的货币存款共 88 931.54 元。

（二）机器设备

机器设备主要为多功能母线加工机、剪折冲一体机、电焊机、空压机等 15 项，共计 21 台。

（三）存货

锐科公司存货为板材 1 200 公斤；PZ 箱 344 个。

（四）商标

商标 1 个，商标名称"锐科 R"，注册号 9471096，专用权期限为 2012 年 6 月 21 日至 2022 年 6 月 20 日。

二、财产管理的具体措施

（一）管理人对锐科公司银行账户流水进行查询，对锐科公司账户内余额货币向相关法院申请解封后划转至管理人账户；对在破产立案后，法院经执行程序划扣的款项，通过执行回转程序追回后划入管理人账户。

（二）就锐科公司的机器设备和存货，管理人通过调查了解发现锐科公司的相关设备和存货被房屋出租方扣在之前租赁的厂房内。管理人通过与房屋出租方的沟通与协商，继续将上述设备和存货放在该厂区内由出租方保安继续看管直至卖出为止。

（三）调查追收锐科公司破产立案后指定管理人之前账户大额资金支出的情况。管理人已经向款项接收单位及个人发出了将款项返还给管理人的通知函，但没有得到任何回应。本此会议后管理人将在法院指导下进一步采取相关措施，尽最大力量将上述资金追回。

（四）调查论证锐科公司的注册资本中的问题。2017 年 2 月，锐科公司股东增资 1 亿元，但未实缴；2018 年 9 月，股东郭如某将锐科公司 20%的股权转让给郭某某，公司变更为一人公司；2019 年 6 月，锐科公司又减资 1 亿元，并进行了减资登报公告。但根据管理人向债权人了解的情况，锐科公司减资时并未通知全体债权人并征得债权人的同意。根据（2019）粤 07 民终 2887 号民事判决，否认了两股东的减资效力，在注册资本未到位的范围内承担责任，郭某某在减资 8 000 万元范围内、郭如某在减资 2 000 万元范围内对锐科公司不能清偿债权人江门市新会区远达机电设备有限公司的债务承担补充赔偿责任。在执行过程中，郭某某、郭如某没有任何财产可供执行，且江门市人民法院已经在电子媒体《今日头条》上发布了悬赏广告，对提供郭某某、郭如某财产线索的将依法奖励，但最终仍然没有查控到两名股东的任何财产，终结了该案。按照破产法的规定，管理人应当勤勉尽责，应当提起诉讼要求股东郭某某、郭如某履行补充出资的责任。但是，锐科公司几乎没有任何财产，高额的诉讼费用无法支付。而且即使胜诉从目前情况看也很难执行到两股东的财产。因此管理人提请本次债权人会议授权管理人对该注册资本问题作放弃起诉处理。当然，如果有债权人愿意支付相关的诉讼费用，管理人将依法提起诉讼。本次会议后，请愿意支付诉讼费用的债权人与管理人联系。

（五）对审计披露的应收账款，管理人将依法进行清收。但对法院判决、执行有困难的案件授权管理人在法院的主持与指导下进行调解或和解；同时授权管理人在已尽到勤勉义务而仍然查找不到对方下落或者收集不到基本证据的情况下，经报告扬中市人民法院，作放弃起诉处理，以避免耗费无谓的诉讼费用。通过以上方式仍无法清收的账款，管理人将先向各位债权人进行拍卖，经拍卖无人竞买的，无对价转让给愿意接收的债权人。具体方案另行报告。

（六）对今后财产变价、账款清收、账户解冻后获得的资金，统一存入依法开设的管理人账户。管理人将严格依照破产管理财务制度进行管理，做到每花一分钱都能够经得住法院和债权人的监督与审查。

江苏锐科电气有限公司管理人
二〇二〇年八月十四日

（六）破产财产变价方案

江苏锐科电气有限公司破产案
破产财产变价方案

根据《中华人民共和国企业破产法》第一百一十一条第一款、第一百一十二条之规定，管理人提出江苏锐科电气有限公司（以下简称锐科公司）破产财产变价方案，请本次债权人会议审议通过。

一、变价财产状况

（一）机器设备

机器设备主要为多功能母线加工机、剪折冲一体机、电焊机、空压机等，评估价为 22 150 元。

（二）存货

存货为板材及 PZ 箱，评估价为 7 908 元。

（三）商标

商标 1 个。注册号 9471096，专用权期限为 2012 年 6 月 21 日至 2022 年 6 月 20 日，评估价为 1 548 元。

以上破产财产评估价共计 31 606 元。

二、具体变价方案

（一）本次变价，对上述（一）至（三）项财产，整体拍卖。按照管理人依法委托的评估公司出具的评估报告所载评估价为基础拍卖价在淘宝网阿里拍卖破产强清平台（网址：https：//susong. taobao. com/）进行首次拍卖。

（二）如果首次拍卖流拍，授权管理人根据市场行情，每次在前一次流拍价的20%幅度内降价拍卖，直至变价成功。

（三）授权管理人在两次拍卖流拍之后，根据市场情况，在必要的时候对拍卖财产依照法律和本方案的规定，灵活分解、组合进行拍卖或依法变卖。

三、其他事项

（一）变价产生的税费，按国家法规和政策规定由买卖双方分别承担。

（二）如昊在相关评估报告一年有效期届满后未能拍卖成功，不再重新评估，而按照本变价方案确定的降价方式继续降价拍卖或变卖。

（三）对今后追回的或新发现的属于锐科公司的财产，仍按照本次债权人会议通过的变价方案进行变价。

江苏锐科电气有限公司管理人

二〇二〇年八月十四日

（七）财产分配方案

江苏锐科电气有限公司破产案
财产分配方案

一、财产分配的原则

江苏锐科电气有限公司（以下简称锐科公司）财产按照企业破产法第一百一十三条、第一百一十四条及第一百一十五条的规定，按顺序依次分配。同一分配顺序不能全额实现分配，则按比例分配。

二、参加财产分配的债权情况

参加财产分配的债权人暂为江苏农村商业银行等 31 家，根据企业破产法的规定，参加财产分配的债权以经债权人会议核查后并经扬中市人民法院裁定确认的债权为准。

三、已实际发生的破产费用、共益债务及将来可能发生的各项费用

（一）已实际发生的破产费用、共益债务

管理人执行职务的费用：包括刻制管理人印章费用、快递费用、委托调查锐科公司广州分公司调查费用等。截至 2020 年 8 月 14 日，费用共计 6 173 元。

（二）将来可能发生的各项费用

1. 破产案件的申请费用；

2. 分配破产财产的费用；

3. 管理人执行职务的费用，包括邮寄费、会务费和其他必要的办公费用；

4. 审计机构的审计费用、评估机构的评估费用；

5. 管理人依据法律规定收取的报酬；

6. 企业破产法第四十二条规定的为了全体债权人的共同利益而发生的共益债务。

四、可供分配的财产

（一）锐科公司货币资金以及破产财产变现后可分配价款

（二）破产申请受理后至破产分配时依法获得的其他款项

五、财产分配的顺序

本案没有设定担保的财产。对依法获得的可分配财产，根据企业破产法的规定，按照以下顺序依次分配：

（一）优先清偿破产费用和共益债务

1. 人民法院受理破产申请后发生的下列费用，为破产费用：（1）破产案件的诉讼费用；（2）管理、变价和分配债务人财产的费用；（3）管理人执行职务的费用、报酬。

2. 人民法院受理破产申请后发生的下列债务，为共益债务：（1）因管理人或者债务人请求对方当事人履行双方均未履行完毕的合同所产生的债务；（2）债务人财产受无因管理所产生的债务；（3）因债务人不当得利所产生的债务；（4）为债务人继续营业而应支付的劳动报酬和社会保险费用以及由此产生的其他债务；（5）管理人或者相关人员执行职务致人损害所产生的债务；（6）债务人财产致人损害所产生的债务。

债务人财产不足以清偿所有破产费用和共益债务的，先行清偿破产费用。债务人财产不足以清偿所有破产费用或者共益债务的，按照比例清偿。

债务人财产不足以清偿破产费用的，管理人将提请人民法院终结破产程序。

（二）在优先清偿破产费用和共益债务后，依照下列顺序清偿

1. 欠缴的社会保险费用和破产人所欠税款；

2. 普通破产债权。

债务人财产不足以清偿同一顺序的清偿要求的，按照比例分配。

六、破产财产分配统一以货币方式进行。

七、债权人会议通过本方案后，由管理人将破产财产分配方案报人民法院裁定认可。

八、破产财产分配方案经人民法院裁定认可后，由管理人执行。

九、因锐科公司目前清洁资产十分有限，有可能不足以支付相关破产费用。为减少破产成本，加快案件推进，根据企业破产法的规定，管理人将及时申请法院宣告破产并裁定终结破产程序。

十、如破产终结之日起二年内有可供分配的财产的，按照本分配方案及法院确

认的各债权人的债权金额进行分配，不再另行召开债权人会议。

江苏锐科电气有限公司管理人
二〇二〇年八月十四日

第二节 债权人会议主席

一、概述

债权人会议主席，即负责主持和召集债权人会议的人。除第一次债权人会议由人民法院召集主持外，以后的债权人会议均由债权人会议主席主持召开。债权人会议主席由人民法院在有表决权的债权人中指定，管理人可以向人民法院推荐债权人会议主席的人选。

指定债权人会议主席是第一次债权人会议中的重要议程。实践中，第一次债权人会议由法院先介绍破产案件受理的背景，宣布债权人会议的职权，在管理人作工作报告之前指定一家债权人作为债权人会议主席并说明各位债权人指定这家债权人作为债权人会议主席的理由，指定后由债权人会议主席上台作表态性发言。在表决环节，债权人会议主席需要参与监票。后续再开债权人会议需要向债权人会议主席提议。债权人会议主席也承担着受债权人的委托监督管理人工作，维护广大债权人利益的使命。

二、法律渊源

《中华人民共和国企业破产法》：“第六十条 债权人会议设主席一人，由人民法院从有表决权的债权人中指定。债权人会议主席主持债权人会议。”

三、难点剖析——管理人如何向法院推荐债权人会议主席

管理人在第一次债权人会议前，通常会向法院推荐债权人会议主席，经法院认可后在债权人会议上指定。因此，推荐合适的债权人会议主席也是破产程序中一个非常重要的环节。在实务中，首先，管理人在提出债权人会议主席人选建议时应当在普通债权人中推选；其次，尽量选择债权金额相对较大的，如果选择金额过小的普通债权人，在普通债权人的分配比例中过小，就难以代表广大债权人的利益；第三，尽量选择有委托代理人的且委托代理人是律师的法人或其他组织。因为律师的专业素养相对较强，对破产程序中的重要节点把握得较为清楚，与法院、债权人、管理人沟通起来相对顺畅。当然，债权人会议主席最重要的还是能够尽心尽责，能够

从所有债权人的利益出发考虑问题，能够帮助管理人和法院排忧解难。

在介绍法人或其他组织作为某一破产案的债权人会议主席时，不能直接介绍委托代理人的姓名，如“债权人会议主席×××”。因为债权人会议主席是该债权人组织的代表，当介绍债权人会议主席时，应当用债权人的全称，在介绍主席后可以加上“由债权人会议主席单位委托的代理人×××上台发言”。

四、参考模板

（一）债权人会议主席发言稿

债权人会议主席的发言稿

各位债权人、法官、管理人：

我是扬中市融资担保有限公司的代理人，今天扬中市融资担保有限公司被法院指定为债权人会议主席，我感到很荣幸。

扬中市融资担保有限公司是普通债权人，没有优先权。因此，和在座的债权人一样，十分关心这个案件的进展与走向。在此，我希望管理人能够恪尽职守，勤勉尽责，加快推进本案的进程，以早日实现破产债权公平受偿；也希望法院公平公正地监督管理人的工作。各位债权人如果有需要我向法院和管理人交流的，可以和我联系，我一定尽心尽力，我的电话号码是1391341××××。

最后，我也在此表态：我会本着公平公正的理念，督促管理人的工作，积极维护广大债权人的利益，不辜负大家的信任。

谢谢!

（二）关于推荐债权人会议主席的报告

关于推荐债权人会议主席的报告

扬中市人民法院：

2018年12月19日，贵院作出（2018）苏1182破14号民事裁定，裁定受理江苏星鑫工程管道有限公司破产清算一案，并指定江苏江成事务所担任江苏星鑫工程管道有限公司的管理人。

管理人接受指定以来，在法院的指导、监督下，履行管理人职责。现根据《中华人民共和国企业破产法》第六十条之规定，推荐债权人作为债权人会议主席主持债权人会议。经过管理人与各债权人沟通，并综合考虑具有组织协调能力、有无参会时间、社会公信力等因素，管理人推荐以下债权人为债权人会议主席候选人：

上海浦东发展银行股份有限公司镇江分行（普通大额债权）。

特此报告

江苏星鑫工程管道有限公司管理人
二〇一九年四月二十日

第三节 债权人委员会

一、概述

债权人委员会制度，在各国破产法中通常都有规定，即在债权人会议中设置常设监督机构，即破产监督人或债权人委员会。不同国家或地区的立法中，称谓也不同。有的称监察委会，如日本；有的称监察人，如我国台湾地区；有的称债权人委员会，如德国。

在我国2006年颁布的企业破产法中，新设了债权人委员会制度。目的是为了保障债权人会议的有效开展，并且对管理人日常履职进行监督，而且给了管理人和法院充分的选择权，不是必须设立债权人委员会，债权人和法院可以根据破产案件的实际情况选择是否设立。

债权人委员会是债权人会议闭幕期间，受债权人会议的委托行使法定职责的临时组织。债权人会议可以决定设立债权人委员会并决定债权人委员会的组成人员。债权人委员会由债权人会议选任的债权人代表和一名债务人的职工代表或者工会代表组成。债权人委员会成员不得超过九人。债权人委员会成员在债权人会议选出后应当经人民法院书面决定认可。债权人委员会行使职权时应当接受债权人会议的监督，接受人民法院的指导。

二、法律渊源

（一）《中华人民共和国企业破产法》

“第六十七条　债权人会议可以决定设立债权人委员会。债权人委员会由债权人会议选任的债权人代表和一名债务人的职工代表或者工会代表组成。债权人委员会成员不得超过九人。债权人委员会成员应当经人民法院书面决定认可。

第六十八条　债权人委员会行使下列职权：

（一）监督债务人财产的管理和处分；

（二）监督破产财产分配；

（三）提议召开债权人会议；

（四）债权人会议委托的其他职权。

债权人委员会执行职务时，有权要求管理人、债务人的有关人员对其职权范围内的事务作出说明或者提供有关文件。管理人、债务人的有关人员违反本法规定拒绝接受监督的，债权人委员会有权就监督事项请求人民法院作出决定；人民法院应当在五日内作出决定。”

“第六十九条　管理人实施下列行为，应当及时报告债权人委员会：

（一）涉及土地、房屋等不动产权益的转让；

（二）探矿权、采矿权等财产权的转让；

（三）全部库存或者营业的转让；

（四）借款；

（五）设定财产担保；

（六）债权和有价证券的转让；

（七）履行债务人和对方当事人均未履行完毕的合同；

（八）放弃权利；

（九）担保物的取回；

（十）对债权人利益有重大影响的其他财产处分行为。

未设立债权人委员会的，管理人实施前款规定的行为应当及时报告人民法院。”

（二）最高人民法院关于适用《中华人民共和国企业破产法》若干问题的规定（三）

“第十三条　债权人会议可以依照企业破产法第六十八条第一款第四项的规定，委托债权人委员会行使企业破产法第六十一条第一款第二、第三、第五项规定的债权人会议职权。债权人会议不得作出概括性授权，委托其行使债权人会议所有职权。

第十四条　债权人委员会决定所议事项应获得全体成员过半数通过，并作成议事记录。债权人委员会成员对所议事项的决议有不同意见的，应当在记录中载明。

债权人委员会行使职权应当接受债权人会议的监督，以适当的方式向债权人会议及时汇报工作，并接受人民法院的指导。”

三、难点剖析

（一）债权人委员会是否应当设立

关于债权人委员会是否应当设立的问题，在实践中一直争议较大。债权人委员会一旦设立，管理人大大小小的很多事情均需向债权人委员会进行汇报，由债权人委员会进行决议。因此，管理人的权限存在着“被削弱”的可能。因此，实务中很多管理人对设立债权人委员会持否定态度，担心债权人委员会会成为办理破产案件的障碍。

但笔者认为，设立债权人委员会利大于弊。理由如下：首先，破产案件的办理过程是一路担当的过程，债权人委员会可以分担一部分法院和管理人的重担；其次，债权人委员会在整个破产案件中能起到桥梁作用，债权人委员会的成员也是整个破产案件的债权人，很多事项通过债权人委员会进行沟通比较容易；最后，对争议较大的事项，取得债权人委员会的理解，实际上最终也能取得大部分债权人的理解。而与债权人委员会沟通的难度肯定小于一个一个去说服全体债权人。因此，对于一些疑难复杂、债权人数量众多的案件，应当尽可能地设立债权人委员会。

（二）如何规范有序地从人数众多的债权人中选举产生出合适的债权人委员会成员

如何选择债权人委员会成员，选择什么样的债权人作为债权人委员会成员是一个比较复杂棘手的问题。如果由法院或债权人会议主席先行决定候选人，可能会给广大债权人造成一种误会，是不是之前就已经确定好了人员。

首先，管理人应当根据破产案件的具体情况，如债权人数量、破产财产的价值多少、破产财产变价复杂程度及社会影响力等因素综合考量，在与法院提前沟通并认为应当成立债权人委员会的前提下，在债权人会议上告知全体债权人：债权人委员会的性质，有哪些职权，让广大债权人了解债权人委员会究竟有什么权利和职责，以便结合自身的具体情况作出是否参选债权人委员会成员的决定。

然后，由管理人将推荐的债权人委员会成员名单交由债权人会议讨论通过。如有债权人在债权人会议现场提出，认为自己适合作债权人委员会的成员的，可以自荐。确定债权人委员会成员备选名单后，根据表决结果选定债权人委员会成员。如果仍有债权人不认可的，由人民法院指定。

选举的债权人委员会成员名单经债权人会议选任通过后，由债权人会议主席提请人民法院书面决定认可。法院可当庭宣布债权人委员会设立并宣布成员名单。

四、参考模板

江苏绿扬电子仪器集团有限公司破产案
债权人委员会成员建议名单

根据《中华人民共和国企业破产法》第六十七条的规定：“债权人会议可以决定设立债权人委员会，债权人委员会由债权人会议选任的债权人代表和一名债务人的职工代表或者工会代表组成。债权人委员会成员不得超过九人。债权人委员会成员应当经人民法院书面决定认可。”结合江苏绿扬电子仪器集团有限公司（以下简称绿扬集团）的相关情况，管理人建议设立五人组成的债权人委员会（包括一名职工代表杨浦，系绿扬集团办公室员工）。现管理人推荐下列五家债权人作为候选人，请债权人会议从中选任四家（也可以自荐或推荐其他债权人）。

1. 上海浦东发展银行股份有限公司镇江分行，债权性质普通债权（借款），申报债权金额 21 044 656. 31 元。

2. 镇江飞达制衣有限公司，债权性质普通债权（担保追偿），申报债权金额 10 364 279. 61 元。

3. 中国信达资产管理有限公司江苏省分公司，债权性质普通债权（借款），申报债权金额 39 271 126. 79 元。

4. 扬中市扬泰电子仪器有限公司，债权性质普通债权（货款），申报债权金额 439 502 元。

5. 南京新展电子技术有限公司，债权性质普通债权（货款），申报债权金额 1 487 195. 19 元。

江苏绿扬电子仪器集团有限公司管理人
二〇一九年一月十六日

第四节　债权人会议的职权

一、概述

由于各国破产法的立法体例不同，因此对债权人会议的职权的规定也不尽相同。通常情况下，各国破产法涉及债权人会议职权的事项包括选任管理人；撤换管理人；决定破产企业是否继续经营；决定是否设置债权人委员会；决议通过重整计划；决议通过和解协议；决议通过财产管理、分配方案；等等。

我国企业破产法与破产法（试行）相比，对债权人会议的职权进行了完善。我国企业破产法第六十一条采取列举的方式，对债权人会议的职权作了详细的规定。而债权人会议的职能在于使全体债权人能够就他们的权利行使和权利处分作出共同的意思表示，并维护其共同利益。在第一次债权人会议上，法院要向全体债权人介绍债权人会议的职权范围，确保债权人充分行使其相关权利。

二、法律渊源

《中华人民共和国企业破产法》“第六十一条　债权人会议行使下列职权：

（一）核查债权；

（二）申请人民法院更换管理人，审查管理人的费用和报酬；

（三）监督管理人；

（四）选任和更换债权人委员会成员；

（五）决定继续或者停止债务人的营业；

（六）通过重整计划；

（七）通过和解协议；

（八）通过债务人财产的管理方案；

（九）通过破产财产的变价方案；

（十）通过破产财产的分配方案；

（十一）人民法院认为应当由债权人会议行使的其他职权。

债权人会议应当对所议事项的决议作成会议记录。”

三、难点剖析——关于债权人会议行使核查债权职权的问题

核查债权是我国企业破产法中债权人会议职权规定的一项重要内容。通常情况下，债权核查的工作在第一次债权人会议上进行，目的是为了确定债权人参加会议的资格、表决权金额及获得清偿的权利等。这关系到相关表决议案能否顺利通过，统计债权总额以及通过各项方案的有效债权额的相关问题。因此，管理人债权审查的工作是从接受指定到召开第一次债权人会议期间非常重要的工作。需要说明的是，由于破产案件及破产债权的复杂程度不同，债权审查的难度不一样，债权审查工作很难在第一次债权人会议召开前全部完成。这就需要防止一味强调债权人会议的尽早召开，债权的登记审查没有结束会使债权人会议召开的基础不扎实。第一次债权人会议没有完成债权审查的，应当在会后抓紧进行，尽早完成，并提交此后的债权人会议作补充核查。

提交给债权人会议核查的债权表，应当包括管理人审查认可的各债权人的债权性质、金额等及管理人审查的理由，而不是笼统的、概括的债权申报状况。因为每个债权人的债权金额和性质，不仅关系到该债权人自己的权益，还影响着其他债权人的利益。基于此，债权人会议是对债权表上各个债权人的债权数额、种类、性质提出核查意见，以此来保障各个债权人能够充分行使权利，平衡各个债权人的权益。管理人对债权人提出的核查意见进行复查并书面回复需要说明的是，债权数额、种类、性质都是债权人的财产权利的体现，而债权人会议核查债权的职权，仅仅是提出异议的权利，并不是剥夺他人权益的权利。所以，列入债权表但未经人民法院

生效裁判或者仲裁机构生效裁决确认的而未被核查通过的债权，相关债权人可以依据企业破产法第五十八条第三款的规定，向受理破产申请的人民法院诉讼确认债权。

四、参考模板

江苏锐科电气有限公司破产案
关于提请债权人会议核查债权的报告

各位债权人、各位法官：

接受指定后，管理人在破产平台刊登公告的同时，根据现有资料向江苏锐科电气有限公司（以下简称锐科公司）的已知债权人寄发了《债权申报通知书》，对已申报的债权进行了登记与审核。现根据《中华人民共和国企业破产法》等相关法律规定，将债权登记与审核情况作详细报告，并将《江苏锐科电气有限公司破产案债权表》（以下简称债权表），提请本次债权人会议核查。

一、债权申报情况

截至本次会议前，共有31家债权人向管理人申报了总金额为2 293万元的债权。其中，1家主张税收债权，申报金额81.7万元；其余30家主张货款、借款、运输费等普通债权，申报金额2 211.3万元。

二、债权审查情况

根据《中华人民共和国企业破产法》的规定，管理人在收到申报材料后，及时登记造册进行审查，并编制了债权表。

截至本次会议前，管理人已将31家债权人的债权全部审查完毕，经审查核定的债权金额共计2 143.41万元。其中，税款优先债权核定金额72.7万元；普通债权核定金额2 070.17万元；劣后债权金额5 393.65元。

三、请各位债权人对债权表所列债权进行核查

各位债权人如对债权表中所载的债权金额有异议（包括自己的债权和他人的债权），可以向管理人提出书面的异议。管理人将会根据相关债权人所提的异议，对债权金额与性质进行复核，并将复核结果书面答复给提出异议的债权人。如对管理人的答复仍然不能认可的，相关债权人可以在收到书面答复后15日内向扬中市人民法院提起确认债权的诉讼。

如债权人未按照上述要求提出异议，或向人民法院提出诉讼的，则视为对审查结果无异议，管理人将据此提请扬中市人民法院裁定确认债权表记载的无异议债权。

特此报告

江苏锐科电气有限公司管理人
二〇二〇年八月十四日

第五节 第一次债权人会议的召开

一、概述

第一次债权人会议召开的目的是为了保障债权人共同利益的实现及债权人破产程序参与权的行使，以利于破产程序的公正、顺利进行。我国企业破产法规定了第一次债权人会议由人民法院召集，自债权申报期限届满之日起十五日内召开。第一次债权人会议的召开对整个破产案件的走向将起到至关重要的作用。

第一次债权人会议通常在法院召开。管理人应当配合法院根据债权人数量选择法庭，当债权人数量众多时，可以在另外的法庭设立分会场同时召开。在会议召开当天，管理人提前准备好债权人签到处，制作会议标识牌，并派员引导债权人到会场。在会议召开过程中，管理人不能忽视在作相关报告、宣读议案时，对债权人进行适当的解释和交流。在会议召开过程中，通常不设置提问环节，以保障会议的顺利进行。但可以建议会议主持者宣布，有疑问的债权人可以形成书面意见，向法院或管理人提出，最后由管理人统一解答。会议结束后，可以对部分债权人提出的相关问题进行详尽的解释，以取得债权人的理解和支持。

二、法律渊源

《中华人民共和国企业破产法》：

“第六十二条 第一次债权人会议由人民法院召集，自债权申报期限届满之日起十五日内召开。”

三、难点剖析——如何开好第一次债权人会议，提高表决通过率

第一次债权人会议，往往决定了整个破产案件的走向。笔者在这里总结了四个要点，运用“点—线—面—体”的思维来开好第一次债权人会议。

（一）管理人要做精每一个“点”

债权人会议的核心是会议表决的内容，包括财产管理方案、财产变价方案、重整计划草案、和解协议草案等。尽可能在会议上通过全部方案，如果时间紧无法完成相关准备工作，应当提前与法院进行沟通，取得法院的指导帮助。有的管理人在第一次债权人会议的时间确定后，不跟承办法官沟通，甚至在开会前都不将债权人会议的材料交给法院。这样债权人会议各项方案表决的通过率会大大降低。

（二）联“线”各个主体并妥善处理好各方关系

管理人在开会之前，需要向各方主体就会议的表决内容进行充分沟通。包括债权人、债务人、出资人、投资人其他中介机构、法院和党委政府的有关部门等。最起码在会前，要将拟通过的各项方案及管理人的工作向上述各个主体进行报告。其实第一次债权人会议主要靠在会议前充分准备，从而让债权人会议顺利召开并且使各项方案得到通过。

（三）在“面”上全力做到三个效果的统一

破产案件对管理人的综合能力要求很高，法律专业能力仅仅是一个方面，更多的是依靠管理人对各方利益的协调和沟通，最终达到各方利益的平衡。做到法律效果、社会效果和政治效果的统一。

（四）努力实现“体系化”追求最大价值提升

作为管理人，将思维限定于某个方面是不够的，要从体系化角度进行审视。要从全部会议内容和整个会议过程进行考虑与安排，制定完善的会议方案和提出相关建议，从而确保债权人会议得以顺利圆满地召开。

四、典型案例

镇江市金达利皮业有限公司、镇江捷固标准件有限公司破产案第一次债权人会议的召开

2018 年 8 月 21 日，镇江市丹徒区人民法院作出（2018）苏 1112 破申 5 号和（2018）苏 1112 破申 6 号民事裁定，受理镇江市金达利皮业有限公司（以下简称金达利公司）和镇江捷固标准件有限公司（以下简称捷固公司）破产清算案，并指定江苏江成律师事务所作为管理人。金达利公司、捷固公司的第一次债权人会议时间为 2019 年 2 月 22 日。管理人在调查后发现两公司有相当的混同性，两公司的债权人也具有同一性，在与法院充分沟通协调后，决定将金利达公司和捷固公司的第一次债权人会议合并开会，分别表决。另外，金达利公司和捷固公司的主要财产可能连职工债权都不够分配，普通债权人能分配到的可能性很低。但管理人在会前与每家债权人进行了充分的沟通，将债务人的全部情况向债权人进行了通报，提前将会议材料送给各位债权人。经过管理人的努力，财产管理方案、财产变价方案、财产分配方案均以 100%的通过率表决通过。会议结束后，还有很多债权人向管理人表示，虽然普通债权人分配比例为 0，但是他们看到了管理人的勤勉尽责，看到了管理人在努力为他们争取利益。因此不管结果如何，他们应当支持管理人的工作。金达利公司、捷固公司的第一次债权人会议召开得非常成功，离不开管理人在各个环节与债权人和法院的沟通。

五、参考模板

（一）会议背景介绍（法院用）

镇江市金达利皮业有限公司破产案
镇江捷固标准件有限公司破产案
第一次债权人会议背景介绍

各位债权人：

由于本院在执行过程中发现镇江市金达利皮业有限公司（以下简称金达利公司）、镇江捷固标准件有限公司（以下简称捷固公司）不能清偿到期债务，并且资产不足以清偿全部债务，在征得两公司同意后将执行案件移送破产审查。经审查，本院分别作出（2018）苏1112破申5号、6号民事裁定，受理对两公司的破产申请，并指定江苏江成律师事务所为两公司的管理人。本院根据《中华人民共和国企业破产法》第六十二条的规定，今天召开金达利公司、捷固公司破产案第一次债权人会议。本次会议的主要内容是：法院分别指定两公司债权人会议主席；管理人作工作报告，介绍《财产管理方案（草案）》《财产变价方案（草案）》《破产费用筹集方案（草案）》《财产分配方案（草案）》《债权人会议表决方式议案》并提请各位债权人表决通过。另外，我们还将请评估机构、审计机构向大家介绍对金达利公司、捷固公司的评估、审计情况。

（二）表决票

镇江市金达利皮业有限公司破产案
特别事项表决票

债权序号：

债权人姓名或名称	
表决权金额（元）	
表决事项（一）	是否同意管理人提交的《财产管理方案（草案）》
表决意见	□ 同意 □ 不同意
表决事项（二）	是否同意管理人提交的《财产变价方案（草案）》
表决意见	□ 同意 □ 不同意
表决事项（三）	是否同意管理人提交的《破产费用筹集方案（草案）》
表决意见	□ 同意 □不同意
表决事项（四）	是否同意管理人提交的《财产分配方案（草案）》
表决意见	□ 同意 □ 不同意

续表

表决事项（五）	是否同意管理人提交的《债权人会议表决方式议案》
表决意见	□ 同意　□ 不同意
出席会议者签名	

说明事项

1. 表决意见二选一，在□内打“√”，多选或不选视为无效票。

2. 签名的代表人，应当是递交了法定代表人身份证明或委托授权手续的代表人。

3. 出席本次会议的有表决权的债权人过半数通过，并且其所代表的债权额占无财产担保债权总额的二分之一以上，则相关决议通过；财产分配方案经债权人会议两次表决未通过的、财产管理方案、财产变价方案经债权人会议一次表决未通过的，管理人将提请人民法院裁定。

4. 统计表决结果时，对金达利公司特定财产主张担保权（抵押权、优先权等）的债权人未放弃优先受偿权利的，只统计该类债权人人数，而不统计其代表的债权额，但上述债权人对分配方案没有表决权。

5. 表决票中所列的表决权金额——债权已经核定的，以核定的债权金额为表决权金额；债权尚未核定的，根据企业破产法的有关规定，并经法院批准，以申报金额为暂定债权额，进而作为表决权金额。

二〇一九年二月二十二日

（三）到会情况及表决结果统计表

镇江市金达利皮业有限公司破产案

第一次债权人会议到会情况及表决结果统计表

签到情况统计

债权人总数　　无担保债权总额（万元）

到会债权人数　　代表的无担保债权金额（万元）

所占比例　　所占比例

表决事项（一）

同意票数　　代表的无担保债权金额（万元）

所占比例　　所占比例

表决事项（二）

同意票数　　代表的无担保债权金额（万元）

所占比例　　所占比例

表决事项（三）

同意票数　　代表的无担保债权金额（万元）

所占比例　　所占比例

表决事项（四）

同意票数　　　　　　　　代表的无担保债权金额（万元）

所占比例　　　　　　　　所占比例

表决事项（五）

同意票数　　　　　　　　代表的无担保债权金额（万元）

所占比例　　　　　　　　所占比例

统计人：　　　　　　　　债权人会议主席：

债权人会议代表：

二〇一九年二月二十二日

（四）会议小结（法院用）

会议小结

各位债权人，本次债权人会议的所有议程已经完成。我们在会上介绍了该案受理的背景情况，宣布了债权人会议的职权并指定了债权人会议主席；审计、评估机构分别介绍了审计、评估情况；管理人作了工作报告，介绍了《财产管理方案（草案）》《财产变价方案（草案）》《破产费用筹集方案（草案）》《财产分配方案（草案）》《债权人会议表决方式议案》，并对表决票进行了统计，统计结果显示上述表决事项均获得通过。基于时间考虑，我们不再安排债权人就本案相关情况进行现场询问。如有问题需要发问，请有关债权人以书面形式将问题提交给法院、管理人或者债权人会议主席，便于我们对有关问题进行进一步交流。根据企业破产法的规定，以后的债权人会议，在人民法院认为必要时，或者管理人、占债权总额四分之一以上的债权人向债权人会议主席提议时召开。我们希望管理人继续勤勉尽责，认真做好破产管理工作，积极维护各方当事人的权益。

会议结束后，请职工代表、债权人会议主席、管理人代表在会议记录上签字。

第六节　债权人会议召开的创新

一、概述

随着社会的不断发展，债权人会议不再局限于传统意义上的现场召开，在实践中不断出现了新的召开方式。而从提高效率、节省司法资源的角度来看，法律也在不断鼓励着债权人会议召开形式的创新。

从目前来看，网络债权人会议在各地法院尝试较多，方式也比较多样。有通过直播平台，让全体债权人在同一个平台下直播开会的方式；也有通过建立微信群、QQ 群，采用视频会议的形式召开会议；还有通过邮件、线下邮寄等形式将报告、方案和表决票送达给债权人，债权人将表决结果反馈给管理人的形式；等等。随着网络科技和信息通信手段的不断更新，本着便利债权人的总原则，网络等非现场会议能有效降低债权人会议成本，减轻法院压力，提高司法效率。

二、法律渊源

最高人民法院关于适用《中华人民共和国企业破产法》若干问题的规定（三）：

“第十一条第一款　债权人会议的决议除现场表决外，可以由管理人事先将相关决议事项告知债权人，采取通信、网络投票等非现场方式进行表决。采取非现场方式进行表决的，管理人应当在债权人会议召开后的三日内，以信函、电子邮件、公告等方式将表决结果告知参与表决的债权人。”

三、难点剖析——网络债权人会议召开的基本流程

网络债权人会议与传统现场召开的债权人会议相比，具有明显的优势。首先降低了会议成本，网络债权人会议节约了现场会议的资料费、安保费、可能出现的租用场地费等；其次给债权人提供了便利，债权人只需通过手机或者电脑，即可参加会议，外地的债权人也不必赶到现场而花费差旅费，节约了债权人的时间和成本；同时，也简化了会务组织和现场协调工作。管理人和法院及债权人只要在会议前确保网络通畅，进行调试检测，即可开会，不用在现场准备签到簿、收发表决票等环节。

召开网络债权人会议，首先应当与法院沟通，确定网络开会的时间及相关平台。之后要与相关平台签订服务合同，取得网络技术部门的支持。包括如何生成账户密码；发出测试短信；导入债权人信息；建立表决程序和事项等。在开会前要仔细核对债权人信息是否准确录入，主要是身份证号码、手机号码、组织机构代码、债权人名称等，有代理人的，还要将代理人的相关信息进行核对。接下来，管理人要起草相关文件，除了传统会议的相关文件和方案以外，还要特别注意制作网络债权人会议使用手册。在正式会议开始前，要通知债权人进行会议测试，让债权人熟悉网络开会的相关流程，在测试的同时可以将会议文件上传。

会议召开的过程中，管理人、法官及部分债权人代表应当到法庭出席会议并进行直播，债权人通过直播视频参加会议。会议结束后，由债权人按照相关表决通道进行投票。投票结束后，平台将数据反馈至现场，法官在现场宣布表决结果。

总之，在债权人数量较多，破产财产价值相对较大或者重整的案件中，

运用网络召开债权人会议是值得提倡的。而对于债权人数量较少，社会影响力不那么大的案件，采用线下通信或者邮寄的形式表决，更加便于操作。当然实践中，最好在第一次会议上，将非现场表决的方式以议案的形式表决通过，以决议的形式固定下来。

四、参考模板

（一）议事规则和表决规则

江苏锐科电气有限公司破产案
议事规则和表决规则

根据《中华人民共和国企业破产法》第五十九条、第六十一条、第六十四条及第六十五条之规定，管理人拟定《议事规则和表决规则》如下：

（一）适用范围

本议事规则和表决规则适用包括有限公司破产案涉及的债权核查、财产管理方案、财产分配方案等法律法规规定的需核查或表决事项，以及人民法院或管理人认为需要表决的其他事项。

（二）表决方式

1. 现场表决

会议现场领取表决票，现场进行表决、现场统计表决结果。债权人因自身原因而不能出席债权人会议或提前离会的，可在会议现场表决统计工作结束前，通过邮寄或直接送达方式将其书面表决意见送达到现场统计处。如在债权人会议开始前已送达管理人，视为该债权人已经出席会议，管理人应将已收到的书面表决意见提交给现场统计处。该债权人的表决意见将直接计入表决结果中。

2. 非现场表决

由管理人事先将相关决议事项告知有表决权的债权人（指债权经管理人审查确认或人民法院裁定确认的债权人，以及债权尚未确定但人民法院能够为其行使表决权而临时确定债权额的债权人，以下统称“表决权人”），各表决权人通过邮寄方式在规定的投票截止时间之前将表决票邮寄给管理人。

（三）表决意见

1. 表决票设置“同意”和“不同意”两种表决意见；表决意见二选一，在□内打“√”，多选或不选视为无效票。

2. 表决权人应当在表决票上签名或加盖公章（签名的代表人，应当是递交了法定代表人身份证明或委托授权手续的代表人）。

（四）表决票的发放

1. 现场表决。在会议召开前或表决开始前由管理人对现场到会人员进行身份核对。核对无误后，由管理人现场检录人员将装有会议资料及表决票的资料袋交给有表决权的债权人或代理人。

债权人因自身原因而不能出席债权人会议，应当在会议召开前向管理人申请，管理人同意后提前向债权人发送表决票。

2. 非现场表决。管理人根据债权表上的名单将表决票及相关议案以邮寄方式送达给表决权人。

（五）表决和表决票的收集、统计

1. 现场表决。由专人进行唱票、计票，债权人会议主席监票。债权人不交收表决票即离开会场，视为投了“同意”票。

2. 非现场表决。

（1）表决权人应当在管理人规定的投票截止日前将表决票邮寄给管理人，在规定的投票截止时间之前向管理人邮寄表决票的债权人数为出席债权人会议的人数。

（2）投票截止日届满或在收到全部表决票后，管理人对表决票进行统计。

（3）若收集的表决票等于或少于已发放的表决票，则表决统计行为有效；若收集的表决票多于已发放的表决票，则应查明原因并向投票的表决权人核查后，据实统计。

（六）表决结果的确定

表决结果依照《中华人民共和国企业破产法》第六十四条规定确定。

其他未尽事宜，依照《中华人民共和国企业破产法》及有关司法解释办理。

（七）公开与监督

1. 管理人在债权人会议决议作出之日向债权人告知表决结果。债权人会议的决议，对全体债权人均有约束力。

2. 债权人认为通过的方案违反法律规定，损害其利益的，可以自债权人会议作出决议之日起十五日内，请求人民法院裁定撤销该决议，责令债权人会议依法重新作出决议。

江苏锐科电气有限公司管理人

二〇二〇年八月十四日

（二）韦岗钉钉会议操作手册指引

镇江韦岗铁矿有限公司破产清算案
第三次债权人会议网络操作指引

2015 年 12 月 14 日，镇江市中级人民法院作出（2015）镇商破字第 00007 号民事裁定书，裁定受理镇江韦岗铁矿有限公司（以下简称“韦岗”或债务人）的破产申请，并于 2020 年 12 月 14 日根据（2015）镇商破字第 00007 号民事裁定书指定镇江韦岗铁矿有限公司破产清算组担任管理人（以下简称“管理人”）。为方便债权人参与网络债权人会议，管理人告知如下事项：

（一）会议时间

镇江韦岗铁矿有限公司破产清算案第三次债权人会议时间：2020年11月27日14：30开始。

（二）会议方式

受新冠疫情影响，为保障债权人生命健康安全，减少参会成本，提高债权人行使表决权的便利，根据《最高人民法院关于适用〈中华人民共和国企业破产法〉若干问题的规定（三）》第十一条规定，依法采取网络形式召开债权人会议。

本次债权人会议将以网络直播的形式召开，债权人通过下载、安装“钉钉”软件，扫码、点击链接或搜索群号方式进入“镇江韦岗铁矿有限公司债权人会议群”观看会议和投票。

（三）会议签到

2020年11月27日14时起，债权人即可通过“镇江韦岗铁矿有限公司债权人会议群”查阅、下载相关文档；2020年11月27日14点进行签到。2020年11月27日14：30会议正式开始，债权人可以通过群直播观看债权人会议直播视频。

（四）网络会议钉钉用户签到和投票身份信息验证

债权人本人（或法定代表人本人）参加的，机构名称或姓名为本人（或法定代表人）的姓名，联系电话为本人（或法定代表人）的联系电话，证件号码为本人（或法定代表人）身份证号码；债权人委托代理人参加的，机构名称或姓名为代理人名字，联系电话为代理人的联系电话，证件号码为代理人的身份证号码。

同一位债权人申报多笔债权的，该债权人账号登录后所代表的债权额为多笔债权之和；多家债权人委托同一位代理人的，该代理人仅完成一次签到。多家债权人委托同一代理人的，该代理人可以选择“统一投票”或“分批投票”。同一位债权人同时委托多个代理人的，则仅有其中一位委托代理人可参与签到和投票。

请有权参加本次会议的人员务必确保手机畅通，并及时关注收到的群消息。因有权参加本次会议的人员手机（电脑）不畅通，包括但不限于关机、停机、不在服务区、网络不畅等原因无法及时参会和收取通知的，影响债权人参会及表决的，均由债权人自行承担。

注意：线上签到和投票仅有一次，请债权人（代理人）谨慎操作！

（五）会议表决

本次将采用线上投票与线下投票相结合的方式对会议议案进行表决。

线上投票即通过网络直播平台，债权人直接选择同意或反对，所有会议资料都会在会议平台生成数据并保存，网络投票通道的开启和结束时间随会议议程进展确定。

投票截止后，债权人表决情况管理人在核实后立即通过“镇江韦岗铁矿有限公司债权人会议群”钉钉群向所有债权人通报表决结果及每家债权人的投票情况。

（六）表决结果的计算

管理人将按照系统提示情况获取以下信息：

1. 出席本次会议的人数；2. 线上签到人数；3. 同意的债权人人数；4. 线上投票同意的债权额。

本次会议涉及的所有需要表决的方案，表决结果同时满足以下条件的视为方案通过：出席会议有表决权的债权人过半数同意，并且所代表的债权额占无财产担保债权总额的二分之一以上。

（七）联系方式

对使用钉钉软件平台参加债权人会议有疑问，或者无法登录账户以及其他问题，请与管理人联系。管理人联系电话：×××××××××××。

附：阿里破产管理平台网络债权人会议操作说明

尊敬的债权人：

为保证各位债权人能够顺利参加债权人会议，还请提前在手机上下载并安装钉钉并扫码加入钉钉群。

（一）安装软件：可以用手机、电脑安装钉钉。

（二）钉钉的安装地址是：

https：//tms. dingtalk. com/markets/dingtalk/download？ spm = a3140. 8736650. 2231602. 9. 517c5c8coj7u5y&source = 1121&lwfrom = 20171202020920642130458O1

打开链接后，可根据不同的设备（如下图所示）选择对应的二维码用微信、淘宝或支付宝的“扫一扫”进行扫描并完成安装。

使用电脑打开链接后出现的钉钉下载界面

需要注意的是，由于钉钉的应用分手机版和电脑版，此处的建议是债权人都安装手机版。

二、加入债权人会议群

安装完钉钉后，可以用钉钉的“扫一扫”扫描下面的二维码，点击下面的链接，或者搜索群号加入镇江韦岗铁矿有限公司债权人会议群。申请入群时，请提供债权人名称及组织机构代码或者身份证号码。

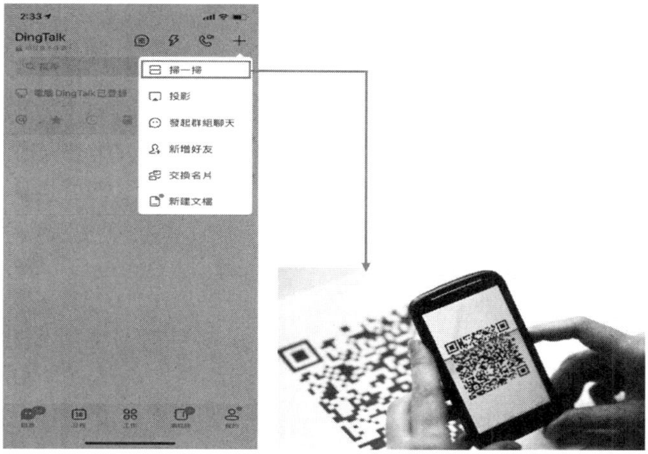

扫描下方二维码加入镇江韦岗铁矿有限公司债权人会议群。

镇江韦岗铁矿有限公司债权... 会议专用
1人

扫一扫群二维码，立刻加入该群。

三、债权人签到

债权人加入到钉钉会议群后，管理人会在规定的时间内将会议的签到链接发送到群内，债权人点击链接进行签到即可。

债权人点击链接后会跳转至下图的签到界面，此时请债权人或代理人输入姓名、联系电话、身份证号码，然后点击“签到”按钮即完成签到。

需要注意的是如果一个代理人为多个债权人进行签到，只需输入代理人的姓名和身份证号码即可，也只需签到一次，无须多次签到。

四、债权人投票

使用电脑参会的债权人和使用手机参会的债权人可分别点击下图中对应的链接，请债权人注意看清链接名称，不要点错链接，如下图所示：

债权人在点击链接后跳转至投票界面（如下图所示），债权人或代理人可在该界面中债权人在点击链接后跳转至投票身份信息界面（如下图），此时请债权人或代理人输入姓名、联系电话、身份证号码，然后点击“确认”按钮跳转至投票界面（如

下图所示），债权人或代理人可在该界面中的表决方案点击选择“同意”“反对”或“弃权”。全部选择完毕后点击“提交”即算投票完成。如下图所示：

注意：只有管理人打开在线投票通道，债权人方可进行投票表决。

五、观看债权人会议

2020 年 11 月 27 日 14：30 会议正式开始后，债权人可以通过群直播观看债权人会议直播视频。

第十一章　破产清算

我国民事法律关系中，民事主体包括自然人、法人和非法人组织。法人又分为营利法人、非营利法人和特别法人。自然人的权利义务自出生时开始，到死亡时终止；法人的权利义务从设立时开始，到完成注销时终止。自然人的死亡属于自然现象，而法人的终止是按照法律程序消灭法人的主体资格。法人的终止，程序上需要完成清算，清算完成后还需要在形式上到登记部门完成注销登记（营利法人包括有限责任公司、股份有限公司和其他企业法人）。对于企业法人来说，主体消灭的方式不仅包括自行清算、强制清算，还包括破产清算。破产清算就是企业法人在出现破产条件的情况下，根据企业破产法规定的程序清理资产、偿还债务，最终注销登记从而退出市场的法律程序。

破产制度是现代化经济体系的一项重要制度。我国企业破产法是一部救治濒危企业，清理“僵尸企业”，保护债权人和债务人合法权益的法律。我国企业破产法设置了破产和解、破产重整和破产清算三种程序，破产和解与破产重整是拯救程序，破产清算是市场退出程序。企业法人进行破产清算首先需要符合法定条件，即不能清偿到期债务并且资不抵债或者明显缺乏清偿能力。该条件实质上包含了两种情况，该两种情况均有一个共同的前提条件，即不能清偿到期债务；一旦企业不能清偿到期债务并且资不抵债，或者不能清偿到期债务虽资可抵债但明显缺乏偿债能力，这两种情况只要符合其一即可进行破产清算。企业进行破产清算，并不是一旦符合破产条件就当然进入破产清算程序，必须依申请进行。申请的主体既可以是债务人（破产企业），也可以是债权人。破产清算不同于公司法中的清算程序，公司法规定的清算程序是公司正常经营情况下有解散事由出现时，公司自行清理债权、债务，分配剩余资产的程序。一般情况下，公司自行清算都是以公司财产足以清偿债务或者债权人均能接受清算结果为前提的。而破产清算则是公司经营出现困境，偿债能力出现问题，依申请强制进行的清算程序。破产清算一般情况下是企业难以恢复正常经营，没有拯救价值，依法按照特定分配顺序清偿债务的程序。

破产清算是一项严谨且复杂的工作。破产清算充分体现了破产法的保护功能和公平清偿的基本原则。保护功能体现在对破产财产的管理与变价，公平清偿原则体现在对破产财产的依法分配。因此，破产清算工作的重点和难点也在于破产财产的变价和分配。对破产财产进行管理和变价，要考虑财产价值的最大化实现，这就要求管理人做到应收尽收，包括应收债权的清收，转移财产和个别清偿的撤销，债务人隐匿财产的追查等。对财产的变价要做到方案合理，把握市场行情，充分推介资产信息。对破产财产的分配，要做到信息公开透明，测算分配方案要合法、合理，分配款项的发放要严谨细致。根据破产法的规定，破产财产的分配通常应当以货币分配方式进行。虽然债权人会议也可以决议以实物分配等其他方式进行，但实践中并不多见，我们也不在这里讨论。破产终结后，管理人应当继续做好企业注销、档案资料的处置和管理等善后工作。

第一节　破产宣告

一、概述

破产宣告，是指法院根据管理人、利害关系人、债权人的请求，或者根据企业破产法的规定，依职权裁定宣告债务人破产清算，以清理资产偿还债务的法律程序。破产宣告是法院宣布债务人进入破产清算程序的标志，一旦宣告破产，管理人将对破产企业的财产进行变价和分配。宣告债务人破产应当符合以下条件：人民法院受理破产清算申请后，第一次债权人会议上无人提出重整或和解申请的，管理人应当在债权审查确认和必要的审计、资产评估后，及时向人民法院提出宣告破产的申请。人民法院受理破产和解或重整申请后，债务人出现应当宣告破产的法定原因时，人民法院应当依法宣告债务人破产。上述法定原因指的是：（一）债务人不能执行或者不执行重整计划的；（二）债务人不能执行或者不执行和解协议的。

破产清算与破产重整、破产和解相对立。三者分属不同程序，但又可以相互转换。然而，一旦宣告破产清算，则无法再进行破产重整或破产和解（依据企业破产法第一百零五条进行的和解除外）。上述规则的原理在于，破产和解与破产重整是拯救破产企业的程序，而破产清算是消灭破产企业的程序。和解与重整的区别在于拯救的方式不同，和解属于自救，重整属于投资人解救。在对破产企业进行拯救时，一种方法不行可以换另一种方法，但是如果无法拯救，那么即使更换方法也无济于事，只能放弃拯救进行清算。如果破产企业自破产受理时起就不具备拯救价值，则直接进行破产清算；如果破产企业虽具有拯救价值，但是在和解或重整过程中出现无法拯救的障碍，则应停止拯救转入清算。一旦企业被宣告破产，就不能再回到重整或和解程序，因为不再具备拯救价值。

法院裁定宣告破产清算，即标志着破产清算程序的开始，由此产生一系列的法律效果，我们将在下文详细阐述。

二、法律渊源

（一）《中华人民共和国企业破产法》

“第九十三条第一款　债务人不能执行或者不执行重整计划的，人民法院经管理人或者利害关系人请求，应当裁定终止重整计划的执行，并宣告债务人破产。”

“第一百零四条第一款　债务人不能执行或者不执行和解协议的，人民法院经和解债权人请求，应当裁定终止和解协议的执行，并宣告债务人破产。”

“第一百零五条　人民法院受理破产申请后，债务人与全体债权人就债权债务的处理自行达成协议的，可以请求人民法院裁定认可，并终结破产程序。”

“第一百零七条　人民法院依照本法规定宣告债务人破产的，应当自裁定作出之日起五日内送达债务人和管理人，自裁定作出之日起十日内通知已知债权人，并予以公告。债务人被宣告破产后，债务人称为破产人，债务人财产称为破产财产，人民法院受理破产申请时对债务人享有的债权称为破产债权。”

“第一百零八条　破产宣告前，有下列情形之一的，人民法院应当裁定终结破产程序，并予以公告：

（一）第三人为债务人提供足额担保或者为债务人清偿全部到期债务的；

（二）债务人已清偿全部到期债务的。”

（二）最高人民法院关于适用《中华人民共和国企业破产法》若干问题的规定（二）

“第二十一条　破产申请受理前，债权人就债务人财产提起下列诉讼，破产申请受理时案件尚未审结的，人民法院应当中止审理：

（一）主张次债务人代替债务人直接向其偿还债务的；

（二）主张债务人的出资人、发起人和负有监督股东履行出资义务的董事、高级管理人员，或者协助抽逃出资的其他股东、董事、高级管理人员、实际控制人等直接向其承担出资不实或者抽逃出资责任的；

（三）以债务人的股东与债务人法人人格严重混同为由，主张债务人的股东直接向其偿还债务人对其所负债务的；

（四）其他就债务人财产提起的个别清偿诉讼。

债务人破产宣告后，人民法院应当依照企业破产法第四十四条的规定判决驳回债权人的诉讼请求。但是，债权人一审中变更其诉讼请求为追收的相关财产归入债务人财产的除外。”

（三）最高人民法院印发《全国法院破产审判工作会议纪要》的通知

“23. 破产宣告的条件。人民法院受理破产清算申请后，第一次债权人会议上无人提出重整或和解申请的，管理人应当在债权审核确认和必要的审计、资产评估后，及时向人民法院提出宣告破产的申请。人民法院受理破产和解或重整申请后，债务人出现应当宣告破产的法定原因时，人民法院应当依法宣告债务人破产。

24. 破产宣告的程序及转换限制。相关主体向人民法院提出宣告破产申请的，人民法院应当自收到申请之日起七日内作出破产宣告裁定并进行公告。债务人被宣告破产后，不得再转入重整程序或和解程序。

25. 担保权人权利的行使与限制。在破产清算和破产和解程序中，对债务人特定财产享有担保权的债权人可以随时向管理人主张就该特定财产变价处置行使优先受偿权，管理人应及时变价处置，不得以须经债权人会议决议等为由拒绝。但因单独处置担保财产会降低其他破产财产的价值而应整体处置的除外。”

三、难点剖析

（一）宣告破产清算的法律后果有哪些？

1. 称谓发生变化

债务人被宣告破产后，债务人称为破产人，债务人财产称为破产财产，人民法院受理破产申请时对债务人享有的债权称为破产债权。

2. 保全措施解除，执行程序终止

破产宣告后，破产企业的财产在其他民事诉讼程序中被查封、扣押、冻结的，受理破产案件的人民法院应当立即通知采取查封、扣押、冻结措施的人民法院予以解除，相关执行程序终止，并向受理破产案件的人民法院办理移交手续。

3. 劳动关系终止

债务人被宣告破产清算后，职工原来与债务人订立的劳动合同即可依法宣告解除。职工有权依据有关规定获得经济补偿金，并有权自谋职业。管理人应协助职工办理退工、补缴社保、补缴公积金等相关手续。

4. 程序不可逆

一旦宣告破产清算，则无法转换至破产重整或和解程序。企业破产法第一百零五条规定的情形除外。

（二）如何归纳符合宣告破产清算条件的理由？

一般而言，从法律依据和事实依据两方面进行归纳。

法律依据方面。结合会计师事务所受管理人委托对债务人进行破产审计后依法出具的审计报告的审计结论——债务人已经不能清偿到期债务并已资不抵债，或者债务人已经不能清偿到期债务并且明显缺乏清偿能力。从而得出结论，该企业已经符合企业破产法第二条规定的情形。

事实依据方面。管理人需结合债务人的实际情况，从企业资产、负债水平、经营模式、偿债能力、市场环境等角度，分析和论证该债务人难以进行破产重整或和解。从而得出应当宣告破产清算的事实结论。

四、参考模板（文书展示）

（一）债务人明显缺乏清偿能力情况下申请法院裁定宣告破产

关于提请裁定宣告江苏莱斯特纤维科技有限公司破产清算的报告

镇江经济开发区人民法院：

贵院于2019年3月15日作出（2019）苏1191破申2号民事裁定，受理江苏莱斯特纤维科技有限公司（本报告简称莱斯特公司）破产清算案。管理人依法对莱斯特公司进行接管，并对其资产、负债等相关情况进行了全面的调查。在此基础上，根据第一次债权人会议的精神，公开进行了重整投资人的招募工作，但至今没有意向投资人正式报名参加莱斯特公司破产重整。

根据破产审计报告披露，莱斯特公司虽然没有达到资不抵债的情形，但是其主要财产为房产、土地、机器设备和应收债权，没有货币资金。现共有28家债权人，申报债权总金额为21 452.33万元，而莱斯特公司设立以来，并没有正式投产，且几年来没有进行任何生产经营活动。莱斯特公司没有偿债能力，无法与债权人进行和解。综合上述情况，莱斯特公司具备了企业破产法第二条规定的不能清偿到期债务并且明显缺乏清偿能力的破产条件。

鉴于上述情况，管理人提请贵院依法裁定宣告莱斯特公司破产清算。

特此报告

江苏莱斯特纤维科技有限公司管理人
二〇二〇年二月十七日

（二）债务人资不抵债情况下申请法院裁定宣告破产

关于提请裁定宣告
赛达贸易有限公司破产清算的报告

丹阳市人民法院：

贵院于2018年6月1日作出（2018）苏1181破1号民事裁定，受理丹阳市赛达贸易有限公司（本文中简称为赛达公司）破产清算案。赛达公司进入破产程序后，管理人依法委托江苏仁和永信会计师事务所有限公司对赛达公司进行破产审计。根据审计单位依法出具的苏仁和永信所专审字［2018］第151号审计报告披露的信息，赛达公司不能清偿到期债务并已资不抵债，符合《中华人民共和国企业破产法》第二条规定的情形。

从管理人了解到的情况来看，赛达公司的资产少，负债高，很难对债权人进行清偿。另外，赛达公司的主要业务是零售茶叶、酒、糖、卷烟等百货用品。在目前的市场环境下，赛达公司很难通过破产和解或重整产生效益，弥补亏损。鉴于上述情况，管理人提请贵院依法裁定宣告赛达公司破产清算。

特此报告

丹阳市赛达贸易有限公司管理人
二〇一八年十一月十三日

第二节　破产财产变价

一、概述

实践中，破产分配通常是以货币方式进行，很少有实物分配。大部分破产案件中，为了方便破产分配，管理人需要制定破产财产变价方案，并根据依法生效的变价方案对破产财产进行变价处置。即对破产企业的非货币资产（包括动产、不动产、无形资产甚至应收债权）进行拍卖、变卖，从而将破产财产全部转变成方便分配的货币资产。破产财产变价应当以价值最大化为原则，兼顾处置效率。破产财产的变价工作难度大、风险高。整个变价的过程，从资产评估开始，评估完成后制作变价方案，变价方案经债权人会议表决通过或者法院裁定认可，其后进行公开拍卖，拍卖成交后需要办理交付手续，还要依法缴纳相关税费。可以说，破产财产的清点、评估、拍卖、交付等变价工作几乎贯穿了破产清算程序的始终。

变价工作的难度大，和破产财产的接管、债权人会议的召开、申报债权的审查、破产撤销权的行使等其他工作相比较，变价工作没有详细的法律规定或司法解释指导管理人如何进行，并且受市场因素的影响存在较大的不确定性，是管理人进行破产管理中较为难以掌控的一个环节。

不同类型的破产财产在进行变价时应遵循不同的规律，找到合理的变价方式和对口的买受人，才能最大化的实现破产财产的价值。除了受财产类型的影响之外，变价工作还受到财产状态的影响。比如破产财产当前的占有状态，是否带租拍卖等。破产财产的状态，直接影响变价后的交付工作难度，也会间接影响到变现价。

二、法律渊源

（一）《中华人民共和国企业破产法》

“第六十一条　债权人会议行使下列职权：……（九）通过破产财产的变价方案；……”

“第六十五条　本法第六十一条第一款第八项、第九项所列事项，经债权人会议表决未通过的，由人民法院裁定。”

“第一百一十一条　管理人应当及时拟订破产财产变价方案，提交债权人会议讨论。

管理人应当按照债权人会议通过的或者人民法院依照本法第六十五条第一款规定裁定的破产财产变价方案，适时变价出售破产财产。”

“第一百一十二条　变价出售破产财产应当通过拍卖进行。但是，债权人会议另有决议的除外。

破产企业可以全部或者部分变价出售。企业变价出售时，可以将其中的无形资产和其他财产单独变价出售。

按照国家规定不能拍卖或者限制转让的财产，应当按照国家规定的方式处理。”

（二）江苏省高级人民法院民事审判第二庭关于印发《破产案件审理指南（修订版）》的通知（苏高法电〔2017〕794号）

破产财产变价处置方式。根据企业破产法第一百一十二条的规定，变价处置破产财产原则上应通过拍卖方式进行。实践中，虽然拍卖的方式有助于实现公平公正，但也存在成本高、耗时长的问题，基于债权人自治，除法律、行政法规另有规定外，债权人会议可以决议采取拍卖以外的其他方式处置破产财产。破产企业属国有性质的，资产评估应按照国有资产评估相关规定办理。

（三）最高人民法院印发《全国法院破产审判工作会议纪要》的通知

“26. 破产财产的处置。破产财产处置应当以价值最大化为原则，兼顾处置效率。人民法院要积极探索更为有效的破产财产处置方式和渠道，最大限度地提升破产财产变价率。采用拍卖方式进行处置的，拍卖所得预计不足以支付评估拍卖费用，或者拍卖不成的，经债权人会议决议，可以采取作价变卖或实物分配方式。变卖或实物分配的方案经债权人会议两次表决仍未通过的，由人民法院裁定处理。”

三、难点剖析

（一）确定破产财产的范围

企业破产法第三十条规定：“破产申请受理时属于债务人的全部财产，以及破产申请受理后至破产程序终结前债务人取得的财产，为债务人财产。”

确定破产财产的范围，就是确定财产变价的范围。律师事务所担任管理人，一般会聘请专业的审计、评估机构，对破产企业的资产进行盘点、估价。审计单位首先要对企业账面资产进行盘点，并在审计报告中披露资产盘点的情况；评估单位根据审计盘点的资产清单，结合实际情况对实物资产进行现场核对，对无形资产需要查验相关文件（专利证书、股权证等），以确定各项资产的现状。

（二）如何灵活地处置破产财产

破产财产因企业经营范围的不同而有所区别。一般来说，破产财产包括房产、土地、车辆、机器设备、办公用品、存货、股权、知识产权和债权等。房地产企业的财产以房产土地为主；生产制造型企业的财产除了房和地以外，还包括设备、存货及知识产权等；对外有投资的企业需要关注相关股权的价值。面对不同的财产类型，管理人应当以最合适的方式进行处置，才能实现财产价值的最大化。

房产、土地的变价受房地产市场行情、区域位置等因素影响较多；知识产权的变价受行业限制的影响较大；机器设备的变价受专业性限制的影响较大，通用设备易拍卖成交但是往往价格较低，专业设备虽然较通用设备相比价值较高，但是销售面比较窄；股权的变价受信息披露影响较大，虽然股权变价也要进行评估，但是评估价较难反映股权的实际价值，买受人能够接受的价格很大程度上取决于买受人对目标公司真实情况的了解程度。

破产企业账面记载的应收债权，往往是破产前无法清收的，但实务操作中，越来越多的管理人将破产企业的债权作为一项财产，由债权人会议表决后进行拍卖处置。这样操作的原因是，管理人在清收破产企业对外享有的债权时，往往存在清收时间长、投入成本高、执行困难等问题，仅靠管理人通过上门、诉讼等方式清收，可能会延误破产进度。而直接拍卖债权，不仅可以调动社会力量，还可以在短期内实现财产价值的最大化。采用这种方法需要注意的是，债权拍卖成交后，移交需要兼顾权利转移和材料转移。一方面除签订债权转让协议外，还应当通知债务人；另一方面需要移交债权文件的全部原件。最后，如果债权无人竞买也无法清收，还可以采取直接分配给债权人的方式进行处置。

破产企业的股权投资往往是比较难处置的。处置前要先确定股权价值，而股权价值取决于公司的所有者权益，同时受公司经营状况、市场前景等其他客观因素的影响。管理人在处置股权投资时，应根据财务报表、审计报告等资料判断该企业的资产、负债情况。如果资产大于负债，则应对股权价值进行评估。如果资产小于负债，也并不能简单的认定股权没有价值，因而放弃处置。严格意义上讲，只有企业破产清算且普通债权无法全额清偿或者破产重整企业股权以零对价转让，才能认定该企业股权没有价值。在企业资产小于负债的情况下，可以考虑以股东或者债权人的身份申请对该企业进行清算或者申请破产。拍卖成交、子公司破产清算结束均可以视为对股权投资的处置工作已经完毕。如果既不变价、也不申请破产，理论上也可以通过直接分配该股权投资的方式进行处置，具体的分配方式可以制定合理的分配方案由债权人会议进行表决。处置股权，还要考虑股东优先购买权的问题，处置时应有效通知优先购买权人。

整体变价还是单独变价？拍卖还是变卖？这是在编制变价方案时最需要思考和判断的两个问题。从企业破产法到江苏省高院破产案件审理指南，再到 2018 年全国法院破产审判工作会议纪要，可以看出目前的趋势是不断放宽对变价方式的限制，不断鼓励管理人多元化地处理破产财产。在法律允许的范围内，不再强调必须通过拍卖的方式进行变价。对于车辆、股权、知识产权、债权等，目前主要采取单独变价的方式；对房地产、构筑物及其他机器设备、电子设备、存货等主要采取整体变价的方式。当然，管理人也可以在取得债权人会议的授权下，在必要的时候对拍卖财产依照法律和变价方案的规定，灵活分解、组合进行变价。价值优先，兼顾效率是未来管理人进行财产变价需要遵循的原则。

（三）怎样起草一份实用的变价方案?

1. 简明扼要地介绍可变价破产财产状况，包括名称、数量、面积、证号、主要内容、评估价等。

2. 写明变价途径。按照企业破产法的规定，首选拍卖方式变价，可以优先通过淘宝网阿里拍卖破产强清平台进行首次拍卖。

3. 设置流拍后的处理方案。财产首次拍卖流拍的概率很大，为了避免重复开会获得债权人同意管理人降价拍卖、重新组合拍卖、变卖的授权。可以在变价方案里写入降价幅度、降价限制、变通方式、是否重新评估等。

4. 对于无法变价的财产，授权管理人依法进行处理。根据处理方式的不同，分别在财产管理方案和财产分配方案中制定相应规则。比如对报废车辆进行报废处理，应在财产管理方案中明确相关内容；如果对应收债权、股权投资等财产进行实物分配，应在财产分配方案中明确实物分配的相关内容。

5. 明确变价产生的税费承担。拍卖成交后，必然涉及开发票、缴税等事项。实务中，多数破产企业的房产、土地是抵押给金融机构的，在变现价款足以清偿抵押担保债权且清偿后仍有剩余的情况下，相关税费是应当从剩余部分的价款中支付的，而房产、土地的拍卖、过户涉及的税费往往比较高，对普通债权的清偿率影响较大。正是因为考虑到此种情况，管理人会在拍卖公告中明确全部税费由买受人承担（这种做法，在网络司法拍卖刚开始阶段，法院执行拍卖也采用过），但这种做法往往是有风险的。拍卖公告中要求买受人承担全部税费，从合同关系的角度来说，买受人接受相关条款并参与拍卖，就应当承担全部税费。但是上述通过约定形成义务并不能改变税法所明确的纳税主体，出卖方（管理人）仍然负有纳税义务。在买受人拒不缴纳出卖人应承担的税费的情况下，纳税义务仍然是管理人的，而买受人承担的只是对出卖方的违约责任。另外，出卖的房地产由于其性质，此前债务人的纳税情况会大大地影响出卖方的税率，买受人对此难以进行预计，这会使买受人难以下决心。基于上述风险的存在，现在要求全部税费由买受人承担的越来越少，而越来越多的是明确税费按照法律、法规的规定由买卖双方各自承担。

6. 明确对今后追回的或新发现的财产的处理。仍然是从简化程序、方便操作的角度出发，规定对追回的或新发现的财产继续按照已通过的变价方案进行变价。

（四）国家规定不能拍卖或者限制转让的财产范围

根据企业破产法的规定，按照国家规定不能拍卖或者限制转让的财产，应当按照国家规定的方式处理。笔者对相关上述财产进行了整理与归纳，主要有以下几类：

1. 对公共安全关系重大的，禁止任意流通的物品，如自然资源（国家管理的岸线）、军事装备、武器弹药等。

2. 由国家专门部门进行统一管理和经营的物品，如黄金、白银、特殊药品等。

3. 必须出售给国家指定收购单位的，如历史文物、野生动物等。

4. 从我国的国家性质及维护社会公共利益出发，其他属于国家实行特别管制或者限制流通的物品。

实践中，比较常见的是营运客车、货车、槽罐车等特殊车辆的拍卖过户问题，不同于普通的小型汽车。上述车辆的拍卖过户和上路行驶是需要公安交管部门和公路运输管理部门审批的。如果买受人不具备相应的营运、使用资质，或者无法办理营运、上路的合法手续，是不能成功过户并上路行驶的。一旦出现无法过户或者无法上路的情况，买受人往往会要求管理人撤销拍卖并退款。如果发生这种情形，必然牵涉到车辆无法过户、上路的责任划分问题，直接影响到拍卖是否可以撤销、保证金是否可以退还、拍卖标的物重新拍卖降价损失的承担等问题。另外，需要说明一点，经过非法改装的车辆是禁止销售的，管理人应在变价前向车管所作好咨询工作。

管理人在拍卖上述特殊车辆时，应事先向当地车管所、运管处等相关部门咨询清楚有关车辆拍卖过户、上路行驶需要办理哪些手续，买受人和标的车辆是否有特殊的限制条件，并将咨询的结果在拍卖公告和竞买须知中作专项说明和特别提示。

在化工企业破产清算案件中，管理人将不可避免地面对危化品甚至剧毒品的处置。危化品和剧毒品是不可以在市场上自由交易的，必须按照相关法律法规的规定，通过特定的渠道和特定的对象进行处置。危化品和剧毒品的处置不以价值最大化为目的，而以安全、合法处置为原则。如果不能找到有合法资质的危化品、剧毒品的运输单位、接受单位与处置单位，应当报公安、环保等相关部门求得指导、帮助，依法进行处置。

四、典型案例

韦岗铁矿破产清算案

1. 案情简介

镇江韦岗铁矿有限公司（以下简称韦岗铁矿）及其子公司系列破产案被镇江市中级人民法院分别裁定宣告破产清算后，管理人依法对上述公司的财产进行变价处置。在变价过程中，管理人发现，韦岗铁矿财产分散，部分土地位于采空区上方，有塌陷危险；部分土地堆有矿渣，属于尾矿区，有溃坝危险，且维护成本大；部分土地上存有大量危险化学品和冶金废弃物，处置成本很高。同时，根据镇江市政府西南片区环境整治的要求，对韦岗铁矿的土地需投入大量修复和整治资金，土地的总体利用价值不高。韦岗铁矿现有房产老旧，且作为职工住房使用的就有14 795.2平方米，房产维护成本也很高。韦岗铁矿的其他构筑物，主要是道路、围墙、设备基础和挡土墙，这些构筑物大都是围绕采矿而建，基本没有其他利用价值。韦岗铁矿还有部分设备位于矿井内，虽有评估价，但不具备单独变现条件。

2. 处置难点

韦岗铁矿的大部分资产具有采矿的专属性，且与其子公司财产相互间具有较强的关联性，财产自行单独变现难度很大。但是子公司与韦岗铁矿均为独立法人，并不存在明显混同情况，也未合并破产。如何实现韦岗铁矿破产财产价值最大化，是管理人分析和讨论的重点。

3. 采取方法

管理人经过多轮的研究与论证，决定向法院申请将韦岗铁矿的资产与子公司镇江德龙港务联运有限责任公司（以下简称德龙港务）、镇江中瑞冶金资源有限公司（以下简称中瑞冶金）、镇江兴龙物流有限公司（以下简称兴龙物流）、镇江龙门矿业有限公司（以下简称龙门矿业）的资产中适宜合并处置的部分，进行合并处置。

进行合并处置的理由主要有以下几点：

（1）相关子公司位于港区的土地和港口岸线资源是相对优质的资产。德龙港务、中瑞冶金、龙门矿业也已经进入破产程序；兴龙物流正在自行清算。上述四个子公司的股东与债权人已分别同意将其资产与韦岗铁矿适宜一并处置的相关资产合并处置。将该四个子公司的相关资产与韦岗铁矿的适宜合并处置的资产一并打包拍卖，有利于整体财产价值的提高，有利于韦岗铁矿财产的变现。

（2）韦岗铁矿的资产与部分子公司的资产合并处置，有其必然性。一是韦岗铁矿的资产与部分子公司资产有交集，韦岗铁矿在德龙港务、龙门矿业的土地上建有房屋，相关房地产一并拍卖有利于价值的实现；二是韦岗铁矿的部分机器设备与德龙港务、中瑞冶金的部分机器设备是生产的上下游设备，可以相互配套，合并变现有利于整体使用价值的发挥。

综合以上情况，管理人建议将韦岗铁矿适合一并拍卖的资产与德龙港务、兴龙物流、中瑞冶金、龙门矿业的相关资产合并进行拍卖。

金浪潮破产清算案

镇江金浪潮化纤设备有限公司（本文中简称金浪潮公司）不能清偿到期债务，丹徒区人民法院经审查于2016年12月26日作出（2016）苏1112破申1号民事裁定，受理金浪潮公司破产清算案。金浪潮公司的主要业务是化纤设备的设计、制造、销售。在国家推行供给侧结构性改革的背景下，其产品缺乏市场竞争优势，经营管理不善，资金链断裂。

金浪潮公司共有34家债权人申报债权，申报总金额为13 659 902.1元，核定总金额为13 063 892.35元。经管理人充分调查和努力，金浪潮公司重整或和解无望，法院裁定宣告破产清算。金浪潮公司的主要财产有：土地32.54亩，有证房产6 298.7平方米，无证房产779.81平方米，一批办公设备、机器设备、一辆五菱汽车和少量存货。其中，土地和全部有证房产均已抵押给建行镇江分行。上述财产总评估价为14 185 060元。通常情况下，破产财产的变现都要经过几轮降价才能拍卖成交，降价幅度基本都要达到50%左右。

管理人针对金浪潮公司财产的特点，抓住周边地区地价上涨的市场行情，及时进行变价。管理人采取拆分拍卖，分类处置的方案，将房产、土地合并作为一个标的进行拍卖，将不易变现的设备、存货、车辆单独进行拍卖。最终金浪潮公司的房产土地第一轮拍卖就溢价成交，所有资产变现总价为167 27 236元，溢价17.9%。金浪潮公司的普通债权获得100%清偿，普通债权清偿完毕后，股东还有剩余分配。

金浪潮公司破产清算案，被镇江市丹徒区人民法院作为破产清算成功的典型案例。

第三节　破产财产分配

一、概述

破产财产分配，特指破产清算程序中，按照企业破产法规定的顺序对破产企业全部财产进行分配的工作。重整与和解程序中，不存在破产财产的分配问题，债权人是依据重整方案、和解方案获得清偿。破产财产分配工作，主要包括分配方案的测算和分配款的发放。

破产财产分配方案，需要完整反映破产管理工作过程中的收入和支出情况。分配方案的测算，不仅需要法律专业知识，也需要财务、税务专业知识。其中，较为复杂的是抵押权人和其他债权人的破产费用分摊问题。管理人在管理、变价破产财产的过程中，必然要发生相应的破产费用。破产财产的分配并不是把所有支出从总收入中扣除，然后对剩余款项进行分配。这种简单的做法带来的问题是，优先分配的债权人未承担任何费用，而所有费用由普通债权人承担，这样做显然对普通债权人是不公平的。破产费用的分摊，应当按照实事求是的原则，从各项破产财产的变现款中对应的扣减。比如房产、土地的评估费用，应当从房产、土地的变现款中扣除，设备的评估费用应当从设备的变现款中扣除，土地增值税应当从土地变现款中扣除，房产过户的契税应当从房产变现款中扣除。

测算分配方案不仅需要考虑已经实际支出的破产费用和共益债务，还需要对破产分配开始之后可能会发生的破产费用作预留，预留的破产费用同样需要按照与财产相对应的原则从各类破产财产的变现款中预先扣留。管理人在审核债权时，难免会遇到疑难复杂的债权难以确定，而破产分配工作不宜因个别债权未能核定而拖延。在此情况下，一般会对有争议尚未核定的债权提留相应的分配款项。在破产程序终结前，如果预留的破产费用有剩余，或者提留的分配款实际并未全部分配，或者管理人收到新的可分配的财产，那么根据企业破产法的规定，还要进行破产财产的补充分配。即使破产终结了，根据企业破产法第一百二十三条的规定，仍然可以进行补充分配。

总之，分配方案的测算和分配工作的开展，是极其复杂的工作，需要专业知识的支持，也需要管理人投入大量的时间和精力。

二、法律渊源

（一）《中华人民共和国企业破产法》

“第一百一十三条　破产财产在优先清偿破产费用和共益债务后，依照下列顺序清偿：（一）破产人所欠职工的工资和医疗、伤残补助、抚恤费用，所欠的应当划入职工个人账户的基本养老保险、基本医疗保险费用，以及法律、行政法规规定应当支付给职工的补偿金；（二）破产人欠缴的除前项规定以外的社会保险费用和破产人所欠税款；（三）普通破产债权。破产财产不足以清偿同一顺序的清偿要求的，按照比例分配。破产企业的董事、监事和高级管理人员的工资按照该企业职工的平均工资计算。”

“第一百一十四条　破产财产的分配应当以货币分配方式进行。但是，债权人会议另有决议的除外。”

“第一百一十五条　管理人应当及时拟订破产财产分配方案，提交债权人会议讨论。破产财产分配方案应当载明下列事项：（一）参加破产财产分配的债权人名称或者姓名、住所；（二）参加破产财产分配的债权额；（三）可供分配的破产财产数额；（四）破产财产分配的顺序、比例及数额；（五）实施破产财产分配的方法。债权人会议通过破产财产分配方案后，由管理人将该方案提请人民法院裁定认可。”

“第一百一十六条　破产财产分配方案经人民法院裁定认可后，由管理人执行。管理人按照破产财产分配方案实施多次分配的，应当公告本次分配的财产额和债权额。管理人实施最后分配的，应当在公告中指明，并载明本法第一百一十七条第二款规定的事项。”

“第一百一十七条　对于附生效条件或者解除条件的债权，管理人应当将其分配额提存。管理人依照前款规定提存的分配额，在最后分配公告日，生效条件未成就或者解除条件成就的，应当分配给其他债权人；在最后分配公告日，生效条件成就或者解除条件未成就的，应当交付给债权人。”

“第一百一十八条　债权人未受领的破产财产分配额，管理人应当提存。债权人自最后分配公告之日起满二个月仍不领取的，视为放弃受领分配的权利，管理人或者人民法院应当将提存的分配额分配给其他债权人。”

“第一百一十九条　破产财产分配时，对于诉讼或者仲裁未决的债权，管理人应当将其分配额提存。自破产程序终结之日起满二年仍不能受领分配的，人民法院应当将提存的分配额分配给其他债权人。”

（二）江苏省高级人民法院民事审判第二庭关于印发《破产案件审理指南（修订版）》的通知（苏高法电〔2017〕794号）

“4. 破产财产分配报告记载事项。企业破产法第一百二十条规定，管理人在最后分配完结后，应当及时向人民法院提交破产财产分配报告，并提请人民法院裁定终结破产程序。破产财产分配报告应当载明下列事项：一是破产财产总额和可供分配的破产财产总额；二是破产费用和共益债务数额；三是企业破产法第一百一十三条第一款第一项至第三项所列债权的受偿数额和受偿率。破产财产分配报告应附破产费用明细表、共益债务明细表、各类债权分配明细表、分配登记表。

5. 破产程序的终结。破产人无财产可供分配，经管理人请求，人民法院裁定终结破产程序的，破产程序终结。债务人宣告破产，在最后分配完结后，经管理人申请并提交破产财产分配报告，人民法院裁定终结破产程序的，破产程序终结。人民法院裁定批准重整计划，终止重整程序的，破产重整程序终结。人民法院裁定认可和解协议，终止和解程序的，破产和解程序终结。”

三、难点剖析

（一）分配方案的测算

破产分配实务中的难点在于，破产财产分配方案是一个概括的方案，包括可分配财产总额、破产费用、共益债务、抵押权人优先分配、优先受偿权、职工债权、普通债权等。实务操作中的难点在于，分配方案中的各项数据是“应发数”，分配时是“实发数”。比如说破产费用中，管理人报酬如果没有预支的话，在作分配方案时是没有发生的；破产清算案件管理人在制作分配方案时，一般都会预留破产分配之后的后续破产费用，后续破产费用根据个案的不同情况可能是档案保管费、交通费、衍生案件诉讼费等。这些后续破产费用无论是否实际发生，但只要可能发生都应当在测算分配方案时从可分配的款项中预留，对应从各类破产财产的变现款中分摊。

破产费用的分摊并不是简单地按照总费用占总资产的比例加权分摊到各项财产中，而是按照费用的实际用途来分摊。破产费用的分摊大致分为两类情况：第一类，为破产企业所有财产的管理、变现和分配而发生的费用，由抵押财产和非抵押财产共同按比例分摊，比如审计费、评估费、聘用人员工资等；第二类，因特定财产的管理、变现和分配而发生的费用，从特定财产的变现款中扣除，比如资产变现的税费、抵押权人承担的管理人报酬等。除了上述两大类之外，也可能会有一些费用只对应某一特定的破产财产，比如办理土地过户需要缴纳的土地交易综合费，就对应从土地的变现款中扣除。

财产变价所发生的各项税费的分摊也是比较难把握的。像土地增值税这种与特定财产直接关联的税费，应当从相应特定财产的变现价款中先行扣除，而不应进行分摊。计算某一项资产变现后可分配的款项，应当按照税后价计算，而不应将所有财产的变现总价款和所有财产变现缴纳的税款进行总对总的扣减。

测算分配方案前，最好对管理人账簿进行一次专项审计，以检查管理人的收支费用统计是否有错误。分配方案测算好之后，应列出所有实际需分配的款项，并与银行账户余额进行核对，验证分配方案是否正确。防止漏算开支事项或多记剩余可分配财产，造成分配方案难以实施。

（二）管理人报酬的确定

测算分配方案时，除了管理人报酬和预留破产费用之外的其他破产费用，都是根据实际发生可以确定的。预留破产费用的由管理人根据工作需要预留，不难测算。而管理人报酬是根据管理人报酬规定来确定。

管理人报酬分为两个部分：第一部分是按照破产企业可分配财产总额（不含担保物变价款）计算，最终由人民法院确定的；第二部分是管理人对担保物的维护、变现、交付等管理工作付出合理劳动，与担保权人协商确定的。

1. 按照破产企业可分配财产总额计算的管理人报酬按照以下流程确定：

（1）法院受理破产案件后初步确定管理人报酬方案；

（2）管理人在一债会上报告法院初步确定的管理人报酬方案（如管理人、债权人会议均无异议，则报酬方案确定）；

（3）管理人、债权人会议对法院初步确定的管理人报酬方案有异议的，可以协商调整（以债权人会议决议的形式报法院）；

（4）管理人报酬方案确定后，法院可以根据破产案件和管理人履行职责的实际情况对管理人报酬方案进行调整；

（5）最终确定的管理人报酬方案，应列入破产财产分配方案，经表决后由法院裁定认可分配方案。

实践中，因一债会之前很多工作没有深入开展，难以准确评估破产案件的难易程度，无法完整统计管理人的工作量，管理人承担的风险也未可知。很少有法院和管理人在一债会前就确定具体的管理人报酬方案。管理人报酬规定中，法院根据破产案件和管理人履行职责的实际情况对管理人报酬进行调整的规定比较笼统，不够详细，实践中不便于操作。目前深圳和启东人民法院就管理人报酬的调整和确定制定了详细的规则，并颁布了《深圳市中级人民法院管理人报酬确定和支取管理办法（试行）》《江苏省启东市人民法院管理人报酬确定与收取管理办法（试行）》。

2. 向担保权人收取的报酬按照以下流程确定：

（1）管理人对维护、变现、交付担保物所作工作应当收取的报酬提出具体的金额和收取方案，与担保权人进行协商；

（2）如果管理人与担保权人协商一致，收取报酬的金额以协商确定的金额为准，不受管理人报酬规定上限的限制；

（3）如果管理人与担保权人不能协商一致，管理人向担保权人收取的报酬应当按照管理人报酬规定的标准由法院决定。

（三）分配方案的生效、异议和执行

分配方案的生效，首先需经债权人会议表决。企业破产法分别设置了债权人会议表决通过和表决不通过情况下，分配方案生效的规则，即分配方案经债权人会议表决通过的，由法院裁定认可；分配方案经债权人会议二次表决未能通过的，也可以由法院裁定认可。根据企业破产法第六十四条第二款的规定："债权人认为债权人会议的决议违反法律规定，损害其利益的，可以自债权人会议作出决议之日起十五日内，请求人民法院裁定撤销该决议，责令债权人会议依法重新作出决议。"实践中，我国现阶段大多数企业进入破产清算程序都是资不抵债，普通债权的清偿比例较低，甚至为零。债权人希望其债权能够获得尽可能高的清偿的心理期望和现实中多数破产企业可分配财产较少的矛盾，会让债权人对分配方案、管理人乃至法院产生对抗情绪，以至于在表决时受情绪影响多于理性判断。分配方案表决未通过，多数情况下，并不是管理人制作的分配方案不合理，而是受客观事实所限，分配方案达不到债权人的心理预期。因此，企业破产法设置法院强制裁定的程序以保障破产程序的顺利推进。同时，分配方案经法院裁定认可方能生效执行的规定，也是对管理人和债权人会议的监督，对债权人权益的保障。

破产财产的分配必须保证公平，既要有程序上的公正，也要确保实体公平。为此，破产法不仅设置了分配方案经法院裁定认可方能生效执行的规则，还规定了分配方案生效后债权人的权利救济途径。根据企业破产法第六十六条的规定，债权额占无财产担保债权总额二分之一以上的债权人对法院认可分配方案的裁定不服的，可以自裁定宣布之日或者收到通知之日起十五日内向法院申请复议。

经法院裁定认可的分配方案，由管理人执行。管理人执行分配方案，主要是发放分配款项。

（四）多次分配与最后分配

破产财产的变现，实现了破产财产作为社会资源的重新配置，让破产企业的闲置资产恢复利用，创造新的社会价值。而破产财产的分配，是为了实现尽快清偿债务的目的。破产债权越快得到清偿，债权人的损失也就越快得到弥补。破产分配从弥补损失的角度，促进了市场主体的经营活力的恢复。企业破产法要求管理人做到勤勉尽责，在破产财产的分配工作中，及时、高效地分配破产财产，就是管理人勤勉尽责的表现。管理人在制作分配方案时，根据破产财产能否一次性分配完毕，再决定是否进行多次分配。在情况相对简单的破产案件中，应当尽量做到一次分配将全部可分配财产分配完毕；在相对复杂的破产案件中，可能需要进行二次分配或多次分配。在两次以上分配的情况下，将现有破产财产分配结束的最后一次分配称为最后分配，也可以称为最终分配。

破产财产的分配，主要受以下三项工作的影响：（1）破产财产的变现；（2）担保物和优先债权标的物范围的确认；（3）破产债权的审查。实践中，由于争议债权分配款的提留、预留破产费用的剩余、收到新的可分配财产等因素，分配方案会出现多次分配的情形。在普通债权可以得到清偿的情况下，首次分配应尽量做到把担保权人、优先权人、职工债权、税款等清偿顺序在普通债权之前的分配款项发放完毕，在后续分配中将剩余的可分配款项按比例清偿给普通债权人，以完成最终分配。

（五）最后分配公告

破产清算程序中，在破产财产最终分配时管理人需发布最后分配公告。最后分配公告用于告知全体债权人破产分配最终的分配结果，同时也起到向社会公示破产分配终结的作用。因此，最后分配公告应当载明已经进行的分配情况和最后分配的情况。

如果有附生效条件或者解除条件的债权，并且在最后分配前管理人依法提留了相应的分配款，那么管理人还需要在最后分配公告中对上述提留的债权分配款是否成就了分配条件进行说明。同时，根据企业破产法第一百一十六条的规定，还需要载明附条件债权所提留分配款的分配问题。

此外，最后分配公告应当将企业破产法第一百一十八条和一百一十九条的规定着重提示，告知债权人自公告之日起两个月内不领受分配款的视为放弃领受，管理人将依法分配给其他债权人；最后分配完毕后，管理人将申请法院裁定终结破产程序；诉讼或者仲裁未决的债权，自破产程序终结之日起满二年仍不能受领分配的，对提留的分配款同样依法分配给其他债权人。这样，可以确保管理人尽到充分提示的义务。

（六）追加分配

追加分配是特指在法院已经裁定终结破产程序的情况下，在破产终结后两年内管理人又追回或者发现新的可分配财产，根据企业破产法的规定需要将新获得的财产依法分配给债权人的程序。除了企业破产法第一百二十三条规定的情形之外，新的可分配财产主要是通过对疑难复杂债权的清收途径获取，比如通过疑难案件执行程序执行到可分配财产；破产企业的债务人进入破产程序而使破产企业获得的分配款等。企业破产法规定追加分配是依债权人申请而启动，但是实践中大多由管理人直接依法进行分配。

从理论上讲，新追回或者收到的可分配财产一般情况下都是清洁资产，不会是已经设定担保物权的财产。因为动产、不动产抵押和权利质押一般都会办理抵押、质押登记，办理了登记的财产不太可能在破产终结后两年内才发现，除非管理人严重失职。追加分配原则上无须重新制作分配方案，直接将可分配的财产按照企业破产法第一百一十三条的规定和分配方案进行分配即可。

另外，笔者认为，根据企业破产法第一百一十九条的规定，对诉讼或者仲裁未决的债权自破产终结之日起满两年仍不能领受分配款的，应当分配给其他债权人。该条规定也应当属于追加分配，只不过无须债权人申请，直接由管理人进行分配。

四、典型案例

江苏华美制衣有限公司破产案

江苏华美制衣有限公司（以下简称华美公司）破产案第二次债权人会议于 2020 年 5 月 22 日召开，对《破产财产分配方案》进行表决。华美公司的财产包括土地 2 宗、有证房屋 3 栋、围墙和车棚等构筑物以及设备和存货，总评估价 972.7 万元，其中主要财产房产、土地均已抵押，评估价为 945.27 万元。华美公司的财产中，抵押物占了 98%。管理人为清理抵押物相关的多家租户及其他占用人投入了非常多的劳动。清退租户，收回被占用房屋的过程耗时长、难度大。由于华美公司可供清偿的财产非常少，普通债权人的清偿比例只有 0.24%，根据管理人报酬规定计算的管理人报酬仅有 14 万元，与管理人办理该案耗时两年半所投入的人力物力严重不符。因此，管理人根据管理人报酬规定，与抵押权人协商希望多收取一部分管理、变价抵押物的报酬。管理人通过书面告知的形式将管理人希望收取的合理报酬金额与抵押权人协商，最终抵押权人与管理人就管理人报酬的金额问题在最高院有关规定的范围之上达成了协议。

第四节　破产程序终结及后续工作

一、概述

破产清算程序的终结分为四种情形：（1）破产财产不足以清偿破产费用；（2）第三人为债务人提供足额担保或者到期债权全部得到清偿；（3）债务人与全体债权人自行达成和解协议；（4）破产人无财产可供分配或者财产已经分配完毕。

第一种情形很好理解，就是提前结束破产程序。破产费用和共益债务是随着破产管理工作的推进而必然发生的。企业破产法第四十三条和四十四条分别对破产费用和共益债务进行了分类列举。如果债务人企业的财产连最基本的破产费用都无法保障，那么破产管理工作必然无法开展。

第二种情形即企业破产法第一百零八条的规定，第三人提供足额担保或者到期债权全部得到清偿，实质上是消灭了破产原因。到期债权全部清偿，也就不存在到期债权不能清偿的情形，破产程序当然终结；第三人提供足额担保，也就不存在缺乏清偿能力之说。因此，这两种情形下，破产程序终结。

第三种情形是在破产清算过程中，全体债权人与债务人自行达成和解协议。和解的内容一般包括债务（部分）豁免、推迟偿还期限等。

第四种情形是指破产清算程序中，无财产可供分配或者管理人已经按照法定程序对全部财产进行变价、分配，可供清偿的破产财产全部分配完毕或者没有可供分配的财产。

其实上述四种破产程序终结的情形，归根结底是破产案最终的两种处理结果：第一种和第四种情形实际上是破产财产分配完毕（无财产可分配视为分配完毕）；第二种和第三种情形实质上是破产债权得到清偿或担保。本节所述内容，主要阐述第四种情形，即破产清算程序中破产财产分配完毕后破产程序的终结。

根据企业破产法第一百二十条的规定，破产清算程序中，破产程序终结的前提是破产财产已经分配完毕；程序上，需要管理人在最后分配完结后向法院提交破产财产分配情况报告，并提请法院裁定终结破产程序，并进行公告。

法院裁定破产程序终结，并不意味着破产管理工作的结束。法院裁定破产程序终结，管理人还需要办理破产企业的税务注销和工商登记注销、档案归档等手续；破产分配时作了提留，但无需分配的，或者破产程序终结后两年内发现及追回新的可分配财产的，还应当依法进行追加分配。

二、法律渊源

《中华人民共和国企业破产法》：

“第二十三条　管理人依照本法规定执行职务，向人民法院报告工作，并接受债权人会议和债权人委员会的监督。

管理人应当列席债权人会议，向债权人会议报告职务执行情况，并回答询问。”

“第四十三条第三款　债务人财产不足以清偿破产费用的，管理人应当提请人民法院终结破产程序。人民法院应当自收到请求之日起十五日内裁定终结破产程序，并予以公告。”

“第一百零五条　人民法院受理破产申请后，债务人与全体债权人就债权债务的处理自行达成协议的，可以请求人民法院裁定认可，并终结破产程序。”

“第一百一十七条　对于附生效条件或者解除条件的债权，管理人应当将其分配额提存。

管理人依照前款规定提存的分配额，在最后分配公告日，生效条件未成就或者解除条件成就的，应当分配给其他债权人；在最后分配公告日，生效条件成就或者解除条件未成就的，应当交付给债权人。”

“第一百一十八条　债权人未受领的破产财产分配额，管理人应当提存。债权人自最后分配公告之日起满二个月仍不领取的，视为放弃受领分配的权利，管理人或者人民法院应当将提存的分配额分配给其他债权人。”

“第一百一十九条　破产财产分配时，对于诉讼或者仲裁未决的债权，管理人应当将其分配额提存。自破产程序终结之日起满二年仍不能受领分配的，人民法院应当将提存的分配额分配给其他债权人。”

“第一百二十条　破产人无财产可供分配的，管理人应当请求人民法院裁定终结破产程序。

管理人在最后分配完结后，应当及时向人民法院提交破产财产分配报告，并提请人民法院裁定终结破产程序。

人民法院应当自收到管理人终结破产程序的请求之日起十五日内作出是否终结破产程序的裁定。裁定终结的，应当予以公告。”

“第一百二十一条　管理人应当自破产程序终结之日起十日内，持人民法院终结破产程序的裁定，向破产人的原登记机关办理注销登记。”

“第一百二十二条　管理人于办理注销登记完毕的次日终止执行职务。但是，存在诉讼或者仲裁未决情况的除外。”

“第一百二十三条　自破产程序依照本法第四十三条第四款或者第一百二十条的规定终结之日起二年内，有下列情形之一的，债权人可以请求人民法院按照破产财产分配方案进行追加分配：

（一）发现有依照本法第三十一条、第三十二条、第三十三条、第三十六条规定应当追回的财产的；

（二）发现破产人有应当供分配的其他财产的。

有前款规定情形，但财产数量不足以支付分配费用的，不再进行追加分配，由人民法院将其上交国库。”

“第一百二十四条　破产人的保证人和其他连带债务人，在破产程序终结后，对债权人依照破产清算程序未受清偿的债权，依法继续承担清偿责任。”

三、难点剖析

（一）破产财产分配报告

破产财产分配报告是管理人向法院汇报破产分配工作情况的文书，直接反映破产财产分配方案的执行情况，是法院决定是否终结破产程序的重要依据。

破产财产分配报告的内容应当与分配方案相对应。破产财产分配方案是从全局的整体的角度说明破产财产的收入、支出以及剩余款项的分配情况的。简言之，就是总收入多少，总支出多少，还剩多少财产可分配，剩余的财产按照什么样的顺序来分配以及各类债权的清偿比例。而破产财产分配报告则无需对分配前发生的收支费用进行报告，仅针对可分配款项的实际分配到位情况进行汇报即可。破产财产分配报告，其实就是一份针对破产财产分配工作的管理人专项工作报告。

实践中，少数债权人因分配金额过小，债权人自身破产、分立、合并、注销乃至经办人变更，导致遗忘破产债权，对分配方案有异议不愿接受破产分配款项等多种情况，发生未领取破产分配款的情形。而破产财产分配报告是法院决定是否终结破产程序的重要依据，因此报告中应当如实反映管理人执行分配方案的工作情况，包括依法进行破产分配的公告、要求债权人领取分配款的通知、破产财产的分配情况（已经领取和尚未领取的分配款具体数额）、债权人未领取分配款的原因、对未领取的分配款如何处理等。

对破产财产分配，笔者的体会是，管理人在制作《破产财产分配方案》时，应当以债权表为基础制作分配清单，清单中逐笔列明需要分配的全部款项。在实施分配工作时，以分配清单为依据，记录分配款的实际发放情况，包括发放的时间和发放的金额。在最终分配结束后，以分配清单的记载为依据制作分配明细，并将每一笔款项分配的财务凭证（复印件即可）作为附件，同时打印最终分配结束后的管理人账户余额对账单，对账单所载余额应当等于未领取的分配款加上未使用的预留款项之和。上述材料的制作，一方面是便于管理人统计分配款的发放情况；另一方面也是作为管理人勤勉履职的证明材料，同时也是法院确认分配方案执行情况和破产财产分配报告所载内容真实情况的重要依据。

（二）未领取分配款项的处理

1. 根据企业破产法第一百一十八条的规定，债权人未受领的分配款应当提存，自最后分配公告之日起满二个月仍不领取的，分配给其他债权人。这里所指的未领受的分配款，是债权金额已经由法院裁定确认且分配条件已经成就，但由于债权人的原因未领取的分配款。

2. 根据企业破产法第一百一十九条的规定，因诉讼或者仲裁未决的债权应当将分配款提存，自破产程序终结之日起满二年仍不能受领分配款的，应分配给其他债权人。

3. 根据企业破产法第一百一十七条的规定，附生效或者解除条件的债权应当先行对相应的分配款作提留处理，在最终分配时根据债权生效或者解除的条件是否成就再决定是否分配。即附生效条件的债权在最终分配时生效条件未成就，或者附解除条件的债权在最终分配时解除条件成就，则不对相应的债权进行分配。此类债权比较典型的是一般保证担保债权，破产企业为保证人，在主债务未到期的情况下，保证人因进入破产程序使得保证债权加速到期，债权人可以向管理人申报保证担保债权，但是其分配款应当提存，待保证人应承担的责任确定后再进行分配（企业破产法解释三第四条规定）。

分配方案的生效和执行过程如下：

① 分配方案的生效

债权人会议表决
- 通过→法院裁定认可
- 未通过→进行第二轮表决
  - 通过
  - 未通过

  （通过、未通过）法院裁定认可

② 分配方案的执行

法院裁定认可分配方案→

首次分配
- 分配完毕（分配前需公告）
- 未分配完毕→继续分配→最终分配

（以上两者）破产终结→追加分配

（三）破产终结的后续工作

1. 工商注销的办理

破产终结后，管理人需要办理注销登记手续。《中华人民共和国企业法人登记管理条例》第二十一条规定，企业法人办理注销登记，应当提交法定代表人签署的申请注销登记报告、主管部门或者审批机关的批准文件、清理债务完结的证明或者清算组织负责清理债权债务的文件。经登记主管机关核准后，收缴《企业法人营业执照》和印章，并将注销登记情况告知其开户银行。企业破产法第一百二十一条规定，管理人应自破产程序终结之日起十日内，持人民法院终结破产程序的裁定，向破产人的原登记机关办理注销登记。各地的市场监督管理部门对破产人的注销手续要求不一致，许多时候需要提交税务注销登记手续。至于是否收缴《企业法人营业执照》和印章，各地做法也不相同，但国有企业的印章多数是要收缴的。

2. 税务注销的办理

除了工商登记注销之外，虽然没有法律作强制性规定，但市场监督管理部门会要求管理人先行完成税务登记的注销。《税务登记管理办法》第二十九条规定，纳税人办理注销税务登记前，应当向税务机关提交相关证明文件和资料，结清应纳税款、多退（免）税款、滞纳金和罚款，缴销发票、税务登记证件和其他税务证件，经税务机关核准后，办理注销税务登记手续。在破产终结的背景下，税务注销办理的程序如何，税务部门目前没有明确具体规定。

实务操作中，税务登记的注销比较复杂。企业发生欠税的情况下，税务部门一般是要收取滞纳金并作出相应的行政处罚的。但是企业破产法及相关司法解释对破产企业欠税有特殊规定，即所欠税款本金属于优先债权，所欠滞纳金属于普通债权，罚款则属于劣后债权。企业如果在破产前有欠税，相应的滞纳金通常是无法得到全额清偿的，在普通债权不能全额受偿的情况下，罚款作为劣后债权更是得不到清偿的。因此，在办理税务注销时不能按照《税务登记管理办法》的规定结清滞纳金和罚款，而税务部门往往会据此不予办理税务登记的注销。好在江苏省高级人民法院和国家税务总局江苏省税务局于2020年10月30日印发了《关于做好企业破产处置涉税事项办理优化营商环境的实施意见》，上述问题有望得以解决。

（四）破产企业档案资料的处置

管理人根据企业破产法第二十五条的规定接管债务人企业的财产、印章和账簿、文书等资料。破产财产经变价后以货币分配的方式处置完毕，印章、证照等在办理注销手续时由政府相关部门收回或者销毁，但是破产企业的财务账册、职工档案和其他文书资料等如何处理，企业破产法没有具体规定。其中，财务资料和职工档案的处置非常重要，尤其是在国有企业破产案件中，财务资料的妥善保管涉及主管部门对国有资产的监管和审查甚至追责等问题，而职工档案则关系到原企业职工申请、落实各种优惠性政策、办理退休、领取补助等问题。

破产企业档案资料的处置，应当由管理人制订详细的方案，比如将职工档案委托人社部门接受、管理，或者交由国有企业的上级单位、主管部门接受；对财务资料按照会计法及国务院财政部门会同有关部门制定的法规的规定进行保管、销毁。但现实中对上述档案材料的保管问题，往往是由于上级主管部门在内的各相关部门互相推诿，导致破产企业档案的保管成为难题，该难题的解决有待法律的进一步明确。

（五）管理人终止执行职务的报告

管理人依法履行职责，向法院报告工作，受债权人会议监督，这是企业破产法第二十三条规定的有关管理人履行职务的要求。管理人在整个破产程序中，主要是通过各种工作报告的形式向法院和债权人反馈管理人依法履行职务的具体情况和破产案件的进展情况。以破产清算案件为例，包括管理人工作报告、提请法院裁定宣告破产的报告、提请法院裁定确认债权的报告、提请法院裁定认可变价方案的报告、提请法院裁定认可分配方案的报告、破产财产分配情况报告和管理人终止执行职务的报告等等。

破产程序的终结并不意味着管理人执行职务的终止，法院裁定终结破产程序后，管理人还需要办理破产企业的注销手续。如有新的可分配财产，还需进行追加分配。破产企业的档案资料需要落实保管与处置方案等。严格意义上讲，无论破产程序是否终结，上述后续工作都结束之后，管理人才能终止执行职务。管理人终止执行职务的报告，应当根据法院裁定终结破产程序后管理人履行职务的实际情况来起草。报告的目的是让法院知道管理人的职责是否履行完毕，有没有其他遗留问题。

四、典型案例

扬中龙源港机制造有限公司破产案补充分配

扬中龙源港机制造有限公司（以下简称龙源公司）于 2016 年 11 月 22 日召开债权人会议，表决通过了《破产财产分配方案》并进行了分配。首次分配完毕后，扬中市人民法院于 2018 年 12 月 26 日裁定终结龙源公司破产程序。破产程序终结时，龙源公司尚有对关联企业爱德华重工有限公司（以下简称爱德华公司）的应收债权 2. 3 亿元，因爱德华公司也进入破产清算程序但是尚未进行破产分配，龙源公司的债权未获清偿。后爱德华公司于 2019 年进行了破产分配，龙源公司的债权按比例获得了清偿。经管理人测算，龙源公司普通债权人可以获得 2. 2%的补充分配。根据企业破产法第一百二十三条第一款第二项的规定，管理人对龙源公司债权人进行了追加分配，发放了分配款项。

五、参考模板

××公司破产案追加分配清单

序号	债权人与款项名称	应分配金额	实际分配金额	分配时间	未分配金额及原因	审核人（签字）	经办人（签字）	备注
1	××公司分配款							
2	××公司分配款							
3	××公司分配款							
4	审计费							
5	评估费							
6	管理人报酬							
	……							

镇江金浪潮化纤设备有限公司破产案
破产财产分配报告

丹徒区人民法院：

贵院于 2018 年 3 月 12 日作出（2017）苏 1112 破 2 号之五裁定，认可《镇江金浪潮化纤设备有限公司破产财产分配方案》。现管理人已按分配方案将破产财产分配完毕，特将分配情况向贵院报告。

一、可供分配的破产财产总额

镇江金浪潮化纤设备有限公司（以下简称金浪潮公司）可供分配的破产财产总额为 17 267 533. 98 元。

二、具体的分配情况

（一）破产费用与共益债务：1 667 384. 37 元。

其中分配方案通过之前已经发生 187 055. 5 元，预留的后续工作及档案整理保管等破产费用 200 000 元暂存于管理人账户，其余 1 280 328. 87 元已经支付。

（二）抵押权人优先受偿：8 342 747. 67 元，已分配完毕。

（三）职工债权：843 764. 45 元。分配方案通过之前已经兑付 583 712. 34 元，其余 260 052. 11 元已经分配，清偿率为 100%。

（四）欠缴税款：60 373. 05 元，清偿率为 100%，已分配完毕。

（五）普通债权：4 660 771. 63 元，清偿率为 100%，已分配完毕。

（六）补充分配

……

（七）其他支出

……

上述（一）至（七）项支付完毕后，剩余 1 428 887. 45 元，根据《镇江金浪潮化纤设备有限公司破产财产分配方案》分配给股东。

三、股东分配的款项

根据金浪潮公司全体股东的书面确认，股东之间没有就剩余财产的分配问题作特别约定，均同意按照各股东的出资比例分配剩余资产，即……

综上所述，金浪潮公司的破产财产均已分配完毕。

特此报告

镇江金浪潮化纤设备有限公司管理人

二〇一八年五月二十二日

关于管理人终止执行职务的报告

××人民法院：

本机构于××××年××月××日接受贵院指定，担任×××（破产企业名称）管理人。

××××年××月××日，贵院裁定终结×××（破产企业名称）的破产程序，管理人职务已全部执行完毕，现将有关情况报告如下：

一、破产财产的分配情况

简述破产财产的分配情况。无财产可供分配的，附破产企业财产状况报告；最后分配完结的，附破产财产分配报告。

二、破产程序终结后的职务执行情况

说明破产程序终结后，管理人办理破产企业注销登记手续的情况。

三、有无未决诉讼或者仲裁的情况

说明破产企业无未决诉讼或者仲裁程序。

四、档案移交情况

综上，根据《中华人民共和国企业破产法》第一百二十二条规定，管理人依法终止执行管理人职务。

特此报告

公司管理人

××××年××月××日

第五节　清算与重整之间的转换

一、概述

破产重整、破产和解与破产清算是企业破产的三种模式，这三种模式根据破产企业的实际情况可以选择适用，也可以互相转换。在企业出现破产原因的情况下，债权人和债务人均可以向法院提出破产重整或者破产清算的申请，债务人还可以提出破产和解的申请。本节主要阐述关于破产重整与破产清算两种程序之间的转换问题。

企业进入破产程序，可以直接申请破产重整，也可以直接申请破产清算。破产清算程序从法院裁定宣告破产开始，破产重整程序从法院裁定重整开始。根据企业破产法的规定，从破产清算立案到法院裁定宣告企业破产期间，可以转换为重整程序或者和解程序，但企业进入破产清算程序之后，就不可以再转换为破产重整或者破产和解程序了，依企业破产法第一百零五条进行的破产和解除外。但是企业在破产重整程序中，是可以依法转换为破产清算或者破产和解程序的。从立法目的的角度来看，破产重整是为了拯救破产企业而设置，破产清算是为了清理破产企业而设置。企业具备挽救价值的情况下，应当优先适用重整程序；一旦企业丧失了挽救的价值。则应当及时转换程序进行清算，这就是重整程序与清算程序之间转换的原理。

二、法律渊源

《中华人民共和国企业破产法》：

“第七条　债务人有本法第二条规定的情形，可以向人民法院提出重整、和解或者破产清算申请。

债务人不能清偿到期债务，债权人可以向人民法院提出对债务人进行重整或者破产清算的申请。

企业法人已解散但未清算或者未清算完毕，资产不足以清偿债务的，依法负有清算责任的人应当向人民法院申请破产清算。”

“第七十条　债务人或者债权人可以依照本法规定，直接向人民法院申请对债务人进行重整。

债权人申请对债务人进行破产清算的，在人民法院受理破产申请后、宣告债务人破产前，债务人或者出资额占债务人注册资本十分之一以上的出资人，可以向人民法院申请重整。”

“第七十八条　在重整期间，有下列情形之一的，经管理人或者利害关系人请求，人民法院应当裁定终止重整程序，并宣告债务人破产：

（一）债务人的经营状况和财产状况继续恶化，缺乏挽救的可能性；

（二）债务人有欺诈、恶意减少债务人财产或者其他显著不利于债权人的行为；

（三）由于债务人的行为致使管理人无法执行职务。

第七十九条　债务人或者管理人应当自人民法院裁定债务人重整之日起六个月内，同时向人民法院和债权人会议提交重整计划草案。

前款规定的期限届满，经债务人或者管理人请求，有正当理由的，人民法院可以裁定延期三个月。

债务人或者管理人未按期提出重整计划草案的，人民法院应当裁定终止重整程序，并宣告债务人破产。”

“第八十八条　重整计划草案未获得通过且未依照本法第八十七条的规定获得批准，或者已通过的重整计划未获得批准的，人民法院应当裁定终止重整程序，并宣告债务人破产。”

“第九十三条　债务人不能执行或者不执行重整计划的，人民法院经管理人或者利害关系人请求，应当裁定终止重整计划的执行，并宣告债务人破产。

人民法院裁定终止重整计划执行的，债权人在重整计划中作出的债权调整的承诺失去效力。债权人因执行重整计划所受的清偿仍然有效，债权未受清偿的部分作为破产债权。

前款规定的债权人，只有在其他同顺位债权人同自己所受的清偿达到同一比例时，才能继续接受分配。

有本条第一款规定情形的，为重整计划的执行提供的担保继续有效。”

三、难点剖析

重整程序主要分为两个阶段：第一个阶段是重整期间，从法院裁定重整开始，重整期间最长为6个月，法院可以裁定再延长3个月。重整期间主要用于制订重整计划，债务人或管理人需在重整期间内提交重整计划草案供债权人会议表决；第二个阶段是重整计划执行期，从法院裁定批准重整计划开始，按照重整计划来实施，直至重整计划执行完毕。在上述两个阶段中，企业破产法均设置了终止重整转入清算的程序：重整期间出现重大障碍可能造成无法按期制订重整计划的，可以申请重整转清算；重整期间结束未提交重整计划或者重整计划未获批准依法转为清算或者重整计划虽获批准但无法执行的，可以申请重整转清算。

1. 在重整期间可以依申请终止重整并宣告破产。企业破产法第七十八条规定了管理人或者利害关系人可以申请法院终止重整并宣告破产的三种情形，分别为：（1）债务人的经营状况和财产状况继续恶化，缺乏挽救的可能性；（2）债务人有欺诈、恶意减少债务人财产或者其他显著不利于债权人的行为；（3）由于债务人的行为致使管理人无法执行职务。上述三种情形其实可以概括为一个判断标准，即重整计划的制订遇到了难以克服的障碍。在此情况下，为避免破产程序无谓的拖延，企业破产法规定可以终止重整程序，转为清算程序。

2. 法院依职权裁定终止重整并宣告破产。重整期间结束，管理人或债务人未能提出重整计划草案，或者虽提出重整计划草案但未获债权人会议表决通过且未获法院裁定批准的，或者虽经债权人会议表决通过但未获法院批准的，法院应当依职权裁定终结破产重整程序，宣告破产清算。

3. 重整计划无法执行或者债务人不执行，可以依申请终止重整程序并宣告破产清算。

四、典型案例

格林艾普公司破产案

（一）案情简介

格林艾普公司因资金链断裂，不能清偿到期债务。中盐金坛盐化有限公司向法院提出对格林艾普公司破产清算的申请。格林艾普公司的前身是无锡化工集团公司，是以盐化工业为基础生产氢氧化钠、压缩氢气、盐酸、次氯酸钠、硫酸、液氯、氯乙酸、氯苯、二氯苯的化工企业。2008 年从无锡搬迁至镇江新区。

化工生产的特点之一是用电量巨大，电费占了生产成本的相当大一部分。格林艾普公司的优势在于，具备从硫黄发电（生产硫酸、产生蒸汽）到电解盐水（生产氯气、烧碱、氢气）再衍生到其他化工产品的一整套完整的生产体系。该套生产体系可以自己供电供热，非常先进。但是格林艾普公司的硫黄发电厂尚未投入使用，即受到金融危机的冲击，基础化工产品市场价格低迷，利润空间小，而格林艾普公司无法使用自备电厂发电一直从国家电网购电使用，无形中大大增加了生产成本，导致企业进入破产程序。

如果格林艾普公司的硫黄发电厂能够投入生产，不仅可以自己供电还能向国家电网输电，节省电费的同时还能创造收入，每年节省的电费在 1 500 万元左右，可以转亏为盈。针对上述优势，格林艾普公司的股东新世纪盐化集团曾经向法院递交了破产重整申请书。在与意向重整投资人扬农集团进一步磋商过程中，因国家环保政策的变化，格林艾普公司硫黄发电厂无法取得相关行政审批手续，利用自备电厂发电以降低生产成本转亏为盈的重整计划无法实现。因此，管理人及时向法院提交了破产清算的申请，法院裁定宣告格林艾普公司破产清算。

虽然格林艾普公司重整没有成功，但是在后续的清算过程中，管理人通过资产和技术资料整体转让的变价方案，由同样从事基础化工生产的镇江索普集团通过设立子公司的模式整体收购了格林艾普的资产，对原有落后产能进行淘汰、升级，优化产业结构，使得原格林艾普的生产线恢复运转，破产企业生产要素实现价值最大化。

第六节　“执转破”案件程序简化

一、概述

最高人民法院 2017 年 1 月 20 日发布了《关于执行案件移送破产审查若干问题的指导意见》。该意见的实施，在企业破产法规定的依申请启动破产程序模式之外，开启了“执转破”的新通道。该指导意见要求法院在执行过程中主动审查被执行人是否符合破产条件，并向符合破产条件的被执行人及其执行申请人征询意见，从而终止执行程序，开始破产程序。开启“执转破”通道的目的，其一在于帮助法院解决执行难问题；其二在于保护债权人的利益；其三在于加快“僵尸企业”退出市场的步伐。“执转破”的意义在于，执行案件中仅仅依靠法院处置被执行人的某一项财产，无法达到破产程序中由管理人和审计、评估单位等社会中介机构根据市场行情需要，有针对性的整体处置破产财产的效果；执行案件也不能解决市场主体的退出问题；对债权人来说，执行程序中参与分配制度相比较破产分配，后者更加公平，能够实现公平保护全体债权人利益的目的；对我国营商环境的优化来说，通过破产程序可以将破产企业的闲置资产尽快恢复运转，加快资源的重新配置。还有一类“执转破”案件，债务人基本已无可供执行、分配的财产，但是债权人仍然希望通过破产程序对债务人的股东是否有借破产逃废债的问题进行调查，寄希望于管理人在破产程序中追回债务人或者其股东、实际控制人个别清偿或者非法转移的财产。

与正常依申请进入破产程序的案件相比，“执转破”案件已经经过了执行阶段法院对债务人财产的调查，有些“执转破”案件已经完成了债务人财产的评估工作，甚至还有一部分“执转破”案件在执行阶段就已经完成了债务人财产的拍卖变价工作。法院在执行阶段所作工作的成果，可以直接为管理人所用，从一定程度上减轻了管理人的工作量。根据“执转破”案件财产少、财产状况相对清楚、债权比较明确、法院已经做了部分基础工作等特点，结合“执转破”案件追求高效、快捷的目的，“执转破”案件的办理应充分利用执行调查的成果，充分查漏补缺，适当简化程序快速推进案件进程，缩短各项工作的周期。“执转破”案件在不违反企业破产法规定的情况下，应追求快速、高效，同时尽量降低破产费用的开支。

当然，不仅仅“执转破”案件应简化程序，非“执转破”案件的办理也应尽量做到快速、简洁、高效。“执转破”案件简化审理的相关司法解释和指导意见，也可以借鉴到非“执转破”案件的办理当中。

二、法律渊源：《江苏省高级人民法院关于“执转破”案件简化审理的指导意见》

（一）“执转破”案件简化审理程序的基本原则

1. 繁简分流原则。事实清楚、债权债务关系明确、财产状况明晰的“执转破”案件，主要由基层法院办理，应当适用简化审理程序。

2. 快速高效原则。要切实避免程序空转及为走程序而走程序的问题。要在不违反企业破产法硬性要求的前提下，最大限度地简化破产流程，并联破产事项，立案、听证、破产告知、管理人指定、债权人会议、财产查控、程序终结、公告与送达等环节中能够压缩的时间性要求应予压缩，能够简化的程序应予简化，能够合并的事项应予合并，实现快速立案，快速审理。

3. 程序经济原则。要尽可能减少不必要的费用支出，最大限度地控制破产成本。要充分运用执行机构已经完成的财产查控结果、评估结论及处置结果，避免不必要的重复劳动。要充分利用“总对总”“点对点”查控系统，提高财产查控质量与效率。要充分借助执行程序中财产变价机制及平台，降低变现成本。要充分利用破产重整信息网发布案件流程节点、公告及法律文书，减少破产费用支出。

（二）“执转破”案件简化审理程序的案件范围

1. 被执行人公司股权结构简单、资产规模不大、无风险隐患，且具备下列情形之一的“执转破”案件，应当简化审理程序：

（1）被执行人无财产或财产较少，可能不足以支付全部破产费用的；

（2）被执行人账簿、重要文件等灭失或被执行人下落不明，无财产可供执行，且未发现巨额财产下落不明的；

（3）被执行人无营业场所或者无人员安置问题的；

（4）被执行人停工停产或者已经歇业，且不存在职工安置的；

（5）被执行人经营地域集中或系中小微企业的；

（6）被执行人未经清理已被吊销或撤销营业执照，其财产不足以清偿全部债务的；

（7）被执行人全部财产或主要财产已经处置变现的；

（8）被执行人财产易于变价或无须变价的；

（9）申请人、被申请人及其他主要破产参与人协商一致同意简化审理程序的；

（10）被执行人是个人独资企业的；

（11）其他适合简化审理程序的案件。

2. 具有下列情形之一的“执转破”案件，原则上不适用简化程序进行审理：

（1）涉及国有企业或者关联企业合并破产的；

（2）涉及破产和解或者破产重整的；

（3）涉及职工安置等复杂情形的；

（4）债务人资产难以变现且无法实物分配的；

（5）债权债务关系复杂，可能需要审计的；

（6）存在未决诉讼或仲裁案件，或者可能存在多个衍生诉讼的；

（7）涉及刑民交叉的案件；

（8）其他不宜适用简化程序审理的案件。

3. “执转破”案件是否适用简化程序审理，由受理法院依职权决定。但应在“执转破”案件受理公告中告知简化审理程序的相关事项，并对破产参与人予以指引。

已按简化程序审理的破产案件，如发现不宜继续适用简化审理程序的，应按企业破产法及其司法解释规定的一般程序进行审理。

4. 适用简化程序审理的“执转破”案件，应由执行法官以及破产案件审理部门、执行裁判部门的法官组成审判团队，负责对“执转破”案件进行审查及审理。

（三）“执转破”案件简化审理程序的破产申请审查与受理

1. “执转破”案件审判团队应提前介入本院执行机构移送破产审查案件的梳理与审查，参与研究需要移送的材料准备及财产变价等前置性工作。符合移送条件并决定移送的，执行机构可不制作移送决定及移送函，直接移送本院立案部门立案。但应将本院研究及决定移送破产审查的过程性材料一并移送。

申请执行人同意移送破产的，执行机构应在移送立案当日通知被执行人，告知其如有异议，可按企业破产法第十条第一款规定向本院“执转破”案件审理部门提出。被执行人同意移送破产审查的，可不必再向其发出异议权利通知。

2. 立案部门对本院执行机构移送的材料进行形式审查，材料完备的，应在 1 个工作日内将相关信息录入破产重整信息网，以“破申”案号登记立案后移送“执转破”案件审判团队进行审查。

3. “执转破”案件审判团队应在接收案件后 10 日内作出是否受理裁定。被执行人提出异议的，由“执转破”案件审判团队进行审查。裁定受理的，应同时决定是否适用简化审理程序，并送达债权人、债务人及执行机构。

受理裁定作出后，审判团队应在 3 日内将案件材料移送立案。立案部门应在 1 个工作日内将相关信息录入破产重整信息网，以“破”案号登记立案后移送“执转破”案件审判团队审理。

（四）“执转破”案件简化审理程序中的破产管理人及债权申报

1. “执转破”案件审判团队裁定受理“执转破”案件的，应提前通知司法技术部门通过随机方式在管理人名册中指定管理人，可以通知同意执行案件移送破产审查的债权人或债务人到场，并进行同步录音录像。被通知的债权人或债务人未按时到场的，不影响随机摇号工作。

司法技术部门原则上应在接到通知后 3 个工作日内完成管理人指定工作。名册中已有个人管理人的，原则上应指定个人为管理人。政府相关部门已经成立清算组的，可直接指定该清算组为管理人。管理人确定后，应告知其本案是否适用简化程序并给予相应指引。

2. 管理人应在接受指定之日起 5 日内接管债务人财产、印章、账簿、文书等资料，并在破产重整信息网管理人工作平台完成信息录入工作。同时应明确具体步骤和完成时间，定期披露工作进展。无产可破案件，可不开立管理人银行账户。

3. “执转破”案件审判团队应在裁定受理破产申请之日起，3 个工作日内通知已知债权人，并在破产重整信息网法官工作平台发布公告，除载明企业破产法第十四条规定必须载明的内容外，还应载明适用简化程序审理的内容及第一次债权人会议的时间及方式。

4. 债权人申报债权的期限为 30 日，自发布受理破产申请公告之日起计算，管理人应在债权申报期限届满之日起 5 个工作日内提交债务人财产状况报告。

（五）“执转破”案件简化审理程序中的财产查控及变价

1. 管理人应在接受指定后 30 日内完成债权审查及财产调查工作。必要时，可申请调查令。

2. 管理人需要查控债务人名下房产、存款、股权、车辆和股票等财产的，应指引其提出申请，由审判团队中的执行法官通过“总对总”“点对点”系统进行查控。执行机构在移送前六个月内已进行查控的，可不必再次调查。

3. 执行程序中作出的评估、鉴定或审计报告，在所涉案件移送破产审查后仍在有效期之内的，不再重新委托评估、鉴定或审计。

上述报告虽然在移送破产审查后超过有效期，但如该财产或其财产性权利的市场价值未发生明显变化，或未对债权人、债务人或其他破产参与人权利造成明显影响的，除债权人或利害关系人自愿承担相关费用之外，可不再重新委托评估、鉴定或审计。

所涉财产在执行程序中流拍后移送破产审查再行拍卖的，不受评估、鉴定及审计报告有效期的影响。

4. 执行机构原则上应将被执行人财产变现后再将案件移送破产审查。如破产程序中涉及财产变现的，应优先适用网络司法拍卖，并由审判团队中的执行法官负责实施。

5. 破产财产可以实物分配，或者存有可以径行分配的股权或者债权的，除债权人或利害关系人自愿承担相关费用之外，可不作变价处理，依法直接予以分配。

6. 破产财产拍卖时需要确定底价的，有市场价的按市场价确定；没有市场价，但可通过询价确定的，除债权人或利害关系人自愿承担相关费用之外，应通过询价确定。

7. “执转破”案件需要采取保全措施的，经管理人申请，由审判团队中的执行法官予以实施。

（六）“执转破”案件简化审理程序中的债权人会议

1. 债权人会议原则上采取书面形式召开。确需现场召开债权人会议的，应减少次数，最多不超过两次。第一次债权人会议由法院负责召集。

2. 债权人会议及破产事项表决可采用书面、数据电文等形式，也可在破产重整信息网进行。

3. 第一次债权人会议自债权申报期限届满之日起 5 日内召开。确需召开第二次债权人会议的，管理人应当提前 15 日通知已知债权人。

4. 债权债务明确，债务人财产确定，符合宣告破产条件的，管理人原则上应提请人民法院在第一次债权人会议上宣告债务人破产，并将资产处置方案和分配方案提交债权人会议表决。

5. 第一次债权人会议上宣告债务人破产的，可同时作出裁定并宣告，并在 5 日内向债务人、管理人送达，并通知已知债权人，同时予以公告。

6. 管理人未提请人民法院在第一次债权人会议上宣告破产的，应在会议结束之日起 15 日内决定是否提请宣告债务人破产。符合条件的，受理法院应在收到申请之日起 5 日内作出宣告破产裁定，并在裁定作出之日起 5 日内送达给债务人、管理人，并通知已知债权人，同时予以公告。

7. 无财产可供分配或破产财产不足以支付破产费用，或者债务人没有财务账册或者财务账册不齐、无法审计，或者债务人人员下落不明或财产状况不清，管理人未追收到财产或者未发现有财产可供分配的，且债权人或其他利害关系人不愿意足额承担破产费用或其垫付的费用不足以支付破产费用的，可以不召开债权人会议，提前终结破产程序。

管理人在查明上述情况后 5 日内，应当向人民法院提请终结破产程序，人民法院应在收到申请后 5 日内作出裁定。

（七）“执转破”案件简化审理程序中的程序性事项

1. 可以采用电话、短信、微信、电子邮件、传真等简便方式传唤相关人员及送达除民事裁定书以外的法律文书。

2. 管理人因债务人账册、重要文件灭失，无法清算或无法全面清算的，人民法院应在终结破产程序的裁定书中列明上述事由。

3. 管理人因债务人歇业或营业执照被吊销，人员下落不明或者财产状况不清，且未追收到破产财产，无财产可供分配的，人民法院应在终结破产程序的裁定书中列明破产程序终结后 2 年内发现有依法应当追回的财产或者有应当供分配的其他财产的，债权人可以请求追加分配。

4. 破产财产分配方案经法院裁定确认，且主要财产已分配完毕，但因客观原因尚未完成个别事项的，管理人可在该裁定作出同时提请法院裁定终结破产程序。

5. 适用简化程序审理的“执转破”案件应当在“破”字号案件立案之日起 3 个月内审结。因特殊情况需要延长的，按相关规定履行报批手续。

6. 管理人应当自破产程序终结之日起 5 日内，持终结破产程序裁定等法律文书，向登记机关办理注销登记。

7. 除受理破产申请、宣告破产、终结破产程序必须公告外，其余事项可不予公告。通过破产重整信息网以及法院官网发布的公告，与纸质媒介上发布的公告效力相同。

8. 适用简化审理程序的破产案件，可以按照《诉讼费用交纳办法》第十六条规定在依法计算受理费的基础上再减半收取。

无任何财产可供分配或者财产不足以支付破产费用的“执转破”案件，经管理人提出申请，可以免交案件受理费。

三、难点剖析

（一）程序性事项的简化

程序性事项的简化主要体现在各类期限的限缩和各种流程的简化。“执转破”案件在审查受理阶段应将立案、听证、指定管理人、公告等事项并联处理，江苏高院审理指南要求审判团队在 10 日内完成“执转破”案件的审查受理，符合受理条件的应在 3 日内移送立案庭，立案庭需在 1 日内将案件信息录入破产重整信息网。裁定受理“执转破”案件的同时，应指定管理人，由司法技术部门在 3 个工作日内完成。管理人应在接受指定后 5 日内完成接管工作，30 日内完成债权审查和财产调查。债权申报期为 30 天，第一次债权人会议应在债权申报期满后 5 日内召开。“执转破”案件中，对破产企业有关人员和已知债权人可以通过电话、短信、微信、电子邮件、传真等方式联系、送达各类文书。

破产程序中需要公告的事项可以简化，除受理破产申请、宣告破产、终结破产程序必须公告外，其余事项可不予公告，公告方式可以不局限于登报，也可以使用网络公告。经调查无财产可供分配的，可以不召开债权人会议，书面汇报法院后申请终结破产程序。主要财产分配完毕，个别事项未能完结的，可以先行申请法院裁定终结破产程序。

（二）管理人工作的简化

管理人工作的简化，主要包括财产调查工作的简化和财产变价工作的简化。法院在执行阶段所作的调查工作，其结果可以直接为管理人所用。例如银行账户余额的调查，一般破产案件，管理人查询银行账户需要到人民银行调取开户清单，根据开户清单到各开户行查询账户余额。而破产企业银行账户多数在破产前被法院查封，一个账户被多家法院查封的情况也很普遍。银行账户被法院查封后，有些银行是拒绝查封法院之外的单位（包括破产企业自身）查询账户情况的。这种情况下一般需要协调法院解除查封或者开具调查令才能查询到账户余额等情况。"执转破"案件在执行阶段，法院按照有关规定会对被执行人进行网络查控，各银行会向法院反馈被执行人的开户信息和账户余额。进入破产程序后，法院查询的结果可以直接为管理人所用。虽然理论上，法院查控的时间发生在破产前的执行阶段，在进入破产程序前仍然有款项汇入的可能，但此类情形并不多见。即使出现该情况，管理人在制定分配方案前会将所有银行账户中的余额转入管理人账户，并不会影响破产程序的实体公正。执行阶段的评估报告原则上也可以直接在破产财产的变价中使用。虽然评估时点不一样，但财产的评估价只是起拍定价的参考，最终成交价是由市场决定的。

财产变价工作的简化，体现在以下两个方面：（1）起拍价的确定，可以参考评估报告、市场价、询价报告；（2）不易变价的财产可以实物分配，比如股权和债权。

（三）债权人会议的简化

债权人会议的简化，主要体现在会议形式的简化、会议次数的压缩、表决事项的提前、决议内容的开放。

"执转破"案件的债权人会议可以采用邮寄会议材料（管理人工作报告、核查债权报告、财产管理方案、变价方案、分配方案、表决票等）的方式召开非现场会议，会议的次数尽量控制在一次。即第一次债权人会议上就对包括分配方案在内的所有需表决事项进行表决。如果财产调查尚未结束，或者执行阶段财产尚未全部变现，可以制作原则性的变价方案、分配方案。原则性方案的内容需要包括方案的生效条件，即变价方案在法院裁定宣告破产后生效执行；分配方案的生效条件相对复杂一些，首先，需要满足全部已知财产变现成功；其次，管理人需要测算出各顺位的债权人分配的具体金额，同时还需要报人民法院裁定认可。

笔者认为，除了管理、变价、分配方案之外，为方便重大事项的决策，减少召开债权人会议的次数，管理人还可以根据案件实际情况制定债权人会议以及重大事项的议事和表决规则，可以对诉讼调解、协商和解等事项要求债权人会议表决授权。

四、典型案例

镇江林宁连锁超市有限公司破产案

（一）案情简介

由于镇江林宁连锁超市有限公司（以下简称林宁超市）不能清偿到期债务，镇江市丹徒区上会晶鑫米厂（以下简称晶鑫米厂）向镇江市京口区人民法院（以下简称京口法院）申请执行。执行过程中晶鑫米厂同意对林宁超市移送破产审查。镇江市中级人民法院经审查于2018年5月10日作出（2018）苏11破申9号民事裁定，受理晶鑫米厂对林宁超市申请的破产清算一案，同时指定京口法院审理本案。京口法院于2018年5月22日作出（2018）苏1102破2号决定，指定×××律师事务所担任林宁超市管理人。

管理人初步调查的结果是，林宁超市于2015年上半年经营出现困难，无法清偿到期债务，无力支付职工工资。大量供应商向法院提起诉讼，职工集体向镇江市劳动争议仲裁委员会提起劳动仲裁。然而，林宁超市的经营场所均是租赁使用，除了超市内商品外，没有其他财产。在面临重大债务危机的情况下，林宁超市无力支付房屋租金，超市的商品也被房屋出租人扣留用作抵偿拖欠的房租（行使留置权）。其后，林宁超市的债权人与职工依据生效法律文书向法院申请执行。在执行过程中，法院作了大量的调查工作，仍然没有找到林宁超市可供执行的财产；公司法定代表人与股东也销声匿迹。时隔两年多，管理人仍然无法找到原企业的法定代表人、股东或财务负责人等管理人员；也没有接管到林宁超市的营业执照、财务账册及公章、财务章等；更没有发现林宁超市名下的资产。

鉴于上述情况，管理人一方面依法开展债权登记与职工债权的统计工作；另一方面在法院的指导和帮助下，全面开展对林宁超市的历任法定代表人、股东、实际控制人及关联企业资产状况的调查工作。调查中发现，多份生效判决书中的认定事实部分都已查明，林宁超市的人员、业务、财务等与江苏省林宁国际贸易有限公司（以下简称林宁国际）高度混同，已丧失了公司的独立法人人格，法院据此判决林宁国际对林宁超市的债务承担连带责任。管理人在对林宁超市进行详细调查的基础上分别到南京市、涟水县、淮安市洪泽区等地，对林宁国际、江苏今世缘糖果食品有限公司（以下简称糖果公司）、江苏今世缘葡萄酒业有限公司（以下简称葡萄酒公司）、江苏三企食品有限公司（以下简称食品公司）等关联企业进行调查。

调查的结论是，因林宁国际与林宁超市人格混同，林宁国际需要对林宁超市的债务承担连带清偿责任。调查发现，糖果公司40%的股权、葡萄酒公司51%的股权为林宁国际的资产，食品公司的800万元注册资本均由林宁国际提供，以及林宁国际的股东林建明拥有南京市鼓楼区山西路67号A2302、2304-2308室房屋等相关财产线索，因此各位债权人可以在申请执行林宁国际案件中提供上述财产线索。

（二）案件简化审理

1. 由于林宁超市在执行阶段未查找到任何财产，法定代表人、股东均下落不明，在对破产企业的接管工作上，管理人采取了在林宁超市工商登记的住所地现场张贴公告，通过EMS向股东和法定代表人、实际控制人邮寄书面通知，在破产重整信息网进行公示等方式要求破产企业相关人员移交财产和资料。

2. 在查明林宁超市无财产、无账册的情况下，管理人和法院的一致意见是召开第一次债权人会议后依法终结破产程序。但是为了对得不到清偿的职工和债权人有个交代，管理人还是对林宁超市连带责任的关联企业的财产进行了调查，查明了有关财产线索供职工和债权人另案主张权利。

3. 林宁超市破产案从法院立案到破产终结，没有超过6个月，得益于法院在程序上给予管理人简化操作的便利。

五、参考模板（文书展示）

南山壹号破产案

镇江南山壹号商务服务有限公司（以下简称南山壹号）因不能清偿到期债务，执行过程中债权人申请其破产，润州法院经审查受理对南山壹号的破产清算申请。管理人经调查，未发现任何可供分配的财产。根据江苏省高院“执转破”简化审理指导意见，管理人于第一次债权会上作了报告，并申请法院终结破产程序。润州法院经审查后裁定终结南山壹号终结破产程序。

（一）“执转破”受理裁定

镇江市润州区人民法院
民事裁定书

（2020）苏1111破申4号

申请人：王某某，男，汉族，1981年9月30日生，居民身份证号码3111119810930××××，住镇江市七里甸镇王家湾136号。

被申请人：镇江南山壹号商务服务有限公司，统一社会信用代码91321111699332753H，住所地镇江市黄山南路2号。

法定代表人：周某某，该公司董事长。

申请人三某某与被申请人镇江南山壹号商务服务有限公司买卖合同一案，本院在执行中发现镇江南山壹号商务服务有限公司不能清偿到期债务。经申请人王某某同意，本院于 2020 年 8 月 12 日作出（2015）润执字第 00199 号决定书以被申请人镇江南山壹号商务服务有限公司不能清偿到期债务为由移送本院进行破产审查。

本院查明，镇江南山壹号商务服务有限公司于 2009 年 12 月 23 日经镇江市润州区市场监督管理局注册登记成立，公司类型为有限责任公司（自然人投资或控股），注册资本为 100 000 元，住所地位于镇江市黄山南路 2 号，法定代表人为周某某。2014 年 12 月 8 日，本院作出（2014）润金商初宇第 0209 号民事判决，判决镇江南山壹号商务服务有限公司支付王某某价款 185 539 元及利息损失。因镇江南山壹号商务服务有限公司未能履行生效法律文书确定的义务，王某某向本院申请强制执行。在执行过程中，本院发现其作为被执行人的执行案件有 4 件，执行标的额总计 1 720 000 余元，均以终结本次执行程序结案。镇江南山壹号商务服务有限公司已将位于镇江市黄山南路 2 号场所内的动产抵偿给王某某，经营场所已被出租人收回。镇江南山壹号商务服务有限公司无财产可供执行。

本院认为，申请人王某某对被申请人镇江南山壹号商务服务有限公司享有债权经生效法律文书所确认，具备作为债权人申请债务人破产的资格。镇江南山壹号商务服务有限公司不能清偿到期债务且明显缺乏清偿能力已具备企业破产法规定的破产原因，王某某申请对镇江南山壹号商务服务有限公司进行破产清算，符合法律规定。

据此，依照《中华人民共和国企业破产法》第二条第一款、第七条第二款、第十条之规定，裁定如下：

受理王某某对镇江南山壹号商务服务有限公司的破产清算申清。
本裁定自即日起生效。

审　判　员　　金之祥

二〇二〇年九月七日

本件与原件核对无异

法官助理　　宋江波
书　记　员　　仲　璐

镇江市润州区人民法院
决定书

（2020）苏1111破4号

2020年9月7日，本院根据王某某的申请，裁定受理镇江南山壹号商务服务有限公司破产清算申请一案。依照《中华人民共和国企业破产法》第二十二条、第二十四条、《最高人民法院关于审理企业破产案件指定管理人的规定》第十五条第一款、第二十条的规定，指定江苏路韬律师事务所担任镇江南山壹号商务服务有限公司的破产管理人。

管理人应当勤勉尽责，忠实执行职务，履行《中华人民共和国企业破产法》规定的管理人的各项职责，向人民法院报告工作并接受债权人会议和债权人委员会的监督。

二〇二〇年九月二十五日

“执转破”结案裁定

镇江市润州区人民法院
民事裁定书

（2020）苏1111破4号

申请人：镇江南山壹号商务服务有限公司管理人。

代表人：陈某某，镇江南山壹号商务服务有限公司管理人负责人。

2020年11月16日，镇江南山壹号商务服务有限公司管理人以镇江南山壹号商务服务有限公司无任何财产可供分配，无法清偿破产费用为由，请求法院宣告镇江南山壹号商务服务有限公司破产，并终结破产程序。

本院查明，2020年9月7日，本院裁定受理王某某对镇江南山壹号商务服务有限公司的破产清算申请，并指定江苏路韬律师事务所担任镇江南山壹号商务服务有限公司破产管理人。

镇江南山壹号商务服务有限公司于2009年12月23日经镇江市润州区市场监督管理局注册登记成立，公司类型为有限责任公司，注册资本为1 000 000元，并实缴到位，住所地位于镇江市黄山南路2号。设立时法定代表人为周某某，后经多次变更法定代表人为周某某，主要经营KTV服务。目前镇江南山壹号商务服务有限公司已停止经营，原经营场所为租赁，已退租。

法定代表人周某某已死亡，公司无在职职工。

破产清算过程中，管理人联系到镇江南山壹号商务服务有限公司股东周某某要求其移交公司的财产、公章、证照、账簿、文书等材料。周某某表示公司已无财产，公司的公章、证照、账簿、文书等原存放在公司的营业场所内，现不知去向。管理人查看公司原营业场所，未发现公司留存材料。出租人亦表示不知情。管理人未接管到公司的任何财产、财务账册等材料。

镇江南山壹号商务服务有限公司管理人经向镇江市不动产登记中心、车管所、市场监督管理局等部门调查发现，镇江南山壹号商务服务有限公司名下无房产、无车辆、无银行存款、无证券账户等资产信息。镇江南山壹号商务服务有限公司无对外股权投资，无商标专利等无形财产。镇江南山壹号商务服务有限公司目前已无任何财产。根据第一次债权人会议核查，法院确认无异议的普通债权 4 745 054.63 元，职工债权 8 167 元。截至 2020 年 11 月 12 日，本案发生的破产费用共计 300 元，实际清偿 0 元，并预期发生破产费用 300 元。现镇江南山壹号商务服务有限公司已无任何财产可供分配，无法清偿破产费用。

本院认为，镇江南山壹号商务服务有限公司无财产可供分配，不能清偿到期债务，应当依法宣告破产，并终结破产程序。管理人申请宣告镇江南山壹号商务服务有限公司破产并终结破产程序，符合法律规定。据此，依照《中华人民共和国企业破产法》第一百零七条、第一百二十条、第一百二十三条之规定，裁定如下：

一、宣告镇江南山壹号商务服务有限公司破产。

二、终结镇江南山壹号商务服务有限公司破产程序。

三、破产程序终结后二年内发现有应当追回的财产或者有应当供分配的其他财产的，镇江南山壹号商务服务有限公司债权人可以请求人民法院追加分配。

本裁定自即日起生效。

审　判　员　　金之祥

二〇二〇年九月七日

本件与原本核对无异

法官助理　　宋江波

书　记　员　　仲　璐

（二）无产可破终结破产程序的管理人报告

关于提请法院裁定宣告镇江林宁连锁超市有限公司破产清算并终结破产程序的报告

镇江市京口区人民法院：

贵院于 2018 年 5 月 21 日作出（2018）苏 1102 破 2 号民事裁定，受理镇江林宁连锁超市有限公司（以下简称林宁超市）破产清算案。管理人经调查未发现林宁超市的任何财产。同时，管理人经多方努力，未能收集到林宁超市的财务账册及其相关资料。林宁超市的破产工作无法继续进行，破产财产也无法清偿破产费用。管理人就上述情况向债权人会议作了报告。

现根据《中华人民共和国企业破产法》第四十三条第四款、第一百二十条第一款和《最高人民法院关于〈中华人民共和国公司法〉若干问题的规定（二）》第十八条第二款和第三款的规定，提请贵院裁定宣告林宁超市破产清算并裁定终结林宁超市的破产程序。同时建议，在裁定中明确，债权人可以依照《最高人民法院关于〈中华人民共和国公司法〉若干问题的规定（二）》第十八条第二款和第三款的规定，向林宁超市的股东与实际控制人主张权利。

特此报告

镇江林宁连锁超市有限公司管理人
二〇一八年十一月十六日

（三）一次性会议的议程、材料清单

镇江新亚达汽车有限公司破产案

第一次债权人会议
材料目录

一、会议议程
二、管理人工作报告
三、财产调查报告
四、核查债权报告（附债权表、职工债权清单）
五、管理人报酬方案
六、财产变价方案
七、财产分配方案
八、议事和表决规则
九、表决票

镇江新亚达汽车有限公司破产案
第一次债权人会议议程

序号	会议内容
一	法官介绍新亚达公司破产案的受理等背景情况
二	法官宣布债权人会议职权并就债权人会议主席的指定进行说明
三	债权人会议主席讲话
四	管理人作工作报告

续表

序号	会议内容
五	审计单位报告新亚达公司审计情况
六	管理人作《财产调查报告》及《债权核查报告》
七	管理人报告《议事规则和表决规则》《财产变价方案》《管理人报酬方案》《财产分配方案》，并对表决事项作说明
八	债权人填写表决票并交收；债权人代表监督表决结果的统计
九	宣布表决结果
十	宣布会议结束

二〇二〇年八月二十八日

（四）召开非现场会议的通知

江苏×××××有限公司破产案
债权人会议通知

各位债权人：

镇江经济开发区人民法院决定召开江苏×××××有限公司破产案第二次债权人会议。本次会议的主要内容包括管理人报告履行职务情况和破产财产分配方案，并由债权人对分配方案进行表决。经债权人会议主席同意且管理人向法院报告后，本次会议以债权人非现场表决的方式召开。具体方式为：

一、管理人将债权人会议的材料和表决票与本通知一并邮寄给各位债权人。

二、各位债权人收到会议材料后应仔细查阅，有问题可以与管理人电话联系。

三、请各位债权人填写好表决票，并在2020年11月19日之前提交至管理人处。

表决票请邮寄至：镇江市××区××路××号，收件人王律师，电话×××××××××××。

四、表决结果的统计与公布以庭审直播方式进行，具体时间为2020年××月××日下午×时整。

届时，各位债权人可以通过“江苏法院庭审直播网”（网址为http：//js. sifayun. com/，选择：镇江经济开发区人民法院——江苏×××××有限公司破产案）查看。

特此通知

江苏××××××有限公司管理人

××××年×月×日

联系人：王律师　　　　　电话：×××××××××××

联系地址：镇江市××区××路××号。

第十二章 破产重整

重整，是指在企业无力偿债的情况下，按照法律规定的程序，保护企业继续营业，实现债务调整和企业整理，使之摆脱困境，走向复兴的再建型债务清理制度。在性质上，重整制度，具有债务清偿法和企业法相结合，私权本位和社会本位相调和，程序法和实体法相融合，多种法律事实及法律效果相聚合的特点。

破产重整，又称“破产保护”，即不对无偿付能力债务人的财产进行立即清算，而是在法院主导的重整程序中由债务人与债权人达成协议，制订重整计划，规定在一定期限内债务人按一定方式全部或部分清偿债务，同时债务人可以继续经营其业务的制度。破产重整制度是整个破产制度的精髓，最多的承载了破产法的破产保护和危困企业拯救的功能。2017 年 12 月 25 日，最高人民法院在广东省深圳市召开了全国法院破产审判工作会议，在形成的破产审判会议纪要中认为，重整制度集中体现了破产法的拯救功能，代表了现代破产法的发展趋势，全国各级法院要高度重视重整工作，妥善审理企业重整案件，通过市场化、法治化途径挽救困境企业，不断完善社会主义市场主体救治机制。

受传统破产清算思维影响，企业破产法更注重债权人利益的保护，企业破产法和相关司法解释没有贯彻平衡保护的理念。即使涉及对债务人的保护，也仅仅着眼于对债务人财产的保护，没有更多地关注对债务人股东、营业事务和要素资源的保护。企业破产法和相关司法解释的规定，特别是有关破产重整的规定已经远远不能满足法院进行破产审理和管理人进行破产管理的需要。本章主要从破产申请主体、预重整制度、投资人的招募与遴选、重整期间的管理和营业、重整计划草案的制作、重整计划草案的表决和批准、重整计划的执行与监督等实务内容的介绍，以期对解决因破产重整法律规范不完善而引起的实务层面的难题有所裨益。

第一节 重整申请主体

一、概述

企业破产法规定的重整申请主体主要有：

1. 债权人可以申请重整。债务人不能清偿到期债务，债权人可以向人民法院提出对债务人进行重整；

2. 债务人可以申请重整。债务人有不能清偿到期债务，并且资产不足以清偿全部债务或者明显缺乏清偿能力的情形，可以向人民法院提出重整；

3. 债务人注册资本十分之一以上的出资人。债权人申请对债务人进行破产清算的，在人民法院受理破产申请后、宣告债务人破产前，债务人或者出资额占债务人注册资本十分之一以上的出资人，可以向人民法院申请重整。

在实务中对启动破产程序时，债务人或者债权人可以依照企业破产法规定，直接向人民法院申请对债务人进行重整，基本没有争议。而对债权人申请对债务人进行破产清算的，在人民法院受理破产申请后、宣告债务人破产前，债务人或者出资额占债务人注册资本十分之一以上的出资人，可以向人民法院申请重整的规定则不能满足破产重整的实践需要。现结合各地颁布的相关规范，逐一分析，希望能给法院和各地管理人提供借鉴和启发。

二、法律、规范渊源

《中华人民共和国企业破产法》：

“第二条　企业法人不能清偿到期债务，并且资产不足以清偿全部债务或者明显缺乏清偿能力的，依照本法规定清理债务。”

企业法人有前款规定情形，或者有明显丧失清偿能力可能的，可以依照本法规定进行重整。

“第七条　债务人有本法第二条规定的情形，可以向人民法院提出重整、和解或者破产清算申请。

债务人不能清偿到期债务，债权人可以向人民法院提出对债务人进行重整或者破产清算的申请。”

“第六十二条　第一次债权人会议由人民法院召集，自债权申报期限届满之日起十五日内召开。

以后的债权人会议，在人民法院认为必要时，或者管理人、债权人委员会、占债权总额四分之一以上的债权人向债权人会议主席提议时召开。”

“第七十条　债务人或者债权人可以依照本法规定，直接向人民法院申请对债务人进行重整。

债权人申请对债务人进行破产清算的，在人民法院受理破产申请后、宣告债务人破产前，债务人或者出资额占债务人注册资本十分之一以上的出资人，可以向人民法院申请重整。”

（二）江苏省高院《破产案件审理指南（修订版）》

审判中需要注意，一是数个出资人共同提出清算转入重整程序申请的，出资比例可以合并计算。二是基于债权人自治要求，经债权人会议决议通过，债权人可以申请清算转入重整程序。

（三）北京市第一中级人民法院《破产重整案件办理规范（试行）》

“第七条　破产清算申请受理后、破产宣告前，债权人、债务人或者出资额占债务人注册资本十分之一以上的出资人，可以向人民法院申请重整。”

（四）深圳市中级人民法院《审理企业重整案件的工作指引（试行）》

“第九条　债务人自行提出重整申请的，应当按照法律法规或者公司章程规定，事先经过股东会（或股东大会）、董事会、主管部门或投资人的同意。”

三、难点剖析

（一）债务人申请重整的意思表示如何作出

在人民法院受理破产申请后、宣告债务人破产前，债务人可以向人民法院申请重整，债务人申请重整的意思表示如何作出。人民法院受理破产申请后，会同时指定管理人，管理人接受指定后，职责之一即代表债务人参加诉讼、仲裁或者其他法律程序。管理人在法律法规和法院的双重授权下，依法处理破产程序中的大量事务性工作，表现为破产程序中的管理人中心主义，立法者可以直接明示。但此时如果由管理人作为债务人的代表人向人民法院申请重整，显然不符合立法者的本意。根据深圳市中级人民法院《审理企业重整案件的工作指引（试行）》第九条的规定，债务人自行提出重整申请的，应当按照法律法规或者公司章程规定，事先经过股东会（或股东大会）、董事会、主管部门或投资人的同意。笔者认为，此时债务人的意思表示仍应按照法律或债务人章程的规定来作出，必须以债务人股东（大）会、董事会等公司机关的决议作为授权的基础和来源，债务人法定代表人签名确认。

（二）出资额占债务人注册资本十分之一以上的出资人的理解

在人民法院受理破产申请后、宣告债务人破产前，出资额占债务人注册资本十分之一以上的出资人可以向人民法院申请重整。出资额占债务人注册资本十分之一以上的出资人是否包含数个出资人出资合计占债务人注册资本十分之一以上的情形？法律没有明确规定。江苏省高院在江苏高院审理指南中明确，审判中需要注意，一是数个出资人共同提出清算转入重整程序申请的，出资比例可以合并计算。笔者认为，出资人向法院申请重整的同时，已经有了初步的重整方案，而债务人重整对债权人、职工、股东等各方利益主体均有积极意义，在法律没有明确禁止的情况下，宜认定出资额占债务人注册资本十分之一以上的出资人包含数个出资人，更有利于重整程序的启动。

（三）债权人是否可以在破产清算程序中申请重整

对于债权人是否可以在破产清算程序中申请重整，法律没有明确规定。北京市第一中级人民法院《破产重整案件办理规范（试行）》第七条规定，破产清算申请受理后、破产宣告前，债权人、债务人或者出资额占债务人注册资本十分之一以上的出资人，可以向人民法院申请重整。江苏省高院江苏高院审理指南认为，二是基于债权人自治要求，经债权人会议决议通过，债权人可以申请清算转入重整程序。上述规范规定，债权人可以在破产清算程序中申请重整，为最大程度释放破产重整的制度价值创造条件，是对当前重整制度规则进行的有益补充。债权人作为转重整申请主体具有其合法性，企业破产法第七条第二款规定，债务人不能清偿到期债务，债权人可以向人民法院提出对债务人进行重整或者破产清算的申请。部分债权人与债务人有稳定业务关系，是“上下游企业”，对债务人经营情况、业务模式、核心竞争力等方面比较了解，从而使得债权人能够准确地对债务人进行“把脉”，并且“对症下药”作出重整方案，有利于重整方案的通过和执行。

（四）管理人是否可以在破产清算程序中申请重整

管理人具备处理企业破产清算、破产重整事务的专业能力。管理人的专业性和中立性决定了其在接管债务人企业后，更易站在客观、公正的立场，从实现债务人和债权人利益最大化的立足点出发，依托专业性分析对破产程序进行选择。企业破产法第六十二条第二款规定，以后的债权人会议，在人民法院认为必要时，或者管理人、债权人委员会、占债权总额四分之一以上的债权人向债权人会议主席提议时召开。管理人认为债务人在破产清算程序中需要申请重整，可以提议召开债权人会议，最终由债权人会议表决决定。

四、典型案例

江苏某置业公司破产清算程序申请重整案

（一）案情简介

江苏某置业公司因不能清偿到期债务且明显缺乏清偿能力，债权人向法院提出申请，要求对某置业公司进行破产清算。法院经审查后，于2016年1月18日裁定受理对某置业公司的破产清算申请，并同时指定管理人。

管理人接受指定后，在法院的监督和指导下，依法全面接管了某公司，对某公司的资产与负债进行了调查，接受债权申报并进行审查。

破产管理中，部分债权人向管理人表达对某置业公司尽可能进行破产重整的愿望。在征得法院同意后，管理人于2018年3月3日在报纸刊登重整投资人招募公告，并向全体债权人邮寄了该公告，以期招募某置业公司意向重整投资人。根据招募公告，意向投资人提交重整投资文件期限届满之时，如有一家以上符合招募公告条件的意向投资人交付尽职调查保证金并提交重整投资文件，管理人将促成相关方向法院申请重整。2018年4月2日，两位债权人向管理人缴纳尽调保证金50万元，并向管理人提交了重整投资文件。依照企业破产法第七十条的规定，债务人或者出资额占债务人注册资本十分之一以上的出资人可以提出清算转入重整程序的申请。管理人为了促成相关方向法院递交重整申请，多次联系公司股东陈某，并多次与股东陈某见面，希望陈某申请公司重整。陈某同意后，向法院提交重整申请，法院于2018年6月13日裁定江苏某置业公司进入重整程序。

（二）案例分析

上述案例是人民法院受理破产申请后、宣告债务人破产前，向人民法院申请重整的情形。在破产程序推进中，部分债权人向管理人表达对债务人尽可能进行破产重整的愿望。管理人也已委托评估机构对债务人的资产按破产清算状态下价值进行了评估，对各类债权的清偿率进行了测算，并进行分析论证和风险评估，认为对债务人重整具有可行性。但债务人公司的决策机构早已不能正常运转，无法作出决议；除了一位出资额占债务人注册资本8%的出资人以外，管理人无法和债务人的其他出资人正常进行交流和沟通。向法院申请债务人重整工作陷入停滞。管理人为了促成相关方向法院递交重整申请，多次联系债务人另一出资人（出资额占债务人注册资本42%），并多次与另一出资人见面沟通，希望该出资人申请债务人重整。该出资人同意后，向法院提交重整申请，法院于2018年6月13日裁定债务人进入重整程序。2019年1月16日，法院裁定批准重整计划，普通债权人的清偿比例由测算时的38.15%提高至100%（80万元以上的债权为以房抵债）。目前，大部分债权人的债权已清偿完毕。

五、参考模板

××公司破产重整申请书

申请人：××，男，汉族，××年×月生，住×××市××小区××幢××室。

××年××月××日，贵院裁定受理了申请××公司破产清算一案，并指定××事务所为××公司管理人。××公司是一家________企业，负债沉重，缺乏偿债资金，生产经营难以持续，但拥有较好的________资源。管理人已委托评估机构对××公司的资产按破产清算状态下价值进行了评估，对××公司的清偿率进行了测算，并进行分析论证和风险评估，对××公司重整具有可行性。

申请人是××公司股东，出资××万元，出资比例 45%（10%以上）。现根据企业破产法的规定，向贵院申请对××公司进行重整。

此致

××人民法院

申请人：××（债务人出资人）

××××年××月××日

附：申请人主体身份材料、出资证明文件、可行性分析报告等。

第二节　预重整制度

一、概述

预重整是在美国企业破产重整的实践中应运而生的，1978 年，美国破产法明确规定可以在企业进入破产重整程序前对自愿协商制定的重整方案进行表决，首创了破产预重整制度。2018 年 3 月 4 日，最高人民法院发布的破产审判会议纪要第二十二条提出："探索推行庭外重组与庭内重整制度的衔接。在企业进入重整程序之前，可以先由债权人与债务人、出资人等利害关系人通过庭外商业谈判，拟定重组方案。重整程序启动后，可以重组方案为依据拟定重整计划草案提交人民法院依法审查批准。"破产审判会议纪要中的"庭内重整制度"指的是企业破产法中规定的破产重整制度，而"庭外重组制度"指的是传统商业性质的企业兼并重组，二者的有机结合即破产预重整制度。破产审判会议纪要在一定层面上承认了预重整的合理性，并鼓励企业在启动破产重整程序前进行预重整。破产预重整既可以减少企业重整成本、降低破产重整中产生的程序性费用、消除破产重整程序对危困企业商业价值和名誉的影响、提高重整成功率，也可以减轻法院审限压力、突破企业破产法对破产重整程序的期限限制，因而在各级法院审理企业破产重整案件中得到越来越多的应用和实践。同时，因为我国法律层面对预重整制度规范的缺失，对很多法院和管理人来讲，破产预重整还是“新鲜事物”，有待进一步在实践中探索和总结。

二、规范渊源

（一）《全国法院破产审判工作会议纪要》

“22. 探索推行庭外重组与庭内重整制度的衔接。在企业进入重整程序之前，可以先由债权人与债务人、出资人等利害关系人通过庭外商业谈判，拟定重组方案。重整程序启动后，可以重组方案为依据拟定重整计划草案提交人民法院依法审查批准。”

（二）最高人民法院《全国法院民商事审判工作会议纪要》

“115. 【庭外重组协议效力在重整程序中的延伸】继续完善庭外重组与庭内重整的衔接机制，降低制度性成本，提高破产制度效率。人民法院受理重整申请前，债务人和部分债权人已经达成的有关协议与重整程序中制作的重整计划草案内容一致的，有关债权人对该协议的同意视为对该重整计划草案表决的同意。但重整计划草案对协议内容进行了修改并对有关债权人有不利影响，或者与有关债权人重大利益相关的，受到影响的债权人有权按照企业破产法的规定对重整计划草案重新进行表决。”

（三）深圳市中级人民法院《审理企业重整案件的工作指引（试行）》

“第二十七条　受理重整申请前，对于具有重整原因的债务人，为识别其重整价值及重整可行性，提高重整成功率，经债务人同意，合议庭可以决定对债务人进行预重整。

合议庭决定对债务人进行预重整的，债务人应当在预重整期间制作重整方案，并征集利害关系人意见。

第二十八条　债务人符合下列情形之一的，可以进行预重整：

（一）需要安置的职工超过五百人的；

（二）债权人两百人以上的；

（三）涉及超过一百家上下游产业链企业的；

（四）直接受理重整申请可能对债务人生产经营产生负面影响或者产生重大社会不稳定因素的。

受理破产清算申请后、宣告债务人破产前申请重整的，不适用预重整。

第二十九条　预重整期间为三个月，自合议庭作出预重整决定之日起计算。有正当理由的，经管理人申请，可以延长一个月。

第三十条　合议庭决定进行预重整的，应当同时指定管理人。管理人一般通过摇珠方式在一级管理人中选定，也可以在债务人及其出资人、主要债权人共同推荐或者有关监管部门、机构推荐的已编入管理人名册的机构中指定。

受理重整申请后，应当指定预重整管理人为债务人管理人。

第三十一条　在预重整期间，管理人履行下列职责：

（一）调查债务人的基本情况、资产及负债情况；

（二）推动债务人与其出资人、债权人、意向投资人等利害关系人进行协商，引导各方就重整方案达成共识；

（三）债务人继续经营的，监督债务人的经营。”

三、难点剖析

（一）破产预重整制度的实践形式

根据各级法院的探索和实践，预重整形式主要包括法庭外预重整、立案审查阶段的预重整、受理清算后宣告破产前的预重整三种。

1. 法庭外预重整是独立于司法重整程序的一种重整方式，即债权人、债务人、出资人和战略投资人等各方利益主体在庭外自由协商或中介机构的协助下确定重组方案，并形成相关书面协议文件后，再由债权人或者债务人向法院申请重整。法院受理破产重整申请之后，以之前达成的重组方案为基础，制定《重整计划（草案）》，表决通过后，法院裁定批准重整计划。

2. 立案审查阶段的预重整，指法院在破产立案审查期间正式受理重整案件前，指定临时管理人提前介入，组织债权人、债务人、出资人和意向投资人进行协商谈判，法院从中指导和协助，达成初步重整方案后，法院再受理破产重整案件。实践中，立案审查阶段的预重整形式为越来越多的法院所采用。2015 年 2 月，深圳市中级人民法院发布了《深圳市中级人民法院破产案件立案规程》，其中提到在受理破产申请前，债权人和债务人可以自行协商和解或提前准备重整方案，协商和解、准备重整方案的期间不计入法院破产案件立案审查期间。

3. 受理清算后宣告破产前的预重整，是法院正式受理债务人破产申请后、宣告债务人破产前，主要债权人、债务人及股东在此阶段协商谈判并达成初步方案，待条件具备时提出破产重整申请，由破产清算转为破产重整程序。这种情况多出现在如果破产清算，债务人财产价值贬损较大，普通债权人分配比率很低的情况下采用。

对破产预重整制度的实践形式的梳理，主要是为各级法院和管理人在面对各类重整案件，面对不同企业陷入困境的具体情况对症下药，能找到最合适的解决方案提供参考。

（二）担任立案审查阶段预重整案件临时管理人的主要办案流程

对于担任立案审查阶段预重整案件临时管理人的办案流程需以债务人公司的不同类型和债务人重整的难易程度制定具体的办案流程。以下流程的梳理为管理人提供借鉴和参考。

1. 债务人继续经营的，临时管理人需监督债务人的经营。

2. 对债务人的基本情况开展全面的尽调工作，调查方式和重点包括财务审计、资产评估、债务人名下不动产登记情况等。

3. 通知已知债权人申报债权，对债权进行审核，根据企业破产法第八十二条的规定对债权人进行分组。

4. 组织会计师事务所、资产评估机构在对债务人财务审计和资产评估基础上，对债务人假设破产清算条件下偿债能力进行分析，并出具偿债能力分析报告。

5. 临时管理人根据与意向投资人沟通确定重整投资协议；或向社会发布招募重整投资人的公告，遴选重整投资人，确定重整投资协议。

6. 组织债务人、债务人出资人、主要债权人、重整投资人进行协商，引导各方就预重整方案达成共识，并提交临时债权人会议分组表决。

7. 临时管理人根据临时债权人会议分组表决情况，向法院提交预重整工作报告，内容应包括：① 临时管理人对债务人调查的情况，以及对债务人出现困境原因的分析；② 对债务人重整价值和重整可能性的分析判断，临时管理人认为债务人具有重整价值和重整可能的，应当同时提出重整失败的主要风险及相关应对建议；③ 预重整方案的相关内容和协商情况，或未形成预重整方案的原因。

8. 法院收到临时管理人的预重整工作报告及终结预重整程序申请后，决定终结预重整程序并发布公告，并根据临时管理人的建议，决定是否受理债务人重整申请。

9. 如果法院受理债务人重整申请，则：① 法院指定预重整临时管理人为重整管理人；② 以预重整方案为依据制订重整计划草案；③ 重整计划草案对预重整方案内容没有实质变更，没有对债权人权益产生实质性影响的，债权人对预重整方案的表决意见视为对重整计划草案的表决意见。

四、典型案例

苏州某钢结构工程有限公司破产预重整案
(此案例为破产清算程序中的预重整)

（一）案情简介

苏州某钢结构工程有限公司主营业务为各类钢结构工程的设计、制造与安装等。该公司具有住建部核准的“钢结构工程专业承包壹级”“轻型钢结构工程设计专项甲级”资质，在本地钢结构行业具有一定影响力和竞争力。2015 年，因跨界投资房地产失误陷入债务危机。2016 年 9 月 5 日，苏州市吴江区人民法院裁定受理债权人对该公司的破产清算申请。因该公司仍具营运能力和价值，经管理人申请，吴江法院批准该公司继续营业。当年，该公司营业收入达 2 650 万元，缴纳税收 106 万元。

第一次债权人会议后，鉴于该公司仍具有营运价值，管理人开展了投资人预招募工作。意向投资人于 2019 年 4 月 30 日向管理人提交重整投资方案、交纳保证金 200 万元，并提供相应担保。2019 年 5 月 18 日，该公司向吴江法院申请重整。为提高重整工作效率及成功率，吴江法院指导管理人在审查重整申请过程中开展预重整工作。即在对重整申请进行审查的同时，由管理人与意向投资人充分磋商重整投资对价及投资条件，并根据投资人提交的重整投资方案及债务人的经营情况、债权确认情况，参照重整程序制定预重整计划草案，该预重整计划草案内容即作为后续的重整计划草案内容。在随后召开的第二次债权人会议上，债权人、出资人对预重整计划草案进行了表决，并同时书面承诺“在内容一致的情况下对预重整计划草案的表决意见即视为对后续重整计划草案的表决意见”。预重整计划草案经表决高票通过。同日，吴江法院裁定受理对该公司的重整申请。裁定重整后，因无其他投资人提出更优的重整投资方案，2019 年 6 月 4 日，管理人将与预重整计划草案内容一致的重整计划草案通过邮寄的方式提交债权人会议及出资人表决，在 10 天的异议期及重新表决期限内，仅有 1 家债权人对重整计划草案重新进行了表决。结合债权人会议和出资人对预重整计划草案的表决意见，重整计划草案获高票通过。2019 年 6 月 26 日，吴江法院裁定批准该公司重整计划，同时终止该公司重整程序。后重整计划执行完毕，同年 12 月 26 日，根据管理人的申请，吴江法院裁定终结该公司重整程序。

（二）典型意义

本案在清算程序中开展预重整，有利于提高重整成功率，挽救暂时陷入困境但仍有经营价值的企业，从而促进市场主体再生，优化资源配置，助推辖区经济转型发展。法院引导该案由破产清算程序转入破产重整程序，采取“存续性重整”模式，充分发挥市场在资源配置中的决定性功能，实现了各方共赢。同时对当前保市场主体、保就业工作也具有现实意义。

此案例摘录自《2019 苏州市中级人民法院破产审判工作报告摘要》，此案属于受理清算后宣告破产前的预重整案例。

五、参考模板

终结预重整程序的申请
(适用于立案审查阶段的预重整)

××人民法院:

××××年××月××日,××有限公司(债务人)向贵院提出预重整申请。为了有效识别××有限公司重整价值和重整可行性,降低重整成本,提高重整成功率,贵院启动了××有限公司预重整程序,并指定××律师事务所担任××有限公司临时管理人。

临时管理人接受指定后,组织会计师事务所、资产评估机构在对债务人财务审计和资产评估基础上,对债务人假设破产清算条件下偿债能力进行了测算,并接受债权人申报债权且对债权进行审核。在前述工作基础上,临时管理人组织债务人、债务人出资人、主要债权人、重整投资人等进行协商,引导各方就制定预重整方案达成共识。××××年××月××日,召开了××有限公司临时债权人会议,临时债权人会议依照债权分类对预重整方案进行了分组表决,各表决组均表决通过了预重整方案。

临时管理人现请求贵院终结预重整程序,并裁定××有限公司重整。

特此申请

××有限公司临时管理人
××××年××月××日

附:

1. 预重整方案;
2. 临时债权人会议分组表决结果。

第三节 重整期间的管理与营业

一、概述

企业破产法第七十三条规定,在重整期间,经债务人申请,人民法院批准,债务人可以在管理人的监督下自行管理财产和营业事务,该条第一次规定了债务人自行管理制度。可以看出,企业破产法采用管理人管理财产和营业事务为原则,债务人自行管理为例外的模式。债务人自行管理是美国破产法首创的重整管理方式,它能够最大限度地调动债务人的积极性,发挥债务人对企业与经营情况熟悉的优势,减缓重整程序对债务人持续经营的冲击,增加重整成功的可能性。在司法实务中,特别是在债务人和债务人股东申请债务人重整的情况下，越来越多的采用债务人在管理人的监督下自行管理财产和营业事务的方式。为了明确管理人及债务人在自行管理财产及营业事务模式中的具体管理方式及责任，案件审理法院会要求债务人或者管理人提交财产管理和营业方案。同时，为了保证债务人依法、合规管理财产及营业事务，法院一般还会要求管理人对债务人自行管理财产和营业事务出具审查意见并提出具体的监督方案。经人民法院批准由债务人自行管理财产和营业事务的，企业破产法规定的管理人职权中有关财产管理和营业事务的职权应当由债务人行使。

二、规范渊源

（一）《中华人民共和国企业破产法》

“第七十三条　在重整期间，经债务人申请，人民法院批准，债务人可以在管理人的监督下自行管理财产和营业事务。有前款规定情形的，依照本法规定已接管债务人财产和营业事务的管理人应当向债务人移交财产和营业事务，本法规定的管理人的职权由债务人行使。

第七十四条　管理人负责管理财产和营业事务的，可以聘任债务人的经营管理人员负责营业事务。”

（二）《全国法院民商事审判工作会议纪要》

“111.【债务人自行管理的条件】重整期间，债务人同时符合下列条件的，经申请，人民法院可以批准债务人在管理人的监督下自行管理财产和营业事务：

（1）债务人的内部治理机制仍正常运转；

（2）债务人自行管理有利于债务人继续经营；

（3）债务人不存在隐匿、转移财产的行为；

（4）债务人不存在其他严重损害债权人利益的行为。

债务人提出重整申请时可以一并提出自行管理的申请。经人民法院批准由债务人自行管理财产和营业事务的，企业破产法规定的管理人职权中有关财产管理和营业经营的职权应当由债务人行使。

管理人应当对债务人的自行管理行为进行监督。管理人发现债务人存在严重损害债权人利益的行为或者有其他不适宜自行管理情形的，可以申请人民法院作出终止债务人自行管理的决定。人民法院决定终止的，应当通知管理人接管债务人财产和营业事务。债务人有上述行为而管理人未申请人民法院作出终止决定的，债权人等利害关系人可以向人民法院提出申请。”

（三）北京市第一中级人民法院《破产重整案件办理规范（试行）》

“第六十七条　人民法院裁定债务人重整的，管理人应当依法履行财产调查、债权审核、提议和组织召开债权人会议、代表债务人参加诉讼等破产案件中管理人的一般性职责。

第六十八条　重整期间，债务人申请在管理人的监督下自行管理财产和营业事务的，管理人应当就债务人是否具备相对完善的内部治理结构和机制，是否具有自行管理的实际可行措施，是否可能具有企业破产法第三十一条、第三十二条、第三十三条规定的行为和其他严重损害债权人利益的行为等情况向人民法院提出书面意见。

第六十九条　债务人申请自行管理，符合下列条件的，人民法院可以批准：

（一）债务人的内部治理机制仍正常运转；

（二）债务人自行管理有利于债务人继续经营；

（三）管理人的监督方案和债务人的自行管理方案切实可行；

（四）债务人不存在隐匿、转移财产或者其他不配合重整的行为；

（五）债务人不存在其他严重损害债权人利益的行为。

人民法院批准或驳回债务人自行管理的申请，应当出具决定书。

第七十条　人民法院批准债务人自行管理，管理人已经接管债务人财产和营业事务的，应当及时向债务人移交。关于市场经营和企业治理等事宜，自行管理的债务人的权力机构、执行机构继续行使职权、履行义务，但下列情形除外：

（一）债务人和管理人划分职权分工管理，经人民法院批准的；

（二）法律规定或人民法院依法认为相应职权应由人民法院、债权人会议、债权人委员会或管理人行使的；

（三）人民法院认为不适宜由自行管理的债务人行使的其他权利。

前款第一项规定的分工管理方案，不得将财产状况调查、债权审查、提议召开债权人会议、行使破产撤销权和确认行为无效请求权、追缴出资人出资、追究董事、监事、高级管理人员责任的职权移交给债务人行使。

第七十一条　债务人自行管理的，管理人除履行本规范第六十七条规定的一般性职责之外，还应当履行下列职责：

（一）要求变更债务人自行管理的方案并申请人民法院批准；

（二）监督债务人的经营治理，监督债务人防范重大财产风险；

（三）为重整计划草案的协商和制作提供有利条件；

（四）指导、督促债务人依法制作、提交重整计划草案；

（五）法律规定、当事人约定或人民法院认为管理人应当履行的其他职责。”

三、难点剖析

（一）管理人审查债务人是否符合自行管理财产和营业事务的重点内容

破产审判会议纪要规定了人民法院批准债务人在管理人的监督下自行管理财产和营业事务的四个条件：（1）债务人的内部治理机制仍正常运转；（2）债务人自行管理有利于债务人继续经营；（3）债务人不存在隐匿、转移财产的行为；（4）债务人不存在其他严重损害债权人利益的行为。法院在批准债务人申请前，一般还会要求管理人对债务人自行管理财产和营业事务出具审查意见。管理人应重点审查与债务人相关的以下内容：（1）债务人的管理和运营能力，审查债务人股东会、董事会等决策机构是否正常运转、债务人的主要负责人（法定代表人）和其他高管是否在位在岗、债务人的管理制度和财务制度是否健全以及是否实施等；（2）债务人的经营能力，审查债务人的业务情况和盈利情况、主要业务人员和技术人员是否在位在岗、是否能够保证运营费用和开支或者筹集运营费用等；（3）债务人责任财产的安全，审查债权人是否存在企业破产法第三十一条至第三十三条规定的行为、是否有通过经营进行利益输送的行为和是否有其他损害债权人利益的行为等。管理人对上述内容进行审查后，应及时向法院提交书面意见，同意债务人自行管理财产和营业事务的，还应该向法院提交管理人监督债务人自行管理财产和营业事务的方案和制度。

（二）债务人自行管理财产和营业事务情况下，管理人履责的范围

债务人向法院申请自行管理财产和营业事务，法院经审查批准后，企业破产法规定的管理人职权中有关财产管理和营业事务的职权应当由债务人行使。管理人在履行监督债务人自行管理财产和营业事务的同时，还应该继续履行管理人的职责，推动破产重整程序的进行。在此期间，管理人主要履行以下职责：（1）调查债务人资产、负债状况，委托审计、评估机构对资产、负债情况进行审计，对债务人财产进行评估。在此基础上，委托专业机构对债务人清算条件下的清偿率进行测算；（2）根据监督的需要决定是否接管债务人的印章和账簿、文书等资料；（3）受理、审查债权申报，对申报的债权进行审查，对取回权、抵销权主张进行审查；根据企业破产法第三十一条至第三十三条规定，提起确认无效或撤销权诉讼，追回债务人财产；（4）组织召开债权人会议及与重整程序相关的协调会议；（5）代表债务人参加诉讼、仲裁或者其他法律程序；（6）督促债务人及时

确定重整投资人（一定期限内，债务人不能引进重整投资人时，管理人应及时负责招募重整投资人），指导债务人按期限制作重整计划草案；（7）相关法律或职责分工方案规定的管理人其他职责。

四、典型案例

桂林广维文华旅游文化产业有限公司破产重整案

（一）案情简介

桂林广维文华旅游文化产业有限公司（以下简称广维公司）拥有全球第一部山水实景演出、广西旅游活名片、阳朔旅游晴雨表的《印象·刘三姐》剧目。该公司为股东及其关联控制人代偿或担保债务涉及总额超过 15 亿元，导致不能清偿到期债务且资不抵债，据此提出破产重整申请。

2017 年 8 月 15 日，广西壮族自治区高级人民法院（以下简称广西高院）裁定受理本案并指定管理人。管理人采取邀请招标方式并经公开开标，从交纳投标保证金、具体重整方案的细化可行性情况确定北京天创文投演艺有限公司（以下简称文投公司）以 7.5 亿元出资额成为重整投资方。2017 年 11 月 8 日，第一次债权人会议召开，重整计划草案确定相关债权数额并将出资人权益调整为零，明确文投公司义务。享有担保权的债权组，代表债权金额 275 892 800.36 元，表决通过该草案；普通债权组过半数同意，代表债权金额 761 128 974.33 元，占该组债权总额的 77.30%，占三分之二以上；出资人组表决未通过该草案。2017 年 12 月 4 日，广西高院裁定批准重整计划草案，终止重整程序。2018 年 1 月份，文投公司出资资金到位；1 月 26 日，广西高院裁定确认柳州银行股份有限公司等 15 位债权人债权共计 1 469 526 673.18 元，其受偿金额分配共计 589 207 646.36 元；2 月中旬，文投公司完成股权过户。

（二）典型意义

本案系全国首个直接由高级法院受理的破产重整案件。由于考虑到公司经营项目为国际知名大型实景《印象·刘三姐》剧目，对广西旅游业、地方经济影响较大，且公司所有资产被国内、区内数十家法院查封，涉及职工人数众多且成分复杂等情况，广西高院依据我国企业破产法第四条、《民事诉讼法》第三十八条第一款之规定，将本案作为全区重大有影响案件裁定立案受理。为确保《印象·刘三姐》剧目演出不受破产重整影响，本案实行演出相关业务自行经营、管理人监督、法院总协调的模式，确保重整期间公司正常经营，各项收入不减反增。该案历经 3 个月 21 天顺利终结并进入重整计划执行阶段，广维公司摆脱债务困境重焕活力，确保 800 多名演职人员就业机会也解决了关联公司 548 名职工安置问题，相关产业通过《印象·刘三姐》项目实现升级改造，推动了地方经济发展。

（此案例摘录自最高院 2018 年 3 月 6 日发布的《全国法院审理破产典型案例》）

五、参考模板

（一）自行经营申请书

自行经营申请书

申请人：××××有限公司，住所地：镇江新区×××路××号。

法定代表人：×××，该公司执行董事。

申请事项：

请求申请人在重整期间自行管理财产和营业事务。

事实与理由：

贵院已于××××年××月××日作出（××××）苏××××破申××号民事裁定，裁定受理某公司对××××有限公司的重整申请。

申请人的内部治理机制仍正常运转，现申请人尚有正在进行中的业务，包括××××等，生产经营的专业性较强，申请人自行管理有利于债务人继续经营。

申请人自身具备稳定健全的管理机构和机制，管理团队齐全，管理流程和目标清晰，职工队伍稳定。申请人自行管理财产和营业事务期间不会出现隐匿、转移财产或者其他不配合重整的行为，不会损害债权人利益，并愿意接受法院和管理人的监督，请求法院在重整期间批准申请人自行管理财产和营业事务。

此致

××××人民法院

申请人：××××有限公司（债务人）

××××年××月××日

附：1. ××××有限公司财产管理方案；

2. ××××有限公司经营方案。

（二）请求人民法院批准债务人自行管理财产和营业事务的报告

请求人民法院批准债务人自行管理财产和营业事务的报告

××××人民法院：

贵院已于××××年××月××日作出（××××）苏××××破申××号民事裁定，裁定受理某公司对××公司的重整申请，并指定××××律师事务所作为管理人。××××年××月××日，××公司向贵院申请自行管理财产和营业事务，管理人请求贵院予以批准。

一、××公司有自行管理财产和营业事务的意愿

接受指定后，管理人查询了××公司的相关资料，查看了公司现场。在初步了解公司现状后，管理人在××××年××月××日与××公司的股东和高层管理人员进行了会面、沟通。在交流过程中，××公司人员向管理人表达了继续由××公司自主经营的意愿，同时也承诺愿意接受管理人的监管。××××年××月××日，××公司向管理人提交了自行管理财产和营业事务申请书，请求法院批准××公司在重整期间自行管理财产

和营业事务。

二、××公司有自行管理财产和营业事务的能力

（一）××公司有对相关项目进行生产的能力；

（二）××公司有继续创造收益的能力；

（三）××公司有较为健全的治理机制；

三、××公司愿意接受法院和管理人的监督

××公司在自行管理财产和营业事务申请中明确愿意接受法院和管理人的监督，管理人为此制定了具体的监督制度。

综上，管理人认为，××公司自行管理财产和营业事务将有利于广大债权人、职工和相关各方的利益，同时管理人也将严格履行监督职能，保证××公司的财产、营业事务的安全。现根据《中华人民共和国企业破产法》第七十三条之规定，请求贵院对××公司自行管理财产和营业事务的申请予以批准。

特此报告

××有限公司（债务人）管理人

××××年××月××日

附：1. 自行经营申请书；

2. ××公司内部治理机制情况的说明；

3. 管理人监督债务人自行管理财产和营业事务制度。

第四节 重整投资人的招募与遴选

一、概述

重整投资人是指在重整程序中，债务人无力自行摆脱经营及债务困境时，为债务人提供资金或者其他资源，帮助债务人清偿债务、恢复经营能力的自然人、法人或者其他组织。重整投资人可以是单一的自然人、法人或者其他组织，也可以是两个以上自然人、法人或者其他组织组成的联合体。重整投资人可以由债务人或管理人通过协商和公开招募的方式引进，也可以由债权人推荐。在当前经济形势不明朗，民间投资欲望比较低迷的情况下，能否引进到合适的重整投资人，越来越成为债务人重整能否成功的关键。

招募投资人是指向社会不特定的投资人披露信息、公开资料、吸引竞争等系列活动的总称。对于债务负担沉重，进入重整程序的困境企业，通过招募引入重整投资人是重整得以成功的保证。重整投资人的遴选是指当招募到多名意向投资人时，按照既定规则公开、公平、公正选出最优的重整投资人。

二、规范渊源

深圳市中级人民法院《审理企业重整案件的工作指引（试行）》：

“第七十四条　管理人公开招募重整投资人的，应当在债务人资产评估工作完成后及时启动。管理人也可以根据重整案件实际情况，提前启动公开招募。

在受理破产清算后、宣告债务人破产前裁定对债务人进行重整的，管理人应当自重整裁定作出之日起三十日内招募重整投资人。

第七十五条　公开招募重整投资人的，管理人应当及时制作招募方案并提交合议庭备案。招募方案应当包括招募启动时间、公告期限、招募文件主要内容等。

第七十六条　公开招募重整投资人的，由管理人在全国企业破产重整案件信息网、本市有影响的媒体发布公告期不少于十五日的招募公告。

招募公告应当载明下列事项：

（一）案件基本情况；

（二）意向重整投资人应当具备的资格条件；

（三）参加招募程序的报名方式及期限；

（四）获取招募文件的方式及期限。

第七十七条　管理人应当在招募公告发布之前完成招募文件的制作。

招募文件应当包括下列内容：

（一）债务人的资产、负债等基本情况；

（二）意向重整投资人缴纳保证金的要求；

（三）意向重整投资人应当提交的参选材料及截止时间；

（四）确定重整投资人的标准和程序；

（五）对重整投资人及其重整预案的特定要求。

第七十八条　意向重整投资人参加公开招募的，一般需要提供下列材料：

（一）有效的主体资格证明文件；

（二）资质、财务、业绩介绍及相关证明材料；

（三）重整预案，包括重整资金来源、出资人权益调整、债权调整、债权清偿及后续经营方案等；

（四）招募文件要求意向重整投资人提供的其他材料。

第七十九条　意向重整投资人要求查阅有关债务人的财产调查报告、资产评估报告、偿债能力分析报告、审计报告以及债权表等资料的，管理人应当准许。

意向重整投资人要求详细了解债务人相关情况的，管理人应当在意向重整投资人与其签署保密协议后予以配合。

第八十条　经管理人初步审查，意向重整投资人符合招募公告规定的资格条件且参选材料不违反法律规定的，应当按照管理人的要求签订保证金协议，并缴纳重整保证金。”

三、难点剖析

（一）发布招募信息渠道和方式的选择

目前法律法规对招募信息发布平台的选择无规定。深圳市中级人民法院《审理企业重整案件的工作指引（试行）》第七十六条规定：“公开招募重整投资人的，由管理人在全国企业破产重整信息网、本市有影响的媒体发布公告期不少于十五日的招募公告。”因招募投资人是向社会不特定的投资人披露信息、公开资料、吸引竞争。作者认为，除按照上述规范发布外，还可以借助互联网、微信公众号等向不特定人员进行广泛发布，发布渠道越宽泛、接收群体越广泛越好。有条件的，可以根据债务人所处行业特点，有针对性的向行业协会、各级商会等特定人群重点发布，通过对靶向人群重点宣传，精准吸引潜在投资人。同时，招募重整投资人也是广大债权人特别关注的事情，管理人应该书面通知已知债权人和相关利害关系人（债务人、股东和职工等）。

此外，具有影响力的重整企业，管理人也可因地制宜地将重整投资人招募工作与当地政府招商引资工作进行有机结合，依托政府平台助力投资人招募工作。江苏省镇江市中级人民法院依托“府院联动”机制，对进入破产程序的优质资产设立“资金池”制度。对于进入重整程序，具有优质“经营业务”和优质资产的重整企业，同样可以充分利用政府的招商平台和资源，进行重整投资人的招募工作。

（二）制作招募文件的内容

深圳市中级人民法院《审理企业重整案件的工作指引（试行）》第七十六条规定，招募文件应当包括下列内容：

（一）债务人的资产、负债等基本情况；

（二）意向重整投资人缴纳保证金的要求；

（三）意向重整投资人应当提交的参选材料及截止时间；

（四）确定重整投资人的标准和程序；

（五）对重整投资人及其重整预案的特定要求。

在实务操作中，各类招募重整投资人公告内容不一，没有一个统一模式和版本。有的内容比较简单，只有两三页，有的内容则比较全面。完整的招募公告文件除了前述基本内容外，还应包括债务人重整价值的分析、重整投资方式的确定以及管理人和重整投资人在后续重整程序中的权利、义务等内容。

（三）遴选重整投资人的方式和规则

1. 在招募期间，仅有一家意向重整投资人提交参选材料且其重整投资方案经管理人审查符合招募要求，向管理人缴纳重整投资保证金并愿意按招募公告与重整投资文件对彼此权利义务的安排签订重整投资协议或根据管理人要求提交重整投资承诺的，该意向重整投资人即为重整投资人。

2. 在招募期间，如有两家以上意向重整投资人提交参选材料且其重整投资方案经管理人审查符合招募要求，并向管理人缴纳重整投资保证金的，遴选重整投资人的方式和规则主要有以下两类：

（1）由债权人会议选定重整投资人。① 经出席会议的有表决权的债权人过半数同意，并且其所代表的债权额占无财产担保债权总额二分之一以上的，该意向重整投资人即为重整投资人；② 经表决所有意向重整投资人均不符合第①项规定的标准，但其中一家意向重整投资人获得同意的表决人数、债权额比例均超过其他意向重整投资人的，该意向重整投资人即为重整投资人；③ 经表决所有意向重整投资人均不符合第①②项规定的标准，但仅有两家意向重整投资人参与表决的，获得较多债权人支持的即为重整投资人；超过两家意向重整投资人参与表决的，由债权人会议对最多债权人和最多债权额同意的两家意向重整投资人按照前述规则再次表决。

（2）组成评审委员会进行评审。管理人提议评审设评审委员会，由评审委员会负责对重整投资文件进行评定。评审委员会一般由五人至十一人（单数）组成，具体人选由管理人提名（实务中一般由债权人、所属行业专家、当地政府或主管部门人员、政府招标委员会专家库成员、破产管理专家、审计人员、管理人等），破产案件承办法院监督审查被提名人的适格性，评审委员会委员名单确定后，由管理人报法院备案。管理人确定评审委员会人选的同时确定评审规则和评审方法。在意向投资人满足资格条件的前提下，意向投资人出具的重整投资方案和经营方案将决定其评审分值，分值最高者选中。评审过程中，评审委员会委员可以进行讨论，但应独立评定每项分值。每项分值去掉 1 个最高分、1 个最低分后，按平均分相加，总分最高者确定为重整投资人。

实务中，温州中院审理“温州远洋眼镜有限公司破产重整案”时，创新探索通过淘宝网司法网拍平台以竞价方式确定重整投资人，同样取得满意效果。

四、典型案例

广西金河矿业股份有限公司破产重整案

（一）案情简介

广西金河矿业股份有限公司（以下简称金河公司）是一家主要从事有色金属矿采、选、冶炼的国有股份制企业，公司注册资金为1.08亿元，公司主营锌矿采选，军工产品，铅、锌、铜（含伴生矿）有色金属和稀贵金属，电解锌锭，精铟，氧化锌，电炉锌粉的销售及进出口业务。因2012年龙江河镉污染事件，金河公司所属冶化厂被认定为污染源之一，冶炼生产线关闭停产，连年亏损。截至申请重整时，负债总额14.6亿元，净资产为负6.7亿元，资产负债率达209%，已严重资不抵债。金河公司以其资金严重不足，不能清偿到期债务，但其享有的三个矿山资源储量依然可观，且有盈利潜力和发展前景为由，向河池中院申请重整。2016年4月28日，河池中院审查认为，金河公司资不抵债但具有重整的可能性，裁定受理金河公司的重整申请。河池中院在裁定受理金河公司重整申请的同时，指定金河公司清算组作为金河公司管理人。

（二）典型意义

本案为了引进优质的重整投资人，河池中院在指导管理人招募重整投资人时，允许联合体参与重整投资，最终经过遴选，剩下两家投资人都是联合体投资人。在最终遴选剩下的两家联合体投资人时遇到了一个难题，两家投资人的投资方案基本一致，导致管理人和法院在两家投资人之间难以抉择，招募投资人的公告又规定不允许投资人再优化投资方案。在遇到这个难题后，河池中院认为两家投资人投资方案基本一致，为了更好地维护债权人的合法权益，决定改变原来的规则，允许两家投资人优化投资方案后再进行竞争，经过四轮优化及五轮公开竞价，最终使其中一家投资人作出了重大的优化调整，提升了清偿率，优化了清偿方式，使得金河公司得以顺利重整。第二次债权人会议获得财产担保债权组、职工债权组、税款债权组、出资人组的全票通过，使超过30万元以上部分的普通债权可以选择一次性按36%清偿（最初方案的清偿率仅为16.8%），或选择保本停息分5年期按100%清偿。2017年1月4日，河池中院裁定批准金河公司重整计划，投资人按期付清了重整投资款，各项债权按重整计划获得清偿，金河公司的股份让渡手续也已完成，恢复了正常经营，重整取得了圆满成功。

（此案例摘录自广西高院2019年6月3日发布的《广西法院首批10+3破产审判典型案例》）

五、参考模板

（一）招募重整投资人公告

××有限公司招募投资人公告

××有限公司因不能清偿到期债务且明显缺乏清偿能力，债权人向法院提出申请，要求对××公司进行破产清算。法院经审查后，于20××年××月××日裁定受理对××公司的破产清算申请，并同时指定管理人。20××年××月××日，法院裁定××公司重整。

20××年××月××日，×××××人民法院（以下简称××法院）裁定受理了××有限公司破产清算一案，并指定××××律师事务所为××有限公司管理人。20××年××月××日，××法院裁定××有限公司重整。

虽然××有限公司负债沉重，缺乏偿债资金，生产经营难以持续，但由于拥有良好的商品房开发资源，故招募人希望引入具有实力的投资人，从而实现××有限公司的重整，维持××有限公司的运营并筹集偿债资金清偿债务。为公平、公正地引入重整投资人，并接受各方的监督，管理人依据企业破产法的相关规定公开招募重整投资人。现就相关事宜公告如下：

一、本公告的宗旨

1. 为使重整投资人了解××有限公司的实际情况，明确招募的宗旨、方案、规则等，管理人制作本招募公告。本招募公告的内容对全体意向投资人平等适用。

2. 意向投资人向管理人提交重整投资文件，同时在本公告登报后30日内按照本招募公告的要求交付投资保证金的，视为同意按××有限公司现状与企业破产法的相关规定进行投资。相关投资风险自行承担。

3. 本招募公告由招募人负责解释。

二、××有限公司概况

（一）基本信息

（二）资产情况

1. 货币资产、应收账款、预付款；

2. 实物资产；

3. 无形资产。

（三）负债情况

（四）商品房预售情况

（五）职工情况

三、重整投资人招募方案

（一）重整投资人资格条件

1. 拥有足够的诚意和足够的资金实力进行重整投资。需提供相应的资信证明或其他履约能力证明；拥有与××有限公司经营规模相适应的经营管理能力。房地产开发企业或建筑相关企业优先。

2. 无数额较大的到期未清偿债务，无作为被执行人的立案六个月而未结的案件；最近三年无重大违法行为；最近三年未列入失信行为人；等等。

3. 两个或两个以上主体联合参与投资的，需书面说明各自的角色分工、权利义务等，且至少符合上述第 1、第 2 项资格条件。

4. 重整投资人及其控股股东、实际控制人财务状况或信用记录不良的，管理人有权认定其不具备重整投资人资格。

5. 重整投资人应向管理人提交重整投资文件；按要求交付投资保证金；承诺愿意依照本招募公告参与××公司重整投资人的遴选，愿意成为××公司的重整投资人，并按本招募公告与重整投资文件对彼此权利义务的安排签订重整投资协议或根据××法院及招募人要求提交重整投资承诺。

（二）保证金

1. 投资保证金

（1）投资保证金的金额及交纳方式。

（2）投资保证金的使用。

××公司重整计划或重整计划草案获××法院裁定批准后，重整投资人所交的投资保证金将转为其应交纳的投资款。

（3）投资保证金的退还。

管理人应自发放重整投资人确认函之日起 5 个工作日内退还未被选中的意向投资人所交的投资保证金（同时退还实际产生的利息）。

如××公司重整计划或重整计划草案未获××法院裁定批准，管理人应自××法院裁定终止重整程序并宣告××公司破产之日起 5 个工作日内向意向投资人退还所交的投资保证金（同时退还实际产生的利息）。

（4）投资保证金的没收。

被选中的意向投资人应自缴纳投资保证金并收到重整投资人确认函起 5 个工作日内，与管理人签订书面投资协议或根据××法院及管理人要求向管理人提交书面投资承诺（以重整计划草案经××法院裁定批准为生效条件）；该意向投资人拒绝与管理人签订书面投资协议或拒绝向管理人提交书面投资承诺的，管理人有权没收其交纳的投资保证金，取消其投资资格。

××有限公司重整计划或重整计划草案获××法院裁定批准后，重整投资人未按重整计划履行义务的，管理人有权没收其交纳的投资保证金，取消其投资资格。

2. 关于保证金没收与退还争议的解决

双方对保证金是否没收与退还发生争议且不能协商解决的，任何一方可向××法院提起诉讼。

（三）重整投资方式

重整投资方式采取股权让渡同时债务清偿的方式。重整投资人在取得××有限公司股权的同时，需支付偿债资金以清偿破产费用、共益债务、各类债权等，使××公司结清本招募公告第（二）、第（三）、第（五）项中所有负债，从而使××公司摆脱债务危机。

在招募人认可且据此制作重整计划草案不影响合法性、衡平性、可行性的前提下，意向投资人提交的重整投资方案可以采用其他重整投资方式。

（四）重整投资文件的编制

1. 意向投资人应仔细阅读本招募公告，按要求编制重整投资文件，并保证重整投资文件正文和附件的真实性、准确性和完整性。

2. 重整投资文件的内容不得设置假设性前提。

3. 重整投资文件应包括但不限于以下内容：

（1）意向投资人主体资格、股权结构、历史沿革、经营范围等；如为联合投资人，需说明各主体的角色分工、权利义务等。

（2）意向投资人的主要业务（业绩）情况和2015—2017年的主要财务指标（资产、负债、主营业务收入、总利润、净利润、现金流量等；如为联合投资人，需说明负责营业事务的投资主体的主要业务情况和主要财务指标）。

（3）重整投资方案。

（4）相关附件，包括：

① 企业法人营业执照或非法人企业注册登记证书复印件；

② 现行有效的企业法人或非法人企业章程复印件；

③ 法定代表人或负责人身份证明原件和身份证复印件；

④ 授权委托书原件和受委托人身份证复印件；

⑤ 意向投资人董事会、股东（大）会等决策机构同意对××公司重整投资的决议原件；

⑥ 尽职调查保证金或投资保证金支付凭证复印件；

⑦ 载明联系人、联系电话、电子邮箱、传真号码、通信地址的书面文件。

如意向投资人为个人的，则相关附件为意向投资人身份证复印件，授权委托书原件和受委托人身份证复印件（如有受委托人），尽职调查保证金、投资保证金支付凭证复印件，载明联系人、联系电话、电子邮箱、传真号码、通信地址的书面文件。

意向投资人向管理人提交的重整投资文件正文和附件均需加盖意向投资人公章。如意向投资人为个人的，则由其本人或受托人签名。

（五）重整投资文件的提交

1. 重整投资文件的密封与标识

（1）重整投资文件应装订成册，封面应加盖重整投资人公章并由法定代表人（负责人）或受委托人签名。如意向投资人为个人的则由其本人或受托人签名。

（2）意向投资人应将重整投资文件一式六份装袋密封。

（3）意向投资人提交重整投资文件时，需提供与投资文件内容一致的电子文档。电子文档应刻录到光盘上或存入U盘，与重整投资文件一起密封。

2. 提交的时间与地点

（1）重整投资人最迟应于本招募公告登报后的第30日向管理人提交重整投资文件。

（2）重整投资文件应递交至下列地点，并由管理人出具重整投资文件接收凭证。

重整投资文件接收地址：××××，××有限公司管理人；联系人：×××律师；联系电话：×××××××。

（六）重整投资文件的修改与撤回

1. 在重整投资文件提交截止日前，意向投资人可以修改或撤回已递交的重整投资文件，但需以书面形式通知管理人；意向投资人修改或撤回已递交重整投资文件的书面通知应加盖意向投资人公章并由法定代表人（负责人）或受委托人签名。如意向投资人为个人的，则由其本人或受托人签名。

2. 管理人在收到前述书面通知后，出具接收凭证。

3. 意向投资人对重整投资文件的修改内容作为重整投资文件的组成部分；修改后的重整投资文件应按前述要求进行编制、密封、标志和提交，并标识“修改”字样。

五、重整投资人的遴选

意向投资人提交重整投资文件期限届满之时，如有二家以上的符合本公告条件的意向投资人交付投资保证金并提交重整投资文件，管理人将进行重整投资人遴选。

重整投资人的遴选在本轮招募结束后30日内进行。

（一）基本原则

1. 评审过程应公开、公正，并公平对待所有意向投资人。

2. 评审以保持××有限公司存续和发展、实现××有限公司资产价值最大化、完成在建工程开发建设、切实保护各类债权人权益为目标。

3. 如仅有一个意向投资人，且其满足上述招募条件的，则其为选中人。

4. 如评审总分最高者，违反本公告内容无法选中，或拒绝与管理人签订书面投资协议或拒绝向管理人提交书面投资承诺的，则评审总分次之者选中，以此类推。

（二）评审委员会

本次评审设评审委员会，由评审委员会负责对重整投资文件进行评定。评审委员会由五人组成，具体人选由管理人提名，××法院监督审查被提名人的适格性，评审委员会委员由管理人报××法院备案。

（三）评审指标

评审委员会从以下几方面对重整投资文件进行评判：

1. 意向投资人的适格性。

2. 重整投资文件的规范性。

3. 在意向投资人满足资格条件的前提下，意向投资人出具的重整投资方案和经营方案将决定其评审分值，分值最高者选中。评审过程中，评审委员会委员可以进行讨论，但应独立评定每项分值。每项分值去掉1个最高分、1个最低分后，按平均分相加，总分最高者确定为重整投资人。具体评分方式如下：

（1）偿债方案（75分，有加分，不封顶）

① 偿债金额（55分，有加分，不封顶）

② 付款方式（15分）

③ 付款能力（5分）

（2）经营方案（15分）

① 建设开发能力（5分）

② 施工方案（5分）

③ 运营方案（5分）

（3）有利于债权人利益的其他安排（5分）

（4）其他加分项（5分）

以上各项总分合计100分。如果因为偿债金额导致额外加分，将不受该100分的限制。

（四）评审方法

1. 重整投资文件一份交××法院留存，五份交评审委员会评审。

2. 招募和评审工作由管理人组织，××法院监督，评审委员会实施，意向投资人应派代表到场。

3. 评审过程中，对重整投资文件中需意向投资人确认的事项，评审委员会可向意向投资人代表询问，由意向投资人代表作出答复。评审委员会认为上述答复应当由意向投资人书面确认的，意向投资人应予书面确认。

4. 评审结束后，招募人应及时宣布评审结果，并于5个工作日内向选中人送达重整投资人资格确认书。

六、重整计划草案的制作和批准

重整投资人确定后，管理人将按本招募公告与其重整投资文件制作重整计划草案提交××有限公司债权人会议表决。重整计划草案经表决通过的，管理人将报××法院裁定批准。如债权人会议部分债权组对部分事项提出异议，管理人将征求重整投资人和其他债权组意见并征得同意后对相关事项作进一步修改，将修改后的重整计划草案再次提交债权人会议决议。如债权人会议仍未通过的，则由管理人根据需要向××法院申请裁定强制批准重整计划草案。如××法院未批准的，管理人应自××法院裁定终止重整程序并宣告××公司破产之日起5个工作日内向重整投资人退还所交的全部保证金（同时退还实际产生的利息）。

招募人：××有限公司（债务人）管理人

××××年××月××日

（二）保密协议

保密协议

甲方：××有限公司管理人，住所地×××××。

乙方：×××，××有限公司意向投资人。

协议背景：

××××年××月××日，××法院裁定受理了申请××公司破产重整一案，并指定××律师事务所为××有限公司管理人。××××年××月××日，甲方公开招募××有限公司重整投资人。乙方同意向甲方交纳50万元尽调保证金，用于查阅与××有限公司重整有关的资料。

为避免××有限公司的相关信息被泄露，根据民法典及相关法律法规的规定，经甲乙双方协商一致，特签订本保密协议。

协议内容：

一、本协议所指的保密信息，是指乙方在尽职调查期间接触到的与××有限公司相关的甲方任何信息，包括但不限于××有限公司的财产调查报告、资产评估报告、偿债能力分析报告、审计报告以及债权表等明细资料。管理人在意向投资人交足尽职调查保证金并提交书面需求清单后5个工作日内予以配合或安排。

二、乙方非因尽职调查工作需要，不得向第三方披露了解到的信息；不得向第三方以任何形式（包括录音、录像或其他形式）转让、转发或者其他方式泄露已获取的资料信息。乙方需要借用资料的，应向甲方递交书面申请，并应按期返还。

三、在本协议签订之日起3日内，乙方向甲方支付保密保证金××万元。

四、乙方违反协议约定，无权要求甲方返还××万元保证金；造成甲方损失的，还应承担赔偿责任。

五、乙方交纳的尽调保证金，在乙方投资××有限公司时可以抵投资款。

六、乙方未按公告约定日期提交重整投资文件的，或在申请重整之日前明确表示放弃投资资格的，或法院自申请重整之日起三个月内未裁定××公司进入重整程序的，管理人将在相应日期后的5个工作日内退还尽职调查保证金（同时退还实际产生的利息）。

七、本协议未尽事项，甲、乙双方协商解决。

八、本协议自甲、乙双方签字、盖章后生效。

九、本协议一式三份，甲、乙双方执一份，一份交××法院备案。

甲方（盖章）：××有限公司（债务人）管理人　　　　乙方：

××××年××月××日

（三）重整投资人资格确认书

××有限重整投资人资格确认书

××：

经过××有限公司招募重整投资人评审委员会评审，确定你们为××有限公司首选重整投资人。请你们在收到此确认书后，××日内与管理人联系，协商签订《××有限公司重整投资协议》。

××有限公司（债务人）管理人

××××年××月××日

（四）重整投资协议

××有限公司重整投资协议

甲方：××有限公司管理人，住所地×××××。

乙方：×××，××有限公司重整投资人。

协议背景：

介绍债务人××有限公司重整案受理情况，指定管理人情况。

介绍债务人××有限公司陷入困境，生产经营难以持续的原因。介绍债务人企业的重整价值和管理人发布重整招募公告的情况。

介绍重整投资人的遴选情况；介绍最终选定乙方为××有限公司重整投资人的情况。

为明确乙方和管理人在重整程序中实施重整计划的权利和义务，甲、乙双方经协商一致，达成本协议，并共同遵照执行。

一、重整投资方案

（一）乙方愿意按××有限公司现状与破产法的相关规定进行投资，并愿意承担相关投资风险。重整投资方式采取股权让渡同时清偿债务的方式。乙方在取得××有限公司股权的同时，需支付偿债资金以清偿破产费用、共益债务、各类债权等，从而使××有限公司摆脱债务危机。

（二）乙方此次重整投资的偿债金额为××××万元。上述款项是清偿各类债权的资金，包括提供给××有限公司用以清偿破产费用、共益债务的款项。不包括重整过程中债务人维持运营费用以及各种证照办理、股权权属变更过程中产生的应由××有限公司或重整投资人承担的税费等费用。以上未包括在偿债金额之内的各项费用或债务，由乙方根据需要，另行支付。

（三）付款方式和进度

1. 破产费用和共益债务付款方式为现金；根据法律规定破产费用和共益债务随时清偿。上述破产费用和共益债务的金额由法院审定。

2. 各类债权清偿方式和进度

（四）项目后续开发建设方案（业务恢复经营方案）

（五）公司运营方案

二、资产与资料交接

（一）法院裁定批准重整计划后××日内，甲方需向乙方移交下列现有资料（包括但不限于)：×××、×××。

（二）双方共同制作交接清单，完成资产的交割和全部现有项目资料的交割。

三、投资者保障条款

四、保密义务

除非本协议另有约定，双方应对本协议及因签署或履行本协议而取得的所有有关对方和××有限公司的各种商业秘密（包括但不限于本协议的任何内容和本协议对方的商业信息、资料、文件、合同及不宜披露或公开的其他事项）承担保密义务和责任。

本协议无论因任何原因终止，本条所约定的保密责任和义务不受协议解除或终止的时间限制，本协议双方均应继续保持其原有的法律效力，对本协议及其相关商业秘密承担永久保密责任和义务。

五、违约责任

（一）本协议签订后，乙方反悔的，需承担违约金×××万元；法院裁定批准重整计划后，因乙方原因不能履行本协议或者乙方原因不能执行重整计划或者不执行重整计划的，乙方需承担违约金×××万元。因不可抗力或者政府政策调整除外。

（二）如出现本条第（一）项情形的，乙方除需承担相应违约金外，已经投资的款项作为普通债权向管理人申报。因不可抗力或者政府政策调整除外。

六、纠纷解决

（一）本协议履行过程中的争议事项，双方本着有利于重整目的的实现和公平合理的原则、依照相关法律的规定以及之前的招募公告、重整投资方案、重整投资承诺书及本协议的内容予以解释、确认。约定不一致的，以本协议为准。

（二）因履行本协议发生纠纷的，双方协商解决；不能协商解决的，任何一方可以向破产案件受理地法院提起诉讼。

七、通知

本协议履行中的通知可以采用邮寄或直接送达联系人签收的方式送达。

八、其他约定

九、协议的签署和生效

（一）本协议一式三份，甲、乙双方各执一份，一份交××法院备案。本协议自双方签字、盖章后成立。

（二）本协议与招募公告对重整投资人的要求以及乙方提交的重整投资方案确定的内容共同作为制作重整计划草案的依据。本协议在重整计划经××法院裁定批准后生效。

（三）重整计划经××法院裁定批准后，重整计划中对甲方、乙方的权利、义务的规定对本协议双方具有约束力，双方不再另行签订补充协议。

甲方（盖章）：××有限公司（债务人）管理人

授权代表：

乙方（签章）：

协议签订日期：××××年××月××日

第五节　重整计划草案的制作

一、概述

确定重整投资人并与重整投资人签订《重整投资协议》后，制作重整计划草案就成为管理人的重点工作。重整计划是破产重整制度的核心，重整计划的制作则是重整程序中的关键环节。制作重整计划的过程就是各方主体参与、信息充分披露和反复磋商完善的过程。当前，我国就重整计划的制作在立法层面的不完善和破产重整实践中对规则的巨大需求形成较大反差，理论上需要探讨、研究和借鉴，实务上需要不断总结实践经验进行完善。管理人在前期完成对债务人的债权审核、破产审计、资产评估及偿债能力分析等重整所需各项工作的基础上，在平衡债权人、职工、股东、重整投资人等各方利益的前提下，提出具体的债务人经营方案及偿债方案，据此制作重整计划，以实现重整计划平衡各方利益主体的目的，从而实现债务人的涅槃重生。重整计划的制作不但牵涉到债权人会议能否顺利通过重整计划和法院是否批准重整计划，重整计划内容的制作更关乎重整计划能否顺利执行。本节以实务为立足点，从管理人的视角，探讨重整计划制作涉及的出资人权益调整、经营方案的提出、偿债方案的设计以及协商确定重整计划内容的程序等问题。

二、法律、规范渊源

（一）《中华人民共和国企业破产法》

“第七十九条　债务人或者管理人应当自人民法院裁定债务人重整之日起六个月内，同时向人民法院和债权人会议提交重整计划草案。

前款规定的期限届满，经债务人或者管理人请求，有正当理由的，人民法院可以裁定延期三个月。

债务人或者管理人未按期提出重整计划草案的，人民法院应当裁定终止重整程序，并宣告债务人破产。

第八十条　债务人自行管理财产和营业事务的，由债务人制作重整计划草案。

管理人负责管理财产和营业事务的，由管理人制作重整计划草案。

第八十一条　重整计划草案应当包括下列内容：

（一）债务人的经营方案；

（二）债权分类；

（三）债权调整方案；

（四）债权受偿方案；

（五）重整计划的执行期限；

（六）重整计划执行的监督期限；

（七）有利于债务人重整的其他方案。”

（二）《全国法院破产审判工作会议纪要》

“16. 重整计划的制定及沟通协调。人民法院要加强与管理人或债务人的沟通，引导其分析债务人陷于困境的原因，有针对性地制定重整计划草案，促使企业重新获得盈利能力，提高重整成功率。人民法院要与政府建立沟通协调机制，帮助管理人或债务人解决重整计划草案制定中的困难和问题。”

（三）《深圳市中级人民法院《审理企业重整案件的工作指引（试行）》

“第八十三条　债务人或者管理人在制作重整计划草案过程中，应当征求债权人意见。重整计划草案涉及出资人权益调整的，还应当征求出资人意见。

第八十四条　债务人或者管理人应当在法定期限内提交重整计划草案。因重大诉讼、仲裁未决影响重整计划草案制作的，诉讼、仲裁审理期间不计入法定提交期限。

债务人或者管理人申请延长重整计划草案提交期限的，应当在期限届满十五日前提出。

预重整期间已经完成表决意见征集的，债务人可以在合议庭受理重整申请的同时，一并提交重整计划草案。

第八十五条　重整计划草案除包含《中华人民共和国企业破产法》第八十一条第（一）至第（七）项规定的内容外，还应当全面披露债务人的破产原因、资产和负债状况、清算和重整状态下普通债权的清偿率比较以及有关债务人资产的重大不确定事项等。

第八十六条　普通债权不能获得全额清偿的，重整计划草案应当包含出资人权益调整的内容。”

三、难点剖析

（一）重整计划有关出资人权益调整的参考依据

出资人权益调整是破产重整程序的内在要求及制度设计的必然结果，具有法理上的正当性、必要性及现实上的可行性。企业破产法对出资人权益调整的规定为：“重整计划草案对出资人权益的调整公平、公正，或者出资人组已经通过重整计划草案。”在实务中，管理人通过招募引进重整投资人的情况下，出资人组表决往往很难过通重整计划草案。这种情况下，法院需要通过裁定批准重整计划草案时，就必然需考虑：“重整计划草案对出资人权益的调整是否公平、公正?”出资人权益调整公平、公正，应当考虑以下因素：（1）首先看债务人企业的资产、负债情况，如果债务人已经资不抵债，一般情况下出资人权益为零；（2）根据清算条件下普通债权人的清偿率的测算来判断出资人的权益，如果普通债权人不能完全受偿，则出资人权益归零；(3）看出资人对债务人企业陷入困境是否存在不可推卸的责任，从某种意义上讲，出资人权益调整是股东承担企业经营失败责任的一种重要方式；(4）从出资人在重整程序中的参与度和作用来考虑，如果出资人积极参与重整程序，并且在重整申请、债务人的各种信息提供和债务人继续经营中发挥作用，则这部分出资人宜保留适当股权。现代破产法理念越来越强调发挥破产法规对陷入困境企业的拯救和破产保护的功能，对原出资人利益的保护也是破产保护的一个方面。在出资人权益调整中兼顾出资人利益，也只有这样，才能使债权人、出资人、重整投资人、职工等利害关系人之间实现利益的平衡，以保障重整取得实质性成功。

（二）制作重整计划草案过程中重整投资人的权益的保障

企业破产法中，未有法律条文对重整投资人的程序参与权以及相关的实体权益进行规范与保障。实践中，重整投资人更多的是通过重整投资协议以及参与重整计划草案的制作来维护自身的权益和确定自身所承担的责任范围。从理论上来看，重整投资人参与重整投资，完全可以以重整投资协议的形式，通过谈判、商业交易来保障其权益，但实践中并非如此。由于信息不对称、部分破产企业有一些债权债务无法确定以及在签订重整投资协议时部分事项处于待定状态等原因，重整投资人参与破产重整程序，会面临很多未知风险。为了充分保障自身权益，重整投资人在前期对债务人尽调的基础上，需聘请专业的破产律师参与重整投资协议的协商和签订。如重整投资协议中有“重整计划经法院裁定批准后，重整计划中对重整投资人、管理人的权利、义务的规定对本协议双方具有约束力”的规定，则一定需增加“管理人在制作重整计划草案时，需充分保障重整投资人的参与权，重整计划草案在提交法院和债权人会议前必须取得重整投资人的书面确认”的条款。重整投资人还应重点关注重整计划草案中对重整计划无法执行情况下的投资款及相关责任具体安排的条款，以最大限度地维护自身合法权益。

（三）重整计划草案提交期限的规定

企业破产法规定，债务人或者管理人应当自人民法院裁定债务人重整之日起六个月内，同时向人民法院和债权人会议提交重整计划草案。前款规定的期限届满，经债务人或者管理人请求，有正当理由的，人民法院可以裁定延期三个月。

2020 年 5 月 19 日，《最高人民法院关于依法妥善审理涉新冠肺炎疫情民事案件的指导意见（二）》（以下简称《指导意见（二）》）正式发布，运用法治思维和法治方式，就指导各级人民法院依法妥善审理涉新冠肺炎疫情合同、金融、破产等民事案件，提出了 23 条具体审理意见。其中，涉及企业破产案件的审理中“依法顺延相关期限的内容”规定了解决因受疫情影响，重整企业无法在法定期限内提交重整计划草案的问题。根据企业破产法第七十九条的规定，重整计划草案提出的期限一般是自人民法院裁定债务人重整之日起 6 个月；如果有正当理由，经过人民法院许可，可以延长到 9 个月。由于该期限为法定期限，再无延长、中止或者中断的空间，而目前破产案件又对重整期限有着现实的需求，《指导意见（二）》为避免突破上述法律规定，同时尽量消除疫情给企业重整造成的不利影响，采取了将重整期间因受疫情影响的阶段，依申请允许不纳入前述期间计算的做法，由人民法院根据受疫情影响的程度合理确定，在客观上给予企业或管理人更长的草案制定期间。为避免程序的久拖不决，同时规定不计入法定期间的时间原则上不超过 6 个月。

因此，如考虑疫情因素，债务人或者管理人最迟应当自人民法院裁定债务人重整之日起十五个月内，同时向人民法院和债权人会议提交重整计划草案。在实务中，还有通过预重整或者先申请破产清算再转重整等方式，尽量延长重整计划草案的提交期限。

四、典型案例

温州远洋眼镜有限公司破产重整案

（一）案情简介

温州远洋眼镜有限公司是从事生产、销售眼镜和眼镜配件的中外合资企业，因资金链断裂、资不抵债向法院申请破产重整。温州中院裁定受理该公司重整后，多次约见意向投资人，解释重整过程中可能面临的风险及其原因；就投资人最为关心的问题多次召集管理人进行现场指导，并就该案重整纳税评价工作与税务部门进行协调。为避免草率进行表决而导致草案无法通过，温州中院提前与占普通债权组比例高达 78.21%的金融机构债权人进行多次沟通。除协调市处置办召集各金融机构召开专题会议，协同市处置办、鹿城处置办上门与个别金融机构沟通协调外，还创新探索通过淘宝网司法网拍平台以竞价方式确定重整投资人，最终促成出资人组、抵押债权组、税收债权组、普通债权组均通过重整计划草案。2018 年 11 月 14 日，温州中院裁定批准远洋公司重整计划，目前重整投资人已经按约向管理人支付相应重整资金，成为实际控制人。

（二）典型意义

本案在破产清算条件下，普通债权的清偿比例小于 1.6%，但在重整条件下，普通债权清偿率约为 3.8%，重整使债权人获得的利益最大化。同时，通过破产重整，一次性割断企业债务链条，减轻债务人负担，使企业轻装上阵，重获新生。此外，本案中，温州中院创新探索通过淘宝网司法网拍平台以竞价方式确定重整投资人，并在处置过程中，纪委、法院、处置办、税务局等多部门联动，共同商讨，促成重整计划草案。

（此案例摘录自温州中院发布的《2018 年温州法院破产审判典型案例》）

五、参考模板

××有限公司重整计划草案
（适用于房地产企业破产重整）

前　言

××××年××月××日，××法院裁定受理了××公司破产清算一案，并指定××律师事务所为×公司管理人。××××年××月××日，××法院裁定××公司重整。

××公司作为一家房地产开发企业，负债沉重，缺乏偿债资金，生产经营难以持续，但拥有良好的商品房开发资源。为切实保障各方主体的合法权益，避免××公司因破产清算给各方主体造成更加严重的经济损失，管理人希望引入具有实力的投资人，从而实现××公司的重整，维持××公司的运营并筹集偿债资金清偿债务。

××公司的重整工作得到了××法院的高度重视。本案从案件受理阶段审查，到指定管理人后的债权审核、资产评估、重整计划草案的制定及债权人会议的召开等各个环节，××法院均严格把关和监督，并在重大事项上给予直接指导，保证了重整程序依法合规地进行，保障各方主体的合法权益。

管理人自接受指定以来，在××法院的指导下，严格按照企业破产法的规定履行相应职责。一方面做好××公司财产的维护管理及债权清收工作；另一方面完成与重整程序相关的审计、评估、债权登记审核、偿债能力分析和预测、招募重整投资人、制定重整计划草案等事项。考虑到重整计划涉及债权人、职工、股东、重整投资人等各方主体的利益，管理人将重整计划的协商与制作视为重整工作的重中之重，以实现平衡各方利益主体的目的。

截至目前，管理人已完成对××公司的债权审核、破产审计、资产评估及偿债能力分析等重整所需各项基础工作，对××公司的重整相关情况已经有了全面的了解。经过多次与债权人沟通、交流，充分尊重评估机构出具的专业评估结论，管理人在听取各相关方意见的基础上，进行分析论证、风险评估，进而作出重整的可行性预判。根据企业破产法的相关规定，结合××公司的财产现状及房地产市场情况综合分析，在平衡债权人、职工、股东、重整投资人等各方利益的基础上，管理人提出具体的经营方案及偿债方案，据此制作本“重整计划”，供债权人会议审议、表决。

正 文

一、××公司的基本情况

（一）基本信息

企业名称：××公司；组织机构代码：××××；住所地：×××××；企业类型：有限公司（自然人控股）；注册资本：××××万元；法定代表人：××；成立日期：××××年××月××日；营业期限至××××年××月××日。经营范围：房地产开发；房地产营销企划、咨询。开发资质：××。股权结构：×××出资××万元，出资比例××%；××出资×××万元，出资比例××%；×××出资×××万元，出资比例××%。

账载资产负债情况：经××会计师事务所有限公司审计，截至破产申请受理之日，××公司资产总额为×××万元，负债总额为×××万元，所有者权益为××万元。

（二）资产情况

1. 货币资产、应收账款、预付款

截至破产申请受理之日，××公司共有银行存款××万元；应收账款××万元；预付款××万元。

2. 实物资产

××公司开发的“××花苑”住宅区项目位于×××，东、南均至××，西至××，北至××。“××花苑”住宅区项目规划许可证号为建字第××号、建字第××号、建字第××号，施工许可证号为××号，用地许可证号为地字第××号。

经××资产评估有限公司评估，××公司在建工程总价值为×××××万元，其中包括“××花苑”××幢已完工住宅楼；××幢未完工住宅楼；××幢未开工住宅楼；××幢已完工无规划双拼住宅楼；××幢已完工售楼处及“土方开挖、河塘填满、清运灌木”等土地平整项目。

3. 无形资产

经××资产评估有限公司评估，××公司土地使用权总价值为×××××万元。其中包括面积为×××平方米的土地使用权（权证编号为“××国用（××××）第××号”），价值为××××万元；面积为××平方米的土地使用权［权证编号为“××国用（××××）第××号”］，价值为××××万元。

××公司资产总评估价为×××××万元（不含货币资产、应收账款和预付款）。

（三）负债情况

目前，申报债权人数为××家，申报总额为×××××万元。其中，××家债权人申报工程款债权，金额合计×××××万元（其中3家债权人主张工程款优先权，金额合计××××万元）；××家债权人因××公司为他人提供保证担保而主张担保债权，金额合计××××万元；1家债权人主张抵押、保证担保债权，金额××××万元，一、二审法院已判决××公司不承担该抵押、保证担保责任。现该债权人申请再审，江苏省高级人民法院已立案审查。另有×家申报人对××套商品房主张取回权，其中×家主张的取回权相关诉讼仍在进行之中。

对上述申报的债权，管理人对××家债权人申报的债权金额予以核定，金额合计×××××万元（其中对3家主张工程款优先权的债权金额予以核定，金额合计××××万元）；对××家债权人申报的担保债权金额予以暂定，金额合计×××万元（其中××申报债权时既申报了往来款债权，又申报了担保债权，管理人对其申报的两类债权分别进行了审核）。最终的债权金额需债权人无异议后由××法院裁定确认。除此之外，亦可能存在今后补充申报债权的情况。

（四）商品房预售情况

“××花苑”项目预（销）售许可证号××。目前，“××花苑”项目全部完工的商品房×幢。可预售房共××套，其中联排别墅住宅××套，营业用房××套，所有房屋均未办理竣工验收手续。共有××家自然人（法人）对××套房与××公司签订过预售房买卖合同并办理网上备案登记，其中××套消费者购房人支付了全部购房款，管理人认可其物权期待权。××公司签订了××套预售房买卖合同替第三人偿还债务，现相关取回权的纠纷案正在诉讼中；还有××套商品房的合同买受人申报了取回权，此取回权纠纷案也在诉讼中；另××套预售房的买卖合同已经法院调解解除。

商品房预售情况汇总表（省略）

（五）职工情况

截至××××年××月××日，××公司无在册职工。有××人向管理人申报职工债权×××万元，上述职工债权已核定。

（六）破产费用

根据本案的实际情况，共产生破产费用×××万元（包括已支付、已发生及预留），详见下表：

破产费用和共益债务汇总表（省略）

说明：本案暂未产生共益债务；预留费用最终如有剩余将归××公司所有。

综合上述各类情况，截至本重整计划草案出具之日，××公司的负债（债权人的债权）情况如下：

债权分类表（省略）

（七）偿债能力分析

1. 破产清算状态下，按评估价值×××××万元（已扣减×××购买的房屋价值×××万元）的100%变现，进行偿债能力测算。

为了给债权人表决重整计划草案提供必要依据，管理人委托评估机构对××公司的资产按破产清算状态下价值进行了评估。同时，管理人在××××年××月××日委托×××会计师事务所对××公司实施破产清算情况下的偿债能力进行了测算。假设评估范围所涉资产按评估价×××××万元变现，加上破产立案时的货币资金××万元，加上清收到的款项××万元，加上利息收入××万元，总金额为×××××万元。扣除因资产转让需缴纳的税费××××万元（另优先权人承担×××万元），剩余×××××万元。按照企业破产法规定的清偿顺序，优先清偿破产费用和共益债务×××万元（其中优先权人承担×××万元）、工程款优先债权×××××万元、职工债权×××万元、税务债权××万元后，剩余××××万元供普通债权人分配。普通债权金额×××××万元（含争议债权××××万元），普通债权的分配比例为××%。

2. 破产清算状态下，按资产评估价（已扣减×××购买的房屋价值×××万元）的70%变现价值×××××万元，进行偿债能力测算。

假设评估范围所涉资产按评估价的70%即×××××万元变现，加上破产立案时的货币资金××万元，加上清收到的××万元款项，加上利息收入××万元，总金额为×××××万元。扣除因资产转让需缴纳的税费×××万元，剩余×××××万元。按照企业破产法规定的清偿顺序，优先清偿破产费用和共益债务×××万元、工程款优先债权××××万元、职工债权×××万元、税务债权××万元后，剩余××××万元供普通债权人分配。普通债权金额×××××万元，普通债权的分配比例为××%。

3. 最终，××法院裁定确认的债权金额加上经该院批准预留的款项金额，超过重整投资人承诺的×××××万元偿债金额的，以×××××万元为限进行清偿；××法院裁定确认的债权金额加上经该院批准预留的款项金额，不超过×××××万元的，以债权人的债权××%清偿为标准。

二、出资人权益调整方案

（一）出资人权益调整的必要性

根据××公司资产预处置的情况，××公司已经资不抵债。××公司整体资产变现并清偿各类债权后已无剩余财产向出资人分配，出资人权益为0。为挽救××公司，避免其破产清算，出资人和债权人均需作出努力。因此，本重整计划中同时安排对××公司出资人的权益进行调整。

（二）出资人权益调整的范围

根据企业破产法第八十五条第二款之规定，重整计划涉及出资人权益调整事项的，应当设出资人组，对该事项进行表决。出资人组由原××公司全体股东组成。

（三）出资人权益调整的方式

1. ××公司的股权结构

××公司的股权结构为：××出资×××万元，出资比例××%；××出资×××万元，出资比例××%；×××出资×××万元，出资比例××%。

2. 出资人权益的调整

××公司重整投资方式采取股权让渡同时清偿债务的方式。本重整计划获得××法院裁定批准后，原股东的股权全部以零对价转让给重整投资人。股权让渡后，××的持股比例为××%；×××的持股比例为××%。

（三）出资人组的表决机制

管理人将邀请××公司股东参加债权人会议。同意重整计划的股东所代表的出资额占股东出资总额的三分之二以上的，即为出资人组通过重整计划。

三、债务人的重整模式与经营方案

（一）重整价值

××公司拥有良好的商品房开发资源，已开发的部分房地产仍为在建工程，尚未完工，还需继续施工并完成竣工验收。通过重整程序，在重整框架下，重整投资人、原施工单位××建筑公司继续合作，完成项目的施工（详见重整投资人与××建筑公司签订的合作协议）。

在破产清算程序中，按照法定清偿顺序，××公司现有资产即使在评估价70%的情况下变现，普通债权的分配比例也只有38.15%。而在重整程序下，通过重整投资人的努力，普通债权可以按照91.77%的比例清偿。这对于保障普通债权人的利益有非常积极的意义。

（二）项目运营方案

1. 政府的指导与协调

① 由于国家及镇江市对房地产政策的调整，本项目需要重新审批。重整投资人对债权人以房抵债工作要深入细致的协调，使债权得以按重整计划清偿，努力消除相关社会矛盾。

② 项目开启后所有手续需要重新补办申请，重整投资人应主动联系政府各相关部门，完善各项开工手续。

2. 法人治理结构的完善（略）

3. 项目资金筹措与实施

① 重整投资人对建设资金进行筹措，按工程进度投入不少于××××万元（不包含转为投资款的××××保证金）的建设资金。

② ××公司的所有建设资金均应汇入管理人账户。50万元（含）以下的建设资金的使用由重整投资人决定，报管理人备案；50万元以上的建设资金的使用报管理人（管理人根据需要报法院）批准后实施。管理人应当确保批准程序不影响工程建设。

③ 重整期间如有销售收入，一律汇入管理人账户。50 万元（含）以下的销售收入的使用计划由重整投资人决定，报管理人备案；50 万元以上的销售收入使用计划报管理人（管理人根据需要报法院）批准后实施。管理人应当确保批准程序不影响工程建设。

4. 重整投资人需解决的问题

① 规划设计。项目重新启动后，重整投资人对一些不适时宜的地方进行设计调整。

② 前期手续。“××花苑”项目前期手续基本过了有效期，需重新办理相关申报手续。涉及发改委、国土局、住建局及规划局等多个部门，需要协调相关部门解决。

③ 市政问题。

④ 施工安全问题。

5. 解决存在问题的途径

为保证重整计划顺利实施，重整投资人将尽早组成专项工作组，同有关部门进行协调沟通，解决如下问题：

① 与区发改委联系协调项目立项延期手续；

② 与区发改委、住建局联系协调项目××××年度基本建设计划报批；

③ 与区规划分局联系协调建设工程规划许可证延期；

④ 与区住建局联系协调办理建设工程施工许可证延期；

⑤ 与区住建局联系协调办理房地产开发企业资质证书的延期；

⑥ 其他需要与政府相关部门协调解决的事项。

6. 中介机构的聘请

① 监理公司。重整投资人应聘请有资质的监理公司进行现场监理，现场跟踪、每日记录、每周例会。

② 销售代理公司。重整投资人承诺聘请××加盟项目营销。

③ 设计公司。重整投资人承诺聘请有相应资质的设计公司参与项目方案的修改和调整。

（三）重整模式

1. 招募重整投资人情况（略）

2. 投资人简介（略）

3. 重整模式

重整投资人按××公司现状与企业破产法的相关规定进行投资，并愿意承担相关投资风险。重整投资方式采取股权让渡同时清偿债务的方式。重整投资人在取得××公司股权的同时，清偿破产费用、共益债务、各类债权等，从而使××公司摆脱债务危机。

4. 重整偿债金额

重整投资人的偿债金额为×××××万元为限。偿债金额不包括提供给××公司用以清偿破产费用、共益债务和重整过程中涉及的各种证照办理时应由××公司承担的税费和后续工程开发费用等经营成本。以上未包括在偿债金额之内的各项费用，由重整投资人在偿债金额之外另行支付。

5. 付款进度

重整计划经××法院裁定批准后，重整投资人缴纳的××××万投资保证金转为投资款，用于清偿破产费用、共益债务和部分债权。本案重整投资人主要采取以房抵债的方式清偿债权，重整投资人将在××法院批准重整计划（重整计划执行期限的起点）之后××个月内清偿完各类债权（部分债权人自愿与重整投资人达成和解协议的以及自愿劣后的债权除外）。

6. 资产与资料交接

① ××法院裁定批准重整计划后 7 日内，管理人需向重整投资人移交××公司的全部实物资产和下列现有资料，包括但不限于土地证、用地规划许可证、建设工程规划许可证、施工许可证、预售许可证等原件。

② 双方共同制作交接清单，完成资产的交割和全部现有项目资料的交割。完成交割后，重整投资人应当从事与项目继续开发有关的工作，包括项目现场管理及保安接管、项目勘察检验、项目工程施工、监理及销售签订合同等。

7. 开发过程中税、费承担

重整过程中，各种证照办理与变更、资产权属变更所产生的应由××公司负担的各种税费和后续工程开发建设直至房屋交付所需各项费用等支出均由××公司或重整投资人自行负担。

8. 关于重整事务的衔接

① 管理人应按与重整投资人签订的《××公司重整投资协议》的约定，协助重整投资人办理有关证照等相关手续，配合重整投资人及时行使相关权利，保证重整计划的平稳、顺利执行。

② 管理人根据××法院批准的重整计划对出资人权益的调整，配合重整投资人办理××公司股权变更登记手续。

③ 管理人应配合重整投资人协调政府有关部门、××公司原工作人员、施工债权人单位，努力保证重整投资人能够及时行使相关权利。

④ 为履行重整计划，实现重整目的，管理人应尽最大诚意配合重整投资人办理在建工程项目的续建相关手续。包括但不限于在建工程前期批准手续；在建工程项目相关财务资料及发票的交接等。

⑤ 管理人帮助重整投资人协调原设计、监理、检测、施工、材料供应商等单位履行相关合同附随义务。

⑥ 重整所涉各方实施重整计划过程中的争议事项，各方应本着有利于重整目的的实现和公平合理的原则，依照相关法律的规定以及之前已生效的招募公告、重整投资方案、重整投资人的承诺、《××公司重整投资协议》、重整计划及重整计划草案

补正的内容予以协商、解决。

9. 有利于债权人的其他安排

① 重整投资人牵头成立债权人“自治委员会”，对项目的开发与建设进行监督。同时建立债权人内部信息交流机制，及时沟通信息，倾听债权人的想法与建议，以便及时改进工作。

② 债权人购买××公司房产的，在每平方米××××元基础上给予优惠。

③ 重整投资人打算牵头设立的物业公司与旅游开发管理中心优先招聘债权人或债权人家属为员工，树立社区民生与社区就业优先理念，提高社区生活品质。

（四）项目建设现状与后续施工方案

1. 在建楼盘现状（略）

2. 存在问题及处理办法（略）

3. 项目后续开发建设方案（略）

四、债权分类及清偿方案

根据企业破产法的规定，本重整计划对债权的清偿方案如下：

（一）优先债权

按照民法典及其他法律、司法解释的相关规定，工程款优先权为法定优先权。故根据其性质，本重整计划将×家工程款债权××××万元列入工程款优先债权组，该组债权按××%的比例清偿。

（二）职工债权

职工债权总额为×××万元，职工债权清偿率为100%。

（三）税务债权

税务债权总额为××万元，税务债权清偿率为100%。

（四）普通债权

普通债权总额为×××××万元，普通债权清偿率为××%。

按照上述债权分类，债权人会议表决重整计划时分为优先债权组（工程款优先债权）、职工债权组、税务债权组、普通债权组以及另行设立的出资人组进行分组表决。

特别说明：（省略）

五、债权的受偿方案

（一）偿债资金来源

本重整计划中，用于支付破产费用、共益债务和以现金方式偿债所需的资金以重整投资人的投资款和××公司的货币资金偿付；采用以房抵债方式清偿债权的，将用××公司的可预售房产与债权人签订商品房买卖合同并交付房屋的方式清偿。

（二）受偿方案

经××法院裁定确认后的债权，将按照如下方案进行清偿：

1. 优先权债权

优先权债权偿债方式为以××公司房产抵偿债务。××公司取得××花苑项目房屋的预售许可后，与优先权债权人签订商品房买卖合同并交付房屋，以房抵债。联排别墅的抵债单价为××××元/平方米；××法院裁定批准重整计划后××个月内清偿完毕。

××公司取得××花苑项目房屋的预售许可后，先由优先债权人在可预售房源中选房、签订商品房买卖合同。优先债权人之间用抓阄的方式确定选房、签订商品房买卖合同的顺序（抓阄的顺序以债权序号的先后确定）。商品房买卖合同签订并在××个月内完成预售登记备案，且在××个月内结清尾款、××个月内交付房屋后，债权即清偿完毕。尾款金额不足一套房屋价款且低于××万元的，该尾款以货币方式清偿；尾款金额不足一套房屋价款而高于××万元（含××万元）的，债权人补足差价后以××公司房产抵偿。××公司与债权人就债权分配尾款的处理方式另行达成协议的除外。

2. 职工债权

职工债权付款方式为货币，在××法院裁定批准重整计划后××日内清偿完毕。重整投资人应当保证在××法院裁定批准重整计划后××日内，将职工债权的分配款划入管理人账户，同时职工债权人按照管理人的要求提交分配款项确认函。分配款项到达职工债权人指定的账户后，职工债权即清偿完毕。

3. 税务债权

税务债权付款方式为货币，在××法院裁定批准重整计划后××日内清偿完毕。重整投资人应当保证在××法院裁定批准重整计划后××日内，将税务债权的分配款项划入管理人账户，同时税务债权人按照管理人的要求提交分配款项确认函。分配款项到达税务债权人指定的账户后，税务债权即清偿完毕。

4. 普通债权

① 普通债权分配金额高于××万元（含××万元）的，付款方式为，以××公司房产抵偿债务。联排别墅的抵债单价为××元/平方米；××法院裁定批准重整计划后××个月内清偿完毕。先由优先债权人在可预售房源中选房、签订商品房买卖合同。其后，普通债权人用抓阄的方式确定选房、签订商品房买卖合同的顺序（债权人抓阄的顺序以债权人的债权序号确定）。商品房买卖合同签订并在××个月内完成预售登记备案，且在××个月内结清尾款、××个月内交付房屋后，即债权清偿完毕。尾款金额不足一套房屋价款且低于××万元的，该尾款以货币方式清偿；尾款金额不足一套房屋价款而高于××万元（含××万元）的，债权人补足差价后以××公司房产抵偿。××公司与债权人就分配尾款的处理方式另行达成协议的除外。

② 普通债权人的分配金额低于××万元的，以货币方式清偿。重整投资人应当保证在××法院裁定批准重整计划后××个月内，将以货币方式清偿的普通债权人的分配款项划入管理人账户。同时，普通债权人按照管理人的要求提交分配款项确认函（担保债权人还需提交担保债权调查表）。分配款项到达普通债权人指定的账户后，普通债权即清偿完毕。

5. 工程款类债权人的债权必须在向重整投资人办理完所有涉及工程资料的交接手续并开具工程款发票后予以清偿。

6. 对××××年××月××日债权表所载债权，不得进行转让（分解、合并）。

（三）房屋交付方案

（四）暂未确认债权的清偿时间

因诉讼未决的原因导致暂时未能确认的债权，待其确认后，再按照本重整计划规定的同类债权的清偿原则清偿。

在本重整计划草案提交法院（××××年××月××日）之前，未申报债权的，在重整计划执行期间不得行使权利；在重整计划执行完毕后，可以按照重整计划规定的同类债权的清偿条件行使权利。

六、重整计划的生效

（一）分组表决

债权人会议依法设置各类债权组进行表决，各类债权组的表决机制为出席会议的同一表决组的债权人过半数同意，并且其所代表的债权额占该类债权总额的三分之二以上的，即为该类债权组通过重整计划。出资人组同意的出资额占出资总额的三分之二以上的，即为通过。

部分表决组未通过重整计划草案的，××公司或者管理人可以同未通过重整计划草案的表决组协商。该表决组可以在协商后再表决一次。协商的结果不得损害其他表决组的利益。

（二）申请批准

各类表决组均通过重整计划时，重整计划即为通过。管理人将自重整计划通过之日起十日内，向××法院提出批准重整计划的申请。××法院经审查认为通过的重整计划符合法律规定的，自收到申请之日起三十日内裁定批准，终止重整程序，并予以公告。

部分表决组未通过重整计划，并拒绝再次表决或者再次表决仍未通过重整计划的，管理人可以根据情况申请××法院强行批准重整计划。××法院根据企业破产法的规定进行审查，决定是否批准。

（三）批准的效力

本重整计划经××法院裁定批准生效。重整计划对××公司、重整投资人及全体债权人等各相关方均具有约束力。

（四）未获批准的后果

本重整计划未获得债权人会议通过且未根据企业破产法第八十七条的规定获得××法院批准；或者已通过的重整计划未获得××法院批准的，由××法院依法裁定终止重整程序，并宣告××公司破产。如××公司被宣告破产，管理人将依据已进行的评估价对××公司的资产依法进行拍卖（变价方案不再另行召开债权人会议表决），并就拍卖所得款项依法向债权人分配。

七、重整计划的执行与监督

（一）执行期限

本重整计划的执行期限为××个月，自重整计划获得××法院裁定批准之日起计算。在此期间内，××公司、管理人及相关各方应严格依照本重整计划的规定恢复经营、清偿债务。

（二）执行期限的延长

如发生客观原因致使本重整计划无法在上述期限内执行完毕，管理人应于执行期限届满15日前，向××法院提交延长重整计划执行期限的申请，并根据××法院批准的执行期限继续执行。

（三）执行完毕的标准

根据本重整计划的规定，全部完成下列事项即为执行完毕：

1. 应当支付的破产费用和共益债务已经支付完毕。

2. 应当向债权人分配的债权已经按照重整计划的规定分配完毕。即采用货币清偿的债权，分配款到达债权人指定的账户；采用××公司房产抵偿的债权，债权人与××公司公司签订相应的商品房买卖合同并在××个月内完成预售登记备案，且在××个月内结清尾款、××个月内交付房屋。

3. 与××公司公司达成和解协议的债权人的债权，按照该和解协议履行；自愿劣后的债权，在其他普通债权人的债权清偿之后清偿。上述和解协议的履行、劣后债权的清偿不在重整计划执行完毕标准的考量范围内。

4. 因债权人怠于行使权利而未受领的款项，提存至管理人账户；因债权人原因未完成交付的房屋由××公司公司代为保管。

（四）执行完毕的效力

按照重整计划减免的债务，自重整计划执行完毕时起，××公司不再承担清偿责任。

（五）执行的监督期限

本重整计划执行的监督期限为××个月，自重整计划获得××法院裁定批准之日起计算。如根据重整计划执行的实际情况，管理人申请延长监督期限的，根据××法院批准延长的期限继续履行监督职责。监督期限届满时，管理人将向××法院提交监督报告，自监督报告提交之日起，管理人的监督职责终止。

八、关于执行重整计划的其他事宜

（一）破产费用的支付

根据企业破产法第四十三条的规定，破产费用和共益债务由××公司的财产随时清偿，包括审计费、评估费、管理人报酬、破产案件受理费、衍生案件诉讼费、留守人员报酬等。其中管理人报酬依据《最高人民法院关于审理企业破产案件确定管理人报酬的规定》由××法院审定。在重整计划执行的监督期限内，管理人执行职务的费用根据需要由××公司另行支付。

（二）重整投资人的承诺

重整投资人承诺：

1. 在××公司所有债务清偿完毕之前，××公司不得向重整投资人以外的第三人借款或为任何第三人提供担保或承担任何第三方的债务；××公司的资产不得抵押。

2. 为了保证上述第 1 项承诺的落实，重整投资人同意××公司重整计划执行期间的公章、财务专用章、法定代表人章仍委托管理人保管。

3. 重整投资人对××公司享有的债权劣后，在重整投资人之外的普通债权清偿完毕之后再予以清偿。

（三）重整计划的执行人和监督人

对重整计划中的清债方案由管理人负责监督执行；对执行项目后续工程建设、经营方案、与债权人签订商品房买卖合同抵债并交付房屋由××公司及重整投资人负责。管理人在监督期内负责监督。

（四）重整计划的调整

如遇不可抗力导致本重整计划不能执行的，管理人将及时制订《××公司重整计划修正案》，书面征求债权人意见，并经××法院批准后执行。

如××法院裁定批准重整计划后，因重整投资人原因不能执行重整计划或者不执行重整计划的，重整投资人需承担违约金××××万元。重整投资人除需承担相应违约金外，已经投资的款项作为普通债权向管理人申报。因不可抗力或者政府政策调整导致不能执行重整计划的除外。出现上述情形后，经管理人、利害关系人请求，由××法院裁定终止重整计划的执行，并宣告××公司破产。如××公司被宣告破产，管理人将依据已进行的评估价对××公司的资产依法进行拍卖（变价方案不再另行召开债权人会议表决），并就拍卖所得款项依法向债权人分配。

××公司（债务人）管理人

××××年××月××日

第六节　重整计划草案的表决和批准

一、概述

人民法院应当自收到重整计划草案之日起三十日内召开债权人会议，对重整计划草案进行表决。企业破产法对重整计划草案的表决和通过有较为详细的规定，对重整计划草案的表决实质就是对债务人、各类债权人、职工、出资人、重整投资人和管理人制订重整计划草案过程中磋商结果的检验。破产程序，是一种概括执行程序，其目的是保证同类债权人的平等受偿，所以企业破产法规定各类债权的债权人参加讨论重整计划草案的债权人会议，依照债权分类，分组对重整计划草案进行表决。企业破产法同时规定："出席会议的同一表决组的债权人过半数同意重整计划草案，并且其所代表的债权额占该组债权总额的三分之二以上的，即为该组通过重整计划草案。"即通过重整计划草案采用"多数决"规则。

重整计划经表决通过后，企业破产法规定："自重整计划通过之日起十日内，债务人或者管理人应当向人民法院提出批准重整计划的申请。人民法院经审查认为符合本法规定的，应当自收到申请之日起三十日内裁定批准，终止重整程序，并予以公告。"重整计划就其本质来看，在未经法院裁定批准前是各相关主体之间就债务人重整计划各方面问题经协商意思表示一致的协议；在经人民法院裁定批准后是生效的法律文书。

二、法律、规范渊源

（一）《中华人民共和国企业破产法》

"第八十二条　下列各类债权的债权人参加讨论重整计划草案的债权人会议，依照下列债权分类，分组对重整计划草案进行表决：

（一）对债务人的特定财产享有担保权的债权；

（二）债务人所欠职工的工资和医疗、伤残补助、抚恤费用，所欠的应当划入职工个人账户的基本养老保险、基本医疗保险费用，以及法律、行政法规规定应当支付给职工的补偿金；

（三）债务人所欠税款；

（四）普通债权。

人民法院在必要时可以决定在普通债权组中设小额债权组对重整计划草案进行表决。

第八十三条　重整计划不得规定减免债务人欠缴的本法第八十二条第一款第二项规定以外的社会保险费用；该项费用的债权人不参加重整计划草案的表决。

第八十四条　人民法院应当自收到重整计划草案之日起三十日内召开债权人会议，对重整计划草案进行表决。

出席会议的同一表决组的债权人过半数同意重整计划草案，并且其所代表的债权额占该组债权总额的三分之二以上的，即为该组通过重整计划草案。

债务人或者管理人应当向债权人会议就重整计划草案作出说明，并回答询问。

第八十五条　债务人的出资人代表可以列席讨论重整计划草案的债权人会议。重整计划草案涉及出资人权益调整事项的，应当设出资人组，对该事项进行表决。

第八十六条　各表决组均通过重整计划草案时，重整计划即为通过。

自重整计划通过之日起十日内，债务人或者管理人应当向人民法院提出批准重整计划的申请。人民法院经审查认为符合本法规定的，应当自收到申请之日起三十日内裁定批准，终止重整程序，并予以公告。

第八十七条　部分表决组未通过重整计划草案的，债务人或者管理人可以同未通过重整计划草案的表决组协商。该表决组可以在协商后再表决一次。双方协商的结果不得损害其他表决组的利益。

未通过重整计划草案的表决组拒绝再次表决或者再次表决仍未通过重整计划草案，但重整计划草案符合下列条件的，债务人或者管理人可以申请人民法院批准重整计划草案：

（一）按照重整计划草案，本法第八十二条第一款第一项所列债权就该特定财产将获得全额清偿，其因延期清偿所受的损失将得到公平补偿，并且其担保权未受到实质性损害，或者该表决组已经通过重整计划草案；

（二）按照重整计划草案，本法第八十二条第一款第二项、第三项所列债权将获得全额清偿，或者相应表决组已经通过重整计划草案；

（三）按照重整计划草案，普通债权所获得的清偿比例，不低于其在重整计划草案被提请批准时依照破产清算程序所能获得的清偿比例，或者该表决组已经通过重整计划草案；

（四）重整计划草案对出资人权益的调整公平、公正，或者出资人组已经通过重整计划草案；

（五）重整计划草案公平对待同一表决组的成员，并且所规定的债权清偿顺序不违反本法第一百一十三条的规定；

（六）债务人的经营方案具有可行性。

人民法院经审查认为重整计划草案符合前款规定的，应当自收到申请之日起三十日内裁定批准，终止重整程序，并予以公告。”

（二）《最高人民法院关于适用〈中华人民共和国企业破产法〉若干问题的规定（三）》

“第十一条　债权人会议的决议除现场表决外，可以由管理人事先将相关决议事项告知债权人，采取通信、网络投票等非现场方式进行表决。采取非现场方式进行表决的，管理人应当在债权人会议召开后的三日内，以信函、电子邮件、公告等方式将表决结果告知参与表决的债权人。

根据企业破产法第八十二条规定，对重整计划草案进行分组表决时，权益因重整计划草案受到调整或者影响的债权人或者股东，有权参加表决；权益未受到调整或者影响的债权人或者股东，参照企业破产法第八十三条的规定，不参加重整计划草案的表决。”

（三）《全国法院破产审判工作会议纪要》

“17. 重整计划的审查与批准。重整不限于债务减免和财务调整，重整的重点是维持企业的营运价值。人民法院在审查重整计划时，除合法性审查外，还应审查其中的经营方案是否具有可行性。重整计划中关于企业重新获得盈利能力的经营方案具有可行性、表决程序合法、内容不损害各表决组中反对者的清偿利益的，人民法院应当自收到申请之日起三十日内裁定批准重整计划。

18. 重整计划草案强制批准的条件。人民法院应当审慎适用企业破产法第八十七条第二款，不得滥用强制批准权。确需强制批准重整计划草案的，重整计划草案除应当符合企业破产法第八十七条第二款规定外，如债权人分多组的，还应当至少有一组已经通过重整计划草案，且各表决组中反对者能够获得的清偿利益不低于依照破产清算程序所能获得的利益。”

（四）北京市第一中级人民法院《破产重整案件办理规范（试行）》

“第一百条　重整计划草案为普通债权中的小额债权单独设置更高清偿率的，或者有其他必要情形的，人民法院可以决定在普通债权组中设小额债权组。

重整计划草案对全部普通债权根据债权额按不同比例分段清偿的，人民法院一般不再设小额债权组。

第一百零一条　债权依照法律规定，具有不同于本规范第九十九条规定的性质的，人民法院可以根据实际情况设置相应表决组。

第一百零二条　重整计划不得规定减免债务人欠缴的本规范第九十九条第一款第二项规定以外的社会保险费用。”

三、难点剖析

（一）对重整计划草案表决时，在普通债权组中设小额债权组的考量

企业破产法第八十二条第二款规定：“人民法院在必要时可以决定在普通债权组中设小额债权组对重整计划草案进行表决。”北京市第一中级人民法院《破产重整案件办理规范（试行）》第一百条规定：“重整计划草案为普通债权中的小额债权单独设置更高清偿率的，或者有其他必要情形的，人民法院可以决定在普通债权组中设小额债权组。重整计划草案对全部普通债权根据债权额按不同比例分段清偿的，人民法院一般不再设小额债权组。”根据上述相关规定，结合实务中的需要，在普通债权组中设小额债权组一般考量为：（1）为方便重整计划在人数上获得顺利通过，法院和管理人在决定小额债权组单独分组的同时，往往给予该表决组以相对优厚的清偿。(2) 促进重整案件平稳推进，维护社会稳定。在一般重整案中，小额债权人往往是各类供货商债权人，这类债权人抗风险能力较差，给予其更高的清偿比率，有利于保护相对弱势债权人利益，维护社会稳定。(3) 在重整案件中，设置小额债权组，需保证大额债权组的清偿率仍高于测算的债务人清算状态下的清偿率。实务中，越来越多的管理人对普通债权清偿采取分段递减的清偿方式，这种情况下一般不再设小额债权组。

(二) 对“至少有一组已经通过重整计划草案”的理解

实务中，有管理人或债务人将权利未受损害的债权人单独设置成一个表决组，而该表决组则毫无意外地“表决通过”管理人或债务人的重整计划草案。这样便形成了已有部分表决组投票通过重整计划草案，从而为适用企业破产法第八十七条规定创造了机会。实质上，赋予权利未受损害的债权人以表决权将导致该部分债权人权利滥用，对权利受到损害的债权人而言是不公平的。因为只有权利受到损害的债权人们，才有决定自己命运的权利，而不能由权利未受到损害的债权人共同决定。

企业破产司法解释（三）第十一条第二款的规定，在破产审判会议纪要第 18 条规定的基础上，向前再进一步，规定权利未受损害或影响的债权人及股东，不参加表决，体现禁止权利滥用原则，保护了广大利益受损者的合法权益，颇值肯定。

(三) 强制批准重整计划草案的一般程序

北京市第一中级人民法院《破产重整案件办理规范（试行）》规定，人民法院可以就是否批准重整计划草案组织召开听证调查，重点听取和审查反对意见是否具有事实和法律依据。江苏省高院民二庭印发的江苏高院审理指南明确，各表决组均通过重整计划草案的，可以由合议庭决定是否批准重整计划草案；拟强制批准重整计划草案的，应当经审判委员会讨论决定。是否强制批准重整计划草案，应当综合考虑各方当事人利益及社会公共利益，既避免损害债权人等利害关系人合法权益，也避免因部分利害关系人的反对导致合法正当的重整程序无法推进，应重点审查的事项包括：一是除权益未受到调整或者影响的表决组之外，至少有一个表决组已经通过重整计划草案；二是未通过重整计划的债权人表决组所获清偿符合企业破产法第八十七条第二款第一、第二、第三项的规定；三是重整计划草案对出资人权益的调整公平、公正，或者出资人组已经通过重整计划草案；四是重整计划草案公平对待同一表决组的成员，并且所规定的债权清偿顺序不违反法律规定；五是经营方案具备可行性。

四、典型案例

庄吉集团有限公司等四家公司破产重整案

（一）基本案情

2015 年 2 月 27 日，温州中院裁定受理庄吉集团、园区公司、销售公司三企业的重整申请，并根据企业关联程度较高的情况，指定同一管理人。本案中债权人共有 41 人，申报债权约 20 亿元，确认约 18 亿元。2015 年 8 月 20 日，管理人请求温州中院将重整计划草案提交期限延长三个月。随后管理人制定整体性的重整计划草案，并在债权人会议表决的过程中获得了绝大部分债权人的认可，仅出资人组部分股东不同意。经与持反对意见的股东沟通，其之所以反对主要是对大股东经营决策失误有怨言，对重整计划本身并无多大意见。2016 年 3 月 17 日，温州中院强制裁定批准该重整计划草案。在重整计划草案通过后，温州中院及时根据《中共温州市委专题会议纪要》［（2016）9 号文件］对重整企业进行信用修复，使得重整企业隔断历史不良征信记录、恢复正常使用包括基本户在内的银行账户、正常开展税务活动、解除法院执行部门的相关执行措施，为重整企业营造了良好的经营环境。

（二）典型意义

本案是法院依法审慎适用重整计划草案强制批准权、积极协调保障企业重整后正常经营的典型案例。实践中，一些企业在重整计划通过后，因相关配套制度的缺失又重新陷入困境。因此，重整是否成功，并不仅仅体现在重整计划的通过上，虽然重整司法程序在法院裁定批准后终止，但重整后的企业能否迅速恢复生机，还需要在信用修复、适当的税收优惠等方面予以支持，使其顺利恢复生产经营活动，才是完整发挥重整制度价值的关键。本案中，在庄吉服装系列公司重整计划通过后，温州中院积极协调，为重整后的庄吉服装系列公司赢得良好经营环境。此外，法院依法审慎适用强制批准权，维护了各方主体利益平衡及整体利益最大化，庄吉服装系列公司在重整成功后的第一个年度即成为当地第一纳税大户。

（此案例摘录自最高院 2018 年 3 月 6 日发布的《全国法院审理破产典型案例》）

五、参考模板

关于提请人民法院裁定批准重整计划草案的报告

××人民法院：

贵院受理的××有限公司重整一案，于××××年××月××日召开了第二次债权人会议。债权人会议依照债权分类分为优先债权组（工程款优先债权）、职工债权组、税务债权组、普通债权组以及另行设立的出资人组对重整计划草案进行了分组表决。经表决，优先债权组、职工债权组、税务债权组、普通债权组均表决通过了重整计划草案，另行设立的出资人组表决未通过重整计划草案。经管理人与表决未通过的出资人组协商，出资人组再次表决后，仍未通过重整计划草案。

管理人认为，重整计划草案符合法院批准的条件，理由如下：

一、所有债权人表决组均表决通过了重整计划草案；

二、××公司已经资不抵债，重整计划草案规定原股东的股权全部以零对价转让给重整投资人，没有损害出资人利益。重整计划草案对出资人权益的调整公平、公正；

三、重整计划草案经营方案具备可行性。

综上，根据《中华人民共和国企业破产法》第八十七条第二款之规定，提请贵院裁定批准该重整计划草案。

特此报告

××有限公司（债务人）管理人

××××年××月××日

附：

1. 重整计划草案；
2. 各表决组第一次表决结果；
3. 出资人组再次表决结果。

第七节　重整计划的执行与监督

一、概述

重整计划经法院裁定批准后，法院会同时裁定终止重整程序。企业破产法第八十九条第一款规定："重整计划由债务人负责执行。"根据前述规定，重整计划的执行主体应当是债务人。重整计划获得法院裁定批准后，"已接管财产和营业事务的管理人应当向债务人移交财产和营业事务"。该法第九十条规定："自人民法院裁定批准重整计划之日起，在重整计划规定的监督期内，由管理人监督重整计划的执行。"据此，重整计划执行主要的监督主体是管理人，法院也是当然的监督主体，如企业破产法规定债务人不能执行或者不执行重整计划的，人民法院经管理人或者利害关系人请求，应当裁定终止重整计划的执行，并宣告债务人破产。同时，利害关系人也应当是监督主体，如第九十一条规定："管理人向人民法院提交的监督报告，重整计划的利害关系人有权查阅。"本章中探讨的对重整计划执行的监督主体主要管理人，管理人监督重整计划执行的重点内容，应当是债务人执行重整计划的情况和债务人财务状况。监督重整计划执行的期限原则上与重整计划执行期限一致。对于实务中大量存在的管理人负责重整计划执行的情况，以及谁来监督管理人执行重整计划的问题本章不作探讨。

破产法赋予管理人监督权，监督权行使效果很大程度上取决于管理人勤勉尽责的态度。管理人在重整计划通过后即当依据客观情况制定监督重整计划执行的具体制度，完善预警机制，将重整投资人执行重整计划的行为置于制度的约束之下。

二、法律、规范渊源

（一）《中华人民共和国企业破产法》

“第八十九条　重整计划由债务人负责执行。

人民法院裁定批准重整计划后，已接管财产和营业事务的管理人应当向债务人移交财产和营业事务。

第九十条　自人民法院裁定批准重整计划之日起，在重整计划规定的监督期内，由管理人监督重整计划的执行。

在监督期内，债务人应当向管理人报告重整计划执行情况和债务人财务状况。

第九十一条　监督期届满时，管理人应当向人民法院提交监督报告。自监督报告提交之日起，管理人的监督职责终止。

管理人向人民法院提交的监督报告，重整计划的利害关系人有权查阅。

经管理人申请，人民法院可以裁定延长重整计划执行的监督期限。

第九十二条　经人民法院裁定批准的重整计划，对债务人和全体债权人均有约束力。

债权人未依照本法规定申报债权的，在重整计划执行期间不得行使权利；在重整计划执行完毕后，可以按照重整计划规定的同类债权的清偿条件行使权利。

债权人对债务人的保证人和其他连带债务人所享有的权利，不受重整计划的影响。

第九十三条　债务人不能执行或者不执行重整计划的，人民法院经管理人或者利害关系人请求，应当裁定终止重整计划的执行，并宣告债务人破产。

人民法院裁定终止重整计划执行的，债权人在重整计划中作出的债权调整的承诺失去效力。债权人因执行重整计划所受的清偿仍然有效，债权未受清偿的部分作为破产债权。

前款规定的债权人，只有在其他同顺位债权人同自己所受的清偿达到同一比例时，才能继续接受分配。

有本条第一款规定情形的，为重整计划的执行提供的担保继续有效。”

（二）《全国法院民商事审判工作会议纪要》

“113.【重整计划监督期间的管理人报酬及诉讼管辖】要依法确保重整计划的执行和有效监督。重整计划的执行期间和监督期间原则上应当一致。二者不一致的，人民法院在确定和调整重整程序中的管理人报酬方案时，应当根据重整期间和重整计划监督期间管理人工作量的不同予以区别对待。其中，重整期间的管理人报酬应当根据管理人对重整发挥的实际作用等因素予以确定和支付；重整计划监督期间管理人报酬的支付比例和支付时间，应当根据管理人监督职责的履行情况，与债权人按照重整计划实际受偿比例和受偿时间相匹配。

重整计划执行期间，因重整程序终止后新发生的事实或者事件引发的有关债务人的民事诉讼，不适用企业破产法第二十一条有关集中管辖的规定。除重整计划有明确约定外，上述纠纷引发的诉讼，不再由管理人代表债务人进行。

114.【重整程序与破产清算程序的衔接】重整期间或者重整计划执行期间，债务人因法定事由被宣告破产的，人民法院不再另立新的案号，原重整程序的管理人原则上应当继续履行破产清算程序中的职责。原重整程序的管理人不能继续履行职责或者不适宜继续担任管理人的，人民法院应当依法重新指定管理人。”

（三）北京市第一中级人民法院《破产重整案件办理规范（试行）》

“第一百三十四条　重整计划执行期间，因重整程序终止后新发生的事实或事件引发的有关债务人的民事诉讼，不适用企业破产法第二十一条有关集中管辖的规定。

第一百三十五条　重整计划执行期间，因重整程序终止后新发生的事实或事件引发的有关债务人的民事诉讼，不再由管理人代表债务人进行诉讼，但重整计划有明确约定的除外。

前款规定的债权债务，不受重整计划的调整和约束，但当事人另有约定的除外。”

三、难点剖析

（一）重整计划有关出资人权益调整方案的执行

出资人权益调整方案在重整计划获法院批准后是否可以顺利付诸执行，将原出资人持有的债务人股权顺利过户到重整投资人名下，成为重整投资人最关注的事项。但是如果出资人持有的股权被冻结，在法律没有作出明确规定的情况下，如果申请冻结股权的主体不愿配合债务人就出资人调整的股权申请解除冻结措施，则出资人权益调整方案在执行过程中可能会面临障碍。企业破产法第十九条规定：“人民法院受理破产申请后，有关债务人财产的保全措施应当解除，执行程序应当中止。”但是该条款针对的是债务人的财产，对出资人享有的股权并不适用。出资人股权除了被法院冻结，还有可能存在股权被出质的情况。北京市第一中级人民法院《破产重整案件办理规范（试行）》第一百三十二条规定：“重整计划执行期间，出资人、债权人等无正当理由拒不配合办理出资权益变更手续的，人民法院可以根据管理人、利害关系人的申请向有关单位发出协助执行通知书。”但在实务中，很多破产案件承办法官比较谨慎，通过向查封法院发函或要求管理人请求冻结股权法院解除查封，既耗费时间，往往效果也不理想。所以，在法律或者司法解释层面赋予经法院批准的重整计划司法强制力和执行力，并规定破产重整案件的受理法院有权以发出协助执行通知的方式对债务人股权直接采取解除质押和解除查封等措施，很有必要。

（二）重整计划有关债权清偿的规定是否可以强制执行

重整计划经法院裁定批准后，债务人随即进入重整计划的执行阶段。一般认为，重整计划执行期间，管理人、利害关系人可就重整计划的执行向人民法院申请必要的协助。但如果债务人不能如期执行债权清偿方案，是否可以强制执行？答案显然是不可以！因为重整计划中的债务清偿方案是不得强制执行的。在债务人不执行或者不能执行重整计划时，债权人只能请求法院裁定终止重整计划的执行，并宣告债务人破产，而不能申请强制执行重整计划进行债务清偿。因为当未按重整计划获得清偿的债权人为多数人，而债务人又没有足够财产清偿全部债权人时，个别债权人提起强制执行，可能使其他未受偿债权人因债务人的财产全部被执行而无法受偿，造成新的清偿不公，违背企业破产法的公平清偿的基本原则。同时，如果允许债权人分别向法院申请强制执行债权清偿方案，从统一清偿的破产程序回到众多个别清偿的执行程序，必将导致程序混乱，也违反了破产程序“不可逆”的原则。

（三）重整计划制作时未确认债权的清偿

企业破产法第九十二条第二款规定：“债权人未依照本法规定申报债权的，在重整计划执行期间不得行使权利；在重整计划执行完毕后，可以按照重整计划规定的同类债权的清偿条件行使权利。”债权申报是债权人参加破产程序、在破产程序中行使权利的前提条件。

债权人未在人民法院确定的债权申报期限内按照法律规定申报其债权，

被视为放弃或怠于行使其权利，理应承担相应的后果。从前述法条规定可以看出，在破产重整程序中，债权人逾期申报债权的后果仅仅是在重整计划执行期间不得行使权利，也就是在权利行使时间上进行了限制，但是在权利内容上，还是可以按照重整计划规定的同类债权的清偿条件行使权利。

同时，债权人在债权申报期限届满后申报债权，其债权在表决重整计划草案的债权人会议召开前未经人民法院裁定确认的，相应债权人在重整计划执行期间不得行使对债务人要求清偿、提起新的财产给付之诉，或申请强制执行债务人财产等权利。

在此，需强调的是重整计划中已经为未经法院裁定确认的债权预留了清偿份额的债权人，在债权确认后，即享有重整计划规定的债权人的权利。

（四）管理人对债务人执行重整计划进行监督的主要形式和手段

企业破产法规定："自人民法院裁定批准重整计划之日起，在重整计划规定的监督期内，由管理人监督重整计划的执行。在监督期内，债务人应当向管理人报告重整计划执行情况和债务人财务状况。"自人民法院裁定批准重整计划之日起，在重整计划规定的监督期内，管理人应当制订监督计划，明确监督方式、监督事项和监督职责并报人民法院备案，已接管财产和营业事务的管理人应当及时妥善地向债务人移交财产和营业事务。

正常情况下，管理人的监督职责主要包括：（1）定期听取债务人财务状况及重整计划执行情况报告；（2）及时发现并纠正债务人执行重整计划过程中的违法或不当行为；（3）审查债务人提出的延长重整计划执行期限申请。

在实务中，管理人对重整计划执行的有效监督还有赖于在重整计划草案制作时相关条款的设计。在笔者经办的破产重整案中，设计了"重整期间如有销售收入，一律汇入管理人账户。50万元（含）以下的销售收入的使用计划由重整投资人决定，报管理人备案；50万元以上的销售收入使用计划报管理人（管理人根据需要报法院）批准后实施。管理人应当确保批准程序不影响工程建设""在××公司所有债务清偿完毕之前，××公司不得向重整投资人以外的第三人借款或为任何第三人提供担保或承担任何第三方的债务；××公司的资产不得抵押""为了保证债务人承诺的落实，重整投资人同意××公司重整计划执行期间的公章、财务专用章、法定代表人章仍委托管理人保管"等条款，落实管理人对债务人的有效监督。

四、典型案例

江苏创世纪置业有限公司重整案

（一）案情简介

江苏创世纪置业有限公司（以下简称创世纪公司）是一家专业从事房地产开发经营的企业，由于经营管理不善，导致资金链断裂，企业陷入困境。截至2018年年初，创世纪公司投资了八个房地产项目，其中已经开发建设的项目处于停工状态，未开发的项目处于闲置搁置状态。2018年12月25日，经债权人申请，盐城市盐都区人民法院（以下简称盐都法院）裁定受理创世纪公司破产重整案。案件受理后，法院积极加强府院协调，成立府院联动协调小组，召开定期和临时会议，在房屋备案登记、建设资金监管、房屋续建审批验收等方面制定相应预案，成功解决了企业信用修复、办理不动产权证、适龄儿童上学等疑难问题。

经管理人清理，创世纪公司资产价值14.66亿元，负债17.19亿元。2019年3月30日，创世纪公司召开第一次债权人会议，会上依照债权分类对重整计划草案进行了分组表决，各表决组均高票通过了重整计划草案。重整计划中采用“经营性重整”模式，发挥各类要素和资源潜力，先销售部分存量房带动资金回笼，再分步骤、有重点地推进复工，利用销售收入偿债，形成复工、销售和偿债的良性循环，维护企业营运价值，提升重整的经济效益。

目前，创世纪公司重整计划执行顺利，公司内部治理机制正常运转。两个项目已全面建成，五个项目全面复工建设，净地进入设计阶段等待开工。截至2019年12月31日，已经盘活土地744亩、续建楼宇83.83万平方米，债权清偿总额超过3亿元。

（二）典型意义

一是重整速度快。本案在受理后三个月即通过重整计划，有效降低了重整程序运行时间和成本，最大程度保留了企业的营运价值。

二是企业信用修复佳。破产法院与地方政府贯彻落实破产保护理念，积极修复企业信用，协调银行解决创世纪公司因破产程序产生的污名化问题，顺利开立按揭款账户，畅通资金回笼渠道。

三是监管效果好。管理人履行监督职责的同时，联合地方政府及债权人会议主席，与债务人一起组建监管委员会，作为创世纪公司重整计划执行期间的常设组织，保证重整期间资金、工程建设、债务偿还三个重要方面的公开和规范。

（此案例摘录自江苏省高级人民法院于2020年2月27日公布的《2019年江苏法院破产审判典型案例》，属于执行重整计划比较成功的案例）

五、参考模板

（一）要求重整投资人执行重整计划的通知

关于执行重整计划的通知

××有限公司重整投资人：

经××人民法院裁定批准，××有限公司重整计划正在执行之中。根据该计划第××条第××项第×点第×小点的规定，普通债权人的分配金额以货币方式清偿；重整投资人应当保证在××法院裁定批准重整计划后×个月内，将以货币方式清偿的普通债权人的分配款项划入管理人账户。××法院裁定确认的无异议债权清单中，符合上述第×小点标准的债权人共计××家，总金额为××××万元。除去与你们另行签订和解协议和已经清偿的债权人外，目前尚未清偿的债权人共××家，总金额×××万元。重整计划批准后×个月的期限早已届满。

管理人现通知你们，请尽快向管理人账户（户名：××有限公司管理人；开户行：中国××银行；账号：×××××××××）汇入清偿债权所需的款项×××万元或者与相关债权人达成和解协议并及时将上述协议提交给管理人，以避免××有限公司重整失败。

特此通知

××有限公司（债务人）管理人

××××年××月××日

抄报：××人民法院、债权人会议主席

（二）请求法院出具协助执行通知办理股权变更的报告

关于请求法院出具协助执行通知办理××公司股权变更登记的报告

××人民法院：

××××年××月××日，××公司破产案召开了第二次债权人会议。经表决，优先债权组、职工债权组、税务债权组、普通债权组均表决通过了重整计划草案（出资人组经两次表决未通过）。贵院于××××年××月××日裁定批准××××重整计划草案。

其中，重整计划第×条出资人权益调整方案第×项出资人权益调整的方式第×点出资人权益的调整规定：××公司重整投资方式采取股权让渡同时清偿债务的方式。本重整计划草案获得××法院裁定批准后，原股东的股权全部以零对价转让给重整投资人。股权让渡后，××的持股比例为55%；×××的持股比例为45%。

目前，××公司重整计划正在执行中。需现金清偿的破产费用和共益债务×××万元、职工债权××万元、税款债权××万元及××万元以下需现金清偿债权××万元均已清偿完毕。重整投资人正按照重整计划推进“××××”项目的建设开发工作正在顺利实施。

现重整投资人根据重整计划第二条出资人权益调整方案第（三）项出资人权益调整的方式第 8 点关于重整事务的衔接第②小点“管理人根据××法院批准的重整计划对出资人权益的调整，配合重整投资人办理××公司股权变更登记手续”的规定，提出股权变更登记的要求。因××公司股权在破产立案前因原出资人原因被其他法院查封，为了顺利推进重整计划的执行，体现法院及管理人对重整计划执行的坚决支持，管理人请求贵院依据批准重整计划的裁定，尽快向相关市场监督管理部门出具协助执行通知，将××公司股权变更登记为××持股比例 55%，×××的持股比例为 45%。

特此报告

××公司（债务人）管理人

××××年××月××日

第十三章　破产和解

破产和解，是指由债务人提出和解申请及和解协议草案，债权人会议讨论通过并经法院许可的解决债权人、债务人之间的债权债务问题的制度。当企业出现破产原因时，债务人为避免企业被债权人申请破产清算，可以直接向法院申请破产和解；在法院受理破产申请后，宣告债务人破产前，债务人为自救，也可以向法院提出和解申请并在法院主持下，与债权人团体磋商谈判，取得债权人谅解而达成一揽子清理债权债务关系的协议。破产和解在相当程度上可以发挥挽救债务人或者避免债务人破产清算的作用。

各国破产法对和解制度的具体规定不同，有的国家规定了独立于破产程序的和解程序，并制定了相应的和解法。有的国家将破产和解作为破产程序的组成部分，以实现避免法院在破产程序开始后直接宣告债务人破产清算的功能性目的。我国企业破产法将破产和解作为破产程序的组成部分对待，破产清算、破产重整、破产和解是我国破产程序的三大制度。

第一节　和解程序开始和终止

一、概述

和解程序的开始，需由债务人提出和解申请及和解协议草案，经法院审查后确定是否裁定和解，一旦裁定和解，应提交债权人会议讨论和解协议草案，经债权人会议讨论通过后，再次由法院审查，裁定认可后终止和解程序。

（一）和解申请

和解申请，是指债务人向法院提出的以达成和解协议的方式清理债权债务的意思表示。债务人申请和解，是和解成立的绝对要件。根据企业破产法第九十五条规定："债务人可以依照本法规定，直接向人民法院申请和解；也可以在人民法院受理破产申请后、宣告债务人破产前，向人民法院申请和解。”除债务人以外，其他任何利害关系人都不能提出和解申请。这与破产重整和破产清算程序不同，破产重整程序的申请主体可以是债务人、债权人；破产清算程序的申请主体可以是债务人、债权人或是负有清算责任的人。

申请和解应当向法院提交和解申请书。和解申请书应当载明下列事项：（1）申请人（债务人）基本情况；（2）申请和解的目的；（3）申请和解的事实与理由；（4）人民法院认为应当载明的其他事项。根据企业破产法第九十五条第二款规定，债务人申请和解，应当提出和解协议草案。除企业破产法规定的和解申请书和和解协议草案外，司法实践中，债务人还需向法院提交企业营业执照副本、法定代表人身份证明、财产状况说明、债务清册、债权清册、有关财产会计报告、股东会同意申请和解的决议等材料。

（二）和解协议草案

相较于企业破产法第八十一条对重整计划草案内容的详细规定，破产和解协议草案内容则尚无法律明文规定，结合各地方法院破产司法审判文件中对于和解协议草案内容之规定，大体包括以下内容：（1）债务人的财产状况（资产、债权债务、投资等）。债务人披露说明其财产状况，一方面，利于和解债权人全方位了解债务人财务现状，增进债务人与债权人之间的互信。另一方面，也利于法院审查破产和解协议草案时，能够正确评估债务人和解价值，正确引导债权人与债务人之间的和解，正确作出是否受理破产和解。（2）主要债权人的和解意向。债权人会议对于和解协议草案的通过，是多数决的方式，主要债权人的和解意向直接关系到和解协议草案能否获得通过。（3）清偿债务的比例、期限及财产来源。债务清偿率、清偿期限及财产来源是破产和解谈判之核心，直接关系到债权人是否会同意破产和解程序。一般来讲，如果债权人不能通过和解得到比清算更大的受偿，那么债权人就可能放弃和解制度，因为与其和解失败而重新进入破产清算分配不如直接选择破产清算程序。（4）和解协议草案之执行保障条款。可以设置执行担保条款，由债务人找有经济实力的人作担保，包括但不限于连带责任保证、差额补足承诺、抵质押担保等。可以设置禁止性条款和违约条款，禁止债务人在一定期限内转让所持股份、土地、房屋及价值超过一定金额的资产等，保证和解草案顺利实施及若债务人未履行和解协议中的条款，将承担相应的违约责任。江苏高院审理指南中就规定，和解协议草案中可以规定监督条款，由债权人对债务人执行和解协议情况进行监督。

（三）和解裁定

是否准许债务人开始和解程序，以法院是否作出许可和解裁定为准。法院对和解申请的审查主要包括以下几个方面：（1）申请人属于法律规定的主体；（2）债务人具备和解启动的原因，即企业破产法第二条规定的原因；（3）申请的格式和内容是否符合法律规定。对和解协议草案的审查主要包括以下几个方面：（1）具备和解协议的必要内容；（2）和解协议具有可行性；（3）未违反法律强制性规定。人民法院经审查认为和解申请符合法律规定，应当裁定和解，予以公告。人民法院裁定和解的，应当同时指定管理人，管理人应当按企业破产法第二十五条履行相应职责。债务人的有关人员应当履行企业破产法第十五条规定的义务。同时根据企业破产法第十九条、第二十条规定，裁定和解后，有关债务人的财产保全措施应当解除，执行程序应当中止；已经开始尚未终结的诉讼或仲裁应当中止，在管理人接管债务人的财产后，诉讼或仲裁继续进行。

人民法院审查后认为和解申请不符合法律规定，应裁定不予受理债务人直接提出的和解申请和受理破产申请后裁定不予受理债务人提出的和解申请。申请人对裁定不服的，可以根据企业破产法第十二条第一款规定，自裁定送达之日起十日内向上一级人民法院提起上诉。

（四）和解协议的讨论及通过

企业破产法第九十六条第一款规定，裁定和解后应召集债权人会议讨论和解协议草案。因此，法院应当在确定债权人会议讨论和解协议草案的议程、时间和地点后，由管理人提前15天通知已知债权人参加会议。如果和解程序开始后尚未召开第一次债权人会议的，法院应按企业破产法规定的召开第一次债权人会议的规定，通知和公告第一次债权人会议召开的时间、地点和议程，并特别列明会议议程包括讨论和解协议草案。

企业破产法第九十七条规定，债权人会议通过和解协议的决议，需由出席会议的有表决权的债权人过半数同意，并且其所代表的债权额占无财产担保债权总额的三分之二以上。所谓有表决权的债权人根据企业破产法第一百条第二款规定，是指人民法院受理破产申请时对债务人享有无财产担保债权的人。对债务人的特定财产有担保权的债权人虽为债权人会议成员，有权参加会议并发表意见，但对和解协议草案没有表决权。债权人会议表决和解协议草案，实行双重多数表决机制。

但需要注意的是，和解协议的生效并不单纯取决于债权人会议的通过，根据企业破产法第九十八条规定“债权人会议通过和解协议的，由人民法院裁定认可，终止和解程序，并予以公告”，因此和解协议生效最终要取决于法院裁定认可。和解协议经法院裁定认可后，和解程序终止，管理人应当向债务人移交财产和营业事务，并向人民法院提交执行职务报告。此时，债务人重新获得了财产与经营的控制权，自主进行生产经营，管理人职务终止，并且不对债务人执行和解协议的情况进行监督。

二、法律渊源

（一）《中华人民共和国企业破产法》

“第九十五条　债务人可以依照本法规定，直接向人民法院申请和解；也可以在人民法院受理破产申请后、宣告债务人破产前，向人民法院申请和解。

债务人申请和解，应当提出和解协议草案。

第九十六条　人民法院经审查认为和解申请符合本法规定的，应当裁定和解，予以公告，并召集债权人会议讨论和解协议草案。”

（二）江苏省高级人民法院民事审判第二庭关于印发《破产案件审理指南（修订版）》的通知

和解协议草案的内容。和解协议草案一般包括下列内容：一是债务人的财产状况；二是清偿债务的比例、期限及财产来源；三是破产费用、共益债务的种类、数额及支付期限。和解协议草案中可以规定监督条款，由债权人对债务人执行和解协议情况进行监督。和解是一种积极的偿债方式，通过减免债务数额、延长清偿期限等方式，缓解债务企业偿债压力，为债务人再建提供机会和条件。

（三）《深圳市中级人民法院破产案件审理规程》

“第五十六条　债务人在破产申请受理后申请和解的，应当向审理破产清算案件的合议庭提出。承办法官应对和解协议草案进行形式审查，和解协议草案应当包括以下内容：

（一）和解的清偿比率；（二）主要债权人的和解意向；（三）和解协议的执行期限和还款步骤；（四）和解协议的执行保障；（五）人民法院要求的其他内容。”

三、难点剖析

破产和解存在的价值是什么?

破产和解立法目的是将其作为破产重整制度的替代性解困制度，其目标与破产重整一样是为了避免债务人实质破产，保留债务人的营运价值。

相较于破产重整，破产和解在实践中应用非常少。这可以通过以下数据得出结论：通过对中国裁判文书网以案由检索的方式检索发现，截至2020年8月28日，案由为“申请破产重整”的有1 683篇，案由为“申请破产和解”的仅62篇。主要原因在于破产和解与破产重整目标相同，但破产和解制度不能限制担保权人的权利、缺乏法定的监督机制、拯救企业措施单一，所以无论是债权人、债务人、管理人还是法院都倾向于破产重整而不是破产和解。但破产和解通过债权人与债务人协商，快速了结债务，相较于破产重整有程序简单、时间短、成本低等优势。破产重整过程中，需要支付审计、评估机构等费用，重整耗时费力，时间的拖延又会导致重整成本的不断累积，最终可能会损害债务人的财产价值。企业破产法没有任何涉及和解协议内容的强制性规定，这可以充分说明法律充分尊重当事人意愿的优势，赋予了当事人双方较大的自由去解决债权债务的权利。

四、参考案例

金双喜实业发展有限公司等六企业合并和解案

金双喜实业发展有限公司（以下简称金双喜公司）、南通博金电器有限公司、南通冠金置业有限公司等六家企业系受施某一人实际控制的南通当地知名家族型企业，拥有38项国家专利，其免检产品远销十几个国家和地区。2014年下半年以来，六企业因过度扩张，资金链断裂，相继向江苏省启东市人民法院（以下简称启东法院）申请破产清算。2016年12月7日，金双喜公司及其五家关联企业以存在人格混同、合并和解有利于挽救企业及公平清偿为由，共同向启东法院提出合并和解申请，并提供相关证据证明：金双喜公司及其五家关联企业虽均为法人主体，但实系作为一个整体运营，资金和财产均由金双喜公司掌控，人员调配、企业决策和运营管理均由施某统一负责，已严重丧失法人实体应具备的财产与意志独立性。

2016年12月8日，启东法院向所有债权人下发通知，征求各方对合并和解的意见，取得绝大多数债权人的支持。同年12月28日，启东法院组织召开由异议人、债务人、管理人、审计机构等参加的听证会。2017年1月6日，启东法院依法裁定金双喜公司等六家企业合并和解。由于合并和解的债权清偿率远高于破产清算模拟清偿率，债权人会议高票通过了金双喜公司等六家企业合并和解协议草案，2017年3月23日，启东法院裁定认可合并和解协议草案，终止和解程序。为确保合并和解协议履行，协议专款规定在和解协议执行期间，由债权人委员会向债务人派驻财务人员，设立监管账户，监督和解协议履行，此举有效维护了债权人利益，也保障了和解后企业的有序经营。六家企业成功和解，数百员工重新上岗。

案例分析：针对家族企业特点，充分尊重债权人意思自治，灵活运用破产程序，及时由清算转入和解，探索实质合并规则，构建合并和解程序，创设和解协议监督执行机制，化繁为简，归并资产，抵销关联企业间债权债务，提高债权清偿率，确保债权公平受偿和协议全面履行，实现优质企业重生。

（来源：2017年度江苏法院十大破产案例之六：金双喜实业发展有限公司等六企业合并和解案）

五、参考模板

和解协议草案

债务人（甲方）：

重庆市铜梁区沙心生态食品有限公司

重庆市航心生态农业有限公司

重庆市民之天食品有限公司

债权人（乙方）：略

重庆市铜梁区沙心生态食品有限公司因近年经营管理不善造成严重亏损，不能清偿到期债务，向重庆市铜梁区人民法院申请债务和解。法院于2015年3月4日裁定受理了重庆市铜梁区沙心生态食品有限公司破产和解一案。

由于重庆市航心生态农业有限公司、重庆市民之天食品有限公司与重庆市铜梁区沙心生态食品有限公司实际投资人、法定代表人均为汪某某，在经营中三家公司资产和财务管理上混同（公司人格混同），无法严格区分，于是重庆市航心生态农业有限公司、重庆市民之天食品有限公司也向法院提出了债务和解申请，法院于2015年5月12日分别裁定受理了这两家公司的债务和解案。

2015年7月11日甲方三公司第一次债权人大会选举产生了债权人委员会，债权人委员会多次与甲方协商并征求广大债权人形成统一意见，坚决不同意甲方三公司任何形式的破产贱卖公司资产，提出了解决甲方三公司债务和解的新方案，其主要内容为将全部债权转为公司股权，或者将70%债权转为公司股权30%由公司退还现金，或者全部债权由公司分期退还现金。然后交各债权人选择，现登记债权人516人、申报债务金额约3.9亿元，已参与选择和解方案的450人、金额3.65亿元，分别达到88.8%、93.5%。其中选择全转股53人，金额4 958万元；选择70%转股30%退现金的279人，金额25 091万元；选择全退现金的118人，金额6 425万元，符合企业破产法规定的和解法定条件。在此基础上，甲、乙双方经反复协商，达成如下协议：

一、田某等53名债权人（名单附后）愿意将在甲方公司的全部债权转为公司股权；王某某等279名债权人（名单附后）愿意将在甲方公司的全部债权的70%转为公司股权，30%由甲方退还现金；高文等118名公司债权人（名单附后）请求甲方全部退还现金。

二、每个债权人的债权金额以公安经侦核实数额为基础，以区人民法院依法确认的金额为准。若债权人对法院认定的债权金额有异议，可以通过诉讼程序再次依法确认。

三、选择全部债权转为股权和选择70%债权转为股权的债权人，通过与甲方签订债转股协议后即成为甲方公司股东，享有《公司法》和公司章程规定的股东权利及义务。然后双方按照《公司法》及相关法律法规的规定向工商行政管理部门办理股权登记备案，甲方向每个股东出具股权证明书，完善公司股权结构治理手续，选举产生公司新的董事会。

四、选择70%债权转为股权、30%退现金的债权人，其30%现金在签订转股协议后限期一年内由甲方退还。

五、选择全额退现金的债权人，由甲方及原有股东与其签订还款协议，第一年退还30%，余下70%分四年退还，每一年退还17.5%。还款具体时间以双方签订的退款协议约定为准。

六、对未参与本案债务和解的债权人，可在本和解协议履行期中至公司股权改制前，参照本和解协议规定的清偿方案执行。逾期视为自动放弃本次和解权利。

七、所有债权转股权的债权人，均不承担转股前甲方及原股东所负债务的清偿责任，由甲方及原股东独立承担债务的清偿义务。

八、本和解协议（修正案）经区法院裁定后生效，对甲方和乙方所有参与债务和解的债权人均有法律约束力，必须服从法院的生效裁定。

九、本和解协议裁定生效后，甲、乙双方应根据法院认定的债权金额及时签订债转股协议或退款和解协议，积极配合公司股权结构治理，完善股权登记，确保转股债权人资金保值增值。

十、债权人签字认可的铜梁区沙心生态食品有限公司债务和解方案选择确认书是债权人自我选择和解方案的真实意思表示，是本债务和解协议修改制定的依据，属于本协议的组成部分。是债权委员会签署本债务和解协议的有效根据。

以上条款，系双方真实意思表示，特向区人民法院呈报双方最新达成的《和解协议》，请区法院依法审查确认。

甲方：

重庆市铜梁区沙心生态食品有限公司（盖公章）

法定代表人：

重庆市航心生态农业有限公司（盖公章）

法定代表人：

重庆市民之天食品有限公司（盖公章）

法定代表人：

乙方代表：沙心债权委员会

【重庆市铜梁区人民法院（2015）铜法民破字第00001-1号铜梁县沙心生态食品有限公司与申请破产和解一审民事裁定书】

第二节　和解协议执行和履行障碍

一、概述

和解协议经法院裁定认可后，即转入和解协议的执行阶段，除出现法定原因外，和解协议被法院裁定终止或因内容违法而被裁定无效后，债务人和和解债权人均不得主张超出和解协议规定条件的任何利益。

（一）和解协议的执行

企业破产法第一百零二条规定，债务人应当按照和解协议规定的条件清偿债务。经法院裁定认可的和解协议，本身就是和解债权人作出让步后的产物，因此不允许债务人在执行和解协议时提出附加条件或延缓和解协议规定的债务清偿，债务人在执行和解协议过程中提出的新的条件，将被视为违反和解协议。在和解协议的执行过程中，特别需要注意的是债务人不得有偏颇清偿行为。和解协议规定的清偿债务的条件，对于同类和解债权人而言，应是相同的，且债务人就当按照和解协议约定向同类债权人给予同样的清偿条件，而不能给予个别债权人以特殊利益。例如，和解协议规定有清偿期和数额条件，债务人在债务清偿期届满前，提前向个别债权人清偿了全部债务，则有可能损害其他和解债权人的利益。债务人给予个别债权人以额外利益的，属于无效行为。债务人按照和解协议规定的条件清偿债务后，其将获得免于承担和解协议中债权人让步的债务清偿责任的利益。企业破产法第一百零六条规定，按照和解协议减免的债务，自和解协议执行完毕时起，债务人不再承担清偿责任。

和解债权人同样应受到和解协议的约束。不论和解债权人是否申报债权，也不论和解债权人是否出席债权人会议表决同意和解协议草案，根据企业破产法第一百条第一款规定，经人民法院裁定认可的和解协议，对债务人和全体和解债权人均有约束力。如果和解债权人未依照法律规定申报债权的，同样受和解协议的约束，并且在和解协议执行期间不得行使权利，但可以在和解协议执行完毕后，按和解协议规定的清偿条件向债务人主张权利。和解债权人按和解协议条件接受的清偿为有效清偿，此等清偿即使在后续的破产清算程序中，也可以对抗第三人。企业破产法第一百零三条、第一百零四条第二款有明确规定。

（二）和解协议的履行障碍

债务人履行完和解协议，整个破产程序终结。但是，债务人在执行和解协议过程中，如果违反了和解协议，或者说和解协议存在无效原因，继续执行和解协议将有损于和解债权人利益的，即出现了和解协议的履行障碍。

债务人不按和解协议规定的条件清偿债务，或者不能按和解协议规定的条件清偿债务，前者主要是债务人故意违约的行为，后者主要是因客观原因导致债务人无法履行。其情形主要包括：（1）拒绝执行和解协议；（2）不适当执行和解协议，诸如清偿迟延、清偿部分债务等；（3）不能执行和解协议，诸如因债务人的财务状况恶化导致不能清偿债务。企业破产法第一百零四条第一款规定，债务人不能执行或者不执行和解协议的，人民法院经和解债权人请求，应当裁定终止和解协议的执行，并宣告债务人破产。由此可见，在此情形下，法律只赋予和解债权人提出终止和解协议的执行。在和解债权人提出书面请求后，法院应当将该申请通知债务人，并依法进行审查；必要时，法院应当举行听证会，听取和了解债务人和和解债权人的意见。经审查，法院认为和解债权人的请求符合法律规定的，裁定终止和解协议的执行并宣告债务人破产。法院在作出裁定时，为避免财产的流失，应当同时指定管理人接管破产财产，并公告通知所有债权人。

根据企业破产法第一百零三条规定，因债务人的欺诈或其他违法行为而成立的和解协议，人民法院应当裁定无效，并宣告债务人破产。据此，构成履行障碍的另一情形即在和解协议成立时，债务人存在欺诈或其他违法行为。其他违法行为包括债务人存在胁迫、与和解债权人恶意串通等。与前述情形不同的是，该条并未确定是依和解债权人请求还是依债务人请求，或是法院依职权直接裁定。从解释论角度，法院应依职权查明合同效力，和解协议属于合同，故无论是和解债权人提出还是债务人提出，或者是第三人提出，只要法院查明确属欺诈或存在其他违法行为的，法院都应依职权裁定终止和解协议的执行并宣告债务人破产。

（三）履行障碍的法律后果

在债务人不能执行或不执行和解协议的情形下，经和解债权人请求，法院裁定终止和解协议执行。此时，和解协议对和解债权人不再具有约束力，和解债权人在和解协议中作出的债权调整的承诺皆告失效。这种调整，包括但不限于债务人延期清偿债务和减债清偿。法院一旦作出终止和解协议的裁定，债权债务关系就恢复到和解协议生效以前的状态。但对于和解债权人而言，在因执行和解协议中所受的清偿仍然有效，其无需向债务人进行返还，和解债权中未受清偿部分作为破产债权在破产清算中进行分配。同时，企业破产法第一百零四条第三款规定，前款规定的债权人，只有在其他债权人同自己所受的清偿达到同一比例时，才能继续接受分配。例如，和解债权人张三因执行和解协议其所受的债权清偿比例达到了其债权额的

50%，与张三同类债权人李四、王五仅达到自身债权额的20%和30%，债务人宣告破产后，应先行将财产分配给李四，只有李四债权清偿比例达到30%后，王五才可以继续接受财产分配；李四、王五的债权清偿比例达成50%后，张三才可以继续接受财产分配。

在债务人因欺诈或其他违法行为而导致法院裁定和解协议无效的情形下，依据法理，民事法律行为无效的，自始不发生效力。和解债权人基于无效和解协议所获得的清偿应予返还。但是，债务人因和解协议规定的条件所为清偿，涉及众多债权人的利益，如果要求所有的债权人返还已受清偿部分，从现实考量层面来讲，债务人本身资不抵债，债权人好不容易获得了部分清偿，却因为债务人欺诈或其他违法行为返还，难以操作。另外，和解协议被裁定无效后，即进行破产清算的财产分配，如果同类债权人所获得清偿比例相同，未发生和解债权人受偿利益不平等的现象，要求同类债权人先行返还，再予分配，徒增麻烦。因此，企业破产法第一百零三条第二款规定，有前款规定情形的，和解债权人因执行和解协议所受的清偿，在其他债权人所受清偿同等比例范围内，不予返还。也就是说，同类债权人张三其债权清偿比例为40%，李四其债权清偿比例为30%，那么张三只需要返还其债权清偿比例10%的款项，而非全部返还。

对于为和解协议的执行提供担保的担保人而言，在债务人不能执行或不执行和解协议而被宣告破产的情况下，其担保继续有效。终止和解协议的执行，不代表否定和解协议的效力，因此担保应继续有效，同时之所以需要为和解协议的执行提供担保，债权人就是要确保在出现债务人不能执行或不执行和解协议的情况下其债权有所保障，只有认为终止和解协议的执行，担保继续，该制度才有存在的价值。因此，在此情形下，债务人被宣告破产后，和解债权人除行使破产债权请求分配破产财产外，还可以请求和解担保义务人承担担保责任。但对于法院裁定和解协议无效的情形，基于主合同无效，从合同无效的法理，为和解协议执行提供的担保无效，和解义务担保人和和解债权人应当承担缔约过失责任。

（四）破产和解与破产清算的转换

和解协议执行出现履行障碍后，应宣告债务人破产。这说明破产和解有可能转化为破产清算，但债务人被宣告破产后，不得再转入和解程序。梳理企业破产法的相关规定，可以得出以下几种情形应由破产和解转换为破产清算：（1）和解协议草案未获债权人会议表决通过或虽已通过但未获法院认可，法院应裁定终止和解程序，并宣告债务人破产；（2）因债务人不能执行或不执行和解协议，经债权人请求，法院应当裁定终止和解协议的执行，并宣告债务人破产；（3）因债务人欺诈或其他违法行为成立的和解协议，经法院裁定无效后应宣告债务人破产。

二、法律渊源

《中华人民共和国企业破产法》：

“第一百零二条　债务人应当按照和解协议规定的条件清偿债务。

第一百零三条　因债务人的欺诈或者其他违法行为而成立的和解协议，人民法院应当裁定无效，并宣告债务人破产。

有前款规定情形的，和解债权人因执行和解协议所受的清偿，在其他债权人所受清偿同等比例的范围内，不予返还。

第一百零四条　债务人不能执行或者不执行和解协议的，人民法院经和解债权人请求，应当裁定终止和解协议的执行，并宣告债务人破产。

人民法院裁定终止和解协议执行的，和解债权人在和解协议中作出的债权调整的承诺失去效力。和解债权人因执行和解协议所受的清偿仍然有效，和解债权人未受清偿的部分作为破产债权。

前款规定的债权人，只有在其他债权人同自己所受的清偿达到同一比例时，才能继续接受分配。

有本条第一款规定情形的，为和解协议的执行提供的担保继续有效。”

三、难点剖析

（一）应否设立和解协议监督人?

根据企业破产法规定，在债权人会议通过和解协议并经法院裁定之后，管理人须向债务人企业移交财产和营业事务。和解协议的执行由债务人企业自己负责，债务人企业有权按照和解协议自主安排清偿债务，包括债权人委员会和法院在内的任何组织和个人均不得任意加以干涉。司法实践中，破产和解程序应用少的很大一部分原因就是放任债务人执行和解协议无法给债权人带来安全感。因此，建立一个有效的、独立的、强大的监督机制势在必行。目前，关于和解制度的监督机制模式，大致有下述三种：一是法院监督模式，即在和解协议通过之后，由法院对债务人活动实行跟踪监督；二是债权人委员会监督模式，由债权人委员会负责调查、监督债务人的行为、财产、负债、金融状况、营业状况等事项；三是专门监督人的监督模式。即建立专门的监督人制度，负责监督债务人和解协议执行情况。

梳理我国地方法院关于破产审判的规范性文件，江苏省高级人民法院《破产案件审理指南（修订版 2017）》（2017 年 11 月发布）规定，和解协议草案中可以规定监督条款，由债权人对债务人执行和解协议情况进行监督；山东省高级人民法院关于印发《企业破产案件审理规范指引（试行）》的通知（2019 年 9 月 26 日发布）第一百六十三条第三款规定，和解协议草案中可以规定监督条款，设置和解协议执行的监督人；北京市高级人民法院《企业破产案件审理规程》的通知（2013 年 7 月 22 日发布）第二百三十二条规定，和解协议草案中可以规定监督条款，设置和解协议执行的监督人。可以发现，除江苏高院明确“由债权人对债务人执行和解协议情况进行监督”外，山东高院、北京高院均只规定“设置和解协议的监督人”，那么这个监督人到底是法院还是债权人委员会（债权人）还是专门的监督人，是可以由债务人和和解债权人进行约定的。

（二）和解协议履行完毕后，债权人的债权是否消灭？

债务人按照和解协议履行完毕后，和解协议中减免的债务，其不再清偿。因此，和解债权人无法再向债务人主张权利，在和解债权人和债务人之间，债权债务消灭。但和解债权人的债权只是相对消灭，而不是绝对消灭，和解债权人对债务人的担保人或其他连带债务人的债权仍然存在。企业破产法第一百零一条规定，和解债权人对债务人的保证人和其他连带债务人享有的权利，不受和解协议的影响。依照该规定，和解程序开始以及和解协议生效后，债务人的担保人和其他连带债务人，对债权人所承担的是继续清偿债务的连带责任，并不因和解协议的生效而受影响，但因债务人执行和解协议而使担保人丧失了行使追偿权的基础，即不能向债务人追偿。条文虽然未涉及物上担保人的问题，但基于物保与人保的同属于担保，在解释上应当认为和解债权人仍可以对物上担保人行使权利。

四、参考案例

2010 年，某实业公司破产，银行申报了债权并通过破产和解协议获得部分清偿后，就未获清偿的债务向担保人主张。担保人在承担清偿责任后又向实业公司追偿。法院认为：（1）破产程序中的和解是民事和解的一种特殊形式，系为挽救债务人，使其避免破产的法律制度。而按和解协议减免的债务，自和解协议执行完毕时起，债务人不再承担清偿责任。同时，和解债权人对债务人的保证人和其他连带债务人所享有的权利，不受和解协议的影响。（2）债权人如已在主债务人的和解或重整程序中全额申报了债权，其未得到清偿的部分可以向保证人或连带债务人主张。但保证人或连带债务人履行完剩余的清偿义务后，不能向破产和解、破产重整的债务人追偿。原因在于任何实质上源于同一债务的普通债权，在破产程序中只能得到与其他普通债权相同的受偿比率，而不能得到二次清偿，并因此得到高于其他普通债权人的清偿比率。

案例分析：担保人承担清偿责任后，因主债务人执行和解协议而丧失了行使追偿权的基础，即主债务的消灭不是基于担保人已履行担保责任，而是基于和解协议执行完毕，故担保人不能再向破产和解、破产重整的债务人追偿。

（来源：《保证人或连带债务人承担清偿责任后不能向破产和解、破产重整的债务人追偿——关于代为清偿的连带债务人是否有权向破产和解的债务人继续追偿问题请示的复函》，载《最高人民法院商事审判指导案例·第五卷（下）》）

五、参考模板：终止和解协议执行宣告破产文书

瑞安市人民法院

民事裁定书

（2018）浙0381破申119号

申请人：龚某某，男，1965年2月17日出生，汉族，住瑞安市。

2018年7月17日，申请人龚某某以债务人温州民泰资产管理有限公司（以下简称民泰公司）不执行和解协议为由，请求本院裁定终止民泰公司和解协议的执行。

本院查明：2017年11月7日，因民泰公司不能清偿到期债务，本院根据龚某某的申请，裁定受理民泰公司破产清算一案。2017年12月20日，民泰公司和全体债权人自行达成破产和解协议，本院于2017年12月25日依法作出（2017）浙0381破152号之一民事裁定予以认可，并终结民泰公司的破产清算程序。但民泰公司未按约执行和解协议。

本院认为：债务人民泰公司与全体债权人达成和解协议后不执行和解协议，债权人有权向本院请求裁定终止和解协议的执行，并宣告债务人破产。据此，依照《中华人民共和国企业破产法》第一百零四条第一款之规定，裁定如下：

一、终止温州民泰资产管理有限公司和解协议的执行；

二、宣告温州民泰资产管理有限公司破产。

本裁定自即日起生效。

审判长　陈万敏

审判员　蔡木义

审判员　涂　波

二〇一八年八月十三日

代书记员柳义珍

第三节 和解终结

一、概述

和解终结，是指在和解协议阶段或者执行阶段因出现法定原因而致整个和解程序以及整个破产程序都完全结束的行为。

（一）和解终结的法定原因

和解程序虽与破产清算、破产重整在资产处置、清偿方式等方面存在差异，但我国企业破产法将破产和解作为破产程序的组成部分对待。因此，企业破产法各章节的规定也均适用于和解程序。据此，企业破产法中终结破产程序的法定原因同样适用于和解程序。主要包括：（1）财产不足以清偿破产费用的和解终结。企业破产法第四十三条第四款规定，债务人财产不足以清偿破产费用的，管理人应当提请人民法院终结破产程序。人民法院应当自收到请求之日起十五日内裁定终结破产程序，并予以公告。（2）债权已得清偿或足额担保的终结。企业破产法第一百零八条规定，第三人为债务人提供足额担保或者为债务清偿全部到期债务的，人民法院应当裁定终结破产程序。（3）和解协议执行完毕的终结。和解协议执行完毕，债务人对债权人的债权按照和解协议内容履行完毕的，终结整个破产程序。（4）自行和解。企业破产法第一百零五条规定，人民法院受理破产申请后，债务人与全体债权人就债权债务的处理自行达成协议的，可以请求人民法院裁定认可，并终结破产程序。

（二）自行和解

自行和解属于和解终结的法定原因，但企业破产法并未就自行和解作出相应的程序性规定。因此，可以将自行和解理解为不同于企业破产法第九章规定的和解程序。自行和解不需要法院的主持或参与，也不需要通过债权人会议的双重多数表决机制来表决通过和解协议。它是债务人与全体债权人不受破产程序约束的协商行为，可以在破产程序期间的任何阶段进行，即使在法院宣告债务人破产后，债务人和全体债权人仍可以自行和解。自行和解的形成过程，基本上可以归纳为协议的要约和承诺，债务人发出和解的要约，全体债权人均予承诺，即达成自行和解协议。债务人或债权人均可申请法院裁定认可自行和解协议，法院收到申请后，因全体债权人的一致承诺，故法院只需审查协议内容有无违反法律、行政法规的强制性规定。如无该情形，法院应裁定认可自行和解协议，同时裁定终结破产程序。

上述和解协议草案需经债权人会议双重表决机制通过，所以为确保和解协议草案的通过，需设置执行保障条款和监督条款，法院也需审查和解协议草案执行的可行性。但自行和解无须考量协议执行问题，因全体债权人一致同意，如后续自行和解协议无法执行，该风险由全体债权人承担。

二、法律渊源

《中华人民共和国企业破产法》：

“第一百零五条　人民法院受理破产申请后，债务人与全体债权人就债权债务的处理自行达成协议的，可以请求人民法院裁定认可，并终结破产程序。”

三、难点剖析

（一）自行和解协议是否有强制执行力?

达成自行和解协议后，法院裁定认可后，破产程序完全终结。债权人的债权保障完全基于自行和解协议能否履行，即使债务人不执行自行和解协议或不能按自行和解协议履行，债权人也不能请求法院裁定终止，宣告债务人破产。因此，自行和解协议是否有强制执行力值得探讨。从程序法上讲，自行和解协议形成于破产程序中，又经法院裁定认可，类似于审判程序中的调解协议。如不赋予强制执行力，则债权人利益无法保障。

（二）担保义务人责任是否及于债权人未清偿部分的债权?

企业破产法第一百零四条第二款规定，人民法院裁定终止和解协议执行的，和解债权人在和解协议中作出的债权调整的承诺失去效力。和解债权未受清偿的部分作作破产债权。为和解协议的执行提供的担保继续有效。但在自行和解情形下，债权人为达成和解协议作出的债权让步能否向担保义务人主张。在自行和解的情形下，债权人与债务人重新安排或调整其债权债务触发了破产程序的退出，因此可以认为债务人仅承担自行和解协议中清偿责任，同样担保义务人仅对和解协议中的主债权进行担保。即使自行和解协议不履行或不能履行，担保义务人的责任范围也仅限于自行和解协议中的债务，而不包括债权人让渡部分的债务。

四、参考案例

2019 年 10 月 21 日，镇江丹徒区人民法院根据镇江闵乐建材有限公司的申请裁定受理江苏鼎旺建材有限公司破产清算一案，并于 2019 年 11 月 20 日指定江苏江成律师事务所为该公司管理人。2020 年 4 月 20 日，法院主持召开了江苏鼎旺建材有限公司第一次债权人会议。经核查，江苏鼎旺建材有限公司不能清偿的到期债务仅有1笔，债权人为镇江闵乐建材有限公司，债权金额为1 146 685.05元。2020年6月22日，债权人与债务人自行达成了和解协议。法院认为：人民法院受理破产申请后，债务人与全体债权人就债权债务的处理自行达成协议的，可以请求人民法院裁定认可，并终结破产程序。现江苏鼎旺建材有限公司已经与镇江闵乐建材有限公司就债权债务的处理达成和解协议，姚某某、崔某某、冯某某自愿为该债务的清偿承担连带保证担保责任，故对其要求本院裁定认可其与债权人达成的和解协议并终结破产程序的申请，本院予以支持。法院根据企业破产法第一百零五条规定，裁定认可江苏鼎旺建材有限公司与镇江闵乐建材有限公司、姚某某、崔某某、冯某某于2020年6月22日签订的和解协议；终结江苏鼎旺建材有限公司破产程序。

案例分析：本案债务人江苏鼎旺建材有限公司无拖欠税款、职工工资，债权人数量仅为1人、债权金额较小，破产和解程序能够迅速化解企业的债务危机，重新盘活企业资源，有效避免中小企业因短期负债而被迫清算退市。该破产案的和解，在债务人恢复生机的同时，使债权人获得比破产清算更多的债务清偿，也获得更多的债权实现的保障措施，切实维护了债权人的利益，有利于债务企业盘活资产、提高经济效益，最终实现重生，对保护中小微企业、优化提升营商环境有着重要意义，亦对当前疫情期间加快复工复产有着积极的推进作用。

五、参考模板：自行和解协议

和解协议

立协议人：江苏鼎旺建材有限公司，住所地镇江市丹徒新城鑫基阳光丽景桂花苑××幢××室，法定代表人姚某某。(以下称甲方)

镇江闽乐建材有限公司，住所地江苏省镇江市京口区谏壁镇西，法定代表人陈某。(以下称乙方)

姚某某、崔某某、冯某某。(以下统称丙方)

现甲、乙、丙三方就和解事宜协商达成一致意见，订立本协议。

一、经管理人审核，乙方的债权金额为1 146 685. 05元。

二、乙方同意甲方偿还1 090 641元本金和16 400元诉讼费用，免除39 644.05元利息。甲方愿意积极筹措资金，分期偿还乙方的债务。具体偿还时间和金额为：

1. 本协议签订当日，甲方向乙方支付40万元；

2. 2020 年 9 月 30 日前，甲方向乙方支付 30 万元；

3. 2020 年 12 月 30 日前，甲方应向乙方支付 407 041 元（因乙方的关联公司江阴市双达新型建材有限公司、江阴万事兴新型建材有限公司欠甲方货款 95 154. 7 元，乙方同意在：本次甲方应付款项中冲抵。本次甲方实际应向乙方支付的款项为 311 886. 3 元）。

三、甲方如有一期未按期足额支付，乙方可向甲方主张之前免除的利息及后续利息和迟延履行加倍支付的利息。另外，甲方需向乙方支付违约金 10 万元。

四、丙方自愿为甲方按照本协议约定需向乙方偿还的债务承担连带保证担保责任。如果本协议未能得到履行，乙方可依法要求丙方与甲方共同向乙方偿还债务。

五、本协议经各方当事人签字或盖章，并经法院裁定认可后生效。

六、本协议一式七份，甲、乙方各一份，丙方三份，管理人留存一份，交法院备案一份。

甲方：

乙方：

丙方：

年　　月　　日

第十四章 关联企业破产

随着经济发展的不断深入，企业组织架构愈发复杂，关联企业已经成为我国经济生活中普遍存在的现象。在我国破产理论和实务界，关联企业破产引发了广泛关注及讨论。

关联企业之间一方面普遍存在财产、账务、业务、人员混同等情形，导致各自财产界定、人员身份界定困难；另一方面成员为了发展的需要，相互之间时常进行资金调剂、担保和业务合作，基于资产交易、融资借款、投资、相互担保行为甚至由于利用关联关系转移资产、逃避债务等等原因而产生错综复杂的债权债务关系。以上种种问题，使得关联企业破产成为需要综合考量的“系统工程”。相较于非关联企业破产，关联企业破产需要着重考虑成员之间破产的协调问题，因为唯有如此才有可能更为合理地进行关联企业的破产，保障债权人的利益。本章注重从实务角度尝试剖析关联企业破产问题，提供操作实践上的建议。

第一节 关联企业的界定

一、概述

关联企业最初是作为经济学上的概念出现的，至今未有规范的法律定义。司法实践中，对关联企业概念的表述，多是将关联企业界定为企业联合形态，成员相互之间存在股权、契约或其他控制关系，或具有重大影响，各自具有独立或非独立法律地位。上述表述中，股权投资关系的审查和界定较为简单，但是实际控制关系和存在重大影响关系则难以定性。因此，虽然公司法第二百一十六条第四款已经提到关联关系，但是关联企业仍然缺乏法律上的明确定义。

二、法律渊源及规范性文件

（一）《中华人民共和国公司法》

第二十一条第一款、第二百一十六条第四款规定：公司的控股股东、实际控制人、董事、监事、高级管理人员不得利用其关联关系损害公司利益。

关联关系是指公司的控股股东、实际控制人、董事、监事、高级管理人员与其直接或间接控制的企业之间的关系，以及可能导致公司利益转移的其他关系。

（二）《税收征收管理法实施细则》

“第五十一条　《税收征收管理法》第三十六条所称关联企业，是指其有下列关系之一的公司、企业和其他经济组织：

1. 在资金、经营、购销等方面，存在直接或者间接的拥有或者控制关系；

2. 直接或者间接的同为第三者所拥有或者控制；

3. 在利益上具有相关联的其他关系。”

（三）《特别纳税调整实施办法》（国家税务总局制定）

“第九条　关联关系主要是指企业与其他企业、组织或个人具有下列之一关系：

1. 一方直接或间接持有另一方的股份总和达到25%以上，或者双方直接或间接同为第三方所持有的股份达到25%以上。若一方通过中间方对另一方间接持有股份，只要一方对中间方持股比例达到25%以上，则一方对另一方的持股比例按照中间方对另一方的持股比例计算。

2. 一方与另一方（独立金融机构除外）之间借贷资金占一方实收资本50%以上，或者一方借贷资金总额的10%以上是由另一方（独立金融机构除外）担保。

3. 一方半数以上的高级管理人员（包括董事会成员和经理）或至少一名可以控制董事会的董事会高级成员是由另一方委派，或者双方半数以上的高级管理人员（包括董事会成员和经理）或至少一名可以控制董事会的董事会高级成员同为第三方委派。

4. 一方半数以上的高级管理人员（包括董事会成员和经理）同时担任另一方的高级管理人员（包括董事会成员和经理），或者一方至少一名可以控制董事会的董事会高级成员同时担任另一方的董事会高级成员。

5. 一方的生产经营活动必须由另一方提供的工业产权、专有技术等特许权才能正常进行。

6. 一方的购买或销售活动主要由另一方控制。

7. 一方接受或提供劳务主要由另一方控制。

8. 一方对另一方的生产经营、交易具有实质控制，或者双方在利益上具有相关联的其他关系，包括虽未达到本条第（一）项持股比例，但一方与另一方的主要持股方享受基本相同的经济利益，以及家族、亲属关系等。”

（四）企业会计准则第36号——关联方披露财会〔2006〕3号

“第二章第三条　一方控制、共同控制另一方或对另一方施加重大影响，以及两方或两方以上同受一方控制、共同控制或重大影响的，构成关联方。

控制，是指有权决定一个企业的财务和经营政策，并能据以从该企业的经营活动中获取利益。

共同控制，是指按照合同约定对某项经济活动所共有的控制，仅在与该项经济活动相关的重要财务和经营决策需要分享控制权的投资方一致同意时存在。

重大影响，是指对一个企业的财务和经营政策有参与决策的权力，但并不能够控制或者与其他方一起共同控制这些政策的制定。

第四条　下列各方构成企业的关联方：

（一）该企业的母公司。

（二）该企业的子公司。

（三）与该企业受同一母公司控制的其他企业。

（四）对该企业实施共同控制的投资方。

（五）对该企业施加重大影响的投资方。

（六）该企业的合营企业。

（七）该企业的联营企业。

（八）该企业的主要投资者个人及与其关系密切的家庭成员。主要投资者个人，是指能够控制、共同控制一个企业或者对一个企业施加重大影响的个人投资者。

（九）该企业或其母公司的关键管理人员及与其关系密切的家庭成员。关键管理人员，是指有权力并负责计划、指挥和控制企业活动的人员。与主要投资者个人或关键管理人员关系密切的家庭成员，是指在处理与企业的交易时可能影响该个人或受该个人影响的家庭成员。

（十）该企业主要投资者个人、关键管理人员或与其关系密切的家庭成员控制、共同控制或施加重大影响的其他企业。”

虽然上述行政规定是在征税、审计过程中的认定标准，但是在法律暂无具体规定的情况下，笔者认为，实务中可以参考上述行政规定中对关联企业的定义。

三、难点剖析

关联企业之所以成立，应当是彼此之间存在着关联关系。当今企业组织形式多样，具备关联关系的企业既有形式上的投资关系或者控制和从属关系，又有基于特定经济目的而形成的企业联合，并以母子公司、姊妹公司、控股公司、企业集团等多种形式呈现。而如何在当今错综复杂的经济活动中区分出关联关系，上升为法律判断，实属不易。

笔者认为，应当根据公司法第二百一十六条和《全国法院民商事审判工作会议纪要》（法〔2019〕254 号）第（四）“关于公司人格否认”对关联关系及其法律后果进行规制。即公司法所称的控制、关联关系，既包括公司股东的相互交叉，也包括公司共同由第三人直接或者间接控制，或者股东之间、公司的实际控制人之间存在直系血亲、姻亲、共同投资等可能导致利益转移的其他关系；同时，必须在具体案件中依据特定的法律事实、法律关系审查关联关系及其法律后果，人民法院在个案中否认公司人格的判决的既判力仅仅约束该诉讼的各方当事人，不当然适用于涉及该公司的其他诉讼，不影响公司独立法人资格的存续。

随后附上实际控制人控制多个子公司或者关联公司，滥用控制权财务混同、利益相互输送的案例，希望有所回应关联关系的判断需要。

四、参考案例

防城港务集团有限公司、广西桂建房地产有限责任公司案外人执行异议案

【案号（2020）桂民终 147 号】

（本案作为执行异议案例，涉及关联关系的分析与界定问题，具有参考意义）

（一）案情简介

法院在执行过程中发现被执行人广西联壮投资集团有限公司（以下简称联壮公司）、覃某某、覃某军涉嫌拒不执行生效判决、裁定罪而移送公安机关侦查。后侦查发现覃某军利用其控制的广西秉泰投资有限公司（以下简称秉泰公司）对公账户，以支付股份定金、履约保证金的名义转款共计 5 000 万元至防城港务集团有限公司（以下简称防港集团）账户，认为覃某军为逃避义务，有故意转移财产的重大嫌疑。因此执行法院通知防港集团协助执行：扣留、提取秉泰公司转到防港集团的股份定金和履约保证金共计

5 000万元。防港集团对此提出执行异议，被裁定驳回后提起执行异议之诉。

法院查明：广西桂建房地产有限责任公司（以下简称桂建公司）因用其房产为联壮公司的贷款提供抵押担保，联壮公司应向桂建公司支付相应的担保费用，柳州市尔海房地产开发有限公司（以下简称尔海公司）、柳州市泛宇投资有限责任公司（以下简称泛宇公司）、覃某某、覃某军、覃某超等对该担保费用提供担保。该担保费用案已经判决。在该案执行中，执行法院发现联壮公司等公司股东、员工在无合法有效的债权债务关系情况下，将未向执行机构申报的5 000万元转给秉泰公司，秉泰公司以收购股权的形式将涉案5 000万元以支付股份定金、履约保证金的名义转给防港集团，但股权收购未实际履行。

（二）涉及关联关系的争议焦点及法院认定

该执行异议之诉中，法院审查的焦点之一是秉泰公司与各被执行人之间是否存在人格混同事实。

根据工商登记及法院审理情况，联壮公司由覃某某、覃某军、覃某超、覃某华共同出资设立，法定代表人为覃某某。尔海公司由覃某某、覃某军、覃某超共同出资设立，法定代表人为覃某军。泛宇公司由联壮公司出资设立，法定代表人为覃某某。秉泰公司由覃柳某、郭某某共同出资设立，法定代表人为覃柳某。象州尔海由覃某超、尔海公司、覃某军设立，法定代表人覃某军。覃某某、覃某军、覃某超、覃柳某等是亲属关系。根据工商登记和公安机关《讯问笔录》记载，参与资金流转的公司、股东或员工均由覃某某实际控制。根据《中华人民共和国公司法》第二百一十六条关于实际控制人、关联关系的规定，公司法所称的控制、关联关系，既包括公司股东的相互交叉，也包括公司共同由第三人直接或者间接控制，或者股东之间、公司的实际控制人之间存在直系血亲、姻亲、共同投资等可能导致利益转移的其他关系。因此，本案中应认定秉泰公司与各被执行人及参与资金流转的公司、股东之间存在关联关系并由覃某某实际控制。参照最高人民法院发布的《全国法院民商事审判工作会议纪要》第十一条第二款“控制股东或实际控制人控制多个子公司或者关联公司，滥用控制权使多个子公司或者关联公司财产边界不清、财务混同，利益相互输送，丧失人格独立性，沦为控制股东逃避债务、非法经营，甚至违法犯罪工具的，可以综合案件事实，否认子公司或者关联公司法人人格，判令承担连带责任”的规定，法院认定各被执行人与秉泰公司之间存在明显的关联关系、滥用控制权、财务混同、利益相互输送的情况，秉泰公司与各被执行人之间存在人格混同。

中国农业生产资料集团公司、中国农业生产资料沈阳公司借款合同纠纷再审案

【（2020）最高法民申2302号】

裁判要点：

子公司取消独立核算制改为报账制，子公司向法人股东（集团）报送支出需求，法人股东（集团）根据需求进行拨款；子公司不经营具体业务，不享有资产处置权，财务来源于法人股东（集团）拨款，子公司的员工工资及一切福利待遇由法人股东发放，子公司事实上已不具备自主经营、自负盈亏的条件。

法人股东（集团）通过执行查封实际控制子公司名下的主要资产，但一直未申请对上述资产进行拍卖，同时又将子公司的楼房销售款、房屋动迁款、房屋出租租金等全部资产收益转移至法人股东账户，导致子公司丧失独立的偿债能力，损害了子公司债权人的利益。故此，认定法人股东（集团）的行为构成滥用法人独立地位和出资人有限责任，依照民法典第八十三条第二款的规定，应当对子公司债权人的债务承担连带责任。

第二节 关联企业破产的程序协调模式

一、概述

多个关联企业均进入破产程序，此时在债务清理、财产界定、资产追索、重整挽救等方面出现的问题要比单个独立企业破产复杂得多。如果关联企业存在法人人格高度混同、资产债权归属混乱等问题，若关联企业单独破产可能导致关联企业债权人的整体利益受损，企业破产法的程序价值难以得到体现。通过关联企业合并破产可以最大限度地简化破产程序，保障全体债权人公平受偿，能够更好地体现破产概括清偿的宗旨。因此，实质合并破产制度一方面实现了实质公平，另一方面节约了司法成本。

然而在关联企业破产实务中，事实存在不少企业在生产、经营、融资等方面虽确有关联，但未达到实质混同条件而导致实质合并规则适用障碍的情形。如果一味为了实现关联企业合并破产的整体效果，对尚未构成高度混同的关联企业也采用实质合并的方式，将导致实质合并规则的滥用，并损害债权人的公平清偿利益。

程序协调是指关联企业破产时，通过法院、管理人和债权人的合作，协调各个破产程序的管理和进行，以保持关联企业之间的协调效应，提高破产效率和重整机会。程序协调制度未合并任何财产或程序，各个程序保

持独立。

关联企业进入破产程序之初，大多无法立即判断独立法人主体资格实质混同，或者关联企业虽然存在经营上的关联和财务、人员、场所等方面的混同，但是达不到满足否认法人主体资格的程度。前述情形之下，关联企业破产应当在尊重法人主体资格的基础上采用程序协调模式，如此也符合法理。

二、法律渊源

（一）《中华人民共和国公司法》

“第三条　公司界定及股东责任

公司是企业法人，有独立的法人财产，享有法人财产权。公司以其全部财产对公司的债务承担责任。

有限责任公司的股东以其认缴的出资额为限对公司承担责任；股份有限公司的股东以其认购的股份为限对公司承担责任。”

（二）《全国法院民商事审判工作会议纪要》（法〔2019〕254 号）

“第二条第（四）款　公司人格独立和股东有限责任是公司法的基本原则。否认公司独立人格，由滥用公司法人独立地位和股东有限责任的股东对公司债务承担连带责任，是股东有限责任的例外情形，旨在矫正有限责任制度在特定法律事实发生时对债权人保护的失衡现象。……公司人格否认不是全面、彻底、永久地否定公司的法人资格，而只是在具体案件中依据特定的法律事实、法律关系，突破股东对公司债务不承担责任的一般规则，例外地判令其承担连带责任。人民法院在个案中否认公司人格的判决的既判力仅仅约束该诉讼的各方当事人，不当然适用于涉及该公司的其他诉讼，不影响公司独立法人资格的存续。……实践中常见的情形有人格混同、过度支配与控制、资本显著不足等。在审理案件时，需要根据查明的案件事实进行综合判断，既审慎适用，又当用则用。实践中存在标准把握不严而滥用这一例外制度的现象，同时也存在因法律规定较为原则、抽象，适用难度大，而不善于适用、不敢于适用的现象，均应当引起高度重视。”

三、参考案例

镇江韦岗铁矿有限公司及子公司、孙公司系列破产、清算案

（一）案情简介

镇江韦岗铁矿有限公司（以下简称母公司）于 20 世纪 80 年代初设立，原为全

民所有制企业，后改制为民营企业，职工人数众多，改制遗留问题突出。历年来，母公司陆续投资设立11家子公司，子公司又投资设立3家孙公司。2015年底，母公司因为不能清偿到期债务并且明显缺乏清偿能力被债权人申请破产清算。法院受理后，管理人调查发现母、子、孙公司之间存在大量人员、管理机构混同，相互融资产生的连带担保及债权债务关系等情况。关联企业间业务上的依存度较高，彼此形成上下游生产供应关系。例如，母公司拥有地下矿藏的采矿证、探矿证，其开采形成的地热水源供子公司经营温泉洗浴业务；上游的选矿子公司产品供给下游的加工子公司，并由运输子公司负责物流。母公司发生债务问题直至破产可能导致对整个关联企业链条的集团性危机，子、孙公司大多数无法独存，面临被破产或被清算的可能。在母公司被债权人申请破产清算之前已经进行了自救式重组招商而未能成功，破产受理之后受限于市场低迷等因素，未能重整、和解成功，最终破产清算。法院和管理人经过审慎调查，查明关联企业成员财务独立，各自资产、债权债务界限明确，没有将负债集中于一家而优质资产、利润转移等非法侵害债权人的行为，尚无法达到实质混同程度，排除了合并破产可能。但基于关联企业相互之间债权债务关系错综复杂，且有一定程度的混合和参股情况，法院和管理人出于提高效率等因素的考虑，在保持各关联企业成员法人地位独立性的前提下，采取或破产或自行清算或转让股权等方式多样化处理，在整体上充分协调，指定母公司管理人兼任子、孙公司的管理人或清算组成员，负责管理工作，债权人分别申报并按照各成员企业清偿率获得清偿。

（二）实务体会、相关文书摘录

1. 踏实细致的调查工作是程序协调的基础

管理人在接管母公司财物之初，即开始论证实质合并的可能性。管理人一方面聘请专业审评机构对关联企业进行拉网式财务审计、资产评估，必要时进行专题审计等延伸审计，尽力厘清资产状况，整体把握集团资产、负债状况，为处理子、孙公司的破产问题建立坚实基础。另一方面广泛接触债权人和员工，重点关注原管理层人员，查找财产线索和可能涉嫌犯罪行为线索。在法院指导下经努力获得综合调查结论，排除实质合并可能性之后，管理人在前期调查基础上对各企业成员拟定针对性处理方案：符合破产条件的迅速启动破产程序；有条件自行清算的推动公司股东会决议或董事会决议解散公司，成立清算组进入清算程序；对有经营价值的子公司，前期维持经营，继续收取经营利润进行股东分红，后期对母公司持有股权依法进行转让。这期间，程序协调实现了关联企业先后有序有步骤地依法进入破产或清算程序，方便法院掌控整体进程和快捷高效推进关联企业处理。

2. 个性化制订关联企业财产变价方案是程序协调成功的关键

母、子、孙公司各成员经营业务关联，但是独立法人主体资格未实质混同。因此，需要尊重企业法人的财产独立性，在确定财产权属的基础上，结合企业各自业务特色及其财产特殊性，有针对性地对各项财产制订不同的变价方案，充分发挥程序协调效用，实现财产价值最大化。

结合本案，母公司大部分财产具有采矿的专属性和相互间的关联性，单独变现难度大；相关子公司的部分财产与母公司财产有关联，与母公司财产合并处置能够提高整体价值。因此，管理人将关联企业财产中适宜合并处置的部分进行合并拍卖，其他财产单独变价，当然前提是分别取得相关企业股东和债权人同意。相关变价方案摘录如下：

镇江韦岗铁矿有限公司破产财产变价方案

根据《中华人民共和国企业破产法》第一百一十一条第一款、第一百一十二条之规定，管理人现提出镇江韦岗铁矿有限公司（以下简称矿业公司）破产财产变价方案，提请本次债权人会议通过。

一、可变现破产财产状况

1. 土地17宗，总面积为1 110.85亩。17宗土地中，工业用地13宗，面积为546.07亩；采矿用地2宗，面积为506.64亩（采空区上方）；城镇住宅用地1宗，面积为56.61亩；其他商服用地1宗，面积为1.53亩。上述土地的评估价合计为16 308.7万元。

2. 房屋145处，总面积为61 455.55平方米。其中，有证房产的面积为33 883.89平方米；无证房产的面积为27 571.66平方米。上述房屋中，有职工住房12 948.62平方米。以上房产的评估价合计为3 324万元。

3. 其他构筑物，主要是道路、围墙、设备基础、挡土墙等，评估价合计为1 609.32万元。

4. 绿化苗木，主要是厂区里的树木等，评估价为411.63万元。

5. 机器设备，主要是采矿、选矿和矿石加工专用设备等，评估价合计为1 830.1万元。

6. 电子设备，主要是视频监控设备、电脑、空调等，评估价合计为41.8万元。

7. 车辆，小型轿车11辆、货车2辆和摩托车2辆，评估价合计为29.7万元。

8. 存货，主要是粗碳酸钴和设备配件等，评估价合计为612.81万元。

9. 采矿权、探矿权，采矿权许可证号为C3200002010032220058323，有效期限为2012年1月20日至2017年1月20日；开采矿种为铁矿、地热；矿石生产规模为40万吨/年；矿区面积为0.543 3平方公里。探矿权证号为T32120080102000505，有效期为2014年3月31日至2016年4月1日；勘察面积0.73平方公里。采矿权、探矿权的评估价合计为3 141.51万元。上述采矿权经协调展期到2018年7月20日。另有探矿权证号为T01520110202043973，有效期为2013年2月10日至2015年2月10日；勘察面积0.53平方公里。由于投资成本高于产出效益，经评估，该探矿权评估价为0。

10. 征地合同权益，位于镇江市润州区龙门村的征地合同权益（已预缴征地款

699.018万元)；位于泰州市高港区的征地合同权益（已预缴征地款800万元）。将上述预缴款额视为评估价。

上述矿业公司财产的总评估价为28 808.588万元。

另外，矿业公司持有11家公司股权。其中，2家子公司已进入破产清算程序；3家子公司经各自股东与债权人一致同意，正在自行清算。上述已破产清算和自行清算的公司清算结束后，如果有属于矿业公司的剩余财产，将一并列入矿业公司破产财产范围。对未进入破产、清算程序的子公司股权，将在拍卖前委托有资质的评估公司依法进行评估，然后上网进行公开拍卖。

二、变价方案

矿业公司的财产不但分散，且与部分子公司财产有交集；房、地资产本身还存在较多安全隐患，财产变现难度大。矿业公司的部分土地位于采空区上方，有塌陷危险；部分土地堆有矿渣，属于尾矿区，有溃坝危险且维护成本高；矿业公司冶金分公司地块上存有大量危险化学品和冶金废弃物，处置成本很高。同时，根据西南片区环境整治的要求，需投入大量土地修复和整治资金。矿业公司现有房产老旧，且有14 795.2平方米为职工住房，房产维护成本也很高。而矿业公司的4家子公司位于港区的土地和港口岸线是相对优质财产，4家子公司的股东与债权人已分别同意，将各自的相关财产与矿业公司适宜一并处置的财产，合并处置。上述财产与矿业公司的财产一并打包拍卖，有利于矿业公司财产的变现，并可争取变价财产的价值最大化。因此，将矿业公司的财产与4家子公司适宜一并处置的相关财产，合并处置；对于其他财产，单独进行拍卖。

具体方案为：

1. 对矿业公司的房地产、其他构筑物与附属设施、采矿探矿权、绿化苗木、矿井与地热资源开采维护设备、温泉公司股权、镇江市润州区龙门村和泰州市高港区的征地合同权益和4家子公司的房地产、港口岸线、港口设备，合并拍卖。对上述合并拍卖的财产，在变价成功之后，按照所合并各公司财产的评估价占所合并财产总评估价的比例进行分配。

2. 对矿业公司部分机器设备、电子设备、车辆、存货及涉及另外4家子公司需要拍卖的股权等，单独上网拍卖。

3. 本次变价，对矿业公司的全部财产，按照管理人依法委托的评估公司出具的评估报告所载评估价为基础拍卖价进行拍卖。

4. 本次变价，税费按国家法规和政策规定由买卖双方分别承担。

5. 如果第一次拍卖流拍，则授权管理人根据市场行情，在每次20%幅度内降价拍卖，直至变现成功。

6. 授权管理人在两次拍卖流拍之后，根据市场情况，在必要的时候对拍卖财产可以再次灵活分解、组合进行拍卖。

7. 如果上网拍卖的子公司股权，经三次以上降价且起拍价降至零仍然不能卖出的，授权管理人决定破产或者清算。

8. 如果在相关评估报告一年有效期届满后未能拍卖成功，不再重新评估，而按照本变价方案确定的降价方式继续降价拍卖。

镇江韦岗铁矿有限公司管理人
二〇一七年六月二日

第三节　关联企业破产的程序合并模式

一、概述

所谓关联企业破产的程序合并，是指案件的合并审理，但各企业仍保持法人人格的独立，债权清偿方案分别确定。

合并审理并不影响债权人和其他利害关系人的实体利益。与实体合并不同，合并审理案件中，每个债务人的财产是区分开来的，并且不同债务人之间的债务并不消灭，合并审理案件的各债权人只能从各自的债务人财产中获得清偿。程序合并或合并审理系建立在诉的合并制度理论上，程序合并理论上是在关联企业没有达到高度混同情况下采取的审理方式，保持了关联企业各自的法人独立性，但在具体操作时依然面临程序合并必要性的论证，并且在适用条件审查上难以与实质合并相区分。

相较于破产清算，程序合并在破产重整中更具有实践意义。关联企业资产相互独立但交叉担保、互负债务情况复杂时，一家企业的债务危机可能引发整个关联企业集团的危机。此时单独重整将不利于化解集团整体危机，也会导致拥有不同重整资源的不同企业重整价值的不均衡。或者关联企业各自处于生产经营链条的不同分工地位，单独重整会客观上割裂生产经营链条，破坏原有的协同效应，不利于吸引战略投资人。因此，出于提高债权人清偿率等因素的考虑，有必要在保持法人人格独立的前提下，将关联企业重整归并到同一法院管辖，协调各重整程序一致推进，指定一家管理人统筹全局负责制订整体重整计划，债权人分别申报并按照各企业清偿率获得清偿。前述整体重整计划应当在整体偿债资源优化配置、战略投资人引入、出资人权益调整和债权调整方案等方面在各关联企业间进行统筹规划、协调处理，以期最大限度地平衡各方利益。但需注意的是，每个企业分别进行债权申报与审核、财产和营业事务的管理、重整计划的制订和表决等，均应相对独立。

采用程序合并模式时，坚持企业法人独立性确保了重整程序合法性。此外，担保债权人可以向主债务人企业和担保债务人企业分别申报同笔债权，根据整体重整计划分别获得清偿，实际提高了担保债权人清偿比例。通过程序合并重整，债务人可以化解债务危机，出资股东不至于全部丧失经营控制权，关联企业的持续经营价值得到保全并优化。

二、法律渊源

《全国法院破产审判工作会议纪要》（法〔2018〕53 号，以下简称《纪要》）第六部分第 38、39 条规定：

“38. 关联企业破产案件的协调审理与管辖原则。多个关联企业成员均存在破产原因但不符合实质合并条件的，人民法院可根据相关主体的申请对多个破产程序进行协调审理，并可根据程序协调的需要，综合考虑破产案件审理的效率、破产申请的先后顺序、成员负债规模大小、核心控制企业住所地等因素，由共同的上级法院确定一家法院集中管辖。

39. 协调审理的法律后果。协调审理不消灭关联企业成员之间的债权债务关系，不对关联企业成员的财产进行合并，各关联企业成员的债权人仍以该企业成员财产为限依法获得清偿。但关联企业成员之间不当利用关联关系形成的债权，应当劣后于其他普通债权顺序清偿，且该劣后债权人不得就其他关联企业成员提供的特定财产优先受偿。”

三、难点剖析

（一）程序合并的启动

各成员企业同时或先后进入破产程序，在充分论证关联企业之间在经营、管理、资金上的统一性、整体性后，由法院将多个破产程序进行协调处理，移送一家法院集中管辖审理，统一推进相关破产工作。这种处理模式在实质上属于程序协调，但目前在我国出于协调成本的考虑，通常采取由一家法院集中管辖以及指定同一管理人的形式。

（二）管辖法院的确定

法院可根据相关主体的申请对多个破产程序进行协调审理，并可根据程序协调的需要，综合考虑破产案件审理的效率、破产申请的先后顺序、成员负债规模大小、核心控制企业住所地等因素，由共同的上级法院确定一家法院集中管辖。

（三）申请人的范围

根据企业破产法第七条和企业破产法司法解释（二）第二十三条第（三）款的规定，关联企业成员及其债权人、清算义务人可以申请法院合并审理，这是没有争议的。已经进入破产程序的关联企业管理人，基于企业破产法赋予的法定职责，也应当有权提出申请。

根据企业破产法第七十条的规定，在债权人申请对债务人进行破产清算的情况下，人民法院受理破产申请后、宣告债务人破产前，占债务人注册资本十分之一以上的出资人，可以向人民法院申请重整。因而，符合条件的出资人可以申请法院合并审理。

至于法院能否依职权主动适用合并审理问题，在关联企业都进入破产程序的情况下，法院依职权协调集中管辖不违反企业破产法的规定；在部分关联企业未进入破产程序的情况下，应当启动该关联企业的破产程序，随后法院依申请适用合并审理。

（四）劣后债权的受偿

在程序合并中，也要利用其他法律手段解决关联企业成员之间尚不构成法人人格严重混同的不当资源配置关系，如关联企业成员之间不当利用关联控制关系形成的债权，应当劣后于其他普通债权顺序清偿，且该劣后债权人不得就其他关联企业成员提供的特定财产优先受偿。如何判定关联公司不当利用控制关系形成的债权，也是值得研究的问题。

四、参考案例

浙江南方石化工业有限公司等三家公司破产清算案

（一）案情简介

浙江南方石化工业有限公司（以下简称南方石化）、浙江南方控股集团有限公司、浙江中波实业股份有限公司系绍兴地区的民营企业，三家公司受同一实际控制人控制。2016年，法院裁定分别受理上述三家公司的破产清算申请，并通过竞争方式指定联合管理人。

由于南方石化等三公司单体规模大、债务规模大，难以通过重整方式招募投资人，但具有完整的生产产能、较高的技术能力，具备产业转型和招商引资的基础。据此，本案采取“破产不停产、招商引资”的方案，在破产清算的制度框架内，有效清理企业的债务负担，阻却担保链蔓延，实现债权债务清理；后由政府根据地方产业转型升级需要，以招商引资的方式引入战略性买家，实现“产能重整、腾笼换鸟”。

本案法院通过府院联席会议、管理人会议、要求管理人定期制作案件情况报告等制度措施，及时推进管理人工作，协调解决履职过程中的障碍，确保管理人确实、有效履职。

鉴于三家企业存在关联关系、主要债权人高度重合及破产不停产等实际情况，法院指导管理人在充分尊重债权人权利的基础上，积极扩展债权人会议职能，将债务人同意或债务人被宣告破产作为《债务人破产财产变价方案》实施条件，提前至第一次债权人会议上表决通过，有效减少会议次数。同时，为程序节约、降低成本，法院确定三家企业“合并开会、分别表决”的方案。三家企业第一次债权人会议即高票通过了各项方案。法院宣告三家企业破产后，对破产财产进行网络司法拍卖，根据通过的《破产财产分配方案》完成财产分配。

（二）参考意义

本案也是通过程序集约，以非实质合并方式审理的关联企业系列破产清算案件。对于尚未达到法人人格高度混同的关联企业破产案件，采取联合管理人履职模式，探索对重大程序性事项尤其是债权人会议进行合并，提高了审理效率。资产处置中，通过债权人会议授权管理人将三家企业资产可单独或合并打包，实现资产快速市场化处置和实质性的重整效果。

无锡市天然纺织实业有限公司等企业程序合并重整案

（一）案情简介

无锡市天然纺织实业有限公司（以下简称天然纺织公司）、无锡市天然绿色纤维科技有限公司（以下简称绿色纤维公司）、无锡市纳溪迩服饰有限公司（以下简称纳溪迩公司）是三家天然纺织系关联公司。

2018 年 1 月 22 日，无锡市中级人民法院（以下简称无锡中院）裁定受理天然纺织公司破产清算一案。同年 8 月 8 日，无锡市新吴区人民法院裁定受理绿色纤维公司和纳溪迩公司破产清算案。为对天然纺织系关联公司合并破产处置，2018 年 11 月 30 日，经无锡中院批准，绿色纤维公司和纳溪迩公司移送无锡中院审理。在受理破产清算时，天然纺织系关联企业已严重资不抵债。以天然纺织公司为例，经债权人申报、管理人审核并报债权人会议核准的债权情况为，有财产担保的债权约 6 634 万元、职工债权约 104 万元、税收债权约 525 万元、普通债权约 33 601 万元、劣后债权约 11 766 万元；经评估公司评估，天然纺织公司全部固定资产和无形资产的清算价值为 9 133 万元。如果按照破产清算程序进行处置，因天然纺织公司的主要资产为土地厂房，在变现过程中会产生巨额税费，该部分费用将作为破产费用优先支付，天然纺织公司的破产费用和共益债务总额约为 5 000 万元，如此天然纺织公司的职工债权、税收债权、普通债权受偿率将均为零。为最大程度保障债权人利益并实现对破产企业的拯救，无锡中院分别裁定对天然纺织公司、绿色纤维公司、纳溪迩公司破产清算转重整。

2019 年 3 月 12 日，管理人通过公开招募方式，确定由吴江市友顺纺织有限公司（以下简称友顺公司）担任天然纺织系关联企业的重整投资人。友顺公司提供 2.1 亿元偿债资金作为对价，取得三家公司的全部股权。最终，天然纺织系关联公司的重整计划在债权人会议上获得高票通过。同年 7 月 18 日，无锡中院裁定批准天然纺织系关联公司亘整计划草案、终结重整程序，共计清结约 10 亿元债权，极大提高了 100 余家各类债权人的债权受偿率，使得职工债权、税收债权全额清偿，近 50 名职工得到妥善安置。

（二）参考意义

一是天然纺织系关联企业主要资产土地厂房在同一厂区、关联企业之间存在联保互保债务以及关联交易，但是又无充分证据证明关联企业存在公司人格混同，只有通过程序合并重整才能实现同步债权审查、同步召开债权人会议、同步招募重整投资人、同步协调优先债权人让渡利益。

二是通过破产清算转重整，极大地降低了破产企业资产的处置难度，减少了破产费用的开支。

三是纳溪迩公司管理人分别向天然纺织公司和绿色纤维公司申报债权共 6 600 万元，两公司管理人认定该部分债权属于关联公司之间不当利用关联关系形成的债权，为劣后债权，在普通债权之后清偿，平衡了债权人之间的利益。

重庆新天泽等三家公司合并重整案

（一）案情简介

2016 年 1 月 28 日，重庆市江北区人民法院裁定受理重庆新天泽实业（集团）有限公司（以下简称新天泽公司）、重庆新华立地产（集团）有限公司（以下简称新华立公司）破产重整二案。另 2016 年 1 月 11 日，重庆市第五中级人民法院裁定受理重庆恒德远景实业有限公司（以下简称恒德远景公司）破产重整案，后经重庆市高级人民法院指定由重庆市江北区人民法院审理。2016 年 5 月 26 日，重庆市江北区人民法院裁定上述三公司重整，并指定同一管理人，三案由同一合议庭合并审理。

三家公司系关联企业，股权结构上呈“母—子—孙”关系，实际控制人均为刘某某，主营业务均为房地产开发和销售等。但是，三家公司的资产和负债区分明确并可独立清核，财务独立运行、处理与核算，人员任职安排相对明晰，不存在法人人格高度混同的情况。因经营过程中关联企业之间存在内部融资和大量相互担保的情形，导致债务清偿困难，且各企业单独重整难以摆脱债务泥潭和经营困境。

2017 年 2 月 24 日，三家公司共同提交重整计划草案，拟通过整体重整实现对全部债务的全额清偿。2017 年 12 月 25 日，经三家公司各自债权人组分别独立进行表决，整体重整计划获得通过。

重庆市江北区人民法院经审理认为，经债权人会议分组表决，重整计划草案已经三公司有财产担保债权组、职工债权组、税款债权组、普通债权组表决通过，涉及的出资人权益调整事项已经出资人组表决通过。在关联企业法人人格未高度混同而无法实施实质合并重整的情况下，债权人以独立分组表决的方式决定对关联企业进行整体重整，有利于实现各债权人公平受偿及债务人重整成功。经审查，整体重整计划具有企业破产法第八十一条规定的各项内容，其债权调整、受偿方案及出资人权益调整方案不违反法律法规的强制性规定。债权人会议及出资人会议召开程序、表决分组符合法律规定，各表决组表决结果符合通过的法定条件。综上所述，依法作出三案民事裁定：批准整体重整计划，终止其重整程序。

（二）法律评析

在保持各关联企业法人人格独立的前提下，整体重整则强调债权人意志优先和债权人利益公平保护，决定是否实施整体重整的权利由各关联企业的债权人独立行使。

第四节 关联企业破产的实质合并模式

一、概述

关联企业之间经济一体化的天然特性必然导致生产要素等关联，不可避免地可能出现人员、资产、财务、管理等方面实质混同情形。该情形下，可能存在不当利用关联关系、转移资产等欺诈债权人的现象，使得各关联企业丧失独立性。在此情况下，进行整体实质合并破产可能更加符合破产概括、公平清偿的宗旨。

实体合并规则是美国破产法院依据衡平原则，在判例基础上发展起来的一项解决关联企业破产问题的特殊制度。在关联企业同时或者相继破产的情况下，适用传统破产法原则难以公平保护债权人利益。美国法院在一系列判例中确定规则，最终使实体合并规则成为继揭开公司面纱、衡平居次原则、破产撤销权和破产无效制度之后又一个规制不正当关联关系的重要规则。通过实质合并这种模式对关联企业进行破产，法人的独立人格和有限责任被打破。实际上，实质合并破产规则最大的制度价值就在于，通过对企业集团之间关联关系的特殊处理，使得关系复杂而成本高昂的资产、债务分离程序得以被避免，司法效率和经济效率得以提高，债权人的信赖利益、清偿利益得到最大限度的保障。

笔者注意到，与合并破产相关一个重要问题是债务人企业资产与实际控制人个人资产合并处置的问题。目前这方面明确的法律规定是阙如的，希望现在个人破产方面的实务尝试和今后的理论总结能够有所裨益。

适用实质合并规则时需要注意的是，公司的独立性和股东有限责任作为公司法律制度的核心原则和基石，除特殊情形外应得到尊重，否则会造成对法人财产独立原则的根本性冲击。有鉴于此，慎用实质合并规则已经成为理论和实务界的普遍共识，即不能宽泛适用该规则而构成对公司法上人格独立原则的不当背弃。

如何正确适用实质合并规则，首先要解决实体判断标准问题。现阶段我国法院决定关联企业适用实质合并规则的必要条件是“独立法人人格之否认”，认定标准主要围绕“账户混同、资产混同、人事混同、业务混同”

等因素构成的“公司法人人格高度混同”，且法人人格高度混同情形具备持续性、广泛性、显著性。结合现有司法案件进行分析，法院在“公司法人人格高度混同”标准之外，还考虑了高度混同对债权人公平清偿的影响，关联企业不当利用关联关系转移资产或逃废债务，各自资产无法清理或者分离所耗费的破产费用过高以致债权人受偿数额大幅降低等辅助标准。司法实践总体倾向于针对性解决关联企业破产的种种难题，当只有实质合并或者较之非实质合并能够更好保护债权人合法权益和提高司法效率、经济效率时，才适用实质合并规则。当然，法院在裁定实质合并前，应充分听取各方当事人意见，尽可能平衡各方利益。

在法院裁定实质合并前的具体判断因素方面，笔者认为可以借鉴美国破产法院考虑实体合并动议时经常引用的七要素：（1）确定企业的独立财产和负债的难易程度；（2）企业间的财务报表是否合并；（3）以合并为单一实体方式运营的盈利能力；（4）资产和营业的混同情况；（5）不同公司所有者结构和利益的同一性；（6）具有各公司间的债务担保；（7）是否具有不符合章程规定或者不正当的资产转移。在上述七要素之外，还可以关注控制企业对其他关联公司的控制情况：例如董事和高级职员的交叉任职情况，或者控制公司不时派驻人员到其他公司董事会的情况；被控制公司的董事或高级职员并非为了被控制公司的利益独立行动，而是听从于控制公司的指令；控制公司是否无视被控制公司作为独立公司的法律要求；被控制公司除了与控制公司的交易外再无其他实质性业务，或者除了控制公司输送的利益外再无其他资产；控制公司对被控制公司施加的合同义务（协议控制）情形；等等。

二、法律渊源

（一）《中华人民共和国公司法》

“第二十条　……公司股东滥用公司法人独立地位和股东有限责任，逃避债务，严重损害公司债权人利益的，应当对公司债务承担连带责任。”

（二）《全国法院破产审判工作会议纪要》第六部分的规定

会议认为，人民法院审理关联企业破产案件时，要立足于破产关联企业之间的具体关系模式，采取不同方式予以处理。既要通过实质合并审理方式处理法人人格高度混同的关联关系，确保全体债权人公平清偿，也要避免不当采用实质合并审理方式，损害相关利益主体的合法权益。

“32. 关联企业实质合并破产的审慎适用。人民法院在审理企业破产案件时，应当尊重企业法人人格的独立性，以对关联企业成员的破产原因进行单独判断并适用单个破产程序为基本原则。当关联企业成员之间存在法人人格高度混同、区分各关联企业成员财产的成本过高、严重损害债权人公平清偿利益时，可例外适用关联企业实质合并破产方式进行审理。

33. 实质合并申请的审查。人民法院收到实质合并申请后，应当及时通知相关利害关系人并组织听证，听证时间不计入审查时间。人民法院在审查实质合并申请过程中，可以综合考虑关联企业之间资产的混同程度及其持续时间、各企业之间的利益关系、债权人整体清偿利益、增加企业重整的可能性等因素，在收到申请之日起三十日内作出是否实质合并审理的裁定。

34. 裁定实质合并时利害关系人的权利救济。相关利害关系人对受理法院作出的实质合并审理裁定不服的，可以自裁定书送达之日起十五日内向受理法院的上一级人民法院申请复议。

35. 实质合并审理的管辖原则与冲突解决。采用实质合并方式审理关联企业破产案件的，应由关联企业中的核心控制企业住所地人民法院管辖。核心控制企业不明确的，由关联企业主要财产所在地人民法院管辖。多个法院之间对管辖权发生争议的，应当报请共同的上级人民法院指定管辖。

36. 实质合并审理的法律后果。人民法院裁定采用实质合并方式审理破产案件的，各关联企业成员之间的债权债务归于消灭，各成员的财产作为合并后统一的破产财产，由各成员的债权人在同一程序中按照法定顺序公平受偿。采用实质合并方式进行重整的，重整计划草案中应当制定统一的债权分类、债权调整和债权受偿方案。

37. 实质合并审理后的企业成员存续。适用实质合并规则进行破产清算的，破产程序终结后各关联企业成员均应予以注销。适用实质合并规则进行和解或重整的，各关联企业原则上应当合并为一个企业。根据和解协议或重整计划，确有需要保持个别企业独立的，应当依照企业分立的有关规则单独处理。”

三、难点剖析

（一）申请人的范围

内容同上一节，不再赘述。

（二）实质合并的法律后果

在合并破产清算程序中，关联企业之间的互负债务依法抵销，并且排除了相互间的欺诈性转让和自益性交易；共同担保的债务按照一笔计算；所有债务人的财产合并为一个整体，变价后向所有的债权人进行破产分配；

最终债务人主体归于消灭。

在合并破产重整程序中，企业还需要继续经营，仍具有各自独立的法律人格，因而可以在保障其他债权人优先受偿的情况下仍然承认关联债权。关联企业间的债权债务不一定会完全消灭，而是根据衡平居次原则可以作为劣后债权债务处理。实质合并只是合并各关联企业的资产负债，对其主体存续并不影响，主体是否存续仅与其运营价值有关，并根据通过的重整方案调整企业股权结构。

（三）实质合并的裁定程序

公司法上的人格混同认定和否认人格的决定归属于司法裁判权的范畴。同理，判断是否存在实质合并的适用情形以及是否同意实质合并，均应属于司法裁判的事项。如果以债权人会议表决通过为前提，无疑等于间接将司法决定权转交由债权人会议来决定，不符合企业破产法关于司法权与债权人会议职权划分的原理。当然，法院在作出是否实质合并的裁定前，除需认真判断是否存在适用实质合并的条件之外，还应当尽可能地争取各方主体的意见，以更好地平衡各方利益。人民法院收到实质合并申请后，应当及时通知相关利害关系人并组织听证，听证时间不计入审查时间。人民法院在收到申请之日起 30 日内作出是否实质合并审理的裁定。法院实质合并破产的裁定，并不具有对各关联企业实行公司法上组织合并程序的效力。

（四）异议债权人的保护

首先，相关利害关系人可以参加法院作出实质合并裁定前的听证程序，也可以自实质合并裁定书送达之日起 15 日内向受理法院的上一级人民法院申请复议。

其次，实践中往往是资产较多的关联企业债权人提出异议，理由多是独立破产时受偿率较合并时更高。实质合并规则既然是对不当关联关系引发的利益失衡状态在破产程序中的调整，那么极有可能会产生降低的结果。这里涉及适用实质合并规则时的利益平衡考量问题。该等考量的合理依据之一是：在关联企业破产案中，由于资产混同、资产转移、利益输送导致关联企业之间资产被不正当地调配，由此造成债权人在受偿利益上此消彼长的冲突。各关联企业分别清偿的话，资产被不当转移而减少的企业债权人清偿比例降低，而不当受益的企业债权人的清偿比例却因此提高，该等清偿比例的提高本身就不合理。在无法恢复原始合法财产状况的情形时，无法通过核算资产转移的数额来平衡各关联企业债权人的利益；依据之二是：各债权人能够从实质合并中获得的利益，主要是从实质合并程序进行下节省出来的司法成本和交易费用以及去除关联债权后获得，这部分节省下来的财产用于增加债务人的资产，进而提高债权人的债权实现额。实质合并会带来部分的损失，但损失可能不会超过最终获得的受益。此外，可以考虑在协商过程中促使所有债权人达成一个实质合并的方案，对异议债权人进行适当补偿。

四、参考案例

苏州凹凸系合并破产重整案案情简介

2015 年 10 月 13 日、11 月 4 日，苏州市吴江区法院根据债务人的申请，分别裁定受理对苏州凹凸系五家企业的破产清算申请，并指定了管理人。经管理人调查研究，并经专业审计机构的分析预测，管理人认为继续营业有利于增加债务财产，同时确保债务人客户稳定也是进行重整的重要前提，故管理人提出许可债务人继续营业的申请，吴江法院经研究后复函予以许可。履职过程中，管理人发现上述五家企业没有各自明确的规章制度，无论在资产配置、资金筹措使用、财务管理上，还是在业务承揽、人员调配使用上，五家企业均受一人直接控制，人、财、物上高度混同。针对这一问题，管理人进行了专业审计，相关凹凸系企业混同专项财务分析报告证实五家企业经营管理混乱，资产混同，存在大量关联方资金往来及关联交易频繁的情况，对外债务无法区分。

2016 年 1 月 15 日，五家企业的管理人向法院申请对五家企业予以实质合并破产。法院召开由债务人实际控制人、管理人代表、各债权人委员会成员、职工代表及部分主要债权人参加的听证会，听取各方意见。除一名债权人委员会成员表示异议外，其他与会人员均对合并破产无异议。另外，还有共计 163 家债权人向法院提交了同意凹凸系企业合并破产的书面意见。经审查后，吴江区法院认为五家企业均为一人所直接控制，其在企业运营管理、人事、财务尤其是资金等表征上高度混同，导致各自财产及债权债务无法明确区分，故各企业已丧失独立人格，构成人格混同，应当视为一个法律主体进行合并处置。从有利于推动企业破产、公平清理债权债务的角度考虑，法院于 2016 年 2 月 17 日裁定五家企业合并破产清算。在基本查清债权债务，完成破产审计、评估等工作后，债务人向法院申请凹凸系企业合并破产重整。法院从申请人主体资格、重整原因、重整可能、重整价格等四个方面进行审查后，于 2016 年 3 月 15 日裁定凹凸系企业合并破产重整。管理人与重整投资人签订重整投资协议后向法院提交重整计划草案。随后，凹凸系企业召开第二次债权人会议，对重整计划草案进行表决。经现场统计，优先债权组、职工债权组、税收债权组、普通债权组、小额债权组五个组别均通过重整计划草案。2017 年 1 月 17 日，吴江区法院根据管理人的申请，裁定批准凹凸系企业重整计划，终止凹凸系企业重整程序。

五、文书摘录

关于提请镇江市丹徒区人民法院裁定镇江市金达利皮业有限公司、镇江捷固标准件有限公司合并破产清算的报告

镇江市丹徒区人民法院：

贵院于 2018 年 8 月 21 日分别作出（2018）苏 1112 破申 5 号、6 号民事裁定，受理镇江市金达利皮业有限公司（本文中简称金达利公司）、镇江捷固标准件有限公司（本文中简称捷固公司）破产清算案，并作出（2018）苏 1112 破 3、4 号决定，指定江苏江成律师事务所为金达利公司、捷固公司的管理人。

管理人接管金达利公司、捷固公司后发现，两公司的场所、主要财产、管理人员和员工存在高度同一性，已经构成法人人格高度混同的关联关系且呈现长期性、稳定性、显著性特点。具体事实与理由如下：1. 公司住所地、实际控制人、管理人员及职工相同，至今未有变更。两公司均由何××一人实际控制，实际控制人何××买下厂房后登记在捷固公司名下，经营的产品是标准件，经营一年后又设立了金达利公司，转为经营皮革制品及毛皮制品的加工，原捷固公司的职工转为金达利公司的职工，金达利公司所使用的土地厂房就是捷固公司使用的土地厂房。2. 财务管理和财务资料混同，无法区分。管理人接管到的两公司财务账册常年记载混乱、账册不全、会计资料不完整，根本无法区分两公司的财务情况。3. 公司资金管理混同。两公司资金由实际控制人统一调配、使用，同时也存在实际控制人、股东与公司资金混同使用和资产不当转移、利益输送的情况。4. 资产、收益混同。虽然两公司的资产分别登记在不同公司的名下，但实际购买资产的资金来源并不独立，且资产购置后混同使用，无法区分。5. 在对外签约、收购原材料、供应货物、开具发票、受领货款上也是两家公司混用，多数经营合作方认为两家公司都是一体的。以上混同情形自金达利公司设立后至今存在。

鉴于上述情况，管理人提请贵院裁定金达利公司、捷固公司合并破产清算。

特此报告

镇江捷固标准件有限公司管理人
镇江市金达利皮业有限公司管理人
二〇一九年三月十五日

附：两公司混同专项分析审计报告（略）
两公司工商档案、两公司职工名册（略）
两公司原管理人员、经营合作方调查材料（略）

第五节　法人人格否认与实质合并

一、法人人格否认

“法人人格否认”又称“揭开公司面纱”，作为公司法的一项特殊制度见于我国公司法第二十条第三款规定“公司股东滥用公司法人独立地位和股东有限责任，逃避债务，严重损害公司债权人利益的，应当对公司债务承担连带责任”。商法学者朱慈蕴教授、李永军教授都认为，人格独立和股东有限责任始终是公司法律制度的基石，具有不可动摇的地位，而通过揭开公司面纱的适用，也仅仅是修复公司法人独立人格和股东有限责任之墙上的破损之洞，但对于被钻孔以外的所有其他目的而言，这堵墙依然矗立着。进一步而言，公司的法人人格被否认，是从实体法的角度将该公司和股东视为同一体，而且仅在特定案件中适用。

正是基于以上法理，九民会议纪要第二条第（四）款规定：公司人格独立和股东有限责任是公司法的基本原则。否认公司独立人格，由滥用公司法人独立地位和股东有限责任的股东对公司债务承担连带责任，是股东有限责任的例外情形，旨在矫正有限责任制度在特定法律事实发生时对债权人保护的失衡现象。……公司人格否认不是全面、彻底、永久地否定公司的法人资格，而只是在具体案件中依据特定的法律事实、法律关系，突破股东对公司债务不承担责任的一般规则，例外地判令其承担连带责任。人民法院在个案中否认公司人格的判决的既判力仅仅约束该诉讼的各方当事人，不当然适用于涉及该公司的其他诉讼，不影响公司独立法人资格的存续。……实践中常见的情形有人格混同、过度支配与控制、资本显著不足等。在审理案件时，需要根据查明的案件事实进行综合判断，既审慎适用，又当用则用。实践中存在标准把握不严而滥用这一例外制度的现象，同时也存在因法律规定较为原则、抽象，适用难度大，而不善于适用、不敢于适用的现象，均应当引起高度重视。

显而易见，法人人格否认的立法本意主要是债务清偿的法律责任问题，而不是组织调整问题，原则上适用于股东赔偿责任的个案。

二、实质合并

实质合并作为企业破产法上适用于关联企业破产情形的特殊制度，源于美国破产法庭对各关联公司及各关系方利益的衡平判例。其核心要义在于否认关联企业的独立人格，消灭关联企业间的求偿要求，各企业的财产合并为一个整体以供全体关联企业债权人公平清偿。《联合国贸易法委员会破产法立法指南》第224条指出：实质合并是将企业集团两个或两个以上成员的资产和负债作为单一破产财产的组成部分对待；实质性合并令应当具备下列效力：一是被合并集团成员的资产和负债作为单一破产财产的组成部分处理；二是消灭列入合并令的集团成员间债权和债务；三是对列入合并令的集团成员的债权如同对单一的破产财产的债权处理。秉承同一法理，九民会议纪要第六部分也有类似规定（详见上一节法律渊源，不再重复摘录）。

实质合并规则是对公司法有限责任制度的挑战，也是对法人人格否认制度的挑战。三者之间呈现出层层突破的关系：有限责任制度构成公司法的基石和原则制度；法人人格否认制度是对有限责任制度的有限调适，允许在滥用人格的情况下刺破面纱、追索股东责任。但这种制度常见于个案中，并不构成公司人格整体性、终极性的消灭；实质合并制度则是对关联企业独立人格的整体性、终极性否认（合并破产重整程序中因具备运营价值而存续的关联企业除外）。

实质合并规则在破产理论和实务界引发广泛关注和讨论，与该规则诞生至今的不间断批判、审视，观点碰撞有关，更和关联企业合并破产愈发强烈的客观需要有关。随着经济迅猛发展，企业间关系和组织架构愈发复杂多样。关联企业财务账户混同、资产混同、人事混同、业务混同等情况大量存在，甚至出现滥用股东权利、股东有限责任、公司法人独立地位和损害债权人利益的现象。关联企业间关联关系与关联行为使得关联企业成员产生了法律人格的独立性与公司实际经营的非独立性的尖锐矛盾，公司、股东、债权人与其他利害关系人之间的利益严重失衡，公司法人人格否认制度和破产法破产撤销权及破产无效制度已经不足以规制时，实质合并规则的适用成为必要。

实质合并规则的适用标准，根据九民会议纪要第32条的规定：关联企业成员之间存在法人人格高度混同、区分各关联企业成员财产的成本过高、严重损害债权人公平清偿利益。可见，实质合并规则虽脱胎于法人人格否认制度，但是二者不可等同。实质合并规则在高度混同标准之外，增加了对破产程序的经济效率和司法效率、债权人利益考量，注重了企业破产法的公平价值、程序价值。进一步而言，甚至在关联企业混同程度尚不足以否定法人人格，但是适用实质合并规则更能保护债权人公平清偿利益、信赖利益，兼顾司法效率、经济效率时，应当适用该规则。由此可见，实质合并规则更应被视为在法人人格否认基础上发展而来的在关联企业破产中用以规制不当关联关系、衡平各方利益的综合性制度。

第十五章 府院联动与派生诉讼

府院联动机制又称府院企业破产工作统一协调机制，是指在企业破产进程中，在推行破产法治化、市场化的同时，让政府行政权介入破产进程，在资产处置与过户、税费安排、职工安置、企业注销手续办理、风险防范与化解等方面，充分借助政府行政权，实现破产案件处理经济效益与社会效益的最优化，其目的是为了保障企业破产法实施的市场化、法治化，弥补在企业破产法实施过程中存在的配套制度的不完善。一定意义上而言，府院联动被视为当下破产程序应对大量“僵尸企业”破产局面而进行的一种破产制度创新，另一方面，其反映了行政权对破产程序深度的介入，并非完全意义上的制度创新，其在1986年《企业破产法（试行）》施行中就发挥过显著作用。府院联动机制是基于中国当下破产法配置制度不足而推行的一种带有临时性、过渡性的破产制度安排，虽在推进过程中，已经出现了一些问题，但在目前我国企业破产法施行中的确有其存在的现实必要性并发挥着一定的功效。对管理人而言，应该在充分了解府院联动机制现状的基础上，克服府院联动机制推进过程中的不利因素，最大限度地利用府院联动机制的有利因素，高效完成破产管理工作。

破产派生诉讼是指在企业破产程序启动和进行中产生的，以审理结果为破产程序进行的依据而又独立于破产程序审理的民事诉讼。破产派生诉讼因企业破产法的实施将必然产生，且又与破产程序密不可分，具有与一般诉讼不同的特点。破产派生诉讼与公司法上的股东派生诉讼具有一定的联系，但与公司法上的股东派生诉讼相比，又有明显的不同。破产派生诉讼的产生，具有一定的正当性基础。破产派生诉讼对破产程序影响很大，对管理人而言，应该注意破产派生诉讼中的一系列问题。目前，破产派生诉讼在诉讼程序上和法律适用方面面临一些问题，需要予以明确。

第一节 府院联动机制

府院联动机制是指在破产案件审理进程中政府和法院的联合、协调行动，即指政府与法院形成联合行动的机制，通过一方带动其他方或各方联合行动，解决企业破产过程中遇到的各种问题，从而推动企业破产处置工作。就现行中国的破产案件审理而言，府院联动机制具有其内在的合理性与正当性。2006 年企业破产法实施后，废止了政策性破产制度，但在企业破产法实施过程中，其配套制度的不完善弊端逐渐露出端倪，企业破产法之外的诸如破产企业的资产处置、税费处理、招商等衍生问题，使企业破产实施过程举步维艰，为了解决破产过程中相应法律制度的不协调乃至冲突的问题，法院在审理破产案件不得不借助政府行政权的介入才能取得较好的效果。其实质是解决司法程序单独处置破产事务能力不足的问题而建立的一种“行政司法协调机制”。目前，对府院联动机制的具体内容，缺乏法律法规的统一规定，各地方基本是依照自行发布的规范性文件作为府院联动机制的规范依据。综合来看，府院联动机制主要包括破产处置协调联动机制、破产费用保障基金制度、维稳风险防控协作机制、税费处理制度、协同开展职工帮扶制度等具体内容。

一、府院联动机制的概述

（一）府院联动机制的基本含义

府院联动并非严格规范意义上的概念，而是对近年来我国企业破产法实践中法院在审理破产案件中与政府部门协作联动的做法的一种抽象与概括。府院联动机制的提法首先出现在近年来人民法院破产案件审理进程中。2017 年 8 月 7 日，最高人民法院发布《关于为改善营商环境提供司法保障的若干意见》（法发〔2017〕23 号），其中提到：“推进府院联动破产工作统一协调机制，统筹推进破产程序中的业务协调、信息提供、维护稳定等工作。”此处的府院联动破产工作统一协调机制是指在破产案件审理过程中，政府与法院形成联合行动的机制，通过一方带动其他方或各方联合行动的方式，解决企业破产过程中遇到的各种各样的问题，从而推动企业的破产处置。

近年来，府院联动已经超越破产案件审理这一范围，被运用于行政诉讼领域。在破产案件审理的府院联动机制之外，出现了行政诉讼案件的府院联动机制①。当然，虽然都叫府院联动机制，但行政诉讼案件审理中的府院联动机制与破产案件审理中的府院联动机制的具体内容存在很大的不同。因此，就当下的情形而言，府院联动机制的含义应该包括广义的府院联动机制与狭义的府院联动机制。广义的府院联动机制即指政府和法院的联动机制，包括破产案件审理中的府院联动机制与行政诉讼案件审理中的府院联动机制，而狭义的府院联动机制仅指破产案件审理中的府院联动机制。我们这里所讨论的，仅仅限于狭义的府院联动机制，即破产案件审理中的府院联动机制。

很大程度上，府院联动机制被视为是我国破产案件审理的一种制度创新。“府院联动机制是目前在破产审判工作中解决企业破产衍生社会问题的一种新生机制。”② 但如果纵向考察我国的破产制度，其实可以发现府院联动机制本质上并不是新生事物。1986 年出台的《企业破产法（试行）》在其实施的很长一段时间中，由于破产市场化的不足以及政策性破产制度的出台和实施，在破产案件中就实行了府院联动机制。实际上，1986 年《企业破产法（试行）》主要是依赖政府行政权推进企业破产进程，在相当大的程度上弱化了破产进程中的司法权。为实施政策性破产和解决国有企业

① 例如，据中新社上海 6 月 7 日电：2019 年 6 月 6 日，最高人民法院第三巡回法庭在上海召开华东五省（市）行政争议化解府院联动座谈会。最高人民法院党组副书记、副院长江必新指出，应通过开展“府院联动”工作促使行政机关依法行使职权、司法机关公正审判，并促进行政争议的实质性化解。江必新认为，“府院联动”是实现“官”民和谐的重要机制，要通过“府院联动”让人民群众在每一个司法审判和行政执法案中感受到公平和正义。（相关报道网页链接：https：//baijiahao. baidu. com/s？ id=1635687454970851514&wfr=spider&for=pc；访问日期：2020 年 8 月 29 日）。从报道内容中江必新副院长的讲话内容看，行政诉讼中的府院联动机制的具体内容主要包括：把行政异议和行政调解挺在前面，当事人不服行政行为的可由该行政机关进行首次救济；切实发挥行政复议的救济功能，促进行政执法内部救济机制的完善；充分发挥行政机关的调处相关民事争议的权力，力求行政及相关争议的就地化解；正确把握立案登记制的内涵，对不应该进入行政诉讼的争议应尽可能在立案环节予以排除等。而从一些地方发布的行政诉讼府院联动机制的规范性文件看，其具体内容主要也是强化政府在行政纠纷处理的责任，强化行政纠纷尽可能通过政府与法院协作联动处理，并通过所谓的行政案件诉源治理尽可能减少行政诉讼案件的发生。如 2020 年 3 月吉林高新管委会发布《吉林高新区管委会关于成立吉林高新区府院联席会议的通知》中，将行政诉讼中的府院联动机制明确为以下四个方面：一是树立前期治理的意识，把写作纠纷矛盾化解在前期阶段；二是法院从法律角度帮助管委会解决历史遗留问题，通过府院联动，使问题早发现早解决，避免给未来留难题；三是以府院联动机制为契机，进一步强化管委会各部门与高新法院的沟通协调机制建设，提升行政部门依法行政水平；四是建立重大事项协商机制，就一些重大问题、难点问题共同研究解决，解难题、迈关卡，通过府院联动优化法治营商环境，促进经济社会健康可持续发展（相关报道链接：http：//jlfy. chinacourt. gov. cn/article/detail/2020/04/id/4885112. shtml；访问日期：2020 年 8 月 29 日）。

② 王欣新．府院联动机制与破产案件审理［N］．人民法院报，2018-2-7（007）．

破产后的企业职工的救济安置问题，《企业破产法（试行）》施行过程中，国家发布了很多有关府院联动的政府文件。如《国务院关于在若干城市试行国有企业破产有关问题的通知》（国发〔1994〕59 号，1994 年 10 月 25 日颁布）中规定："实施企业破产，涉及面广，政策性强，难度很大。有关城市的人民政府要加强对这项工作的组织领导，由一名政府负责人牵头，经贸委（经委、计经委）、计委、财政、银行、劳动、审计、税务、国有资产管理、土地、工会等部门和单位参加的工作机构，统一负责组织、协调、解决实施企业破产中遇到的问题，确保这项工作的顺利开展。"再如《国务院关于在若干城市试行国有企业兼并破产和职工再就业有关问题的补充通知》（国发〔1997〕10 号，1997 年 3 月 2 日颁布）中规定："国家经贸委负责全国企业兼并破产和职工再就业的组织协调工作。为加强对试点城市企业兼并破产和职工再就业工作的组织领导，成立全国企业兼并破产和职工再就业工作领导小组，由国家经贸委（组长）、国家体改委、财政部、劳动部、中国人民银行、国家土地局、国家国有资产管理局等部门组成，并邀请全国人大法工委、最高人民法院参加。……重大问题提交国务院国有企业改革工作联席会议讨论决定。"上述这些政策文件与当下很多地方发布的作为推行府院联动机制依据的文件在内容上有很大相似之处。据此可以判断，早在以政府主导破产案件处置、实行政策性破产为特色的 1986 年《企业破产法（试行）》的推行中府院联动机制就已客观存在，只不过当时并没有出现"府院联动机制"这样的提法而已。

2006 年企业破产法在对 1986 年《企业破产法（试行）》奉行的政策性破产进行彻底否定基础上，强化破产案件审理的专业化、市场化，强调依法破产，淡化行政权对破产案件审理的影响，凸显法院在破产案件审理中的作用。但是，近年来，在企业破产法施行过程中，其配套制度的不完善弊端逐渐露出端倪。这是因为诸如资产变现、处置过户、企业注销、职工安置、破产企业重整与和解等本质上不属于司法问题而是属于经济问题、社会问题的范畴，这些非司法问题的解决，离不开政府的协调与配合。因此，为了解决破产过程中相应法律制度的不协调乃至冲突的问题，法院审理破产案件时不得不借助政府行政权的介入才能达到破产案件审理的预期效果。近年来各地人民法院与政府部门通过联合发布文件的方式，提出政府与法院在破产案件审理中推行府院联动，确立破产案件审理的府院联动机制正是基于问题导向对破产案件审理现实的积极回应。

2016 年 11 月 4 日，浙江出台了《关于成立省级"僵尸企业"处置府院联动机制的通知》（浙并购办〔2016〕8 号）。这是我国第一个关于破产案件审理的府院联动机制的省级规范性文件，标志着地方政府层面的破产案件审理中的省级政府与省高院府院联动机制的确立。而在该文出台前，隶属于该省的温州、绍兴等地级市已经发布并施行了破产案件审理的府院联动机制的文件，先行进行了地方实践探索。近年来，在浙江省府院联动机制文件的基础上，更多的地方政府紧随其后，发布和实施了相关破产案件审理的府院联动机制的规范性文件，确立了大同小异的破产案例审理府院联动机制。例如，2019 年发布的《北京市高级人民法院等部门关于建立企业破产工作府院联动统一协调机制的实施意见》（京高法发〔2019〕698 号）中明确建立破产案件府院联动的目的是“落实党的十九大精神，贯彻新发展理念，服务保障供给侧结构性改革和营造国际一流营商环境，防范化解重大风险，积极稳妥、统筹推进企业破产处置工作中的业务协调、信息提供、维护稳定等工作，落实党中央提出的‘为实施市场化破产程序创造条件’的要求，进一步健全和完善破产机制建设”。

在中央政府层面，2016 年 12 月出台的《中央企业处置“僵尸企业”工作方案》（国发〔2016〕80 号）被认为是中央层面的最早的府院联动机制规范性文件。该文件明确提出“成立由国务院国资委牵头，中央组织部、中央宣传部、国家发展改革委、工业和信息化部、财政部、人力资源社会保障部、人民银行、税务总局、银监会、证监会、全国总工会、最高人民法院等单位参加的中央企业处置‘僵尸企业’工作领导小组工作机制”。在此基础上，2017 年 8 月 7 日，最高人民法院发布《关于为改善营商环境提供司法保障的若干意见》（法发〔2017〕23 号），其中提到：“推进府院联动破产工作统一协调机制，统筹推进破产程序中的业务协调、信息提供、维护稳定等工作。”2018 年 3 月，最高人民法院发布的《全国法院破产审判工作会议纪要》中也指出：要进一步完善破产重整企业识别、政府与法院协调、案件信息沟通、合法有序的利益衡平四项破产审判工作机制，推动破产审判工作良性运行，彰显破产审判工作的制度价值和社会责任。应该说，到目前为止，在中央和地方两个层面，都出台了破产案件审理的府院联动机制规范性文件，府院联动机制在破产审判中得以全面贯彻实施。这些中央和地方层面规范性文件的出台，明确了府院联动机制的基本含义和在破产程序案件审理中的地位，为府院联动机制的推动提供了基本的法律依据。

（二）府院联动机制的正当性基础

破产案件审理府院联动机制作为对我国破产法治化、市场化推进过程中不得不作出的对策性选择，是破产法治化、市场化的一项保障性措施，该项制度有其存在的必要性、合理性。根据我国企业破产法实施中的现状，相关破产案件府院联动机制的文件内容及其精神，以及府院联动机制的实施实践，破产案件审理府院联动机制的正当性基础主要体现在以下三个方面：

1. 府院联动机制是应对破产进程中市场失灵的重要手段。企业破产是市场竞争的必然结果，作为一种市场行为，市场失灵这一现象也会发生在企业破产过程中。从经济学的角度来看，破产本是企业相互竞争后市场对市场资源的再次配置。基于规范企业破产这一市场行为的需要，破产法律制度的构成不仅包括企业破产法等有关直接调整破产行为关系的实体与程序性法律规范，还包括对因破产所衍生出来的资产变现、处置过户、企业注销、职工安置等问题解决所需要的配套法律制度。但在我国，由于破产市场化处于初级阶段，破产法律制度的体系化尚未形成，从而导致在破产进程中，企业为了自身利益并不会严格遵循破产法制度规定来进行破产，而是可能利用破产制度的缺陷和信息上的优势地位，来优先保证企业自身的存续性或者是逃避债务，从而使得通过破产这一市场行为来配置资源的目的落空，既浪费了经济资源，也浪费了司法等社会资源。因此，基于破产行为的市场化完全交由法院主导，破产案件审理在我国难以取得企业破产的法律和社会预期效果，需要在法院之外寻求外力的介入。由于无法仅由法院通过破产程序实现资源配置，因而有必要在破产程序中引入府院联动机制来弥补司法能力在破产案件中的不足。通过政府行政权的介入，实现政府行政措施和手段与法院对破产案件的审理行为联动协调，改变破产进程中由法院单一参与出现的市场规则失灵的状况，使得破产案件的审理更具有效性，更能实现破产案件审理的社会效益与经济效益的最大化。

2. 府院联动机制是破产重整制度的本质要求。破产制度的发展，经历了由清算主义破产到拯救主义破产的发展和演变历程。基于对企业破产清算主义的反思，“20 世纪以来，特别是 70 年代以后，当代破产法改革的国际基本趋势就是实现企业的拯救①”。2006 年企业破产法在很大程度上体现了拯救主义破产理念，强调破产案件审理中破产重整等拯救程序的地位与作用。破产重整程序本身的内容，就是超越了破产债权人、破产债务人与人民法院的范畴，需要包括政府在内的众多第三方参与的一整套企业再治理程序。为保障破产程序的推进，对职工安置、税收减免等破产事务的处理内在需要政府的介入，可以说，破产重整如果缺少政府参与，其最终重

① 刘伟光．中国破产法管理人制度设计研究［M］．大连：大连出版社，2009：42.

整的效果往往大打折扣。某些特定企业如国有企业、集体企业，其破产重整更是一定程度上依赖政府参与，缺少政府参与基本意味着破产重整困难重重。破产重整这种客观上要求政府参与的破产程序决定了在破产案件审理过程中府院联动机制的正当性。

3. 府院联动机制是实现破产案件审理社会效果的需要。法律适用与实施，既要注重法律效果，又要注重社会效果。与一般的债权债务了解方式不同，企业破产行为因其较强的外部效应需要对债权债务关系处理中的意思自治进行限制。破产案件的审理，不仅仅关系到债权人债务人的私人利益，还关系到国家税收、职工就业、社会稳定、经济发展等债权债务之外的社会利益。正因为如此，现代破产法才强化对企业的拯救。因此，对于企业破产案件审理，不仅要关注到企业破产法等法律的准确适用这一法律效果，还应关注其对社会公共利益和国家利益的影响等社会效果。所以，破产法施行的法律效果与社会效果不但应该同等重视，甚至在某种程度上，破产法施行的社会效果较其他部门法更为直观和明显。在破产案件审理中引入府院联动机制，是确保破产案件审理社会效果的关键。通过破产案件审理中的府院联动机制，充分发挥各级政府部门、工会等党群部门在破产进程中的作用，能最大程度地消除破产案件引发社会风险的隐患，从而确保企业破产法实施和破产案件审理的社会效果。

（三）府院联动机制的主要内容

如前文所述，府院联动机制并非法律规范意义上的法律概念，并不存在规范府院联动机制的明确具体的法律规范内容，而只是在中央和地方两个层面的相关规范性文件中被规定的。破产审理实践中，各地推行府院联动机制的做法虽然存在明显差异，但也存在很多相似之处。综合相关涉及府院联动机制的规范性文件以及企业破产法实践中各地的做法，破产案件中府院联动机制内容大体包括以下几个方面：

1. 确立参与府院联动机制的部门与工作制度

明确府院联动机制的参与主体与工作制度是府院联动机制运作的第一步。

（1）府院联动机制的参与主体。从相关规范性文件和各地破产实践看，基本上是明确人民法院以及若干政府部门、党群机构、金融机构等以建立联席会议的方式，作为府院联动机制的工作平台。例如，《北京市高级人民法院等部门关于建立企业破产工作府院联动统一协调机制的实施意见》（京高法发〔2019〕698 号）明确规定：府院联动机制由市高级人民法院、市民政局、市财政局、市人力资源和社会保障局、市规划和自然资源委员会、市住房和城乡建设委员会、市市场监督管理局、市国有资产监督管理委员会、市地方金融监督管理局、市税务局、中国人民银行营业管理部、中国银行保险监督管理委员会北京监管局、市工商业联合会 13 个单位组成，并明确规定了 13 个参与部门在府院联动机制中的具体职责①。浙江省《关于成立省级“僵尸企业”处置府院联动机制的通知》（浙并购办〔2016〕8 号）中规定：浙江省级“僵尸企业”处置府院联动机制由省高院、省经信委、省发改委等 20 个部门和单位组成。而 2019 年 6 月江苏省人民政府办公厅发布的《关于建立企业破产处置协调联动机制的通知》（苏政传发〔2019〕115 号）中则规定：省企业破产处置协调联动机制由省政府分管领导担任总召集人，相关省领导、省法院主要负责同志担任副总召集人，省检察院等 20 家机关为成员单位。省企业破产处置协调联动机制下设办公室，办公室设在省法院，负责协调联动机制日常工作。

（2）府院联动机制的工作制度。关于府院联动机制的工作制度，《北京市高级人民法院等部门关于建立企业破产工作府院联动统一协调机制的实施意见》（京高法发〔2019〕698 号）规定：府院联动机制实行例会制度，由北京市高级人民法院召集，原则上每半年召开一次全体会议，就相关工作情况、问题及工作计划进行通报、研究。必要时可根据工作需要，由成员单位提议不定期召开全体会议或部分成员单位会议。各成员单位应指定固定人员作为府院联动机制的联络人。再例如，江苏省人民政府办公厅发

① 市高院的职责是：统筹汇总提出法院系统在企业破产处置中需要政府部门协调解决的问题，统筹研究政府有关部门提出的与破产相关的法律问题；市民政局的职责是：为北京市管理人协会的成立提供咨询服务，依法登记审批，推进本市管理人协会的成立；市财政局的职责是：按照现行法律法规及预算管理有关规定，做好企业破产工作相关经费保障；市人力社保局的职责是：研究制定破产企业参保人员社保关系转移、退休人员社会化管理、职工人事档案接转等破产企业处置中相关业务的政策和流程，指导破产企业做好职工劳动关系的处理和就业安置服务工作；市规自委的职责是：根据城市总体规划对破产企业土地处置问题提出意见建议；市住建委的职责是：研究制定和落实破产企业处置中涉及的有关房屋交易等政策；市市场监管局的职责是：进一步落实简易注销政策，提高破产企业退出市场的效能，研究解决企业破产涉及的市场主体登记、档案查询、信息公示等方面的问题，为管理人履职和破产程序顺利进行提供保障；市国资委的职责是：对涉及市属国有全资和国有控股企业破产处置中的维稳方案、职工安置、破产费用保障等工作，进行协调处理；市金融局的职责是：配合开展打击破产逃废债行动，加强对可存续资产运营和破产企业处置的金融协调；市税务局的职责是：落实破产企业处置的相关税收优惠政策，依法依规办理破产企业税务注销，促进企业破产重整和依法退市；人行营管部的职责是：研究制定破产企业在引入战略投资人后人民银行征信系统修复政策，支持企业破产重整。配合开展打击逃废债行动；北京银保监局的职责是：配合打击逃废金融债务行为，配合开展对破产企业处置的金融协调；市工商联的职责是：作为中小微企业与法院的桥梁，宣传、引导企业及时申请破产，就相关企业破产中遇到的问题统一与法院及其他成员单位进行沟通。

布的《关于建立企业破产处置协调联动机制的通知》（苏政传发〔2019〕115 号）规定：省企业破产处置协调联动机制采用联席会议方式，联席会议由总召集人或副总召集人负责召集。联席会议全体会议负责听取企业破产处置情况报告、研究解决企业破产处置协调联动全局性事项；专题会议根据议题由相关成员单位分管负责人参加，研究解决特定领域问题。联席会议每年至少召开一次会议。联席会议经研究，对报请协调解决的事项达成一致意见的，应当形成会议纪要，供各方执行。

2. 建立破产处置协调联动机制

所谓破产处置协调联动机制，是指在破产案件审判进程中，从破产案件的立案、审理、破产重整、破产清算、资产处置、职工安置、税费清缴等环节，法院都和政府相关部门通过联席会议、信息交换等方式事先协商、沟通，在取得谅解与一致的基础上再实施相关具体措施。也即是说，法院在整个破产案件审理的全部环节都尽可能寻求政府各部门的支持，争取政府各部门对破产案件审理各项具体措施的配合行动。例如，《南京市人民政府办公厅关于建立企业破产处置协调联动机制的通知》（宁政传〔2019〕66 号）确立了“建立健全制度化、常态化的企业破产处置协调联动机制，统筹协调解决企业破产处置工作中的民生保障、社会稳定、财产接管、税收申报、资产处置、金融协调、信用修复、打击逃废债、变更注销、中介管理、费用保障等问题，为实施市场化破产程序、防范化解重大风险、维护社会大局稳定、服务经济高质量发展创造良好条件”的破产处置协调联动机制工作目标，从做好破产企业职工民生保障、依法实施财产接管、协调申报税收债权、处置破产企业土地使用权及地上建筑物、建立破产财产处置通道、加大对国有“僵尸企业”和去产能企业的清理力度、协调开展企业破产重整、依法打击逃废债、维护社会秩序稳定、及时处理破产企业变更注销、明确管理人职责定位、加强破产管理人行业管理、完善破产企业案件经费保障制度、建立企业风险监测预警机制、协调财政金融支持、其他需要由企业破产处置协调联动机制解决的事宜等 16 个方面明确了破产处置协调联动机制的具体任务，提出了建立企业破产处置协调联动机制、设置协调联动机制办公室、建立联合调研和提案制度、明确分工落实各部门责任等 5 个方面的破产处置协调联动机制的制度内容。浙江省《关于成立省级“僵尸企业”处置府院联动机制的通知》（浙并购办〔2016〕8 号）中规定：要建立涉及企业破产和“僵尸企业”信息共享机制，定期监测评估法院和政府部门涉及破产企业和“僵尸企业”的相关信息。再例如，在破产重整环节，浙江省温岭市中级人民法院 2018 年 12 月联合温岭市政府办、市公安局、市地税局、市金融办、市建工局等单位发布的《关于破产审判工作中府院联动协同机制协调会议纪要》中则对破产重整中破产企业的信用修复作出了明确规定，建立了破产企业信用修复制度。依照该规定，企业破产重整后可由法院将企业信息报银行债权人，银行债权人在核实信息后积极争取上级银行的政策支持，调整企业信贷五级分类，促使破产重整计划顺利通过。破产企业管理人可以分别向人民银行或者各商业银行提出申请，银行将在收到申请后 7 个工作日内，依据破产管理人提交的申请报告、法院裁定书等资料予以办理。

3. 建立破产资产池制度

所谓的破产资产池制度，是指通过将破产财产纳入特定资产池，进行集约化管理与处置，从而实现破产资产处置效益最大化、破产资产处置方案最优化的目标。这方面，江苏省镇江市中级人民法院的做法颇为典型。2020 年 2 月，镇江市人民政府办公室发布《关于创设“破产资产池”推动资源优化利用的实施意见》（镇政办发〔2020〕12 号）（以下简称《镇江实施意见》），确立了破产资产池制度。依照《镇江实施意见》，由镇江市中级人民法院牵头分别建立“破产资产总池”和“优质破产资产池”，整合破产资产，发挥规模优势，充分利用政府招商引资平台，引导外来资本参与总体变现，盘活存量资产，统筹协调解决破产企业资产处置难、重整投资人招募难等问题，加快推动破产资产变现或重整。市中级人民法院将全市两级法院破产案件的资产及时纳入“破产资产总池”，定期公示破产资产总池中的资产类别、数量、规模、地区分布等信息。市中级人民法院对破产资产总池中的资产进行梳理和筛选，根据资产地理条件、交通便利程度、资产体量、生产配套设施等情况，初步筛选出可供招商引资的相应优质破产资产，纳入“优质破产资产池”，并采集信息形成“优质破产资产招商项目库”。

特别值得一提的是，《镇江实施意见》在优质破产资产入池流程方面，注重发挥管理人的作用。破产管理人根据筛选要素选择适宜入池的破产资产，制定“破产资产纳入破产资产池”方案，其中包括变价出售方式、意向价格区间等内容，经债权人会议过半数债权人且其代表的债权额占无财产担保债权总额的二分之一以上表决同意后，由破产管理人持相关申报材料以资产包为单位向市中级人民法院申请报批。市中级人民法院审批通过后，将入池破产资产信息导入“优质破产资产池”。对“优质破产资产池”中的破产资产，法院将引导投资人参与竞拍。具体做法是：受理法院依据经债权人会议讨论通过或经法院裁定批准的《变价方案》处置破产资产。

债权人会议未讨论破产资产与招商项目对接事项的，鼓励管理人积极与招商项目对接，引导投资人积极参与破产资产的竞拍，推动实现破产资产价值最大化。同时，《镇江实施意见》还规定了对接推介机制，破产管理人完善破产资产基础资料后，由市中级人民法院明确专人负责与市商务局对接。市商务局负责根据资产的适配性，及时分配或推介给相应的属地政府（管委会），切实提高破产资产处置的针对性。

4. 建立税费优惠制度

税费优惠是企业破产重整实施中的必要措施之一。法院在破产案件审理进程中，与税务、金融等部门沟通，对破产企业的税费采取适当减免等优惠政策，以利于破产案件审理进程的顺利展开。例如，温岭市中级人民法院2018年12月发布的《关于破产审判工作中府院联动协同机制协调会议纪要》中规定：法院在破产案件审理中要积极化解欠税欠薪问题，要与税务部门达成关于破产程序中税费征缴工作的会议纪要，明确对企业破产前欠缴的相关税款，凭法院裁定书按企业破产法规定程序上报核销。

5. 建立破产费用保障基金制度

所谓破产费用保障基金制度，是指针对一些破产案件因没有破产财产而出现无法支付破产费用的现象，由政府通过划拨财政资金建立破产扶助专项基金、管理人协助设立管理人互助基金等方式筹集资金，用来垫付破产费用，解决破产启动经费难筹措、管理人费用难兑现等问题，以确保此类无破产财产或者破产财产不足以支付破产费用的案件的破产审理程序能够顺利进行的破产程序保障制度。例如，温岭市中级人民法院2018年12月发布的《关于破产审判工作中府院联动协同机制协调会议纪要》中规定：法院要联合市财政局建立用于援助或垫付破产企业维稳和破产案件费用的专项资金机制，并争取到200万元的初期破产援助资金。这种破产援助资金，有利于保障破产管理工作的进行，有助于推动破产程序的顺利进行，从而实现破产法律的制度目的。

6. 建立维稳风险防控协作机制

所谓维稳风险防控协作机制，是指法院在破产案件审理进程中，通过与工会、人社等部门协作，做好破产企业职工的维权、低保、再就业等方面的工作，引导破产企业职工理性维权，为破产企业职工再就业提供培训，将符合条件的破产企业职工纳入低保，从而减少乃至消除破产企业职工安置中的社会风险隐患，维护社会稳定。例如，《南京市人民政府办公厅关于建立企业破产处置协调联动机制的通知》（宁政传〔2019〕66号）中规定：建立企业风险监测预警机制，按各部门职责，监测、分析企业欠税、大规模集体欠薪、欠贷、对外担保等风险情况，发现经营异常的，及时采取措施，避免弃企逃债及转移、隐匿财产等情况出现。

（四）府院联动机制存在的问题

因为过去法律法规层面并未对企业破产府院联动机制进行规定，而是由破产实践摸索推动的，立法层面规范依据的缺失，导致各地做法参差不齐。因此，府院联动机制肯定存在很多问题。应该说，这些问题，大体可以划分为两个层面：第一，府院联动机制理论层面的问题；第二，府院联动机制操作层面的问题。

1. 府院联动机制理论层面未形成共识

府院联动机制问题的核心是破产案件到底应该在多大程度上受到政府行政权的影响？或者说，如何处理好破产案件中司法权和行政权的关系？如果破产案件中府院联动机制发展下去最终导致类似 1986 年企业破产法（试行）施行过程中那样的政策性破产，是否违背 2006 年企业破产法立法贯彻的破产法治化、市场化的初衷？如前文所述，虽然我们不能否认府院联动机制的正当性，但是，我们仍应该思考府院联动机制的最终边界，并且应该清晰地划出这种边界，以便为破产案件审理过程中司法权的运作留足足够的空间。正如一些学者所认为的那样，破产案件不全部是法律问题，而是包含很多社会问题。因而破产案件中府院联动机制有其必要性。本质上，破产案件主要还是法律问题，不能因为破产案件中涉及非法律层面的问题而否认法律问题在破产案件属性中的地位。一部《企业破产法》，加上其他诸如《公司法》《商业银行法》《人民银行法》《证券法》《票据法》及《民法典》等民商事领域的法律，其实已经为破产案件从立案、审理、破产重整、资产处置、破产和解、破产清算等提供了足够的规范依据，破产案件的审理具有了基本的制度规范。在这种背景下提出并推行府院联动机制，就需要在一定程度上兼顾这些破产案件审理中应该被严格适用的制度规范的同时，通过发挥破产程序的弹性，以更加主动和积极的作为，将法院司法权与政府行政权有机结合，使破产案件的审理更有效率。而如何在遵从破产案件审理程序规范与实体法规范的前提下，充分发挥府院联动机制的作用，准确界定政府行政权对破产案件的介入领域和介入的程度，又保证司法权独立与公正地得到行使，让破产案件审理中司法权与行政权相得益彰，正是府院联动机制理论层面需要认真研究的问题。

2. 府院联动机制操作层面缺乏统一标准

与府院联动机制理论层面的问题相比，府院联动机制操作层面的问题相对明晰而简单得多。从当下府院联动机制运行的情况看，主要存在以下三个方面的问题：

（1）府院联动机制的制度化平台普及率不高。就全国的情形看，大部分地方并未如浙江、北京、江苏等地那样建立涉及众多政府部门的府院联动机制制度化平台。“总体来看，大部分地方未建立府院联动协调破产工作的常态化机制，目前基本处于个案、个事、个部门‘单打独斗’的情况，通常表现为以协调会形式一事一议、就事论事，解决遇到的具体问题。”① 一些地方，即便建立了一定层面的府院联动机制制度化平台，但往往层级太低，其运行效果不佳。例如，平台的一些制度措施，设计不够合理，适用面不广泛，往往对此案适用且具有较佳效果，对彼案适用时却效果不佳。再如，平台的一些制度措施过于空泛，缺乏较强的约束力。

（2）府院联动机制的制度功能设置出现偏差。从地方实践来看，府院联动机制在功能上更偏重维护社会稳定，在一定程度上忽视了破产案件审理应该发挥的遏制、打击违法转移资产、破产逃债的功能。大部分地方在推行府院联动机制时，往往将府院联动机制的重心放到破产重整以及职工安置、资产处置等破产善后方面，对破产案件审理过程中出现的一些非法转移资产以逃避债务，借破产之名行逃债之实的行为，缺乏足够的遏制与打击力度。这种在府院联动机制中功能发挥上的选择性，本质上是对破产法的一种违反，是对企业破产法的一种选择性执法。

3. 府院联动机制运行具体规则的缺失

府院联动机制运行中遇到一些法律适用的具体问题无法解决。企业破产法适用的复杂性决定了一件破产案件的审理可能适用很多部不同领域的部门法，这些不同时期发布的部门法，本身就可能在具体法律规范上缺乏协调而可能出现不周延性乃至冲突。而破产案件审理过程中推行府院联动机制、寻求破产案件审理中法律适用的灵活性，就更加激化了这种本已存在的法律规范之间的不周延性与冲突，从而出现法律适用上的问题。例如，破产清算中税收债权和抵押权清偿顺位问题，依照企业破产法的规定，抵押权人对破产企业抵押财产享有优先受偿权，所欠税款并不优先于抵押权。但依照《税收征收管理法》的相关规定，纳税人欠缴税款发生在纳税人以其财产设定抵押之前的，税收应当先于抵押权执行。在府院联动机制运行中，税务部门往往通过府院联动机制强烈主张适用《税收征收管理法》的规定，而债权人自然主张适用企业破产法的规定，从而让破产案件的审理

---

① 单卫东，张帆．优化府院联动机制合力推进破产审判——浙江绍兴中院关于破产审判府院联动机制的调研报告［N］．人民法院报，2018-5-31（08）．

法院无所适从。

（五）管理人在府院联动中需要注意的问题

1. 府院联动机制对于管理人的影响

宏观而言，府院联动机制对于管理人有着正反两个方面的影响。

一方面，府院联动机制会促进管理人制度在破产进程中进一步发挥作用，为管理人进行破产管理提供更加良好的环境，强化了管理人制度。例如，四川雅安等很多地方出台的府院联动机制文件中，规定为管理人创造破产管理的便利、通过鼓励设立破产管理人协会、设立管理人互助基金等支持管理人执业等，优化管理人执业环境本身成为府院联动机制的内容之一。

另一方面，府院联动机制强化了政府行政权在破产案件审理中的影响力，客观上就可能限制管理人发挥专业化作用的空间。例如，个别地方在推行府院联动机制时，在一些本应该由法院聘请律师事务所、会计师事务所等在册管理人担任破产案件管理人的案件中，通过不聘请管理人而只是将律师事务所、会计师事务所等在册管理人吸收进入府院联动机制团队，并经由府院联动机制将破产案件审理中的资产处置、破产和解、破产重整等本质上应该由管理人发挥专业优势进行管理的破产事务交由主要由政府主导的府院联动机制团队进行处置。这种做法，无疑极大地侵占和压缩了管理人的执业空间，不利于破产案件审理过程中管理人专业优势与专业技能的发挥。

2. 府院联动机制中管理人的作用

基于府院联动机制之于管理人制度正反两个方面的影响，我们认为，在府院联动机制大力推行的当下，管理人应该注意以下问题：

（1）积极的态度争取作用的空间。顺应破产案件审理中府院联动机制发展的趋势。如前文所述，府院联动机制可能存在理论上的困境，客观上对破产案件审理中司法权运行构成一定程度的妨碍。但当下我国破产案件审理中推行府院联动机制有其现实的客观必然性，具备恰当的合理性。一定程度上，府院联动机制的出现是企业破产法实施中的必然产物。在这方面，基本不存在选择空间。因此，即便存在府院联动机制之于管理人制度的不利一面，管理人仍然应该积极应对，针对在破产案件审理中推行府院联动机制这种趋势，充分争取发挥作用的空间而不是盲目顺从，但也不能对府院联动机制产生抵触情形。要充分认识到府院联动机制的正当性。

（2）充分利用府院联动机制完成管理工作。充分利用府院联动机制有利于管理人制度的一面，尽可能通过府院联动机制本身完成管理人执业的使命。一方面，管理人要发挥主观能动性，积极与政府部门接洽沟通，在诸如破产企业税收协调、破产财产拍卖过户等问题上寻求政府支持；另一方面，管理人也要和法院保持紧密联络，将破产管理中一些棘手的问题及时向法院汇报，寻求法院的帮助。实际上，一些地方的府院联动机制中明确规定了支持管理人执业的内容。例如，《雅安市中级人民法院关于建立企业破产工作府院统一协调机制的意见》中明确提出应该支持管理人依法履职，其中规定："各有关单位和部门应深入学习和理解管理人制度。对于管理人依法查询破产企业的工商、财产、银行开户及交易明细，刻制管理人公章、开设管理人银行账户，要求收回破产企业财产、代办各类行政审批事项等履行管理人职责期间需要相关部门协助办理的事项，各有关单位和部门应给予配合和支持，促进破产程序的顺利推进。"府院联动机制中此类规定，无疑是管理人执业时一把尚方宝剑，管理人在破产程序中应该充分加以利用。

一方面，针对府院联动机制中一些对于管理人执业不太友好乃至压缩、限制管理人执业空间的规定，管理人也要灵活应对，积极化解不利因素。例如，在镇江市人民政府办公室发布的《关于创设"破产资产池"推动资源优化利用的实施意见》（镇政办发〔2020〕12 号）中规定的破产资产池制度中，破产财产被通过府院联动机制纳入破产资产池进行集约化管理，而主导这种集约化管理的是府院联动机制的双方即人民法院和相应的政府部门，本应该在破产资产处置中发挥专业优势的管理人反而一定程度上被边缘化。但是，即便是在这种条件下，管理人仍然可以积极主动，有所作为。《关于创设"破产资产池"推动资源优化利用的实施意见》中规定：破产财产纳入破产资产池的程序中，需要管理人按照破产资产池入池要求对破产财产进行甄别筛选后向管理破产资产池的府院联动机制进行申报，申报时，管理人需要制定破产资产纳入破产资产池方案，明确该笔破产资产的变价出售方式、意向价格区间等内容。这实际上给了管理人对破产财产进行处置的很大的空间。如果管理人不希望破产案件中特定财产纳入破产资产池进行集约化管理，可以以该笔资产不符合入池破产资产要求为由不予申报。即便该笔资产符合入池要求而必须申报，管理人也可以在制定破产资产纳入破产资产池方案对资产的变价出售方式、意向价格区间等设置较高门槛，使得该笔资产很难通过破产资产池的府院联动机制变现，从而最终退回到破产管理人手中，由管理人处置。

二、法律渊源和规范性文件

（一）《关于为改善营商环境提供司法保障的若干意见》（法发〔2017〕23号）

“18. 协调完善破产配套制度，提升破产法治水平。推动设立破产费用专项基金，为‘无产可破’案件提供费用支持。将破产审判工作纳入社会信用体系整体建设，对失信主体加大惩戒力度。推动制定针对破产企业豁免债务、财产处置等环节的税收优惠法律法规，切实减轻破产企业税费负担。协调解决重整或和解成功企业的信用修复问题，促进企业重返市场。推进府院联动破产工作统一协调机制，统筹推进破产程序中的业务协调、信息提供、维护稳定等工作。积极协调政府运用财政奖补资金或设立专项基金，妥善处理职工安置和利益保障问题。”

（二）《北京市高级人民法院等部门关于建立企业破产工作府院联动统一协调机制的实施意见》（京高法发〔2019〕698号）

“二、府院联动机制成员单位及任务分工

府院联动机制由市高级人民法院、市民政局、市财政局、市人力资源和社会保障局、市规划和自然资源委员会、市住房和城乡建设委员会、市市场监督管理局、市国有资产监督管理委员会、市地方金融监督管理局、市税务局、中国人民银行营业管理部、中国银行保险监督管理委员会北京监管局、市工商业联合会13个单位组成。根据工作需要，可增加其他单位参加。

三、工作规则

府院联动机制实行例会制度，由北京市高级人民法院召集，原则上每半年召开一次全体会议，就相关工作情况、问题及工作计划进行通报、研究。必要时可根据工作需要，由成员单位提议不定期召开全体会议或部分成员单位会议。”

（三）《江苏省人民政府办公厅关于建立企业破产处置协调联动机制的通知》（苏政传发〔2019〕115号）

“一、建立健全企业破产处置协调联动机制，统筹协调解决企业破产处置工作中的民生保障、社会稳定、财产接管、税收申报、资产处置、金融协调、信用修复、打击逃废债、变更注销、中介管理、费用保障等问题，为实施市场化破产程序、防范化解重大风险、维护社会大局稳定、服务经济高质量发展创造良好条件。

三、协调联动机制采取联席会议方式。联席会议由总召集人或副总召集人负责召集。联席会议全体会议负责听取企业破产处置情况报告、研究解决企业破产处置协调联动全局性事项；专题会议根据议题由相关成员单位分管负责人参加，研究解决特定领域问题。联席会议每年至少召开一次会议。联席会议经研究，对报请协调解决的事项达成一致意见的，应当形成会议纪要，供各方执行；尚不具备解决条件的；可待条件具备后另行提交审议。”

（四）《关于创设“破产资产池”推动资源优化利用的实施意见》（镇政办发〔2020〕12号）

“二、工作目标

整合破产资产，创设‘破产资产总池’和‘优质破产资产池’，发挥规模优势，充分利用政府招商引资平台，引导外来资本参与总体变现，盘活存量资产。建立健全企业破产处置与招商引资的常态化联动机制，统筹协调解决破产企业资产处置难、重整投资人招募难等问题，加快推动破产资产变现或重整。”

三、主要任务

（一）明确“破产资产池”运行模式

1. 建立“破产资产池”

（1）建立动态“破产资产总池”。市中级人民法院将全市两级法院破产案件的资产及时纳入“破产资产总池”，定期公示破产资产总池中的资产类别、数量、规模、地区分布等信息。

（2）建立“优质破产资产池”。市中级人民法院对破产资产总池中的资产进行梳理和筛选，根据资产地理条件、交通便利程度、资产体量、生产配套设施等情况，初步筛选出可供招商引资的相应优质破产资产，纳入“优质破产资产池”，并采集信息形成“优质破产资产招商项目库”。

2. 优质破产资产入池流程

破产管理人根据筛选要素选择适宜入池的破产资产，制定“破产资产纳入破产资产池”方案，其中包括变价出售方式、意向价格区间等内容，经债权人会议过半数债权人且其代表的债权额占无财产担保债权总额的二分之一以上表决同意后，由破产管理人持相关申报材料以资产包为单位向市中级人民法院申请报批。市中级人民法院审批通过后，将入池破产资产信息导入“优质破产资产池”。

3. 处置及分配流程

（1）引导投资人参与竞拍。受理法院依据经债权人会议讨论通过或经法院裁定批准的《变价方案》处置破产资产。债权人会议未讨论破产资产与招商项目对接事项的，鼓励管理人积极与招商项目对接，引导投资人积极参与破产资产的竞拍，推动实现破产资产价值最大化。

（2）及时分配清偿。破产资产变现所得价款应当以货币分配方式及时进入破产清偿环节，专户存管、专款专用。由破产管理人根据企业破产法要求制定清偿分配方案，经债权人会议讨论通过后提请法院予以确认。受理法院裁定认可后由破产管理人执行分配，并及时予以公告。

（二）建立健全对接推介机制

1. 建立资料对接机制。破产管理人完善破产资产基础资料后，由市中级人民法院明确专人负责与市商务局对接。基础资料具体包括以下内容：

（1）资产概况，含项目位置、边界四至、总面积、建设用地面积、规划建筑面积、规划用途、地理交通条件、配套设施情况、产业方向等；（2）资产权属状况；（3）建筑物产权、土地使用权剩余年限；（4）资产担保情况；（5）司法强制措施说明；（6）相关政府部门的说明；（7）其他与资产相关的资料；（8）上述证明材料的原件或者与原件核对一致的复印件、图片资料；（9）必要时，录制资产宣传视频资料等。

2. 建立资产推介机制。由市商务局负责根据资产的适配性，及时分配或推介给相应的属地政府（管委会），切实提高破产资产处置的针对性。整合破产资产综合服务平台和招商信息发布渠道，通过司法拍卖等方式，促成破产资产顺利成交。

（三）设立管理机构和信息平台

市企业破产处置协调联动机制办公室下设市“破产资产池”日常管理办公室，设在市中级人民法院民二庭。

市中级人民法院牵头建设“镇江市破产资产池信息平台”，并负责平台对接和管理运行。

四、难点剖析

破产案件审理府院联动机制如要发挥应有作用必然会涉及行政权与司法权的协调问题，如何协调两者之间的关系也必然成为难点。例如，基于2006年企业破产法实施以来，法院审理的破产案件数量相对偏少的原因，除了现行破产法的不健全及现有观念、体制障碍之外，还存在法院与政府、司法权与行政权的沟通协调机制不完善，更深层次的原因还在于企业破产的社会转轨成本政府负担缺失①。当一种程序中存在多项权力运行，并且法

① 王欣新，王斐民．政府与市场之间的经济法——以政府保障破产法实施为例［J］．经济法学评论，2011（12）．

律未就主导权明确作出规定时，就容易引发争议并产生冲突①。我们认为，两者之间难以协调的根本原因是司法权与行政权不同的价值追求以及两者在破产程序中的定位不同。这是破产案件审理府院联动机制发挥作用而应探讨的问题所在。

对于此难题的结局，我们认为应着重从以下几个方面入手：

（一）坚持司法权与行政权的边界定位

破产程序根据各国破产法以及我国现行企业破产法的规定，是司法的过程，解决其相关的问题自然要回到司法程序中来。法院司法权在破产程序中发挥着主导作用，政府在企业破产程序中要充分尊重法院司法权在破产程序中的主导作用，这是法院司法权效力的终极性体现。因此，处理好府院联动机制中法院与政府的关系，确立法院在破产程序中的主导性和政府职能部门在重整工作中的协调辅助性，是府院联动机制建设系统工程中的基石所在。

（二）建立司法权与行政权的衔接机制

府院联动机制在破产实践中的“一事一议”“处置小组临时化”等现象，并没有形成稳定的府院联动机制。破产工作的效率化渴求稳定的常态化机制保证重整程序顺利有序推进，以便解决破产重整中遇到的社会问题。

1. 培养破产重整中的共治理念。破产程序进行的过程也是市场主体的意思自治过程，无论是债权人还是投资人，其对破产程序的参与和相关行为的作出都是以市场为主位的，行政权须尊重市场对资源配置的决定性作用，向其提供配置的便捷通道即可。因此，在破产重整府院联动机制的建设中，我们应养成司法本位、市场主位、政府配位各司其职的共治理念，确立司法、市场、政府的角色定位，才能构建较为完善合理的府院联动机制。

2. 搭建破产审判协同处置平台。在满足府院联动背景下的破产企业识别条件后，需要建立连接法院与政府的桥梁和承载机制发挥作用的平台，以稳定地协同法院和政府职能部门的工作，即建立在法院与相对应的政府的共同协作的前提下，由政府将市场监管、税务、金融办、国资委等涉及破产事宜部门纳入体系，由政府和法院分别确定主要负责人，各负责人在具体事宜中进行对接的系统化平台。在其中，尤其应建立以信息共享为核心的大数据研判机制和创建危困企业的预警机制。

---

① 吴林涛．涅槃抑或坠落：论商业银行破产重整制度［M］．北京：法律出版社，2014：118.

五、典型案例

青岛造船厂有限公司及其全资子公司青岛扬帆船舶制造有限公司破产案①

（一）案情简介

青岛造船厂成立于1949年10月1日。青岛造船厂曾建造过山东省第一艘最大的散货船，在青岛乃至山东为人所熟知。2010年，青岛造船厂改制成为青岛造船厂有限公司（以下简称青船公司）。近十年来国际航运市场持续低迷，国内造船企业正面临去产能的关键期，青船公司因自身扩张规模过大、经营不善，以及银行风控断贷等原因，2016年上半年，青船公司资金链终于断裂。资金链的断裂带来了欠贷、欠款、拖欠工资等一系列的问题，引起了众多债权人和员工的不满。2016年12月6日，青船公司向青岛市中级人民法院申请破产重整。2016年12月14日，青岛中院裁定受理青船公司及其全资子公司青岛扬帆船舶制造有限公司破产重整，并指定青岛清算事务所为破产管理人。

青船公司及其全资子公司青岛扬帆船舶制造有限公司破产重整案案情复杂，涉及众多债权人，债务数额巨大。同时，该案还存在信访压力，各种矛盾层出不穷。为了确保重整成功，保住这个拥有多年船舶建造历史、具备良好生产设施和建造经验的企业，青岛中院院长李方民主动牵头，成立了由分管院领导、部门负责人组成的重整工作领导小组，组建专业化破产审判团队，对青船公司展开了全面深入的调研，并组织审判法官前往广东、浙江学习府院联动机制等先进的审判理念和审理模式。一年半的时间里，为确保重整工作顺利开展，青岛中院集各方合力，进行了几十轮次艰难的谈判和协调，召开了三次债权人会议，促成各方达成了投资协议。2018年5月14日，青岛中院裁定批准了青岛造船厂有限公司、青岛扬帆船舶制造有限公司的重整计划。青岛中院主要做法之一，是利用府院联动机制，充分发挥了府院联动机制在破产重整中的功能。青岛中院与青岛市政府协商，即由政府主导风险管控与事务协调，由法院主导司法程序，对案件进行一体化处理。启动重整工作协调会议，坚持党委牵头、法院主导、政府联动、属地管理的原则，化解社会矛盾，处置突发事件，协调各方利益诉求，保障生产稳定与社会稳定。该案涉及多达903家债权人、45亿元债权，刷新了船舶制造行业普通债权清偿纪录。青岛中院通过自身细致的工作和充分发挥府院联动机制的功效，确保了青船公司及其子公司破产重整的最终成功，保障了近千名债权人和400余名职工的合法权益，得到了债务人、债权人、重整投资人、出资人和公司职工各个方面的认可，实现了政治效果、法律效果和社会效果的有机统一。因此，此次重整成功，离不开政府在行政管理和服务职能上的帮助。

---

① 时满意，吕佼，张坚，朱本腾．府院联动护航企业“起死回生”——青岛中院审理山东最大船舶企业破产案工作纪实［N］．人民法院报，2018-7-10（8）．

（二）法律分析

类似青船公司及其全资子公司青岛扬帆船舶制造有限公司破产重整案这样的大型企业破产重整案件，往往牵扯面广，涉及债权债务重组、税务安排、社保就业等诸多环节。其中的很多问题，本质上不是法律问题。对非法律问题的处理，超越了法院处理问题的能力与范围。因此，必须依靠府院联动机制来处理这些问题。本案中，青岛中院就是充分依赖府院联动机制发挥作用，通过府院联动机制解决青船公司及其全资子公司青岛扬帆船舶制造有限公司破产重整案中的债权债务重组、银行债权处置、税务重新安排、社保缴纳等一系列破产重整中的问题，最终取得了企业破产重整的成功。

第二节 破产派生诉讼

破产派生诉讼与公司法上的股东派生诉讼具有一定的关联关系。与公司法上的股东派生诉讼相比，破产派生诉讼的内涵更为宽泛，也更缺少具体法律规范的约束。破产派生诉讼基于破产程序的启动而发生，可基于各种不同具体原因和事由而发起，具有不同的类型。破产派生诉讼具有一定的正当性基础，具有自身的特点。比如，破产派生诉讼基于破产程序的启动进行而发生、基于特别法的规定而发生，且通常情况下破产派生诉讼的诉讼目的在于确定债权并请求给付。在我国当下的破产派生诉讼实践中，一方面在程序方面存在若干问题，另一方面破产派生诉讼的法律适用也有一些问题需要进一步明确。破产派生诉讼的判决拘束力对象广泛，对破产进程发挥着重大影响，是管理人在破产管理事务的执行中应当密切关注的重要内容之一。

一、破产派生诉讼概述

（一）破产派生诉讼的概念与类型

1. 破产派生诉讼的概念

派生诉讼是与直接诉讼相对的概念，又称衍生诉讼、传来诉讼。派生诉讼制度源自英国衡平法上的股东派生诉讼。英国衡平法上的股东派生诉讼是指当公司怠于通过诉讼追究给公司利益造成损害的经营者的责任以维护公司利益时，具备法定资格的股东有权以自己的名义代表公司提起诉讼，而所得赔偿归于公司的一种诉讼机制。“从规范性质来讲，股东派生诉讼实际上以一种法律技术手段的形式来协调公司治理结构的失衡，属于衡平性规范的范畴。”[①] 我国公司法亦规定了股东派生诉讼。依照公司法第一百五十一条的规定，公司董事、监事、高级管理人员的行为给公司造成损失或者其他人的行为给公司造成损失，公司股东都可以依照规定的程序和条件发起股东派生诉讼。

破产派生诉讼是基于企业破产法的规定而发起，主要依照企业破产法进行裁判的派生诉讼。破产派生诉讼依附于破产程序，与企业破产具有紧密的联系，但又相对独立于破产程序，当事人可以独立地起诉，法院可以脱离于破产程序进行审理。从广义上来讲，破产派生诉讼包括民事诉讼（如破产债权申报异议之诉）、刑事诉讼（如追究企业高管致企业破产的刑事责任）和行政诉讼（如相关行政部门对破产企业的土地使用权性质的认定引发的诉讼）。狭义上的破产派生诉讼仅指其中的民事诉讼。本书所称的破产派生诉讼，是狭义的破产派生诉讼。

破产派生诉讼与公司法上的股东派生诉讼存在交叉重叠关系，当破产派生诉讼由债务人、债权人股东提起时，就既属于公司法上的股东派生诉讼，也属于破产派生诉讼。总体而言，破产派生诉讼与公司法上股东派生诉讼的含义存在较大差异。破产派生诉讼在含义上主要强调诉讼与破产程序的衍生关系，而公司法上的股东派生诉讼，主要依据公司法第一百五十一条的规定的股东派生诉讼的前置条件、原告身份等进行操作。与破产派生诉讼概念相比，公司法上股东派生诉讼概念的内涵更为具体明晰，其基本内涵强调诉讼是因为他人致公司利益受损而公司管理层不起诉，或者公司管理层导致公司利益受损，因而股东对损害公司利益者提起的、诉讼目的在于捍卫公司利益的诉讼。因此，破产派生诉讼概念的内涵要较公司法上派生诉讼要广泛得多。

2. 常见的破产派生诉讼种类

鉴于破产派生诉讼这一概念宽泛的内涵、破产派生诉讼缺乏充足的法律规范的界定以及破产实践中破产案件的复杂性，破产派生诉讼的案件种类其实很难一一列举。一般而言，破产程序中较常发生的破产派生诉讼案件可以分为以下种类：

（1）破产债权确认诉讼。债务人、债权人对破产管理人审核记载的债权有异议的，可以提起破产债权审查异议之诉，由法院对争议的债权进行审查确认。破产债权确认诉讼的目的在于确认债权是否成立、债权数额、

---

① 包一明．破产程序中债权人派生诉讼的正当性——基于股东派生诉讼的启示［J］．黑龙江省政法管理干部学院学报，2016（1）．

利息的计算方法、债权有无担保以及债权是否可以作为破产债权参加破产分配。破产债权确认诉讼主要包括普通债权的确认诉讼、别除权诉讼和劳动债权的确认诉讼。

（2）破产取回权诉讼。取回权是指财产的权利人可不依破产程序，通过管理人取回债务人占有的不属于债务人的财产的权利。规定破产取回权的目的在于方便财产权利人实现对自己财产的权利，免受破产程序的影响。同时破产取回权也有助于管理人纠正和改变因债务人占有他人财产而将该笔财产纳入破产财产进行破产分配的不当行为。依照企业破产法的相关规定，取回权的行使不依赖于破产程序，但须向管理人提出，管理人对破产取回的请求进行审查，以确定取回权是否成立、是否真实、是否符合法定的条件，对不符合取回条件的申请，管理人应当予以拒绝。在管理人拒绝取回申请后，有关权利人可以向法院提起破产取回权诉讼。

（3）破产抵销权诉讼。破产抵销权是债权人在破产申请受理前对破产债务人负有债务的，不论债的种类和到期时间，可以向管理人主张抵销。破产抵销权源于民法上的抵销权，但又有所不同。破产抵销权可以让特定的破产债权人在破产程序之外获得清偿，同时也使得破产程序得以简化。抵销权的行使必须由债权人严格按照人民法院规定的债权申报期限申报债权。经管理人审查属实后，债权人须在破产宣告后至破产程序终结前向管理人作出明确的抵销意思表示。管理人承认债权人的抵销请求的，即发生抵销的效果。管理人不同意抵销的，抵销权人可以向人民法院提起破产抵销权诉讼。

（4）破产撤销权诉讼。破产撤销权指债务人在破产宣告前的一定期限内，就其财产作出有损债权人利益的行为，管理人有请求法院撤销该行为的权力。企业破产法规定了六种可撤销行为：① 无偿转让财产的；② 以明显不合理的价格进行交易的；③ 对没有财产担保的债务提供财产担保的；④ 对未到期的债务提前清偿的；⑤ 放弃债权的；⑥ 人民法院受理破产申请前六个月内，企业法人不能清偿到期债务，并且资产不足以清偿全部债务或者明显缺乏清偿能力时，仍对个别债权人进行清偿的。对上述六种行为，管理人有权提起破产撤销权诉讼，请求人民法院予以撤销。

（5）追索财产诉讼。在破产诉讼当中，管理人对于占有破产债务人财产或破产债务人应享有债权行使追偿权利，可要求有关义务人及时履行义务。主要包括三种情形：① 破产债务人的债务人或者财产持有人应当向管理人清偿债务或者交付财产；② 破产债务人的出资人尚未完全履行出资义务的；③ 破产债务人的董事、监事和高级管理人员利用职权从企业获取的非正常收入和侵占的企业财产。管理人对上述情形可直接向有关当事人行使权利，要求其履行应尽的义务，在遭到拒绝后，可以向人民法院提起追索财产诉讼。

（二）破产派生诉讼的特点

一般而言，破产派生诉讼具有以下四个方面的特点：

1. 破产派生诉讼基于破产程序的启动进行而发生。也即是说，破产派生诉讼与破产程序构成一种类似共生的关系。以破产债权确认诉讼为例。作为常见的破产派生诉讼的一种，破产债权确认诉讼明显与破产程序构成一种类似共生的关系。如果没有破产程序，则根本无所谓的破产债权申报，无所谓的破产债权申报异议，因而更无所谓破产债权确认诉讼。正是因为存在破产程序，出现了破产债权申报，且相关当事人对申报的破产债权种类、数额、效力等持有不同看法，出现了异议，才会产生破产债权申报异议之诉。

2. 破产派生诉讼基于特别法的规定而发生。虽然破产派生诉讼作为民事诉讼中的一种，要遵守民事诉讼法关于诉讼的基本规定，例如，派生诉讼要具备基本的诉讼要件。但从更加精准角度看，破产派生诉讼是基于企业破产法这种特别法而非民事诉讼法这类一般法而产生。这是因为对破产派生诉讼进行裁判，在程序法层面是，依据企业破产法而非民事诉讼法这样的程序法上的一般法。例如，《最高人民法院关于〈中华人民共和国企业破产法〉施行时尚未审结的企业破产案件适用法律若干问题的规定》（法释〔2007〕10 号）第九条第二款的规定，破产程序中债权人就争议债权起诉债务人要求破产企业直接偿付的，应当变更其诉讼请求为确认债权。依照民事诉讼法的规定，法院无权变更当事人的诉讼请求从而变更诉讼类型。而破产法之所以作出不同于此的规定，让法院变更当事人的诉讼请求继而变更诉讼类型，是基于作为强制清偿程序的破产程序的优先性定位规定的。此种情形下，即便债权人胜诉，其也无法从债务人处单独获得给付，而只能将确认后的债权纳入破产债权，经过破产程序与其他债权一起获得给付。同时，还因为，对破产派生诉讼进行裁判，在实体法层面，也是依据企业破产法而非其他民事实体法这样的实体法上的一般法。例如，破产派生诉讼法中抵销权成立与否与合同法规定下的抵销条件具有明显不同，企业破产法中的抵销具有特别苛刻的特殊条件。再例如，破产派生诉讼法中，职工债权基于职工与企业间的劳动法律关系，但又不以劳动仲裁为前置条件。

3. 破产派生诉讼的目的在于确定债权并请求给付。一般而言，确认之诉仅仅能发挥确认之功效，确认之诉没有任何给付功能。但是破产派生诉讼中，确认之诉却具备确认和给付两重功能。例如，破产程序中的破产债权确认诉讼中，当事人提起的确认之诉，要求对申报的债权数额、种类、效力等进行明确，但同时，被确认后的申报债权作为破产债权，又可以通过破产清偿程序获得给付。所以在破产债权确认诉讼中，当事人的诉讼目的在于确认债权并获得给付。

4. 派生诉讼判决的拘束力适用对象较一般民事诉讼判决广泛。通常情况下，普通民事诉讼判决的拘束力仅对判决的双方当事人才具有拘束力。而破产派生诉讼之判决拘束力及于破产程序中的债务人、全体债权人（包括未申报债权的债权人）、破产企业的股东、董事和高级管理人员。例如，对于破产债权确认诉讼中关于债权数额、种类、效力等作出的判决，除了约束提起诉讼的原告与作为债务人的破产企业，其他的诸如原告或者被告的股东、董事、管理人员、破产企业的其他债权人等也要受此判决约束，不得再行提起关于该债权数额、种类、效力等方面的异议之诉。

（三）破产派生诉讼的正当性基础

法律之所以设定破产派生诉讼制度，派生诉讼之所以产生，是基于破产派生诉讼内在的合理性。一般而言，破产案件审理中破产派生诉讼的正当性基础包括以下三个方面：

1. 当事人诉讼权利平等原则。当事人诉讼权利平等原则是我国民事诉讼法规定的基本原则之一。民事诉讼法第八条规定："民事诉讼当事人有平等的诉讼权利。人民法院审理民事案件，应当保障和便利当事人行使诉讼权利，对当事人在适用法律上一律平等。"当事人诉讼权利平等原则的基本含义是指当事人享有平等的诉讼权利。"当事人诉讼权利平等原则，是指在民事诉讼中，当事人平等地享有和行使诉讼权利。它是我国民事诉讼法的基本原则之一。"[①] 民事诉讼法本质上是建立在双方平等对抗基础上的、由中立第三方运用国家赋予的审判权就争议予以裁判的规则与制度，其中一个重要的方面就是不同当事人的诉权平等与对等。而在破产案件审理中，破产案件的特殊性使得作为当事人之一的债权人的诉权受到破产案件审理的极大压制。依照企业破产法的规定，破产程序启动后，债权人与债务人的一切其他诉讼必须终止，被破产程序吸收。这种规定，在破产程序角度而言自有其合理性。但这种规定客观上限制、取消作为当事人的债权人的诉权，却是不争的事实。因此，破产程序本身，客观上对作为当事人的债权人的诉讼权利平等原则构成一种妨害。而让诸如债权人这样的当事人在

① 江伟．民事诉讼法［M］．北京：高等教育出版社，2016：28.

破产程序之外发起派生诉讼，客观上是对其诉权遭受限制的一种补偿，也是对诉讼法上当事人诉讼权利平等原则的一种回归。

2. 企业破产法上的程序参与原则。企业破产法具有程序法的属性，因而企业破产法适用程序法上的程序参与原则。程序参与原则的含义是指无论实体结论如何，程序法应该首先满足当事人程序参与要求，让当事人通过参与程序至少获得程序意义上的公正。如前文所述，企业破产法作为一种特殊的债权清偿程序，对债权人的程序参与权利作了极大限制，使得债权人丧失了原本应该享有的其他许多参与诉讼的权利，而只能通过参与破产程序来满足自己的程序参与权。破产派生诉讼，恰恰在破产程序之外，给了债权人另外一种程序参与的机会，能够让债权人更好地行使自身的程序参与权。同时，破产派生诉讼的主体又远远超越了债权人，延伸到了破产债务人、破产债务人的股东与职工、破产债权人的股东与职工等众多主体，在更大范围内保障了更多主体的程序参与权。

3. 诉权对审判权的制约。在传统的清算主义破产理念中，破产程序基本等同于债权的强制清偿程序。即便在当下拯救主义的破产理念中，破产程序虽然包含破产重整、破产和解等制度，但破产清算仍然在破产程序中占据重要地位，依然可以看到破产程序中债权强制清偿程序的明显痕迹。因此，与一般诉讼程序不同，破产程序中，审判权与诉权相比展现出明显的强势，破产程序中诉权对审判权的制约要比一般诉讼程序中弱化得多。破产派生诉讼的制度设计，恰恰弥补了这种缺陷与不足。破产派生诉讼和其他诉讼一样，体现了诉权对审判权的制约。让破产派生诉讼在破产程序之外与破产程序共生，正是发挥诉权对审判权制约的需要，是将破产程序中审判权相对于诉权过于强势纠偏为正常的诉权制约审判权、审判权与诉权构成良性互动的需要。

（四）破产派生诉讼中的若干程序问题

鉴于破产派生诉讼的宽泛内涵及企业破产法缺乏对破产派生诉讼的具体规定，司法实践中以下一些具体破产派生诉讼的程序方面，都存在不确定性：

1. 破产派生诉讼的管辖

企业破产法第二十一条规定：“人民法院受理破产申请后，有关债务人的民事诉讼，只能向受理破产申请的人民法院提起。”该条明确了破产派生诉讼管辖的基本原则，即破产派生诉讼由受理破产申请的人民法院管辖。依照企业破产法第二十一条的规定，破产派生诉讼只能向受理破产申请的人民法院提起，由受理破产申请的人民法院集中管辖。即使诉讼标的不属于受理破产申请的人民法院管辖，该法院也具有专属管辖权，而不受级别管辖规定的限制。因此，学术界通常认为，破产派生诉讼管辖具有专有管辖的性质①。即便如此，在破产案件审理的司法实践中，对破产派生诉讼的管辖仍然存在一些不明确的问题，有必要予以探讨。

第一，不能将破产派生诉讼管辖作为专属管辖绝对化。对于破产受理前已经立案而破产程序开始后尚未审结的案件，不作为破产派生诉讼适用企业破产法第二十一条规定的专属关系，而是依照企业破产法第二十条的规定先中止审理，等管理人接管破产债务人财产后，再继续审理。企业破产法第二十条规定："人民法院受理破产申请后，已经开始而尚未终结的有关债务人的民事诉讼或者仲裁应当中止；在管理人接管债务人的财产后，该诉讼或者仲裁继续进行。"另外，《最高人民法院关于适用〈中华人民共和国企业破产法〉若干问题的规定（二）》（法释〔2013〕22号）第二十一条第一款规定："破产申请受理前，债权人就债务人财产提起下列诉讼，破产申请受理时案件尚未审结的，人民法院应当中止审理：（一）主张次债务人代替债务人直接向其偿还债务的；（二）主张债务人的出资人、发起人和负有监督股东履行出资义务的董事、高级管理人员，或者协助抽逃出资的其他股东、董事、高级管理人员、实际控制人等直接向其承担出资不实或者抽逃出资责任的；（三）以债务人的股东与债务人法人人格严重混同为由，主张债务人的股东直接向其偿还债务人对其所负债务的；（四）其他就债务人财产提起的个别清偿诉讼。"同样明确了对此类案件的中止审理要求。同时，需要注意的是，此类案件即便依照企业破产法第二十条的规定由原来立案审理的法院继续审理，但继续审理时应该参照《最高人民法院关于〈中华人民共和国企业破产法〉施行时尚未审结的企业破产案件适用法律若干问题的规定》（法释〔2007〕10号）第九条第二款和《最高人民法院关于适用〈中华人民共和国企业破产法〉若干问题的规定（二）》（法释〔2013〕22号）第二十一条第二款的规定，法院应该让原告变更诉讼请求为确认之诉。即是说，此类案件虽然由原来立案审理的法院继续审理，但法院最终不能就案件作出给付判决，而只能在原告变更诉讼请求的基础上，作出确认该债权有效或者无效的确认判决。如果法院确认该债权有效，则该债权将作为经司法裁判确认的判决，纳入后续的破产程序中的破产债权，以破产程序获得清偿。由此可以得出，不能将破产派生诉讼管辖作为专属管辖绝对化。

① 刘子平．破产债权确认诉讼制度研究［J］．法律适用，2007（10）．

第二，处理好破产派生诉讼案件专属管辖与专门管辖的关系。依照我国民事诉讼法中的管辖制度，我国还存在军事法院、海事法院、知识产权法院等专门法院的专门管辖制度。如果对破产债务人提起的相关案件属于专门法院管辖，是否还是依照企业破产法第二十一条的规定，作为破产派生诉讼案件由受理破产申请的法院管辖，不无疑问。从企业破产法和相关司法解释看，其并没有将专门管辖从企业破产法第二十一条规定的破产派生诉讼案件集中管辖中剔除，因此，学术界一般主张，按照新法优于旧法、特别法优于一般法的原则，对此类案件，仍然依照企业破产法第二十一条的规定，作为破产派生诉讼案件，由受理破产申请的人民法院管辖①。

第三，处理好破产派生诉讼案件的管辖权转移问题。对于破产派生诉讼案件，尤其是其中的劳动债权案件，因为通常符合争议标的额不大、案件事实清楚等简单民事案件的标准，如果作为破产派生诉讼一、二审分别由中级人民法院和高级人民法院审理，显然失当。因此，长期以来，学术界主张对此类案件，可以依照民事诉讼法规定的管辖权转移制度，将此类案件转移至审理破产案件法院的下级法院审理②。2015 年《最高人民法院关于适用〈中华人民共和国民事诉讼法〉的解释》（法释〔2015〕5 号）出台后，对此从立法上予以了明确。其中第四十二条第一款第一项规定："下列第一审民事案件，人民法院依照民事诉讼法第三十八条第一款规定，可以在开庭前交下级人民法院审理：（一）破产程序中有关债务人的诉讼案件……"但是需要注意的是，并非所有破产派生诉讼案件都可以通过民事诉讼法上的管辖权转移交由受理破产案件的下级法院审理。管辖权转移制度中，上级法院将本应该由自己审理的案件交由下级法院审理，应该满足"确有必要"这一条件。因此，诸如劳动债权案件等简单的破产派生诉讼案件，满足"确有必要"的条件，可以由受理破产申请的法院的下级法院管辖。对那些直接关系到破产程序甚至本身就构成破产程序中重要内容的破产派生诉讼案件，如依照企业破产法第四章提起的涉及债务人财产的案件、涉及共益债务的案件，就不应该通过管辖权转移制度交由受理破产申请的法院的下级法院审理。"需要明确的是，受理破产申请的中级人民法院不能将根据企业破产法第四章（债务人财产）及共益债务提起的民事诉讼交由

---

① 人民法院出版社法规编辑中心．企业破产法司法解释及司法观点全编［M］．北京：人民法院出版社，2019：354.

② 刘敏．企业派生诉讼案件审理中有关问题的研究［J］．民商事审判指导，2009（1）.

下级人民法院管辖。"[①]

第四，处理好破产派生诉讼案件集中管辖与集中审理的关系。依照企业破产法第二十一条的规定，对破产派生诉讼案件，交由受理破产申请的人民法院集中管辖，是按照案件性质、类型将这些案件在受理破产申请的法院内部各业务庭分散审理，还是统一集中于审理破产案件的破产法庭审理，在司法实践中也存在争议。一般认为，从加强我国破产案件审理的专业化角度出发，同时考虑到破产派生诉讼之于破产程序的影响力，应该将破产派生诉讼案件集中于破产法庭审理。

2. 破产派生诉讼的当事人。应该说，破产派生诉讼中，一般情况下，直接基于诉讼中的利害关系人的身份基本就能确定破产派生诉讼中当事人。但是，长期以来，司法实践中至少还是存在以下两个破产派生诉讼中当事人方面的问题。

第一个问题是在依照公司法提起的股东派生诉讼的破产派生诉讼中（此种情形下既是公司法下的股东派生诉讼，又是企业破产法下的破产派生诉讼），破产企业的当事人身份问题。例如，破产进程中破产企业的股东依照公司法第一百五十一条的规定对公司的董事、监事等高级管理人员消极放弃破产企业债权致使破产企业利益受损而提起的这种既是公司法下的股东派生诉讼又是企业破产法下的破产派生诉讼的诉讼中，破产企业是列为共同原告、共同被告还是第三人，或者干脆不作为当事人列出？如前文所述，这一问题随着2017年《最高人民法院关于适用〈中华人民共和国公司法〉若干问题的规定（四）》（法释〔2017〕16号）的出台而得以解决。《最高人民法院关于适用〈中华人民共和国公司法〉若干问题的规定（四）》（法释〔2017〕16号）第二十条、第二十五条对此种情形下有限责任公司、股份有限公司的当事人身份依据具体情形进行了明确。

第二个问题也是一直以来困扰企业破产法理论界并让破产实务中各地无所适从的管理人在破产派生诉讼中能不能作为被告的问题。学术界对这一问题的争论可谓旷日持久。既有主张管理人可以作为破产派生诉讼的被告的肯定说，也有从管理人属性出发主张管理人不能作为破产派生诉讼当事人而只能是当事人的代理人的否定说[②]。2019年《最高人民法院关于适用〈中华人民共和国企业破产法〉若干问题的规定（三）》（法释〔2019〕3号）的出台，一定程度上排除了破产派生诉讼中管理人列为被告的可能性，

① 雷震，帅晓东．破产派生诉讼若干法律问题探讨［J］．人民司法，2010（17）．

② 雷震，帅晓东．破产派生诉讼若干法律问题探讨［J］．人民司法，2010（17）．

对这一争论画上了句号。《最高人民法院关于适用〈中华人民共和国企业破产法〉若干问题的规定（三）》（法释〔2019〕3号）第九条第一款规定："债务人对债权表记载的债权有异议向人民法院提起诉讼的，应将被异议债权人列为被告；债权人对债权表记载的他人债权有异议的，应将被异议债权人列为被告；债权人对债权表记载的本人债权有异议的，应将债务人列为被告。"从该条的规定看，其基本逻辑是按照利害关系中的利害关系人身份来确定破产派生诉讼中当事人身份，排除了此类破产派生诉讼中管理人作为被告的可能性。但是，需要说明的一点是，不能基于该条的规定完全排除管理人在破产派生诉讼中作为被告的可能性。这是因为，2008年发布、2014年修正的《最高人民法院关于适用〈中华人民共和国公司法〉若干问题的规定（二）》（法释〔2008〕6号）第二十三条第一款规定："清算组成员从事清算事务时，违反法律、行政法规或者公司章程给公司或者债权人造成损失，公司或者债权人主张其承担赔偿责任的，人民法院应依法予以支持。"明确了清算组的法律责任。该条第二款规定："有限责任公司的股东、股份有限公司连续一百八十日以上单独或者合计持有公司百分之一以上股份的股东，依据公司法第一百五十一条第三款的规定，以清算组成员有前款所述行为为由向人民法院提起诉讼的，人民法院应予受理。"在第一款的基础上明确规定了清算组可以作为此类破产派生诉讼的被告。依照破产法关于管理人可以由清算组担任的规定，那么在清算组担任管理人的情况下，其实就是管理人成为此类破产派生诉讼的被告。

3. *破产派生诉讼的诉讼费*

破产派生诉讼的类型有多种，其中包括基于股东身份提起的破产派生诉讼。在公司法上的股东派生诉讼方面，学理上一直认为应该对股东进行一定的诉讼费减免与宽限，减少股东派生诉讼中原告的诉讼费负担。"在费用方面，我们同样可以借鉴国外经验，尽量减少诉讼费用对于起诉方的影响……可以考虑规定一个费用区间，让法院行使一定的裁量权，根据案件的具体情况，比如原告股东的经济状况和持股比例、诉讼利益的大小和案件的复杂程度等最终确定一个适当的案件受理费数额。"① 这是因为，股东派生诉讼中股东是在直接维护公司利益而间接维护自己利益。《最高人民法院关于适用〈中华人民共和国公司法〉若干问题的规定（四）》（法释〔2017〕16号）采纳了这一观点，其第二十六条规定："股东依据公司法第一百五十一条第二款、第三款规定直接提起诉讼的案件，其诉讼请求部分

① 黄辉．中国股东派生诉讼制度：实证研究及完善建议［J］．人大法律评论，2014（1）．

或者全部得到人民法院支持的，公司应当承担股东因参加诉讼支付的合理费用。”因此，在以股东派生诉讼面目出现的破产派生诉讼中，诉讼费用问题获得了一定程度的解决。

对不是股东派生诉讼的其他破产派生诉讼而言，诉讼费用的负担仍然是一个问题。鉴于多数破产派生诉讼属于确认之诉，而按照《诉讼费用交纳办法》，很可能按照财产类案件依据诉讼标的数额的比例征收，显然不当，让法院有乱收费占便宜的嫌疑，更加重了破产派生诉讼中原告的诉讼费负担。因此学术界有一种观点认为应该对此类破产派生诉讼案件按照非财产案件按件征收。据称，最高院正在与国务院协调就破产派生诉讼案件制定专门的诉讼费收费办法①。

4. 破产派生诉讼的诉讼时效

原则上破产派生诉讼的诉讼时效适用诉讼时效的一般规定。但这里有两点需要说明：

第一，破产债务人职工对劳动债权提起破产派生诉讼的诉讼时效。依照企业破产法第四十八条的规定，破产债务人职工的劳动债权无需申报。管理人应当在第一次债权人会议召开前十五日内完成调查并列出详情清单，在破产企业公告栏或者其他显著地方进行公示，或者向职工送达。职工对清单记载有异议的（包括对是否具有职工身份、债权数额、债权性质等有异议），应当在管理人作出职工债权清单公示后十五日内申请管理人更正，并提出要求更正的具体请求和理由。管理人不予更正的，应当作出不予更正决定，并说明理由。异议职工不服该决定的，无需申请劳动争议仲裁，可在收到该决定之日起十五日内以破产企业为被告直接向受理破产申请的法院提起诉讼，请求确认债权。逾期不提起诉讼的，视为同意。

第二，破产派生诉讼的诉讼时效中断及补救。《最高人民法院关于适用〈中华人民共和国企业破产法〉若干问题的规定（二）》（法释〔2013〕22号）第十九条第一款规定：“债务人对外享有债权的诉讼时效，自人民法院受理破产申请之日起中断。”明确了破产派生诉讼诉讼时效中断制度。这主要是考虑到破产程序开始后，管理人接管破产债务人，需要花费相当长一段时间，接管、清点债务人财产、接受、了解债务人账册、文书资料，从而彻底摸清债务人生产经营的基本状况。通过规定破产派生诉讼的诉讼时效中断制度，便于管理人更好地行使破产管理职能。《最高人民法院关于适

① 人民法院出版社法规编辑中心编．企业破产法司法解释及司法观点全编［M］．北京：人民法院出版社，2019：353.

用〈中华人民共和国企业破产法〉若干问题的规定（二）》（法释〔2013〕22 号）第十九条第二款规定："债务人无正当理由未对其到期债权及时行使权利，导致其对外债权在破产申请受理前一年内超过诉讼时效期间的，人民法院受理破产申请之日起重新计算上述债权的诉讼时效期间。"明确了破产派生诉讼时效的重新计算制度，为符合条件的破产派生诉讼案件提供了诉讼时效的补救措施。

（五）破产派生诉讼中管理人应该注意的问题

客观上而言，破产派生诉讼制度的存在，使得破产程序增加了复杂性与不确定性，很大程度上给管理人行使管理职能增加了变数与波折。但是，也应该看到，破产派生诉讼也有其有利于管理人行使管理职能的作用的一面。管理人也可以通过破产撤销权诉讼、追索财产诉讼等破产派生诉讼，来增加破产财产，为更好地行使管理职能提供物质基础。可以说，破产派生诉讼之于管理人的影响具有两面性，即既有不利的一面，也有有利的一面。破产派生诉讼制度既可能使得破产程序徒增额外程序而增加程序的复杂性和破产进程的不确定性，但破产派生诉讼制度作为广义破产程序制度的有机组成部分，本身既是破产程序发展的需要，同时也可以为管理人在破产进程中更好地履行管理职能提供制度支撑。因此，破产进程中，针对破产派生诉讼制度的现实，管理人应该从两个方面进行必要应对：第一，尽可能克服破产派生诉讼不利于管理人履职的一面；第二，尽可能充分利用破产派生诉讼达成管理人履职的目标。

1. 管理人应该尽可能克服破产派生诉讼不利于管理人履职的一面。首先，管理人应该尽可能避免成为破产派生诉讼的被告。应该说，在这方面，破产派生诉讼制度的发展对管理人较为有利。在 2019 年《最高人民法院关于适用〈中华人民共和国企业破产法〉若干问题的规定（三）》（法释〔2019〕3 号）出台前，司法实践中，管理人极容易因为破产派生诉讼而被迫出任被告。《最高人民法院关于适用〈中华人民共和国企业破产法〉若干问题的规定（三）》第九条关于破产债权确认诉讼中当事人确定的规定，让管理人不会再以被告身份出现在破产债权确认诉讼中。如果考虑到司法实践中破产债权确认诉讼在破产派生诉讼中占据较大比例的现实，那么该规定实质上大幅度减少了管理人作为破产派生诉讼被告的风险。但是，这并不意味着其他类型的破产派生诉讼中管理人不会被列为被告。管理人应该通过合法、谨慎、勤勉的履职，避免履职中的故意或者过失违法，尽可能减少作为破产派生诉讼被告的可能性。

其次，管理人在履行管理职责时应该自觉规避风险。例如，在破产债权确认诉讼中，管理人如果认为破产债务人原先不予承认的破产债权应该予以承认，一定要先征询债权人会议的意见，寻求债权人会议的批准后，再据此在诉讼中与对方达成调解，或者修改债权表，将相关债权列入破产债权后，让对方撤诉。无论如何，在这样行动之前，先获得债权人会议的批准。这样可以让管理人规避不必要的风险。再例如，对破产劳动债权，依照企业破产法第四十八条的规定，破产债务人职工的劳动债权无需申报。管理人应当在第一次债权人会议召开前十五日内完成调查并列出详情清单，在破产企业公告栏或者其他显著地方进行公示，或者向职工送达。职工提起劳动债权诉讼应当以向管理人提出更正要求为前置条件，未向管理人提出更正要求的，应当先交由管理人审查处理，人民法院不能直接受理。因此，管理人应该充分利用好这些规定，做好破产劳动债权确认工作。破产劳动债权最棘手的问题是具体标准的掌握。如职工的身份（正式、聘任、临时）、工作年限、职务或技术等级的认定，职工的各项工资、津贴、补贴的数额，如档案工资、加班工资、独生子女费、烤火费如何发放等。管理人如果对上述这些问题拿不准，一律报当地政府劳动和社会保障部门解决。之所以管理人应该这样操作，一方面，是因为上述劳动债权等问题，本身属于劳动和社会保障部门的职责；另一方面，能够最大限度地减少相关风险。

2. 管理人应该尽可能地充分利用破产派生诉讼达成管理人履职的目标。各种不同的破产派生诉讼中，有一些破产派生诉讼本身就是为管理人设计的，管理人可以通过提起此类破产派生诉讼来更好地履行管理职能。例如，管理人可以通过发起破产撤销权诉讼增加破产财产、为自己更好地行使管理职能提供物质保障。针对破产债务人无偿转让财产的、以明显不合理的价格进行交易的、对没有财产担保的债务提供财产担保的、对未到期的债务提前清偿的放弃债权的、对个别债权人进行清偿的违法行为，管理人可以通过提起破产撤销权诉讼，撤销破产债务人的相关清偿行为，从而追回破产财产。再例如，管理人还可以通过追索财产诉讼，对于占有破产债务人财产或破产债务人应享有债权行使追偿权利，要求破产债务人的债务人或者财产持有人向管理人清偿债务或者交付财产、尚未完全履行出资义务的破产债务人的出资人继续履行出资义务、利用职权从破产企业获取的非正常收入和侵占破产企业财产的破产债务人的董事、监事和高级管理人员返还有关财产等，从而增加破产财产。

二、法律渊源和规范性文件

（一）《中华人民共和国企业破产法》

“第二十条　人民法院受理破产申请后，已经开始而尚未终结的有关债务人的民事诉讼或者仲裁应当中止；在管理人接管债务人的财产后，该诉讼或者仲裁继续进行。

第二十一条　人民法院受理破产申请后，有关债务人的民事诉讼，只能向受理破产申请的人民法院提起。”

（二）《最高人民法院关于适用〈中华人民共和国民事诉讼法〉的解释》（法释〔2015〕5号）

“第四十二条　下列第一审民事案件，人民法院依照民事诉讼法第三十八条第一款规定，可以在开庭前交下级人民法院审理：

（一）破产程序中有关债务人的诉讼案件；

（二）当事人人数众多且不方便诉讼的案件；

（三）最高人民法院确定的其他类型案件。

人民法院交下级人民法院审理前，应当报请其上级人民法院批准。上级人民法院批准后，人民法院应当裁定将案件交下级人民法院审理。”

（三）《最高人民法院关于适用〈中华人民共和国企业破产法〉若干问题的规定（二）》（法释〔2013〕22号）

“第十九条　债务人对外享有债权的诉讼时效，自人民法院受理破产申请之日起中断。

债务人无正当理由未对其到期债权及时行使权利，导致其对外债权在破产申请受理前一年内超过诉讼时效期间的，人民法院受理破产申请之日起重新计算上述债权的诉讼时效期间。”

“第二十一条　破产申请受理前，债权人就债务人财产提起下列诉讼，破产申请受理时案件尚未审结的，人民法院应当中止审理：

（一）主张次债务人代替债务人直接向其偿还债务的；

（二）主张债务人的出资人、发起人和负有监督股东履行出资义务的董事、高级管理人员，或者协助抽逃出资的其他股东、董事、高级管理人员、实际控制人等直接向其承担出资不实或者抽逃出资责任的；

（三）以债务人的股东与债务人法人人格严重混同为由，主张债务人的股东直接向其偿还债务人对其所负债务的；

（四）其他就债务人财产提起的个别清偿诉讼。

债务人破产宣告后，人民法院应当依照企业破产法第四十四条的规定判决驳回债权人的诉讼请求。但是，债权人一审中变更其诉讼请求为追收的相关财产归入债务人财产的除外。

债务人破产宣告前，人民法院依据企业破产法第十二条或者第一百零八条的规定裁定驳回破产申请或者终结破产程序的，上述中止审理的案件应当依法恢复审理。”

（四）《最高人民法院关于适用〈中华人民共和国企业破产法〉若干问题的规定（三）》（法释〔2019〕3号）

“第九条　债务人对债权表记载的债权有异议向人民法院提起诉讼的，应将被异议债权人列为被告；债权人对债权表记载的他人债权有异议的，应将被异议债权人列为被告；债权人对债权表记载的本人债权有异议的，应将债务人列为被告。

对同一笔债权存在多个异议人，其他异议人申请参加诉讼的，应当列为共同原告。”

（五）《最高人民法院关于〈中华人民共和国企业破产法〉施行时尚未审结的企业破产案件适用法律若干问题的规定》（法释〔2007〕10号）

“第九条　债权人对债权表记载债权有异议，向受理破产申请的人民法院提起诉讼的，人民法院应当依据企业破产法第二十一条和第五十八条的规定予以受理。但人民法院对异议债权已经作出裁决的除外。

债权人就争议债权起诉债务人，要求其承担偿还责任的，人民法院应当告知该债权人变更其诉讼请求为确认债权。”

三、难点剖析

破产管理人在破产派生诉讼案件中的诉讼地位。在破产派生诉讼中，当事人究竟应列债务人还是破产管理人是司法实践中争议较大的问题。有观点认为，应列债务人为当事人，破产管理人只能作为债务人的法定代表人或者委托代理人参加诉讼；还有观点认为，应将破产管理人列为当事人[①]。我们认为，对破产管理人在派生诉讼案件中的地位，应当根据案件诉讼请求的不同而区别对待。人民法院受理破产申请后，有关债务人的民事诉讼，包括破产申请受理时已经开始而尚未终结的有关债务人的民事诉讼，均以债务人名义作为诉讼主体参加诉讼，破产管理人作为债务人的法定代表人或者委托代理人参加诉讼，但涉及企业破产法第四章规定的债务人财产及共益债务的诉讼则应列破产管理人为当事人。这一方面符合管理人在破产程序中的地位，也与企业破产法对其职责的规定相一致。

---

① 雷震，帅晓东．破产派生诉讼若干法律问题探讨［J］．人民司法·应用，2010（17）．

四、典型案例

上海汽车工业销售有限公司、济宁安吉方圆汽车销售服务有限公司普通破产债权确认纠纷案①

（一）案情简介

济宁安吉公司成立于2013年8月13日。2015年8月，上海汽车公司通过受让股权，成为济宁安吉公司的股东，占股51%。根据济宁安吉公司章程，公司董事和监事为公司服务不收取报酬，公司总经理由上海汽车公司提名并由董事会聘任，本案诉讼阶段，登记的总经理为上海汽车公司委派的夏某某。2018年10月15日，一审法院根据济宁市方圆经贸有限责任公司的申请，受理了济宁安吉公司破产案件，并指定山东民桥律师事务所担任该公司管理人。管理人对上海汽车公司申报的债权进行了部分认定，对于上海汽车公司申报的委派员工人工成本1 447 444.46元，代付临时安保费46 500元未予认定。上海汽车公司向一审法院起诉请求：确认上海汽车公司因代济宁安吉公司支付人工成本而对济宁安吉公司享有1 447 444.46元债权，以及因代济宁安吉公司支付临时保安费而对济宁安吉公司享有46 500元债权，确认上海汽车公司对济宁安吉公司享有的债权总额为11 853 089.5元。

一审法院认为，上海汽车公司委派夏某某为济宁安吉公司的总经理，夏某某未与济宁安吉公司签订劳动合同，亦未开立社会保险账户。上海汽车公司提交的夏某某借记卡账户历史明细清单，不能证明济宁安吉公司与夏某某之间的资金关系，且据上海汽车公司提交的证据，夏某某的工资标准、半年奖、企业年金、年终奖等，均系根据上海汽车公司的工资和奖励制度发放，济宁安吉公司没有对应的工资和奖励制度。上海汽车公司与济宁安吉公司之间也没有就夏某某的人工费用有明确约定。在济宁安吉公司的董事长、总经理及财务经理均为上海汽车公司委派的情况下，如果上述费用应由济宁安吉公司承担，根据一般财务规则，济宁安吉公司账目应有记载，且上海汽车公司委派人员也有便利、有义务让济宁安吉公司记载，但济宁安吉公司账目并未记载。故上海汽车公司要求济宁安吉公司承担其向夏某某支付的费用，确认该费用为对济宁安吉公司的破产债权无事实依据。一审法院对上海汽车公司此项请求，不予支持。关于上海汽车公司主张的保安费用问题。上海汽车公司主张2018年7月6日，济宁安吉公司总经理夏某某遭到济宁安吉公司小股东方刘某某殴打，为维护济宁安吉公司正常的经营秩序及总经理等人员的人身安全，济宁安吉公司聘请上海泰阁保安服务有限公司提供临时保安服务，借支46 500元临时保安服务费应认定为破产债权。一审法院认为，上海汽车公司提交的临时保安服务合同，是

① 本案例来自中国裁判文书网，山东省高级人民法院民事判决书（2020）鲁民终1639号。相关链接：https：//wenshu. court. gov. cn/website/wenshu/181107ANFZ0BXSK4/index. html? docId = 25ded8f55548412780bfac0701894926。访问日期：2020年9月5日。

人身安全的贴身服务，没有维护企业经营的内容，在合同中，没有明确贴身护卫对象，且上海汽车公司未提供证据证明危险的现实存在和贴身护卫的必要性，亦无证据证明保安公司实际提供了保安服务，故对上海汽车公司的此项请求，亦不予支持。依照《中华人民共和国民事诉讼法》第三十九条第一款、第一百三十三条的规定，一审法院判决：驳回上海汽车公司要求确认垫付的委派人员费用及临时保安费用为对济宁安吉公司破产债权的诉讼请求。案件受理费 18 246 元，由上海汽车公司承担。

上海汽车公司不服一审裁判，上诉于山东省高级人民法院，要求依法撤销一审判决发回重审，或者依法改判确认上海汽车公司因垫付委派人员费用及临时保安费用对济宁安吉公司享有 1 493 944. 46 元破产债权。其主张的事实和理由为：（一）上海汽车公司委派总经理及财务经理为济宁安吉公司服务，其人工成本理应由济宁安吉公司承担，一审法院以两者不是济宁安吉公司员工和账册未记载为由认为上海汽车公司垫付的该笔费用不属于破产债权系认定事实错误。虽然济宁安吉公司总经理和财务经理未与济宁安吉公司签署劳动合同，但上海汽车公司作为济宁安吉公司控股股东，向其委派总经理及财务经理开展日常管理工作，并进行人员盘点、组织架构整合、制度流程梳理、绩效梳理、薪资梳理等工作，为济宁安吉公司提供服务，上海汽车公司垫付的工资薪酬也与该人员在济宁安吉公司处完成的经营业绩指标相挂钩，该管理人员的人工成本理应由济宁安吉公司承担。济宁安吉公司财务人员未记录这些费用，不代表这些费用不是济宁安吉公司应当支付、偿还给上海汽车公司的费用。（二）济宁安吉公司系《临时保安服务合同》付款义务人，上海汽车公司代为垫付临时保安服务费后，对济宁安吉公司享有债权，一审法院无视该情况而以该项安保服务没有维护企业经营为由认定上海汽车公司垫付的该笔费用不属于破产债权系认定事实错误，适用法律错误。为维护济宁安吉公司正常的经营秩序及总经理等人员的人身安全，济宁安吉公司聘请上海泰阁保安服务有限公司提供临时保安服务，双方签署了《临时保安服务合同》，但因济宁安吉公司账户被封无法付款，经济宁安吉公司申请后，才由上海汽车公司代济宁安吉公司向上海泰阁保安服务有限公司支付了 46 500 元的临时保安服务费。济宁安吉公司作为《临时保安服务合同》的当事人，根据合同约定应当承担支付保安费用的义务，上海泰阁保安服务有限公司对济宁安吉公司享有该笔保安费用的债权。根据法律规定，在上海汽车公司代为付款后，上海汽车公司取代上海泰阁保安服务有限公司成为济宁安吉公司该笔保安费用的债权人，因此上海汽车公司垫付 46 500 元的临时保安服务费应当被确认为济宁安吉公司的破产债权。

被上诉人济宁安吉公司辩称：（一）上海汽车公司主张的委派人工成本 1 447 444. 46 元不应认定为债权。委派人员受上海汽车公司管理，系上海汽车公司员工，上海汽车公司所支出的人工成本与济宁安吉公司无关，济宁安吉公司不知情。上海汽车公司主张的委派人员系与上海汽车公司建立的劳动合同关系，受上海汽车公司规章制度的约束，听从上海汽车公司管理。该两名人员所领取的工资、半年奖、企业年金、年终奖等均系上海汽车公司根据其规章制度进行确定发放，未与济宁安吉公司之间有任何约定和合意。若该费用应由济宁安吉公司承担，济宁安吉公司账目中应有所记载。上海汽车公司委派的总经理和财务经理在济宁安吉公司处有便利、有义务让济宁安吉公司进行账目记载，而自2017年至济宁安吉公司破产期间，济宁安吉公司均未进行账目记载，上海汽车公司所主张的其委派的总经理夏某某、财务经理梁某的费用为济宁安吉公司破产债权无事实依据。（二）上海汽车公司主张的临时安保费46 500元不应认定为债权。上海汽车公司提交的《临时保安服务合同》未载明贴身护卫对象，无负责人签字，无签订日期落款，无法证明该合同内容的真实性，以及与本案的关联性。综上，上海汽车公司的上诉请求无事实及法律依据，请求二审法院依法驳回其上诉请求，维持原判。

二审法院对一审查明的事实予以确认。二审法院认为：本案二审的争议焦点是上海汽车公司委派到济宁安吉公司的人员工资及被委派人员的安保费用应否由济宁安吉公司负担。上海汽车公司委派到济宁安吉公司的人员，系与上海汽车公司建立劳动关系，受上海汽车公司的管理约束，系受上海汽车公司委托在济宁安吉公司从事一定的工作，与济宁安吉公司无关，故相应的工资应由上海汽车公司发放。济宁安吉公司与上海汽车公司亦未就支付被委派人员的工资达成过合意，上海汽车公司上诉要求济宁安吉公司承担被委派人员的人工成本费用于法无据。同理，即使被委派人员的安保费用真实，因被委派人员系受上海汽车公司委托在济宁安吉公司从事一定的工作，因工作发生的安保费用，亦应由委托方上海汽车公司负担，与济宁安吉公司无关，不能被确认为对济宁安吉公司享有的债权。综上所述，上海汽车公司的上诉请求不能成立，应予驳回；一审判决认定事实清楚，适用法律正确，应予维持。依照《中华人民共和国民事诉讼法》第一百七十条第一款第一项规定，判决如下：驳回上诉，维持原判。

（二）法律分析

本案涉及破产劳动债权的确认问题，属于劳动债权的破产派生诉讼。本案中，上海汽车公司作为破产债务人的控股股东，在向破产债务人派出高管进行公司治理过程中，产生了高管的工资及安保费用后，要求将这两笔费用申报为破产债权，但遭到管理人的否认。由此上海汽车公司将破产债务人告上法院，要求确认上述两笔费用为破产债权。依照企业破产法的有关规定，判断是否属于劳动债权，关键是看双方是否构成劳动关系。而本案中，上海汽车公司没有证据证明其派到破产债务人的高管与破产债务人建立了劳动关系。因此，本案中一审法院判决驳回了上海汽车公司的诉讼请求。二审法院也维持了一审法院的裁判。

第十六章 法律责任

就企业破产法中的法律责任属性而言，其囊括了民事责任、行政责任、刑事责任等不同类型的法律责任。就企业破产法法律责任的责任主体而言，其包括债务人、债权人、管理人乃至其他不特定参与了破产进程的第三方。学术界对企业破产法法律责任的界定因缺乏统一的标准而在一定程度上呈现出各行其是的状态。一些观点主张只要危害了破产进程，即使没有明确违反企业破产法，也属于破产责任的范畴，一定程度上造成了企业破产法法律责任的泛化。这一点在企业破产法刑事责任部分尤其明显。如有学者将国有公司、企业、事业单位人员失职罪、国有公司、企业、事业单位人员滥用职权罪等这类并非直接违反企业破产法而是直接违反公司法与刑法的行为列为破产法刑事法律责任的范畴①。笔者认为，构成破产法法律责任的行为，时间上发生在破产进程中，后果在程序上体现为破坏或者扰乱了破产程序与破产秩序、在实体上体现为损害了破产债权与破产财产，最主要的，在违反法律方面是直接违反了企业破产法规定的义务。只有同时符合上述三个层面的要求，才可以被视为是企业破产法法律责任。另外，对企业破产法法律责任的归类既可以从法律责任性质角度进行，也可以从法律责任主体角度进行。但考虑到我国企业破产法关于破产法法律责任的具体规定，无论是采用上述哪一种标准对破产法法律责任进行归类，都难以顾及企业破产法关于破产法法律责任具体规定的内容。故笔者认为，较为合适的办法，是基于企业破产法关于破产法法律责任的具体规定，兼顾上述两种标准，将破产法法律责任划分为债务人的相关人员的法律责任、管理人的法律责任、破产犯罪。上述三类法律责任中前两类是从法律责任主体角度进行的归类，而第三类则是从法律责任属性角度进行的归类。管理人法律责任涵盖民事责任、行政责任。学术界有观点主张，将管理人法律

① 徐根才．破产法实践指南［M］．北京：法律出版社，2016：238-239.

责任延伸到刑事责任范畴。

第一节 债务人相关人员的法律责任

显然可能危害破产进程的包括所有参与破产进程的各方，例如债权人、债务人、管理人及其他负有企业破产法义务的不特定的第三方。但我国企业破产法仅就债务人相关人员及管理人在破产进程中的违法行为规定了相应的法律责任。应该说这是一种立法上的缺失。“在破产犯罪主体上，我国大陆地区在企业破产法中新增了管理人制度，而在此方面的刑事立法完全还属于空白，因此很有必要拓宽破产犯罪的主体范围，将破产人、债权人、破产财产管理人及其他第三人，包括其他与破产案件有关系的人甚至是企业破产法没有规定任何特定义务和职责的人纳入到破产犯罪的主体范围内。”[①] 根据企业破产法第一百二十五条、第一百二十六条、第一百二十八条的规定，债务人相关人员的法律责任包括企业高管的法律责任、债务人的有关人员违反配合义务的法律责任、债务人的有关人员恶意逃债的法律责任。其既涉及民事责任，也涉及行政责任，而且这种行政责任中，还包括司法行政责任。

一、企业高管的法律责任

企业破产法第一百二十五条规定：“企业董事、监事或者高级管理人员违反忠实义务、勤勉义务，致使所在企业破产的，依法承担民事责任。有前款规定情形的人员，自破产程序终结之日起三年内不得担任任何企业的董事、监事、高级管理人员。”根据该条的规定，企业董事、监事或者高级管理人员需要承担的法律责任既包括民事责任也包括行政责任。

（一）违反忠实义务、勤勉义务的民事赔偿责任

1. 承担民事责任的条件。企业董事、监事或者高级管理人员承担民事责任需要符合三项条件，分别是：（1）执行企业职务时产生的责任。如果不是执行企业职务所产生的责任，则不属于企业破产法中所规定的责任。（2）违反法律、行政法规或者公司章程的规定产生的责任。这是一种由行为人的行为造成的责任。（3）要是致使所在企业发生破产的后果。企业的

---

① 林瑀．论我国大陆地区破产犯罪立法发展趋势——对比台湾地区破产犯罪立法研究［J］．长春工业大学学报（社会科学版），2012（2）．

破产是其违反忠实义务、勤勉义务所造成的严重后果①。

2. 违反忠实义务、勤勉义务的判断标准。公司法第一百四十七条规定："董事、监事、高级管理人员应当遵守法律、行政法规和公司章程，对公司负有忠实义务和勤勉义务。董事、监事、高级管理人员不得利用职权收受贿赂或者其他非法收入，不得侵占公司的财产。"关于忠实义务，公司法第一百四十八条第一款规定："董事、高级管理人员不得有下列行为：（一）挪用公司资金；（二）将公司资金以其个人名义或者以其他个人名义开立账户存储；（三）违反公司章程的规定，未经股东会、股东大会或者董事会同意，将公司资金借贷给他人或者以公司财产为他人提供担保；（四）违反公司章程的规定或者未经股东会、股东大会同意，与本公司订立合同或者进行交易；（五）未经股东会或者股东大会同意，利用职务便利为自己或者他人谋取属于公司的商业机会，自营或者为他人经营与所任职公司同类的业务；（六）接受他人与公司交易的佣金归为己有；（七）擅自披露公司秘密；（八）违反对公司忠实义务的其他行为。"因为实践中，法律无法穷尽企业董事、监事或者高级管理人员违反忠实义务的行为，立法者在列举七项具体行为后，在第八项设置了兜底性条款，作为概括性规定。此外，公司法第二十一条所规定的企业董事、监事或者高级管理人员进行关联交易的行为，也是被认定为违反忠实义务的行为。

关于企业董事、监事或者高级管理人员的勤勉义务，公司法仅在第一百四十七条作了原则性的规定，并未对勤勉义务的判断标准作出具体的规定。债务人企业的高管人员的勤勉义务，因其具有主观性的特性，对其的认定相对于忠实义务更加抽象，增加了司法实践中的难度。在实践中，凡董事、监事、高级管理人员没有遵守法律、行政法规和公司规章的规定，认真履行规定的各项职责，或者没有谨慎从事管理的，均属于违反勤勉义务和善良管理人注意义务之列。

3. 企业高管人员需承担的民事责任形式。企业董事、监事或者高级管理人员违反忠实、勤勉义务致使企业破产，债务人企业可以要求企业高管人员承担三种民事责任，分别是：（1）债务人企业行使归入权。归入权，是指公司可以要求董事、监事或者高级管理人员将违反忠实义务所得的一切收入和财产归于公司所有。公司法第一百四十八条第二款规定："董事、高级管理人员违反前款规定所得的收入应当归公司所有。"公司是企业的典型形态，其他企业的高级管理人员违反忠实义务，应当参照公司法的相关

---

① 徐根才．破产法实践指南［M］．2 版．北京：法律出版社，2018：254-255.

规定追究其责任，行使归入权。但是，当企业进入破产程序时，仅凭债务人企业已经很难追究其经营管理人员的责任，行使归入权。债务人企业的管理人在履行职务时发现债务人企业原有的高管人员存在违反忠实义务、勤勉义务的行为致使债务人企业破产的，应当直接行使归入权，将违反忠实义务的企业董事、监事或者高级管理人员的一切不法收入和财产归入债务人财产。因此，企业破产法第三十六条规定："债务人的董事、监事和高级管理人员利用职权从企业获取的非正常收入和侵占的企业财产，管理人应当追回。"管理人行使归入权的财产范围既包括公司法第一百四十八条第一款中所规定的财产范围，也包括公司法第二十一条所规定的财产范围。（2）返还财产。企业高管人员违反忠实义务，利用其职权挪用、转移、侵占企业财产的，应当返还给企业。企业高管人员违反忠实义务，利用职权侵占企业财产，该财产所有权仍归属于企业，必须无条件地返还。（3）赔偿损失。企业董事、监事和高级管理人员违反忠实义务、勤勉义务给企业造成损失的，应当承担民事损害赔偿责任。这里的民事损害赔偿责任分为两种：一是企业高管人员违反委任合同所约定的义务而产生的违约损害赔偿责任；二是企业高管人员在实际经营过程中存在故意或过失的行为侵害了企业的财产或利益而产生的侵权损害赔偿责任。

除了上述三种企业高管人员需承担的民事责任形式外，实践中还存在债务人企业高管人员是否需要对债务人承担连带赔偿责任的争议。在现行法律体制下，债务人高管人员只对债务人承担损害赔偿责任，不对债权人承担连带赔偿责任。当然，让经营者对企业债务承担连带赔偿责任，有利于加强保护债权人利益，故在修订相关法律时，此问题有进一步探讨的余地[①]。

4. 债务人高管人员承担赔偿责任的范围及追究原则。债务人违反忠实义务、勤勉义务而承担民事损害赔偿责任的范围，应区分为两种情况分别对待：第一种情况，企业高管人员因经营管理失误而造成企业损失破产的，其应当负的是经营不善的过失责任。法院应当根据"经营判断原则"对企业高管人员的行为进行认定。经营判断原则，是指企业经营者的经营判断，虽对企业带来损失，但该判断如果是在某种程度上可以确保其诚实性和合理性的一定条件下进行的，由法院审核该经营判断是否合理。法院应从经营者对企业经营具有通常能力和经营者的立场出发，具体事例具体认定其

① 最高人民法院民事审判庭第二庭. 企业改制、破产与重整案件审判指导（增订版）[M]. 法律出版社，2018：449.

经营判断是否在合理选择范围内，或判断是否为明显不合理[①]。对于此种情况，司法审判中即使认定管理人员存在经营判断上的重大失误，应当承担民事赔偿责任，也应当适当地进行限额赔偿。第二种情况，企业高管人员因故意违反法律和公司章程或者因重大过失造成企业损失、破产的，其应负民事侵权损害赔偿责任。此时，企业高管人员应当对企业所有损失承担损害赔偿责任，包括造成企业实际财产损失和可得利益损失，不以责任人的赔偿能力和从企业获得的收入为限，不存在适用赔偿责任限额的问题[②]。

追究债务人企业高管人员民事责任，在原则上应当遵循先私力追收救济，后司法诉讼程序的原则。管理人可参照最高人民法院破产案件若干规定第七十三条第一款的规定，向债务人高管人员先行发出清偿债务通知书或交付财产通知书，通知他们主动清偿债务或者返还、交付财产。如果债务人高管人员拒绝清偿债务或者返还、交付财产的，管理人应当依据有关证据向受理破产案件的人民法院提起民事诉讼，追收属于债务人的所得收入和财产，或者诉请责任人承担民事损害赔偿责任[③]。此外，当管理人怠于行使相关权利时，可以考虑由债权人发起代表人诉讼，追究企业高管人员的民事责任。企业高管人员的民事责任不因已其被追究刑事责任所免除。

（二）违反忠实义务、勤勉义务的行政责任

根据国内法学理论的通说，行政责任是因违反行政法律法规而应承担的法律责任，大体上可以分为行政处罚和行政处分两大类。行政处罚是对违反行政法律法规的责任主体所给予的惩罚性措施，行政处分是对行政机关工作人员违法失职行为的处罚。至于行政责任的种类，行政处罚大体包括拘留、罚款、吊销许可证和执照、责令停产停业、没收财产等；而行政处分大体包括警告、记过、记大过、降级、撤职和开除等[④]。

目前，债务人企业的董事、监事或者高级管理人员违反忠实义务、勤勉义务所需承担的行政责任为“行业禁入”。对此，企业破产法第一百二十五条第二款规定：“有前款规定情形的人员，自破产程序终结之日起三年内不得担任任何企业的董事、监事、高级管理人员。”企业的董事、监事或者高级管理人员违反忠实义务、勤勉义务，致使所在企业破产的，自破产程

---

① ［日］末永敏和．现代日本公司法［M］．金洪玉译，北京：人民法院出版社，2000：157.

② 最高人民法院民事审判庭第二庭．企业改制、破产与重整案件审判指导（增订版）［M］．北京：法律出版社，2018：445.

③ 最高人民法院民事审判庭第二庭．企业改制、破产与重整案件审判指导（增订版）［M］．北京：法律出版社．2018：446.

④ 张世君．破产企业高管的公法责任［J］．中国矿业大学学报（社会科学版），2014（3）.

序终结之日起3年内，人民法院应当对其告知并向市场监督机构发出通知，限制该类人员3年内不得担任任何企业的董事、监事、高级管理人员①。

二、债务人的有关人员违反配合义务的法律责任

债务人的有关人员的配合义务主要有三项：一是妥善保管其占有和管理的财产、印章和账簿、文书等资料；二是根据人民法院、管理人的要求进行工作，并如实回答询问；三是列席债权人会议并如实回答债权人的询问，比如第一次债权人会议由人民法院召集并主持，人民法院向债务人的法定代表人或者负责人发出通知，要求其必须到会。债权人会议会安排债务人法定代表人或者负责人接受债权人询问。债务人的有关人员违反上述配合义务需要承担相应的法律责任

（一）企业破产法规定的法律责任

企业破产法第一百二十六条："有义务列席债权人会议的债务人的有关人员，经人民法院传唤，无正当理由拒不列席债权人会议的，人民法院可以拘传，并依法处以罚款。债务人的有关人员违反本法规定，拒不陈述、回答，或者作虚假陈述、回答的，人民法院可以依法处以罚款。"该法第一百二十七条规定："债务人违反本法规定，拒不向人民法院提交或者提交不真实的财产状况说明、债务清册、债权清册、有关财务会计报告以及职工工资的支付情况和社会保险费用的缴纳情况的，人民法院可以对直接责任人员依法处以罚款。债务人违反本法规定，拒不向管理人移交财产、印章和账簿、文书等资料的，或者伪造、销毁有关财产证据材料而使财产状况不明的，人民法院可以对直接责任人员依法处以罚款。"

（二）《全国法院民商事审判工作会议纪要》中的相关规定

2019年9月11日，经最高人民法院审判委员会民事行政专业委员会第319次会议原则通过的九民会议纪要第一百一十八条规定："人民法院在审理债务人相关人员下落不明或者财产状况不清的破产案件时，应当充分贯彻债权人利益保护原则，避免债务人通过破产程序不当损害债权人利益，同时也要避免不当突破股东有限责任原则。人民法院在适用《最高人民法院关于债权人对人员下落不明或者财产状况不清的债务人申请破产清算案件如何处理的批复》第3款的规定，判定债务人相关人员承担责任时，应当依照企业破产法的相关规定来确定相关主体的义务内容和责任范围，不得根据公司法司法解释（二）第十八条第二款的规定来判定相关主体的责

① 徐根才．破产法实践指南［M］．2版．北京：法律出版社，2018：255.

任。上述批复第 3 款规定的‘债务人的有关人员不履行法定义务，人民法院可依据有关法律规定追究其相应法律责任’，系指债务人的法定代表人、财务管理人员和其他经营管理人员不履行企业破产法第十五条规定的配合清算义务，人民法院可以根据企业破产法第一百二十六条、第一百二十七条追究其相应法律责任，或者参照民事诉讼法第一百一十一条的规定，依法拘留，构成犯罪的，依法追究刑事责任；债务人的法定代表人或者实际控制人不配合清算的，人民法院可以依据出境入境管理法第 12 条的规定，对其作出不准出境的决定，以确保破产程序顺利进行。上述批复第 3 款规定的‘其行为导致无法清算或者造成损失’，系指债务人的有关人员不配合清算的行为导致债务人财产状况不明，或者依法负有清算责任的人未依照企业破产法第七条第三款的规定及时履行破产申请义务，导致债务人主要财产、账册、重要文件等灭失，致使管理人无法执行清算职务，给债权人利益造成损害。‘有关权利人起诉请求其承担相应民事责任’，系指管理人请求上述主体承担相应损害赔偿责任并将因此获得的赔偿归入债务人财产。管理人未主张上述赔偿，个别债权人可以代表全体债权人提起上述诉讼。上述破产清算案件被裁定终结后，相关主体以债务人主要财产、账册、重要文件等重新出现为由，申请对破产清算程序启动审判监督的，人民法院不予受理，但符合企业破产法第一百二十三条规定的，债权人可以请求人民法院追加分配。”

三、破产欺诈责任人的民事法律责任

破产欺诈行为，是指债务人的法定代表人和其他直接责任人员实施企业破产法所禁止的损害债权人利益的恶意欺诈行为。企业破产法第三十一条规定：“人民法院受理破产申请前一年内，涉及债务人财产的下列行为，管理人有权请求人民法院予以撤销：（一）无偿转让财产的；（二）以明显不合理的价格进行交易的；（三）对没有财产担保的债务提供财产担保的；（四）对未到期的债务提前清偿的；（五）放弃债权的。”第三十二条规定：“人民法院受理破产申请前六个月内，债务人有本法第二条第一款规定的情形，仍对个别债权人进行清偿的，管理人有权请求人民法院予以撤销。但是，个别清偿使债务人财产受益的除外。”第三十三条规定：“涉及债务人财产的下列行为无效：（一）为逃避债务而隐匿、转移财产的；（二）虚构债务或者承认不真实的债务的。”

破产欺诈行为，属于典型的违法行为或者不诚信行为，其严重损害了债权人的共同利益，具有恶意欺诈的性质，破坏债务的公平清偿，扰乱社

会经济秩序，所以必须坚决依法制裁。对此，企业破产法第一百二十八条规定：“债务人有本法第三十一条、第三十二条、第三十三条规定的行为，损害债权人利益的，债务人的法定代表人和其他直接责任人员依法承担赔偿责任。”

我国企业破产法特别规定破产欺诈行为主体虽然是债务人，但责任主体是债务人的法定代表人和其他直接责任人，包括企业的股东、董事、经理、监事、财务主管人员和执行业务的主要管理人员。管理人负有追究破产欺诈责任人的损害赔偿责任的法律义务。债权人享有向管理人建议追究破产欺诈责任人的损害赔偿责任的权利，并可向法院提出要求管理人进行追诉的请求。管理人怠于行使权利的，债权人会议还可向法院申请更换管理人。此外，未获清偿的债权人也可在破产程序终结后，向法院提起债权人代表诉讼，直接主张追究破产欺诈责任人的损害赔偿责任。

（一）破产欺诈责任人民事责任的性质与承担方式

债务人实施破产欺诈行为，其目的在于逃避债务和社会责任，具有主观恶意，直接或间接地损害了债权人的债权清偿利益。民法典第一百二十条规定：“民事权益受到侵害的，被侵权人有权请求侵权人承担侵权责任。”民法典第一千一百六十五条第一款规定：“行为人因过错侵害他人民事权益造成损害的，应当承担侵权责任。”此外，民法典第八十三条第二款还规定：“营利法人的出资人不得滥用法人独立地位和出资人有限责任损害法人的债权人利益。滥用法人独立地位和出资人有限责任，逃避债务，严重损害法人的债权人利益的，应当对法人债务承担连带责任。”因此，企业破产法第一百二十八条规定的破产欺诈责任人承担的民事赔偿责任属于侵权损害赔偿责任。承担责任的具体形式是赔偿损失，即由破产责任人以其自身的财产赔偿债权人所受到的损失。这是企业法人应以企业财产承担民事责任的例外。

（二）破产欺诈责任人承担民事赔偿责任的范围

破产欺诈责任人承担民事赔偿责任的范围，原则上是以其所实施的恶意欺诈行为给债权人造成的实际损失为限，损失多少，赔偿多少，不存在适用赔偿责任限额的问题。在法律适用上，可以依照民法典、企业破产法及其他相关民事法律规定。

在实践中，需要注意如何认定破产欺诈行为造成债权人的实际损失数额。因为债务人实施破产欺诈行为，其实质是对其责任财产的处分，包括不当减少财产、隐匿、转移财产和虚构债务，而非直接侵害债权人的财产权。鉴于破产欺诈行为间接侵害债权人的利益和财产权，所以在认定破产欺诈行为造成债权人的实际损失数额问题上，应当以破产欺诈行为导致实际减少债务人的责任财产数额或者应增加而没有增加的财产额为准。责任财产是债务人清偿债权人债务的保障，责任财产的减损数额，实质上就是给债权人造成的实际损失数额。

四、典型案例

企业的董事、监事、高级管理人员违反忠实义务、勤勉义务的民事责任

（一）案情介绍

杨××、郭××系夫妻关系，且系威海市润泽矿山洗选设备有限公司（以下简称润泽公司）的股东、高级管理人员。润泽公司进入破产清算程序后，管理人在清收公司对外债权过程中发现二人在经营过程中存在收回货款不入公司账目的情况，根据审计报告的记载，有总计 2 720 917. 50 元货款相关单位已实际支付。杨、郭二人承认收回该部分货款的事实，称已将上述未入账的货款用于偿还公司债务，但未出示相应凭证。根据公司法第一百四十九条和企业破产法第一百二十五条的规定，原告润泽公司管理人发起诉讼并要求被告杨、郭二人因违反忠实义务、勤勉义务给润泽公司造成巨大损失应当承担赔偿责任。

威海市经济开发区人民法院审理查明：被告杨××、郭××系润泽公司的股东，二人系夫妻关系且均在润泽公司经营过程中担任高级管理职务。2016 年 5 月 3 日，本院裁定受理对润泽公司的破产清算申请，指定山东胶东律师事务所为润泽公司管理人。管理人接管润泽公司后，在清收对外债权过程中发现多笔公司账面记载的应收货款相对方已经结清。依据威海同信会计师事务所有限公司出具的《破产清算期初审计报告》记载的应收账款明细，经过管理人的核查，其中涉及 9 家企业的 13 笔货款总计 2 720 917. 50 元通过银行转账、承兑汇票等方式交付给润泽公司业务人员。2020 年 3 月 30 日，管理人对杨××进行谈话调查，杨××认可相应业务人员已将涉案款项交回润泽公司，由润泽公司进行背书转让或贴现，只是没有登记至公司账簿中。以上事实，双方当事人没有争议，本院予以确认。

法院审理认为：企业高级管理人员不得有挪用公司资金等行为。本案被告系润泽公司的股东、高级管理人员，对润泽公司负有忠实义务和勤勉义务，若有不当行为给企业造成损失，润泽公司管理人有权要求被告承担赔偿责任。本案中，管理人以润泽公司的名义提起诉讼，可以支持其主体资格。（《中华人民共和国民事诉讼法》）第六十四条规定“当事人对自己提出的主张，有责任提供证据”。被告虽承认已实际收到涉案货款，但已提供证据证实相应款项已用于偿还润泽公司的债务。润泽公司相应账簿记载内容与实际严重不符，被告将公司货款在账外使用的行为不当，但原告不能证实该宗款项由被告私自占有，则原告基于涉案货款要求被告承担

赔偿责任，本院不予支持。

（二）法律分析

本案是管理人基于企业破产法第一百二十五条对企业高级管理人员因违反忠实义务、勤勉义务而发起的侵权损害赔偿诉讼。本案中，虽然管理人的诉讼请求最终因证据不足而未获法院支持，但是仍有一定的启示作用。

对于管理人而言，在处理相关破产案件时应当注意：（1）认真履行职务，对债务人企业的债务、账目等进行充分审查。本案中管理人在认真比对债务人企业账册等相关会计凭证后，发现了涉及 9 家企业的 13 笔货款总计 2 720 917. 50 元通过银行转账、承兑汇票等方式交付给润泽公司业务人员，但未记录在公司账簿之中。管理人因此发起诉讼，要求被告承担民事损害赔偿责任。（2）注意证据的收集与保存。本案中，法院之所以驳回管理人的诉讼请求，理由就是管理人未能提交被告将涉案款项据为已有的证据。（3）在无法获取相关证据时，积极寻求法院调查。

对于债务人企业的高级管理人员而言，本案的启示有：（1）注意企业的经营规范，遵守企业财务的管理规定。本案中，被告作为企业高级管理人员，在企业经营中存在不合规的行为，导致公司账册出现不一致并最终被诉。（2）注意脱责证据的保存。本案中被告正是因为提交了相应的偿款证明才得以避免承担不利的法律后果。（3）企业高级管理人员同时还是企业股东时，需避免人格混同。

第二节　管理人的法律责任

管理人在破产程序中的重要作用决定了管理人法律责任是破产法法律责任的重要内容。企业破产法作为外部性非常明显的部门法，其实施效果往往产生十分明显的外溢效应，对企业破产法的违反的后果，并不限于对破产进程本身造成损害，还往往产生很大的社会影响。“破产管理人违反义务的行为，不仅对利害关系人造成了重大损害，而且还严重破坏了社会公众对破产的合理预期，并进而影响到破产法实施的社会效果。”① 学术界主张强化破产法法律责任的呼声一定程度上被聚焦到了在破产进程中发挥重要作用的管理人头上。有观点认为，对管理人应该适用严格责任原则。笔者认为，虽然强化管理人法律责任是大势所趋，但这种不区分管理人主观状态适用严格责任追责既不合理，也对破产法的施行没有好处。对管理人的责任仍应该采用过错责任原则。“但是采用严格责任原则，不区分破产管理人是主观上故意还是过失，这样的规定是否合理十分值得怀疑。若以过

① ［加］迈克尔·盖斯特. 为了公共利益——加拿大版权法的未来［M］. 李静，译 . 北京：知识产权出版社，2008：28.

错责任原则代替则较为适宜，破产管理人承担法律责任须以其违反善良管理人的注意义务，主观上具有故意或者重大过失为必要，如若破产管理人能够证明其已经尽到注意义务则可以免责。”① 另一方面，企业破产法和刑法并未明确规定管理人的刑事责任，有观点主张根据企业破产法第二十七条的规定在刑法中增设管理人玩忽职守罪②。

一、管理人员的行政责任

破产管理人是具有专门知识的、提供专门服务的行业人员，各国破产管理人一般都隶属于其自律性的专业协会，例如直接属于破产管理人协会、律师协会或会计协会等，有的甚至还要受到国家行政部门的监督和管理。破产管理人的行为也要受到其行业协会或行政部门的约束，关于破产管理人的法律责任，不仅仅是破产法有规定，如果破产管理人行为违反了行业规定或行政管理规定，同样也要受到行规纪律约束或行政处罚。一般情况下，行业协会纪律处分包括几种形式：警告、记过、罚款、暂停执业、取消资格等。这些决定应由行业协会作出，债权人会议、监督人、法院、债务人都可以向协会机构提出纪律处分建议，并可对行业协会决定实施监督权。行政处罚是具有管理权的国家行政机关，对破产管理人作出的否定性评价。行政处罚应按相应的行政法律、法规规定作出，并按一定程序予以处罚。对破产管理人的行政处罚要比行业协会的纪律处罚严重得多，所以，它一般针对破产管理人严重的违法、违规行为，并且后果较为严重。对破产管理人的行政处罚种类包括：警告、罚款、暂停执业、吊销执照、取消资格等。

关于管理人的行政责任，《最高人民法院关于审理企业破产案件指定管理人的规定》第三十九条规定：“管理人申请辞去职务未获人民法院许可，但仍坚持辞职并不再履行管理人职责，或者人民法院决定更换管理人后，原管理人拒不向新任管理人移交相关事务，人民法院可以根据企业破产法第一百三十条的规定和具体情况，决定对管理人罚款。对社会中介机构为管理人的罚款 5 万元至 20 万元人民币，对个人为管理人的罚款 1 万元至 5 万元人民币。管理人有前款规定行为或者无正当理由拒绝人民法院指定的，编制管理人名册的人民法院可以决定停止其担任管理人一年至三年，或者将其从管理人名册中除名。”

---

① 陈英骅. 论我国商业银行破产管理人制度构建 [J]. 理论导刊，2014 (4).

② 柴丽. 论我国破产犯罪罪名体系的构建 [J]. 知识经济，2012 (4).

目前，从总体上来看，我国关于管理人行政责任的相关规定还不够完善，仍需最高人民法院、各省高级人民法院进一步的制定具体规则，以明确管理人的相关责任。

二、管理人的民事责任

无义务则无责任。我国企业破产法第二十七条规定：“管理人应当勤勉尽责，忠实执行职务。”基于该条的规定，管理人接管债务人企业后，其履职必须遵守勤勉尽责，忠实执行职务的义务要求。否则，管理人将因此而承担违反该义务所导致的民事赔偿责任。对此，企业破产法第一百三十条规定：“管理人未依照本法规定勤勉尽责，忠实执行职务的，人民法院可以依法处以罚款；给债权人、债务人或者第三人造成损失的，依法承担赔偿责任。”

（一）管理人的民事责任的基础

管理人勤勉尽责、忠实执行职务的义务及其个人赔偿责任对于破产程序的进行具有重要意义。债权人、债务人或者第三人向法院主张管理人责任的基础是管理人应履行而未履行义务并导致其发生损失。

1. 管理人承担民事责任的义务基础。管理人勤勉尽责、忠实履行职务的义务可分为忠实义务和注意义务两类。其中，管理人的忠实义务包括：（1）利益冲突禁止。企业破产法第二十四条第三款第三项明令禁止管理人与破产案件存在利益关系，最高人民法院《关于审理企业破产案件指定管理人的规定》第二十三条还进一步明确了属于利益冲突的具体类型。（2）自我交易禁止。自我交易禁止是指管理人不得与破产企业发生交易，无论是否出于善意，也无论是否得到了受益人或委托人的明确应允。此外，管理人还应对接管破产企业后的每一笔交易进行充分的披露，以确保交易的合理与公平。（3）实质公正。管理人作为信托关系中的受托人有义务无偏见地对待债权人、债务人、供应商和其他利害关系人等信托关系中的受益人，这也是忠实义务的内在要求。

管理人的注意义务则包括：（1）及时接管破产财产并谨慎管理破产事务；（2）谨慎处理待履行合同、新签订合同；（3）充分调查债务人财产状况，严格监管其资金与资产的流入、流出；（4）谨慎审查债权、取回权，行使撤销权、抵销权；（5）破产财产分配最大化与严格重整计划制订、实施与监督；（6）积极代表诉讼与全面信息披露。

管理人承担民事责任的请求权依据。债权人、债务人或者第三人要求管理人承担民事损害赔偿责任的请求权基础是违约责任，还是侵权责任？

这是存在一定争议的。

首先，从管理人的选任看，具体案件中无论是采取何种方式选任的管理人最终均是由承办案件的法院以裁定的方式加以确定。管理人与债务人企业之间并无直接的聘任合同。这也是为了保证管理人中立地位的必要做法。

其次，从管理人报酬的来源看，管理人报酬具有一定的特殊性。管理人报酬直接由债务人财产支付，看似是债务人支付了管理人的报酬。但是，实质上，因破产企业的特殊性，管理人报酬在一定程度上是债权人让渡了一部分自身可获债权，以获得作为拥有专业技能的管理人对债权人利益的保护。

最后，从法理上看，管理人是独立的机构，其职责具有法定性。一是对外代表债务人行使必要的民事权利。二是以自己的名义成为原告或被告。三是在破产程序中行使程序性权利。需要注意的是管理人无论从名义上还是实质上都不应当是债务人的代理人。学术界对于管理人的法律性质存在着诸如代理说、职务说、破产财团代表说、管理机构人格说和英美法系下的信托制度等不同的理论。但是，在实务中，人民法院一般将此类责任认定为侵权责任。

（二）破产管理人的归责原则

目前，我国企业破产法相关法规并未对管理人民事责任的归责原则作出相应的规定。在实践中，人民法院往往采取的归责原则是过错责任原则。因为，破产事务具有高度风险性的特征，如果采取无过错责任原则无疑会增加管理人的执业负担，不利于管理人团队培养和人才吸引力。

为了避免管理人担负过重的执业风险，法院应当注意：第一，法院在选择管理人时需要结合管理人自身的能力、经验以及案件的实际难度，避免出现管理人实际履职能力与案件实际难度不匹配的情况。管理人只要履行了勤勉尽责、忠实执行职务的义务，就不应当依据企业破产法第一百三十条要求其承担责任。第二，对管理人过于严苛的履职要求，可能会引发大量的针对管理人的诉讼并造成其服务费用的增加。在追究管理人民事赔偿责任时应当参照管理人所在行业的职业标准进行确定。

三、典型案例

（一）案情介绍

河南安彩公司一审诉称：2011 年 8 月 19 日，江苏省南京市中级人民法院裁定受理北京化工厂对华飞彩色显示系统有限公司（以下简称华飞公司）的破产清算申请，同时指定江苏高的律师事务所为华飞公司破产管理人。2012年4月23日，该院裁定宣告华飞公司破产。根据企业破产法第四十八条的规定，职工债权由管理人调查后列出清单并予以公示。而管理人在履行职务时，未将职工债权进行公示，将不属于职工债权中的4 100万元列入所谓的“职工安置奖励费”，该部分费用不得参与破产受偿，更不能按第一顺序进行清偿。华飞管理人的行为违反法律规定，未尽到勤勉尽责、忠实执行职务的义务，严重侵害债权人河南安彩公司的合法权益，造成重大损失。故河南安彩公司就4 100万元的所占债权份额诉至法院，请求判令：1. 华飞管理人赔偿其损失12 030 220元；2. 案件诉讼费由华飞管理人负担。

华飞管理人一审辩称：2011年8月19日，江苏省南京市中级人民法院依法受理华飞公司的破产清算一案，而在破产清算案件受理之前该公司已开始自行清算，并制定了《华飞公司员工分流安置方案》，决定在2011年5月24日与全体员工提前解除劳动关系并支付经济补偿金，包括需要支付给全体员工的一次性补助合计41 639 750元。而华飞管理人系在破产清算案件受理后才进场接管华飞公司，进场时华飞公司已与全体员工提前解除劳动关系，仅尚有60多名员工未签署补偿协议，其余2 000多名员工已签署补偿协议，并领取了经济补偿金，该经济补偿金由股东单位代为支付。针对上述现状，华飞管理人接管华飞公司后，对该公司涉及的职工债权进行了审核，包括债权人异议的41 639 750元一次性补助。华飞管理人认为华飞公司在自行清算期间为提前与全体员工解除劳动关系而按江苏省的相关规定给予员工经济补偿，具有相应法律依据，不存在撤销和无效的情形。并且，从普通债权的清偿率影响分析，如华飞公司在破产清算前未与全体员工提前解除劳动关系，而根据《中华人民共和国劳动合同法》规定于宣告破产时终止劳动关系再给予经济补偿，则华飞公司承担的成本远高于41 639 750元，故该41 639 750元一次性补助的支付并未实质性影响普通债权人的清偿率，因此从清算程序衔接及对普通债权人的清偿影响分析，将该41 639 750元一次性补助列入职工债权并作为第一顺序清偿。另外，华飞管理人按破产财产分配的方案进行分配清偿，是执行人民法院法律文书规定的义务，也是企业破产法第一百一十六条赋予华飞管理人的义务。如河南安彩公司对分配给职工的一次性补助不服，应根据企业破产法的规定在该一次性补助列入破产财产分配方案的法律文书送达后提起复议，该公司现在执行分配之后提出侵权诉讼，于法无据。请求驳回河南安彩公司的诉讼请求或裁定驳回起诉。

原审法院经审理查明：因经营困难，华飞公司董事会于2011年3月22日决定终止经营，进行清算。同年4月21日，该公司公布《华飞公司员工分流安置方案》，该方案第二条载明：自即日起至2011年5月24日前与公司协商解除（终止）劳动合同并办理完相关手续的员工，华飞公司按以下标准另行给予一次性补助：一次性补助=综合补助（1.5万元）+华飞公司工作补助（500元×华飞公司工龄），1. 未在5月24日前办理完手续的，每延迟十天，减少一次性补助5 000元。2. 6月23日前仍未办理完手续的，不再发放一次性补助。方案公布后，华飞公司根据该方案测算了全体员工的一次性补助金额，并由股东单位南京熊猫电子股份有限公司（以下简称熊猫电子公司）、南京华东电子集团有限公司（以下简称华东电子公司）垫资，向已签署《终止劳动合同补偿协议书》的员工发放了经济补偿金，包括上述一次性补助，且无论员工是否在2011年5月24日之前与华飞公司签署《终止劳动合同补偿协议书》，均支付了上述一次性补助。

2011年8月19日，江苏省南京市中级人民法院裁定受理了北京化工厂对华飞公司的破产清算申请，并指定江苏高的律师事务所担任华飞公司的破产管理人。2011年8月30日，华飞管理人进场接管华飞公司。2011年12月23日，华飞管理人提交《工作报告》，向债权人会议报告了接管华飞公司的情况。2012年4月23日，江苏省南京市中级人民法院裁定宣告华飞公司破产。2012年8月1日，江苏省南京市中级人民法院裁定确认河南安彩公司等237位债权人的债权，其中河南安彩公司的债权额为273 387 133.77元。2012年8月3日，江苏省南京市中级人民法院裁定确认了华飞管理人制作的《华飞公司破产财产分配方案》，其中职工债权总额为225 713 659.93元，该金额中包括一次性补助。2012年9月24日、2012年9月29日，华飞管理人分别向垫资单位熊猫电子公司、华东电子公司偿还其垫资款项。2012年9月24日、2012年10月12日、2012年12月11日，华飞管理人分别向未签署《终止劳动合同补偿协议书》的57名员工发放了经济补偿金及测算的一次性补助。

一审争议焦点为：1. 河南安彩公司提起本案诉讼是否符合法定条件；2. 若本案符合民事诉讼案件受理条件，则河南安彩公司诉请华飞管理人承担赔偿其损失12 030 220元的管理人责任是否具有事实和法律依据。

针对争议焦点一，原审法院认为，河南安彩公司提起本案诉讼符合法定条件。根据民事诉讼法的规定，民事起诉必须的条件包括：原告是与本案有直接利害关系的公民、法人和其他组织；有明确的被告；有具体的诉讼请求和事实、理由；属于人民法院受理民事诉讼的范围和受诉人民法院管辖。河南安彩公司认为其民事权益受到侵害而提起本案诉讼，被告明确，且有具体的诉讼请求和事实理由，符合上述法定条件。华飞管理人认为河南安彩公司的起诉不符合法定条件的抗辩理由不能成立，一审法院不予采信。

针对争议焦点二，一审法院认为，河南安彩公司诉请华飞管理人承担赔偿其损失12 030 220元的管理人责任没有事实和法律依据。2011年8月19日，一审法院裁定受理北京化工厂对华飞公司的破产清算申请之前，华飞公司因经营困难进行停产清算，在停产清算期间该公司提前与全体员工解除劳动合同，并向全体员工按工作年限支付经济补偿金和一次性补助，上述行为符合《江苏省劳动合同条例》规定，亦不违反法律法规禁止性规定。一审法院受理华飞公司破产清算申请后，华飞管理人依职权调查了破产企业的财产状况，严格审查了债权人申报的债权。对于华飞公司申请破产之前，向全体员工按工作年限支付经济补偿金和一次性补助，就发放依据和发放标准进行了审查。如果在华飞公司破产受理后，再根据《中华人民共和国劳动合同法》规定于宣告破产时终止职工劳动关系再给予经济补偿，则华飞公司承担的成本远高于 41 639 750 元。华飞公司提前与全体员工解除劳动关系，尽管发放了一次性补助，但对破产的债务人财产整体是受益的，并未影响河南安彩公司等债权人的清偿率。第三方垫资支付职工的经济补偿金和一次性补助，由此取得的债权应当在破产程序中按照职工债权的受偿顺序优先获得清偿。因此，华飞管理人依据破产财产分配方案，将案涉的一次性补助 41 639 750 元作为职工债权向垫资方支付并无不当。河南安彩公司认为华飞管理人未勤勉尽责、忠于执行职务依据不足，一审法院对河南安彩公司的诉讼请求不予支持。

综上，依照《中华人民共和国企业破产法》第二十七条，《中华人民共和国民事诉讼法》第六十四条第一款、第一百四十二条之规定，该院判决：驳回河南安彩公司的诉讼请求。一审案件受理费 93 981 元，由河南安彩公司负担。

河南安彩公司不服原审判决，向二审江苏省高级人民法院提起上诉称：一、一审判决认定事实不清，证据不足。1. 华飞公司的股东单位熊猫电子公司、华东电子公司的垫资事实无证据证明。一审查明事实仅证明华飞管理人向两股东单位支付款项，而没有证据证明两股东单位是否为华飞公司垫资费用及垫资数额多少。2. 华飞管理人提交的“华飞员工一次性补助表”中显示，超过华飞公司员工分流安置方案规定期限终止劳动合同的 300 余名员工，同样给予一次性补助，并列入职工债权优先受偿。3. 一审判决确认的职工债权总额与华飞管理人提交的实际支付的职工债权总额凭证不一致。二、一审判决适用法律错误。按照华飞公司制定的“华飞公司员工分流安置方案”规定，41 639 750 元的一次性补助是对员工协商解除劳动合同的奖励措施，不属于《江苏省劳动合同条例》规定的经济补偿金范围，也不属于《中华人民共和国企业破产法》第四十八条规定的应当支付的补偿金。1. 华飞公司在进入破产前已向解除劳动合同的员工支付了经济补偿金和一次性补助。因此，华飞公司进入破产后已不欠职工补偿金，故不存在该部分职工债权。如第三方垫资，应由第三方申报债权，经全体债权人会议审查，华飞管理人无权在未经全体债权人会议确认的情况下按职工债权优先向第三方支付款项。2. 一审法院以受理破产前已经发生的事实与破产受理后按法律规定进行补偿的款项进行对比，以此认为未影响河南安彩公司的清偿率没有法律依据。三、一审判决程序错误。由于华飞管理人的不尽责行为与接收款项的熊猫电子公司、华东电子公司具有直接利害关系，该两公司应作为本案的第三人参加诉讼。综上，请求撤销一审判决，改判华飞管理人赔偿河南安彩公司损失 12 030 220 元。

被上诉人华飞管理人答辩认为：一、原审判决认定事实清楚。1. 华飞管理人多次向债权人会议汇报华飞公司两股东的垫资情况，河南安彩公司当时并未对垫资情况提出异议，只是认为不应当优先偿还。2. 关于未签署终止劳动合同补偿协议书的 57 名员工补偿款的认定，一审认定正确。华飞管理人进场接管后，经审查华飞公司在普通清算期间的款项发放情况，发现实际履行中华飞公司对职工均发放一次性补助，故管理人进场后对剩余员工也发放了一次性补助。3. 原审判决书中查明的职工债权总额与华飞管理人提交的债权总额数额一致。双方当事人仅对一次性补助存在争议，而非对全部职工债权存在异议。二、原审判决适用法律正确。1. 华飞公司因解除劳动合同向职工发放的 41 639 750 元一次性补助是华飞公司在普通清算期间发放，不存在法律规定的可撤销或无效情况。且华飞管理人对职工债权的认定已经得到人民法院破产裁定的认可。2. 华飞公司的两股东并没有垫付职工安置补偿款的法定义务，为妥善安置职工，故由两股东在普通清算期间先行垫资安置职工。华飞管理人将两股东的垫资款视为职工债权优先清偿，符合最高人民法院鼓励第三方垫资安置职工的相关规定精神，华飞管理人并未侵犯债权人利益。三、河南安彩公司申请追加两股东为第三人参加诉讼不符合法律规定。请求驳回河南安彩公司的上诉请求。

对于原审法院查明的事实，河南安彩公司除对华飞公司的股东单位熊猫电子公司和华东电子公司的垫资事实、超过华飞公司员工分流安置方案规定期限终止劳动合同的员工领取一次性补助、职工债权总额存在异议外，对于其他事实均无异议。对于双方当事人均无异议的事实，二审法院予以确认。

二审庭审中，河南安彩公司提交南京市土地矿产市场管理中心网站上登载的南京市国有建设用地使用权公开出让公告 1 份（2013 年第 22 号），该公告中载明原华飞公司享有土地使用权的华飞路 1 号地块的起拍价为 18.7 亿元。河南安彩公司认为，华飞管理人在处置破产财产时该宗地块仅折价 1.63 亿元。该公告内容证实华飞管理人未能够勤勉尽责，使破产财产最大化变价。

华飞管理人对于该公告的真实性、合法性均无异议，但对其与本案的关联性有异议。华飞管理人认为，河南安彩公司在本案的诉请仅涉及一次性补助，破产企业的土地处置问题与本案无关。且政府部门是在原华飞公司划拨的土地使用权收回后，将土地性质由工业用地变为商业用地予以挂牌出让，故该公告与本案争议的事实无关联性。

二审法院认为，对于河南安彩公司提交的南京市国有建设用地使用权公开出让公告内容的真实性、合法性，双方当事人均无异议，本院予以确认。但是双方当事人的争议实质在于华飞管理人将华飞公司职工领取的一次性补偿款认定为职工债权优先受偿是否违反管理人职责，华飞公司原土地使用权的破产处置问题并非本案审查范围。故河南安彩公司提供的该证据与本案应当审查的事实并无关联性，本案不予理涉。

华飞管理人于 2011 年 12 月 11 日补充质证时提交华飞公司两股东单位熊猫电子公司、华东电子公司于 2011 年 4 月 21 日至 2011 年 12 月 16 日代垫资金安置职工的部分款项合计 29 笔款项往来证据，即垫资申请、审批情况、资金支付票据存根等证据材料。华飞管理人举证认为，因华飞公司的账目只有电子记账反映两家股东的垫资情况，华飞管理人进场接管后根据华飞公司普通清算时的安置方案核定了职工债权，然后对职工债权中由两股东单位垫资的款项与熊猫电子公司、华东电子公司进行了对账确认。

河南安彩公司质证认为，华飞管理人提交的股东付款证据仅证实华飞公司与两股东之间形成借款关系，并不能证明两股东单位是否向职工支付了补偿金，两股东单位对此不应享有优先受偿权。

二审法院认为，对于华飞管理人提供的熊猫电子公司、华东电子公司为华飞公司安置职工代为支付的29笔款项付款证据材料上均由两股东单位盖章确认，故对于该组证据的真实性、合法性、关联性予以确认。

二审争议焦点为：1. 华飞公司的股东熊猫电子公司、华东电子公司有无为华飞公司向职工垫付一次性补助41 639 750元。2. 该款项是否应当在破产程序中依照职工债权的受偿顺序予以清偿。3. 熊猫电子公司、华东电子公司是否应当作为本案第三人参加诉讼。

二审法院认为：

一、依据现有证据和查明事实，应当认定华飞公司的股东熊猫电子公司、华东电子公司因华飞公司破产向华飞公司职工代为垫付一次性补偿款41 639 750元。在江苏省南京市中级人民法院裁定受理华飞公司的债权人申请对华飞公司进行破产清算前，华飞公司即因自身经营不善已决定自行清算。2011年5月24日，华飞公司就职工分流安置时解除劳动合同的补偿标准制定安置方案，该方案中职工领取的经济补偿金和一次性补助标准并不违反法律、行政法规的禁止性规定，应认定为合法有效。华飞管理人接管华飞公司后，对于华飞公司应当向职工支付提前解除劳动合同的补偿款依照上述标准予以核实，相关款项发放清单中所载明的发放标准、金额均符合华飞公司职工分流安置方案的规定，且华飞公司职工领取的包括一次性补助款在内的安置款均系熊猫电子公司、华东电子公司先行垫付，故河南安彩公司主张熊猫电子公司、华东电子公司未为华飞公司向职工垫付一次性补偿款41 639 750元的上诉理由缺乏事实依据，二审法院不予支持。

二、熊猫电子公司、华东电子公司为华飞公司向职工垫付的一次性补偿款41 639 750元在破产程序中应当依照职工债权的受偿顺序予以优先清偿。熊猫电子公司、华东电子公司作为华飞公司的股东，为优先解决企业职工的安置问题，在华飞公司自行决定清算后，即为华飞公司应当向职工支付的补偿费用进行了垫付。在人民法院裁定受理华飞公司进入破产清算后，该两股东单位为华飞公司安置职工垫付费用的行为仍在延续。且经华飞管理人审核，华飞公司职工领取的一次性补偿费用，并未超出2011年3月22日华飞公司员工分流安置方案的发放标准，因熊猫电子公司、华东电子公司为华飞公司垫付资金用于安置职工补偿的行为一直延续至华飞公司破产期间，故华飞管理人认定两股东单位垫资款项应当按照职工债权的受偿顺序在破产财产分配时优先获得清偿，并无不当。且江苏省南京市中级人民法院亦已裁定确认华飞管理人制定的破产财产分配方案，故河南安彩公司主张华飞管理人未能勤勉尽责的上诉理由不能成立，二审法院不予采纳。

三、熊猫电子公司、华东电子公司不应作为第三人参加诉讼。本案纠纷系华飞公司的债权人河南安彩公司与华飞管理人之间就股东单位向华飞公司职工垫付一次性补偿款是否属于职工债权，从而针对管理人是否勤勉尽责发生的争议，河南安彩公司的请求权基础是侵权赔偿之诉。而讼争事项与熊猫电子公司、华东电子公司并无法律上的直接利害关系，河南安彩公司主张追加该两公司为第三人参加诉讼的上诉请求于法无据，二审法院不予支持。

最后，河南安彩公司向最高人民法院提起再审申请，但亦被驳回。最高人民法院认为：根据我国企业破产法的规定，管理人应当勤勉尽责、忠实履行职务；管理人未勤勉尽责、忠实执行职务，给债权人、债务人或者第三人造成损失的，应当依法承担赔偿责任。管理人对谨慎、忠实、信用、注意等基本义务的违反，是其承担民事责任的前提和依据。管理人未勤勉尽责、忠实执行职务的判断标准应当限定于管理人有故意或者重大过失的范围内，即必须有充分证据证明管理人在履行职务过程中因故意或重大过失造成破产财产损失时，才可追究管理人的民事赔偿责任。企业破产法第四十八条规定职工债权不必申报，由管理人调查后列出清单并予以公示，其立法目的在于从债权申报的角度减轻职工的申报负担，以便提高清算效率，即使管理人未予公示清单的，提出异议的主体应是职工债权人而非其他债权人。其他债权人对于职工债权的数额以及定性等的异议，应当依法向人民法院提起职工破产债权异议之诉予以解决。河南安彩公司对其案涉职工债权异议未提起诉讼，华飞管理人按照无异议债权予以确认，并无不当。对于破产财产的分配方案，根据企业破产法的规定，原则上由债权人会议通过意思自治的方式予以通过，即由出席会议的有表决权的债权人过半数通过，并且其所代表的债权额占无财产担保债权总额的二分之一以上；债权人如认为债权人会议的决议违反法律规定，损害其利益的，有权请求人民法院撤销该决议并责令债权人会议依法重新作出决议；债权人会议的决议，对于全体债权人均有约束力。债权人会议通过破产财产分配方案后，由管理人将该方案提请人民法院裁定认可；法院裁定认可后由管理人执行。本案所涉华飞公司《破产财产分配方案》，业经华飞公司债权人会议讨论通过和人民法院裁定后予以执行，并无不当。华飞管理人依据企业破产法第一百一十六条的规定执行该《破产财产分配方案》，于法有据。原审判决以南京市中级人民法院亦已裁定确认华飞管理人制定的破产财产分配方案，认定河南安彩公司关于华飞管理人未能勤勉尽责的上诉理由不能成立，符合法律规定。河南安彩公司关于债权人会议没有债权人会议主席主持且多数债权人退席，违法进行表决并提请法院裁定，以及法院是否裁定《破产财产分配方案》不是证明华飞管理人是否勤勉尽责的证据和标准的申请再审理由，本院不予支持。鉴于参加破产财产分配的债权人、债权额及破产财产分配的顺序等事项，均是破产财产分配方案中的主要表决通过事项，故债权人均应根据企业破产法的相关规定行使其异议权和表决权。河南安彩公司在本案追究华飞管理人未勤勉尽责、忠实履行职务的赔偿之诉中就案涉职工债权的数额及是否应当作为第一顺位优先清偿等有关事实和证据的主张，以及申请调查取证的主张，均不属本案的审查范畴，本院对其相关主张不予审查。本案河南安彩公司主张华飞管理人未勤勉尽责、忠实执行职务，缺乏事实和法律依据，原审判决驳回其诉讼请求，符合法律规定。

（二）法律分析

根据企业破产法第一百三十条的相关规定，管理人应当勤勉尽责、忠实履行职务；管理人未勤勉尽责、忠实执行职务，给债权人或者第三人造成损失的，应当依法承担赔偿责任。管理人对谨慎、忠实、信用、注意等基本义务的违反，是其承担民事责任的前提和依据。因为，管理人承担该类民事损害赔偿责任的归责原则是过错归责原则。故而，判断破产管理人是否勤勉尽责、忠实执行职务的标准应当限定于管理人故意或者重大过失的范围内。即必须有充分的证据证明管理人在履行法定职责的过程中因故意或重大过失造成债权人、债务人或者第三人财产损失时，才可要求管理人承担民事损害赔偿责任。因此，起诉人在依据企业破产法第一百三十条提起诉讼时必须提供充分的证据证明自身损失与管理人主观上的故意或重大过失之间具有因果关系。

第三节　破产犯罪

破产犯罪并非一个法律概念，刑法及其刑法修正案中都没有规定破产犯罪的概念。按照一般理解，破产犯罪被视为是破产程序中的刑事犯罪。笔者认为，这样理解破产犯罪会导致破产犯罪概念的泛化。理解破产犯罪需要在破产法法律责任的框架下进行。破产犯罪属于破产法法律责任中的刑事责任部分。因此，只有直接违反企业破产法和刑法的规定的行为，才能归入破产犯罪的范畴。从这个意义上看，破产犯罪只包括妨碍清算罪和虚假破产罪两个罪名。理论界普遍认为，我国当下的企业破产法和刑法关于破产法刑事责任的规定太过简略，破产犯罪体系远未建立。另一方面，破产犯罪不仅危害破产进程本身，妨碍破产法的实施，还会因为破产法的外部性而延伸出恶劣的社会影响。“即使是一百个盗窃犯同时下手行窃，则其所造成的损害，还不及一件普通的破产犯罪。”① 而在当下企业破产案件数量日益增长、管理人缺乏健全监督的背景下，企业破产法和刑法在破产犯罪方面简略的规定，根本无法遏制大量的破产为犯罪行为。“我国破产犯罪立法的不完善，使得实践中出现的损害社会、集体、债权人或者债务人

① 林山田．经济犯罪与经济刑法［M］．台北：三民书局，1981：48.

权益的行为没有受到其应有的惩罚，这是与法律的立法理念相悖的。”① 因此，应该在修订企业破产法相关规定的基础上，在刑法中构建完善的破产犯罪体系，从而强化破产法法律责任。

一、妨害清算罪

关于妨碍清算罪，我国刑法第一百六十二条规定：公司、企业进行清算时，隐匿财产，对资产负债表或者财产清单作虚伪记载或者在未清偿债务前分配公司、企业财产，严重损害债权人或者其他人利益的，对其直接负责的主管人员和其他直接责任人员，处五年以下有期徒刑或者拘役，并处或者单处二万元以上二十万元以下罚金。

（一）妨害清算罪的构成要件

1. 犯罪主体。妨害清算罪的犯罪主体为特殊主体，即只有进行清算的公司、企业才能构成本罪的主体。本罪承担刑事责任的对象是直接负责的主管人员和其他直接责任人员。从实际情况来看，在公司、企业清算期间，由清算组代表公司、企业，损害债权人或者其他人利益的行为主要是由清算组的成员所为，因此，本罪处罚的对象主要是清算组织的成员。

2. 侵害法益。妨害清算罪所侵害的法益是国家对公司、企业的清算管理制度和债权人和其他人的合法权益。

3. 主观方面。妨害清算罪的主观方面只能由故意构成，即明知隐匿公司、企业财产，对资产负债表或者财产清算单作虚伪记载或者在未清偿债务前分配公司、企业财产等行为会损害债权人等的利益，而故意实施。过失不构成本罪。

4. 客观方面。妨害清算罪的客观方面表现为在公司、企业清算时，隐匿公司、企业财产，对资产负债表或者财产清单作虚伪记载，或者在未清偿债务前分配公司、企业财产，严重损害债权人或者其他人利益的行为。本罪必须发生在公司、企业清算过程中。所谓公司、企业清算，是指因公司、企业解散或者破产，法律规定公司、企业应当清理公司、企业的债权、债务的活动。公司、企业清算主要发生在两种情况下：（1）公司、企业的解散，它是根据公司、企业的章程规定或者法律规定的条件，公司、企业决定停止对外经营活动，使其法人资格消失的行为。（2）公司、企业破产，根据公司法、企业破产法、民事诉讼法的规定，公司、企业因不能清偿到期的债务，被依法宣告破产的，应由人民法院依照有关法律的规定，组织

---

① 柴丽．论我国破产犯罪罪名体系的构建［J］．知识经济，2012（4）．

股东、有关机关及有关专业人员组成清算组，对公司、企业进行破产清算。由于公司、企业清算直接关系到债权人及其他人的利益，因而公司法和企业破产法、民事诉讼法对清算组的组成与活动都作了严格规定。只有实事求是地做好清算工作，理清公司、企业的债权债务关系，依法处理公司、企业的财产，才能减少和避免纠纷，维护正常稳定的经济秩序。

（二）妨害清算罪的认定标准

构成妨害清算罪，不仅要求行为人实施了隐匿公司、企业财产，对资产负债表或者财产清单作虚伪记载，或者在未清偿债务前分配公司、企业财产的行为，而且只有当这种行为严重损害债权人或者其他人利益时，才构成犯罪。未达到法定的危害程度，则不构成犯罪。由此可见，给债权人和其他人造成损害的大小是决定是否立案的重要指标。应当注意，这里的损失是指直接经济损失，不包括间接经济损失。

关于本罪的追诉标准，最高人民检察院、公安部《最高人民检察院公安部关于公安机关管辖的刑事案件立案追诉标准的规定（二）》（以下简称《关于经济犯罪案件追诉标准的规定（二）》）第七条规定："公司、企业进行清算时，隐匿财产，对资产负债表或者财产清单作虚伪记载或者在未清偿债务前分配公司、企业财产，涉嫌下列情形之一的，应予立案追诉：（一）隐匿财产价值在五十万元以上的；（二）对资产负债表或者财产清单作虚伪记载涉及金额在五十万元以上的；（三）在未清偿债务前分配公司、企业财产价值在五十万元以上的；（四）造成债权人或者其他人直接经济损失数额累计在十万元以上的；（五）虽未达到上述数额标准，但应清偿的职工的工资、社会保险费用和法定补偿金得不到及时清偿，造成恶劣社会影响的；（六）其他严重损害债权人或者其他人利益的情形。

二、隐匿、故意销毁会计凭证、会计账簿、财务会计报告罪

关于隐匿、故意销毁会计凭证、会计账簿、财务会计报告罪，刑法第一百六十二条之一规定："隐匿或者故意销毁依法应当保存的会计凭证、会计账簿、财务会计报告，情节严重的，处五年以下有期徒刑或者拘役，并处或者单处二万元以上二十万元以下罚金。单位犯前款罪的，对单位判处罚金，并对其直接负责的主管人员和其他直接责任人员，依照前款的规定处罚。"

（一）隐匿、故意销毁会计凭证、会计账簿、财务会计报告罪的构成要件

1. 犯罪主体。本罪的犯罪主体为一般主体。单位亦可构成本罪。2002年1月14日全国人大常委会法制工作委员会《关于对"隐匿、销毁会计凭

证、会计账簿、财务会计报告构成犯罪的主体范围”问题的答复意见》指出：“根据全国人大常委会1999年12月25日刑法修正案第一条的规定，任何单位和个人在办理会计事务时对依法应当保存的会计凭证、会计账簿、财务会计报告，进行隐匿、销毁，情节严重的，构成犯罪，应当依法追究其刑事责任。”单位犯本罪的，实行两罚制，即对单位判处罚金，并对其直接负责的主管人员和其他直接责任人员追究刑事责任。

2. 侵害客体。本罪侵犯的客体为国家对会计资料的管理制度。

3. 主观方面。本罪的主观方面表现为故意，过失不构成本罪。

4. 客观方面。本罪在客观上表现为隐匿或者故意销毁依法应当保存的会计凭证、会计账簿、财务会计报告等情节严重的行为。隐匿依法应当保存的会计凭证、会计账簿、会计财务报告。隐匿，是指故意隐藏的行为。在有关行政主管部门依法实施会计监督时，将应当提供出来接受检查的会计凭证、会计账簿、会计财务报告隐藏起来拒不提供，或者对应当提供社会监督的会计凭证、会计账簿、会计财务报告隐藏起来拒不提供，都构成隐匿。故意销毁依法应当保存的会计凭证、会计账簿、会计财务报告。故意销毁，是指将明知按照会计档案管理的有关规定或者国家统一会计制度的规定应当存档或者保存的会计凭证、会计账簿、会计财务报告予以销毁的行为。以纵火、水浸、销毁、粘连等方式使依法应当保存的会计凭证、会计账簿、会计财务报告毁坏，使之无法辨认，都可以构成故意销毁的行为。

（二）隐匿、故意销毁会计凭证、会计账簿、财务会计报告罪的认定标准

关于本罪的认定标准，《关于经济犯罪案件追诉标准的规定（二）》第八条规定：“隐匿或者故意销毁依法应当保存的会计凭证、会计账簿、财务会计报告，涉嫌下列情形之一的，应予立案追诉：（一）隐匿、故意销毁的会计凭证、会计账簿、财务会计报告涉及金额在五十万元以上的；（二）依法应当向司法机关、行政机关、有关主管部门等提供而隐匿、故意销毁或者拒不交出会计凭证、会计账簿、财务会计报告的；（三）其他情节严重的情形。”

三、虚假破产罪

关于虚假破产罪，刑法第一百六十二条之二规定：“公司、企业通过隐匿财产、承担虚构的债务或者以其他方法转移、处分财产，实施虚假破产，严重损害债权人或者其他人利益的，对其直接负责的主管人员和其他直接责任人员，处五年以下有期徒刑或者拘役，并处或者单处二万元以上二十万元以下罚金。”

（一）虚假破产罪的构成要件

1. 犯罪主体。本罪是纯正的单位犯罪，即只有公司、企业才能构成本罪。根据企业破产法和《关于适用中华人民共和国民事诉讼法若干问题的意见》的规定，具备法人资格的全民所有制企业、集体企业、联营企业和私人企业等都可能成为本罪的犯罪主体。

2. 侵害客体。本罪所侵害的客体是国家关于公司企业的破产管理制度和债权人等相关人员的利益。

3. 主观方面。本罪的主观方面表现为故意，且为直接故意。行为人必须具有损害债权人利益的直接故意。过失不构成本罪。在本罪的犯罪动机和目的方面往往是为了逃债。但犯罪目的和动机不影响本罪的成立。

4. 客观方面。本罪客观方面表现为公司、企业通过隐匿财产、承担虚假债务或者以其他方式转移财产、处分财产，实施虚假破产，严重损害债权人和其他人利益的行为。具体包括三个方面的内容：一是必须实施了隐匿财产、承担虚构的债务或其他转移财产、处分财产的行为。隐匿财产是指将公司、企业的资金、设备、产品、货物等财产全部或部分予以隐瞒、转移、藏匿。承担虚构的债务是指捏造、承认不真实或不存在的债务。其他转移、处分私分财产是指企业破产法第三十五条所规定的私分或者无偿转让财产、非正常压价出售财产、对原来没有财产担保的债务提供财产担保、对未到期的债务提前清偿以及放弃自己的债权等等行为。行为人只要实施了上述情形中任何一种转移或处分财产的行为，就符合了这一客观的行为要件。二是必须实施了虚假破产。即债务人在未发生破产原因的情况下，通过抽逃、隐匿或转移财产等手段，虚构伪造破产原因，申请宣告破产，以逃避债权人的追索，从而侵占他人财产的行为。这里的虚假破产是指企业未达到破产界限，伪造破产原因，申请破产，而非真实破产。三是严重损害了债权人和其他人的利益。即必须是给债权人和其他人造成重大财产损失的行为，才构成本罪。

这里的债权人是指因公司、企业举债而与公司、企业形成债权债务关系的金融机构、公司、企业债券持有人以及经济合同中享有债权的人等，“其他人”是指公司、企业的职工、国家税收部门等等。以上三个客观方面的要件必须同时具备，缺一不可。

（二）虚假破产罪的认定标准

关于本罪的认定标准，《关于经济犯罪案件追诉标准的规定（二）》第九条规定：“公司、企业通过隐匿财产、承担虚构的债务或者以其他方法转移、处分财产，实施虚假破产，涉嫌下列情形之一的，应予立案追诉：（一）隐匿财产价值在五十万元以上的；（二）承担虚构的债务涉及金额在五十万元以上的；（三）以其他方法转移、处分财产价值在五十万元以上的；（四）造成债权人或者其他人直接经济损失数额累计在十万元以上的；（五）虽未达到上述数额标准，但应清偿的职工的工资、社会保险费用和法定补偿金得不到及时清偿，造成恶劣社会影响的；（六）其他严重损害债权人或者其他人利益的情形。”

四、典型案例

案例一：妨害清算罪

（一）案情介绍

诸暨市大唐长连彩印厂系被告人章某某于 2002 年 9 月 5 日在本市大唐镇上香头工业园区 8 号依法设立的个人独资企业，设立后由被告人章某某实际经营。2013 年 10 月 15 日，被告人章某某因经营不善，为隐匿财产与第三人赵某签订虚假的房屋转让协议，约定诸暨市大唐长连彩印厂以 100 万元的价格将位于大唐镇上香头工业园区 8 号后面第 2 层至第 5 层的楼房（建筑面积共计 1 322 平方米，土地用途为工业用地）转让给赵某，并以二人银行账户之间存在的其他交易明细、现金收款作为支付 100 万元的凭证。2015 年 11 月 16 日，被告人章某某因无法继续经营，故以诸暨市大唐长连彩印厂的名义向诸暨市人民法院申请破产，并委托浙江墨恒律师事务所作为破产案件中的委托代理人。2015 年 12 月 16 日，诸暨市人民法院裁定受理诸暨市大唐长连彩印厂的破产清算申请，并指定浙江浣纱律师事务所作为资产管理人。后被告人章某某未如实向资产管理人陈述其与赵某之间的虚假房产转让，并提供了虚构的转让协议和付款凭证。资产管理人因认为该转让协议存疑，遂于 2016 年 3 月 28 日向诸暨市人民法院起诉要求确认协议无效并要求赵某腾空房屋。2016 年 12 月 20 日，诸暨市人民法院经审理，判决上述转让协议无效，由赵某腾退房屋、诸暨市大唐长连彩印厂返还赵某 100 万元房屋转让款。2017 年 3 月 7 日，经诸暨市大唐长连彩印厂的申请，诸暨市人民法院对赵某所负的腾退涉案房屋的行为义务予以立案执行，但赵某以双方互负应同时履行的义务为由申请本院停止执行。2017 年 5 月 3 日，被告人章某某要求浙江墨恒律师事务所的魏彬律师以赵某的名义向诸暨市人民法院申请强制执行，要求诸暨市大唐长连彩印厂返还 100 万元。同日，诸暨市人民法院受理该强制执行案件。2017 年 7 月 3 日，浙江省绍兴市中级人民法院作出（2017）浙 06 执复 26 号执行裁定书，对赵某不服诸暨市人民法院的执行裁定的复议申请作出裁定，认为因诸暨市大唐长连彩印厂处于破产清算，对诸暨市大唐长连彩印厂应返还给赵某的 100 万元转让款，赵某可以向法院主张作为共益债务来清偿。至此，如诸暨市大唐长连彩印厂一旦向赵某清偿 100 万元，则严重损害破产程序中其他债权人的利益。2018 年 2 月 7 日，被告人章某某与赵某签订了一份虚假的合约，约定为了使诸暨市大唐长连彩印厂的破产程序顺利进行，该笔 100 万元房屋转让款由被告人章某某支付，赵某不再向诸暨市大唐长连彩印厂主张。2018 年 3 月 28 日，诸暨市人民法院对赵某申请执行诸暨市大唐长连彩印厂房屋买卖合同纠纷一案，因被执行人诸暨市大唐长连彩印厂已由诸暨市人民法院受理破产程序而裁定终结执行程序，未对诸暨市大唐长连彩印厂的破产清算造成实质性的损害后果。

诸暨市人民法院认为，诸暨市大唐长连彩印厂系被告人章某某设立的个人独资企业，该企业在进行清算时，隐匿资产，严重损害债权人或者其他人的利益，被告人章某某作为该企业直接负责的主管人员，其行为已构成妨害清算罪，应依法追究其刑事责任。公诉机关指控的罪名成立，本院予以支持。鉴于被告人章某某系犯罪未遂，且在归案后能如实供述自己的罪行，本院依法予以从轻处罚。辩护人周某某提出被告人章某某系自首的辩护意见，经查，被告人章某某虽系经诸暨市公安局民警电话通知到案，但其在到案后并未能如实供述自己的犯罪事实，依法不能认定为自首，故对该项辩护意见本院不予采纳；对其余的辩护人提出的从轻处罚的辩护意见，本院酌情予以采纳。综合考虑被告人章某某的犯罪性质、情节、社会危害性及认罪悔罪表现，本院依法对其适用缓刑。

（二）法律分析

本案是个人独资企业股东因隐匿资产而被追究妨害清算罪的案例。被告人章某某隐匿财产的行为虽然最初发生在破产受理前，但是在大唐彩印厂进入破产程序后，其依然未能如实向管理人透露事情并采取了妨害清算的行为。被告人章某某隐匿财产的数额为 100 万元，已达到妨害清算罪的立案标准。妨害清算罪的构成要件要求犯罪行为人的犯罪行为必须对债权人或其他利益相关人的直接利益造成实质上的直接损害。本案中，被告人章某某隐匿财产的行为最终因破产程序的启动而失败，债权人和其他利益相关人的直接利益并未因此而受损。但是，债权人和其他利益相关人的利益未受损并非因为被告人章某某主动中止了犯罪行为，而是由于被告人章某某意志以外的因素而未能达到犯罪目的。因此，法院最终认定被告人章某某构成妨害清算罪，未遂。

在实践中，符合本罪主体要件的相关主体与个人需要注意，虽然本罪实质要件要求犯罪行为人的行为达到造成债权人或其他利益相关人重大损失的标准，但是并不要求损失实际发生，犯罪行为人仍可能构成妨害清算罪，未遂。

案例二：虚假破产罪

（一）案情介绍

海口市美兰区人民检察院指控：2003 年 6 月 25 日，海南伟亚实业有限公司（下称海南伟亚公司）在海口市工商行政管理局注册成立，住所为海口市××区房。2008

年11月6日，海南伟亚公司原股东将股权转让给马某某和被告人孙某，法定代表人变更为孙某。2015年5月21日，海南伟亚公司股东又变更为孙某某（孙某的儿子）和被告人孙某，孙某担任法定代表人及董事长，并实际经营管理该公司，孙某未参与经营管理。

被告人孙某在经营管理海南伟亚公司期间，与徐某等人发生借贷纠纷，双方诉诸法院。2016年3月2日，最高人民法院作出终审判决，判令孙某向徐某支付人民币1.734亿元及其利息，海南伟亚公司对上述债务承担连带清偿责任。

被告人孙某为逃避债务，虚构部分海南伟亚公司债务后，于2016年6月30日以海南伟亚公司无力清偿到期债务为由，向海口市中级人民法院申请破产清算。海口市中级人民法院于2016年7月14日裁定受理海南伟亚公司的破产申请，并依法决定海南伟亚公司的管理人。2017年3月6日，因海南伟亚公司债权人徐某等人提出异议，海口市中级人民法院在开庭听证并召开债权人会议后，作出裁定驳回海南伟亚公司的破产申请，并在驳回裁定书中认定："经与伟亚公司相关债权人申报的债权进行核对，显示伟亚公司自行申报的该部分债权虚增30 327 876.02元。伟亚公司作为被执行人向本院（即海口市中级人民法院）申请破产时未如实申报其债权、债务，且虚构的债务高达数千万元，有为逃避债务而申请破产的情形。"海南伟亚公司对该裁定不服，并上诉至海南省高级人民法院。2017年6月14日，海南省高级人民法院作出终审裁定，驳回海南伟亚公司上诉，维持原裁定结果及认定的海南伟亚公司存在虚增债务的事实。

上述事实，被告人孙某在开庭审理过程中均无异议，并有到案经过，户籍信息，徐某报案书及陈述，协议书，海南伟亚实业有限公司企业机读档案登记资料，海南仲裁委员会裁决书，海口海事法院（2015）琼海法执字第268号《执行裁定书》及《协助执行通知书》，最高人民法院（2015）民一终字第305号民事判决书，海口市中级人民法院（2016）琼01民破3号案件卷宗材料，海南省高级人民法院（2017）琼民终202号民事裁定书，证人王某、孙某某等人的证言，被告人孙某的供述等证据证实，足以认定。

一审法院认为，海南伟亚公司企图通过虚构数千万元的债务，实施虚假破产，该行为严重损害既有债权人的利益。被告人孙某作为海南伟亚公司的法定代表人及实际管理人，是海南伟亚公司实施虚假破产的直接责任人，应对此承担刑事责任。公诉机关起诉指控的犯罪事实清楚，证据确实、充分，指控罪名成立。但海南伟亚公司在实施虚假破产时，因法院审查发现其虚构债务后驳回其破产申请，而未能得逞，系犯罪未遂，而且被告人孙某到案后自愿认罪，故关于辩护人提出的被告人孙某归案后自愿认罪且系犯罪未遂，应予以从轻或减轻处罚的辩护意见，与法律及事实相符，本院予以采纳。

（二）法律分析

本案是公司股东为逃避债务故意实施破产欺诈行为并最终承担刑事责任的案件。

本案中，被告人孙某利用其公司股东、法定代表人及董事长的身份通过虚增债务的行为，造成企业破产的假象，以逃避债务。虚假破产罪虽然是单位犯罪，但是企业法人作为法律拟制的法律主体其行为实质上是由企业内部的实际控制人或相关的负责人实际实施的。刑法第一百六十二条之二规定："虚假破产罪实行单罚制，其刑事责任的承担主体为企业法人直接的负责的主管人员和其他直接责任人员。"

第四节　法律责任的规范渊源

一、民法典

"第八十三条　营利法人的出资人不得滥用出资人权利损害法人或者其他出资人的利益；滥用出资人权利造成法人或者其他出资人损失的，应当依法承担民事责任。"

"第一百二十条　民事权益受到侵害的，被侵权人有权请求侵权人承担侵权责任。"

"第一千一百六十五条　行为人因过错侵害他人民事权益造成损害的，应当承担侵权责任。"

二、企业破产法

"第七条　债务人有本法第二条规定的情形，可以向人民法院提出重整、和解或者破产清算申请。债务人不能清偿到期债务，债权人可以向人民法院提出对债务人进行重整或者破产清算的申请。企业法人已解散但未清算或者未清算完毕，资产不足以清偿债务的，依法负有清算责任的人应当向人民法院申请破产清算。"

"第十五条　自人民法院受理破产申请的裁定送达债务人之日起至破产程序终结之日，债务人的有关人员承担下列义务：（一）妥善保管其占有和管理的财产、印章和账簿、文书等资料；（二）根据人民法院、管理人的要求进行工作，并如实回答询问；（三）列席债权人会议并如实回答债权人的询问；（四）未经人民法院许可，不得离开住所地；（五）不得新任其他企业的董事、监事、高级管理人员。前款所称有关人员，是指企业的法定代表人；经人民法院决定，可以包括企业的财务管理人员和其他经营管理人员。"

"第二十四条　管理人可以由有关部门、机构的人员组成的清算组或者依法设立的律师事务所、会计师事务所、破产清算事务所等社会中介机构担任。人民法院根据债务人的实际情况，可以在征询有关社会中介机构的意见后，指定该机构具备相关专业知识并取得执业资格的人员担任管理人。有下列情形之一的，不得担任管理人：（一）因故意犯罪受过刑事处罚；（二）曾被吊销相关专业执业证书；（三）与本案有利害关系；（四）人民法院认为不宜担任管理人的其他情形。个人担任管理人的，应当参加执业责任保险。”

“第二十七条　管理人应当勤勉尽责，忠实执行职务。”

“第三十一条　人民法院受理破产申请前一年内，涉及债务人财产的下列行为，管理人有权请求人民法院予以撤销：（一）无偿转让财产的；（二）以明显不合理的价格进行交易的；（三）对没有财产担保的债务提供财产担保的；（四）对未到期的债务提前清偿的；（五）放弃债权的。”

“第三十二条　人民法院受理破产申请前六个月内，债务人有本法第二条第一款规定的情形，仍对个别债权人进行清偿的，管理人有权请求人民法院予以撤销。但是，个别清偿使债务人财产受益的除外。”

“第三十三条　涉及债务人财产的下列行为无效：（一）为逃避债务而隐匿、转移财产的；（二）虚构债务或者承认不真实的债务的。”

“第三十五条　人民法院受理破产申请后，债务人的出资人尚未完全履行出资义务的，管理人应当要求该出资人缴纳所认缴的出资，而不受出资期限的限制。”

“第三十六条　债务人的董事、监事和高级管理人员利用职权从企业获取的非正常收入和侵占的企业财产，管理人应当追回。”

“第一百二十五条　企业董事、监事或者高级管理人员违反忠实义务、勤勉义务，致使所在企业破产的，依法承担民事责任。有前款规定情形的人员，自破产程序终结之日起三年内不得担任任何企业的董事、监事、高级管理人员。”

“第一百二十六条　有义务列席债权人会议的债务人的有关人员，经人民法院传唤，无正当理由拒不列席债权人会议的，人民法院可以拘传，并依法处以罚款。债务人的有关人员违反本法规定，拒不陈述、回答，或者作虚假陈述、回答的，人民法院可以依法处以罚款。”

“第一百二十七条　债务人违反本法规定，拒不向人民法院提交或者提交不真实的财产状况说明、债务清册、债权清册、有关财务会计报告以及职工工资的支付情况和社会保险费用的缴纳情况的，人民法院可以对直接责任人员依法处以罚款。债务人违反本法规定，拒不向管理人移交财产、印章和账簿、文书等资料的，或者伪造、销毁有关财产证据材料而使财产状况不明的，人民法院可以对直接责任人员依法处以罚款。”

“第一百二十八条　债务人有本法第三十一条、第三十二条、第三十三条规定的行为，损害债权人利益的，债务人的法定代表人和其他直接责任人员依法承担赔偿责任。”

“第一百三十条　管理人未依照本法规定勤勉尽责，忠实执行职务的，人民法院可以依法处以罚款；给债权人、债务人或者第三人造成损失的，依法承担赔偿责任。”

三、公司法

“第二十一条　公司的控股股东、实际控制人、董事、监事、高级管理人员不得利用其关联关系损害公司利益。违反前款规定，给公司造成损失的，应当承担赔偿责任。”

“第一百四十七条　董事、监事、高级管理人员应当遵守法律、行政法规和公司章程，对公司负有忠实义务和勤勉义务。董事、监事、高级管理人员不得利用职权收受贿赂或者其他非法收入，不得侵占公司的财产。”

“第一百四十八条　董事、高级管理人员不得有下列行为：（一）挪用公司资金；（二）将公司资金以其个人名义或者以其他个人名义开立账户存储；（三）违反公司章程的规定，未经股东会、股东大会或者董事会同意，将公司资金借贷给他人或者以公司财产为他人提供担保；（四）违反公司章程的规定或者未经股东会、股东大会同意，与本公司订立合同或者进行交易；（五）未经股东会或者股东大会同意，利用职务便利为自己或者他人谋取属于公司的商业机会，自营或者为他人经营与所任职公司同类的业务；（六）接受他人与公司交易的佣金归为己有；（七）擅自披露公司秘密；（八）违反对公司忠实义务的其他行为。董事、高级管理人员违反前款规定所得的收入应当归公司所有。”

四、《中华人民共和国刑法》

“第一百六十二条　公司、企业进行清算时，隐匿财产，对资产负债表或者财产清单作虚伪记载或者在未清偿债务前分配公司、企业财产，严重损害债权人或者其他人利益的，对其直接负责的主管人员和其他直接责任人员，处五年以下有期徒刑或者拘役，并处或者单处二万元以上二十万元以下罚金。

第一百六十二条之一　隐匿或者故意销毁依法应当保存的会计凭证、会计账簿、财务会计报告，情节严重的，处五年以下有期徒刑或者拘役，并处或者单处二万元以上二十万元以下罚金。单位犯前款罪的，对单位判处罚金，并对其直接负责的主管人员和其他直接责任人员，依照前款的规定处罚。

第一百六十二条之二　公司、企业通过隐匿财产、承担虚构的债务或者以其他方法转移、处分财产，实施虚假破产，严重损害债权人或者其他人利益的，对其直接负责的主管人员和其他直接责任人员，处五年以下有期徒刑或者拘役，并处或者单处二万元以上二十万元以下罚金。”

五、《最高人民法院关于审理企业破产案件指定管理人的规定》

“第二十三条　社会中介机构、清算组成员有下列情形之一，可能影响其忠实履行管理人职责的，人民法院可以认定为企业破产法第二十四条第三款第三项规定的利害关系：（一）与债务人、债权人有未了结的债权债务关系；（二）在人民法院受理破产申请前三年内，曾为债务人提供相对固定的中介服务；（三）现在是或者在人民法院受理破产申请前三年内曾经是债务人、债权人的控股股东或者实际控制人；（四）现在担任或者在人民法院受理破产申请前三年内曾经担任债务人、债权人的财务顾问、法律顾问；（五）人民法院认为可能影响其忠实履行管理人职责的其他情形。”

“第三十九条　管理人申请辞去职务未获人民法院许可，但仍坚持辞职并不再履行管理人职责，或者人民法院决定更换管理人后，原管理人拒不向新任管理人移交相关事务，人民法院可以根据企业破产法第一百三十条的规定和具体情况，决定对管理人罚款。对社会中介机构为管理人的罚款5万元至20万元人民币，对个人为管理人的罚款1万元至5万元人民币。管理人有前款规定行为或者无正当理由拒绝人民法院指定的，编制管理人名册的人民法院可以决定停止其担任管理人一年至三年，或者将其从管理人名册中除名。”

六、《最高人民法院〈关于审理企业案件若干问题的规定〉》

“第七十三条　清算组应当向破产企业的债务人和财产持有人发出书面通知，要求债务人和财产持有人于限定的时间向清算组清偿债务或者交付财产。破产企业的债务人和财产持有人有异议的，应当在收到通知后的七日内提出，由人民法院作出裁定。破产企业的债务人和财产持有人在收到通知后既不向清算组清偿债务或者交付财产，又没有正当理由不在规定的异议期内提出异议的，由清算组向人民法院提出申请，经人民法院裁定后强制执行；破产企业在境外的财产，由清算组予以收回。”

七、《最高人民法院关于适用〈中华人民共和国公司法〉若干问题的规定（二）》

“第十八条　有限责任公司的股东、股份有限公司的董事和控股股东未在法定期限内成立清算组开始清算，导致公司财产贬值、流失、毁损或者灭失，债权人主张其在造成损失范围内对公司债务承担赔偿责任的，人民法院应依法予以支持。有限责任公司的股东、股份有限公司的董事和控股股东因怠于履行义务，导致公司主要财产、账册、重要文件等灭失，无法进行清算，债权人主张其对公司债务承担连带清偿责任的，人民法院应依法予以支持。上述情形系实际控制人原因造成，债权人主张实际控制人对公司债务承担相应民事责任的，人民法院应依法予以支持。”

八、《全国法院民商事审判工作会议纪要》

“第一百一十八条　人民法院在审理债务人相关人员下落不明或者财产状况不清的破产案件时，应当充分贯彻债权人利益保护原则，避免债务人通过破产程序不当损害债权人利益，同时也要避免不当突破股东有限责任原则。”

九、《最高人民检察院、公安部关于公安机关管辖的刑事案件立案追诉标准的规定（二）》

“第七条　公司、企业进行清算时，隐匿财产，对资产负债表或者财产清单作虚伪记载或者在未清偿债务前分配公司、企业财产，涉嫌下列情形之一的，应予立案追诉：（一）隐匿财产价值在五十万元以上的；（二）对资产负债表或者财产清单作虚伪记载涉及金额在五十万元以上的；（三）在未清偿债务前分配公司、企业财产价值在五十万元以上的；（四）造成债权人或者其他人直接经济损失数额累计在十万元以上的；（五）虽未达到上述数额标准，但应清偿的职工的工资、社会保险费用和法定补偿金得不到及时清偿，造成恶劣社会影响的；（六）其他严重损害债权人或者其他人利益的情形。”

“第八条　隐匿或者故意销毁依法应当保存的会计凭证、会计账簿、财务会计报告，涉嫌下列情形之一的，应予立案追诉：（一）隐匿、故意销毁的会计凭证、会计账簿、财务会计报告涉及金额在五十万元以上的；（二）依法应当向司法机关、行政机关、有关主管部门等提供而隐匿、故意销毁或者拒不交出会计凭证、会计账簿、财务会计报告的；（三）其他情节严重的情形。”

“第九条　公司、企业通过隐匿财产、承担虚构的债务或者以其他方法转移、处分财产，实施虚假破产，涉嫌下列情形之一的，应予立案追诉：（一）隐匿财产价值在五十万元以上的；（二）承担虚构的债务涉及金额在五十万元以上的；（三）以其他方法转移、处分财产价值在五十万元以上的；（四）造成债权人或者其他人直接经济损失数额累计在十万元以上的；（五）虽未达到上述数额标准，但应清偿的职工的工资、社会保险费用和法定补偿金得不到及时清偿，造成恶劣社会影响的；（六）其他严重损害债权人或者其他人利益的情形。”

十、《最高人民法院关于债权人对人员下落不明或者财产状况不清的债务人申请破产清算案件如何处理的批复》

“债权人对人员下落不明或者财产状况不清的债务人申请破产清算，符合企业破产法规定的，人民法院应依法予以受理。债务人能否依据企业破产法第十一条第二款的规定向人民法院提交财产状况说明、债权债务清册等相关材料，并不影响对债权人申请的受理。”

“人民法院受理上述破产案件后，应当依据企业破产法的有关规定指定管理人追收债务人财产；经依法清算，债务人确无财产可供分配的，应当宣告债务人破产并终结破产程序；破产程序终结后二年内发现有依法应当追回的财产或者有应当供分配的其他财产的，债权人可以请求人民法院追加分配。”

“债务人的有关人员不履行法定义务，人民法院可依据有关法律规定追究其相应法律责任；其行为导致无法清算或者造成损失，有关权利人起诉请求其承担相应民事责任的，人民法院应依法予以支持。”

十一、全国人大常委会法制工作委员会《关于对“隐匿、销毁会计凭证、会计账簿、财务会计报告构成犯罪的主体范围”问题的答复意见》

“根据全国人大常委会 1999 年 12 月 25 日刑法修正案第一条的规定，任何单位和个人在办理会计事务时对依法应当保存的会计凭证、会计账簿、财务会计报告，进行隐匿、销毁，情节严重的，构成犯罪，应当依法追究其刑事责任。”

“根据刑事诉讼法第十八条关于刑事案件侦查管辖的规定，除法律规定的特定案件由人民检察院立案侦查以外，其他刑事案件的侦查应由公安机关进行。隐匿、销毁会计凭证、会计账簿、财务会计报告，构成犯罪的，应当由公安机关立案侦查。”

后记：凝聚团队力量　绽放“破产”之花

《周易》说：“二人同心，其利断金。”《孙子兵法·谋攻》说：“上下同欲者胜。”德国著名哲学家叔本华说：“单个的人是软弱无力的，就像漂流的鲁滨逊一样，只有同别人在一起，他才能完成许多事业。”

以上事实及经典之句告诉我们同一个真理：团队的凝聚力是事业成功的关键所在，否则，团队就会变成一盘散沙。这是团队发展壮大与取得骄人业绩的“铁律”，它当然也适用于破产管理人业务团队建设。

我国破产法的立法理念与司法实务经历了从“以债权人为中心的单面保护”到“债权人与债务人利益双重保护”，再到“债权人、债务人、公共利益、营商环境等多重利益兼顾”的过程。随着破产管理人制度的不断完善，破产管理人在破产程序中的角色日益凸显。因为企业破产多重利益的客观考量及破产程序能否在公平、公正、高质的基础上进行和终结，首先或直接取决于破产管理人的业绩成效。通常情况下，破产管理人的实务操作，尤其是对疑难破产案件的办理，主要是依靠破产业务团队去完成的。为了加强破产管理人业务团队建设，提升业务水平，总结办案经验，我们组织编写了《破产管理人理论认知与实务策略》一书，意在抛砖引玉，并请教于业务同仁。

本书由兼具破产理论知识与扎实办案功底的孔宪根律师领衔组成主编小组，其中，孔宪根律师对书稿内容进行全过程指导与把关，谢仁海与张海勇全力支持编撰工作，并承担部分撰写内容。

（1）孔宪根，团队领军人才，本书领衔主编，全面且精心指导本书每个章节的撰写工作，并逐个提出修改意见；南京大学法律专业毕业，拥有军旅生涯与法官经历，并担任多个岗位领导职务；曾荣立二等功 1 次、三等功 2 次，并荣获“优秀党务工作者”“镇江市人民满意的法官”“镇江仲裁委优秀仲裁员”“江苏省十佳法官”等荣誉称号；1990 年获得律师职业资格，自法官岗位转隶专职律师以来，在合同法、公司法、破产法等业务领域深耕细作近20年，具有扎实的理论功底与实务经验；现任镇江市破产管理人协会副会长、镇江仲裁委员会仲裁员、镇江市人大常委会法工委委员、江苏大学法学院兼职硕士生导师，并具有上市公司独立董事资格。

（2）谢仁海，本书主编之一，第九章、第十五章撰写者；江苏大学法学院副教授、硕士生导师；2020年央视12频道《法律讲堂》主讲人之一；长期从事合同法、公司法、企业破产法的理论研究和法律实务工作；担任多家政府部门、大型企事业单位常年法律顾问；主持或主要参与多项国家级、省部级课题研究；出版《电力建设工程法律风险与防控》《企业法律风险管理的理论与实务》《政府特许经营法律专题研究》等著作，发表专业学术论文数十篇；现兼任江苏路韬律师事务所创始合伙人、高级管理合伙人、执行主任。

（3）张海勇，本书主编之一，第七章、第十三章撰写者；苏州大学法律硕士；拥有十年法官生涯与大型地产公司工作经历；从事律师工作以来，担任多家大中型企业法律顾问，精于处理公司、破产类案件，擅长处理房地产、建设工程施工合同等诉讼纠纷；发表《折抵抚育费房屋的归属问题》《论抵押权的实现途径——兼评物权法第195条》等多篇学术论文；现任江苏路韬律师事务所创始合伙人、高级管理合伙人、副主任。

本书是破产业务团队办理破产案件的经验总结与理论提升，团队骨干人员（以姓氏笔画为序）担纲了相关内容的撰写任务。

（1）王钰璋，团队业务骨干，本书第十一章撰写者；法学学士，专职律师；自2013年起，专职从事企业破产清算与重整并购业务；牵头办理或主要参与企业破产清算或重整案件30余件，其中，镇江林宁连锁超市有限公司破产案是镇江市京口区第一个“执转破”案件，并且是在6个月内就审理结案的典型案例，江苏鼎旺建材有限公司破产案是镇江市第一起破产和解成功案例；现担任镇江市律师协会破产清算和并购重组委员会委员、镇江市律师协会青年律师工作委员会委员等职务。

（2）孙鸿晓，团队业务骨干，本书第十四章撰写者；拥有地方政府外贸集团公司工作经历，并具有国际商务师中级职称；从事专职律师20年有余，理论功底扎实，实践经验丰富，具有较强的法律谈判艺术与沟通协调能力；擅长办理公司法律事务、企业改制、建筑工程、涉外事务等诉讼和非诉讼法律服务；自2014年以来，牵头办理多项疑难复杂破产案件，并受到政府、法院、债权与债务人等各方好评；现担任镇江市政协委员、镇江市律师协会理事、镇江市青年企业家联合会顾问、镇江市公安局经侦支队行风监督员等职务。

（3）杨孟青，团队业务骨干，本书第三章、第四章撰写者；拥有国有银行从业经历，并具有基金、证券从业资质；自2017年起，专职从事企业破产业务办理，已参与办理企业破产清算、重整案件近30件，涉及镇江、南通、宿迁、扬州等地，包括普通私营企业、港澳台独资企业、国有投资企业、房地产企业等不同类型企业，专注于研究疑难复杂的房地产企业破产案件；现担任镇江市律师协会破产与重组业务委员会委员、镇江市律师协会青年律师工作委员会委员、江苏路韬律师事务所党支部副书记。

（4）陶玮，团队业务骨干，本书第六章撰写者；获得法学学士与法学硕士学位；拥有军旅生涯，善于钻研语言表达艺术与攻克疑难案件；曾获镇江市“第二届青年律师职业技能大赛”三等奖及镇江市优秀党员律师等荣誉称号；擅长办理公司法、破产法等业务领域案件，牵头并全程办结多项疑难复杂破产案件；现担任镇江市律师行业党委纪委委员、镇江市律师协会青年律师工作委员会主任、镇江市破产管理人协会培训交流部部长等职务。

（5）蒋森林，团队业务骨干，本书第十二章撰写者；法学学士、三级律师；拥有丰富的医药公司工作经历，并担任地区级领导职务；专职从事律师职业近10年，主要以公司法律顾问和破产案件为执业方向，办案功底扎实、管理经验丰富、分析视野独到，具备较强的组织协调能力和办理疑难复杂案件能力；在其牵头办结的多项破产案件中，江苏哈特工具制造有限公司破产案入选江苏法院2017年十大破产案件，江苏金煜满堂置业有限公司破产重整案是镇江地区最早的房企破产重整成功案件；现担任镇江市律师协会破产清算与并购重组业务委员会委员。

（6）潘建国，团队业务骨干，本书第五章撰写者；拥有军旅生涯及工程与法律双重学历背景，具有空军部队基层法律从业经历；自2005年起，专职从事律师职业，代理了大量涉及合同法、公司法的民商事诉讼案件，擅长在专利、商标、著作权及商业秘密保护等知识产权方面开展法律服务；办案经验丰富，解决实际问题能力较强，积累了丰富的诉讼和非诉讼事务的处理经验和技巧；主要参与办理或牵头办结了江苏省格林艾普化工股份有限公司、江苏谐波有限公司等多项破产清算案件。

本书吸纳青年新秀加入编撰队伍，在孔宪根律师的潜心辅导下，他们（以姓氏笔画为序）也承担了相关内容的撰写任务。

（1）凡超，本书第十六章撰写者；法学学士、法律硕士，南京师范大学法学博士生，具备律师执业职业资格；主要从事法治政府理论与行业法律风险等问题研究；出版《海运租船合同与承租人相关法律风险问题研究》

专著1部。

（2）王沁元，本书第八章撰写者；拥有档案学与法学双学历背景；专职律师，主要办理公司与破产类案件，注重提升组织协调能力和语言表达能力，能够较为熟练处理企业破产案件中遇到的各类问题；在团队负责人指导下，牵头办理了多项破产清算或破产重整案件。

（3）孔昊，本书第十章撰写者；法学学士、非全日制法律硕士生；专职律师，主要业务领域为公司法与破产法；在团队负责人指导下，牵头办理了多项破产清算或破产重整案件，解决实际问题的能力逐步提升。

（4）顾悦新，本书第二章撰写者；法学学士，专职律师，主要办理金融与破产类案件；注重学术研究与实务能力提升，参与办理多项破产清算案件；现任镇江市律师协会破产清算和并购重组委员会委员，镇江市律师协会金融证券与保险业务委员会委员。

（5）覃丹彦，本书第一章撰写者；法学与会计双学位，专职律师，主要办理金融与破产类案件；注重基础理论知识的学习、办案经验的积累与沟通协调能力的提升，参与办理多项破产清算案件。

本书是以团队为基础的集体智慧的结晶，源于每个撰稿人的辛勤付出及对破产业务的强烈责任感。值得一提的是，原镇江经济开发区法院副院长袁泉同志对本书的初稿、修改稿提出了完善性建议；同时，本书得以顺利出版，离不开江苏大学出版社，尤其是卢洁副社长与柳艳编辑等同志的精心安排与指导。在此深表诚挚的谢意！

谢仁海

2020年10月